すまいの現象学

——玉腰芳夫建築論集——

玉腰芳夫建築論集編集委員会 編

中央公論美術出版

寝殿の室礼（東京国立博物館）本文 99 頁，図 31 参照

目次

第二部　公刊論文

第三部 遺稿

第一部　古代日本のすまい——建築的場所の研究——

まえがき

建築の空間論は近代建築の有り様に深く根づいている。何をもって近代建築とするかについては、その近代という時代の限定でさえ様々であるように、問題設定に応じて多様である。しかし、二十世紀初頭の建築思潮には共通して、例えば折衷主義《エクレクティシズム》のような過去を拒絶しようとする意志のあったことも事実である。この意志は翻って自らの立つ立場の強調と反省を促すが、建築の空間論もかかる反省を滋養として展開されてきた。つまり、建築の依って立つ根拠を見極めようとする志向を共有している。

例えば、ル・コルビュジェと共にCIAMを運営し、近代建築に多大な影響を与えてきた、S・ギーディオンは『建築、その変遷』[1]において、自らの全研究を振返って、

> われわれの時代の芸術家たちは新しい空間の構想のもとに次々と見ることの歴史を切り開いてきたが、かかる現代を足場として、私はそれらの「由来」を問うてきた

と回想している。そこでは建築をその空間において把えるということが自明視されていて、その上で建築の根拠が求められている。

しかし、彼が外部空間、内部空間、あるいは外部空間と内部空間の相互貫入という時、これらに見られる空間は、実在的ではあるが外在的として把握されている。このような把握の仕方は他の建築家や評論家などにも見られる一般的な傾向である。しかし、人間との係わりこそが問題となっている今日、このような空間の把握は反省されねばならぬであろう。あるいは少なくとも、

このような外在的であるのみの把握は一面的といわねばならない。換言すれば、建築の根拠を求めて空間に着目したが、空間それ自体についての反省にまで目が及ばなかったということである。本書はそのような事情の反省から生れたものである。それにもかかわらず、副題に於いて敢て「建築的場所」と限定したが、その所以は、空間の根源的事象としての開けること、（事物に於いて開けるのであるから）建てることに着目する時、そこに場所の問題が浮上してくるからである。M・ハイデッガーが『芸術と空間』[2]の中で、

> 開けること Räumen に特有なことは、場 Ortschaft を設定するということの中に求めるべきではなかろうか。この場は諸々の場所 Orte の共同活動と解すべきではなかろうか。

と述べている、その場所である。これらに着目することで、今日われわれに課せられている反省に対拠しようとするのであり、このような方途で建築の根拠を、建築の空間を問おうとするのが本書の狙いである。

外在的な空間とは、事物の外にあってそれを位置づける空虚としての空間とか、その理念としての幾何学的空間（概念的で非直感的・操作的空間）とかがあげられる。外在的空間と幾何学的なものとの関係は、例えば、E・ミンコフスキーが次のように云うこと[3]の中で明らかであろう。

> （生きられる）空間はわれわれにとって決して幾何学な諸関係に還元されるものではない。幾何学的な関係は、われわれが単に好奇心の強い観客や学者の立場に立って、あたかもわれわれは空間の外にいるかのようにして、組立てるところの関係である。しかしながら、われわれは空間のなかで生きそして行動しているのである。

さらにいえば、この生き、行動すること自体が空間であるような、そういう在り方が内在的なのである。しかし、われわれの狙いは、カントの云う外的知覚の普遍形式としての空間でもない。K・バッド[4]は、現代芸術の空間志向の一源には、芸術の具体

性と個別性を総括的に把握し位置づけようとして、採られたこの普遍空間があると指摘しながら、かえってこのことが芸術創造の豊饒さを隠したと評価する。個別的、具体的であることが、建築を含めて、芸術の特性であるから、近代建築の来し方を顧みる時、この普遍空間もまた反省を被らねばならぬ。ともかくも、「一切の概念的加工以前の空間経験[5]」の中から、E・フッサールのいう日常的な生活世界 Lebenswelt の経験の中から探り直すという方針が今日われわれには課せられている。この課題を本書では、開けること（建てること）における場所に着目することで遂行しようとする。

それにしても、「われわれはそういう経験を日常生活のなかではうまく捉えることができない。なぜなら、そこではこの経験がそれ自身の獲得物に隠されている[6]」のであるから、その着目の仕方にも工夫が必要である。ここに『古代日本のすまい』という古代を選んだのも、この事情が一つの要因となった。つまり、古代は、その時代区分そのものの中に、古代人はわれわれとは異なる世界観を持つところから現代と対置されるが、このことは古代人には隠されていた彼等の経験もわれわれの眼には見易いと期待させるものがある。そしてその古代の究明は逆にまたわれわれの経験を顧みる足場を与え、建築的場所、建築の空間の解明へと連なっていくであろう。

しかし、そのような展望があるとはいえ、あるいはその故に、なによりもまず、古代人の経験としての場所の究明が先行しなくてはなるまい。「すまい」は旧仮名遣いでは「すまひ」で、その終止形は「すまふ」であるが、『岩波古語辞典』によれば、スミ（住）アヒ（合）の約で、スミとは「あちこち動きまわるものが、一つ所に落ちつき、定着する意」とある。また、『時代別国語辞典』によれば、「すまふ」の「ふ」は動作の持続を意味する動詞語尾であるという。いずれにしろ、「すまひ」には、事物によって組立てられた住宅という意味のみならず、まさしく逗留し、居続ける動作の場所という意味が含まれている。このような「すまい」に着目して究明をすすめるのである。

次に、場所であり、事物であるここでの「古代のすまい」について概観しておく。まず、古代という時代限定であるが、それについては史観に応じて幾つかの説があるのを承知してはいるが、通説に従って十二世紀末、およそ平安時代の終焉をもって下限としておく。現代を照らす対照としての古代への関心がこの研究を動機づけていて、厳密な限定は必要ではないからである。また、その上限は、事物としてのすまいのみならず、場所としてのすまいに係わって、いわゆる住居観という、伝来的で持続的な観想を問題にするので、当面は定めがたい。詳言すれば、場所としてのすまいの考察を展開するには、すまいに関しての詳細な文献資料が必要不可欠であるが、その資料は、部分的には飛鳥・奈良時代を含むものの、多くは平安時代、それも後半期に集中する。そのことからいえば、この後半期以外の時期は参考的なものに留まるかに見えるが、本書では通過儀礼をはじめとして幾つかの祭祀・儀式に着目するので、おのずと時代は遡る。つまり、そこでは古《いにしえ》がくりかえされるからである。また、当時、事物としてのすまいは幾つかの型に分類しうるほど発展分化していたが、主要な文献が皇族・貴族関係のものに集中するので、主として上流階級の住宅、つまり寝殿造りが前面に出る。結局、研究対象は、即物的には平安時代、とりわけ後半期の寝殿造り住宅が中核となり、そして事象そのものからして時代は遡り、建築的場所としてのすまいのあり方やその意味も、寝殿造りを超えて、より一般的な古代のすまいのあり方や意味ということになろう。

そして、このすまいは、すでに触れたように、空間に対する反省として開けるという根源的事象において取り上げられるのであるから、やがて明らかになるであろうが、それは既存の対象的なものに限定されるのではない。根源的事象としての開けるということは他に依拠するもののない、起ることそれ自身であって、対象的なものに即しながら、同時にそれを超えるものに係わっているからである。対象的なものは、むしろ、その根拠をこの起ることに置いているといった事象である。その意味で、文化や歴史を超越して直接われわれに係わってくると看なしうるものでもある。「古代のすまい」という既存のものを採り集め解釈するのだが、その解釈においてそういったことが試されるであろう。

〔注〕

1　Giedion, S.『Architektur und das Phänomen des Wandels』1969.（前川・玉腰訳『建築、その変遷』一九七八、一頁）。
2　Heidegger, M.『Die Kunst und der Raum』1969, S.10.
3　Minkowski, E.『Le temps vécu』1933, p.367.（中江他訳『生きられる時間』一九七八）。
4　Badt, K.『Raumillusionen und Raumphatasieren』1963.

5　Merleau-Ponty, M.『Phénoménologie de la perception』1945, p.282.（竹田他訳『知覚の現象学』一九七四）。

6　Merleau-Ponty, M. ibid., p.282.

序　章　寝殿造り住宅と場所の粗描

本書では、事物的には、寝殿造り住宅が多出するので、その事物的側面の概観を兼ねて、まずは寝殿造り住宅におけるその場所的諸相を一瞥することから始めよう。平安時代には「大臣大饗」[1]といって、大臣が太政官を自邸に招いて饗応する習俗があった。これは、築地を廻らした邸内の多くの殿舎のほとんどを使って行なわれ、資料も比較的豊富なところから、この一瞥という要諦には大変好都合な習俗である。それ故、「大臣大饗」を手引きにする（図1）。

〔注〕

1　『江家次第』、『九條殿御記』では「大臣家大饗」といい、『西宮記』では「臣家大饗」といっている。なお、大饗にはこの外、中宮と東宮の行なう「二宮大饗」と、「二宮大饗」の後、大臣家で行なわれる「臨時客」と、左右近衛大将に任命された時の「大将大饗」がある。

第一節　大臣大饗と寝殿造り住宅

一　大臣大饗の概要

食事を共にすることが神と人との、あるいは人と人との絆を固めうるという観想が神祭のあとの直会や「黄泉戸喫《よもつへぐひ》」・「飡泉之《よもつへ》

図1　大臣大饗　（『年中行事絵巻』）――東三條殿南庭での、饗応に先立って行なわれる客人と主人との礼拝の図

竃《ぐひ》」に伺いうるように、古来からあった。直会は「奈保理阿比《なほりあひ》の約言」であって「斎をゆるべて平常に復する意」とされているが、それは神への供奉の饌をいただくことにおいて神徳を被るのであってみれば、直会は、神と人との、そして神を介しての人と人との絆の確立をもめざしているとみなしうる。また、「黄泉戸喫」は『記紀』では伊邪那美《いざなみ》命の、最早黄泉国をはなれえない所以を黄泉国の火で煮焚きしたものの飲食に帰する物語に係わっていわれたもので、国への所属、すなわち、国の神々や人々への所属は食事を共にすることとの結びつきに何らかの形で負うていることをこの物語は伺わせている。

「大臣大饗」もまた同様な観想のもとにあったと思われる。「大臣大饗」には二種あって、毎年の正月に行なわれる「正月の大饗」、「年の大饗」と大臣に任命された際に行なわれる「任大臣大饗」である。前者は寝殿の母屋を中心として行なわれるところから「母屋の大饗」、後者は寝殿南廂を中心とするところから「廂の大饗」とも呼ばれる。(1) 詳しくは後に触れるところから明らかになろうが、「大臣大饗」とその観想については、「元日節会」が示唆的である。宮廷では朝賀に続いて豊楽殿（後には紫宸殿）で饗応が、つまり元日節会が行なわれるが、そこで

は元日という秩序の確立される期間にみあって饗応を通じて臣下との絆が更新され、再建されるのである。このことは、とりわけ、正月の大饗に当てはまる。何故ならば、承平七年（九三七）から既に乱れはじめるものの、承平七年（九三七）までは正月四日と五日に行なわれていたからである。[2] これは『江家次第』の「大臣家大饗」の項にある、

正月四日左大臣饗、五日右大臣饗式日也

に明らかのように、式日であった。中宮及び東宮の行なう「二宮大饗」は正月二日[3]の「御所拝賀」（『北山抄』）、つまり中宮の拝賀の後、続いて設けられるが、これもまた、朝賀に対する「元日節会」と同じ位置を占め、「正月の大饗」の先の推察を補強する。「任大臣大饗」も開催日は一定しないが大臣に任じられた初発にあたって催されることを考えれば、「正月の大饗」と同趣旨とみなしておいてよかろう。

「大臣大饗」は儀式一般[4]にならって一定の行動形式を厳格に守って行なわれる。その故であろうか、この大饗を詳しく記した公卿の日記が幸いにもいくつか遺されて

いる。ここでは、その様子の最も詳しい仁平二年（一一五二）正月、東三條殿で行なわれた左大臣藤原頼長の「母屋の大饗」を彼自身の日記『台記』と平信範の日記『兵範記』を軸に他の資料を参照しつつ、その探究をすすめることにする。(5)

この大饗の次第は、その行なわれる日付は別にして、他の例と同様である。

大饗定（十一日）
御装束始（十五日）
御祈始（十九日）
習礼（二四日）
大饗前日の諸行事（二五日）
大饗（二六日）
大饗翌日の諸行事（二七日）

「大饗定」とは、後に見る婚礼とか「移徙儀《わたまし》」などの行事と同様に、陰陽師の勘文に基づいて諸行事の日時を定めること、及び大饗をとり行なう諸々の所役を定めることをさす。前者はいわゆる陰陽道から見て良日を選択して大饗の日にすることであって、この左大臣の大饗は正月四日という規定からはずれている。先にも少し触れたが、このはずれは既に天暦三年（九四九）の実頼に、右大臣の場合は承平七年（九三七）の仲平に遡り、また天禄二年（九七一）正月五日の摂政伊尹の例を除けば、天徳三年（九五九）以降はこの式日に行なわれる例は皆無となる。(6)「御装束始」は饗所となるところの床に長筵を敷いたり、そこやそれに面する邸内の建物に簾をかけること等、装束開始であり、「御祈始」は大饗が無事行なわれるようにと神社に奉幣し、寺々で観音経の転読を行なわしめるもので、前者は大饗日まで、後者はその翌日結願する。(7)この他、「上客料理所始」のある大饗もあるが、(8)これらは物事の開始を重く見ようとする性向を示すもので、この性向において、後に見る、初発の儀式と同様である。「習礼」については、『兵範記』に、

図２　宇治上神社拝殿（鎌倉初）——寝殿造り住宅を彷彿させる数少ない遺構の一つ。

廿四日庚申、天晴、於東三條殿有左府大饗習礼事

とあって、客の一部を招いて部分的に装束された饗所で大饗の予行演習を行なっている。これは、同じく『兵範記』に、

大饗習礼往古常行之

とあって、習わねばならぬほどの儀式の複雑さ、形式の厳格さを伺わせるものである。大饗前日の諸行事(9)とは饗所の装束を完了することであるが、その際、『台記』には、

持㆓装束抄出一巻㆒、検㆓察所々装束㆒、有㆓一両紕謬㆒、即被㆑直㆑之

とある。頼長自身が「装束抄出」を携えて装束の点検にまわっている。儀式における行動のみならず、その儀所の装束にも厳格な形式性のあることがわかる。大饗翌日の諸行事とは、堂上の装束を撤去し、借りた物、例えば膳を雉一羽鯉一雙を付けて勧学院に返却したりする、大饗の後仕末である。

さて、当然なこととはいえ、大饗当日はさらに細々とした諸行事を執り行なうが、大略、主賓である尊者に饗所への出立を促す「請客使」

のこと、宮廷よりの蘇（煉乳）と甘栗を運ぶ勅使である「蘇甘栗使」（中使ともいう）のこと、尊者が到着するまでの間の主客の饗応である「待膏《まちあぶら》」、尊者の中門入り、南庭での主客の拝礼、堂上での饗宴、そして客やその従者への賜録といった具合である。なお、饗宴は儀式性の強い「宴座」と、それに引き続いての管弦の遊びを中心にした「隠座」に分けて行われることは注目に値する。このようにして大饗は細々とした手順を踏んで日暮れにまで及ぶ。[10] 頼長のこの大饗は申四刻（午後四時半）に終っているが、それについて、秉燭以前に終ったのは未曽有のことと驚いていることからも逆に伺いうる。

〔注〕

1　初任大饗於レ庇行レ之、毎年大饗於二母屋一行レ之（『江家次第』）。
また「母屋大饗」、「廂大饗」は『類聚雑要抄』にある。

2　倉林正次、『饗宴の研究（儀礼編）』昭四〇、四四九～四五五頁。

3　二宮大饗恒例二日也（『西宮記』）。

4　例えば、「寿《ほ》言き鎮めまつる言の漏れ落ちむ事をば、神直日《かむなほび》の命・大直日の命、聞き直し見直して」とあるように、つまり誤りを補正する神々さえもがいるように、儀式の形式性は厳格である。

5　例えば、同じく東三條殿での保元二年（一一五七）八月、藤原基実の任大臣大饗（『兵範記』）。

6　倉林正次、前掲書による。

7　十九日、乙卯、為三大饗事無二障難一、奉二幣六社一、（八幡、賀茂、春日、日吉、吉田、并至二大饗日一、）於二六箇寺一、（興福寺、法性寺、法成寺、平等院、清水寺、行願寺、）転二読観音経一、（廿七日結願）（『台記』）

8　保元二年（一一五七）八月十九日の基実の「任大臣大饗」の為に八月十日に行なわれた。（『兵範記』）

9　堂上装束了、〈中略〉立二台盤一、并備二饗膳一、地下幄幔等柱、皆立レ之（『台記』）。
但し、大饗日の早旦に、幄を張り幔を引いている。

10　未レ秉レ燭尊者退出、未二曽有一矣（『台記』）。正月大饗秉燭以前事訖、未曽有云々（『兵範記』）。

二　饗所の鋪設

先に触れたように、頼長は装束を検察しているが、この装束は「儀式や行事を行なう場合のいろいろの施設を整えること(1)」ないしは整えられた状態を指し、鋪設とか室礼《しつらい》にほぼ該当する。しつらえられるのは様々な調度・御簾・屏風・壁代などである。そこに一定の形式のあることが推測されたが、まさにその通りで、図3は『類聚雑要抄』に記載されている東三条殿での永久四年（一一一六）正月廿三日「内大臣《忠道》殿母屋大饗寝殿指図」及び「同庭差図」に拠るもので、その上に頼長の場合の人の動線を書き加えておいた。今、その鋪設にのみ着目するとしても、そこに一定の方式のあるのが明らかに認められる。

座の配置はその方式の最も目立ったものだが、賓客である大臣――大納言の場合もある――の座である「尊者座」と大・中納言と参議の座である「公卿座」、「弁少納言座」、これら客座に対しての主催者側の座である「主人座」、「親王座」、「一世源氏座」などが見出される。この配置は仁平二年（一一五二）の頼長大饗と、わずか「公卿座」の座数に差異があるのみで、全く同じである。ただし、「外記史座」はこれらでは西北廊にあるが、西対東廂に設けられる例もある(2)。有職故実書の『江家次第』も西対東廂を掲げているが、寝殿での座の配置の仕方は同じである。したがって、「外記史座」を除けば、図3のその配置には一般性があるといいえよう。

図4は『兵範記』保元二年（一一五七）八月十七日の条に載せられた、十九日東三条殿での藤原基実任大臣大饗の指図である。その鋪設は、「廂の大饗」といわれることからもわかるように寝殿南廂が中心になり、その点では頼長の場合と異なるが、他の点では大差はない。つまり、「尊者座」「公卿座」「弁少納言座」、そして「主人座」「親王座」「一世源氏座」など、座の種類は全く同じである。ただし、その配置に差異がある。

座の種類は先述のものだけではなく、頼長の大饗について『台記』と『兵範記』より作成した一覧表（表1）より解るように、実に多い。基実の「任大臣大饗」のそれもこの表に示したものにほぼ同じである。太田静六氏は、基実の大饗について、「饗応を受けた者が四百名近くいた(3)」と推測しているが、彼等が分れてこれらの座を占めたであろうし、表の中には明らかに主人側の

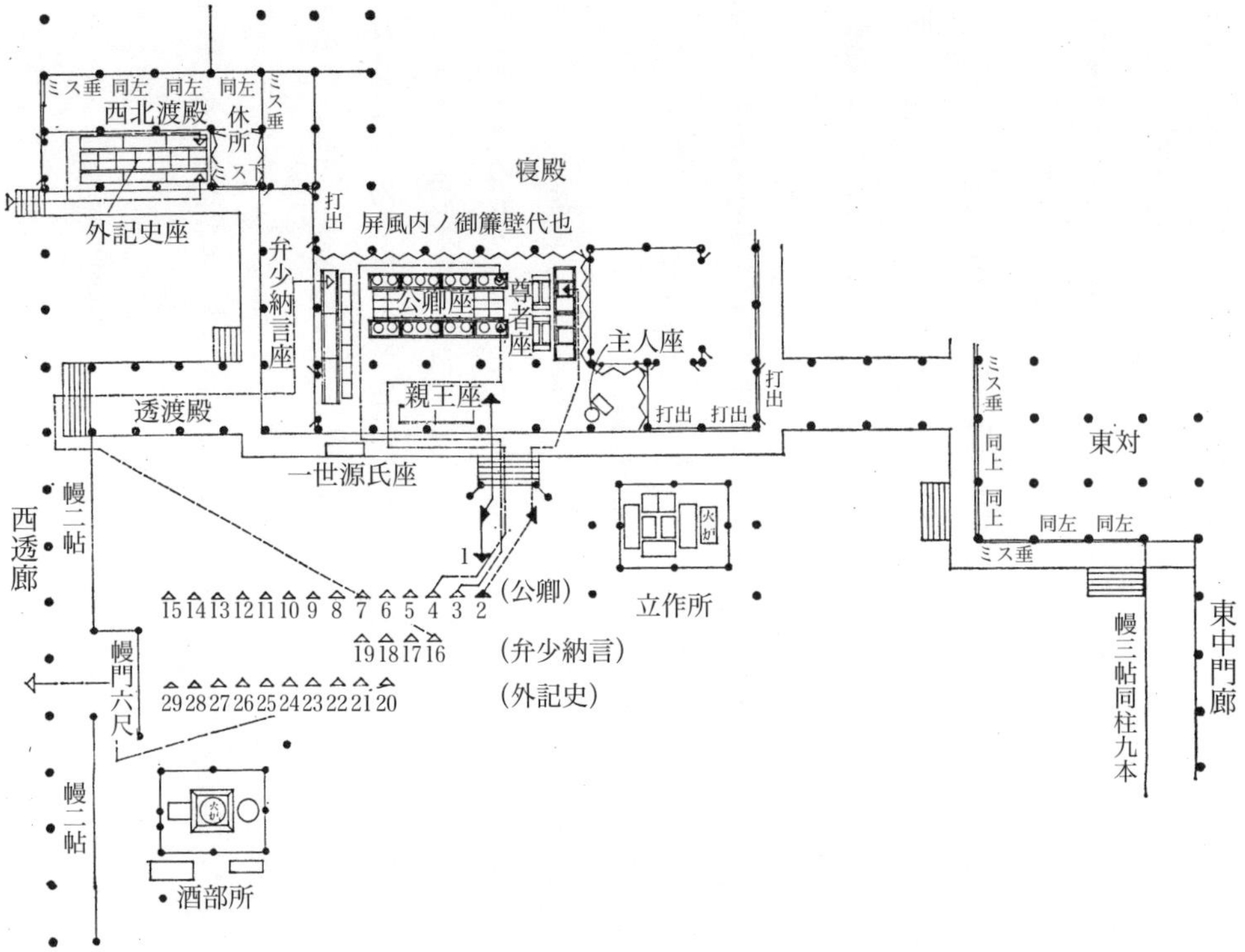

1. 頼長（主人）
2. 内大臣実能（尊者）
3. 大納言宗輔
4. 権大納言宗能
5. 権大納言公教
6. 中納言重通
7. 中納言公能
8. 中納言忠雅
9. 権中納言忠基
10. 右宰相教長
11. 左宰相経宗
12. 参議公通
13. 参議雅通
14. 左大弁資信
15. 左宰相師長
16. 少納言成隆
17. 右中弁光頼
18. 少納言教宗
19. 右少弁資長
20. 大外記佐平
21. 左大史師経
22. 少外記中原俊兼
23. 少外記中原師尚
24. 機外記中原景長
25. 右大史三善良康
26. 左少史大江宗景
27. 左少史紀李広
28. 左少史中原俊重
29. 右少史中原知盛

図3　忠通の東三條殿での「母屋の大饗」（『類聚雑要抄』、一部加筆）

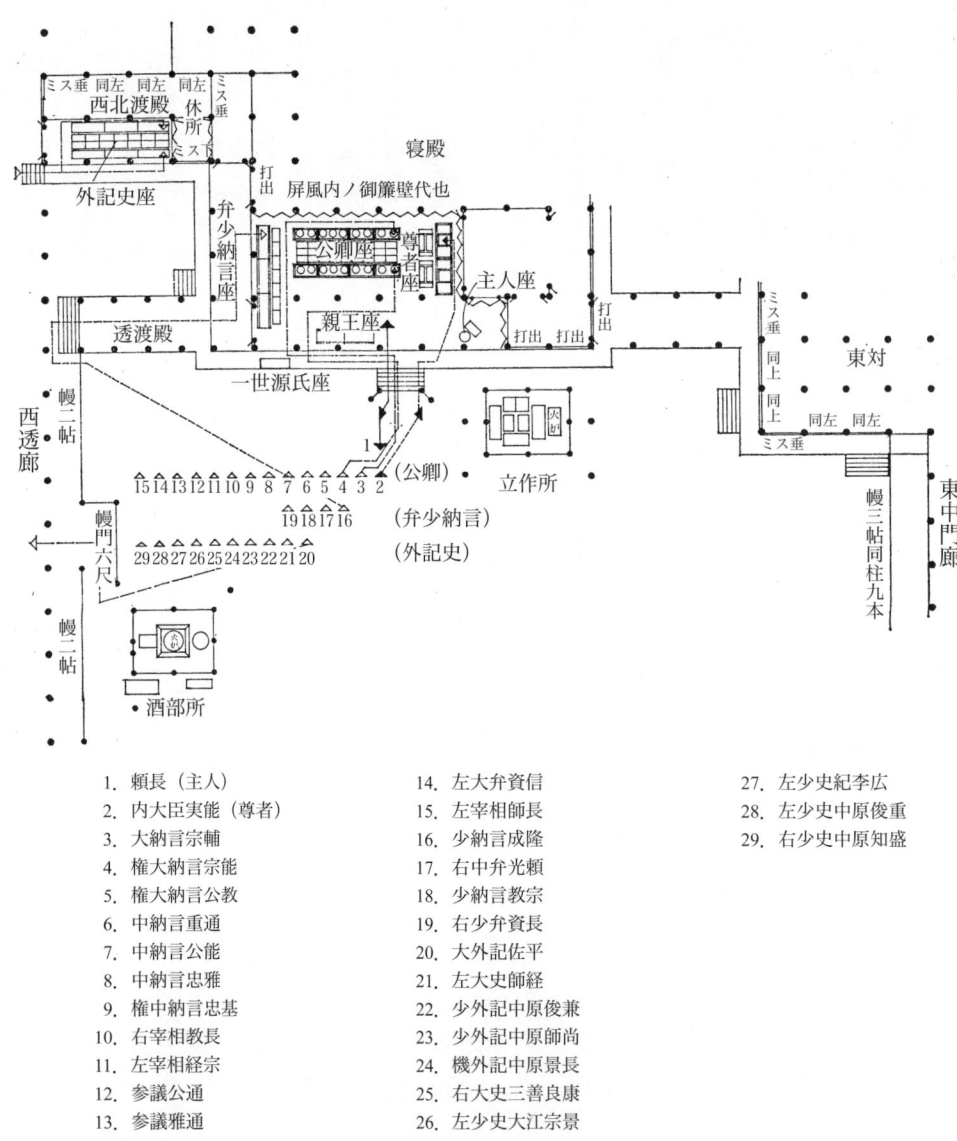

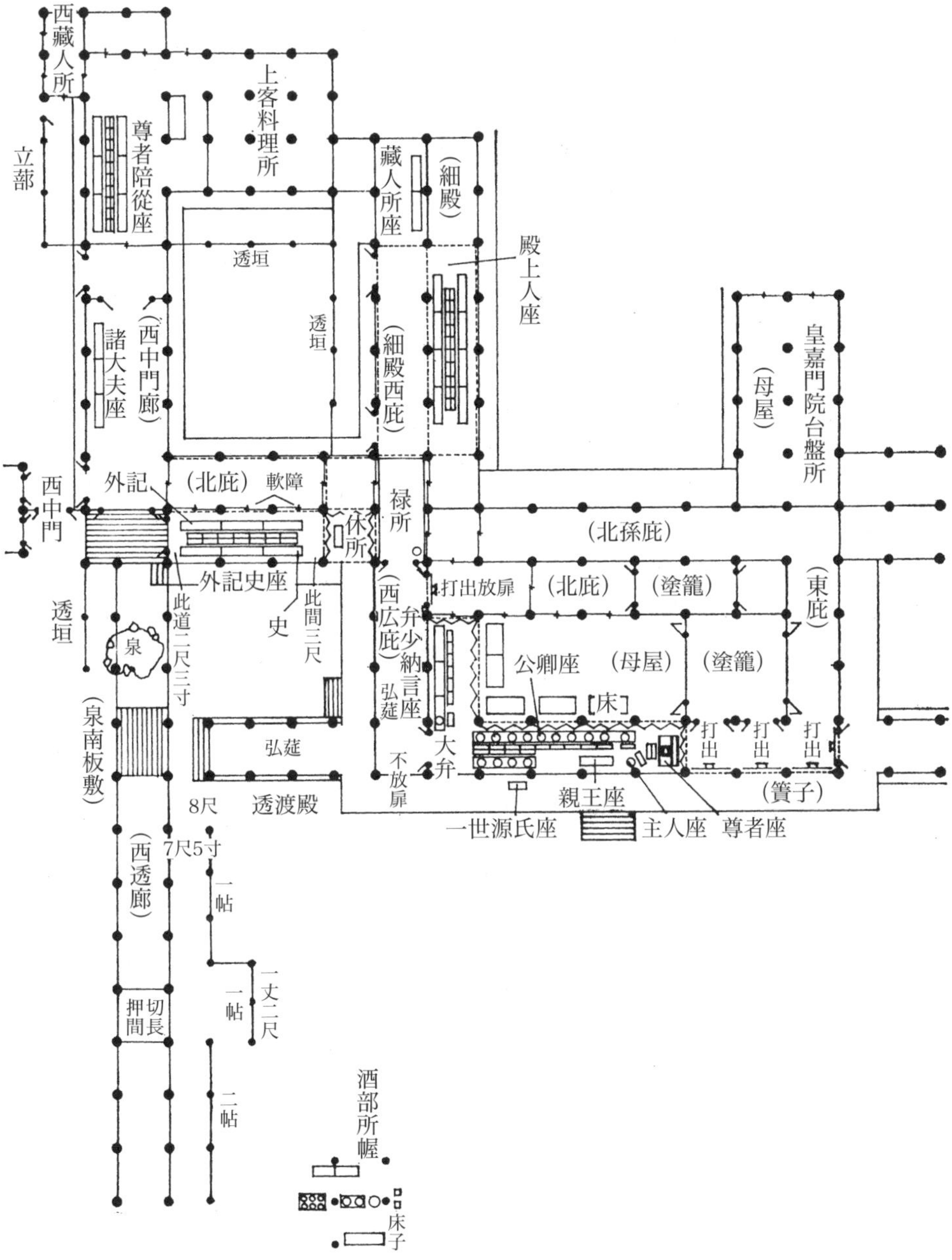

図４　基実の東三條殿での「廂の大饗」（『兵範記』、太田静六氏による）

人々の座があるが、「主人側も優に百名を超え」、彼等もこれらの座や邸内の他のところに別れて座を占めていたであろう。

　このような座は、座名からわかるように、太政官としての地位や大饗での役職に応じて分けられている。しかし、それは単に区別されているだけではなく、座を構成する敷物や机、また、部屋の装束も身分に応じて種類を異にする。表1に示したように、例えば、「尊者座」は床上に敷かれた長筵の上にまず菅円座を置き、青地錦縁龍鬢土敷を置き、その上に自褥東京錦茵を置く。そしてその前には簀薦を敷いた上に面折白絹面の赤木机を設けるようにである(4)。また、饗宴の背面には寝殿では垂らした御簾の上に壁代をかけ、その前にさらに四尺倭絵屏風が立てられており、「外記史座」のある西北渡殿では垂らした御簾とその上に唐絵絹軟障があり、他のところでは御簾のみであったり、垂布のみであったりするようにである。これらは饗所には身分に応ずる場所の秩序のあることを推測させる。そこで、この秩序を明らかにするために、饗宴の進行にほぼ応じて主客がどのように行動するかを見ることにする。

〔注〕

1　岡田譲編『調度』（日本の美術、第三号）昭四一、一〇頁。

2　例えば天慶八年（九四五）正月五日小野家での実頼の場合（『九條殿御記部類年中行事二』）。

3　太田静六、「東三條殿における庇大饗時の用法――寝殿造の用法、其の一　保元二年時の場合――」（『日本建築学会論文報告集』、第一五八号、昭四四）。

4　膳の品数、録物の程度にも差がある。
なお、
　藤氏長者朱器台盤〈中略〉正月大饗用二此器一也、自余大臣大饗用二赤木黒柿様器等一（『江家次第』）。
とあるように、藤原氏の長者の「正月大饗」にのみ伝来の朱器台盤を用いている。

三　庭上での場所の秩序

尊者の中門入りに際して客人達は西大門の内、中門の前で北側に列立して尊者を迎える。そこには一定の並び方がある。すなわち、

参議一列、第一人當二中門一、少納言弁立二其後一、第一人、當二第三納言一、外記史立二其後一、第一人、當二小納言弁第二人一、並東上南面（『台記』）

図で示せば図5のようになる。その際、東を上にして南面することに注目しておこう。

尊者は西透廊にしつらえられた幔門の外で服装を整えた後、南庭に進出し練進して、南階のもとで待つ主人の前に立つ。この主人の立つ位置には方式がある。

當二座下方一立、太政大臣摂政関白、當二上方一立、雖二左右大臣一若納言為二尊者一又如レ此（『江家次第』）

頼長は仁平二年では左大臣で、尊者は内大臣であるが、この方式通り、座下方、すなわち南階の西頭に南面して立っている[1]（図6）。

尊者に連なって参議も練進して立定する。続いて弁少納言が、そして外記史がそれぞれ連なって南庭に進み、列立する。その列立の仕方は図3の通りで[2]、中門前の列立の仕方とちょうど南北がひっくり返った形になっている。「東上北面」である。

客人達の南面と北面の差異は、事態に即してみれば、人を迎える場合と迎えられる場合の差異であって、北側が迎える側で、したがって、いわば北側が内に対して南側が外といった方向秩序の上にあることに基づく差異と看なしえよう。また「東上」とあるように、上手・下手の方向秩序が東西軸上にあることは注目に価する。後にもう一度触れることになろうが、これは西晴また

表1　藤原頼長の「母屋大饗」での諸席の位置及びその鋪設（東三條殿、仁平二年正月二六日、『台記』及び『兵範記』より作成）

位置		座名		座の鋪設		机	囲い	備考
寝殿	母屋	尊者座		菅円座、青地錦縁龍鬢《ビン》土敷（白絹裏）、白褥東京錦縁茵		簀薦面折白絹面赤木机	簾、壁代、四尺倭絵屏風	
		公卿座（納言参議座）	大納言	菅円座、高麗錦縁龍鬢土敷（白絹裏）	白褥紫地錦縁円座			
			中納言		青地錦縁円座			
			参議		高麗錦縁円座			
	西廂	弁少納言座	非参議大弁	無褥高麗錦縁龍鬢円座		折黄絹面黒柿机		
				両面縁出雲莚帖（白布裏）				
	南廂	主人座		菅円座				打出（垂簾、出几帳、帷、出女房紬）
		親王座		青地錦縁龍鬢帖				
	南簾子	一世源氏座		出雲莚紫縁帖				
	西弘廂北戸内三ヶ間	被物所（禄所）					簾	
	塗籠	尊者禄						
	北面	（高陽院御所）						
東対		（左府御方御在所）						直接大饗には係わらない
東北対		（入道殿御在所）						
西北渡殿（上官座廊）	母屋	外記史座（上官座）		青緑出雲莚帖（白布裏）		折黄絹面朴木机	簾、唐絵絹軟障	『兵範記』には緑縁とある
		尊者休所（息所）		高麗縁帖、大壷二口アリ			簾、四尺屏風	
	北廂	納言参議休所		穴アリ			簾	

北西渡殿	母屋	散位并殿上人座　三位	高麗縁帖	黒柿机	簾	
		殿上人	紫縁帖			
	西廂遣戸北二ケ間	蔵人所雑色及衆座	紫縁帖	台盤	簾	
西中門廊		侍従座	紫縁帖	濱椿机		
		諸大夫座	紫縁帖			
	遣戸北母屋	尊者陪従座（前駈座）	紫縁帖	黒柿机	紺垂布	
東渡殿		上客料理所	紫縁帖		白垂布	白木棚
西御随身所	中隔北	尊者及主人随身座	黄端帖		紺垂布	
	中隔南	立明官人座	黄端帖			
東車宿	母屋	尊者車副座	帖		布幔	
	南廂	尊者・主人牛飼座	長莚　紫端帖		布幔、槽莚帖	
		尊者承仕座	黄端帖			
北政所		検非違使座	帖		白垂布	
南廐		雅楽寮并舞人楽人座	帖		紺垂布	
南庭	二丈纐纈幄	酒部所	火爐、黒漆酒樽、二階棚、床子アリ			池巽
	二丈纐纈幄	立作所	俎、二階案、床子、火爐（外）アリ			透廊東頭逼池岸
中島	六丈纐纈幄二宇	史生座、録事座	細帖紺、床子			寝殿巽
東蔵人所（東倉町）	七丈幄二宇	使部（外記官）座	帖			
	五丈幄二宇	尊者雑色座	帖			

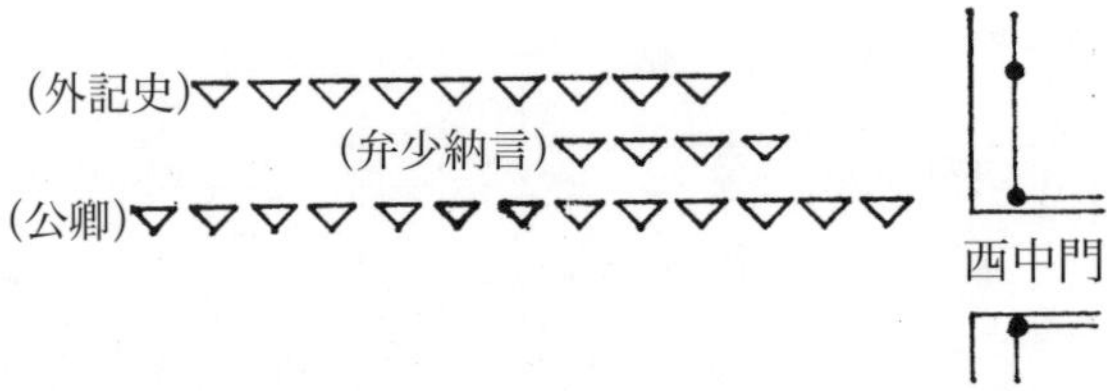

図５　客の列立――中門前。ただし，図中の西中門の位置は一般的な寝殿造りの場合で示した。

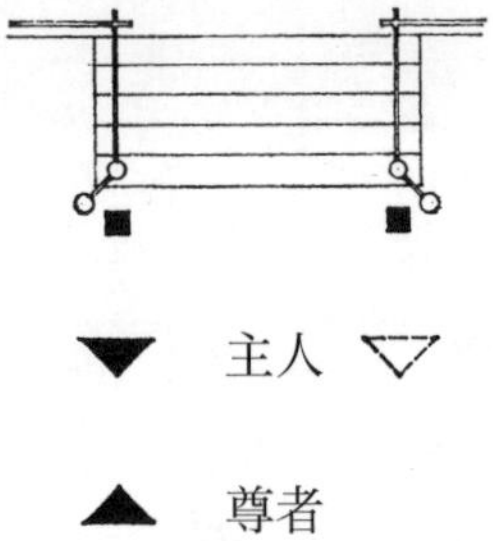

図６　拝礼――頼長は下方に立つ。点線は上方の場合（ただし、西礼）

は西礼といって、邸の西面を儀礼の正面とする仕方に基づくものである。晴とは日常性を意味する褻《け》に対立する言葉であるが、このハレ・ケの対立構造がすでに平安末の公家住宅に見られるとする着目は、つとに川上貢博士の指摘されるところである。「住居における〈中略〉南北両面の別にとるハレとケの別は更に進んで次には東西両面の向によって設定されるようになる(3)」。天養元年（一一四四）成立の辞典『色葉字類抄』に「晴、ハレ。褻、ケ」とあるが、その対立関係を住宅の東西向に見出している。

「大臣大饗」についていえば、承平四年（九三四）正月、忠平の大饗において、

得大臣客者拝礼之間立南階東辺、得納言者立西辺、此故実也（『九條殿記』）

とあるが、先の『江家次第』に照合して、それは東晴であったと推察しうる。また、承平六年（九三六）正月四日の仲平大饗は、南庭での拝礼列立するに「北面西上」とあるが、誤記でなければ東礼の確かな例となる。西晴の確かな例は、天慶八年（九四五）正月五日、小野家での実頼大饗で、『九條殿記』には「北面東上」とある。「母屋大饗」と「廂の大饗」に於ける東晴・西晴の例を表２に示しておいた。なお、このようなすまいでの晴ないし礼とは、西晴であれば西面が正式の面となるといったように、面についての規定ではある。したがって、『九條殿御記部類、年中行事』の天暦三年（九四九）正月十五日に、

東有放出之客亭者〈下略〉

とあり、ここには晴又は礼といった言葉はないが、これは東晴の場合に該当する。また、放

出の客亭というように晴には広がりが内包されていて、東晴であれば東部分も晴の場ということになるであろう。晴に対して褻の場合とは、例えば表1の寝殿北面、東対、東北対が該当する。この問題についてはもう一度後に触れることになるであろう。

〔注〕

1　『台記』にはこのことについての頼長自身のさらに詳しい考察が記されている。

2　大臣、納言、参議一列、少納言一列（成隆當二宗能卿一而立、當二公卿第三人一也）、是外記史一列（外記佐平、當二光頼朝臣一而立、是當二少納言弁第二人一也、並東上北面）（『台記』）

『兵範記』もほぼ同じ内容が載せられている。この列立の仕方の早い例として承平六年（九三六）正月四日仲平大饗には次の様にある。

北面西上（大臣以下参議以上一列　弁・小納言一列、史・外記一列）、雨儀雖無拝礼、猶列立庭中（『九條殿記部類』）

3　川上貢、『日本中世住宅の研究』昭三三、四－一六頁（新訂版、平成一四）。

四　客亭での諸場所の秩序

主客拝礼の後、座につく。主人と尊者の間では揖譲など煩雑な礼をとりつつ南階を昇るが、今は省略して、座につく進路にのみ着目しよう。

図3にその進路を示しておいた。尊者は西五間より南廂に入り、そのまま真直ぐに進んで二つある「尊者座」の奥方の座についている(1)（図3の破線）。「尊者座」は「尊者横座」とも「尊者横切座」(2)ともいわれるが、奥方の座を「奥座」、端のものを「端座」という。この命名は対座に配された「公卿座」についても同じである。「公卿座」では、さらに、前者を「北座」「内座」「南面座」ともいい、後者を「南座」「外座」「北面座」ともいう。その命名の根拠についてはすぐ推察のいくものもあるが、後に問題

表2 「大臣大饗」の饗所一覧――（1）正月の大饗（母屋大饗）

	主人	饗所	公卿	弁少納言座	外記史座	晴向	備考
延喜19（九一九）	時平					東	『西宮記』に貞信公、延木十九年御記云、予左西妻廂見客
承平7・正・10（九三七）	忠平					（東）	雨儀で、『西宮記』に納言以下官吏以上自東台南廂、各着座
天慶6・正・10（九四三）	忠平					東	『西宮記』同記（吏部記）云、詣大相府饗所〈中略〉即東廂進云々
天慶8・正・5（九四五）	実頼	小野宮	寝殿西放出設客座（『西宮記』）寝殿母屋尊者西面納言以下座南北面東上	寝殿西廂東面北上	西対東廂北上東西面	西	『九條殿御記部類年中行事二』に主人大臣座南廂西方五間西面垣下親王座在南廂西二三間、北面東上
天暦3・正・15（九四九）	師輔					（東）	『九條殿御記部類年中行事二』に家大饗於東殿行之
			先例大饗日、東有放出之客亭者〈下略〉			東	『九條殿御記部類』天暦元・正・4の仲平大饗の割注に「暦云」云々としてある。同じ記事と推察されるが、『西宮記』に承平八年正月四日九記云、殿大饗云、先例東有放出之客亭者、
永久4・正・23（一一一六）	忠通	東三條殿	寝殿母屋尊者西面公卿座対面東上	寝殿西廂東面北上	西北廊母屋東一間～三間	西	『類聚雑要抄』指図アリ

——（2）任大臣大饗（廂大饗）

正暦2・9・7（九九一）	為光	一條殿	寝殿南廂 尊者西面* 納言已下東上南面**	寝殿西廂 東面南上	西対東廂 北上対座	西	『初』 *東二間　右大臣端。内大臣奥 **第三間半以西
延久2・3・23（一〇七〇）	教通	大宮亭（大二条二東）	寝殿南廂 除西三間以東六間	寝殿東廂二間南北行	東透廊	東	『任』 第一・二間尊者 自第三間至五間納言以下座 中納言以下対座
承暦4・8・14（一〇八〇）	俊家	花山院	寝殿南廂 東上	寝殿西廂 南上東面	西対北上対座	西	『任』 北辺敷大納言已下座 南辺敷下﨟中納言一人宰相三人座
天永3・12・14（一一一二）	忠実	東三條殿	寝殿南廂 西六箇間	寝殿西廂 三間	西廊	西	『任』 但臨東宰相。二行対座
天承元・12・22（一一三一）	宗忠	三條西洞院	寝殿南廂四間	寝殿西廂 三間	東対（？）	東	『任』
建暦2・6・27（一二一二）	道家	京極殿	寝殿南廂	寝殿東廂（？） 南上西面	（東）対代 北上対座	東	『任』 大中納言南面 参議対座
保安3・12・17（一一二二）	内大臣 家忠	花山院	寝殿南廂 東一間～五間	寝殿東廂 南二間～三間	東北廊	東	『類聚雑要抄』 指図アリ、尊者座ヲ家主座トシテイル
保延2・12・9（一一三六）	内大臣 頼長	東三條殿	寝殿南廂 西一間～五間	寝殿西廂 南二間～三間	西北廊母屋西 一間～三間	西	『類聚雑要抄』 指図アリ、尊者座ナシ

『初』＝初任大臣大饗雑例、『任』＝任大臣大饗部類

図7　大臣大饗（『年中行事絵巻』）

にしよう。

公卿は南階を昇り、いったん簀子を西下した後、端座につく人は西二間より南廂に入り南廂を東上して自分の座の間より母屋に入って座につく[3]（図3の鎖線）。奥座につく公卿は西一間[4]より真直ぐ入って「弁少納言座」の前を進んで屏風のところで右折して座につく（図3の破線）。

弁少納言は透渡殿の西階より昇り、西広廂より西廂の座に着いている。その際、少弁の一人のみが西妻戸を通って座に着いている[5]。外記史は彼等の座のある西北廊の南簀子の西階を昇り、着座する[6]。

このように着座した後、「宴座」が始まる。図7は『年中行事絵巻』にある「大臣大饗」の図であって、東三條殿での「宴座」の状態と推察されているものである。饗所の諸場所の秩序を見るために、さらに「宴座」での人々の動きを追ってみよう。

まず、主人は起座[7]して簀子に出、簀子を西行し、一世源氏座の上《かみ》で盃をとり、西一間で廂入りし、東進して尊者座の間で母屋入りし、端の「尊者座」の西南に北東向に着座する。そして、そこで飲酒の後、この盃を尊者に与えて酒をつぐ。この頼長大饗では第一の尊者が欠席で、第二の尊者は奥座に着いていたが、この時端座に移動してきて、この盃を干す。これを見とどけた後、主人はもとの路をとって帰るが、帰る先は先の座ではなく、南廂の西六間に西北向に設けられた主人座に着く[8]。わざわざ、西一間で出入りしているが、『江家次第』には、

摂関太政并納言尊者直着二廂座一

とあって、このような条件のもとでは真直ぐに「主人座」に着くという。

この盃は第一の端座にいる大納言に渡され、飲酒をくりかえし端座を順次流れ巡って端座の末の中納言の台盤の下に置かれる(9)(図8)。また、本来ならば、『九條殿御記』にあるように、

親王勧於奥座

であるが、尊者の一人が欠席で奥座は空であるので、第一の奥座の大納言に参議成雅が親王がいないためにその役目をしている。つまり、西広廂を北進して弁少納言の上より入って公卿の奥座の後から東進し、自ら飲んだ後一大納言に盃を授ける。帰路も本路をとる。この盃は奥座を巡流し、さらに「弁少納言座」に渡って、その末座に至る(10)。

さて、奥座の一大納言への奉盃について、二献では、「弁少納言座」の「上《かみ》」を通っているが、それ以後もこの路は図9にある通りかなり乱れている(11)。このことについて『江家次第』には、

有二非参議大弁一者、不レ渡二其座上一、仍入レ自二庇一間一経二弁座前一可レ進歟

といっており、『西宮記』にもほぼ同じ内容の記載がある。「非参議弁座」は、

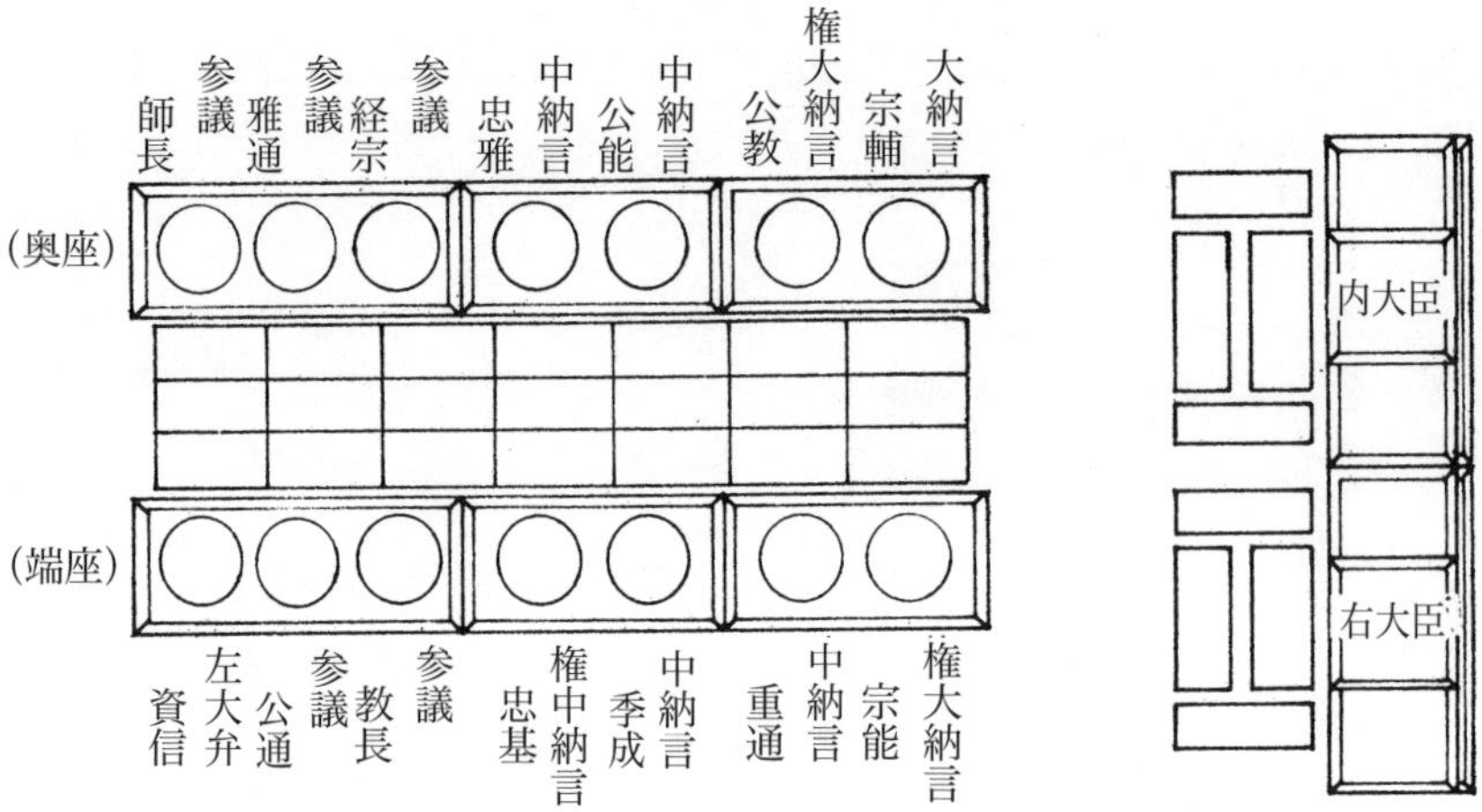

図 8　公卿座――頼長大饗。ただし、尊者の一人の右大臣は欠席。

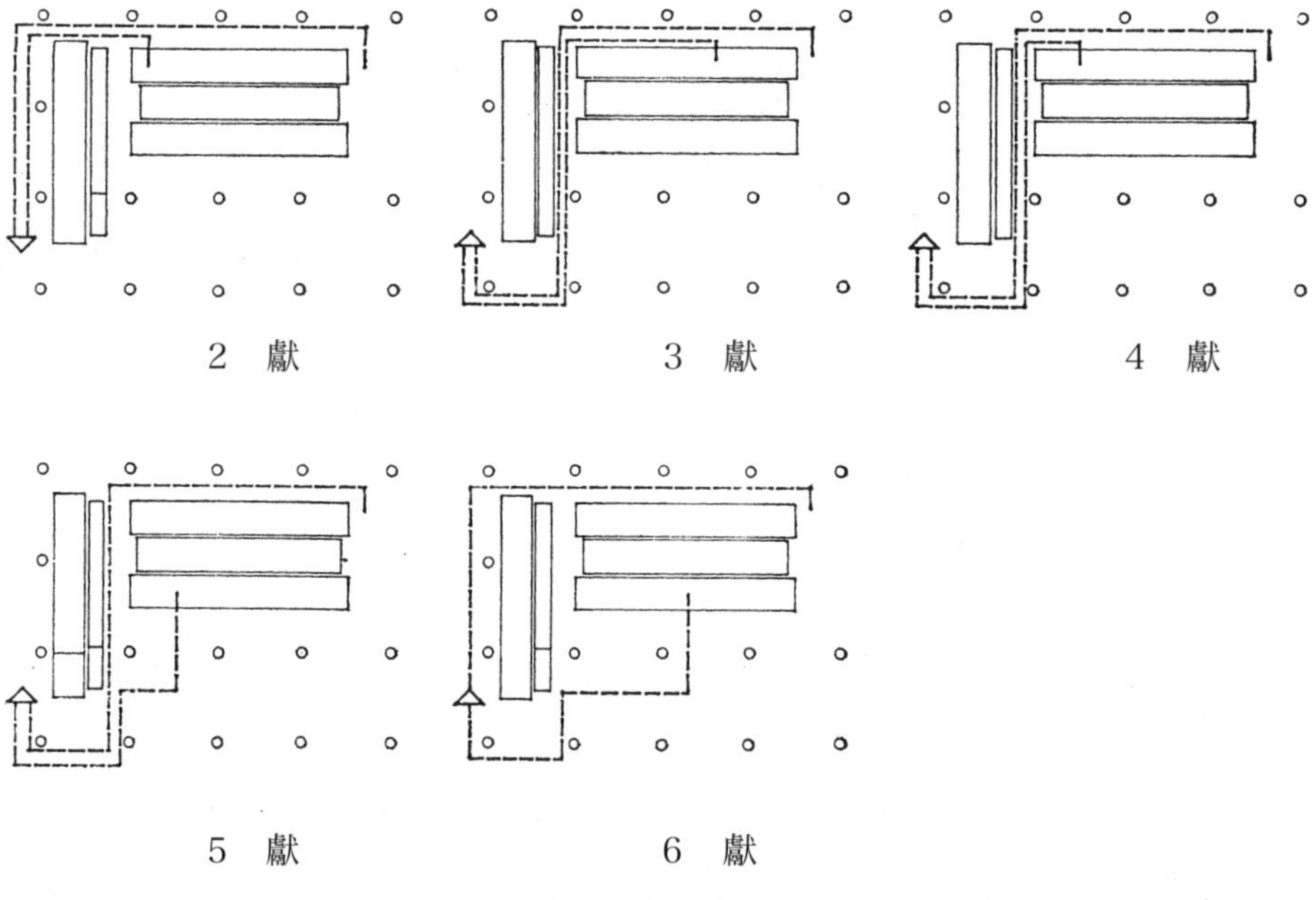

図 9　奥座の大納言への奉酒のサービス動線。△は西妻戸前の盃を受け取る際の体の向きを示す。

図10　中宮の大饗——玄輝門の西廊（『年中行事絵巻』）

「少納言座」と離して、表1（二〇頁参照）にあるように、無褥高麗錦縁龍鬢円座で出来ている。この理由は推察し難いが、先述の主人の帰路と同様に、身分によって定まる形式であることは確かである。

盃の流れだけを見ると公卿座の対座間には相互の関係は見られない。「廂大饗」の場合では、「公卿座」の対座は公卿の数が多すぎることによるのだとしている[12]。この頼長大饗では図8のように奥座に民部卿が、端座末に資信がいるが、『兵範記』によれば、

一大納言在奥之故、左大弁着端座末、是例也

とあって、例の通りである。したがって、そこには奥座に優位性があるようで、これは「廂大饗」の端座を設けた理由に呼応する。しかし、「尊者座」では端座の方が位の高いことにも注目しておこう。この饗所は西晴で、東上となるのは分明であるが、「弁少納言座」は北上である。「廂大饗」、例えば保元二年の基実のそれは南上である。この北上、南上の対立は、盃の流れなど儀式からの要請に応ずるものの如くで、寝殿西廂に南北方向についての一定の秩序があるわけではなさそうである。頼長大饗での「待《まち》膏《あぶら》」の時、「弁少納言座」に客が着くが、その際には「南上東面」（『兵範記』）であって、この推察を裏づけている。儀式の内在的な秩序が優っているのであろう。それは、図10に見られるように玄輝門で営まれる中宮の大饗の着座形式にも同一の秩序が伺いうるからである。儀式に内在的な秩序の優位である。

二獻以後は客が各二名ずつで主人側の役目を務め、ほぼ同様な行事がくりかえされ、七獻、ないし八獻に及ぶ。頼長大饗では七獻目に頼長自身が奥座の一大納言、及び「弁

図11　大臣大饗での禄事——東三條殿（『年中行事絵巻』）

少納言座」の大弁に酒を盛った盃を授けることで宴座を締めくくっている。少し詳しくいえば、二獻では、上客料理所からの「餛飩《こんとん》」がすすめられる。三獻では「鷹飼」「犬飼」の事があった後、竜頭鷁首船が出、楽舞が催される。したがって、図7（二六頁参照）の状景はこの三獻目のものである。南庭にある酒部所からの盃が上客料理所の献ずる土器に変るのは四獻目であるが、[13]そこに「宴座」の一つの区切りがあるようである。「宴座」が終れば「隠座」である。

「隠座」[14]は菅円座十五枚を南簀子の上に南階東頭から西へと連ねて敷く。そこに主人・尊者・公卿が「東上南面」して着座するが、

至二于隠座一者、不レ論二主客一、任二座次一差レ之、是例也（『台記』）

である。弁・少納言は広廂か透渡殿に、また南階前砌に「召人座」が黄端帖で設けられ、「東上北面」（『兵範記』）する。これらの座を挟んで、笛・琵琶・和琴・箏といった糸竹興があり、また饗応がある。

三獻の「鷹飼」や「犬飼」に対して既に始まっているが、この「隠座」の間に「禄事」が次々と催され、それぞれ一定の形式をくりかえして拝禄し、退出していく（図11）。そして尊者の退出をもってこの長い饗宴は終了する。

〔注〕

1　主人直着親王座東頭、尊者自円座東間入庇経右府座後着座（『兵範記』）。
ただし、『江家次第』には、

経二簀子一西渡可レ着二親王座一也

とある。尊者についても「直着座」のほか、一度西行して廂西一間より入る例を掲げている。また、「若太政大臣摂政関白大饗、并致二家礼一尊者」の場合は、

自二主人前一進着座、下臈尊者経二座末一自二奥方一着〈下略〉

2 尊者横切座（『類聚雑要抄』）。
尊者横座（『北山抄』）。
尊者の奥座、北座（『九條殿記』）。
南座、北座、外座、内座（『江家次第』『西宮記』）。
奥座、端座（『兵範記』『台記』）。
南面座、北面座（『九條殿御記』）。

3 奥座の第一座につく大納言宗輔については、『台記』では、

入レ自二南面一間一経二弁座前一着二奥座第一円座一

とあって、問題はないが、端座につく宗能については、

入レ二自南面西一間一、経二母屋西一間一自二座与レ柱之間一東行、着二端座第一円座一

とある。しかし、同じく『台記』は、

常法、自レ廂東行、入レ自二母屋巳座間一、但此路前非レ無二其理一

と考えていることは、また『江家次第』にもほぼ同じ記載があることもあって、大饗での行動の空間的形式が重視されていることを示している。

4 母屋や廂での位置を柱間の端から数えた序数で示すことはよく知られたことである。母屋のそれは問題はないが、廂については一定しない。例えば、『兵範記』には、頼長大饗について「伺見大饗装束儀」として、

寝殿母屋棟別、以西四ヶ間、南庇六ヶ間、西庇二ヶ間

としているのに対して、同じものを『台記』は、

寝殿母屋西四箇間南廂五箇間〈中略〉西府三箇間

としている。つまり、南廂の西端の間、つまり西廂の南端の間を南廂と西廂のどちらに入れて数えるかが問題である。『台記』はこのことに触れて、先の引用文の割注に、

西一間為二西廂分一、不レ計レ之、後效レ此（至二于次第一為二南廂分一）

として、どちらでもよい様に書いている。事実、親王座については「南廂西二三間〈中略〉為親王座」として原則を踏襲するが、すぐに、「南簀子西第一間（謂二西廂一）」と引用文の括弧内の表記法をとっている。しかし、総じて後者の方式が優勢である。ここでは、西南妻戸の前での儀式に係わる間数の用法より判断した。

5 斜北進、経二幔北端一、昇レ自二透渡殿西階一、東進著廂（右小弁資長入レ自二妻戸一）（『台記』）

6 出レ自二幔門一自二幔西北一進、昇二西北廊南簀子西面小階一（『台記』）

7 この時、客達は席をはずしたりして平伏する。参議は平伏するのみだが、ただし、

新宰相中将師長朝臣起座、被座被物所前、依子息之礼、蓋故実之甚也

四位少納言巳下退下、長押下平伏

大夫史師経以下下居南簀子、南面平伏、外記動座亦平伏（先例外記動座平伏定事也）

8 自二簀子一西進、跪二一世源氏座畳上一〈中略〉入レ自二南面西一間一自レ廂東進、居二尊者座南一〈中略〉移二着右大臣座一、（此後不レ復二本座一）余飲了〈中略〉左廻西行、自二南面一間一還出〈中略〉余入レ自二同座間一着座（『台記』）

主人の母屋入りについて、また、復座についてそれぞれ『兵範記』に、

自尊者座間入母屋、居同座西南辺（向艮）

左廻経本路還出簀子東行之間

9 更盛レ酒授二尊者一、尊者受レ之〈中略〉更盛レ酒、授二宗能卿一、卿受レ之、復二本座一、依レ次流巡、左大弁還二盃於台盤下一（『台記』）

左大弁とは資信である。

10 自二弘廂一北進、入レ自二弁座上一経二奥座後一居二一大納言座東頭一〈中略〉成雅飲了、更盛レ酒、授二一大納言一〈中略〉其盃依レ次巡二行参議師長、同少納言成隆一〈中略〉依レ次巡行、資長置二盃於台盤下一（『台記』）

師長と成隆との伝盃は『兵範記』に、

成隆朝臣経大弁座後并東居師座乾（辰巳向）、指笏受盃、帰本座

『西宮記』の記事もこれに矛盾しない。

11　実際、『兵範記』は、

　起奥座、経弁座前、出南面西一間、跪西戸前取盃、自弘庇北行入自大弁座上、勧奥座上民部卿

ただし、『台記』はこれらを凡て「弁座上」としている。

12　『初任大臣大饗雑例』には、

　正暦二・九・七、右大臣重信饗所、公卿座席頗短、仍参議対座

　延久二・三・二三、教通大饗、中納言已下対座、須終始一行鋪之、而近代以降諸卿員数甚多、座席不定也、仍如此歟

13　四献自レ此以二土器一為二酒盛一、〈中略〉上客料理所献レ之〈中略〉瓶子酒部所献レ之〈中略〉四献了渡二酒部所瓶於上客料理所一（『江家次第』）

14　取二菅円座十五枚一敷二南簀子欄下一、第一円座、在二南階東頭一、〈中略〉〈中略〉移着、（割注略）東上南面、余白二簀子一着レ之、尊者出レ自二親王座東間一、（初入間）着レ之、端座納言、参議、出レ自二両面一間一着之〈中略〉奥座納言参議、経二弁座前一出二南面西一間一着之

つまり着座した時の進入路と同じ路をたどって「隠座」に着いている。

五　諸場所の秩序と方位

諸場所の秩序に焦点をしぼって、「大臣大饗」を概観してきたが、当然なこととはいえ、そこには強く儀式性が現われていた。例えば、寝殿への主要な出入口と思われる西南妻戸が、この大饗での使われた例は記されている限りではわずか次の二つの場合だけである。着座の際、「弁少納言座」の末座にすわる人がこの妻戸を通る場合と、二獻の際の「弁少納言座」への「餛飩」の搬入がこの妻戸を使ってなされる場合とである。それを除けばほとんど、南廂の西一間、西二間、ないし西廂の南三間であった。

このような儀式における諸場所の秩序と日常におけるそれらの秩序との差異は他にもあるであろうし、また一致しているところもあるであろう。日常のそれが明白ではない今、このことはこれ以上の究明は不可能だから、とりあえずはこれら二種の諸場

所の秩序という空間相のあることの確認のみにとどめておこう。

さて、儀式の諸場所の秩序については前小節で詳述したが、そこでは総じて身分がこの秩序の契機《モメント》になっていることは明らかである。それは、図8（二八頁参照）に示した「公卿座」を占める公卿の位からわかるように、上手・下手と奥・端の絡まった秩序となって現われ、また、図9（二八頁参照）に示したように、上手・下手と前・後の絡まった秩序となって現われていた。その際、この秩序は「東上」「北上」なり、「南面」「北面」なり、方位に於いて示されること、及び「奥座」「端座」「内座」「外座」という命名に注目しよう。

まず、後者の命名であるが、奥・端にしろ内・外にしろ、それは建物を前提として初めてありうるもので、したがって、建物による秩序に属している。建物がつくり出した諸場所の秩序である。そしてそれらは上手・下手に関して固定した価値を持つかの如くであるが、はたしてそうであろうか。既に見たように西礼や東礼を思えば、「上手」「下手」も方位と無関係ではない。方位との係わりはどうであろうか。

わが国の古代の儀式を問題にする場合、一般的にいって中国との関係は無視しえない。儀式に係わっての方位についても例外ではない。そこで、「大臣大饗」に比較的近い、「燕礼」及び「郷飲酒礼」[1]における方位について『礼記』と『儀礼』に垣間見よう。『礼記』の伝来は百済の五経博士段楊爾の来朝時であろうといわれ、「平安時代には一貫して鄭注孔疏の正義本礼記が読まれた」[2]のであって、大饗における方位を浮彫りにする対照として、『礼記』を参照することはあながち無意味なことではなかろう。また『儀礼』はその作法や儀礼の詳細が解るからである。

大饗とこれら儀礼の間にはいくつかの重要な差異はあるが、庭中での客（卿・大夫・士・祝史）の列立・揖や阼階での揖譲など多くの類同性も見られる。その一つに堂上の席に主人・賓など[3]が就いて飲食することがある。その時、公もしくは主人は堂の東方にあって西面し、賓は北方にあって南面する。「燕礼」では賓の東（左）に東上で卿が、賓の西に東上で大夫が南面する。「郷飲酒礼」では賓の西に衆賓が南面し、さらに西階の上で介が東面する。これは西礼の「大臣大饗」の配列に表面的には類似しているが、はたしてそうであろうか。

『礼記』は「郷飲酒義」でこれらの人々の席について、

四面の坐は四時に象《かたど》るなり。天地厳凝《げんぎょう》の気、西南に始まりて、西北に盛なり、此れ天地の尊厳の気なり。此れ天地の義気なり。天地温厚の気、東北に始まりて、東南に盛なり。此れ天地の盛徳の気なり。此れ天地の仁気なり

という方位についての意義を述べて、

主人は賓《ひん》を尊ぶ、故に賓を西北に坐せしめて、介《かい》を西南に坐せしめ、以て賓を輔《たす》けしむ。賓は人に接するに義を以てする者なり。故に西北に坐す。主人は人に接するに仁を以てし、徳厚を以てする者なり。故に東南に坐して……

とか、

賓必ず南に郷《むか》ふは、東方の春なり。春の言為《げんた》る蠢《しゅん》なり、万物を産する者は聖なり。南方は夏なり。夏の言為る仮《か》なり、之を養ひ、之を長じ、之を仮《おほい》にするは仁なり

とか、

主人必ず東方に居る。東方は春なり。春の言為る蠢《しゅん》なり、万物を産する者なり

といったように、方位自身が持つ意義に応じて、賓や主人などは堂上に席を占め、また、その方向に面するのである。『礼記』の「燕義」には公（君）の西面について、

君独り升《のぼ》りて席上に立ち、西面して特《ひと》り立つは、敢て適する莫きの義なりともいっている。

「大臣大饗」の饗所では、これらに対比して、表2（二四頁参照）に示したように、東礼の例も西礼の例におとらず多くあり、この両礼では東西に関して反転する座の配列と儀式行動をとるのであってみれば、「郷飲酒礼」などのような方位に固定した意義に応じた仕方でない。ここでは方位は単にそれらを定位する基準になっているかの如くである。少なくとも東西に関してはその通りである。「上手」「下手」といった儀式上の諸場所の秩序は、中国のように方位に固定した意味に応じてのものではなく、何か別の要因に基づくとしなくてはなるまい。

もっとも方位に固定した意義に応ずる例はわが国にあってもないわけではない。例えば、寝殿造りの重要な部分である池庭の作造に関する平安時代末期の書、『作庭記』には豊富にその例を見出しうる。しかし、今は方位についてかかる異なる係わり方のあることの確認にとどめて、すべて後にまわすことにしよう。

〔注〕

1　「燕礼」は池田末利『儀礼Ⅱ』昭四九によれば「「寝において燕飲して射を楽しむ」のが目的であって、鄭玄などは以下述べるように、これを諸侯・卿太夫の行なう礼と見ている」であり、「郷飲酒礼」は同じく『儀礼Ⅰ』には「諸侯の郷大夫が〈中略〉礼によってこれ（君に獻ずる郷中の賢者や能者）を賓として遇し、一諸に酒を飲む」礼である。

2　竹内照夫、『礼記』上巻（新釈漢文大系）昭五一、九頁。

3　「燕礼」では事実上の主人である公は小臣に命じて主人の役を務めさしている。賓は、「燕礼」では卿・大夫のうち大夫から選ばれる。「郷飲酒礼」の賓は三人の賓主と衆賓とからなる。

第二節　諸場所の秩序と場所の粗描

一　諸場所の秩序とその形式性

「大臣大饗」における儀式的な諸場所の秩序が建築や方位によって方向づけられていることを確認した。その仕方は異なっているであろうが、日常的な諸場所の秩序もまたそれらに方向づけられているのであろう。このような空間的事象はどのように理解すべきであろうか。

「まえがき」でミンコフスキーの「生きられる空間」を引用して既に触れたように、その中で生き、かつ生きつつある空間こそ本書でまずは取上げるべきものであろう。前節で見てきた事象も、少なくとも概念化・操作化をうけたものではないという意味でこの空間に属する。フッサールの『ヨーロッパの学問の危機と超越論的現象学』の小見出しの一つに「原理的に直感可能な世界としての生活世界――原理的に非直観的な〝論理的な〟構築としての〝客観的・真なる世界〟」と対置されて問題にされているが、その一方である生活世界に属する事象である。[1]そして、後者を括弧入れして、この生活世界を主題化する際、なおそこには二つの態度がありうることを現象学は教えている。すなわち、「知覚や経験の事物は知覚の意味からして元々空間・時間的事物である。つまり、形態 Gestalt 昔と持続 Dauer を持ち、空間と時間の中に位置を占」[2]めるという、空間に限定していえば、空間の先在性を自明とする自然的態度と、空間を明証な直観にもたらし、空間構成に関心する超越論的態度である。諸場所の秩序が建築や方位に方向づけられるという事象を問題にしようとしているわれわれにあっては、空間が明証な直観にもたらされることが要請される。

この態度での空間とは、結論を先取りしてフッサールによっていえば、「私はできる Ich kann」である運動感覚的意識 kinästhetisches Bewußtsein において開かれている、つまり身体において開かれている理念的場所秩序 ideelle Ortssystem[3] である。運動感覚的意識である場所秩序は理念的であるというのである。

さて、具体的にここに居てそこにある事物、例えば直方体の箱を例として、この秩序について少し布衍しておこう。この箱はこちらに或る側面を見せながら他の諸事物に互してある。この諸事物は領野 Feld を形づくっているが、この側面はその領野のそこという場所 Ort を占めている。そして、この側面には様々な見え Aspekt（局面）がありうることから解るように、それは一つの見えにおける現われ Apparenz である。[4]

しかるに、この見えにおいて現われうる箱の側面は多くても三面のみで、他の側面は隠されている。しかし、この現われている側面は事物の側面として現われているかぎりでは、或る側面において他の側面があるはずとする指示関係のうちにある。すなわち、この或る側面は地平 Horizont であるが、この地平意識は回り込めば他の側面は見うるという「私はできる」の信憑の上にある。そして、この地平は領野のそこを占めているのであるから、いわゆる地 Hintergrund の上の図[5] Vorgroud としてある。地の地平については後に触れることにする。

そして、この領野は、その内景がどのようであろうとも、常に私の身体としての絶対的ここに方向づけられている。つまり、前・後、左・右、上・下、遠・近等にと方向づけられている。[6] それらは程度を異にし、様々に組み合わさって諸事物の占める諸場所が立ち現われている。その中にあって絶対的ここは常に静止していて動かない。

この絶対的静止としてのここは対象化しえないことに注目しなくてはなるまい。先述のような方向づけられた領野において生きられるのみである。対象化しえたとしても、そのここは物体 Körper としての身体の占める場所であって、それは領野を形づくる諸場所の中にあって、その中を動きうる。諸場所は、したがって、かつてのここ、これからのここといった意味を持ちうるものである。しかし、それは絶対的静止としてのここではない。そうではなく、絶対的なここは、私の運動の相対的ここである諸場所の基盤となっている。[7]

そして、このように方向づけられた領野にある見えは私の運動によって変化する。換言すれば、この見えはノエシス Noesis としての運動感覚[8]に相関する。つまり、それは、同じ見えを運動の流れにおいて可逆的に自由に保持しうるという、見えについての位置と形態の契機 Lages- und Gestaltsmoment を構成するものである。その前者に係わる位置感覚 Stellungsempfindung[9] に関して、フッサールの言で云えば、像phantom[10]の全ての見えは運動感覚に、つまり、感覚的静止乃至運動と或る関係にある。

そして、この運動は、

その各相で静止しうるし、さらにこの静止相は（可能な運動の）開始相と終了相として一致しうるものである。つまり、静止相は可能な運動の終了として再認しうるし、運動の終了は再び新しい運動とその終了の可能な始まりでありうるといった具合である。かくして、「運動感覚的空間」は持続的な（運動感覚的な）行動にとっての停留位置としての、すなわち、始まりの静止と終りの静止としての可能的な運動感覚的諸場所の秩序である[11]。

形態《ゲシュタルト》が見えの地平という可能的秩序のうちにあるのと同様に、位置の契機に関しても可能的な、すなわち理念的な秩序が認められるのである。このフッサールの言明の中に「空間」という言葉が使われてはいるが、恐らくそれは客観性の問題に係わって他者の構成の問題を介しなくてはなるまいが、そこでは領野から空間への繋がりは問われてはいない[12]。しかし、両者は、超越論的態度にあっては「私はできる」に開かれている可能的な、理念的な諸場所の秩序であることには変りがない。そして、その秩序は絶対的静止としてのここに方向づけられており、「私はできる」の場所はかかる絶対的ここである。

ところで、見え（局面）が「私はできる」の、とりわけ位置感覚などに相関して変化することを見たが、この変化は事物と位置データが機械的に運動するかの如くに解されやすく、したがって、運動感覚は機械的な能力と看なされやすい。しかし、事物はあくまでも局面においての現われであり、局面と位置データが権利上連動するにすぎない。身体はむしろ事物によく対処しようとしてのよき現われを保持しうる能力なのである。つまり、世界に対処しうる能力である。その意味で、「私はできる」は最も根源的事象に属している。

一方、かかる能力を欠いた状態、可能化への信頼を欠いた状態がある。例えば自閉症である。この能力がいかに根源的であるかを、そして対象化しえない絶対的なここをこの症状を手引きにして見てみよう。山中康裕氏は自閉症について次のようにいう[13]。

> 「自他の分離以前の自己の存在の根底にかかわるもの」なのであって、自己が自己であることの成立している場所としての、もっとも根源的な次元における人間関係の拒絶という、独特の現象たる《自閉》を主徴とするものをいうのである。

このような根源的な変転としての自閉症の成立事情について、B・ベッテルハイム[14]は、赤ん坊は既にして「行動を介して環境に達することをおぼえる」が、

> 世界があまりにも早く根本的に欲求をかなえてくれない場だと体験されると、おそるべき事態となる。

つまり、

> たとえ、驚異に値する出来事でも、われわれがそれに対してなにも為すことができないのであれば、われわれの注意をひかない。予測をたててみても、如何ともしがたい事態を前に、ただ怖れとふるえを増すにすぎない。それに対して、準備や変更ができないのならば、前もって怖れおののかない方がよい。また、予見したり是正したりしない方がまだましである。それよりも、世界からすべての注意をひきあげてしまった方が一番よい

という。これはまさしく「私はできる」の矮小化状態であり、山中氏の指摘にもあるように、人間関係の拒絶でもある。つまり、乳幼児期での対人関係（とりわけ母親との関係）の失敗がかかる能力の成熟を妨げたと説明されるように[15]、「私はできる」と人間関係は同一の事態の二面なのである。したがって、自閉症は逆に、諸場所の秩序に与かる絶対的ここは他者に開かれており、他者を内包するものであることを示唆している。

如何ともしがたい世界を前にしては、ベッテルハイムがいうように、そこから注意を引きあげ虚無と看なすか、世界に同一に留まるようにと常同的な秩序をおしつけるしかない。空間的事象についていえば、諸場所の配置を常に同一に留め、同一の手段で取扱うという硬直した諸場所の秩序である。ミンコフスキーは、先の生きられる空間について、

街でわれわれはたくさんの人々と行き交う。だが、なぜ彼らがわれわれの通る路の上にいるのかを知りたいという考えは、少しもわれわれに浮ばない。……それは全く偶然だ。(16)

のように、生きられる空間は偶然とか偶発性を許容しており、それは世界に対拠する際の秩序である。自閉症が逆に示すように、またこの生きられる空間の示すように、諸場所の秩序は、「私ができる」の信憑において開かれるフレキシブルな秩序である。

さて、このような場所の秩序の考察は、生活世界に於いて展開されていることでも明らかなように、日常的な諸場所の秩序の考察につながっていくであろう。一方、「大臣大饗」についての先の探究で見たように、儀式的なその秩序は硬直していて常同的であることで、自閉症の秩序に似ていないわけではない。しかし、「大臣大饗」に参加する人々は饗所の秩序が一時的なものであることを承知しているし、その秩序の細部についてはいくつかの異なる意見があることに明示されるように、自閉症的ではない。「私はできる」といったこと自体に係わる根源的な変革ではない。むしろ、この儀式の硬直した秩序は、例えば、先の饗所での着座の際簀子よりの廂入りの箇所は端座の公卿は西二間、奥座の公卿は西一間といったように、区別すること自体に意義を見出そうとするような、いわゆる儀式性に多分に負うてはいる。

しかし、もし生死に係わるような状況があって、それを儀式を通して乗越えようとする際の秩序はどうであろうか。「大臣大饗」は或る緊張感と形式性の中にその状況を伺わせるのみで、そういう事態ではなかった。しかし、かかる状況をわれわれは日常的な秩序を設定しようとする際には取上げざるを得ないであろう。

〔注〕

1 E. Husserl,『Die Krisis der europäischen Wissenschaften und die transzendentale Phänomenologie』1954, S.130.

2 U. Claesges,『Edmund Husserls Theorie der Raumkonstitution』1964.

3 U. Claesges, ibid., S. 73. ideelle とは Idee（理念）に関係するとか、Idee によるとかを意味していて、aktuelle, reale に対立して使われる。

4 通常の用語では Abschattung（射映）と Phänomen（現象）である。

5 E. Husserl,『Notizen zur Raumkonstitution』1934, S. 31.

6 E. Husserl, ibid., S. 25.

7 メルロ・ポンティは『眼と精神』（『L'oeil et l'esprit』1964）の中で、「私の位置の移動はすべて、原則として私の視野の一角に何んらかの形で現われ、〈見えるもの〉の地図に描きこまれる。そして私の見るすべてのものは、原則として私の射程内に、少なくとも眼なざしの射程内にあって「私がなしうる」（je peux）ことの地図の上に定位されるのだ」（二五七頁）と簡潔に述べている。

8 具体的には、眼（片眼、複眼）・頭・上体・歩行運動という身体における感覚である。自然的態度にあっては運動する感覚体 Organ であるが、超越論的態度にあってはノエシス的側面である感覚すること Empfindung とノエマ的側面である感覚 Empfindnis よりなるものである。

9 他には Datenempfindung があり、その相関者は Aspektdatum、その集合が Feld である。

10 物そのものではなく、物の現われを示す用語と解される。

11 E. Husserl, ibid., S.29.

12 この問題については、フッサール自身の著書『Ding und Raum, Vorlesungen 1907』の第五部「Der Übergang von okulomotorischen Feld zum objektiven Raum」SS. 204 ～ 262 を参照のこと。

13 『自閉症』（『現代のエスプリ』No. 一二〇）七頁。

14 B. Bettelheim,『The empty fortress』1967.（黒丸他三名訳、『自閉症――うつろな砦』昭四八、八〇頁）。

15 ベッテルハイムは自閉症児が J・ピアジェのいう自己中心主義の時期、「その子が自分自身というものの存在に気づかすにいる時期と、自己中心的な傾向のもっともいちじるしい時期とは正確に一致する」とする、その時期の或る段階にも達していないという。

正常児のこの時期の間主観的世界について、メルロ・ポンティは自他が癒合した、「幼児は、おのれの（鏡に写った）視覚像に自分を感ずるように、他人の身体の中にも自分を感じます」（『幼児の対人関係』、一五九頁）ような構造であると云い、後につくられる脱中心的な客観的な地盤の底に常にあると云う。つまり、幼児の空間は自他の癒合の拡がりでもあり、自閉症はかかる癒合の拒否であり、生きられる空間への成熟が阻害されていたのである。

16　E. Minkowski, 前掲書、二七九頁。

二　場所について

領野を方向づけている身体としての絶対的ここを対象化しようとすれば、物体としての身体の占める相対的ここが現出することに注目した。言い換えれば、他の諸場所に対して動きうるものとして、相対的なここが現われる。そしてその都度、諸場所は相対的に変化しつつ、また、その領野の地平は乗り越えうるものとして開かれており、乗り越えられたものとしてその都度のさらなる地平の内へと取込まれる。

しかしながら、このようにして成立している諸場所の秩序は、全体としては動かない。個々の諸場所や地平はこの動かない全体に対して運動もしくは静止している。この意味でこの全体は絶対的静止のうちにあり、地平の地平といいうるものである。フッサールはこの全体としての場所秩序を大地 Erdboden という。[1] J・デリダはこの絶対的静止としての大地について、解説して簡潔に次のようにいう。[2]

> われわれの身体が動かず、そして現在のうちに基礎を持つ自己のここの永続性を去ることのないのと同様に、大地は動かない。大地は、したがって、絶対的なここの静止を知っている。すなわち、対象の静止、「運動様式としての静止」ではなくて、そこから運動と静止がまさにそのものとして現われ、考えられうる静止を知っている。

大地の擬人化というか擬身体化が見られはするが、それを度外視すれば、この通りである。そして、大地は土壌としてすでにここにありながら、同時に、

> 大地は、その無限な地平として、あらゆる対象―物体を超過している。というのも、大地は、そこから発する客観化の作業によっては決して汲み尽くされないのだから。

究極的には、対象化しえない、つまりは、生きることにおいてしか汲み取りえないものとして大地はある。

このことは、絶対的ここととしての身体についても同様であった。大地も身体も共に「運動様式としての静止」ではなくて、そのような相対的静止を支える絶対的静止であった。そして大地についての超越論的意識は、それとして気づかれることはないが、大地は生きられるそのことに内属しているからには、この意識は隠されている。メルロ・ポンティの言を借りていえば、大地という獲得物によって隠されている。したがって、絶対的静止は身体と大地として現われていて、その意味でこの静止は大地と身体に係っての意識の両義性を示すものである。

対象化される諸場所は、前項で見たように、運動感覚的意識である可能的秩序に於いてあり、かつそれを含む形で、両義的な超越論的意識の絶対的静止に於いてある。したがって、諸場所とこの絶対的静止との関係は同一レベルのものの間の関係でないことは明らかで、諸場所の十全な理解もこのような、いわば層関係の上で行われねばならない。

O・F・ボルノーは、『人間と空間』[3]の中で「場所 Ort」[4]なる言葉をとりあげ、その原義は「先端 Spitze」で、点的なもの、とりわけ地表での固定した点とする。たとえ、それが拡がりを持つとしても、その定まったところをいうとする。一方、同じように一定の点をさす言葉に「位置 Stelle」があるが、それは人や事物が占めたり、据えられたり、取り除かれたりする点である。このことについて、ハイデッガーは、事物は、

> その位置がいつでも何か別のものによって占められうるし、あるいは単なる印づけによっても代りうる、そういう一位置に於ける単なる何物か(5)

として現われうるが、場所はそういうものではなく、事物自身が場所であるような、何物かとする。したがって、位置は十全に対象化しうるもので、その意味では対象化された諸場所がそれに該当するであろう。しかし、先述したように、場所は絶対的静止に支えられていて、いわば層関係において理解すべきものである。以後本書でも、対象化される層と対象化されない層を貫くものとして「場所」なる言葉を使うことにしよう。

　事物自体が場所であるとはどのような事態であろうか。ハイデッガーは『存在と時間』で、開け容れることEinräumenとは配慮という脱自的な志向にあって、近づけることEnt-fernung（距離をとりさること）と遠くのものへの関係づけとしての方向を定めることAusrichtungだというように、現存在の在り方に着目する。この近づけることとは絶対的ここの解放であり、そのここを基層として成り立っている。また、

> この方向を定めることにより左や右の一定の方向が立ち現われる。人は常にそれを携行する(6)。

したがって、それらは、フッサールのいう身体としての絶対的静止と重なる。しかも、ハイデッガーにあっては、現存在の空間性、すなわち実存はその世界‐内‐存在に基づいてはじめて可能であるというのであるから、先の開け容れることとは世界においてであり、そこにその基底である大地が現成していると見なければなるまい。すなわち、ハイデッガーの場所においても両義的な絶対的静止にめぐりあう。

　しかし、場所を一元的に絶対的静止に還元することは不当である。何故ならば、とりわけ大地にあっては、その無限の地平という無限性によって個別の場所の特性なり差異なりが無化されてしまうからである。無限を基準にすれば、そのうちの個々の要素の差異は無化され、その運動はもはや不可能となる。したがって、場所は、少なくとも、個別性が保たれながら無限を許容す

るという概念でなければならない。このことにまさしく、場所《オルト》の原義が先端《シュピッツ》であるということが呼応する。先端とは対象的場所の最小であり、それが同時に無限であるということを示しているからである。この先端における個別性と無限性とは明らかに矛盾するが、それを開けるという起ることが支えている。換言すれば、開けることによってはじめて個別性と無限性が成立するのである。この関係は、『芸術と空間』の中でより具体的に述べられている。

ハイデッガーはその中で開けることとは事物が諸々の場所を解放すること（対象的場所から見れば諸場所を設定すること）、すなわち建てることであることに着目して、次のようにいう。

　諸々の場所は、一つの会域 Gegend を開きつつ、その会域を保護しながら、自らの廻りに開け放たれた処 Freies を集め、そのようにしてこの開け放たれた処が折々の事物の留まることと、その事物のただ中で人々の住まうこととを授与する。[7]

この会域について、ハイデッガーは、gegnen（起る、遭遇する）の名詞化 Gegnet を古形としてあげ、それは開け放たれた広がり freie Weite を意味するという。[8] これは、会域《ゲーゲント》が相向って立つ処を意味する造語であることを考えれば、この広がりはその間を指すであろうと推察される。遭遇において間が成り立っているのである。また、「まえがき」で既に触れたように、諸場所が内的に関連しあって一つの場 Ortschaft となるのであるから、この会域は場でもある。そして、開け放たれた処 Freies をまた空処 Offenes とも云っているので、これが建築とか広場とかいう場合の空間に該当しよう。もっとも、この空間は、云わば個別性と無限性である場所において集められているので、対象的な空間に還元できるものでもない。

振り返ってみれば、われわれは、空間が知覚領野に錨碇していることで、その探究を知覚領野から始めたのであった。そして、空間は恐らく、人間共同体を介して、つまり間接的な了解の仕方に支えられて、地平の乗り越えの中で構成されるものであろう。しかし、究極的には生の豊饒さにささげられた建築にあっては、このような外へ向っての無限の進行ではなく、むしろ踏み留まって生を深めることこそ課題だと看なしてよいであろう。その意味で場所にこそ関心すべきであり、そこでは当然絶対的静止の中に踏み込んで究明することが要請されるであろう。

そこで、以下の各章を通じて、絶対的な場所を解放するものであり、対象的な場所である具体的な古代のすまいをとりあげ、ここでの粗描に肉づけをし、この具体的な場所の究明を介して、建築的空間の基礎的な考察をすすめることにする。

〔注〕

1 E. Husserl,『Grundlegende Untersuchungen zum phänomenologischen Ursprung der Räumlichkeit der Natur』1934, S. 309.

2 J. Derrida,『Edmund Husserl, L'Origine de la Géométrie, Traduction et Introduction par Jacques Derrida』1962, p. 81.（『幾何学の起源』田島・矢島・鈴木訳、昭五一、一一九頁）

3 O. F. Bollnow,『Mensch und Raum』1963, S. 38.

4 Ort の訳語として「場所」を選んですでに述べてきたが、「場所」の「場」は「神を祭るためにはき清めた所」を原義としており、「所」が、ところの意に用いられるのは「処」の借用であり、「処」は几に腰をかけている足のさまを示している原字によるといわれる（『漢和中辞典』角川書店）。共に、後に見るように、Ort の意に近い。なお、「ところ」もまた、場所の意の「と」とまた同じ意の「ころ」が付いたもの（『時代別国語辞典』三省堂）とも、「とこ」（所）に助辞「ろ」を添えた（『大言海』）とも多くの異なる説があるが、いずれにしろ「場所」の意ともかさなる。また Stelle 的な場所として「ありか」があり、また他の語と連なって場所的意味を示す「か」「と」「こ」などがある。

5 M.Heidegger,『Bauen Wohnen Denken』1967, S. 30.（中村貴志訳・編『ハイデッガーの建築論―建てる・住まう・考える』平一〇、三十頁）

6 M.Heidegger,『Sein und Zeit』1963, S. 108.

7 M.Heidegger,『Die Kunst und der Raum』1969, S. 11.（竹内明弘訳「空間と芸術」、新田博衛編『芸術哲学の根本問題』昭五四所収、二八九頁）

8 M.Heidegger, ibid., S.10.

第二章　場所としてのすまい

「大臣大饗」が終れば、その装束は撤去され、再び通常の装束となる。先の頼長の東三條殿での場合も、もう翌日には饗所としての装束はない。復帰した東三條殿の日常生活は、そこが藤原氏にとっての儀所的意味あいが強いせいであろうか、それを示す資料の不足で詳らかではない。参考までに、保元二年（一一五七）七月六日後白河天皇の行幸時の東三條殿の様子をかかげておこう（図12）。寝殿が南殿、すなわち紫宸殿に擬され、東対が清涼殿に擬され、西北渡殿には東宮御所が、北東渡殿には中層御所が配されている。

東三條殿をはなれれば、日常生活の解る例はいくつもあるが、手短かに太田静六氏の研究成果を借りて示そう（表3）[1]。それは

表3　正頼一族の邸宅（太田静六氏による）

	正頼並に女一宮の邸	大い殿の娘邸	御子供の邸
寝殿	あて宮・いま宮等	北の方（女四の君）	女五の君
東対屋	女御の男御子等	女三の君（中務の宮の北の方）	女七の君
西対屋	仁寿殿の女御（大君）	中君（頭宰相殿の御方）	女六の君
北対屋	正頼並に女一宮（父母）	（北の方）	予備室
廊	男君の御曹司	男子等の曹司	

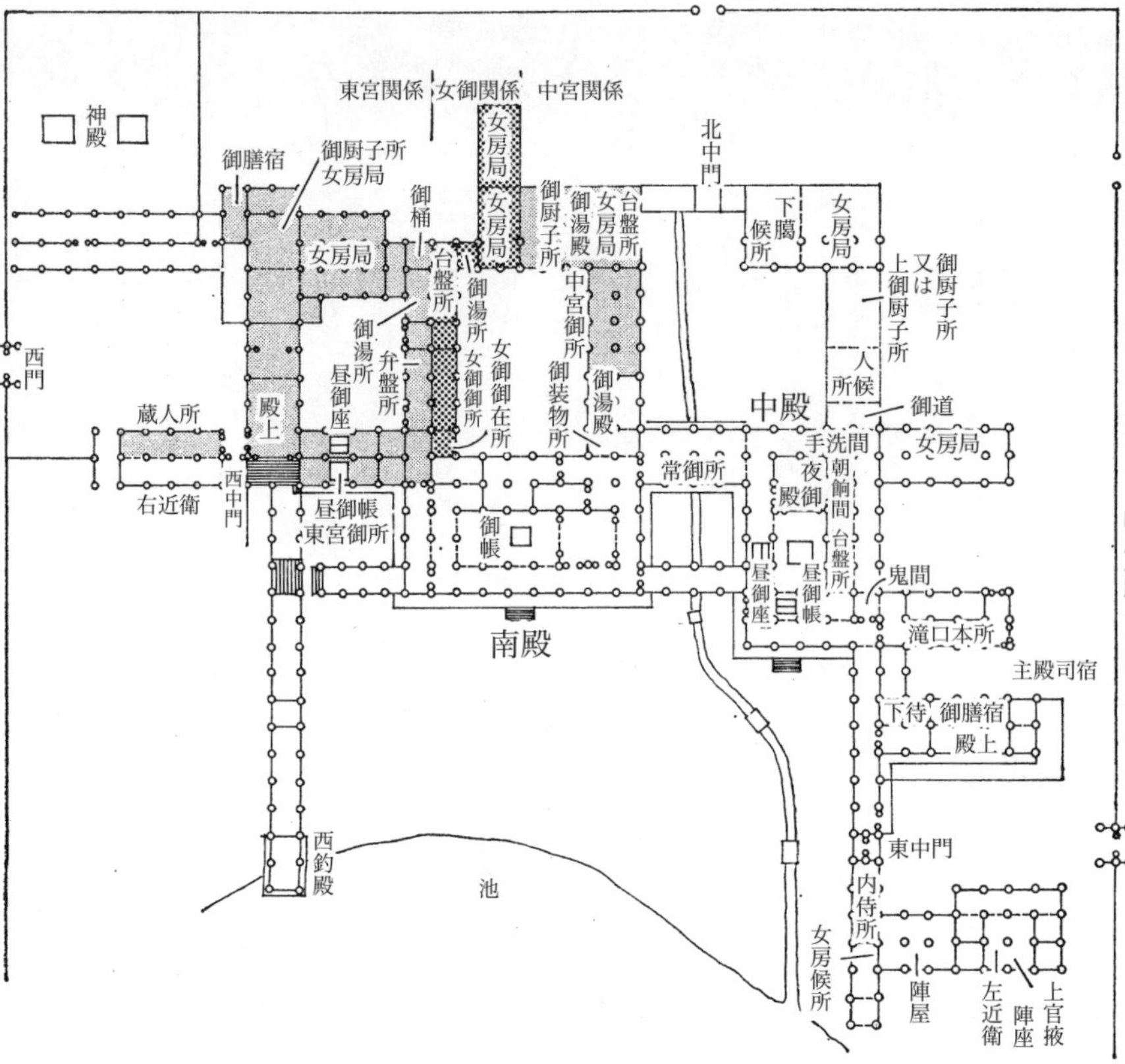

図12　後白河天皇の行幸時の東三條殿（保元2年7月6日）

『宇津保物語』に書かれた源正頼の四町の敷地にまたがる三条大宮の邸で、各町ごとに寝殿・対などを構える三つの邸（正頼並に女一宮の邸・大い殿の娘邸・御子供の邸）の各建物の住まい主が表3には示されている。

これは物語の中での仮構されたものではあるが、当時の一般的観想を示すと考えて取り上げる。ここで注目したいのは、正頼の娘達がそれぞれ婿を得て、寝殿や対屋、もしくはその一部に共《とも》住みしている点である。「妻屋」は『岩波古語辞典』に「結婚する夫婦のために建てる家。妻問い婚の時代、妻の族の家の端に作られた小屋」とあるが、少なくともその使用の仕方に関しては、この正頼の家も古来の妻屋と大差はない。廊や渡殿で結ばれた堂々たる邸宅であるにもかかわらずである。妻屋がすまいの象徴となりうる可能性は、正頼の家、つまりは寝殿造り住宅も古来同様にありうるはずである。そこで、より直截に示されることを期待して、時代を遡り、主として『万葉集』の時代に身を置き、事物であり、場所であるすまいを究明することにしよう。

〔注〕

1　太田静六、「宇津保物語に現れたる宮室建築に就て」『早稲田建築学報』、第十五号。

第一節　古代の家

ここに、「すまい」ではなく「家《いへ》」を表題に用いたのは、すまいに該当する言葉が古代にあっては、『源氏物語』に「御すまひ」、『方丈記』に「住居《すまひ》」、『成務紀』に「居《すみか》」、『名義抄』に「棲《すみか》・栖《すみか》」などとある少数の例を除いて、ほとんどが「家」であったからにほかならない。それは、この探究が言葉に着目するものの、その語源に遡って言葉の意味に従って進められるのではなく、その言葉の指示する事象に従うという方途を選んでいることに首尾一貫する。そういう事象ではあるが、場所の究明の手がかりとして、ハイデッガーが、

> ある事物にその事物の場所 Platz で出合わないとき、はじめて場所の会域がそのようなものとしてはっきり近づきうるようになることがしばしばある[1]

ということにならって、その欠如態に着目することで始めよう。

一　安寝としての家

まず家に──もちろん古代日本のそれに──住む(2)という事態をとりあげて、その中で家の観念を探るという手順を踏もう。この事態は、くりかえしをいとわず『万葉集』（以下、引用の際は『万』と略記する）の中でいえば、「島をも家と住む鳥」（『万』一八〇）のように、何によりもまずは事物を家としてそこに住まうことである。そして、この「住む」という言葉は、「まえがき」ですでに触れたように、『岩波古語辞典』では「あちこち動きまわるものが、一つ所に落ちつき、定着する意」、『時代別国語大辞典』では「止まる・しつづける意」とあるので、事物を家としてそこに住まうとは、特定の事物の側に定着し、留まりつづけるということである。しかし、問題は如何ように留まるかということである。

世間《よのなか》の繁《しげ》き仮廬《かりほ》に住み住みて至らむ国のたづき知らずも（『万』三八五〇）

この場合の国は浄土のことであるが、そこへの途は解らないが留まり切るこの世はいずれにしろ仮であるという観想である。家も仮廬であり、住む、家に留まるという事態も何程の事もない、ただ仮のものにすぎぬというのである。それは、個々の仮廬ではなく、「住み住みて」というトータルとしてのこの世の虚仮観であって、絶対的静止としての大地の否定であり、絶対的ここの否定でもある。この仏教上での仮についての問題は大変奥行があって、それ自体を追究することを今は避けざるをえないが、ただ場所の問題はこのような否定につながっていることだけは確認しておこう。

しかし一方、旅にあっては、──これも留まるの一様態であるが──家にあるという事態がこの宗教観とちがって積極的意義をもってとらえられている。例えば、

高島の阿渡《あど》川波は騒ぐともわれは家思ふ宿《やど》り悲しみ(3)（『万』一六九〇）

〈前略〉家おもふと寝も寝ず居れば〈後略〉（『万』四四〇〇）

これらは共に、旅にあって家が思われ、安く寝ることができないといっている。「家」という言葉は、『岩波古語辞典』には、「家の建物」のほか、「家族生活の本拠とするところ」や「家族、家人、特に、妻」などを意味するとある。前者の意味にしても、木村徳国氏の研究によれば、「ただ一つの〝建物〟から成り立っているのではなく、カキ（垣）で囲われカド（門）を備えた敷地の中に、幾つかの建物を備えたものであった」[4]。したがって、それは、家族生活の場所なる意味に包括されるものである。家が思われるとは家族ないしはその生活の場所が思われることである。古代人は本来的に共同体的人間であり、それは単に人間関係だけでなく、アニミスティックな自然観に基づいての周りの自然との有機的関係をも有する共同体的人間であるといわれるが[5]、それ故に、家人から、故郷から離れてあることは自己の存立の危機につながり、深い不安感に襲われるのであろう。このような不安感が前掲の歌にあるように「家思ふ」というような家なり、故郷なりに結像しているのであろう。ハイデッガーは『建てる、すまう、考える』[6]で、ここにあってハイデルベルクの古橋を思う例をとりあげて、「この思いは思い自身に於いてこの場所で遠みに立つことである」と述べているが、前章で見たように対象化されない絶対的なこととしての場所のことを思い起こせば了解されるであろう。そして、このことは旅にあって家を思うことにも当てはまることはいうまでもない。しかし、ここで注目したいのは遠みにあることが不安につながるということである。そして、この遠みにあることの不安さは当然その背後に近さの、家という場所にあることの安心さを予想させる。そしてそこにおいて安寝ができるというように。次の歌は逆説的にではあるが、その予想を裏づけてくれる。

〈前略〉わが家すらを草枕旅寝の如く　思ふそら安からぬものを　嘆くそら過し得ぬものを〈後略〉（『万』三二七二）

ここで注目されることとは、家という場所は方向づけに於いて遠さ近さを開くだけではなく、不安や安寝という人の在り方を支えているということである。つまり、家にあるとは家なる場所が開く方向づけに於いて近さにあることであって、さらに人の在り方、安寝を支えるというのであるから、場所は方向づけるそのことのうちで既にこのことを予定しているといわねばならぬ。

さて、ボルノー(7)は生きられる空間としての家に着目して、そこでは家人が庇護され、様々な敵対的要素から隔離され平穏でありうるとするが、庇護とか隔離といった建築的事柄は今は問題の外に置くとしても、この空間はハイデッガーのいう開け放たれた処であって、そこに安寝が与えられているのである。しかしまた、ボルノーは「恐がっている人はベットの上でも不安である」、つまり眠れないという諺を引用しながら、安寝に関しての主観の安心観をとりあげ、それと空間の庇護性との相互関係を強調する。

人もなき空《むな》しき家を草枕旅にまさりて苦しかりけり（『万』四五一）
京《みやこ》なる荒れたる家にひとり寝ば旅に益《まさ》りて苦しかりけり（『万』四四〇）

共に大伴旅人の歌で、家もまた共に、故郷である京の家をさしている。妻なきあとの家にあることの歌である。旅にある以上に寝れないのである。これらの歌にも旅の歌にも、もの思う状態―不安―安寝不可能という共通の関係が見出される。つまりボルノーの先述の相互関係にあっての主観的契機といえば言いうるものである。

しかし、この事態は、むしろこの場所に属するべき妻が欠けたことで、家が最早場所たりえない事態だと解するべきではなかろうか。つまり、場所はそこに住まうべき人を除いてはありえないというように。このことは「家」なる言葉が「家族、家人、妻」を意味する場合があるというだけではなく、「まえがき」でも触れたように、「すまひ」は、『岩波古語辞典』によれば、「スミ（住）アヒ（合）の約」で共住みの場所と解されうるものでもあるからである。共住みの一方を欠いた家は住まう場所たりえず、「苦しい」のである。家は、この意味で、正しく生活が展開される場所であり、家人が安全である場所である。

そこで、現実に存在し得るかどうかは別にして、空処が、つまり開け放たれたる処が積極的に家人の安全を保証するという事態、庇護性として、家人の安全を構成する場所の存在が想定されうる。そうであれば、次のような問いが生まれる。すなわち、家人の平安を含むような庇護された空処はどのような場所Ortによって現出されるか。そしてその場所はどのような事物によるのであるか。もちろんそのような家の観念が存在してはじめて可能な問ではある。家は、先の辞典にあるように、事物であり場所であり、そして事態に従って開け放たれたる処であるが、とりあえずは事物としての家に注目して、かかる観念の存在の可能性を探る意味からも、それらの前提となる家と家人との関係がどのようにとらえられているかを調べることにする。

〔注〕

1 M. Heidegger,『Sein und Zeit』1963, S.104.

2 資料は主として『万葉集』（岩波古典文学大系）による。従としては『紀記』『風土記』（共に岩波古典文学大系）、『貞観儀式』（故実叢書）、『延喜式』（国史大系）等である。

3 『万葉集』の「ヤド」は屋の戸および屋の外が原義で、共に現在云う意味での宿ではない。「ヤドル」が「屋取る」、つまり旅先で寝る場所をとる意であるがゆえに、宿を意味するという（古典文学大系『万葉集』頭注）。

4 木村徳国、『古代建築のイメージ』、昭五四、一七四頁。

5 松村武雄、『日本神話の研究』昭二九。

6 M. Heidegger,『Bauen, Wohnen, Denken』1951, S. 31.（中村貴志訳・編『ハイデッガーの建築論——建てる・住まう・考える』平二〇、三十三頁）。

7 Bollnow, ibid., SS. 129-131.

二　柱としての家—室寿詞を中心にして

万葉集には「家居《いへゐ》」という言葉のある歌がある[1]。例えば、

雪をおきて梅をな恋ひそあしひきの山片付《かたつ》きて家居せる君（『万』一八四二）

また、『推古紀』には、蘇我馬子のすまい、島宮について、「飛鳥河の傍《ほとり》に家《いへゐ》せり」とある。家を構えるといった程度の意味内容にもとれるが、居るということに着目すると、この「家居」の居るというあり方には家人と家とが一体的にとらえられて、周囲の自然の中に居る、人が居る、どのようなあり方かといえば家を構えるというあり方でというように、人のあり方の表現のように解釈しうる。このような解釈、家の構成に家人のあり方が内包される事象は孤立的なものではない。家のあり方が家人のあり方を象徴するといった事象が、「新室《にひむろ》ほかひ」の存立の前提をなす観念の中に見出すことができるからである。「新室ほかひ」は、折口信夫氏(2)によれば、元来まれびとが初春各家を訪れ、新嘗《にひなへ》を受け室ほぎをすることで家人の健康と安全を保つ祭であるという。したがって、このほかひは「新室」の新から予想される新築の場合にかぎらず、既存の建物の場合もあり得るが、ほかひによって家は新たになることにおいて、いずれにしても新室(3)であるという。ほかひの力はまさにまれびとが言葉において寿ぐことによるのは明らかであるが、われわれの関心はそこではない。直接ほがわれる対象は「室寿」という言葉が示すように家ではあるが、その家を透かしてほがわれる家人、その家と家人の内属関係である。この新室ほかひの前提をなすこの関係観が「家居」の場合と同様であるといいたいのであるが、詳しい考察に先立ってまずもっとも整った室寿詞である、『顕宗紀』に記載されたそれを少し長いが引用する。

築《つ》き立《た》つる稚室葛根《わかむろかづね》、築き立つる柱《はしら》は、此《こ》の家長《いへのきみ》の御心《みこころ》の鎮《しづまり》なり。取《と》り挙《あ》ぐる棟梁《むねうつはり》は、此の家長の御心の林《はやし》なり。取り置ける椽橑《はへき》は、此の家長の御心の斉《ととのほり》なり。取り置ける蘆萑《えつり》は、此の家長の御心の平《たひらか》なるなり。取り結《ゆ》へる縄葛《つなかづら》は、此の家長の御寿《みいのち》の堅《かたまり》なり。取り葺《ふ》ける草葉《かや》は、此の家長の御富《みとみ》の余《あまり》なり。出雲は新墾《にひはり》、……吾が常世《とこよたち》等。

葛根、柱、棟梁、椽橑、蘆萑、縄葛、草葉の状態が家長の状態を示し(4)、いわば、前者の立派さが後者の立派さを示すという、建物と家長との比喩的相関がまず目につく。このような比喩的相関はかなり一般的(5)であって、現在でも可能な観念であるが、折口信夫氏の指摘するように、さらにこの相関の上に立って家長を予祝するのである。世の変化にかかわらず家長の栄華の続くことを、祝することによって求めるのである。この予祝は室寿詞の呪言性(6)に負うているともいい得るが、このような呪的状況にあっては、建物と家人との相関はしかし単に比喩的であるのではなく実在的である。その時、建物が家人に影響を与えるという事情も明らかになろう。

さて、この室寿詞は、縮見屯倉首《しじみのみやけのおびと》の行う新嘗のため新室を寿ごうと、顕宗帝が唱える詞として記載されている。したがって、この新室は直ちに家とするわけにはいかない。

実際、用明帝が「磐余《いはれ》の河上に御新嘗《にひなへきこしめ》す」（『用明紀』）とあり、『記』雄略にある天語歌《あまかたりうた》に「倭のこの高市《たけち》に小高る市の高処《つかさ》新嘗屋《にひなへや》〈後略〉」とあるように、それが河上や丘上にある場合がある。新嘗屋はあくまでも祭殿であるから、家にある必然性はないからであろう。しかし、そうとはいえ、屋敷としての家の内にある例が多くある。縮見屯倉首の場合もそうであろうが、例えば、倭建命が熊曽建の家に到ったとき、彼は「室《むろ》を作りて居《お》りき」（『記』景行）とある。この室は、「御室楽《みむろうたげ》」(7)とあることからも明らかに、家の内に設けられた新嘗屋である。履中帝が難波宮で「大嘗《おほにへ》に坐して豊明為《とよあかりし》たまひし時、大御酒に宇良宜《うらげ》て大御寝《おほみね》したまひき」（『記』履中）とあるが、やはり同様な関係である。

この建物を「大殿」(8)といってはいるが、ほかに新嘗屋を「新宮」「新室」と表記する場合があって、家の内に新たに設けていると看なしうる。もちろん家とはいえ、先の例にみられるかぎりでは、それは族長の家ではある。

誰《たれ》そこの屋《や》の戸押《とお》そぶる新嘗《にふなみ》にわが背《せ》を遣りて斎《いは》ふこの戸を（『万』三四六〇）

新嘗の日、妻は家に斎み隠れていることをこの歌は示している。このことより家が新嘗屋となっていると解しえないわけではないが、当時の家は大屋を中心に幾つかの妻屋と倉から成っているのであるから、家の内に新嘗屋を設けるか、あるいは大屋を祭場にし、家内全体が斎みの状態にあるとも解しうるし、家の外の共同体の新嘗屋に夫が出かけ、妻が家内で斎んでいるとも解しうる。また、『常陸風土記』には、新嘗の日、「家内諱忌《やぬちものいみ》」している福慈《ふじ》の神と筑波の神に「祖《みおや》の神の尊」が訪れる物語を載せている。これについてもこの万葉集の場合と同様、様々に解しうる。

河上や丘上に新嘗屋を設ける場合も家内は物忌の状態にあると考えられるので、したがって、神や天皇への供薦としての新嘗の日には、家内へ神を迎えているとも解しえよう。これは折口信夫氏が『国文学の発生』の中で述べる解釈とも矛盾しない。新嘗屋の部分部分を家長の在り方として寿ぐ先掲の「室寿詞」もこのような事態の中での言表であることを承知しておこう。

さて、家人の在り方としての建物の在り方という関係を念頭に置いて先の「室寿詞」の中の建物部分を見るに、各々個有な興味ある意義を有していることが解る。例えば、棟梁は、「棟梁《むねはり》之《の》臣《まへつきみ》」（『景行紀』）とあるように、重要な部分を示す言葉としてほかにも散見されるし、縄は「五百つ綱延ふ」（『万』四二七四）とあったりするが、しかし、ここでは柱に着目することにおいて、柱という事物に個有なあり方での前述の相関の問題、さらにまた場所の問題を解明することにする。それは、今日でも大黒柱という形で家の中心的意味を担って他とは際立つことにもよるが、さらに室寿詞にあって深い意義を見出すことができるからである。つまり、結論を先取りする形になるが、家にあることの一様態、安寝を、主観的契機といえば言いうる契機をまるごと柱を建てるということにおいて達成するかに思えるからである。

一般に古代にあっては、杖(9)の場合がそうであるように柱は建っている場所の廻りの領有のしるしであり、柱を建てるとは、廻りの場所を占有することと考えられていた。それは、宮柱──神社(10)にかぎらず、殯宮《もがりのみや》、宮殿等のそれでもある──についての常套句、

底《そこ》つ磐根《いはね》に宮柱太《ふと》しり、高天の原に氷縁《ひぎ》高しりましましき（『記』神代）

の「宮柱太しり」を見れば了解されるであろう。「宮柱広しり」という表現もあるが、この「知る」とは領有する、治める意であるからである。

「底つ磐根」は、『記』神代に「地《つち》の下《した》は、底津石根《そこついはね》に焼《た》き凝《こ》らして」とあるように、地の下の石をいう。また、『神功紀』にある、百済の王《こしき》が盟う際の坐《ゐしき》について、草敷では火に焼かれ、木の坐では水に流されるのに対して、

磐石《いは》に居《ゐ》て盟《ちか》ふことは長遠《とこしえ》にして朽《く》つまじ

とあるように、磐根はまさに長遠の不動性を示すものと看なしえよう。大地の不動性である。

また、「高天の原」は（葦原の）中国《なかつくに》と根国《ねのくに》に対するもので、神々の住まう天上界を指してはいる。しかし、ここでの対句、「底つ磐根」と「高天の原」は建物の在り方を示す表現であるから、むしろ『推古紀』などに見られる「天は覆《おほ》ひ地《つち》は載《の》す」の天地の本質をそのように表現していると解すべきであろう。つまり、天の崇高さを「高天の原」と表現していると。大野晋氏が「天神のいる天界と、人間のいる人界を誰れかが統治することを強く意識する場合には、〈天地〉にアメクニの訓を与え、天界と地表という物体と考えればアメツチという語が使われたのであろう[11]」という、アメツチの本質を表現していると。

水縁（千木）に於いて天を領有し、宮柱に於いて大地を領有するとなる。しかも、単に領有するのではなく、天はあくまで高く高天の原を、大地は長遠に不動な磐根を開けつつ占めているとなる。換言すれば、宮柱の設定する場所は、方向づけつつ、長遠で不動な大地を開いているのである。

加うるに、この場所の中に建物全体としての開け放たれたる処が既に共にという形で内包されていることに注意を喚起する必要があろう。後においてより明瞭になろうが、ここでの宮柱に関連して述べれば、あの常套句に続く「天の御蔭、日の御蔭と定めまつりて」（『延喜式』祝詞）とか「御殿《みあらか》を高知りまして」（『万』一六七）によって解るように、意味的にも宮柱は建物と不可分である。つまり、宮柱は建物の象徴となりうるものであり、宮柱をたてるとは既にして建物全体を象徴的にたてることである。そうであれば、宮柱の象徴する開け放たれた処としての建築は、千木と共に、崇高な高天の原と不動な大地に開かれ、そのように秩序づけられていることになる。

このように、宮柱の解放し設定する場所は二層に層化してとらえられている。つまり、その場所は遠近という対象的場所を設定すると同時に、自己自身の内に象徴的に建物を、開け放たれたる処を集め天と地を開くのであり、それが、それら全体を方向づけているのである。

図 13　皇大神宮旧正殿の忌柱跡──手前の覆屋の中にある（『伊勢』写真・渡辺義雄氏による）

一方また、柱は神の憑り代（祭る人から見れば招ぎ代であるが）と解釈される場合がある。例えばイザナギ、イザナミ二神の天下りの際の天の御柱である。

その島に天降《あも》りまして、天《あめ》の御柱《みはしら》を見立て　八尋殿《やひろどの》を見立てたまひき（『記』神代上）

天の御柱と八尋殿は、伊勢神宮にあっては、正殿床下の忌柱と正殿に対応するもので（図13）、さらにいえば、「天津《あまつ》神籬《ひもろぎ》及び天津《あまつ》磐境《いはさか》」に対応するものであり、この忌柱やヒモロギ（神木）がそうであるように、天御柱は神の憑り代であり、したがって神自身の顕現と解釈される。これは柳田国男氏が『日本の祭』で述べる解釈に合致する。さて、当の宮柱[12]は明らかに建物の柱であって、このような忌柱的なものではない。しかしすぐ後でわかるように、それが神や天皇の占有のしるしとなりうる背景には憑り代としての忌柱と同様なものを想定せねばならぬ。

立派な社《やしろ》を造ることが神をことほぐことであり、そのことによって人々はよきことを期待しうるという観想がある。例えば、大国主神の国譲りに際して、

唯僕《ただあ》が住所《すみか》をば、天つ神の御子の天津日継《あまつひつぎ》知らしめす登陀流《とだる》天《あめ》の御巣《みす》如《な》して、底津石根に宮柱布斗斯理《ふとしり》、高天の原に氷木多迦斯理《ひぎたかしり》て治《をさ》め賜はば、僕《あ》は百足《ももた》らず八十《やそ》坰手《くまで》に隠《かく》りて侍《さもら》ひなむ。〈中略〉出雲国の多芸志《たぎし》の小濱《をばま》に、天の御舎《みあらか》を造りて〈下略〉

（『記』神代）

「天の御巣」のように「御舎《みあらか》」、つまり社を造ってくれるならば、国譲りをして隠れてお

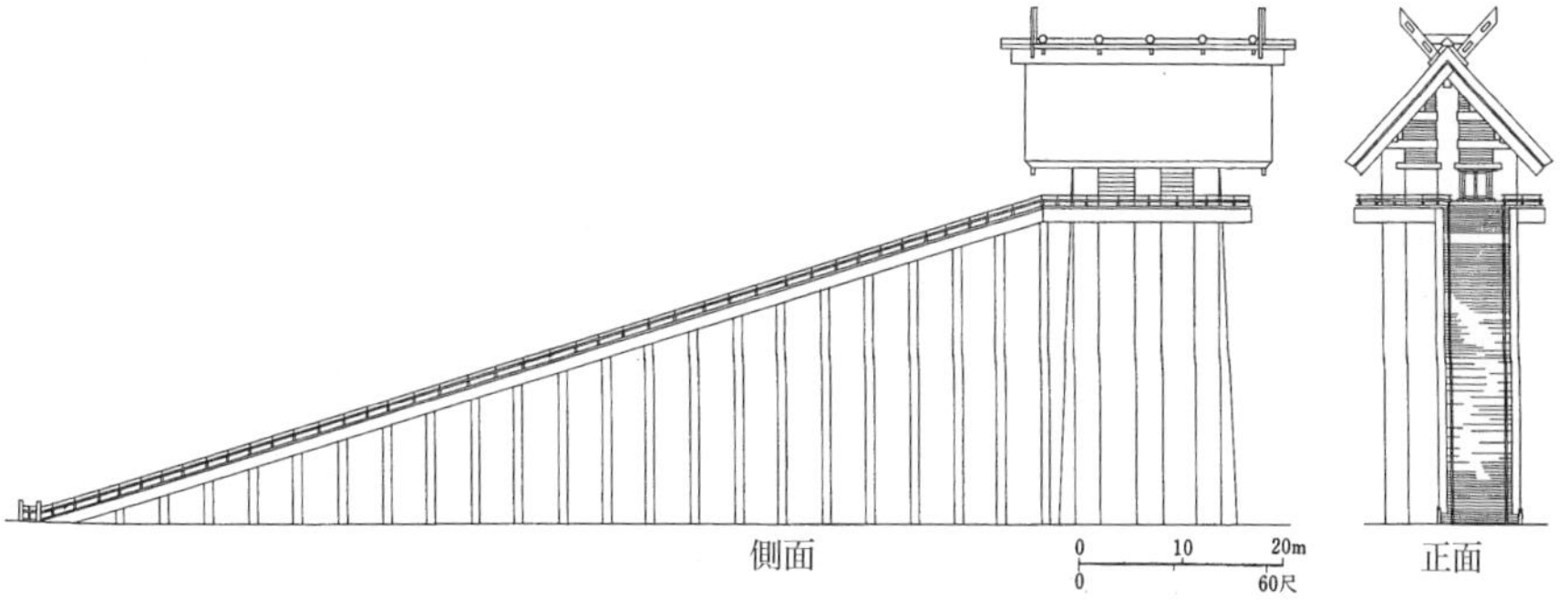

図14　出雲大社本殿推定復原図——天地性を極端に象徴した例と解しうる（福山敏男博士復原）

ろうというのである（図14）。『記紀』にも『延喜式』祝詞の中にも散見されるところを見ると、このような観想は古式であるといわれる大神神社等の社殿のない形式の後をうけてかなり一般的なものであっただろう。また、右の文中の社を神の「住所《すみか》」と看なす観想も注目に価するものである。すまいの場所の探究をすすめている今の関心にあっては、この「住所」は神のあり方を示すものと把えうるからである。

『記紀』にあって神のあり方として社がどの様に表現されているかというと、

速須佐之男命、宮造作るべき地を出雲国に求きたまひき。〈中略〉其地に宮を作りて坐《ま》しき（『記』神代）

即ち宮《みや》を彼處《かしこ》に営《つく》りて、就《ゆ》きて居《ま》しまさしむ。此、大三輪の神なり（『神代紀』）

とある。「坐《ま》しき」とか「居《ま》しまさしむ」の「まし」は「をり」の尊敬語で、「をり」は『岩波古語辞典』によれば、「人がじっと坐りつづけている意、転じて、ある動作をしつづける意」とある。つまり、宮を構えてそこにずっといるのである。また、伊勢神宮に関して（図15）、

磯城《しき》の厳橿《いつかし》の本《もと》に鎮《しづ》め坐《ま》せて祠《まつ》る（『神武紀』）

この「鎮め」という表現は、「今に至るまで鎮まり坐す」（『記』神代）よりわかるように、ずっといることの仕方を表わした表現である。つまりは、神を祭ることの一つは、大国主神の例より解るように、社を造ることであるが、神はそのように祭られることで、

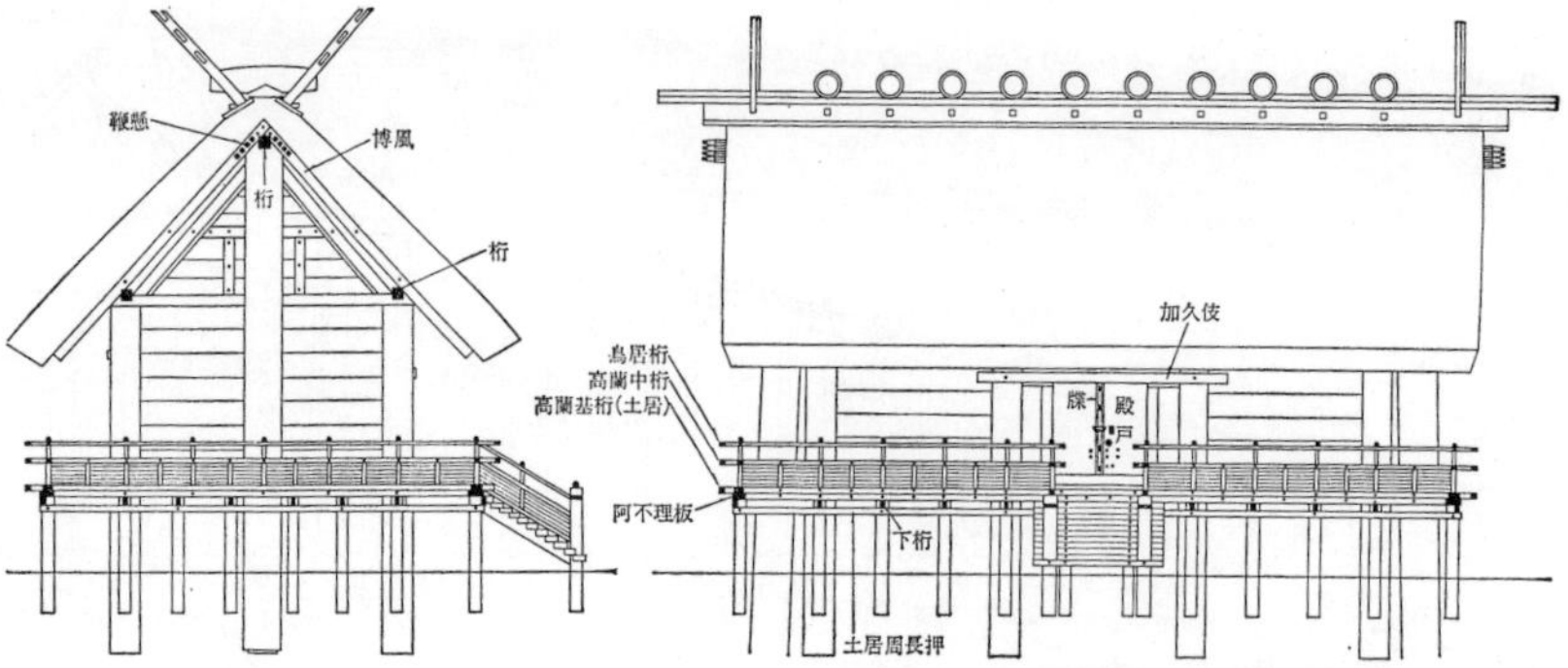

図 15　皇大神宮正殿推定図（主として『正倉院文書』および『儀式帳』にもとづき福山敏男博士復原）

ずっとそこにおりつづけ、鎮まるということである。

さて、大国主神の国譲りの際の表現の示すように、社は「底津石根に宮柱布斗斯理《ふとしり》、高天の原に氷木多迦斯理《たかしり》て」あるのだが、これは神のずっとそこにいるあり方であるので、鎮まりの空間的あり方を示しているといえよう。つまり、鎮まりとは——ずっといること、すなわち住まうことであるが——千木において崇高な高天の原を、宮柱において久遠で不動な大地を開きつつ、その廻りを秩序づけながら在るということになる。

図16は皇大神宮正殿の立柱式である。柱をほめることの儀式上の具現である。その形式は中央の四本の柱を祭っている。その形式はすでに開け放たれた処としての神殿を象徴的に表現していると看なしえよう。

神社に関してではあるが、建物と家人（この場合は神）との関係と場所が明らかになってきたが、人の家と家人との関係はどうであろうか。そこで、先にそのままにしておいた「室寿詞」に帰って、柱に関する文句を見よう。

柱は、此の家長の御心の鎮《しづまり》なり

といっている。この表現は宮柱と神の鎮まりの関係におけるのと同じ観想に基づくものである。そして、さらに『万葉集』には、

真木柱太き心はありしかどわが心鎮めかねつも（『万』一九〇）

この真木柱[13]と太さの関係は、単に真木柱は太いから太さにかかるのではなく、柱を太

図16　皇大神宮正殿の立柱式（『皇大神宮遷宮之図』）

く立てることは心を鎮めることであるという観想があっての関係であることは明瞭である。そうであれば、先の「宮柱」が大地に太く立つことで大地の久遠な不動性を開いたとする、そういう太さと同様に太さにおいて鎮まっていることになろう。しかも、「心」が鎮まっているのである。折口信夫氏[14]によれば、古代人は魂と身体の二元論で人間や神を考えたといい、すでに万葉の時代には魂は心と混同されているというのであるから、柱と心の関係が先述の如くであるとすると、宮柱において神の御魂が鎮まっていることになろうし、家の柱においてもまた家人の御魂が久遠な不動的大地に鎮まっていることになろう。

しかし、久遠なというのは場所的にどのように把握すべきであろうか。前章でその都度の現実的な場所秩序は可能態の上にあり、絶対的静止である場所はかかる可能的秩序を含むものであることを知った。久遠とはまさしくこの可能的秩序の別様の表現であり、しかも、相対的運動の可能性ではなく、全体的な可能性に係っていることも明白である。このことはまさに生ということであって、つまりは、久遠とは場所それ自身の一つの契機であることが明らかになった。

「室寿詞」の柱をいま家の柱の意味にとったが、それまでは新嘗屋と家とを慎重に区別しつつ、新嘗屋は家内にあることを明らかにした。ここで柱にかかわってこの両者の関係を見てみよう。さて、

真木柱讃めて造れる殿の如いませ母刀自《ははとじ》面《おも》変りせず（『万』四三四二）

まさに新室ほかひである。この場合もこのようにして柱をたてるとは母刀自[15]の御魂が鎮まる、すなわち長命に、というように解釈さるべきであろう。しかし、「真木柱」と「殿」とに注目しなければならない。何故ならば、これらは家にかかわる表現であるからである。「真木柱」は、『万葉集』一三五五では、仮廬用ではないといっているし、「殿」は、先掲の木村徳国氏の研究によれば、住居用の建造物を指すからである。そうであれば、新嘗屋のような仮設建物でなく、住居用建物が讃められる事例をこの歌は示していることになる。新築された家が直接ほがわれる習俗を示している。

それでは家とは区別されつつ、家内にある新嘗屋の意味は何であろうか。新宮、新室などと表記されるところから、新嘗ごとに、つまりは毎年建てられるものであったことには誤りはない。そこで神や天皇に供薦するのだから、当り前のことだが、それは祭場である。そしてそこでは饗宴を行なっているから、後出する平安時代の践祚大嘗祭の正殿と豊楽殿を兼ねた建物のように思われる。このような祭場に神や天皇を迎え、室寿詞が唱せられる。「家内諱忌《やぬちものいみ》」の中での新嘗屋の室寿《むろほぎ》である。新嘗屋の柱に関していえば、それにおいて家長なり母刀自の久遠な不動性を予祝する。したがって、問題は仮設的柱が何故に久遠な不動性を開きうるかということになる。これこそ、先に見た、忌柱やヒモロギ（神木）に通じるあり方である。神々の顕現する物忌の時にのみ不動性として眼差され、忌みがあければ隠れるといったあり方である。そうであれば、新嘗屋は仮設的であるほかないのである。

はだすすき尾花逆葺き黒木もち造れる室は万代までに（『万』一六三七）

新嘗屋の歌であり、仮設性が久遠性を示す不思議なあり方であるが、物忌の時と神の顕現に際しての出来事である。そのように久遠な大地という場所は出来事として把握される。また、その時、黒木を通して真木柱が、新嘗屋を通して家全体が透視されていたのである。この仮設性は、やがて後に、とりわけ第三章に致って明らかにされるであろうが、今問題にされている限りで、先取りしていえば、日常的場面とは別の状況にあることを示す手立てであろうということである。日常的場面とは別の状況とはいえ、それは、日常的生活の基底の構成に係っているのである。その故にこそ、仮設性が久遠性を示しうる。

〔注〕

1　『万葉集』一八二〇、一八四二、四二〇七、四三〇九。

2　折口信夫、『国文学の発生』（折口信夫全集第一巻）昭四六。

3　新嘗の訓、ニヒナヘ、ニハナヒ等については西宮一民氏の説（「新嘗・大嘗・神嘗・相嘗の訓義」『大嘗祭と新嘗』昭五四、二七〜四七頁）があり、「神や天皇への供薦を意味するニハ（贄）」と動詞化する語尾ナフよりなる語とする。新室《にひむろ》も、『神代紀』に天照大神の新嘗《にひなめきこ》しめす屋を「新宮《にひなへのみや》」とあるところから、贄室の可能性があるが、殯官を新宮《にひみや》（『天智紀』）、藤原宮を新宮《にひしきみや》（『持統紀』）というところから、やはり新しい宮であろう。

4　これに似た歌が『万葉集』の中に散見される。綱葛については、

「天にも五百つ綱延ふ万代に国知らさむと五百つ綱延ふ」（四二七四）、

草葺および構造体に関しては、

「はだすすき尾花逆葺き黒木もち造れる室は万代までに」（一六三七）、

「あをによし奈良の山なる黒木もち造れる室は座せど飽かぬかも」（一六三八）、

また柱に関しては、本文六三頁記載のように、

「真木柱讃めて造れる殿の如いませ母刀自面変りせず」（四三四二）

等である。このことは、室寿詞に着目する建築部分は単に修辞によるのではなく、当時の一般的建築観に起因しているといい得よう。なお、仁徳帝の高津宮は「椽《はへき》」「梁《うつはり》」「柱《はしら》」「楹《うだち》」「茅茨蓋《かやふ》く」とある。

5　例えば『清寧記』および『武烈紀』にある袁祁命と志毘臣との影媛を間にしての歌垣の中で、袁祁命の心のゆるみと垣根のゆるみが比喩的に同一なものとしてとらえられていること等である。

6　『延事式』大殿祭祝詞も室寿詞の類である。それは内裏の大殿、湯殿など日常生活の場でなされる。ほがわれる対象は室寿詞では

直接的には建物であるに対して、ここでは建物と家長（この場合は天皇であろう）の間に存在する家屋の神（屋船の命）である。ほがわれることによってこの神が建物を護る、つまり家長の平安をもたらすのである。そうであるからこの神のいない室寿詞の場合は家長と神とが、また家長と建物の意味とがまだ未分明な段階であるといい得よう。

7　『景行紀』では「親族《うがらやから》を集《つど》へて宴《にひむろうたげ》せむとす」といい、その建物を「宴《うたげ》の屋」といっている。

8　木村徳国氏は『古代建築のイメージ』昭五四で「オホトノは、天皇居住の殿であって、その成立は七世紀（または以前）に属すとしても、概念の確立は八世紀近くまで下り……」（一三七頁）と述べる。この説が正しいとすれば、新嘗屋と家とがこの場合同じ建物になる。

9　例えば、『播磨風土記』の御方《みかた》の里には、天の日槍の命が「地を占《し》めて」いる形見として御杖を植《た》てたとある。

10　神社に関してはさらに、

　下つ石ねに宮柱太（あるいは広）知り立て、高天の原に千木高知りて（『延書式』祝詞中の祈年祭、春日祭、平野祭、六月晦大祓等）

ただし、平野祭の場合は「宮柱広敷き立て」とある。

その他、『記紀』にも幾件か見出しうる。『記』では、大国主神の「宇迦能山の山本」と「小濱」、天津日子番能邇々芸命、『紀』では神武帝の橿原宮の場合などがそれである。

殯宮については、

　真弓の岡に宮柱太敷き座《いま》し、御殿《みあらか》を高知りまして（『万』一六七）、

宮殿については、

　山城の鹿背山の際に宮柱太敷き奉り高知らす布当の宮は（『万』一〇五〇）

等があげられる。

11　大野晋、『日本語をさかのぼる』昭四九、一五五、一五六頁。

12　宮柱が事物的にどのようなものであるかについては、伊勢神宮の正殿心柱（忌柱）、あるいは大殿祭祝詞の「斎鉏もちて斎柱を立てて、皇御孫の命の天の御翳、日の御翳と、造り仕えまつれる瑞の御殿」の斎柱との関係を明らかにしなくてはならぬであろう。ただし、われわれの場合にあっては、事物の具体性を離れても述べうる領域に係っているのであるから、ともかくも宮柱は建物の

主要な柱であるとして、今はこれ以上問わない。

13　「真木柱」の「真木」はすぐれた木材となる木で、杉、檜、まきの木等をさすといわれる。また「真木柱つくる杣人いささめに仮廬のために造りけめやめ」(『万』一三五五)、とあるが、その歌意は別であるが、ともかく真木柱は仮廬用ではなく、家の構成要素であることを示している。

14　折口信夫、『剣と玉と』(折口信夫全集第二十巻)昭四八。

15　室寿詞は家長(縮見屯倉首、父)であり、この母刀自という母親があり、家人があって柱の御心は一体誰れの心かということが問題にされえよう。高群逸枝『招婿婚の研究』によれば当時の婚姻は父系母族あるいは父系母所であるがゆえに家長と母刀自の混在は当然であろう。しかも家は当然家族関係を前提としているので、そのうち誰れが代表になるかということは、この場合さほど重要ではない。

三　床《とこ》としての家

このような柱の設定する場所が集める開け放たれた処としての家はどのようなところであろうか。われわれは第一小節で安寝のあらわれるところとして家をとりあげたが、安寝にとって直接的な場所は床《とこ》である。また、床《とこ》なる言葉はわれわれの課題にとって興味あるもので、今日でも、床を敷くというように一見、事物のような使われ方をするが、その実、敷かれてない床、つまり寝具は床とはいわず布団という。床は場所を示す言葉である。古代にあっても『岩波古語辞典』によれば、「トコ(所)と同根、高く盛り上がって平らな区域」であって、やはり床は場所を意味している。(1)

それにしても床は何らか事物によって構成されるのであるから、少しく古代の床の材料について見ることにする。住宅そのものではないが、従来古代住宅の状態を推定するに使われる大嘗宮の正殿の床は次のようである(図17)。

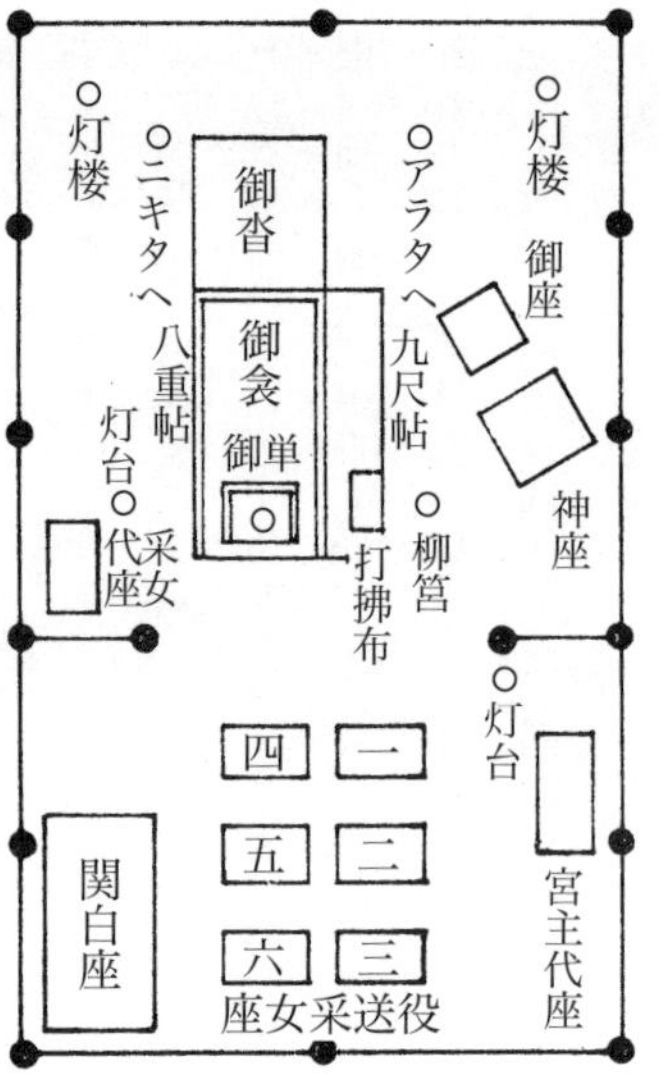

図17　大嘗宮正殿内図──この神座の鋪設は『天仁大嘗会記』が古来のものとするのとも、後鳥羽帝の場合とも、異なる貞享以後の形式であるが、これでも古来のもののおおよその見当はつく（『大嘗会便蒙』による）。

鋪レ地敷二束草一所謂阿都加以二播磨簀一加二其上一簀上加レ席(2)即而
掃部寮以二白端御畳一
加二席上一以二坂枕一施二畳上一（『貞観儀式』）

この畳の部分が床《とこ》に該当するであろう。これは神座と呼ばれ、その具体相を、例えば、図19に掲げたように、『兵範記』に記載されている仁安三年（一一六八）の大嘗会に見ることができる。例えばといったのは、この鋪設については、『天武紀』以降、平安中期迄の文献には具体相の解るものはなく、平安後期に致ってそれの解るようになった文献の一つが『兵範記』であるからである。土の上に束草を敷き、その上に播磨簀、さらに席を加えて正殿の底面（ユカとトコが登場してややこしいので通常の床《ゆか》を底面としておく）とすると『貞観儀式』はいっているが、『延喜式』ではすでにこの播磨簀の代りに「竹簀」と記している。したがって、この底面は土間式ではないように思えるが、御沓を畳の上に脱ぎ置くことから見れば、元来は土間と看なしていたのであろう。この土間式の底面の上に先の床《とこ》（神座）が設けられている。

次小節で詳しく触れるが、大嘗宮は天皇の一世一度の新嘗祭の、つまりは天津日継の祭場である。松前健氏の見解によれば(3)、大嘗祭は『記紀』に記されてある天孫降臨の再現を含むものであり、その原形は「タカミムスビとカミムスビの二神、それに二神の子である稲魂の神があい、前二神が稲魂の神を人間の世界に遣わして、みのりをもたらすものと語られたのであろう」という。

大嘗宮は少なくとも平安時代初期には朝堂院の庭上に、大極殿等（図20）と著しい対照を示して草葺黒木造の廬として設立されている。この建物が仮設的であるのは、先述の新嘗屋の仮設性と同じ理由にもとづくものであろう。そしてこの大嘗祭は天孫降臨の再現であってみれば、それはM・エリアーデ(4)のいう、太初の時への回帰による再生である。つまり、天孫として天津日継《ひつぎ》をするのである。そうであれば、祭場も太初の祭場でなければならぬことになろう。大嘗宮は仮設性に於いて仮廬的であるのみならず、当時人々の太初的建物観を反映した廬的なものであることになる。

このことは大嘗宮の底面についてもいいうるものであろうし、その上の床《とこ》は、鋪設は本来持運びうるものだから、太初の床の観念を反映したものであろう。ただし、それは通常の床ではなく、神的な床であることはいうまでもない。

また、上代には板敷の住宅[5]のあったことはいうまでもないが、ただ、大嘗殿正殿が板敷に変ったのは、田中初夫氏（『践祚大嘗祭』）の見解によれば、平安末期であるらしい。竹簀に変るのは、先述のように、すでに『延喜式』にあってもっと早い。住宅にあって上代の板敷に設けられる床《とこ》は、畳を敷いて敷栲をのせたものか、あるいは寝殿造りの御帳（後出）のような発達したものかを示す資料は管見には登らない。一方床の材料についての『万葉集』からの資料となるものは少ないが、山上憶良の貧窮問答歌、

綿もなき　布肩衣《ぬのかたぎぬ》の　海松《みる》の如　わわけさがれる　襤褸《かかふ》のみ　肩うち懸け伏廬《ふひいほ》の曲廬《まげいほ》の内に　直土《ひたつち》に　藁《わら》解き敷きて

（『万』八九二）

であり、また、

破薦《やれこも》敷きて……この床のひしとなるまで嘆きつるかも（『万』三二七〇）

等に当時の最低の床の状態を想像することができる。それは、床というより床に似たもの、「床じもの」[6]に近いといい得よう。普通の場合は、大嘗宮

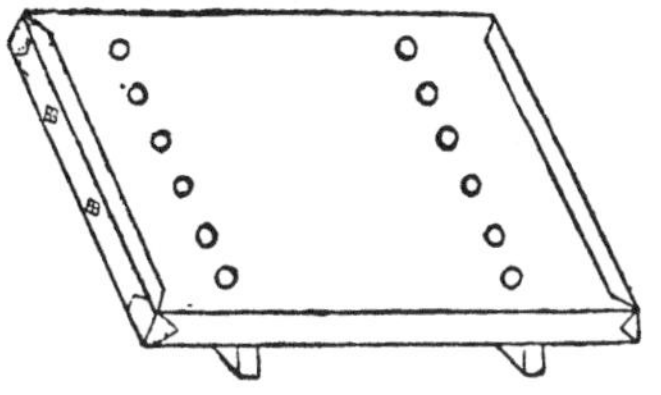

図18　皇大神宮正殿御床。一脚長八尺一寸。横四尺三分。高一尺（『貞和御餝記』）

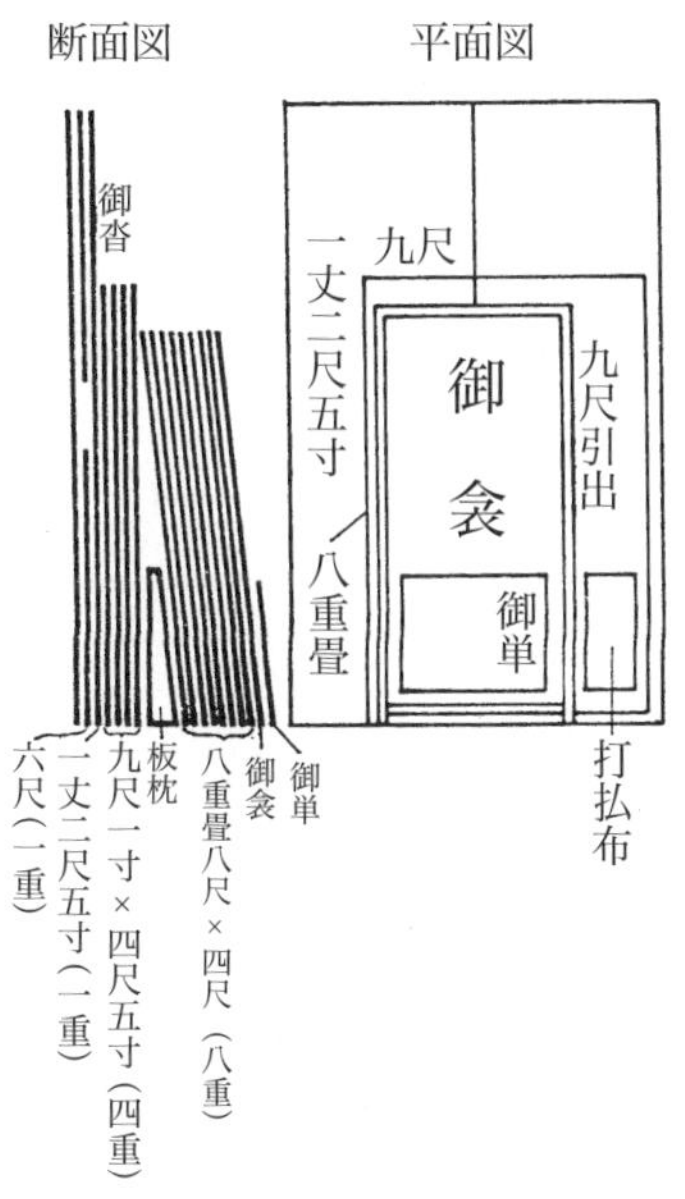

図19　大嘗宮正殿の神座（『兵範記』）

図20　大極殿（『年中行事絵巻』）

正殿の場合のようにか、あるいは少し簡略化されて、例えば「畳薦」から推察しうるような幾重もの薦の上に栲を敷いたものであろうか[7]（図19）。

さて、このようにしてつくられる床、つまり安寝の直接的な場所は、そこでは安寝でありうることにおいて、安寝としての家に特殊な関係を有することは充分予想されるところである。

留め得ぬ命にしあれば敷栲《しきたへ》の家ゆは出でて雲隠りにき（『万』四六一）

この「敷栲の家」[8]の「敷栲」は寝具ということで床、枕、袖などにかかる枕詞であるが、夜床が家にあるから家にもかかるという。このことは枕詞であるという事情を超えて家が床的にとらえられる状況、あるいは逆に床が象徴的に家の意味を担う状況の存在を示唆するものである。そこで床なる場所はどのような状況でどのような意味をもつか、つまりどのような場所になるかを探ることにする。そこで方法として先の安寝としての家の場合にならって、もの思いの状態——それは族の場合が主であるが、夫婦があるいは恋人達が互いに離ればなれの場合に起る——にあっての床の意味を見ることにする。そして、物忌は、このもの思いの状態を解消する機能をもち、具体的には相手の安全とか無事の帰還をいわば保証する呪術、呪的

慣習でもある。それは普通は感染呪術と類感呪術に分けて考えられる。例をあげれば次のようなものである。

梳《くし》も見じ屋中《やぬち》も掃かじ草枕旅行く君を斎《いは》ふと思ひて（『万』四二六三）

これは「出かけている人が、かつてそれらのものに触れたことがあるのでその移動、変更することは、旅先の者と家人との関係の変化を生ぜしめるという観念にもとづいている」(9)が故に感染呪術に属するのである。また、類感呪術の例としては、

高麗《こま》錦紐の結びも解き放《さ》けず斎《いは》ひて待てどしるし無きかも（『万』二九七五）

この場合は「紐を結んでおくという呪術行為によって恋人と自分とを結ぶことを求めた」(10)ものであるからである。

一方、「屋中も掃かじ」は当然床も掃かないであろう。このような床に直接関係した物忌みを『万葉集』の中に多く見出すことができる。(11)

敷栲の袖かへし君玉垂の越野《をちの》過ぎゆくまた逢めやも（『万』一九

ここだくに思ひけめかも敷栲の枕片去る夢にみえける（『万』六三三）

妻の命の衣手の別れし時よぬばたまの夜床片さり（『万』四一〇一）

の様に類感呪術に属する一群の歌がある。「袖かへし」「枕片去る」「夜床片さる」ことによって恋人の、あるいは夫の訪問を願望期待するのだが、いずれも共寝かあるいはその準備の表現であって、行為を通じての予祝と解釈されうる。しかし、これらの場合にあっての床の意味は普通の意味で寝る場所以外の何物でもない。

真袖もち床うち払い君待つと居りし間に月かたぶきぬ（『万』二六六七）

先の歌と同様な期待での呪術、「真袖もち床うち払う」[12]がある。この呪術は、袖という呪物でもって床なる場所を浄めることであって、それ故に思う人を招きうるとも解釈しうるものである。しかし、旅の状態を考えれば、発生的にはやはり折口信夫氏の卓説に従うべきであろう。それによれば「郷家の寝床に我が魂の一部は分離して留まるものと信じていた」[13]のであるから、袖で床を払うとは床にある分魂を鎮める鎮魂の儀式ということになる。つまり、分魂を守ることを通して相手の安全、又訪問を期待するわけである。そうであればまた、「屋中を掃か」ない呪術も、浄化説とは異なって矛盾なく説明ができる。又「梳も見」ない習俗は『万葉集』になお三首[14]あり、また『魏志倭人伝』に、

其の行来・渡海、中国に詣るには、恒に一人をして頭を梳らず婦人を近づけず、喪人の如くせしむ

とあるように、かなり根強い習俗である。これら感染呪術を折口説[15]でいい直せば、「其枕床などを移動させると魂のあるべき場所を失うことになると信じ」[16]て行なう呪術である。このように、床が個人の御魂のあり処としてあるとなると、当然柱における御

魂の場所との関係が生ずることとなる。

さて、もの思いの状態についての呪術を検討してきたのであるが、同様な状況にあって、単に呪術にたよるだけではなく神々に祈《の》み斎《はら》う場合がある。もちろん、それは屋外で行なわれる場合もあるが、家にあっては床において行なわれる。その斎いの中核は、

草枕旅ゆく君を幸くあれと斎瓮《いはひべ》すゑつ君が床の辺に（『万』三九二七）

このように自分の床の辺（あるいは枕辺）に斎瓮（いはひべ、いつへ）をすえ置くことにある。そして「天地の神祇」（『万』四四三）に相手の無事を乞い祈むのである。斎瓮と床とを伴記するものは、この外「枕辺に斎瓮すゑ置く」（『万』四二〇）、「斎瓮を床辺にすゑて」（『万』四三三一）の合わせて三例のみであるが、斎瓮を「すえて」（或いは、「掘りすえて」）神に祈むものは五例ある。(17) それらの歌には、加うるに「竹珠をしじに貫き垂る」、「木綿襷をかひなに懸けて」、「七小管を手にもつ」、「木綿」と「和細布」を両手にもつ、「木綿」を斎瓮につける等が伴記されている。この五例のいくつかは床に斎瓮をすえた蓋然性は高い。また、斎瓮はないが、上記の斎瓮に伴うと同様な行為で神に祈む歌（『万』三二八四、四二八六）があって、これも床と斎瓮の可能性がある。

さて、この斎瓮《いつへ》は、「天皇、其の厳瓮の粮《おもの》を嘗《たてまつ》りたまひ」（『神武紀』）とあるように召上り物の甕《かめ》であるが、(18)『神武紀』にはまた、それを川に沈《しづ》めたら魚が酔《よ》って流れたとあるから、召上り物の中には酒も含まれていたのであろう。『記紀』の中には、河の前に忌瓮を居えて行路の無事を祈る例とか、香山の土で造った厳瓮でもって神々に武運を祈る例があって、それからいえば、この斎瓮は招《お》ぎ代である。実際、

爰《ここ》に忌瓮《いはひべ》を以て、和珥《わに》の武鐰坂《たけすきのさか》の上《うへ》に鎮坐《す》う（『崇神紀』）

とあるように、「鎮坐《す》」えられていて、そして『神武紀』には「其の置《お》ける埴瓮《はにへ》を名《なつ》けて、厳瓮《いつへ》とする」というように、土の神と

も考えられている。このように斎瓮は祭るものでありながら、憑り代でもあることが解る。このことは床辺の斎瓮についてもいいうる事柄であろう。また、家人は前述のように「木綿襷をかひなに懸ける」とか「七小管を手にも」って祈るのであるが、これは神に仕える人の一般的な姿であり、神がかりの状態を示すものとも解釈される。そして先述の「床を払ふ」呪術の際に述べた折口説によれば、この床には旅人の、あるいは病人の分魂があるから、この斎瓮をすえて祈る状態とは、家人が神がかりして、つまり神祇となって、この分魂の鎮魂につとめるともいいえよう。そしてその時、床は御諸《みもろ》、すなわち神座《かみくら》となる。「わが屋戸に御諸を立てて」（『万』四二〇）の御諸である。家内に限定された私的な御諸である。床は先述の呪術の場合にも増して聖なる場所である。類感呪術の場合によって推察しうるように、彼等は普段はわれわれと同じような床についての観念をもっていたのであろうが、その日常的な場所がこの斎《いは》ひにあって、聖なる場所に変化したともいい得る。

大嘗宮正殿の床がまさに神座であったことを思い出そう。それは太古のイメージに於いて設定された仮廬的なものの中に八重畳などを敷いてつくられたものであった。天孫は真床襲衾《まとこおふすま》にくるまれて降臨するが、折口信夫氏は、この衾を物忌みの期間中、その日をさけるために被るものとされるが[19]、八重畳の上の衾はこれに該当するのであろう。つまり、そこは天孫の御魂がとどまるところなのである。このような御諸が通常な住宅の中に設けられることを『万葉集』は示している。われわれの床にあっても、床は外界から隔離されているがゆえに、したがって、もっとも庇護された場所であるがゆえに、分魂の、家人の心のあり処であるといえよう。つまり家なる開け放たれた処の特性は庇護性にあるのだが、その庇護性の最も極端な場合、生命の安全をこいねがうのに、個々人の場所[20]であると観想される床において行なうとは、床こそ家なる空処の中心的場所[21]であるといい得よう。

〔注〕

1　寝床。平たく台状になった場所、あるいは横たわることのできる場所をトコと表現することもある（『時代別国語大辞典上代編』）。また、ドイツ語の Bett も語源からして場所に関するものである（F. Bollnow, ibid.）。

2　『貞観儀式』践祚大嘗祭儀。なお播磨簀は、関野克博士の研究（『貞観儀式大嘗祭の建築』）によれば、播磨産の、薦よりも下等な敷物であるという。また、博士はこの正殿など室と堂よりなる平面をもつ建物は上古の住宅建築とは比定できないが、なんらかの点でその形式の遺存であるはずであるといわれる。

3 松前健、「大嘗祭と記紀神話」（岡田精司編、『大嘗祭と新嘗』、昭五四）。

4 M. Eliade,『Das Heilige und das Profane』1957.（風間敏夫訳『聖と俗』昭四四）七一～七五頁。

5 板敷については関野博士の研究（前掲書および『日本住宅小史』）によれば、「奈良時代の住宅は同一宅地内家屋の主屋に板敷を用いられ、他は土間が多かった」と推定されている。また床をユカと読む例は多くなく、『万葉集』では皆無である。形がはっきりしている例としては伊勢神宮の「御床《みゆか》参具大神一具 相殿坐神二具……短御床《みゆか》二具「（『皇大神宮儀式帳』図18）があって、その装束は「御床土代敷細布御帳一条、生絁帳一条」、その上に綿入れの絹と綿の被がのっている（短御床に該当する出座御床の装束も床に直接するものは御床とほぼ同じである）。その大きさは八尺×四尺×一尺（脚高）である（福山敏男博士、『神宮の建築に関する史的調査』）。天孫火折尊が「設二三床《ユカ》一請入……於二内床《ユカ》一則寛二坐於真床《とこ》覆衾之上一」（『神代紀』）といっている。つまり、トコとユカとは同一のものをさしているようである。

6 〈前略〉草折り柴取り敷きて床じもの〈後略〉（『万』八八六）。

7 掛布団である衾は麻衾、麻手小衾、栲衾、綿入りの斑衾が『万』には見える。なお旅先での臨時の床として「稲莚《いなむしろ》」「刈薦」がある。

8 布細《しきたえ》の宅《いへ》をも造り……長く住まひつつ（『万』四六〇）。

9 古典文学大系、『万葉集』の注釈。

10 同右。

11 金子武雄、『上代の呪的信仰』昭四三を参照。

12 『万葉集』一六二九、二〇五〇、二六六七、三二八〇。

13 折口信夫、『万葉集研究』（『折口信夫全集』第一巻、昭四八）。

14 『万葉集』一二四、二五七八、四一〇一。

15 折口信夫、『古代日本人の信仰』（『折口信夫全集』第二〇巻、昭四八）。

16 「帰りこむぞ我が畳ゆめ　言をこそ畳と言はめ　我が妻はゆめ」（『記』允恭）の畳は床であろうが、「我が畳」ということで、個々人の場所性をはっきり示している。また注⒇を参照されたし。

17 『万葉集』三七九、四四三、一七九〇、三二八四、三二八八。

18 「針間の氷の河の前に忌瓮を居えて、針間を口にして、吉備の国を言向け和したまひき」『記』）、また、「天香山の社の土《はに》を取りて、天平瓮《あまのひらか》八十枚を造り、并せて厳瓮を造りて、天神地祇《あまつやしろくにつやしろ》を敬い祭れ」（『神武紀』）。

19 折口信夫、『大嘗祭の本義』（『折口信夫全集』第三巻、昭四八）。

20 個々人の場所ということに関して少し付記する。「吾が床」（『万』三九二七）は妻の床で、先の「我が畳」と矛盾するようであるが、「吾が床」とは「君」との生活のそれであるから、そこに当然特定の家族関係が前提にあるので矛盾ではない。

21 ボルノーは『前掲書』で家の中心的場所として床《ベット》をとりあげる。しかしそれは文化的には、かつての炉や食卓のもっていた中心性の喪失の後の事象であるとして、床の中心性をもっぱら眠るということにおける空間的形式に求めるのである。われわれは当時の習俗という文化伝統的脈絡のうちにその中心性を指摘するという形式をとった。これはあくまで推察にとどまるのであるが、この事象は当時の家のあり方に深く係っているように思える。例えば、刀自という言葉、妻屋の存在、妻問いの慣習、そして母系制社会のなごりといったものが家を床的なものとして規定しているように思える。

四　場所の二層性と中心性

床が家なる開け放たれたる処の中心的場所であり、分魂の留まる場所として観想されているという時、この場所は対象化された相対的な場所であることは明らかである。そうであればこそ、中心性ということも成り立ちうるのである。この場所はもちろん、柱の設定する場所との関連の中にある。何故ならば、家は、柱の解放する場所が開く久遠な不動的大地に方向づけられた、開け放たれた処であるからであり、そこにおいて人が人として鎮まっているからである。

『岩波古語辞典』によれば、常《とこ》は「床《とこ》と同根。しっかりした土台、変化しないものの意」(1)とある。つまり、床は、語源的にも、磐根に通じる不動性を意味しているのである。柱の方向づける不動性が床において現前しているのである。そうであればこそ、そこは分魂の鎮まり処でありうるのである。

ボルノーの引くホメロスの詩中の床(2)はこの関係について示唆的である。すなわち、床の移動は、床が強力なしるしを持っているが故に、神のみが関与しうるものであり、また、ベットの脚柱は大地にしっかり根づいていて、世界の固定軸というのである。世界の固定軸という表現は、柱が担った役割にこそ相応しいが、柱を介して床がそれを分担するからこその表現であろう。

この床のあり様は、フッサールのいうBodenskörper(3)（直訳すれば、大地物体）である。物体でありながら、したがって、それは相対的場所を占めるが、同時に絶対的に静止する大地である。床が相対的諸場所にあってその中心という座を占めうるのも、このような床の場所についての二層性があるからである。つまり、絶対的な不動性という対象化しえない性質を開くのは対象的な床に於いてであるからである。このことは、柱の場所についてもいいうることである。ただし、床の場所が住まうという場所に係っての事態に対して、柱の場所は建てるという場面に係っていたのである。ハイデッガーは、「建てることの本質は住まわしめることであり、……住まいうる場合にのみ建てうるのである(4)」というが、そのことについてわれわれは、不動的大地を介して係わる柱における場所と床における場所として明らかにしてきたのである。

この場所にあることの一様態が安寝であった。すでにして場所が心ないし魂の鎮まりとしての在り方を内包しているからにほかならない。『万葉集』には旅とか恋にあっての睡眠を「浮寝(5)」とする表現が散見されるが、久遠な不動的大地に開かれた安寝の床は、この「浮寝」の場所の対極といえよう。つまり、床は柱を介して大地に開かれ、その対象的な場所は対象的な大地の中心となる。

〔注〕

1　古典文学大系の『日本書紀』の頭注によれば、床《とこ》を基礎として常《とこ》が成立したという。それは、永久を意味する常磐《ときは》は永久不変である床磐《とこいは》を、また永久《とこしなへ》が床石《とこいし》の上《うへ》を原義とすることにもとづくという。したがって、この床も柱の立つ「底つ磐根」より何程かの永久性を得ているといってよいであろう。

2　O. F. Bollnow, ibid., S. 167.

3 E. Husserl, ibid., S. 312.

4 M. Heidegger,『Bauen Wohnen Denken』SS. 34-35.（中村貴志訳・編『ハイデッガーの建築論——建てる・住まう・考える』平二〇、四十一—四十二頁）。

5 「浮寝」とは水上での鳥とか舟の上での人が眠ることをさすが、その状態にたとえて心の不安さを、したがって眠れなさを表現する。『万』五〇七、二八〇六等参照。また「敷栲の枕動きて寝ねられず物思ふ」（『万』二五九三）も参考になる。

第二節　浄化する場所

古代にあっては、建てることはしかし単純な行為ではない。建てられた後に呪術宗教的行為による場所形成が見られるだけではなく、建てること自身がかかる行為であったからである。そして、このことに係わることでもあるが、先述したように、柱の設定する場所が、不動的大地を開くのであるが、その柱は建物の、重要な部分とはいえ部分であった。つまりは柱は、建てるという事態にあっての、建物の象徴物であった。そこで、柱と建物との関係がやはり探られねばならない。

一　大嘗宮正殿と皇大神宮正殿

建設過程が解る事例は古代にあっては極めて少なく、大嘗祭の諸建築——朝堂院での大嘗宮、北野の斎場（内院、外院及び服院）、そして地方の斎田の側に設けられる稲実殿のある斎院等[1]——と伊勢神宮の諸建築の場合が例外的にわかる位である。皇大神宮が天照大神のすまいと観想されていたことは既に触れた。また、『皇大神宮儀式帳』（延暦二三年、八〇四）によれば、皇大神宮正殿の中には「御床《みゆか》」（図18）と「出座御床《いでわしますみゆか》」があって、後者には主として神衣が奉飾され、神体を入れる樋代《ひしろ》は前者の上に置かれると思われるが、村瀬美樹氏(2)によれば、「錦枕」は樋代の被に付随する臥具である。また、川出清彦氏(3)は「出坐の床は、昼の座と観念されての奉飾であろう。これに対して、奥の座はとうぜん、夜の座と観念されてよいわけであって」と述べている。つまり、「御床」は神座ではあるが、大嘗宮正殿の神座と同様、寝床であって、事物的にもそこは大神のすまいとして整えられているのである（図21）。

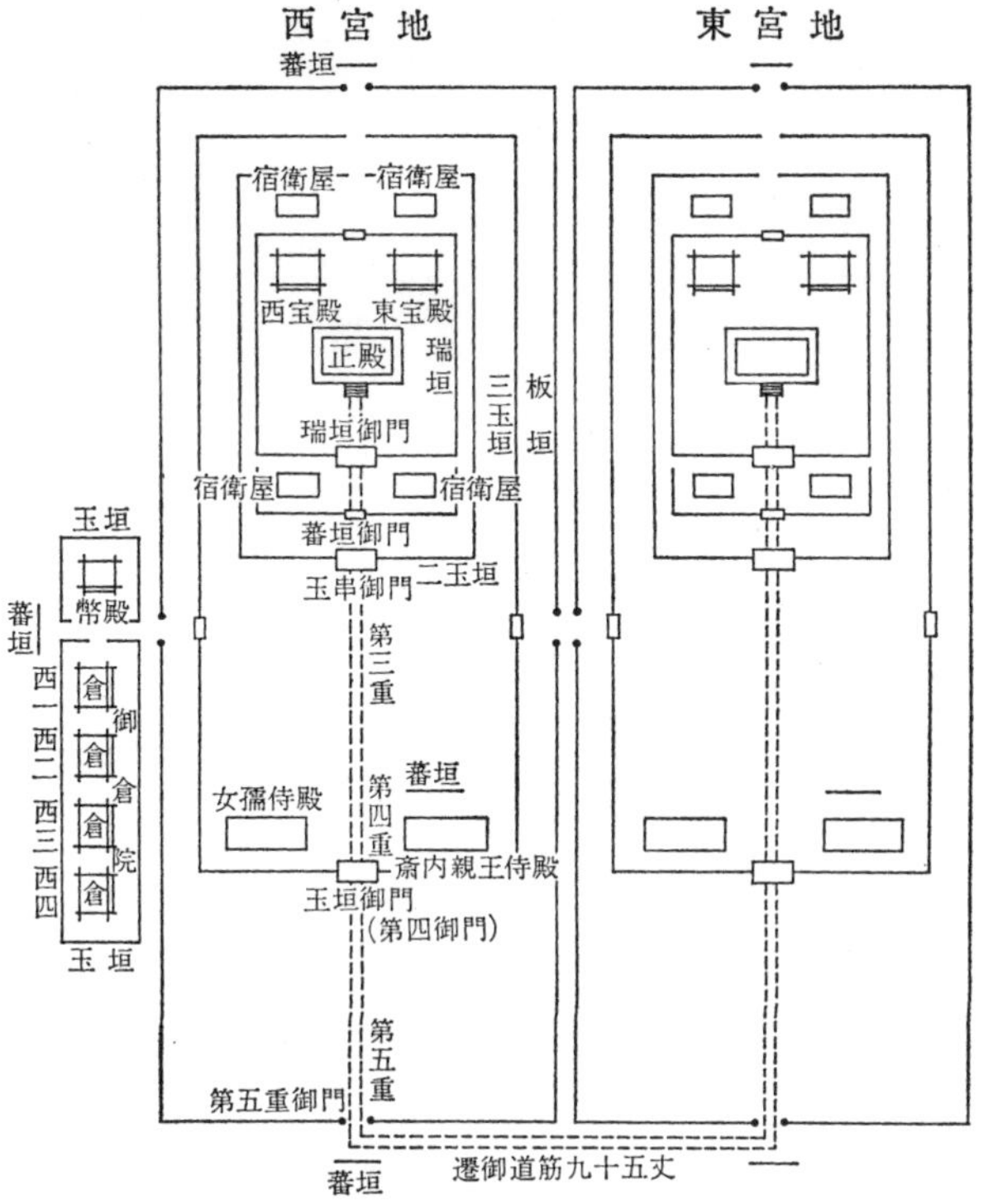

図21　皇大神宮大宮院推定図（主として『儀式帳』による。福山敏男博士復原）

朝堂院は、基壇の上に丹塗りの柱を建て瓦葺の屋根を載せた大陸風の建物群より成っているが、その南庭に仮廬的な建物をとって大嘗宮が設けられた。図22に示されているように、それは、御禊のための湯殿である廻立殿《かいりゅう》、夕御膳《おも》の供せられる悠紀《ゆき》院と朝御膳の供せられる主基院などより成っている。それらはほぼ同じような材料で出来ているが、正殿のそれを『貞観儀式』の中より抜粋すると、

> 縦ニ五間ノ正殿一宇長四丈広一丈六尺柱ノ高一丈椽ノ長一丈三尺以ニ葛野席ヲ覆ニ其上ニ梲《ウタチ》高四尺以ニ北三間ヲ為レ室ト南ノ戸蔀レ席ヲ以ニ南二間ヲ為レ堂ト甍ニ置ニ五尺ノ堅魚木八枝ヲ著ニ搏風ヲ構ニ以ニ黒木ヲ葺ニ以ニ青草ヲ其上ニ以ニ黒木ヲ為ニ町形ヲ以ニ黒葛ヲ結レ之ヲ以ニ檜ノ竿ヲ為ニ承塵ノ骨ト以ニ黒葛ヲ結レ之ヲ以ニ小町席ヲ為ニ承塵ト壁蔀ニ以レ草ヲ表ニ用ニ伊勢ノ斑席ヲ裡ニ用ニ小町席ヲ〈中略〉内蔵寮以ニ布ノ幌ヲ懸レ戸ニ其堂ノ東南西三面並ニ表簾裡ニ席障子但西面二面巻レ簾

中略の部分は、先小節に掲げた神座の鋪設が記された部分である。図24に示されたその姿は、簀子や階段に問題はあるものの、――竹簀子は『延喜式』

平安神宮（朝堂院の一部を復原したもの，正面は大極殿に該当）

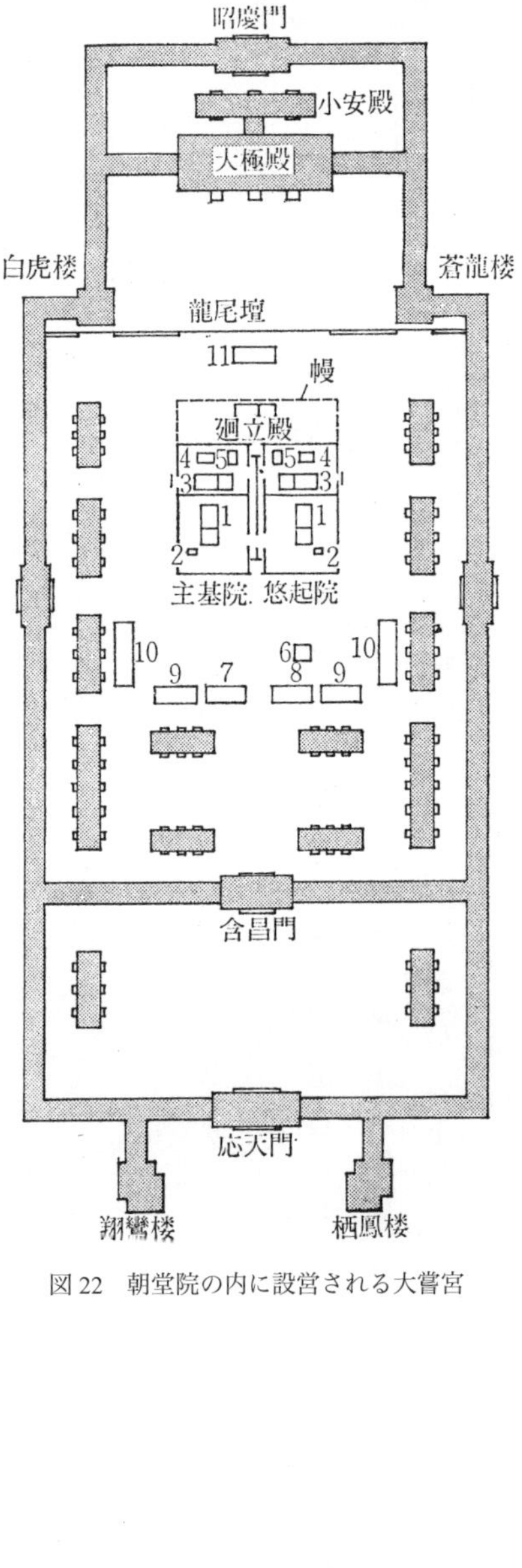

1. 正殿
2. 御厠
3. 膳屋
4. 臼屋
5. 神服柏棚
6. 皇太子軽幄
7. 親王幄
8. 参議已上幄
9. 五位已上幄
10. 小忌人幄
11. 内侍幄

図 22　朝堂院の内に設営される大嘗宮

図23　平安神宮

に記載されているので、これらは少なくともそれ以後の姿である――ほぼ『貞観儀式』の記すものを表わしているとみてよかろう。

そしてこの悠紀院正殿は――主基院正殿も全く同じ形をしている――垣で囲われている。

其宮ノ垣拵テ柴ヲ為レ垣ト押ニ収八重一垣ノ末揷ニ拵椎ノ枝ヲ一者古語ニ所謂志比乃和恵正面ニ開ニ一門ヲ高広各一丈二尺楉ヲ為レ扉ト諸門亦同小門ハ准減〈後略〉

「柴」とは山野に自生する小さな雑木を指していて、「八重蒼柴離《やへのあをふしかき》」を彷彿させる。『記紀』では、八重事代主神が隠れる処、すなわち神の籠る処として登場するが、大嘗宮の官垣はまさしくかかる場所である（図25）。大嘗宮は太古のイメージにもとづく仮廬であることが大嘗祭自体の意味から導かれた。皇大神宮は神の鎮まりに基づいてのこのような仮廬の恒久的建築化と看なしうるが、太古への回帰による更新のイメージは二十年ごとの式年遷宮に伺いうる。

さて、かかる建物の建設過程については、建設に係わる神話の再現ということが考えられるが、そのような証拠はない。ただ、一定の方式を墨守しつつすすめていることのうちにかかる建物の神聖性に対応するものを見出しうる。この過程が詳しく解る点で大嘗宮が優るので、ここでは『貞観儀式』に示された大嘗宮の建設過程を軸にして、伊勢神宮の場合や、断片的に散見されるいくつかの建設に係わる事柄を集めつつ、建てることの実

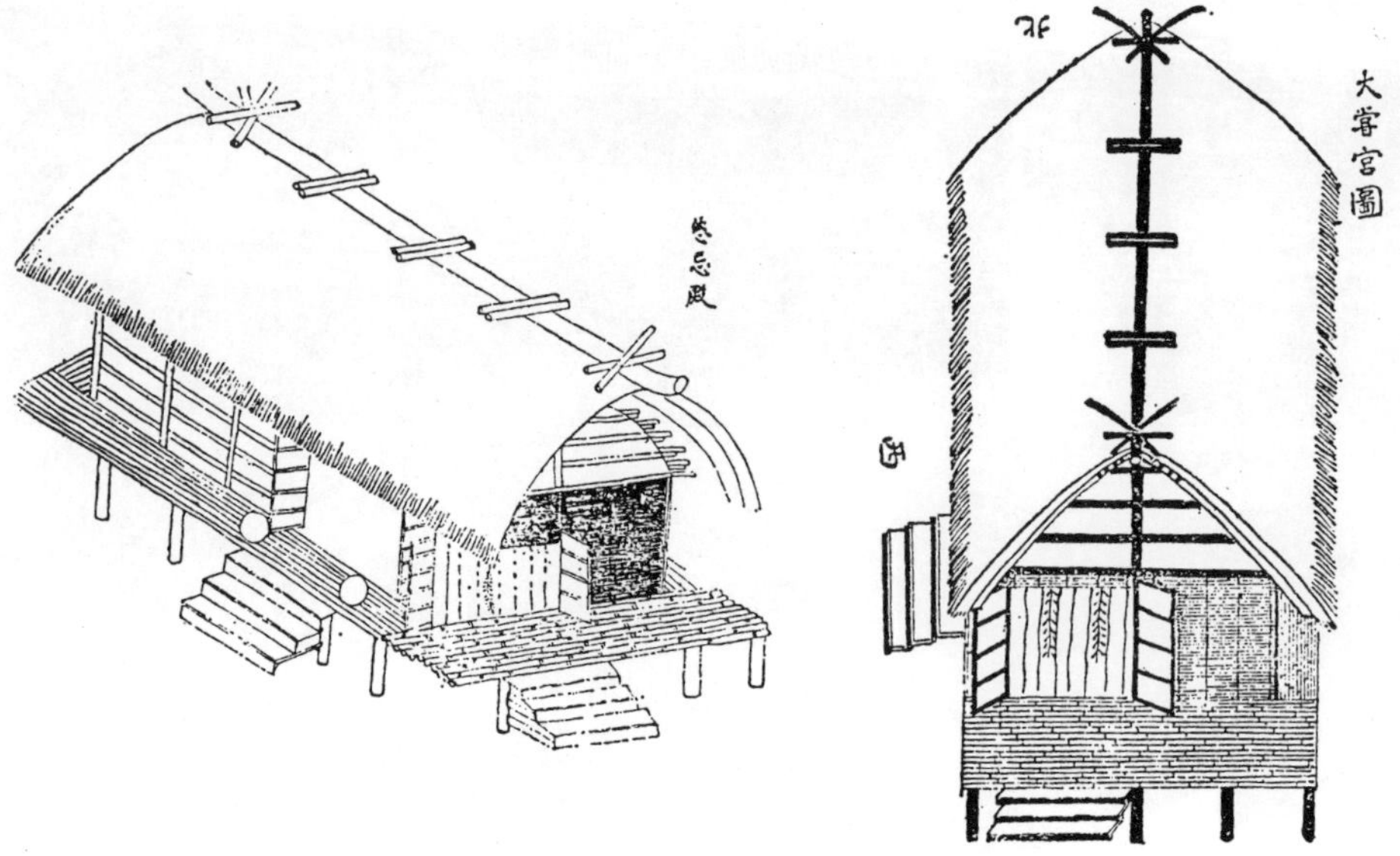

図24　大嘗宮正殿図（『大嘗会便蒙』による）

態を探究しよう。

践祚大嘗祭は『貞観儀式』等によれば実に多くの呪術宗教的手順を踏んで行なわれるが、そのための建物の設営の手順に限ってみてもなお多様である。しかしこの手順はその形式に着目すれば、各々の建物に共通して次のようにまとめられる。つまり、（一）地《ところ》の卜定、（二）地鎮及び垣の構作、（三）諸殿の構作、（四）諸殿を鎮める。これらの項目を概観して、われわれはそこに、建てることを通じて、浄化された開け放たれたる処、つまり諸場所が構成されるのを容易に見てとることができる。各項目の諸行為は特異に呪術宗教的であり、その故にそこに構成される諸場所も単に意味づけされたというのではなく、さらに浄化されてあることを共通にする呪術宗教的諸場所であろう。しかし、浄化するという言葉で概括される場所や諸場所もその構成の仕方にあっては各項目で異なっている。そこで、事物による場所ということに着目しながら、何故呪術宗教的であらねばならぬかということを含めて、各項目において呪術宗教的建築行為が浄化された諸場所を構成する事態を明らかにしよう。

〔注〕

1　他に小忌院、料理院、また豊楽院での悠紀節会、主基節会、禊処での帳幕等があるが、それ等は除く。大嘗祭の建物の配置及びそれ自体については関野克の研究（『貞観儀式大嘗祭の建築』）及び

図25　柴垣の一例——青山祭会場（石清水八幡宮）

大嘗宮の空間については井上充夫の研究（『日本建築の空間』）を参照。なお本論の引用はことわり書きがないかぎり故実叢書中の『儀式』（『貞観様式』）による。

2　村瀬美樹、「装束神宝と調進の沿革」（『神宮』、昭五〇）、二〇〇頁。

3　川出清彦、『祭祀概説』、昭五三、六四頁。

二　地《ところ》の卜定

大祓をし、地を卜定する。そしてその地にすぐに、

以二木綿一繋二賢木一立二地四角一

のである。木綿をつけた賢木は元来は神霊の憑代または神体そのものであるが[1]、ここでは「標《しめ》」とも表現しているように忌むべき所、一切の汚穢を近づけない地の「標」である。このことはこの地が、「令二下〈中略〉両郡司一守上レ之」とか、「令二下夫四人一守上レ之」とかのように禁守さるべき地であることによっても明らかである。そしてこの禁守さるべき地が四角の「標」において構成されていることに注意しておこう。場所の設定は、先述の宮柱においては見出しえなかったが、このようにすでに事物の形式性においてなされる。換言すれば、対象的な諸場所の現実的な秩序においてなされるのである。

　さてこの卜定の意味であるが、まずその方式を見てみよう。北野の斎場の場合には、

行㆓野中㆒執㆓其塊㆒将帰卜㆑之

とある。「塊《つちくれ》」という部分でもって「野」という全体に代えるこの卜占は、『崇神紀』にある次の事象と同種の観想に基づくものであろう。すなわち、「倭の香山《かぐやま》の土《はに》を取りて〈中略〉曰さく『これ倭国の物実《ものしろ》』と申して」とあって、そしてこの「土《はに》」を呪縛することによって倭国を支配するという観想である。このように部分と全体とが呪的関係にあるその部分、すなわち「塊《つちくれ》」は霊質である。それ故にこの「塊」によっての卜占が可能である。稲実殿の斎院については『貞観儀式』にはないが、『延喜式』の「中臣寿詞《よごと》」に、「太占《ふとまに》の卜事《うら》をもちて仕へまつりて、悠紀は近江の国の野州、主基は、〈中略〉を斎《いは》ひ定《さだ》め」とあるから、多分地方の斎院の地の卜定は太占であろう。太占は鹿の骨を焼く鹿卜(2)である。

しかし、大嘗宮の場合は卜占がなくて構成される。すなわち、いきなり、

鎮㆓大嘗宮斎殿地㆒

そしてその後に、

執㆘着㆓木綿㆒賢木㆖捌㆓神殿四角并門處㆒

のである。この理由はすでに大嘗宮の位置が、朝堂院南庭にというように、慣例的に定まっているからあらためて卜定する必要がないからであろうが、その宮を内にとり込んでいる朝堂院の、宮殿の、京の選定に際しては卜定が行なわれている。藤原宮(3)・平城京・平安京を通じてその選定の形式は、およそ、まず官人の下見・天皇の御幸・地鎮そして工事である。平城京の場合、元明天皇自ら、

卜レ世ヲ相ミテレ土ヲ、建ツ二帝皇ノ之邑一ヲ、〈中略〉安ンシテ以テ遷二セルナリ其ノ久安ノ宅一ヲ、方今平城之地、四禽叶ヒレ図ニ、三山作スレ、鎮ヲ、亀筮並ヒ従フ、宜レ建ツ二都邑一ヲ（『続紀』）

というのである。これら地相の判断は実際には専門の人——平安京では賢璟(4)——が行なうのであろう。(5)さらに又『敏達紀』に、

卜部《うらべ》に命《みことのり》して、海部《あま》王の家地《いへどころ》を絲井王の家地とを占ふ。卜《うらな》へるに使《すなわ》ち襲吉《よ》し。遂に宮を譯語田《おさだ》に営《つく》る。是を幸玉宮《さきたまのみや》と謂ふ

とあるから、卜占の形式とかその内容は別にして京の選定は卜占によるのである。すると、この大嘗祭の地《ところ》は全て卜占によって定められていたということになる。

しかし地を卜定してからものを建てることについては、京の場合でも解るように、単にこの祭だけではなくもっと範囲を拡げて考えておく必要があろう。先述の「卜世」にも関係するが、卜世とは「休祚《よきさが》」があることによって世の良さを判断するのだが、この祚物のある場所に寺を建立(6)する場合も該当しようし、また神社の宮定めの場合もそうである。神社はその宮定めの根拠を神の意志に置いているが、その発現は卜占や夢占や人に憑ることにおいてである。大国主神については既に先掲したが、伊勢神宮の設定も、

大神の教《おしへ》の随《まにま》に、其の祠《やしろ》を伊勢国に立てたまふ（『垂仁紀』）

とあるように、倭姫命への教えに基づくのである。

その発現の仕方で興味深いのは『垂仁紀』にある大倭《おおみは》神社に関する事柄である。まず垂仁帝が、

神浅茅原《かむあさぢはら》に幸《いでま》して、八十万《やそよろづ》の神を会《つど》へて、卜問《うらと》ふ。

この「卜」を「命神亀《うら》」といっているので、このト占は亀を灼くこと、すなわち亀卜であろうが、その時、神明《かみ》倭《やまと》迹迹《とと》日百襲《びももそ》姫命《ひめのみこと》に「憑《かか》りて」、神自ら意志を表明している。しかし、それでも「験無《しるしな》」かったので、さらに、天皇は、

沐浴斎戒《ゆかはあみものいみ》して、殿《みあらか》の内《うち》を潔浄《きよまは》りて、祈《の》みて曰《まう》さく「〈中略〉冀《ねが》はくは亦夢《またいめ》の裏《うら》に教《をし》へて、〈中略〉」とまうす。是《こ》の夜《よ》の夢《みゆめ》に、一《ひとり》の貴人《むち》有《あ》り。殿戸《みあらかのほとり》に対《むか》ひ立《た》ちて、自《みづか》ら大物主神《おほものぬしのかみ》と称《なの》りて曰《のたま》はく「〈中略〉若し吾が児大田田根子《おほたたねこ》を以て、吾を令祭《まつ》りたまはば〈下略〉」

とある。大田田根子は大物主大神の神主で、三輪君等の始祖である。ここに夢による卜問いの実態がわかる。

このように見てくると地《ところ》の卜定といっても随分多様であることが解る。それでは何故に卜定が行なわれるのであろうか。卜《うら》とは未来の吉凶を判定するために行なう法であるが、この大嘗祭の諸建物にあっては、確かに伊勢神宮の場合のように、神の意志に基づくというようにはなっていないが、明らかに卜定は人の日常的判断を超えたものに対処する方法である。逆にいえば、そういう地《ところ》はそのような超えたものに基づいてあるのであり、かつ吉きそのようなものに基づいていることを示している。これは、生の可能性を包含する絶対的静止としての場所以外の何ものでもない。つまり、これは、場所の二層性の顕現であり、地の卜定はかかる場所の本性に基づく手立てである。

〔注〕

1　堀一郎、『我が国民間信仰史の研究』（一）昭三〇。
2　天児屋命を召して、天の香山の真男鹿の肩を内抜きて〈中略〉占合ひまかなはしめて（『記』神代）。
3　史料には恭仁京には地鎮が見えない。長岡京には天皇の巡幸が見えない。
4　村井康彦、「平安京の形成」（『京都の歴史』一）。

5　西方の国新羅を見抜くことが出来ず死んだ仲哀天皇が逆に示しているように、天皇には普通には見えないものを見る能力が期待されていたのであるから、この地相を見ることはかつては天皇に帰せられたかもしれぬ。

6　例えば、『孝徳紀』にある白鹿がいた地に伽藍を建立した白鹿薗寺。

三　地鎮《ところしづめ》及び四角《よすみ》の柱穴

大嘗祭について『貞観儀式』によると、

鎮畢造酒童女先執二斎鉏一掃レ地并掘二院垣四角柱穴一（斎場内院）

鎮畢使執二斎鉏鎌一芟二除草木一始掘二柱穴一（稲実殿斎院）

鎮畢〈中略〉執二斎鍬一始掘二殿四角柱埳《あな》一 埳別八鍬（大嘗宮）

そして皇大神宮に関しては、

取吉日　宿《をみやところ》　地鎮謝〈下略〉（『皇大神宮儀式帳』）

鎮料の中には鍬が加えられていることによっても傍証されるが、この地鎮は要するに地に人手を加えるに先立って、明記されてはいないが、地の神を祭ることであろう。(1) この事象はこの祭の建物等に使用される材木とか萱を山野に採るに際してその山野を占める神、山神、野神を祭る、(2) その祭りと同様と考えてよいであろう。伊勢神宮の場合には山口で祭る山口祭がある。それには、

造宮駅使忌部宿称告刀申了、即山向物忌以忌鎌弖草木苅初然後役夫等草苅木切所々山野散遣（『皇大神宮儀式帳』）

とあって、大嘗祭の野神を祭ってする萱刈と同様である。ただし、伊勢神宮の場合は草木は山野に散らされている。この行事は、しかし、天孫降臨の際の建御雷神の巡遣や大国主神を祭る際にみられる、国つ神や魑魅魍魎の「さやぎてある」(3)状態が鎮まること、つまり浄化されることと合わせ見なければなるまい。山神、野神、そして地の神を祭るとは鎮めることであるからである。浄化しておくことは何事かを創造するに際しての必要な手立てだといえよう。

そして垣の(4)、または建物の四角の柱穴を斎鉏或いは斎鍬で掘るのである。この行為が呪的なことは斎鉏、斎鍬という斎んで造られた物で、造酒童女とか抜穂使という忌人がこの穴を掘り、後に始めて工人が仕事を遂行すること等によって明白である。垣や建物に共通して四角の柱穴がこのように特別視される所以は対象的な意味でその場所が場所設定にとって重要であるからであろう。われわれは先節で、神社や住宅の中心的な柱による場所の設定（非対象的に云えば解放）に触れて、象徴的には諸場所を内包しながら不動的大地を開くことでもある場所の意味を考察したのであるが、垣の場合はこの諸場所を、中心的な柱の場合には漠然と指定されていたのに対してより明確に限定する。また、垣が空処の重要な内的構成要素であることは、大は天の壁《かき》による国の構成や、また青垣山というように廻りの山を垣とみなす場合(5)に到るまで一般的である。それ故、先小節の四角の賢木《さかき》と同様にこの四角の柱穴は、それによって囲われる内側のところを最早「さやぎ」ていない、鎮まった、浄化されたところとして開け放っているといいえよう。その意味で場所は浄化するのである。

〔注〕

1　伊勢神宮の場合、それは萬幡豊秋津姫命が地の神のようである。正殿の宿（宮）地を鎮祭る地祭の物忌がいつく神がそれであるからである（『皇大神宮儀式帳』）。また長岡京・平安京の場合は加茂大神である。藤原京・平城京は「鎮二祭藤原宮地一」（『持統紀』）、「鎮二祭平城宮地一」（『続紀』）とのみで、地の神の名は記されてはいない。

2　為レ採二カ内院ノ料ノ材一ヲ向二卜食ノ山一ニ即祭二山ノ神一ヲ〈中略〉祭畢テ造酒童女先執二斎斧一ヲ伐ル レ樹ヲ工匠次ク レ之ニ役夫次レ之ニ（『貞観儀式』）。

向ヒ二卜食ノ野一ニ即祭二神一ヲ〈中略〉祭畢テ造酒童女先執二斎鎌一ヲ芟レ之ヲ役夫等終レ之ヲ（『貞観儀式』）。

3　詳しくは「道速振る荒振る国つ神等」（『記』神代）であり、「多に螢火の光く神及び蠅声す邪しき神有り。復草木咸に能く言語有り」（『神代紀』下）である。

4　斎場の内院は明らかに院の垣の柱穴をほり、次いで稲実殿の柱穴をほるが、地方の稲実殿斎院は垣か殿かは不明。大嘗宮の場合は悠紀・主基両院の各々の主殿であろう。

5　速須佐之男命の櫛名田比売との家での八重垣、また『播磨風土記』にある記事「谷なり。形は垣の廻れるがごとし。かれ家内谷と号く」等に示されるように家には垣が一般的に云って付き物のようである。

四　殿及び門の鎮祭

忌人によって主要なる殿や垣の四角の柱穴が掘られた後、諸々の役人によって建物は完成される。ついで作業――例えば、祭りに必要な諸物、食物とか酒とかを作る――を始めるにあたってそれに関係ある神々を祭るのであるが、大嘗宮では天皇の行なう主儀式に先立って、

中臣忌部率二御巫等一祭二殿及門一

のである。これはその儀式の終りに際して、

中臣忌部率二御巫等一鎮二祭大嘗宮殿二〈中略〉壊二却大嘗宮一

に対応するもので殿及び門の神を鎮祭するのである。皇大神宮では、「正殿地築平《をおほとのつちつきたひらくる》」、つまり杵築《ゆづき》祭がある。その祭とは、『皇太神宮儀式帳』によれば、

尓時《そのとき》役人卜合地《うらニあへるところノ》土正殿地持運置《つちヲもちはこひく》、即弥宜内人等築平詠儛《つきたひらけてうたうたまひて》

とあって、なお地を鎮祭するのである。

さて、殿及び門の神の鎮祭は各々「大殿祭《おほとののほかひ》」(1)及び「御門祭《みかどほかひ》」と呼ばれ、その祭の祝詞が『延喜式』に記載されている。それによれば、その神は屋船《やふね》の命（屋船くくちの命及び屋船豊うけの命）、及び磐𥧄《いはまど》の命（くし磐𥧄・豊磐𥧄の命）といい、この神々の職能は異なるが、両祝詞は共に忌部の唱えるものであり、先述の様に「殿及門」として行なわれるのであるから、目的とすることは両鎮祭ともほぼ同じであろう。さてその形式であるが、『貞観儀式』の大殿祭儀によれば、結局は殿の四角に玉または木綿を懸け、さらにその角に米、酒、切木綿を散らし置き、祝詞をとなえるのである。これら鎮料はいずれも邪気をはらう霊物であろう。『祝詞』自身「辟木《さきき》」「束稲《つかしね》」を産屋の戸に置くとか、米を屋中に散らすのが当時の習俗であると注記するのであるが、柳田国男氏(2)はこの習俗を含め上古ばかりではなく現在の民俗にも流れている観想として米の霊物視の広さと深さを指摘する。また玉が開けを浄化するという観想(3)は『万葉集』に多く見られ、玉の霊物視も一般的な慣習であることが解る。

さて、空処を浄化すると観想される霊物を置く諸場所が殿の四角及び門であることに注目したい。これらの場所は「御門祭」のいう「天のまがつひ」という神の来る場所、「四方四角《よもよすみ》」(4)に該当しよう。これらは垣ないし殿という建物によって設定された場所であるが、それが空処にとって重要な場所であることをこの儀式は示している。換言すれば、諸場所がはりめぐらして開く場（会域）の方向づけの中にあってそれらはその特性を受けとるのである。その意味で、その特性は対象的な形式に還元されるのではない。また、空処にとっての門の重要性は当該の空処を示すのに門でもって代表させる場合が多くあることで明らかである。例えば宮殿《みかど》を御門といい、家を屋戸《やど》といい、さらに肥前国《ひのみちのくちのくに》、肥後国《ひのみちのしりのくに》というように国を呼ぶにもそれへの出入口に着目して呼ぶ例がある。(5) そしてこの場所は、磐𥧄の命が邪霊を「上より往かば上を護り、下より往かば下を護り、待ち防ぎ掃《はら》ひ排《そ》けます(6)」

場所であり、「麻井塩湯」を門を入る物にそそぐ場所であり、楯戟を立てて守る場所であり、隼人が開門に際して声を発する場所である。要するに垣によって構成される浄化された空処の弱点、出入りという行動に伴っての不可避的な弱点となる場所であるからであろうか。しかし、この事態は、場所の二層性を考慮に入れるならば、むしろ、そこにはこの二層性が顕現しており、常に開けつづけることを要請していると見るべきであろう。

一方角に関していえば、先節で注目した大国主神の国譲りの際の「八十坰手《くまて》に隠《かく》りて侍《そもら》ひなむ」（『記』）が参考になる。『名義抄』によれば「隅すみ、かど、くま」であり、隅はまた「八隅知之《やすみしし》我大王乃」（『万葉集』三）の国のいわば行きにくい諸場所、力の及ぼしにくい諸場所でもある。すなわち角は隠された場所である。又鎮祭された神のこもりやすい諸場所である。それ故にここに霊物を置くことによって邪霊を鎮めなくてはならないのであろう。そして、

其駕経二国界及山川道路之曲一、今来隼人為レ吠（「隼人式」）

の道路之曲《くま》は門と同様に隼人によって守らねばならぬ所であることを見れば、角は門と同様浄化された諸場所の弱点となる場所であろうか。G・バシュラール(7)は隅なる場所に着目して、半ば開かれながらも隠されている隅は内密的な夢想の空間、安息の空間であることを指摘しその力動的構造を展開するのであるが、対象的に云えば諸場所の持つ一定の形式が特有に空処を設定することを示しており、そのことにおいて非対象的な絶対的静止が顕現しているといいうるものである。われわれの事例である角についてもこのことは当て嵌まる。

〔注〕

1 この祭りは、「月次祭神今食の翌朝之を行はるるがその代表的なる祭儀にして、この他に恒例には新嘗祭・臨時には皇居の遷移・斎宮斎院の卜定・立后・行幸・践祚の当日に之を行はる」（田中初夫、「大嘗祭と大殿祭」、『践祚大嘗祭』昭五〇、三〇九頁）。

2 柳田国男監修、『綜合日本民俗語彙』昭三〇。

3　『万葉集』一〇一三、一〇一五、二八二四、二八二五、三七〇六、四〇五六、四〇五七、四二七〇、四二七一。
4　『延喜式』御門祭祝詞。
5　「針間を道の口と為て吉備の国を言向け和したまひき」（『記』）、「高志の前《みちのくち》の角鹿」（『記』）のように一体と見なされた国という空処をそれへの道の入口又は出口《しり》に於いて意識している。それについては、また山口の神も同様である。
6　『延喜式』御門祭祝詞。
7　G. Bachelard『La poétique de l'espace』1957（岩村行雄訳『空間の詩学』昭四四）。『La terre et les rêveriès du repos』1948（饗庭孝男訳『大地と休息の夢想』昭四五）。

第三節　移徙《わたまし》と住い込み

『皇大神宮儀式帳』には、心御柱（忌柱）を採るための「木本祭《このもとさい》」が山口祭に続いて記されているが、心御柱にはそれ以上触れられていない。しかし実際は、杵築祭の前に、新築の正殿の御床下にそれを奉建する心御柱奉建がある。それは神の顕現を示す古来の仕方であろうが、この顕現は『皇大神宮儀式帳』では、遷御の儀といって、御船代《ふなしろ》の中の正体《みかた》を旧宮《もとのみや》から新宮正殿に移す儀によって示された。その間の幸行の道には布が敷かれ、衣垣《きぬがき》、衣笠《きぬがさ》、刺羽《さしは》等で隠されながら闇中を遷御する。亥刻（午後十時）、新宮の御装束儲《ま》けに続いて行なわれた（図26）。

さて、平安時代の公卿の日記の中には、地鎮・木作始・立柱・上棟などの文字が散見されるが、[1] これらは伊勢神宮の式年遷宮で実際行なわれている。その日記には、さらに内裏や住宅について、建設後そこに移り住む儀式、「移徙儀《わたまし》」の記載が多くある。先述の遷御の儀に該当するものである。この節ではこの移徙儀をとりあげよう。

「移徙」なる言葉は『天平勝宝八歳具注暦』（七五六）に帰忌日や往亡日の説明として、「其日不レ可二遠行、帰家、移徙、呼女、娶

図26　遷御内院図（皇大神宮遷宮祭典）

婦」等と見出しうるが、その詳らかな内容については十一世紀以降の公卿等の日記類によって知りうるのみである。(2) ここでは十二世紀末までに時期を限定して移徙の実態を明らかにする。さて、移徙とは定住の場所の変遷であるから、当然そこには以前の場所との関連を示す多くのものが見出されるが、われわれの関心はこの儀式を通じて天皇や公卿が新しい場所に住まい込むという事象にある。

新しい場所に住まい込むとは一体どのような事態であろうか。すでに見たように、場所は諸場所の可能態を含めての全秩序を内に含みながら、その都度の現実的で相対的な諸場所の秩序を支える絶対的静止であった。一方、この秩序は、「大臣大饗」に見られたような硬直したものではなく、ミンコフスキーのいう生きられる、偶然性を許容する柔軟な秩序であった。そうとは云え、それは習慣化の結果という面を含むものである。

しかし、この慣れ親しむということは、それこそ正に住まうこと自体であるから、住まうの秩序の、したがって住まいなる諸場所の秩序の認識はむつかしい。しかし住まい込まんとする際には、その場所の秩序のいくつかの要素が当の住まい手の対象となるであろう。このような意味で、移徙における諸行事を解明することで平安時代後半の住居なる場所の秩序の要素の浮彫が期待できるであろう。

さてこの移徙儀は新築の場合は「新宅之儀」といって新築でない旧宅への移徙の場合とは多少違う。つまり後者は行事の一部に省略があるが、論考の主旨にそって「新宅之儀」を見ることにする。さらに内裏遷幸（遷都を含む）といわれる天皇の場合と、単に移徙である公卿の場合と、また上皇や女院の場合とではいくつかの点で違いはあるが、儀式の構造としては同一であるので、同じ項目の中でそれらを取扱おうと思う。すなわち、この儀式は移徙日の勘申を始めとする移徙前の諸行事、承明門或いは中門での行事が中心となる移徙、そして紫宸殿あるいは寝殿等の殿内での諸行事におのずと分れるので、そのように項を分けて推めることにする。なお、本文中の出のルビは、例えば出三は、一〇六頁の出典文献リストの番号を示している。また、図27にその位置を示しておいた。

〔注〕

1　これらの挙行の日時も陰陽師が勘申する（伊藤平左ェ門、『建築の儀式』昭三四）。土御門第（『御堂関白記』長和五〔一〇一六〕―寛仁二〔一〇一八〕）、中御門亭（『中右記』長治二〔一一〇五〕）に造作初、地鎮、立柱、上棟の祭がある。

2　日記以外には平安時代の『掌中暦』と『懐中暦』をもとにして鎌倉末につくられた『二中暦』に少しくまとまった内容を見出しうるのみである。

一　移徙以前の諸行事

陰陽師が移徙の日時を勘申する。吉日を選ぶのである。陰陽師は占《うら》を取扱う陰陽寮の呪術師であって、陰陽道は、もちろん、呪術宗教的世界にあって、その「生命は未然に備ふるにあり、吉を招き禍を避くるを意局の目的とす[1]」るが、そういう運行の秩序の中に移徙もあると彼等は考える。これは時間的事柄とはいえ、先の地の卜定と同じ観想に属している。

次に移徙の無事を祈って、遷幸《出五》の場合は伊勢・石清水・賀茂上下・松尾・平野・稲荷・大原野・春日の八社に奉幣使を発遣し、公卿の場合は、例えば藤原宗忠の中御門亭《出十四》では春日・吉田・賀茂の三社に奉幣する。彼はこのことを、

移徙之間、為無障所祈申也

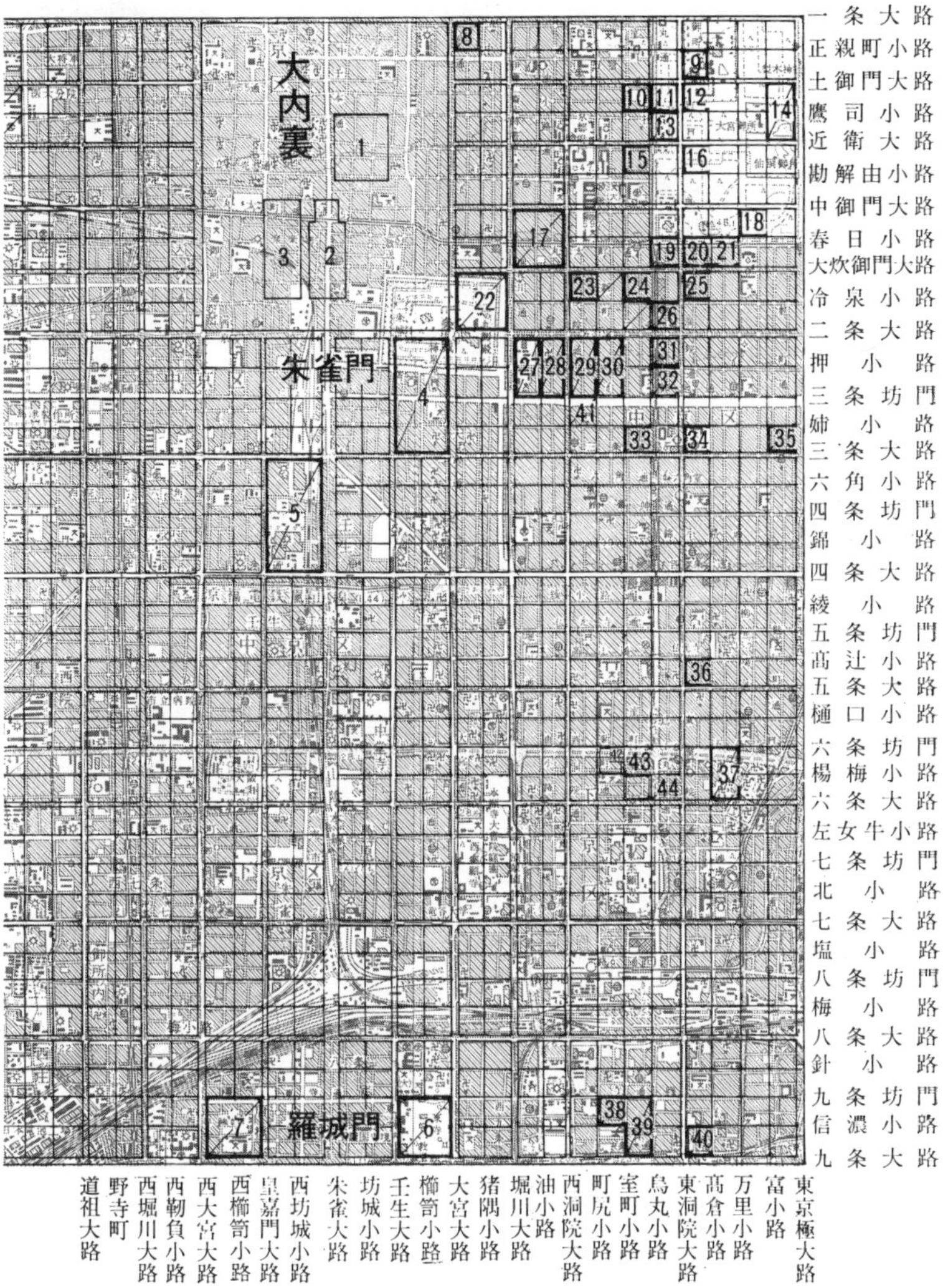

図 27　平安京部分——なお、図中には本書に登場する建物の位置が記載されている。ただし、所在不明のものもいくつかある。

1. 内裏
2. 朝堂院
3. 豊楽院
4. 神泉苑
5. 朱雀院
6. 東寺
7. 西寺
8. 一條院
9. 高陽院
10. 土御門内裏
11. 棗殿
12. 高倉殿
13. 枇杷殿
14. 京極殿（土御門殿、上東門院）
15. 小一條西町別第
16. 花山院
17. 高陽院
18. 中御門亭
19. 大炊殿（鳥羽帝）
20. 大炊内裏
21. 藤原頼長第
22. 冷泉院
23. 大炊殿（堀河帝）
24. 小野宮
25. 藤原兼隆第
26. 二條第（道長）
27. 堀河殿
28. 閑院（陽明門院御所）
29. 東三條殿
30. 鴨院
31. 二條烏丸第（二條院南殿）
32. 三條院
33. 三條西院
34. 高倉宮
35. 三條京極第（待賢門院御所）
36. 藤原顕隆第
37. 六條殿（師実カ）
38. 九條殿（師輔）
39. 九條第（信長）
40. 九條第（兼実）
41. 高松殿
42. 池亭
43. 西六條殿（小六條殿）
44. 中六條院

といっている。

竣工した家で安鎮法や御読経が行なわれる。安鎮法とは『国史大辞典』によれば、「家宅を鎮護する法で、鎮宅法・安宅法ともいう。新築の家屋に対して行なう場合には不動明王・葉衣観音を本尊とし、旧い家の怪異を除く場合には八字文殊菩薩を用いて修する」とある。例えば、高陽院[出十二]では、

今日於高陽院、権大僧都良意修安鎮法、又属十口僧侶、被転読大般若経、依来十日御渡也

とあるのみであるが、藤原忠実の鴨院第[出一〇]の場合は、

従今日於新所始種々祈等

とあって正に種々の祈りをする。寝殿では不動法、南東屋で大般若読経、南東屋東面で愛染王供、寝殿東南廂で最勝講、内府宿所屋で仁王講を日を変え、あるいは同じ日に各々三日程行なわれる。裏書によれば寝殿・湯屋・対代・北対・出居廊・内府宿所・諸門の上に諸々の仏経及び真言・不動尊の絵仏を置いて祈る。先ず不動供を始めるのであるが、それは、

寝殿四角案四天

を供養し、次に、

渡之間可被無事故之由為祈

ただし、東三條殿[出八]の場合には、

　今度為角明神、仁王講同三箇日也

とあって屋敷神にも経を捧げている。また内裏についても同様のようで、里内裏となった土御門殿[出二]の場合だが、「安鎮法・御祈御読経」とあって御読経には百座仁王経及び最勝王読経の名が見える。上皇の法住寺殿の移徙の場合にも安鎮法、仁王御読経の名が見える。

少し新しくなるが、康治二年（一一四三）三月十六日の皇后宮門御所白川押小路殿の寝殿における安鎮御修法の指図（『門葉記』）をかかげておく（図28）。興味深いのは大壇の北方に一鋪の曼荼羅を懸けるが、中央に金色不動明王、その八方には八人の青不動尊が、さらにそのまわりに八天が画かれている。そしてその左右にそれぞれ方位にある不動尊と天を各々幡にして並べている点である（図29）。後にもう一度触れることになるが、絶対的静止としての場所を方位における不動尊として表現しているのである。安鎮法は、さらに敷地をとりまく築地内の四方四角及び中央、すなわち九方に鎮所（借屋といっている）を設け、とりわけ中央では図30のような鎮所で、中央には穴が掘られてある。行事次第は、まず壇所で修法があった後、大壇北方の天幡が鎮支櫃と共に、鎮所の北部分に並べられ、鎮のあった後、各方位を分担する阿闍梨が各天幡と不動幡を持って各方位の鎮所に行道している。

そしてさらに陰陽師の鎮の修法がある。先述の鴨院第では、

　今夜有三嶽七十二星鎮、寝殿天井上有置物

とあり、石鎮が修法結願日に行なわれている。これら鎮祭については『兵範記』[出一四]の高倉殿鎮祭事として詳しい記載がある。それによると先ず七十二星鎮、次に西岳真人鎮が続くが、共に鎮物を櫃や瓶に封じて寝殿天井上に置く。次に大鎮。これは、

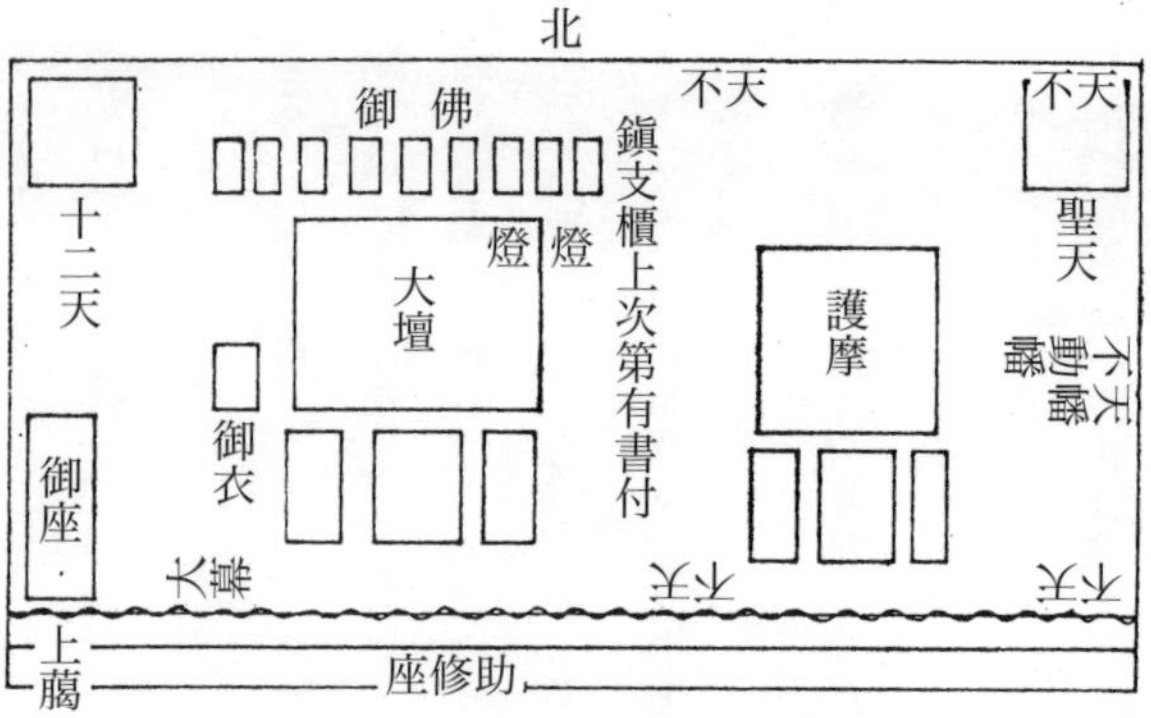

図 28　白川押小路殿寝殿の安鎮法（『門葉記』）

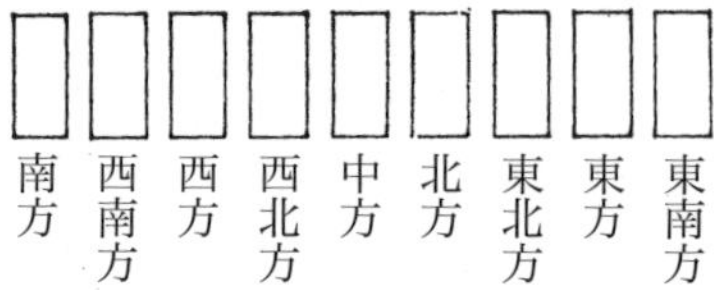

図 29　安鎮法での天幡の並べ方（『門葉記』）

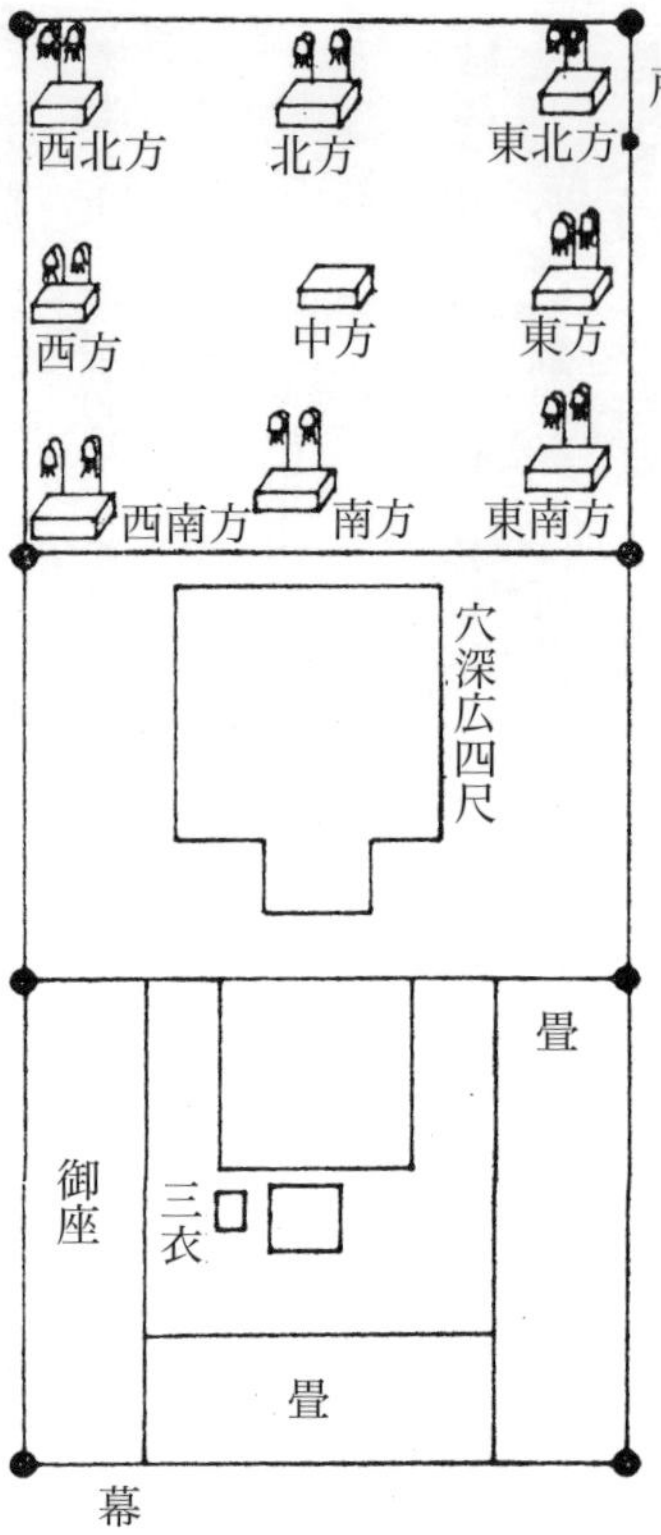

図 30　安鎮法での中央の鎮所（『門葉記』）

堀穿大鎮穴〈中略〉四方中央、其外大門西二、東三、北一、中門三所東西北各、中央
又寝殿南階中央

そしてこれらの穿穴に五色玉等の瓶を埋めるのである。安鎮法と似ている部分もあるが、それとの関係についてはよく解らない。あるいは共に道教の影響であろうか。次に大将軍祭、王相祭、土公祭(2)がそれぞれ南庭で、次に火災祭が北面で修せられ、最後に井霊祭が行なわれる。これらのうちには『延喜式』臨時祭に記されてあるものもあり、また後述する移徙後の祭祀と関係すると思われるものもあって神事とも輻湊する。そして移徙の当日神祇官中臣氏による大殿祭が行なわれる。その記事は管見によれば新造大炊殿出十七での「参勤大殿祭」のみであるが、行幸の場合のそれは散見するので、後述の御禊のように天皇ないし上皇などの場合には大殿祭が行なわれたであろう(3)。

また移徙に先立って新殿を装束する。その装束次第については『類聚雑要抄』巻二に詳細な指図（図31）があって大方を知ることができる。この図は太田静六氏の東三條殿の復元図にこの雑要抄の指図を入れ込んだもので、のこりの部分については解らない。しかし、ここで注目したいのは寝殿での立帳に

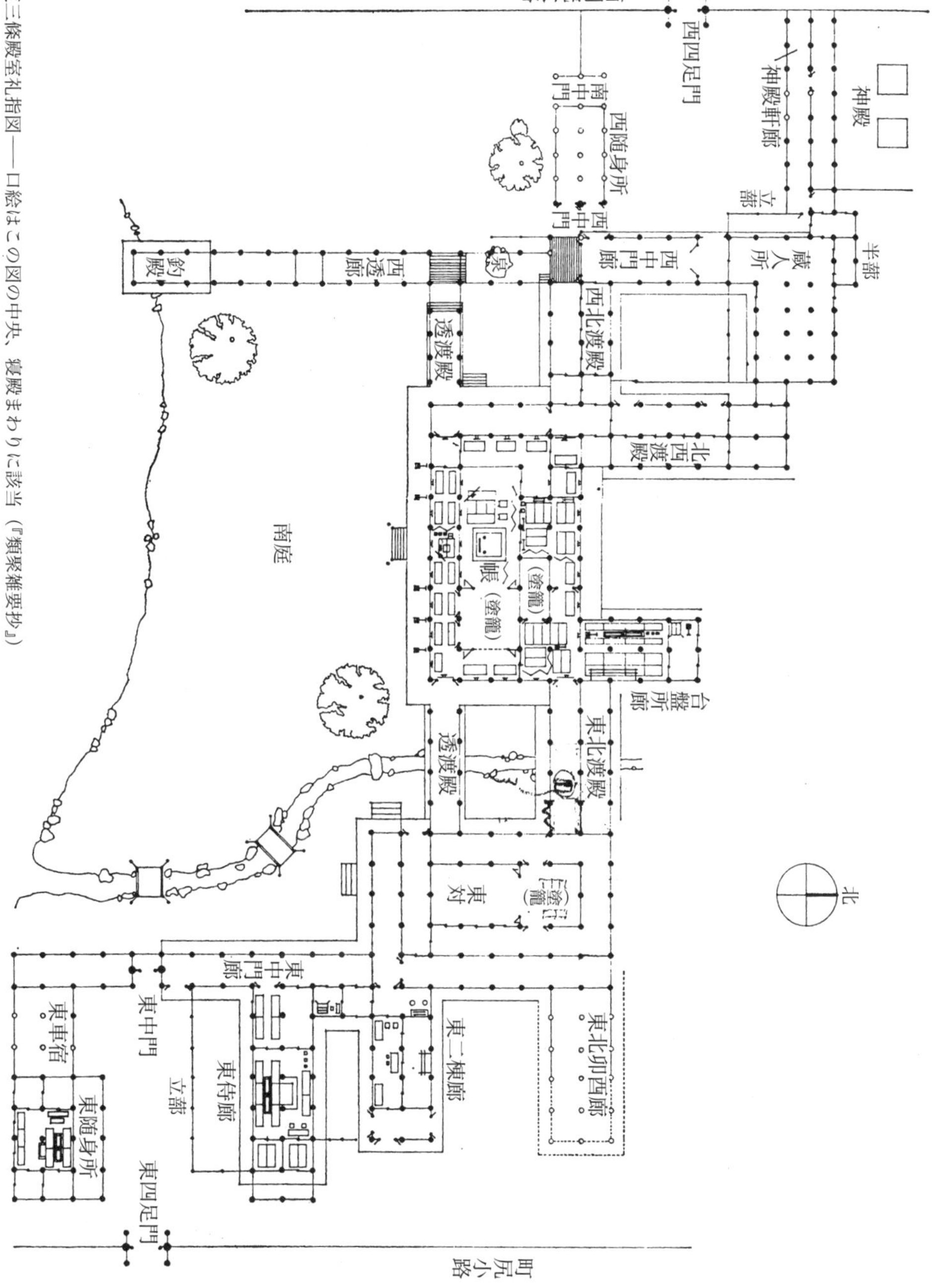

図31　東三條殿室礼指図——口絵はこの図の中央、寝殿まわりに該当（『類聚雑要抄』）

ついてである。それは、陰陽師が立帳の日時出十七、十八、二〇、二五を勘申すること、すなわち吉時をもって立てること、及び、『仮名装束鈔』によれば、

　御帳あたらしくば、よき日をもちて立べし、ふるきはくるしからず、柱はうしとらのすみよりたつるなり

すなわち建物の立柱(4)に似た観想のあることとである。さらにこのことは高倉殿について『兵範記』保元三年（一一五八）に、

　図書打鎮礼於御帳四角

とある。帳という臥座の場所をその柱に鎮礼を打って安寧を得ようとする観想である。前節で見た床の意味に対応するもので、御帳が場所の構成にとっていかに重要視されていたかが解る。この御帳については次章で詳述する。

〔注〕

1　斎藤励、『平安時代の陰陽道』。

2　土公春三月在釜、夏三月在門、秋三月在井、冬三月在庭（『運歩色葉集』）にもとづけばこの場合は門でなければならぬが、庭で行なっている。

3　例えば、仁安二年（一一六六）、仁安三年（一一六七）法住寺御所（『兵範記』）。

4　伊藤平左エ門、『前掲書』によれば建物の四角の柱の立法は春夏秋冬によって異なる。

二　主として門での行事

内裏では供膳・貢馬・禄・叙位等があっていよいよ出立する。紫宸殿に御輿を寄せ、天皇は宝剣、璽あるいは皇后と同乗する

図32　行幸――紫宸殿での出御。天皇家の移徙儀をある程度推察しうる（『年中行事絵巻』）

（図32）。公卿の場合は牛車を普通南階に寄せて夫婦で乗る。その際、家母は鏡を胸に抱いて行く（この鏡は後、帳の中に置かれる）。[1] この出立の時はほとんど戌（二十時）か亥（二二時）だが、いずれにしろ夜であることは注目に価する。

そして遷幸の場合、建礼門（里内裏では大門）の外で神祇官が御麻を進める。すなわち、祓えを行なう。つづいて輿または車がこれらを入って承明門あるいは中門で行事が行なわれる。まず黄牛を一頭ないし二頭この門内に引入れ、南階前方の南庭につなぐ（これは三日間邸内に留めおかれる）。[2] この行事の意義は『左経記』[出七]によれば「依犯土為厭土公」に黄牛を牽ぐのだという。なお、黄牛の黄は中国の伝統的観想によれば、中央の地を、すなわち土を示す色である。しかし、この黄牛についての中国の行事は解らない。

続いて童女二人（それぞれ火取・水取、あるいは火童・水童という）、一人は脂燭[出十二、十七、二五、二七]を、一人は水の入った瓶をもって並んで門を入る。[3] この脂燭の火は前駈の松火より付けられるものであり、前邸からの火の持込みとして把えられているであろう。[4] 水の場合も同様であろう。そしてこれらは後に御厨子所・大盤所・膳所・大炊殿等に下げられるところを見れば、[5] それは同一火での食事、すなわち共食族という観想にもとずくのであろう。『紀略』天暦二年（九四二）の項には、

上皇中宮遷御二条院、用新宅礼、有水火黄牛

とあって、黄牛（土）と火と水が移徙にとっての一組としてとらえられていた。

　しかしこれら火水は単に食事に係わるのみではなく、すまいなる場所の構成に、特に火は、深く係わるのである。すなわち、童女は内裏や里内裏では南殿の西階を昇って御帳の西間に並立するが、後に天皇に前行して夜御殿に入り、そこの四角の燈楼に持参の火をつけ（この火は三日間消されない）、水の入った瓶は三日[6]間御帳南間の東壁の下、もしくは夜御殿の御帳の辺に置かれる。公卿の場合も[出二〇、二二、二五、二七]寝殿の燈爐にこの火がつけられ、水もまた寝殿に置かれる。このように夜、すなわち闇の中で引越しをし、火や水を運び込み、しかも三日間、殿内のしかるべき場所に置く。これらの事物は事実的には建てられるのではないが、まさに火水が設定する場所を通じて、すまいなる、生きられる空処を構成する。つまりそれらは生きることとしてのすまいに内属しているといいえよう。

　門の前で暫時留まった輿ないし車は陰陽師に先導されて南庭を通り南階へと向かう。その際、

　門壇上、北向読呪（『御堂関白記』）

　奉仕御反閇（『権記』）

といい、これを土御門殿[出二一]でも反閇《へんばい》といい、呪術といっている。おそらく呪を読みながら反閇を奉仕する陰陽師の術であろう。その行為はまた、「読呪踏昇」というからそうであろう。反閇とは、悪い方向を踏み破るという、呪禁の方術を行うことといわれ、「聊鎮之」[出十八]とも表現され、要するに踏み鎮めながら前行するのである（図33）。普通は南殿で反閇し退出するが、法住寺殿[出二五]ではエスカレートし、「西対台盤所、御湯殿、進物所、一々参廻読之」というから、この行為は大殿祭に近い関係にあるであろう。この反閇といい、門での祓いといい、移徙時のすまいは浄化されていない、つまりまだ場所としての秩序が確立される以前の、無秩序の、非日常的状態にあることを示唆している。それ故にこそそれらを含めて移徙儀が必要なのである。

〔注〕

1 『御堂関白記』（寛仁二年〔一〇一八〕四月）には遷幸と道長の上東門第移徙の日がかさなるので昼間に前者、夜に後者如何という陰陽師の意見をのせているが、結局前者は亥に行なわれたことでもその一般性がうかがえる。

2 この初見は『三代実録』（元慶元年〔八七八〕二月）「天皇遷レ自二東宮一御二仁寿殿一、童女四人、一人秉二燎火一、一人将二盥器一、二人牽二黄牛二頭一、在二御輿前一用下陰陽家鎮二新居一之法上也」。

3 火童のない場合直接先駆の松火が大炊殿にいく場合がある。三日間その火は消されない。

4 水については大炊殿で「入此大炊殿御井水」とあるが、中門を通すのであるからやはり外からの持込みと把えているのであろう。

5 水火が大盤所、膳所、大炊殿、水が御厨子所、火が内膳などという例がある。

6 水は直ちに御厨子所、水安御殿に運ばれる場合もある。

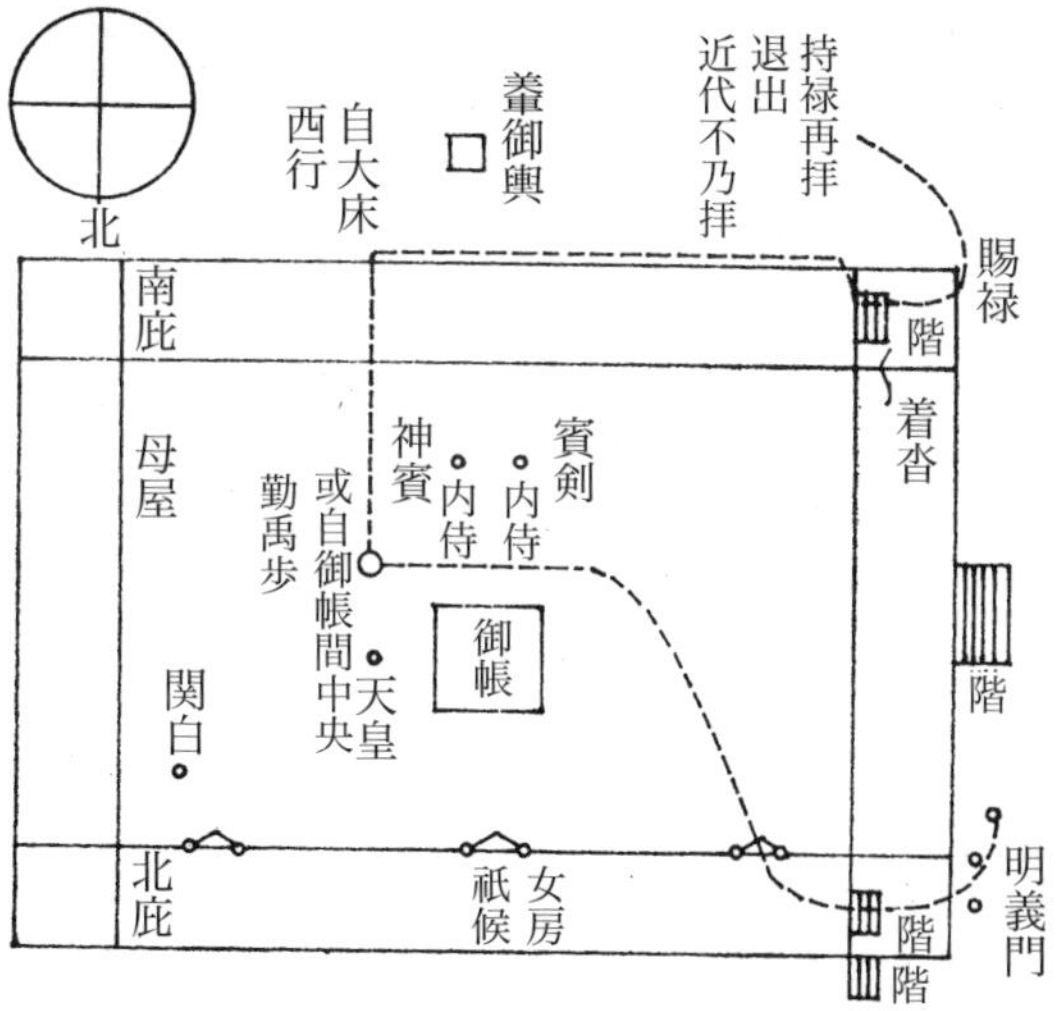

図33　紫宸殿での行幸反閇作法図（土御門家古秘録抄出大内裏、『群書類従』）

三　殿内の行事及びその他の行事

剣璽が紫宸殿の御帳前の東西柱の下に置かれ、天皇はその前に立って「鈴奏」と「名対面」をうけた後、清涼殿に、臣下は宜陽殿に赴くのが普通で、宜陽殿では饗宴がある。天皇は清涼殿の昼御座について「五菓」(1)なる果物と御酒をとる。これは公卿の場合も同様で南廂の帳前の間の座（昼御座）で夫婦、子供と共にそれらを飲食する。それは場所の設定の初発にあたって家族の結びつきを食事を通じて確立する儀式と見られうる。これが儀式色の濃い食事であることは、寝殿の装束を見れば明白であり、清涼殿でも昼御座で食事をとるのは、正月の「供御薬」のように、儀式性が顕著な場合のみである。これはあるいは『記』(2)のいう呪物としての桃実に多少の関連があるやもしれぬが、むしろここでは日常的な食事を移住の初発に於いて儀式として行なう裏に、祭祀としての儀式のもつ効果への期待があったのだという様に考えたい。そのことは東三條殿の場合に見られたことだが、移徙に際して三日間母屋にある御帳の中で寝るという、寝ることの儀式化の中にある観想と基を一にするものであろう。御帳のある間の北廂と北広廂にかけての一郭が通常の寝間であるからである。

さて「五菓」のあとは直会的要素の強い行事が続く。すなわち公卿にあっては饗座での飲食と「擲采《てきへん》の戯」がそれであり、天皇の場合も朝餉間で夕御膳の後、南向に昼御座に着いてまず臣下は広廂で一献、次に東廂に対座して「擲采の戯」が行なわれる。図34はこの饗宴の座と「擲采の戯」の際の座が同時に書き込まれている。ただし直会の前に公卿の場合も天皇の場合も「吉書奏」がどこかに介在している。そうしてこのような直会的行事は後二日間続けられるのであるが、その間物忌的な生活が続けられることに注目しなくてはならぬ。その間の事情を『類聚雑要抄』は、

不㆓殺生㆒、不㆑歌、不㆑土㆑厠、不㆓悪言㆒、不㆑楽、不㆓刑罰㆒、不㆑登㆑高、不㆑臨㆑深、不㆑見㆓不孝子㆒、入㆓僧尼㆒忌之

という[3]。ただし我々はこの種の物忌を単に消極的なものとして見るにしても、そこに期待されているものはかえって場所の設定という生産的なものであり、ただ慎重に運行を待っての消極的であるということに思い致せば、物忌生活とは積極的なものであり、そうであればまた、この儀式の始行が闇であったのだが、この闇も何物かを生みだす闇であることに気づかされよう。

儀式はしかしこれで完結したのではない。内裏にあっては当日あるいは明旦、内侍所御神、すなわち神鏡、そして竈神の移御がある。土御門亭[出二一]ではその直前、神祇官によって神々の為に「大殿祭」が行なわれたことを伝えている。また、公卿の場合には花山院[出八]では、二日目と三日目の朝、諸神、すなわち門・戸・井・竈・堂・庭・厠等を祭っている。これらは移徙の際運びこまれた[4]「甑内盛五穀」や童女の運んだ火水で炊いた「釜内五穀」で祭られる。伊勢大神である御鏡は別にして、竈神は『禁秘抄』によれば「四五破」つまり内膳竈神、主殿竈神等に分れているが、「但指合用之」という。そして「延喜式臨時祭」や「斎宮野宮遷入」の神事には「大殿祭」「御井并御竈祭」と並記されていて、その際の神々は花山院の諸神とほとんど重なる。したがって、こ

清涼殿東広廂

東廂の石灰壇，昼御前など

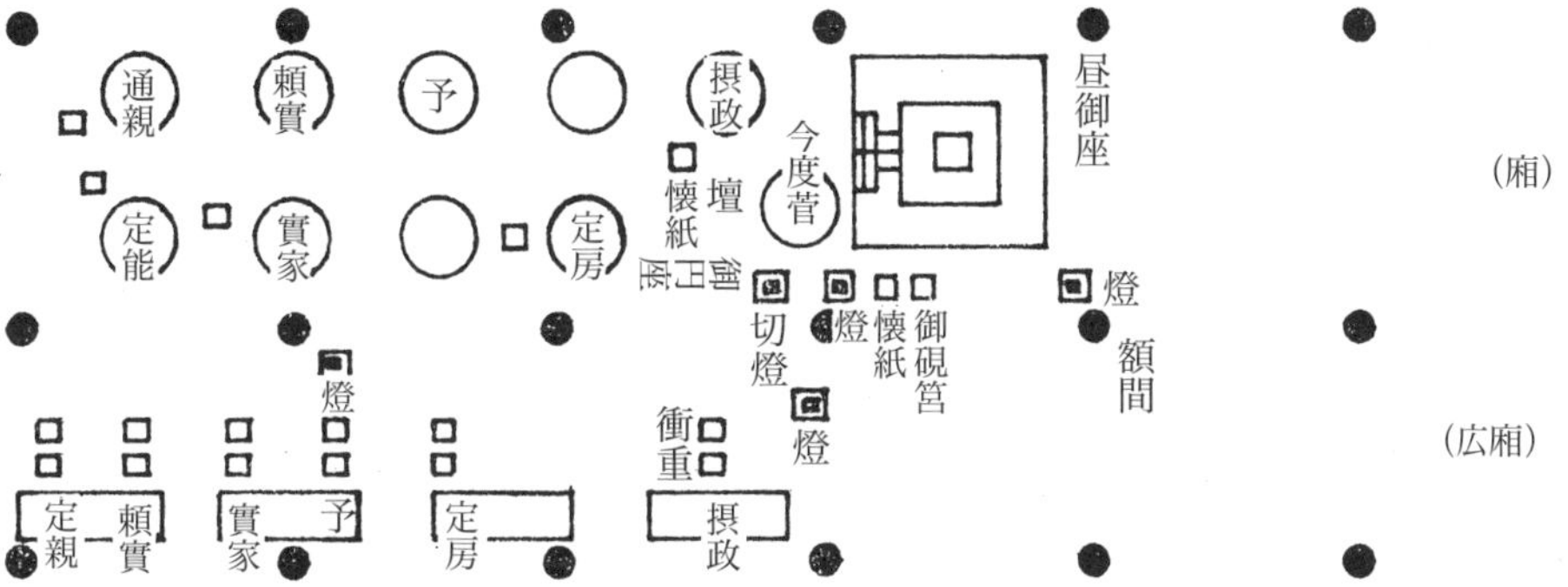

図 34　清涼殿昼御座での擲采戯指図（『山槐記』治承 4 年 4 月）

れらの祭祀は竈神移御といい、持ち込まれた五穀等で祭るといい、そこには神々のすまいなる場所への内属化の観想を見てとることができる。つまり人間だけではなく、神々も住まい込むのである。そして、三日間の儀式の後、「政所始」等いくつかの始めの行事が行なわれ、住まい込みはなお進行する。

　さてわれわれは移徙儀をとりあげて、そこにすまいなる場所の設定にあたって、様々な鎮めの行事があり、闇とか物忌生活という内にあって、黄牛とか、火・水が、初発的な食事と就寝が、神々の移住があることを見た。それらは場所の意味に取り込まれることを示している。つまりそれは絶対的静止としての場所に内属すると同時に、諸場所の可能的秩序となって現実の空処を規定していると想定できる。しかし、ここで取扱った事例はそう結論をくだすにはあまりにも乏しく、かつ狭い。この移徙儀に見られる住まい込みの現象は、他の多くの事象の中にも見られるものであり、それらの考察を経て結論を出すべきであろう。

〔注〕

1 棗李栗杏桃又は美名菓、《出八》松子于棗李桃杏栗、《出十二》松柏李桃カチ粟。《出十八》

2 爾に伊邪那岐命、其の桃子に告りたまひく〈中略〉青人草の、苦しき瀬に落ちて患ひ惚む時、助くべし。（『記』神代）。

3 『紀略』永延元年（九八七）七月二一日の頃には摂政（兼家）始移徙新造東三條第、焼亡之後造之、有饗三日宴管絃之事。
この「管絃之事」は、内裏でも「擲釆の戯」があるのだから、それに似た意味を持っていたのであろう。

4 中門より持込まれるのはいろいろで、「水火童并雑具」といい、花山院では「金宝器、馬鞍、箱盛二錦絵綵帛之類一、釜内五穀、瓶内五穀飯」といい、高陽院では金器を置いた中取、鞍、衣筥、コシキオケ引とある。

出典文献リスト（出なる記号つきの番号がそれである。また○は内裏、△は上皇、親皇等の、□は公卿の住宅の場合を示す）

一　○寛弘八年（一〇〇八）八月、新造内裏（御堂関白記、小右記、権記）
二　△寛弘八年（一〇〇八）八月、三條院（権記）
三　△長和五年（一〇一六）一〇月、三條院（御堂関白記）
四　□寛仁元年（一〇一七）十一月、二條第（御堂関白記）
五　○寛仁二年（一〇一八）四月、新造内裏（御堂関白記、小右記、左経記）
六　□寛仁二年（一〇一八）六月、土御門第（御堂関白記）
七　□長元五年（一〇三二）三月、堀河家（左経記）
八　□康平六年（一〇六三）七月、花山院（類聚雑要抄）
九　□寛治五年（一〇九一）八月、六條殿（後二條師通記、中右記）
十　△寛治六年（一〇九二）正月、陽明門院御所（為房御記、中右記）
十一　△寛治六年（一〇九二）正月、二條烏丸第（中右記）
十二　□寛治六年（一〇九二）七月、高陽院（後二條師通記、中右記）
十三　□寛治六年（一〇九二）七月、六條亭（中右記）
十四　□長治二年（一一〇五）十月、中御門亭（中右記）

十五　△嘉承元年（一一〇六）三月、二條堀河亭（中右記）
十六　○天仁元年（一一〇八）八月、内裏（中右記、殿暦）
十七　○天永三年（一一一八）八月、新造大炊殿（中右記）
十八　□永久三年（一一一五）七月、東三條第（殿暦）
十九　○永久三年（一一一五）十一月、新造皇居大炊殿（殿暦）
二十　□永久五年（一一一七）七月、鴨院第（殿暦）
二一　○永久五年（一一一七）十一月、新造皇居土御門殿（殿暦、通季卿記）
二二　□康治二年（一一四三）七月、三條殿（類聚雑要抄）
二三　□仁平二年（一一五二）三月、九條殿（中右記）
二四　□保元三年（一一五八）八月、高倉殿（兵範記）
二五　△永暦二年（一一六一）四月、法住寺殿（重方記）
二六　○仁安元年（一一六六）十月、大内（兵範記）
二七　△仁安二年（一一六七）正月、法住寺新造御所（兵範記）
二八　□仁安二年（一一六七）十一月、白川新造押小路殿（兵範記）
二九　○嘉応元年（一一六九）六月、閑院（人車記）
三十　○仁安三年（一一六八）三月、大内（玉葉記）
三一　○仁安三年（一一六八）七月、閑院（人車記）
三二　○安元二年（一一七六）八月、大内（愚昧記）
三三　○治承四年（一一八〇）四月、大内（山槐記、吉記）
三四　○元暦元年（一一八四）七月、大内（山槐記）

第三章　通過儀礼とすまい

さて前章で取扱った建設や移転に伴っての儀礼をA・ファン・ヘネップは、

> 家の土台作りおよび建築の際の供儀も通過儀礼の部類に入る。〈中略〉すべての新しい家はしかるべき儀礼によって俗《ノア》にされるまではタブーである。この際のタブーの除去はその形態およびメカニズムに関して〈中略〉洗浄・清祓・共餐などがある。[1]

といい、通過儀礼に含めているが、ここでは典型的なそれである、誕生・結婚・死の儀礼に着目することで、すまいなる場所と空処についての究明をつづけよう。通過儀礼に関してファン・ヘネップは「ある状態から別の状態へ、ないしは世界（宇宙的あるいは社会的な）から他の世界への移動に際して行なわれる儀式上の連続を分類[2]」して、

> 以前の世界からの分離の儀礼をプレリミネール儀礼 rites preliminaires とよび、過渡期にとり行なわれる儀礼をリミネール儀礼 rites liminaires とよび、新世界への統合に際しての儀礼をポストリミネール儀礼 rites postliminaires と呼ぶことを提唱する。[3]

これらはラテン語 limen（敷居・入口・門・境・家）による命名であるが、V・W・ターナー[4]は社会集団のこの limen にある状態（リミナリティ）、つまり過渡期の状況をコムニタス communitas となづけ、それが社会構造としての身分制を、例えば白紙の状態に全体化することで、身分制という構造に本来の息吹きを与えるというように、リミナリティの状態が構造にとって本来的なもの

であることを見出している。

大嘗宮の四角の柱穴は掘られる前に松明が立てられるというようにその立柱式は闇を背景としており、移徙儀もまた闇の中であったが、闇がリミナリティを表わすことが一般的であったようである。このリミナリティは、ここで問題にしている場所に関して言いかえれば、現実と、可能の両様態を含めての、全場所的秩序を支える絶対的静止が問題にされている状態である。そうであれば、立柱や移徙について見てきたわれわれはすでにこの絶対的静止を、つまり方向づけること自体を問題にしていたのである。その取扱いの方法の抽象的考察は、ここでの問題の性質上適当ではない。ともかくも、現実に行なわれている儀礼の解釈を通じて行なうほかない。そのことを誕生・結婚・死に伴う儀礼という通過儀礼においてとりわけ過程の状態に着目することで行なおうというのである。

エリアーデ[5]は、加入式《イニシエーション》について、それが死と復活を伴うことで、存在論的な生活様式の変換だとし、リミナリティの状態（死）は太初の闇、宇宙の夜への回帰であるという。それは絶対的静止が問われていることの別様な表現である。我々の事例にあっても、そのような在り方を見るであろう。つまり、そのような問題的状況にあって、方向づけることとしての場所が、諸場所の秩序が明らかにされることが期待されよう。

〔注〕

1 A. van Gennep,『Les rites de passage』1969,（綾部訳『通過儀礼』昭五二）十八—十九頁。
2 A. van Gennep, 前掲書、八頁。
3 A. van Gennep, 前掲書、十七頁。
4 V. W. Turner,『The ritual process』1969,（宮倉訳『儀礼の過程』昭五一）。
5 M. Eliade,『Das Heilige und das Profane』1957,（風間訳『聖と俗』昭四四）。

第一節　産　所

まず、平安盛期、ないし後期の貴族の産所の考察から始める。しかし、そもそも産所をすまいに含めるには一つの難点がないわけではない。それは『記紀』や二、三の習俗(1)が知らせてくれるかぎりでは、子を生むに際しては産屋《うぶや》をすまいとは別に新築するか、あるいは既設の別屋の産屋を利用するのが古代では一般的のようであるからである。例えば、黄泉国から避逃し得たイザナギがイザナミに向って、

吾《あれ》一日《ひとひ》に千五百《ちいほ》の産屋《うぶや》立てむ（『記』神代）

というように、生むことと産屋を立てることが同義語になっていることからわかるようにである。それは出産を穢れとする観念にもとづいて、一般のすまいから隔離する必要があるから生れたのだと考えられている――やがて明らかになろうが、この隔離はむしろリミナリティの二次的産物と思われる――。平安時代の貴族にあっては、別屋ではないが、すまいの中に産所をしつらえてそこで出産する。皇后・中宮は、宮中ではなく、里亭にそれを設けるのが普通である。産穢を忌むのである。したがって、いずれにしろ産所は特殊施設であることははっきりしている。つまり、そこは通過儀礼にあってのリミナリティの状態の場所である。かかる場所の探究は、分離と統合の過程を通じて通常のすまいを明らかにするであろう。何故ならば、産所を営むとは特殊とはいえ、建てることとしての場所の設定であり、その限りで場所についての示唆を与えてくれるであろう。ましてやわれわれの対象は寝殿、ないし対屋の中に産所をしつらえるのであるから、産所が寝殿、ないし対屋、あるいはすまい全体としての場所を浮彫りにするであろう。

しかし、具体的に考察をすすめる際に欠かせない資料は残念ながら極めて限られている。当時の公卿や女房の日記(2)が第一資料

となるが、それは皇子、皇女の生誕の記事がほとんどで、いわば片寄っていて、かつ建築的事象に言及する際必要な指図、ないしそれを彷彿させうる記載のある資料となるとさらに少なくなる。したがって、ここでは、産屋なる習俗の社会的一般性を考慮して二、三の文学作品を参照しつつすすめる。

〔注〕

1　丈島ゆき『児やらい』。大塚民俗学編『民俗学辞典』、柳田国男監修『綜合日本民俗語彙』。

2　御堂関白記、小右記（以上大日本古記録）、中右記、左経記（以上史料大成）、兵範記、山槐記（以上史料通覧）、玉葉（国書刊行会）、中宮御産部類記、御産部類記、康和元年御産部類記、后宮御産当日次第（以上群書類従及び続群書類従）、伏見宮本御産記部類（萩谷朴著『紫式部日記全注釈』の附篇）、紫式部日記（日本古典文学大系及び『全注釈』、なお後者は特に後一条天皇生誕について綿密な考察があって示唆されるところが多かった）、栄花物語、源氏物語、宇津保物語（以上日本古典文学大系）、誕生祝（古事類苑礼式部五）。なお、平安時代の御産習俗については、中村義雄著『王朝の風俗と文学』昭三七に詳しく、うるところ大であった。

一　着帯と産所

一般には懐妊五月目に妊婦は腹帯を着ける。そして、それには行事が伴なう。『后宮御著帯部類』や『玉葉』によれば皇后・中宮の場合は、陰陽師が吉日吉時吉方[1]を勘申し、それによって里亭では親昵人が、そして移徙していない時には内裏の昼御座[2]においては天皇が、吉方を向いた妊婦の帯を結ぶという。ただし、この帯は着ける前に僧侶によって加持をうけており、また着帯後、仙沼子なる御薬を「縫二付御帯左方一」（『山槐記』）とある。すなわち、帯そのものに呪力を付け、そのことによって母体を保護しようというわけである。そして着後さらに御祓がある。それは妊婦の身体に触れたもの[3]を祓うのである。『源氏物語』や『栄花物語』が示すように、細部で差異のあるものの、この着帯は一般的な習俗なのである。

さてこの着帯の儀は、以上のように、斎肌なる母体に対して直接的な御祓や帯の保護性に重点があるが、場所に関していえば、それは昼御座において行なわれ、里亭の場合も、

於二昼御方一帯之給也（『玉葉』）

とある。そして『山槐記』には親族全て「皆出二障子外一」て天皇が宮の帯を結ぶとある。しかし、着帯の儀の行なわれる建物は内裏であったり里亭であったりし、そしてそのことに異論をはさまないから、その建物については確定されていないということがわかる。

しかし、子が生まれる産所の場所については一定しているのである。それについては高群逸枝氏に『招婿婚の研究』という綿密な研究がある。それによれば、招婿婚全期（平安時代はその中でも純婿取婚に該当するが）を通じて「圧倒的に産所の母族への所属を明示している」。すなわち、妊婦にとっては夫家ではなくて自家が、子にとっては祖父家ではなく外祖父家が産所となるのがほとんどであるという。したがって、母家が子のすまいであるのが普通のこの時代には、産所は母家である現住所に設けられることになる。現住所以外に産所を設ける例がいくつかあるのだが、母家外産所もまた家の子・家人の類を含めた母家なる部類に属するのがほとんどだと高群氏はいう。

皇后、中宮の場合は内裏を産で穢さぬよう、陰陽師の勘申にもとづいて吉日吉時に里亭に移るのが普通である。この時間の判定にはさほど選択の幅があるのではなく、大略懐妊三カ月、五カ月、七カ月に集中する。一方また、里亭といってもそれはかならずしも皇后らの父母の住所ではない。例えば、高子（陽成母）、穏子（朱雀母）、安子（円融母）の産所は母族の氏長者邸である。さらにまた、里亭が陰陽道に基づいて決められる場合もある。長和二年（一〇一三）正月、三條后妍子は、『栄花物語』によれば父親である道長の京極殿が方ふたがりのため、彼の所有する東三條殿に移っており、また『左経記』によれば万寿三年（一〇二六）九月、後一條后威子の場合は左衛門督兼隆大炊御門亭（東洞院、大炊御門南角）と藤中納言家（二條南、東洞院西角）のうち前者が陰陽師

の御卜によって決定され、大治四年（一一二九）七月鳥羽后璋子は死穢の為、住所外に産所を設けなくてはならぬが、家保朝臣三條京極新宅を御卜が吉であることによって産所に選んでいる。母家という慣習によって限定された範囲のうちから吉方ということによって選定していると看なしうる。

そしてそこに移るのであるが、『左経記』長元元年（一〇二八）九月二十日条は先述の大炊御門亭について、不動調伏法を修したり、月曜御祭をしたり、また「土公并大散供、廿七日行啓以前可㆑行者」というように「土公并大散供」を行なっている。つまり、移る以前にそこを鎮めておく。そしてさらに、

兼又作㆓護符㆒可㆑打㆓御在所㆒

という。第二章第三節で見たように、これらはいずれも移住の儀式である移徙儀の部分である。この事象は産所がすまいと同じような場所秩序の内にあることを示している。

さて貴族にあっての住所外産所の例もいくつかある。そこには産穢をさけるという配慮が働いているのであろうし、また、

依㆑為㆓吉例㆒、今又所㆓借請㆒也（『玉葉』承安三年（一一七三）八月七日条）

にあるように、やはり、皇后等の場合と同じく呪術宗教的観点で選定する。その際、借りた家に「借地文」「借地法」を押すのが普通のようである（皇族の場合も同様である）。借地文とは、『山槐記』治承二年（一一七八）十月一日条に、

件文先書年号大歳、次書中宮職、次書借地文

とあり、典薬頭が押しているところを見れば、それは護符や物忌と同じような働きをするのであろう。そしてその押す位置につ

いては、

母屋無其所、仍北庇北上長押押之（『山槐記』治承二年（一一七八）十月一日条）

押二借地之法一、寝殿母屋中妻戸帳東間也、上長押南面押之也（『玉葉』仁安二年（一一六七）十一月一日条）

とかあり、それは母屋を本来的位置とみなしている。

六條坊門大宮第（定能朝臣領地、先年借二用産所一、九條第、女院渡御之故也〈後略〉）押二借地法一、東西南北十歩之中不レ可レ憚（『玉葉』承安三年（一一七三）八月十四日条）

とある。したがって、このような法の効力の範囲の限定は産穢のひろがりを思わせる。[4] しかし、借地文の目的は文字通り地を借りうけて一時的にそこを母家化することにあろうから、産穢をさけながら、なお母家に産所をとどめようとする配慮のあるのが見てとれる。

このように産所が設けられる場所は、それが母の現住所であるなしを問わず母家なるすまいに属し、かつ産穢なる観念によって浮彫りにされたような呪術宗教的秩序によって構成されている。

〔注〕

1　ただし、『御産部類記』によれば「先例無二勘文一、但当日召二陰陽師一被レ問二吉方吉日一」とある。

2　『玉葉』承久六年（一一九五）三月十五日条によれば内裏でこの事があったのは承暦（白河）以降で元永（鳥羽）、治承（高倉）もそうだが、寛弘（一条）は里亭で、後鳥羽后である中宮任子のこの時の着帯は寛弘例によって里亭で行なうのだという。

3　この帯について『倭訓栞』は「ゆはたおび、いはおびとも見ゆ、懐妊五月に帯するといへり、斎肌《ゆはた》の義なるべし」という。興味深い説である。

4　その産穢の及ぶ直接的範囲の限定は、後に見るように産婦のいる簾中である。

二　尋常御在所と白御帳と御産所の位置

さて、妊婦は母家的雰囲気と庇護のもとで心安んじて産所に日々をすごすのであるが、その間実に様々な御祈がなされる。その多さは『続群書類従』にある「御産御祈目録」を一瞥しただけで納得されるが、その祈りの行なわれる位置はおよそ三種類に分かれている。一つは妊婦のいる同一建物、一つは同じ邸内の別の建物、そして僧侶神官の寺社である。ここで関心したいのは最初の類の位置であるが、そこではさらに細かく位置を異にする。図35は六波羅亭での安徳帝出産の際、西北廊での御祈の指図である。大壇、護摩壇、十二天壇、祥天壇といった様々な壇を築いて御祈をしている。しかし、それらは妊婦の位置によって秩序だてられるようであり、まずその妊婦の位置について見ていかねばならぬ。

しかるに、一般的にいって、妊婦は経過に応じて尋常御在所、御産所、白御帳と移動する。そしてそこには当然、床がある。したがって、それらは床の種別を意味していることになる。床は前章第一節で詳説したように、特に古代にあっては、すまいなる場所の本質的意味を体現するものとして重要であり、その意味でここでの床への注目は産所の、そしてすまいの場所を浮彫りにしてくれるであろう。念のために『類聚雑要抄』の記載されている御帳（尋常御帳）をかかげておこう（図36）。さて、これらの床は事例に応じて位置と形式と機能を微妙に異にしているので、時代の順を追って見ていこう。なお、括弧内の最後は産所となる邸宅を示している。

（一）後一條帝（寛弘五年〔一〇〇八〕九月十一日誕生、母一條帝中宮彰子、藤原道長土御門亭）。

『紫式部日記』によれば、

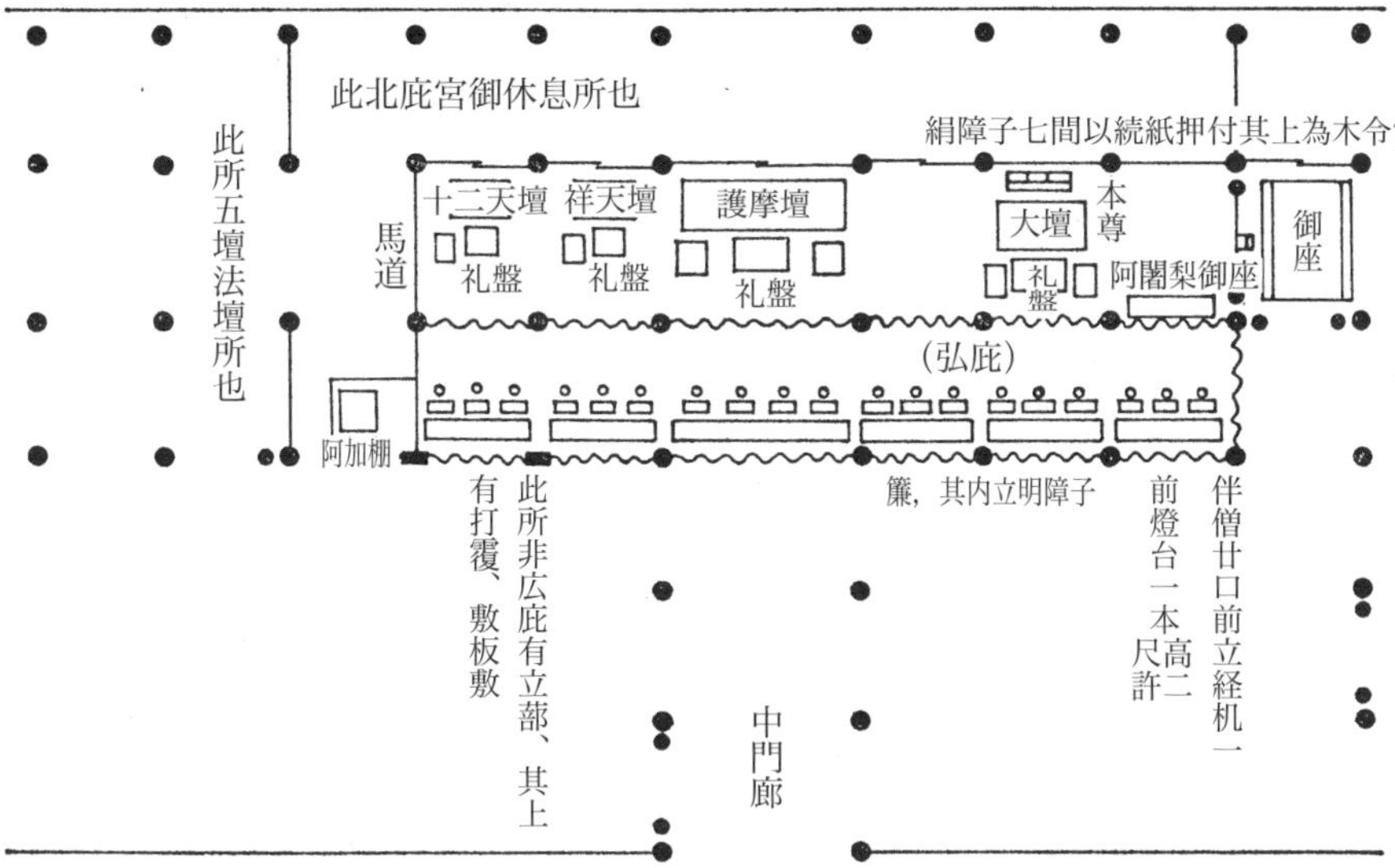

図 35　中宮徳子御座御所の指図——六波羅亭西北廊（『山槐記』）

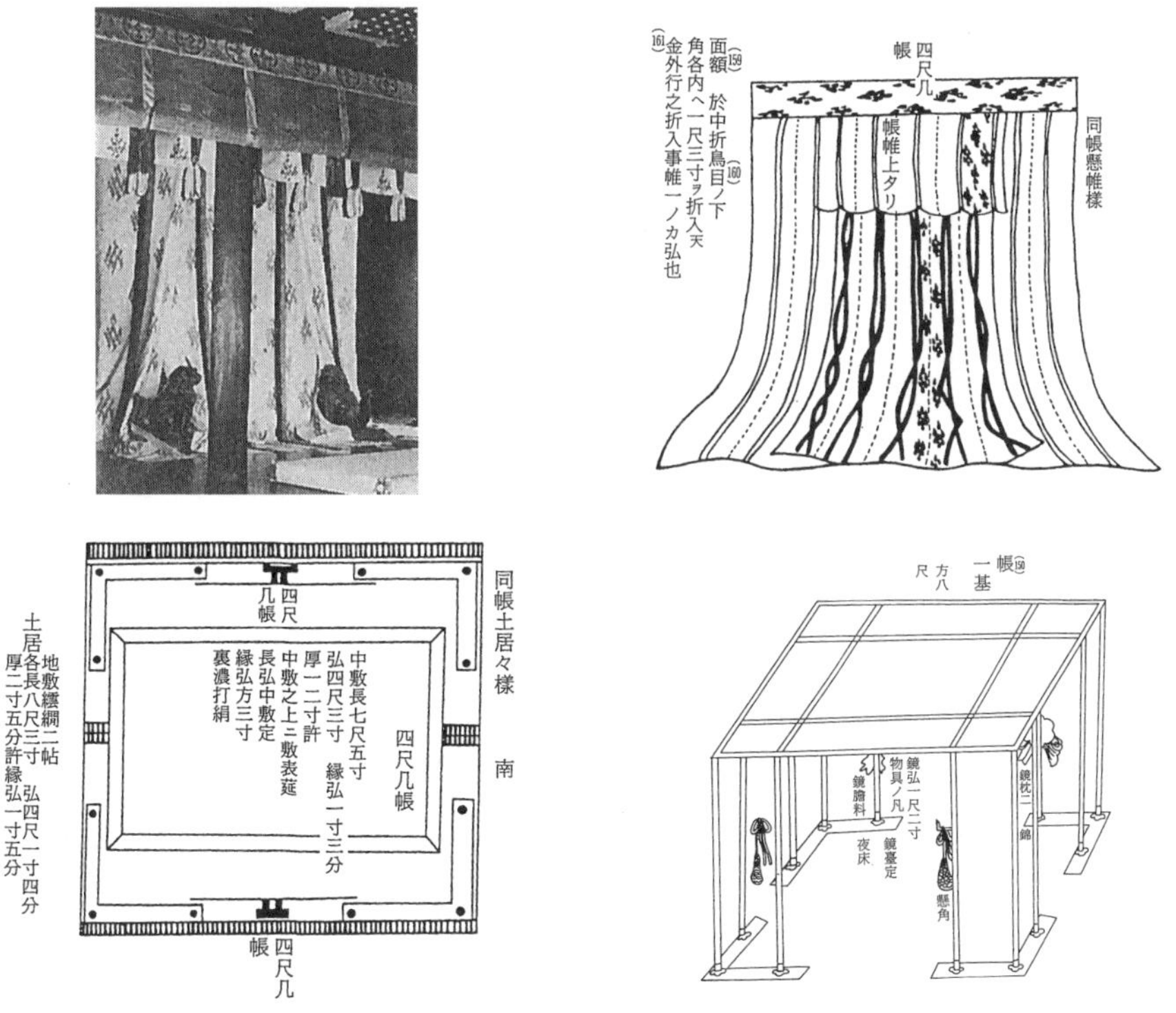

図 36　御帳（『類聚雑要抄』）

十日のまだほのぼのとするに、御しつらひかはる。白き御帳にうつらせ給ふ。殿よりはじめて奉りて、君達、四位・五位どもおほくさわぎて、御帳のかたびらかけ、御座どももてちがふほどいとさわがし

とある。これら御産の雑具[1]は内裏より供せられるが、それらを使ってしつらわれた床、白御帳に移る[2]。そしてこの場合は、翌日、さらに北廂に移ってそこで出産する。すなわち、『紫式部日記』には、

十一日の暁に、北の御障子二間はなちて、廂にうつらせ給ふ。御簾などもかえかけあへねば、御几帳をおしかさねておはします

とある。『不知記（B）』のいう「於上東門御産事寝殿北母屋庇為御産所」である。すなわち寝殿の北で母屋から廂にかけて御産所にしたといっているが、『紫式部日記』はそれと矛盾しない。つまり、ここでは出産までに尋常御帳―白御帳―御産所[3]と移動している。

しかるに、藤原実資はこの彰子の立帳の時期について、『小右記』九月十日条に、

辰刻、白木御帳并白木御屏風几帳等、御産未遂忽被立御帳等、先例歟

と出産前の白木御帳（白御帳に同じ）の建立の慣習を推定している。しかし、それは白木御帳の使われ方に係わるので、それについてまず見よう。ほぼ同時期の『宇津保物語』に次のような事例がある。外祖父正頼亭に女一宮は産所を設けるが、

宮気色ありて悩み給ふ、御座所、春宮の宮たちの生れ給ひし所を、あるべきやうにしつらはれて渡し奉りつ

という。このしつらわれたものは母屋での白木御帳である。そしてこの中で一宮は出産する。また『御堂関白記』寛弘六年（一

○○九）十一月二十五日条に、

寅立白御帳等、此間有悩気頗重、入御帳給後、辰三刻、男皇子降誕給

とあって、すなわち、白御帳は御産所[4]として使われているのである。たとえ一歩ゆずって、一旦白御帳に入りそして別の御産所に移ったとしても、いずれにしろ出産前に白御帳を立てねばならぬことを示している。要するに「気色」「悩気」、すなわち産気を契機として立帳する習俗は確かである。

しかし、白御帳は立てられた後もそれは御産所であったり、なかったりし、また後の例では産れた皇子のみが使ったりし、その場所の意味は微妙に振れうごくのである。それは正に御産所がリミナリティの状態にあるという基本的構造にもとづくかに思われる。そこでこれらについての究明は第三小節にまかすとして、寝殿との関係についていえば、尋常御帳を撤去し、今や白御帳を立てるのであるから、そこは非日常的な産穢をうけ入れうる空処になっていることにのみ注目しておこう。

（二）鳥羽帝（康和五年（一一〇三）正月十六日、母堀河帝女御苡子、左少弁顕隆朝臣五條北高倉西宅）。

同正月十四日〈中略〉自酉刻有御気、身屋南第一間立白木御帳去日公家以蔵人重隆件調度等可被奉渡也、（『大記』）

そして二日後の十六日子刻に出産している。ここでも「御気」、すなわち産気によって白御帳を立てている。ただしそこは西対であるが、その他、御産所についての記載はない。

（三）崇徳帝（元永二年（一一一九）五月二十八日、母鳥羽帝中宮璋子、三條西殿）。

従レ内御産御調度被レ奉二中宮一〈中略〉先於二西対廊南庇一〈中略〉宮司運二並御調度一（『中右記』元永二年〔一一一九〕四月十九日条）

とある(5)。すなわち披露である。そして五月二十八日に、

御産之気者〈中略〉供二白木御帳、御屏風、御几帳、御畳一、如レ此事皆悉供二御所一了

とある。また『源礼記』も同日の記事としてほぼ同様に述べているが、『源礼委記』は加えるに、

撤尋常御装束、立白御帳御几帳屏風、敷白縁御座等、垂母屋御簾、其中立置白御几帳、御高枕新暦并綿等巻結置御帳近辺(6)

とあり、したがって、産後の用具が御帳の辺にあるところから見れば、ここでは白御帳が御座所であろう。そして、かつ、母屋の御簾は垂らされ、内側に白御几帳を立てるのである。出産にふさわしい室《むろ》を御簾と白几帳、そして白御帳で構成しているといえよう。

（四）安徳帝（治承二年〔一一七八〕十一月十二日、母高倉帝中宮徳子、六波羅亭、図37）。

ここでも「御気色已頻」をもって御装束を奉仕するが、より具体的には『山槐記』に、

侍男共運置御帳具、并御座、御几帳等於母屋西一間、被問吉時哉之由〈中略、陰陽頭賀茂在憲朝臣が〉侯南階以東簀子座、令大進基親問可奉仕白御装束之吉時、申云、卯時吉、仍即令二侍等奉仕一之〈中略〉其儀兼撤二尋常御座大床子一、先例押二尋常御帳於東間一、西礼御所儀也、東晴御所之時可レ押二西間一也而此殿母屋間狭、御帳寸法不レ叶、仍日来只供二平敷御座一也、又雖レ可レ押二件御座許一、験者物付

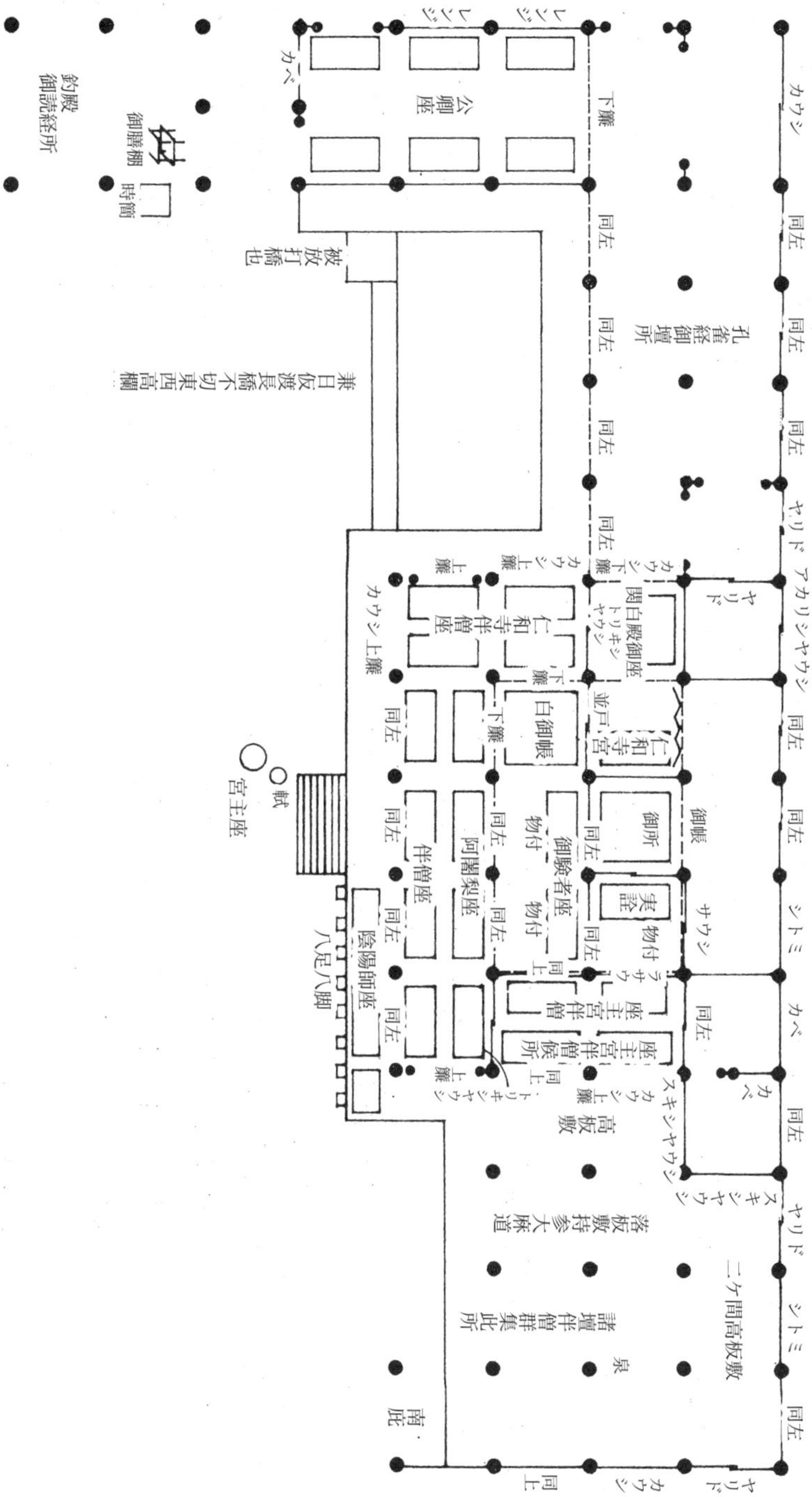

図37　御産所としての六波羅亭（『山槐記』史料通覧本の一部を二つの京都大学蔵本で修正）

等依レ可レ候二其所一、兼皆所レ撤也、立二白木御帳於母屋西第一間一、〈後略〉

この記事で、尋常御座、ないし尋常御帳と白御帳の関係がよくわかる。

また、御座所については「以母屋中央戸内為御所内」とある。位置は母屋だが、母屋中央を東西に走る並戸の北側を御座所にしている。そうであるから御産所としての母屋の意味も一般とは少しちがってくる。例えば『山槐記』は母屋簾中に侯う御験者について、

先例以母屋御簾中為御産所、殊所憑思食之験者入簾中、候几帳外、而此殿母屋中央立並戸、其内為御所、仍験者皆参入簾中也

すなわち、普通、簾中には御験者といえども親しい者のみを入れるのであるが、ここではそうではないという。またそれに応じて装束も、例えば白几帳の位置も異なってくる。すなわち、

母屋四面懸白壁代〈中略〉御所南戸内立白御几帳（不副立母屋南御簾依御所在並戸内也）

そしてこの文によって御簾や白壁代にまして白几帳が御産所なる場所の構成について重要な役割を演じるであろうことが推測される。しかし、この場合は後述するように、白御帳は出産以前に使われておらず、ましてや御産所としても使われていない。つまり、それは出産後に機能する。従って、ここでは尋常御帳と白御帳の位置のみを確認して、それらの具体相と意味については次小節でとりあげよう。

(五)『后宮御産当日次第』及び『山槐記』のかかげる一般例（図38）。

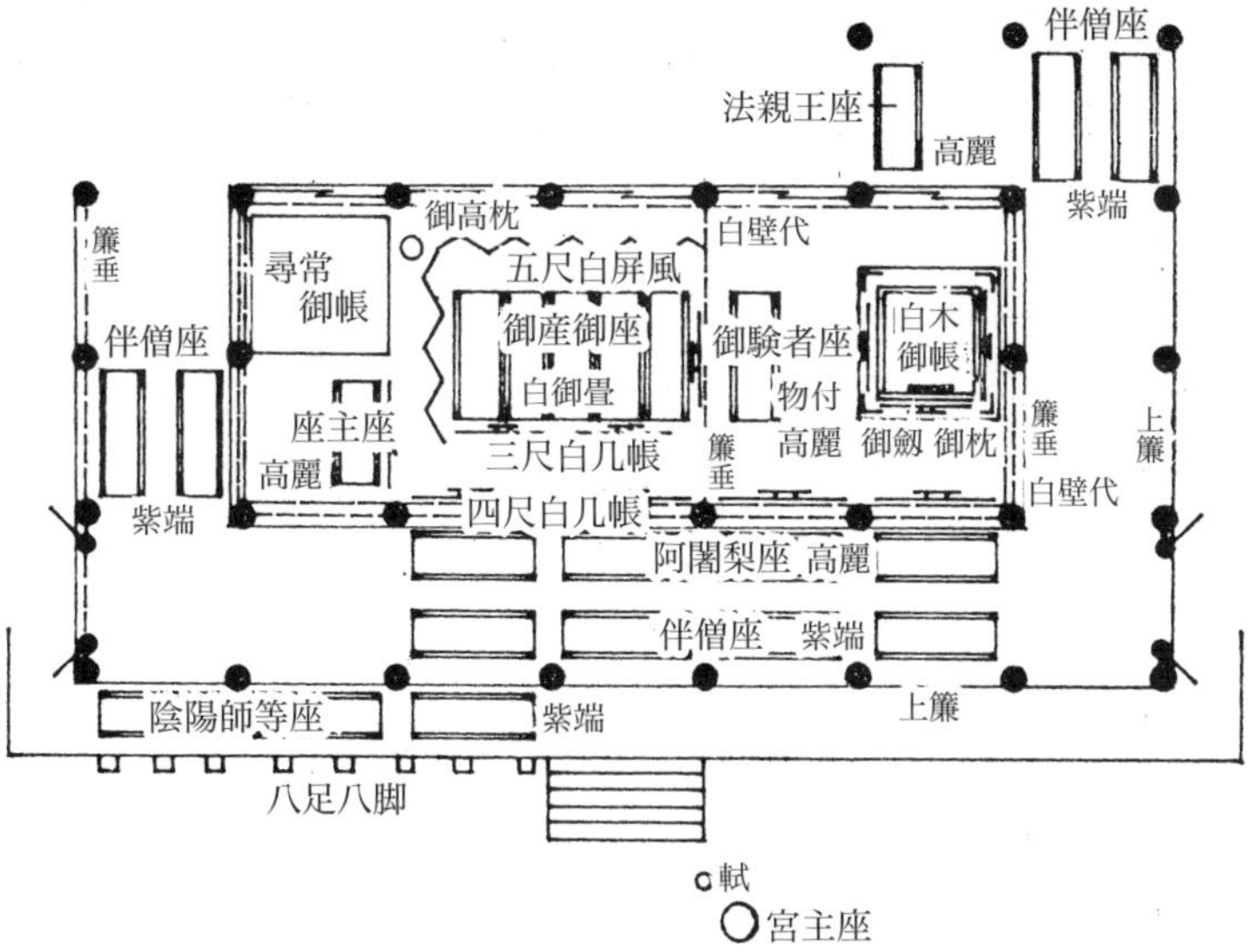

図 38『后宮御産当日次第』の御産所推定図（シェマ図）

『山槐記』は前掲の文に既にあるように一般例をのせている。それは『后宮御産当日次第』の例によく似ているのでここでまとめて考察する。(7)さて『当日次第』は、御装束改めとして、

撤尋常御帳、白木御帳於母屋東第一間、母屋四面懸白壁代、第三四間、儲御産御座〈後略〉

とある。また『山槐記』には、

於五間四面寝殿母屋有御産之時、東第一間押尋常御座、第二間供御産御座、所謂階間也、第三間供御産以後之母后御座、第四間立皇子御帳也(8)

とある。両者には東礼、西礼によって、東と西のちがいはあるが、相対的な位置関係は同じである。すなわち、尋常御帳—第一間、御産御座—第二・三間、母后御座—第四間、皇子御帳—第五間となる。

さらにここで皇子御帳が白木御帳と推察されることに注意する必要がある。母后は使わず、皇子が使うのである。これもまた次小節で問題にされなくてはなるまい。御産御座にはしかし傍注があって、

母屋庇之間避日遊儲、其所若為庇者、同北庇為其所

といっている。「日遊」とは『暦林問答集』によれば天一火神であって、それが屋舎内に有る日は、

勿レ掃二屋舎内一、又婦人産期之時、避二母屋一移二庇間一無レ咎也

とある。『山槐記』にも陰陽師に遊所在を聞いて母屋の戸内に御座を供している。明らかに御産所は母屋を常態と観想されているのである。

さすれば事例（一）の北廂の鋪設のあわただしさを考えれば、出産日が日遊と重なってしまうことに原因がある可能性が強い。そうであれば、彰子（寛弘五年〈一〇〇八〉及び六年）、女一宮、苡子、璋子の五例のうち不明の苡子を除いて四例が母屋の白御帳を御座所にしていることになり、そして治承の徳子以降には御産御座が白御帳から独立して御産所になっている。したがって、時間を正確には限定できないが、時代と共に御産所は白御帳から御産御座に移っていったといい得よう。

（六）一般貴族の場合

一般貴族にあって御産所の鋪設のわかるのはわずかに『兵範記』の載せる久寿三年（一一五六）四月二十日条主水正基康邸での越後少将の妻の例くらいである。それによれば妻は日頃、寝殿北廂を寝所としていたが、暁に産気があり、かつ日遊は外である、すなわち八方遊であるから、

仍任借地文、十歩内母屋中、装白鋪設、其儀母屋西第三四間（本帳日来撤却了）去母屋南簾四五尺、立白五尺屏風一帖（東西行）、西方立四尺白几帳一本、其中敷白縁帖五枚為産所（三間三枚、四間二枚各東西行）

すなわち事例（五）の御産御座と同じである。別の例だが『玉葉』（仁安二年〈一一六七〉十一月六日条）には、

有二産気一、丑刻装レ束産所一寝殿以二帳東間一為二其女房所一垂二母屋簾一

とある。これは尋常御帳はそのままで、その東間におそらく前述のような御座所を母屋に設けるのであろう。しかし両者共そして他の貴族の産所の記事も白御帳には言及していない。そしてまた『餓鬼草紙』（鎌倉初、図39）や『北野天神縁起』（鎌倉中、図40）に照らしてわれわれは、一般貴族には、それに代る何らかの調度はあったであろうが、少なくとも平安後期には白御帳は欠いていたといい得よう。(9)

さてわれわれは前述のように出産以前の装束改めを通じて尋常御帳、白御帳、御産御座の位置関係を見てきた。そしてそこにはかなりの差異があり、特に白御帳に著しいこともわかった。そしてそれは産所の場所の解明にかなり重要なポイントになることが推測された。そこで次に出産、切臍緒、乳付という一連の儀式を通じて白御帳の、そして御産御座の場所についてしらべることにする。

〔注〕

1　従内裏被奉中宮御産雑具等

白木御帳一基綾帳等、骨、以五粉塗之　五尺御屏風三双、四尺御屏風三双以白綾帳之、裏以黒綾帳之、縁高麗、金物等如尋常時、　御几帳四尺三双、三尺二双帷等、綾　御畳十三枚、御帳料以白綾為縁、自余以綾為縁、　御表代一枚縁織物、件物等、納黒漆中持云々、櫃等（『御産記部類』の『不知記(A)』寛弘五年〔一〇〇八〕八月十一日条）

このうち畳についてみると、後の例だが、

白御畳十五帖此中御帳料三帖、前、敷二帖、以上白綾縁　此内辺敷十帖アリ（『中右記』元永二年〔一一一九〕四月十九日条）

とある。また『源礼委記』はこの元永二年の御産雑具について同じ記事を載せているが、しかし「蔵人持参送文」として、

御畳十三枚、御帳料三枚、前敷二枚、辺敷八枚、御表莚一枚

図39　御産御座での御産（『餓鬼草紙』）

という内容を載せている。また『后宮御産当日次第』には、

先敷白縁御座二枚南北妻相竝、以南為枕、其上四角置土居其上立柱、其上組天井於下組之棒覆之、其中供中敷御畳、其上供表莚

とあって、白綾縁の御畳の三帖は白御帳に使われることは全ての例に共通する。ただし、『不知記(A)』を除く全ての例でこの白綾縁畳は五帖で、のこりの二帖は前敷、すなわち昼御座につかわれる。そして『山槐記』（事例四）では白御帳には普通の白御畳を使い、五帖の白綾縁畳は、前敷と母后御座（産後の母親の座）に使われている。後述することだが、白御帳の意味の変化に、あるいはこの白綾縁畳の変化も関係しているかに思われる。ただし、その場合これらの変化が、白御帳という場所の意味の変化か白綾縁自体の意味の変化かは、あるいは両方であるかは不明であるので、今は白御帳に集中する。

2

尋常御帳及び白御帳は東母屋にある。この亭の平面図を萩谷氏は『紫式部日記全釈』で仮説として提出されているが、あまりにも不確定要素が多すぎるので、今は判断中止とする。ただし装束改めそのものに関して少し加えておく。「不知記(B)」（寛弘五年〔一〇〇八〕九月十一日条）は「仍彼日寅刻、撤尋常御帳、立白木帳」というのだが、『紫式部日記』は「御帳二つがうしろの細道」という。つまり前者は尋常御帳を撤するといい、後者はそうでないという。また、『源礼委記』は、

次官司奉仕日御装束撤尋常御帳立白木御帳、或相竝立之置散米并土器桶、

とどちらであってもよいように書いている。しかし、この事柄に関しては、後の資料に属するが、安徳帝誕生の際、

先例押二尋常御帳於東間一西礼御所儀也東晴御所之時、可レ押二西間一也（『山槐記』）

とある。そしてこの土御門亭は御座に関しては東礼でもあるから、したがって

図 40　御産御座での御産。鳴弓，誦祝詞をする人が見られる（『北野天神縁起』）

3　『不知記(B)』は尋常御帳を西方に押すことを撤すると表現したのであろうか。尋常御帳は後にかなり形骸化されるが、この時代では御在所の欠かせない調度で、例えば、『源氏物語』では御帳は寝床としてつかわれているし、また「寝殿戸東立御帳〈中略〉為中宮御在所」（『御堂関白記』寛仁二年〔一〇一八〕十月二十二日条）というように生きている。

4　御産所を、それが設けられる家全体である産所から区別して、ここでは便宜的に正に子が生れる床及びその近辺を御産所と呼称しておく。

5　詳細は『源礼委記』にあるが、その一部をかかげる。

　次官司等持参御帳柱一本御屏風一帖御几帳一本、御上筵御座一枚至干上筵、并御座一枚者付女房令獻御所、依吉日披敷始之、残御物等取納便宜所、

6　また『中右記』は当日儀として「或相竝立之」ともいい、（一）の後一條帝の場合にあった「御帳ふたつ」は儀にかなう。

7　『后宮御産当日次第』には治承が最後の例としてかかげられており、『山槐記』は当然参照されていたであろう。

8　『山槐記』は御産御座を東第二間とするが訂正の必要がある。すなわち、五間四面では東三間が階間であるのが普通なので、そのようにすると御産御座の大きさは二間になる。これは『当日次第』の記事と符号する。

9　つまり白御帳は皇族に固有の装束ではないかということである。これはこの帳台等が、不明の苡子及び女一宮を除いて前掲の全ての例が内裏から運び込まれていることによっても傍証されよう。

三　白御帳と御産御座の意味と構造

変身と他界

難産で世を去る多くの例が示すようにお産は生死に係わる難事である。したがって、中宮彰子、越後少将女房のように近生の加護と後生の安楽のため戒をうけ出家の形をとる例もある。すなわち、お産には死の世界が、他界が係わるのである。そして、それはまた「御もののけども駆りうつし」（『紫式部日記』）とか「邪気駈移人々」（『小右記』）とかあるような、妊婦に祟る物怪を別人を憑代としてそれにかり移す習俗によっても示される。この習俗は「産婦等の、発熱苦痛に悩む者、譫言などいえば、忽ち霊の祟りなりと、自らも思い、他人もしかと信じ」[1]ることに基づく。産婦はいわば自分を越える力に支配されているのであり、それだけでその力は、他界的ニュアンスを持つが、さらに死を背景にすることにおいてそれは一層他界に属する力、当時の通念で、もののけということに結像したのであろう。すなわち、産婦は「気色」において既にもののけをうけうる体、他界に属する体に変身していると考えられていたことがわかる。[2]そしてその状態を『小右記』は「乃今日己不覚、心神無措」といっている。このもののけについての習俗の具体相は『紫式部日記』に、

（御帳の）西には御もののけうつりたる人に、御屛風ひとよろひをひきつぼね、つぼね口には几帳をたてつつ、験者あずかりあずかりののしりゐたり

とある。すなわち、もののけをうつされる人の空間的形式は屛風と几帳で囲われた室である。そして、この室なる形状はもののけの調伏という、一つの秩序志向の空間的形式であることは明らかである。

御産所の呪術宗教的構成

前節で見たように白御帳の立帳は産気によって始行され、御産御座の鋪設も同様であるが、産気とは、一方ではまたもののけの活動の契機でもあるから、白御帳、ないし御産御座及びその近辺（中宮徳子の場合は母屋の四面に白壁代をかけ廻す）の諸場所はもののけの、そして変身した産婦の場所といいうるであろう。しかし、御帳は前節で見たように、その内容にかなりの差異がある。そこで新しいが最も詳しい中宮徳子の六波羅亭の場合を中心にすえ、他はそれとの対置という形で探究をすすめる。

図37は白装束に改められた六波羅亭寝殿の状態が示されている。しかし、

此殿母屋間狭〈中略〉不似常儀、仍随便設座（『山槐記』）

と、常儀ではないという。そして『山槐記』が常儀とする形式とほぼ合致する『后宮御産当日次第』の配置を図38に推定復元してシェマ図として示しておいた。

さて御産御座の鋪設は日遊在をしらべることから始まる。何故ならば、先節で見たように日遊在ではそれは北廂に移されねばならぬからである。そして、かつ、土用及び反支をしらべる。

当土用并反支時、先並敷牛皮二枚、其上敷灰、其上敷綿、其上敷御座也（『山槐記』）

であるからだ。牛皮、灰、綿等はおそらく邪気邪霊を防ぐ効果を期待してのことであろうが、いずれにしろ御産御座という床なる場所の構成への慎重な配慮が見てとれる。つまり、これらはお産というリミナリティの状態（過渡期）は、原初的な無秩序として生には欠かせないにもかかわらず、この無秩序はまた邪気邪霊をも受け入れうる状態であって、したがって、それを防ぐ方途を講じなくてはならぬのである。しかしこの配慮はこれだけにとどまらず、

敷御座之時、典薬頭和気定成参八読咒云々（『山槐記』）

とか、

先医師参上読記（『当日次第』）

とあるように御座に向って咒、記を読むのである。これらは、第二章二節で見た浄化する場所と同様に、場所自体に聖なる庇護力がひめられうるものであり、或いは引き出しうるものとする古代固有の観想にもとづくものである。それ故に、

御産御座女房敷々物練絹両長九尺弘五幅布同以布敷御座上布上敷絹也〈中略〉、女房用無障之人（『当日次第』）

というように、御座に敷物を敷く女房についても配慮する。そして白御帳が御産所である璋子の場合について、

典薬頭雅康朝臣鎮御座施咒術（『源礼記』）

とあることより、先述のことは御産所の白御帳にもあてはまるであろう。そしてこの御産所は第一小節で見た卜占による吉方としての産所、護符や「借地文」「借地法」を押された場所と呼応するもので、同じく呪術宗教的秩序の中にある。一方、産婦は、

御座之時着青色御衣(3)、〈中略〉着御白御裳云々（『山槐記』）

という。すなわち、妊婦自体が産気をもってする変身を吉方色、ないし白色の着物によって表わしているのであるが、それが正に座を変えるときであるのは注目すべきことである。そして、

図 41　雲井雁と嬰児。散米用の盆が見える（『源氏物語絵巻』）

　此間陰陽師等参入〈中略〉奉仕御祓（『山槐記』）

し、宮主もこの時大麻を御贖物としての御禊を奉仕する。つまり、主として陰陽師は場所を浄化し、宮主は身を浄化する。そういう御祓御禊は、したがって、リミナリティの状態への移座、そして変身にあって、子と母の生を守るべく、そして同時にリミナリティの状態を維持すべく、場所と身を強化し確実化する方途の如くに思われる。

天地なる秩序と御産所

その後の出来事の概略を『山槐記』で見ていくと、「其声成雷」という読経、経を行なうべく白布や御衣を「奉㆓神社仏寺等㆒」、奉造仏、奉馬、御立願事、免物事。そして鳴弓や散米《うちまき》が続き[4]（図41）、そして隆産。[5]続いて後産、「切御臍緒」「御乳付事」そして「皇子入御帳中」となる。

　これらの中で問題にしなくてはならぬものはまず、「臍緒切」の後、嬰児《えい》にする「内大臣誦祝詞三反」の祝詞の内容である。それは、

　以天為父、以地為母、領金銭九十九咒命

とある。まず前半では誕生というものが、天と地という宇宙的拡がり

で考えられていたことを示すものである。この「誦祝詞」は越後少将の子の場合にもあり、皇室、貴族を問わない習俗である。しかし、これは中村氏の指摘にあるように大陸からの輸入的思想である。確かに、『記紀』の冒頭にある「天地《あめつち》」、あるいは『推古紀』にある「君《きみ》をば天《あめ》とす。臣《やつこらま》をば地《つち》とす」には大陸の思想がうかがえる。しかし、そうとはいえ、次の習俗と呼応する。それは胞衣《えな》蔵めである。後産の胞衣を壺(6)に入れて産所の吉方にのこすのであるが(7)、それを天井にむすぶか、地中に埋めるかを、すなわち、天にかえすか地にかえすかを『長秋記』天永二年（一一一一）六月五日条は問題にしている。実際、両方の例(8)がいくつかある。高群氏は胞衣が産所にのこされるのを子の母所への所属性を示すものとして注目されるが、胞衣のこの蔵め方はさらに母所を通して胞衣の、そして子の天なり地なりへの関連性を示している。これら祝詞や習俗にいずれにしろ誕生の宇宙的秩序が見てとれる。すなわち、誕生後は通過儀礼としては統合の過程に入るのであるが、その原初の時にあたって、子の生は宇宙的秩序にあることがわかるのである。

　また、後産の無事を願って次のような習俗がある。寝殿の階間にあたる棟より「転甑破三分」という甑《こしき》を落す習俗である。

　これについて、

産経云産難時皆開門戸窓瓷瓶釜一切有蓋之類、大効（『医略抄』）

とあり、また実際に、

大夫下二知侍一令レ開二東門一日来所閉小門也（『山槐記』）

とある。開門と甑破とは、後者に上下のイメージが加わるが、同じ観想にもとづくのである。つまり、御簾と白壁代と白几帳で囲われて室となった御産所に感応して、やはり室となっていた亭全体を戸において開くこと、また形状的には室である甑、それを破ることで開くこと、それらが母体—出産に対応しうるとする象徴的気分、すなわち類感呪術のもとにお産があることを意味している。と同時に、誕生は、今までリミナリティの状態を支えてきた、室的空間形状の解消を、忌みの期間が後に続くとはいえ、基本的には意味している。

胞衣―産婦―御座所を注視する時、以上によってわれわれは御産所について次のように言うことができる。すなわち、産婦は単に物怪がうつり得べく変身しているだけではなく、他界と天地といった超越的なものと交流すべく変身するのだが、御産所とはそういう変身を引受ける場所である。換言すれば、その場所は他界と関連し、つまりリミナリティである生死以前の世界と関連し、かつ基底的秩序でもある天地に関連する。それ故に祓われ、忌みられねばならぬ場所である。さらにまた、御産所という囲われた室の中に居ることを許される女性(9)が近親者であることは産所を母族母所にもとめた同じ観念であり、この御産の場所の意味も天地と交流するとはいえ、なおそれは母族的家の秩序を通してであることを確認しておく必要があろう。

白御帳の意味

前述の祝詞にある後半の九十九文については、

皇子渡御以前被置白御帳内也（『山槐記』）

とある。九十九文の意味は語呂合せであろうが、皇子の御帳の御枕上に、「件銭九十九文納方三寸許白生絹袋」められて、白御帳内の南側に置かれる。そこには後に内裏よりたまわる御剣が置かれもする。このことからわかるように、白御帳は、この場合、あくまでも皇子に属するかに見える。現に安徳帝については臍緒切、御乳付の後(10)、

皇子入御帳〈中略、中宮外姨母が〉奉抱之即還御須御坐帳中〈後略〉御帳間北並戸内為御所也（『山槐記』）

とあるように、まず形式的に白御帳を使う。そして、後になるとそこは母子によってつかわれる（図42）。

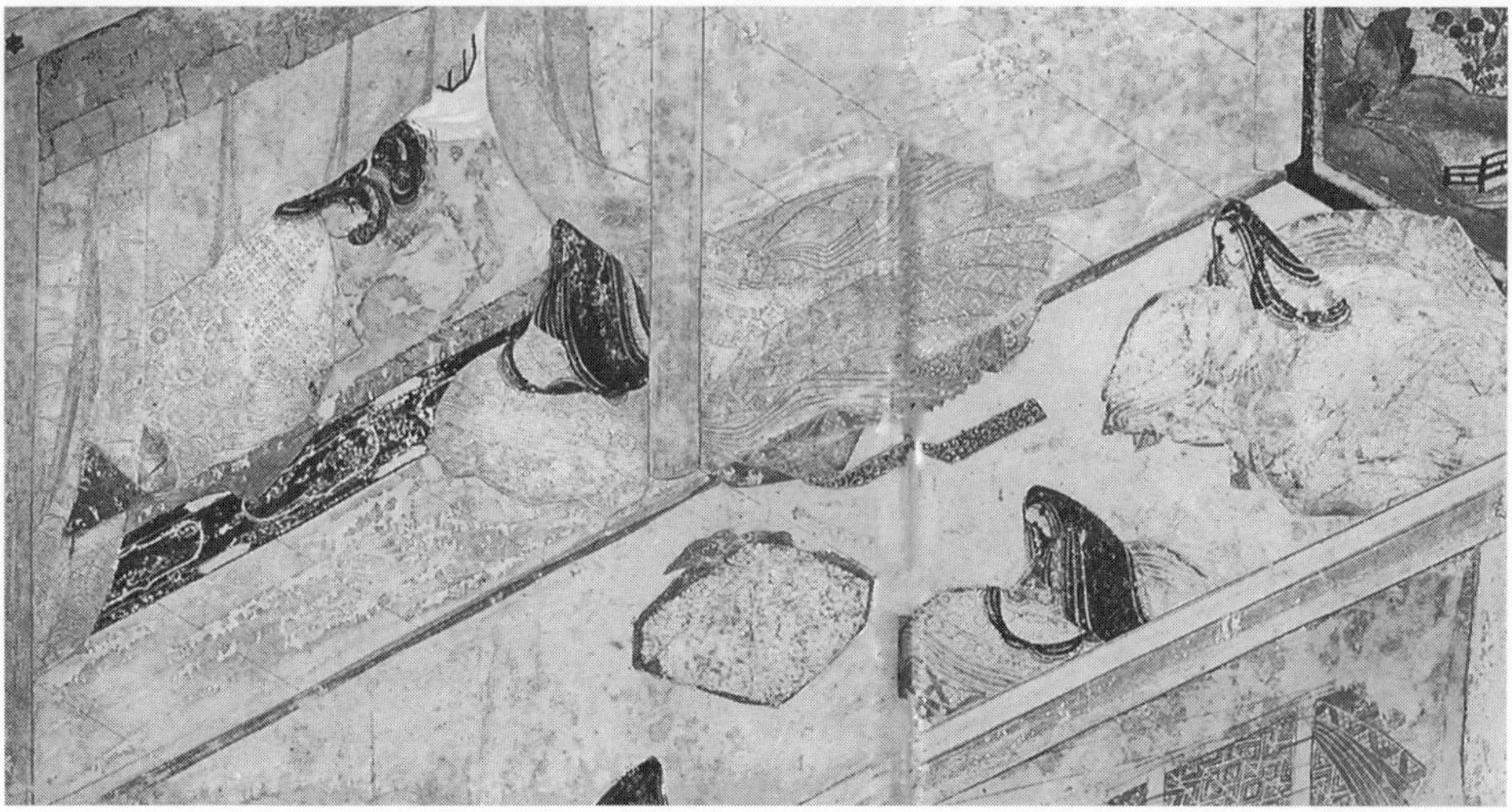

図42　産後の母后が白御帳にいる（『紫式部日記絵巻』）

一方、御帳を御産所とする事例にあっても『宇津保物語』の一宮の場合は、

（琴を）袋に入れて宮の御枕上に御佩刀をそへて置きつ

とあるように、白御帳には子の御帳の意味が強い。中宮彰子の場合、御産御座は白御帳とは別にあったが、

御帳のうちをのぞきまいらせたれば、かく国の母とてもさわがれたまふ(11)（『紫式部日記』）

とあるように、出産後は白御帳に帰っている。このように産後は御産御座が別にあるなしにかかわらず母子で白御帳を使う。

さて『宇津保物語』の女一宮や中宮璋子のように白御帳が御産所として使われる際の場所は先述のような平座の御産と同じであろうが、しかし一方では、先述のようにその御帳にも皇子の御劍(12)や九十九文入りの小袋が置かれ、また産後、母子で使われる。すなわち、そこには御産所という、いわばリミナリティの状態である死と生との両義的意味を持つ白御帳と、産後の子に係わるハレ的形式性(13)の強い白御帳とが混在しているかに見える。一方、第二小節で結論づけたように時代と共に御産御座が独立し、白御帳の意味は後者に移行する。母后御座が白御帳とは別に産後に設けられるので、白御帳は子の場所という意味を強めるのである。すなわち、産気を契機と

する妊婦の変身は出産を契機として現身《うつせみ》へと転身し、子もまた現身であるが、その現身の場所への重点の移行である。しかし次の小節で詳論するが、この転身、ないしは現身の確立は生誕後七日間の忌みの期間が示すように一定の統合の時間を経、かつ段階的に確立される。いわばその間は本身と現身の、他界と此界の併存にあっての現身への過程であるといいえよう。したがって、子の御帳のハレ的、儀礼的使用は白御装束という形態をとりつつも現身の確立を志向していることになる。したがって、白御帳でない御産御座は逆にますます他界と此界のはざまにあっての他界的意味を担うことになるのであろうし、白御帳なる床は現身なる秩序の確立を担うことになる。すなわち、そこでの現身の確立とは次のようになる。それは白御帳にあるということである(14)。

しかし、この在り方は極めて特徴的である。すなわち、白御装束という状況の中での御帳に存するのだが、子は忌みが明けても自分個有の御帳をもたないのであるから、白御帳は対象的には子個有の本来的な場所というのではない。そこにあるとはそのハレ的形式をとることで先取的に現身の確立を志向することであって、白御帳はいわば仮設的なものである(15)。しかし、予祝的な形式であるとはいえ、この白御帳は子の絶対的な場所であり、そこにおいて天と地という会域を開き与えるものでなくてはならず、かかる意味で生の原初にあって場所が解放されたといいえよう。

〔注〕

1　関根正直、『紫式部日記精解』。

2　この事象をかなり鮮やかに示すものとして、われわれは「記紀」に海神之女豊玉姫命が彦火火見尊の子を産むことについての神話を持っている。それは出産の際天神の子を生むのであるから海原ではなく海岸に鵜の羽を葺草にして産屋をつくる話であるが、その際、

「凡て佗国《あだしくに》の人は、産む時に臨《な》れば、本つ国の形を以ちて産生《う》むなり。故、妾《あれ》今、本の身を以ちて産まむとす。願はくは、妾をな見たまひそ」と言をしたまひき。〈中略〉八尋和邇に化りて、匍匐《は》ひ委蛇《もこよ》ひき（『記』上巻）

という。この状景を卒直に見れば、海の方からすれば、他界で本身で、陸からすれば、わにになっているのだから、此界で変身して子を産んでおり、そしてこのような身体とそれをとりまく世界との間の矛盾を産屋が支えているという構造になっていること

がわかる。そして産屋は閉ざされた形状、すなわち室《むろ》となって、見てはならないというタブーを維持しているともいい得よう。それは神話であり、時代もわれわれの対象とは隔りがあるにもかかわらず、呪術宗教的態度を共通することによって、この構造は当面の産所の構造の解明にとって極めて示唆的であるといわねばなるまい。

3　青色はこの時の吉方色。

4　散米は鳴弓と同じく産所に侵入してくる邪気邪霊を祓うものだが、それはあらかじめ、

散米土器等押桶各六口、並置北庇（『山槐記』）、置居母屋并北庇（『兵範記』）

の様に北側に置かれる。

5　当時のお産の形式は座産で「女房一人奉懸、一人抱御腰」である。

6　加入瓫中金銀犀角墨筆小刀欤（『大記』）。

7　臍緒を切る竹刀の竹が、又産湯に使う水がいずれも吉方より持ってこられる。

8　『長秋記』は古くは吉方の地に埋めるが、近時は天井に釣すという。『永昌記』（嘉承元年〔一一〇六〕七月十日条）、『玉葉』（承元三年〔一二〇九〕五月二十五日条）は天井の例である。

9　『宇津保物語』の一宮の場合は夫婦の両母であり、彰子の場合は親族であり、また臍緒を切る者も簾中の加持僧や験者もほとんど近親者である。

10　また乳付も単に乳母の乳を飲むというのではなく、むしろ主眼は赤子に薬を与え呪力をつけることに、或は鎮魂にあるようだ。

11　『后宮御産当日次第』には、

此間儲御高枕御座、薦上巻錦御座下御枕置之、庁儲之。寝殿北面長押上敷之

また「御高枕」とは肩枕ともいい、背もたれになる枕で産後、座の下にしかれるという。この御高枕については『源礼委記』によれば御帳の近辺に置かれている。また出産当日、

南庇中央間供白綾縁御座二帖東西妻、其東立白四尺屏風一帖、其前白三尺御几帳一本為昼御座（『当日次第』）

すなわち前敷である。また母后御座について、

敷母屋東第一間綾白縁御座二枚南北妻相並敷之、其上又敷一枚、以南為御枕　副南簾并東障子立五尺白御屏風各一帖、御座西方立三尺白御几帳一本此御座皇子御帳東間可供也、然而御

浴殿之間依無間数、中央間可為渡御路（『山槐記』）

とある。

12 後には皇女にも御劍が与えられるという（中村、前掲書）。

13 白御帳のハレ的形式性とは、それが天皇から供せられることと、及びそれが亭のハレ面に位置づけられることをもってしても明らかである。

14 これについては第二章第三節で述べたことだが、移徙の当夜行なわれる御帳での就寝が家長の、そして一家の安寧を意味することと、つまり御帳という家の中心的場所、いわばアリストテレス的場所にあることにおいて人が本来的にあることを意味すること、この観想と同じ意味で子は御帳にある。それ故、立帳に際して、

　仍懸御帳帷了、以後令敷之也（『山槐記』、之とは帳内の表敷をいう）

であって、その逆ではない。すなわち忌む故にそうするのであろう。

15 『山槐記』治承三年（一一七九）正月六日に東宮五十日の記事をのせていて、そこには寝殿母屋西第一間に中宮御帳が、そして西北廊に東宮御帳があって、皇子は既に自分固有の御帳を持っていることがわかる。五十日は中村義雄氏によれば「小児誕生の後五十日目に当たる夜、オモユの中に餅を入れて小児に含ませる儀があり、ついで祝宴を設ける」それが五十日であり、離乳食の儀式化であるという。したがって、母から独立の一歩としての固有の御帳の存在がと期待しうるが、そうではない。例えば、後一條帝の場合『栄花物語』には、

　御帳の東のかたのおましのきはに、北より南のはしらまでひまもなう御几帳をたてわたして、みなみおもてには御前のものまゐりすゑたり。にしによりては大宮（一條后彰子）のおもの〈中略〉殿（彰子母倫子）のうへ御帳の内よりみこいだきたてまつりて

とあって、尋常御帳を母と共有していることがわかる。またその際の御膳は『御堂関白記』や『小右記』に「若御前の物」、「宮の」、ないし「母后の御膳」とあるように個人に固有の膳であるが、御座は一つでそこにも固有性はない。そして三、四歳から六、七歳にかけて着袴という初めて袴をつける儀式があるが、その際、雛遊びの様な小さな御帳を始め御調度をしつらえる。固有の御帳がない傍証になろう。安徳帝が五十日の産養の日に御帳をもったのは既にして東宮になっていたからであろうか。

四　忌みの空処としての亭

忌みの現象

御産成了後女房皆悉着白装束

となり、その空処も先述の如く白である。そしてそれが続く七日の間、

自今日七ヶ日不消御殿油、納押桶置便宜所、女房護之、又不掃除、或以扇掃之（『当日次第』）

とあり、また、

御殿油七ヶ間不消之〈中略〉自今日七ヶ日之間、堂上堂下不可御清目、只取塵、庭上又以杁捜置砂者也（『山槐記』）

とあるように、邸内は全く忌みの状態にある。すなわち、御殿油を消さず、ともしつづける習俗は、前章の移徙儀で触れたように、忌み籠りの空間的形式である室の形成、ないし維持をめざしている。そして、庭に砂を置くとは、すでに『万葉集』に散見する貴人を家にむかえるに庭に「珠敷く」習俗が示すように、浄化する場所にかかわっている。また、掃除をしないのも別に触れたように物忌の場所の維持にある。要するに、これらの習俗は忌み籠りにふさわしい場所の保持にかかわっているのである。(1)その中での忌み籠りは、

凡触二穢悪事一、応レ忌者〈中略〉産七日（『延喜式』臨時祭）

と既に示されているように、産穢の故として七日間続く。産穢をうけた人の忌まれ方は様々であるが、特に宮中に関しては強く、例えば『宇津保物語』の一宮の場合には勅使は寝殿に入らないし、他の場合(2)にも勅使座が簀子に設けられる。中宮彰子の宮中への出産報告の使者は陣外で、徳子の場合は左衛門陣の前、すなわち門外で報告しているのである。そして「不奉神事之人更不可奉忌」（『山槐記』）から逆にわかるように、神事につく人は特に産所に近づくことを忌まねばならぬのである。産穢の満ちた空処は日常的な場所と異なる秩序に属するからであろう。

この産穢も、おそらく、産所の簾中とそうでない所とでは、その程度に差があろうが、簾垂れの位置は産後に変ることに注意しなくてはならぬ。忌み籠りの場所である室の範囲が変るのである。『后宮御産当日次第』によれば、結願事が産後に僧侶によってなされた後、

次改御装束、巻母屋御簾無庇御簾、出白几帳敷白畳(3)（無は垂の誤りであろう）

という。このことについては彰子の場合も、苡子の場合も同じである。そして徳子の場合は白几帳の位置が並戸のところから母屋の廂との際に移動する。すなわち、いずれの場合にあっても室が産後に於いては拡大されている。

御湯事

この室の拡大にも既にうかがえる事柄だが、産穢による忌み籠りとその場所は、単に日常的な世間との関係を絶つことにあるのではなく、正に忌み籠りの原義である再生を、生の確立を、その場所的秩序の形成をめざすものである。この忌みの期間に三ヶ夜、五ヶ夜、七ヶ夜とくりかえされる産養《うぶやしなひ》と、八日目に忌明し九ヶ夜に行なわれる忌明けの産養とには生の確立と秩序の形成をめざしていることが明瞭である。そしてこれらの行事については大略七ヶ夜の産義の分化と見なされているが、それらはしかし

再生へ、生へと段階的に強まり、統合されていく行事としてそれぞれ意味を受け持つのである。そこでわれわれは次にこの忌みにあってこの産養を含めてどのような具体的行事によってこの生の確立が得られるかを概観し、その場所について考えていくことにしよう。

その儀式の最も顕著なものは何といっても「御湯事」であろう。それは湯殿始めの吉日吉時及び吉方を陰陽師に勘申せしめ、そして湯殿を造ること及び吉方の河や井から水を汲んでくることに始まる。そして汲まれた水は一部は釜殿、一部は直接湯殿にもちこまれ使われる。その湯殿のしつらわれる位置は、例えば、

後一條帝は「寝殿東母屋廂」（『不知記(B)』）、
鳥羽帝は「対南庇中央間」（『大記』）、
崇徳帝は「寝殿南庇中央問」（『源礼記』）、
越前少将子は「寝殿東第二間階間」（『兵範記』）

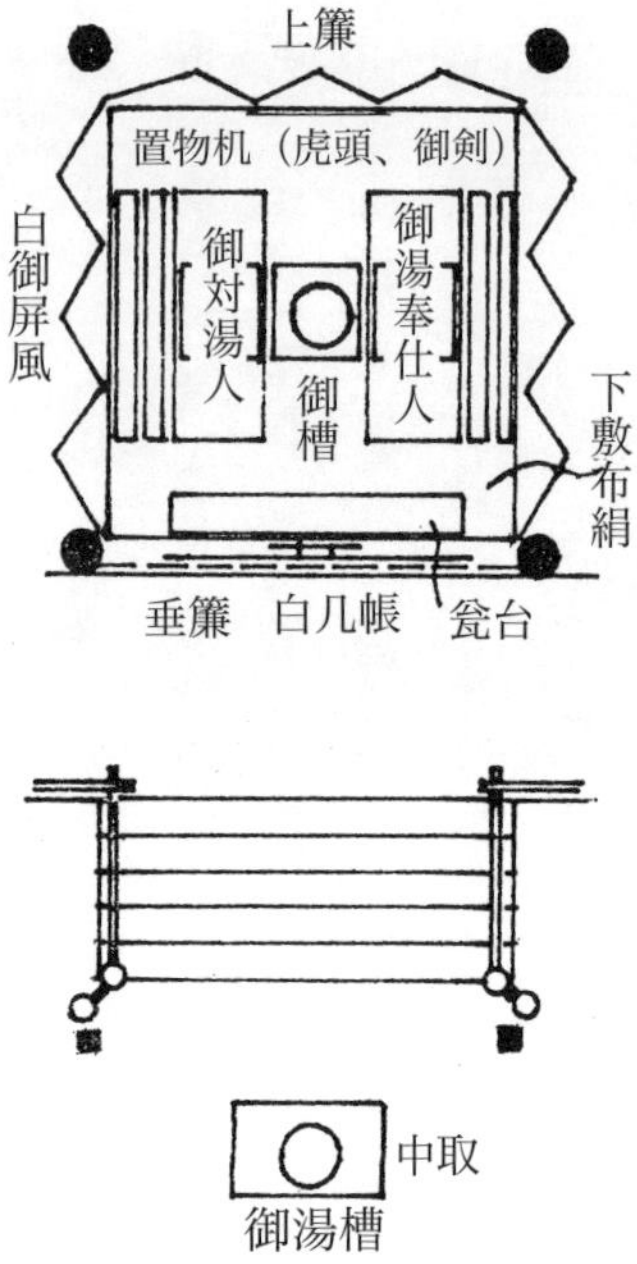

図43　湯殿推定図──寝殿南階間南廂の場合のシェマ図

とあり、これらに共通して湯殿は寝殿や対の表側の部分、つまりハレ側に面していることがわかる。この秩序は勿論これらの亭全体との関係に係わるので、それは後に触れるとして今はまず湯殿の意味に集中する。

まず、その鋪設はほぼ共通なので、『源礼記』による推定図を図43に示す。そしてこの湯殿に散米しながら虎頭、御劔や犀角を奉げた女房を先導にして母家の家長が子を抱いて下ってくる。そして御湯奉仕人と御対湯人によって沐浴が行なわれる。湯を使う間、南庭では鳴弦と読書が行なわれている。

散米や鳴弦は邪気邪霊を祓うこと、読書とは博士が中国の古典を読むことで、それはおそらく祝言なのであろう。また湯自体も、「護身法」といって、持僧によって加持され、また犀角を始めとして、いろいろな薬や銭の入った小袋を湯につけて呪力が籠められている。このことは吉方よりの水ということとが相まって湯を使うことは水の呪力を子に与えることを、ないしは子の魂を鎮めることを意味していよう。この沐浴は毎日、朝夕二度ずつ行なわれる。[4]これらは正に生の確立の儀式であることは明らかで、御白帳と同じようにこのハレ的場面の沐浴は儀式のもつ力への信憑でもあろう。

飲食の行事

そしてさらに「廻粥」の儀が行なわれる。これは南階で行なわれ、同時に問人と粥をすする人々との間に問答がある。それは、後者に予祝する客人なる神々や霊を見てそれへの供奉を意味する行事のようである。そして、この「廻粥」も三、五、七、九箇日の夜に行なわれる産養の行事の一つである。この産養の行事はさらに産婦への「御膳」の供奉（図44）、「威儀御膳」や「児御衣」[5]の提示、そして饗応がある。それは一族をあげての饗応であり、食事を通じての一族への統合、つまり共食族の確立がねらわれている。

図44　中宮への御膳（『紫式部日記絵巻』）

まず供御膳についていえば「皆用銀御器」といい、またそれが亭の奥から内々に供せられるのではなく、人の手を経て表から供せられる。儀式性が顕著である。例えば、七夜産養に、

殿上五位役送〈中略〉経東台南弘廂并西簀子透渡殿等、進寝殿南面受取之、女蔵人於御簾中伝供（『源礼委記』）

そして威儀御膳は白木棚厨子に入れられ南廂[6]の東か西の端の間に置かれるもので、提示を目的として極めてハレ的である。これら御膳は、したがって、その儀式性によって

図45　産養の饗応（『紫式部日記絵巻』）

食物を呪力化し、そのことによって生の確立をねらっているのであろう。

そして対屋で行なわれる饗応（図45）は三條西殿のように東対であれば、

> 東対西庇四ヶ間并南入庇四ヶ間指筵、各垂母屋御簾、立亘四尺白屏風、上庇御簾、西庇南北行敷高麗端畳、〈中略〉為公卿座有絵折敷東西面北上南庇南一行敷紫端畳、〈中略〉為殿上人座北面西上〈後略〉（『中右記』[7]）

しかるにこの饗応の席順に着目するとき、そこには身分による座の序列のあるのがわかる。つまり、奥座が端座より、西廂では北が南より、南廂では西が東より、そして西廂が南廂よりいずれも高いということである。

この饗応は、序章で検討した「大臣大饗」に類同する。対屋と寝殿との相違はあるが、西廂と南廂にかけて、対座もしくは一行座で、指筵の上に高麗縁畳と紫端畳を敷き、廂の簾を上げるなどして行なっている点においてとりわけ、「廂の大饗」に類同する。また、「隠座」もある。残念ながら、この饗応の細部にわたる資料がないので、類同する点はこの程度であるが、この饗応もハレ的であることは大きな類同点である。「廂の大饗」にあっても本来は正月の朝拝《みかどおがみ》に後続する直会的であることでハレ的であったが、この饗応もまた生誕という、カオス的なものからの秩序の形成という事態に後続することでハレ的である。

ところが、先の座の序列は「廂の大饗」の場合と逆であるようである。「廂の大饗」では、寝殿においてではあるが、南廂が西廂に対して上手にあり、南廂ではハレ面に対して奥が端より、西廂では南が北より上手であったのに対して、この饗応は逆である。しかし、事態をよく見るとこの差異はみかけほどではない。いずれも、ハレ面に対して奥に身分の一番高い者を置いて、それから端にかけて低い者が並ぶという秩序である。さらに実頼の「母屋の大饗」の際には外記史座が西対東廂に設けられ、その際には「北上」であった。

この饗応では寝殿が中心で、そこにはハレの象徴である白御帳が置かれ、その周りには「児御衣」や「威儀御膳」があり、また「御湯事」がとり行なわれる。それに向けて秩序づけられる序列は、もちろん亭全体に見られる。この東礼の亭では鳴弦の人、勧学院の学生が南庭で「西上北面」して列立し、西が東より高くなっている。また、西礼の五條東洞院第では「東上北面」すなわち東が高い。

以上によってわれわれは忌みの空処としての亭について次のようにいうことができる。産穢による忌み籠り、すなわち再生の、生の確立の場所は、様々な呪術宗教的手立てによって形成された室という空間的形式をとるが、「御湯事」を含めて「産養」なる儀式の中でハレ的形式の秩序のもとにある。あるいはこの儀式が亭に潜在するハレ的秩序を浮かび上がらせているともいい得よう。したがって、沐浴中には湯殿が、その儀式の子の生への重要さによってハレ的秩序の中心に、すなわち主として寝殿南廂階間にあらねばならぬし、さらに白御帳が子の、母親の存在仕方そのものへの直接的関係によって寝殿の奥にあって正にハレ的秩序を支えているのであり、それへ向けて亭全体は上下関係という秩序で織りなされていると。

かくして、八夜目には、

早旦撤御座并御几帳御屏風等、供尋常御装束(8)（『中右記』元永二年（一一一九）六月五日条）

とあり、具体的には「絵屛風纐纈几帳等」（『大記』）を供する。忌みもあけ、母子共現身となり、そして尋常の諸場所が現出するのである。しかしそうとはいえ、常に現身が続くわけではなく、子について見れば、「七瀬御祓」とか「元辰供」等の御祈始めや行始めや、「五十日」や「百日」や、また別の通過儀礼を、生と再生をくり返し子は成長していくのである（図46、47）。

図 46　五十日の産養（『源氏物語絵巻』柏木）

〔注〕

1　加えて実資は「余答云々、延長両度例無管弦、又凡人産間、無糸竹興」（『小右記』）ともいう。

2　彰子の場合「寝殿南簀子敷高麗端畳一枚茵一枚為勅使座」（『不知記(B)』）であり、徳子の場合「南階西間簀子」（『山槐記』）、そして璋子の場合「透廊」（『中右記』）に勅使座がある。

3　また昼御座が設けられる。『后宮次第』では南庇階間に、『山槐記』では東二間、すなわち白御帳の隣に設けられる。

4　「読書」や大規模な「鳴弦」は八日以後中止される。

5　「児御衣」の呈示の位置は事例（一）で東母屋、（二）で南広庇、（三）で階間東間の簀子である。また「産養」の提供者は三夜、七夜が本家で五夜が婿家であるのが一般である。したがって生の秩序そのものの中に家族関係のあるところが確かめられる。

6　「先以被舁立寝殿南廂西第一間迫北垣立之簾中」（『源礼委記』）。「以白木三階御厨子二脚立東妻戸内」（『不知記(B)』）。

7　「北上対座」（『源礼委記』）とある。「東対西廂立白綾四尺屏風、為上卿座北上対座、南廂立同屏風、為殿上人座西上対座、東廊為諸大夫座」（『不知記(B)』）。「西二棟屋中隔以南放出、五箇間立廻白綾四尺屏風六帖、東上対座。敷高端六帖紫端帖四枚

図47　五十日の産養（『紫式部日記絵巻』）

為上達部殿上人座」（『大記』）（西対が御産所）。また宴が終ってもさらに透廊等に菅座を敷いて隠座がもたれる。

8　白御帳は孔雀経法結願事によって暫し立替えないが、その日のうちにそれは終了しているので、多分同日立替えるのであろう。

五　室なる空間的形式と場所

御産所（白御帳或いは御産御座）の場所については第三小節で詳論したが、今その要点のみをくりかえせば次のようになる。まず気色によって妊婦が変身する、死にさしかけられて生きるという両義性が顕在化する。あるいはあえて言えば生死以前を生きるのである。したがって、御産所はそのリミナリティの状態での生を保ち、かつそれにふさわしい場所として設定されていなくてはならぬが、その空間的形式が室である。それ故、室は単に事物によって囲われることによるだけではなく、それ自身他界と此界にさしかけられたものによって囲われねばならず、その行為が鎮めや御祓いや忌みや加持やその他諸々の呪術宗教的行為なのである。

さて、御産所と亭全体との場所的秩序の関係は、つまりリミナリティのそれは、湯殿や皇子の白御帳のようには明瞭ではない。しかしそれでも、阿闍梨と伴僧の位置や簾中を許される人の種類によって寝殿は端奥関係の上で御産所に向って高まりゆく関係のあることは明らかである。しかし、問題は室という他から隔絶された御産所と端奥関係にある寝殿の、そして亭全体との関係がどのようにして構成されているかである。それについては既述の御産所の構成を見ればわかることだが、白几帳が前にあってなおその奥に白御帳、もしくは御産御座が置かれるという形式になっている。すなわち、中宮彰子の土御門亭や中宮徳子の六波羅亭での御産所がそのことを端的に示している。G・ジンメル[1]が戸にその内と外との分離と結合の矛盾の統一を見たが、そうだとすれば、ここでは白几帳が室と寝殿とを分離しながら結合することになる。つまり、白几帳は御産所と此界に同時に属することでそうであるが、内にあってはまさに他界という尋常ではない御産所なる場所を現わすのであり、外にあっては白几帳は御産所をなおその奥として限りながら結ぶのであり、白において御産所のもつ他界性をさし示すのである。云ってみれば、『万葉集』に散見する、発生の源としての「奥処《おくか》」、また「現在《まさか》」に対する「将来《おく》」という他界を指向する奥を示す。御産所としての白御帳や御産御座の室的形式も基本的には白几帳と同じであるが、その手前において達成しているのである。そして亭全体は、甑破と開戸の類感呪術に見たように、御産所の室を体現して室となっているが、それはこの他界を示す端奥関係に織りなされて、深く忌み籠りの意味を受けとっているといい得よう。

しかるに、出産を契機として他界を、奥を指向する方向は逆転し、産所の重点はハレ的形式[2]にうつる。すなわち誕生という原初にあって、その形式を生きることで先取的に生の基底を構成しようとするのである。それは正に他界を背景としての生の秩序志向である。その事態をわれわれは白御帳が皇子の原初的場所として独立することに見ることができる。すなわち、御産所としての白御帳は他界的なものを此界において慎重に維持するための室であるのを主要とするのに対して、皇子の白御帳はハレ的形式としての白き室によって生の基底を原初的に構成しようとする。つまり、床が生の本来的場所であるという一般性をうけて、白御帳は重点を後者に移すのである。

そして、この生の基底的秩序とは、それを場所に限ってみてみれば次のようになろう。場所とは潜在的にして既に宇宙的秩序である。そのことをたとえ呪術宗教的観想とはいえ、第三小節に見たように、大臣の祝詞にある天地の結合としての生誕観や胞衣・御産所の天なり地なりへの所属観が示している。すなわち、白御帳はここにおいてここを越える宇宙的秩序を原初において照らし出しているというようにして、絶対的なここを解放している。第二章では床が大地物体Bodenskörperとなることを見たが、この白御帳についても同様な観想が見られるのである。平安時代末期にあっても、なお古い観想を維持している。しかも、この白き室となって原初の状況を構成する白御帳は、したがって、亭の上下関係や端奥関係なる諸場所の秩序の中にありながら、同時にそれら全体の基底をなす宇宙的秩序である絶対的ここを先取的に構成しているといい得よう。このことこそ場所が方向づけるということである。

そして、忌みがあければ、この白御帳は尋常御帳にとりかえられることから明らかなように、白御帳は仮設的なものである。その点では大嘗宮正殿などにみられる在り方と同じであるが、この白御帳は、場所ということに着目していえば、生の全体的な宇宙的な秩序自体が問題的になっている状況を照らし出していることを、つまり生死以前を背景にして秩序自体が、したがって方向づけるということが問われていることを示している。その意味では、それは正に生きられる反省である。

しかし、生の全体的秩序といい、生死以前の背景とはいっても、それが対象的に把握されるのではないことを再度確認することとは無駄ではあるまい。何故ならば、事象に忠実に云えば、室的形状を建てること、御帳や白几帳など、事物によって囲うことにおいてそれらは解放され現前しているからである。しかも、その囲う仕方において、御産以前の他界をめざす方向と以後の此界の秩序をめざす方向とが区別されて現前している。そのように、場所は建てることとしての開けることにその根拠を置いているといった確認である。

〔注〕

1　G.Simmel,『Brücke und Tür』1957.（酒田健一他訳『ジンメル著作集』第十二巻、昭五十一、新装復刊『橋と扉』平十）。

2　この変化は第四小節で明らかであるが、今なお二つの資料をあげる。一つは中宮徳子の場合の仁和寺宮がいう言葉、

　結願之時持五鈷、御産之時持独鈷也、晴時持五鈷也」（『山槐記』）

というように御祈の僧の持つ鈷がお産と共に五鈷に変える。もう一つは後産の無事のためにする破瓶なる習俗であるが、それは棟の北から南へ、つまりハレに向けて落される。

第二節　婚所

ここでは婚礼の場所を婚所といおう。平安時代は婿取婚の時代であり、しかも「すみ」という、妻方に婿が同居する時代である。この習俗も高群逸枝氏（『招婿婚の研究』）によって詳究されて明白である。その知見の上で平安後半期の婚所を取りあげる。婚所の室礼は『満佐須計《まさすけ》装束抄《しょうぞくしょう》』によれば、「移徙儀」のそれと大差はない。共に母屋の中の御帳が殿内の儀式の中心的意味を担う。婚礼には婿の妻方の親族への統合という要素があるので、「移徙儀」とはいくつかの点で重要な差異があるが、大きく見れば両者は共に、家族の新しいすまいなる場所の設定（解放）を目差しているのであって、室礼についての同一性が見られても不思議ではない。ここではとりわけ御帳を通じてのすまいなる場所の解明を主題としよう。ところで、その婚礼次第は原則的[1]には大略次の通りである。新婦の家に婿の訪問を知らせる消息使（懸想文の文使の儀礼化、御書使ともいう）、新婦の家までの婿行列、火合わせ、沓取り、衾覆《ふすまおほ》ひの諸行事そして後朝使《きぬぎぬのつかひ》（婿は夜の内に男家に帰宅して、そこから女家へ文使を出す）。二日目も婿行列を組んで通い、三日目に露顕《ところあらわし》や親族との対面があって、その日から正式に女家に婿が住むことになる。論旨によって火合わせ、衾覆ひ、露顕の諸行事に焦点が合わせられる。

〔注〕

1　婚姻や婚礼の儀式にはかなりのバラエティがあるが、論旨によって省略する。

一　火合わせ

婿の出立は夜である。(1) 行列は松明を持つ先駆《さきがけ》に先導される。この火は中門前で女家の縁者二人の持つ脂燭《ししょく》に付けられ、婿に先行するが、婚所の寝殿の妻戸の前で一つに合わされた後持込まれ、御帳の傍の灯爐に付けられる。そしてそれは三日間消されない。尋常なる火ではないのである。この火は後に大炊殿、大盤所(2)等に持込まれ煮焚の用に供されること、また共食族なる観念の存在よりして、この行列は婿の女家の族への結合を象徴的に表現していると高群氏はいう。「移徙儀」にあっては火童の捧げる火が火童によって御帳の傍にもたらされるが、婚礼の火と扱いは同じである。誠に火はすまいと不分離な関係にあったのである。

この火の付けられる灯爐の位置を今少し仔細に見よう。『満佐須計装束抄』には西礼東礼を問わず「御丁のうしとら」(3)、すなわち東北にあるべきとある。しかし実際は、東礼の上皇御所大炊殿（『長秋記』元永二年（一一一九）十月二十一日条）では「懸二燈楼帳三面一」られているが、そのうちの「付二西燈楼一」とあり、権弁亭（四條東洞院、『兵範記』久寿三年（一一五六）二月二十八日条）には「衣架北方戌亥角、懸燈楼」とあって、この『装束抄』のいう例は僅かに西礼の三條殿（『類聚雑要抄』康治二年（一一四三）七月十一日条）に「灯爐釣二丑寅角一造華所沙汰」と管見するのみである。したがって、その位置は不定という外ないが、強いて推測すれば御帳の北方（したがって、奥）、ないしはハレ面に対する奥に置かれたといえようか。

一方、召上げ式の婚姻形態をとる天皇の場合は入内した皇后妃を内裏の彼女の直廬から清涼殿の夜御殿に女房を介して呼び寄せ同衾する。その後、その行事は一般の習俗に影響され採り入れられたといわれるが、例えば、后妃の直廬を訪れての露顕の式がある。火合せもまた採り入れられる。すなわち、夜御殿の火がその直廬に持運ばれる。

> 最初之夜以二夜御殿丑寅角燈爐火一、付二脂燭一以二蔵人永実一遣二女御方一（如二凡人礼一三ヶ夜不レ滅為方取レ之）（『中右記』寛治五年（一〇九一）十月二十五日条）(4)

女御方では詳しくは、

移二付塗籠内燈楼一（『玉葉』文治五年〔一一八九〕十一月十五日条）

とか、

燃二付塗籠内燈楼一（『山槐記』応保元年〔一一六一〕十二月十七日条）

とあって、いずれも御帳の間に隣接する塗籠[5]に置かれる（両例は共に飛香舎、すなわち藤壺。図48、49、50）。また公卿の場合でも、

燃二付塗籠中燈爐一[6]（女院御所、『玉葉』治承四年〔一一八〇〕六月二十三日条）

とある例がある。また、灯爐とは別に、「其辺生火置之」「又生付其下火桶炭」（共に先の藤壺の例）とあるところより察すれば、この塗籠の灯爐の火も先の帳の辺のそれと同様、単に火の保持を狙うのではなく燃やし照らし続けることに深い意義があるかの如きである。然り。「移徙儀」やお産の例に照らして、また庭の塵、門を掃かずつつしむ例（『山槐記』久寿三年〔一一五六〕三月五日条）より察すれば、この消されない火は忌火である。中村義雄氏は「灯火を絶やさぬことによって邪鬼の暗躍・侵入を防いだものと見られぬこともない」（『王朝の風俗と文学』）という。通過儀礼ということに着目していえば、さらに次のようになる。夫婦が、とりわけ婿が新しいすまいを、新しい場所の秩序を構成するには、リミナリティの状態である根源的な無秩序に帰さねばならぬとすれば、この根源的無秩序とはここでは婚礼の行なわれる夜の闇ではないだろうか。そのような闇であればこそ、火が忌火として、さらに積極的な意味を担いうるのであろう。この闇は逆に邪鬼の暗躍を許すことであり、忌火が求められるというように、それは両義的な闇である。先節では、誕生という事象に導かれて、生の秩序が問われる基底的なものに立ち致ったが、この婚礼に

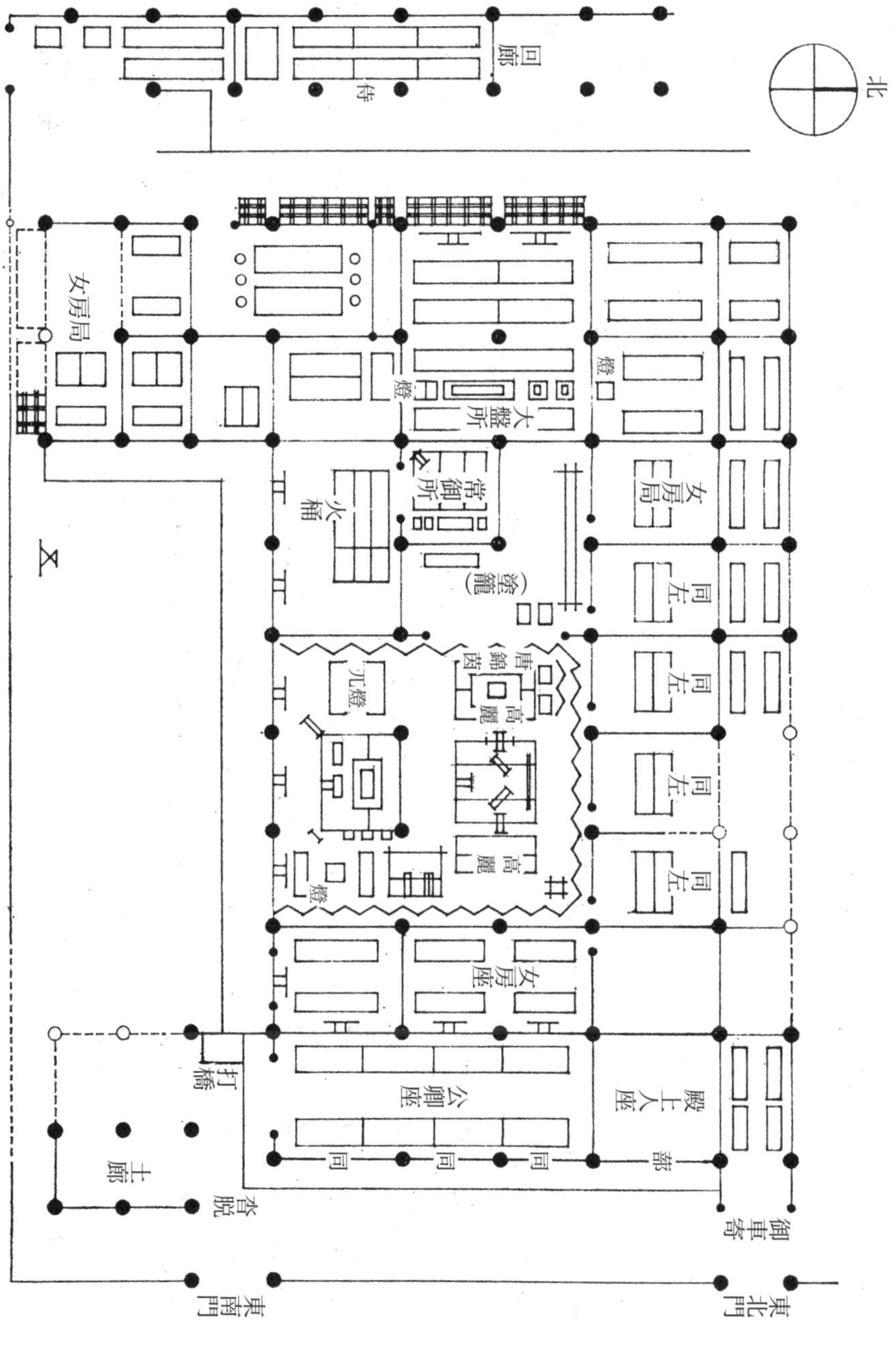

図48　飛香舎での春子入内御装束指図（『山槐記』）

図49　飛香舎

あっては、それは端的に闇としてとらえられているのである。そこは、

御殿油あるやなきやにほのめ（く）（『栄花物語』）

のみであり、『落窪物語』のおもしろの駒が二日間婿になりすませえたように、そこは誠に「火ほのぐらき」ところである。

〔注〕

1　例えば亥（『小右記』長元元年〔一〇二八〕十一月二十五日条、『中右記』元永元年〔一一一八〕十一月二日条、『兵範記』保元三年〔一一五六〕二月二十九日条、久寿三年〔一一五六〕二月二十九日条、『玉葉』治承四年〔一一八〇〕六月二十九日条）や戌（『中右記』元永元年〔一一一八〕十月二十六日条）。

2　大炊殿（『兵範記』保元三年〔一一五八〕二月九日条）、大炊殿と進物所（『玉葉』文治五年〔一一八九〕十一月十五日条）、大炊殿と贄殿（『満佐須計装束抄』）、大盤所（『長秋記』元永二年〔一一一九〕十月二十一日条）、膳所（『兵範記』久寿三年〔一一五六〕二月二十八日条）。

3　御丁のうしとらのすみにあたりて、もやのおくにくみれのふちに、くりがたをうちてとうろをかくべし〈中略〉もしひがしはれにて、ひんがしにもやてうどたてらるとも〈後略〉（『満佐須計装束抄』）

4　『中右記』文治四年〔一一八八〕正月九日条。また「艮燈楼燭」（『玉葉』文治五年〔一一八九〕十一月十五日条）。

5　「南障□懸燈楼此燈楼□□下居火桶一口是又為□□件火也」（『山槐記』）。

6　また、「其南間為㆓塗籠㆒、其中釣㆓燈楼㆒、其下儲㆓火桶㆒」（『玉葉』嘉禎三年〔一一三七〕正月十四日条）。

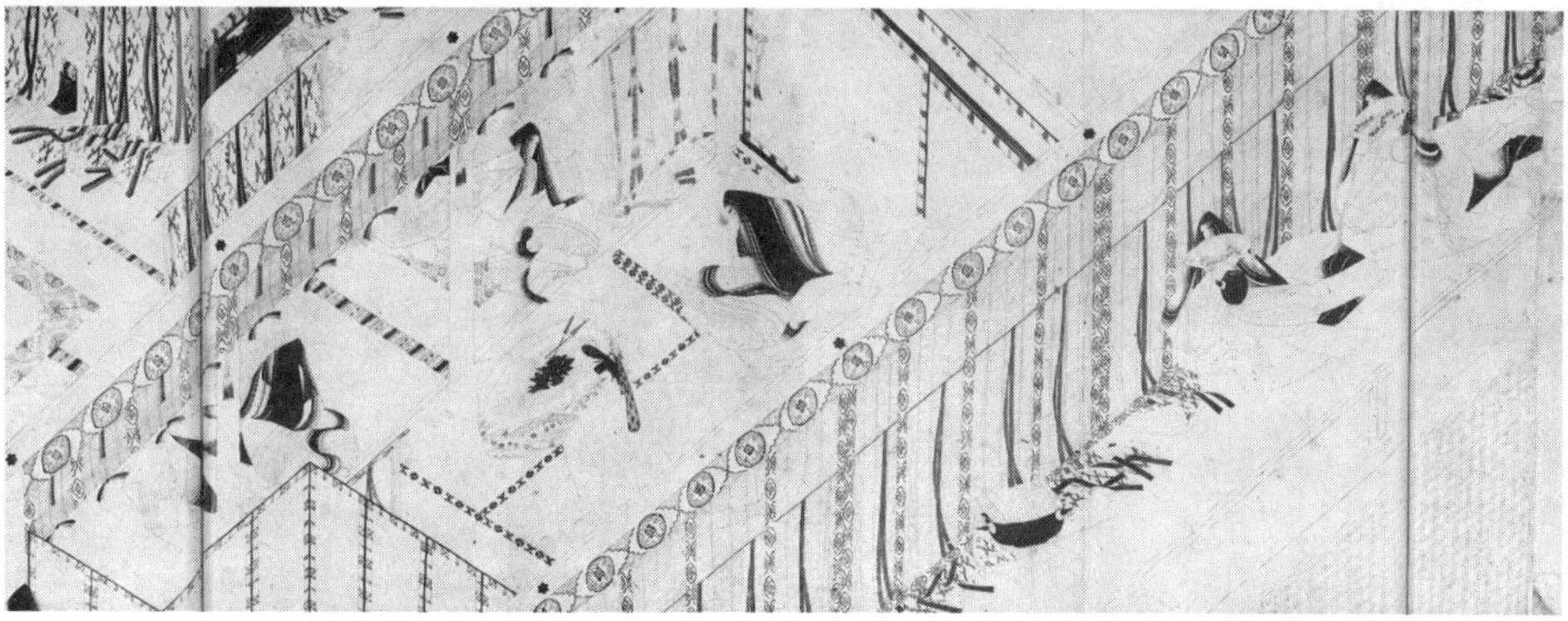

図50　淑景舎——女御の直廬の様子がわかる。飛香舎と同じく東西屋（『枕草子絵巻』）

二　衾覆ひ

同衾するとはいえ、それは儀式である。普通は婚所を経営する主人の北方が御帳内の跡方に予め備えておいた衾を新夫婦に覆い掛ける。それにはいくつかの意味が読取りうるが、明らかに女家の後見の、そして女家への統合の象徴的行為でもあるのである。この種の象徴性は儀式が元来持つ構造である。衾覆ひに先立つ諸行事にも明らかに認められる。先述の指燭に続いて婿は婚所である寝殿に入るが、女家の縁者のかかげる、寝殿の妻戸にかけられた簾をくぐって入る。ここにも女家が参与している。婿は暫し昼御座に留まった後、御帳に入る（『満佐須計装束抄』には、そのために御帳の平座の前の脇息やすずりの箱を脇にのけて道をつけるとある）。ただし、それに先立って新婦は御帳に入っておらねばならぬであろう。[1] そこに婿が入る形式である。すなわち、「通い」の形式の象徴的表現でもあろう。

　ファン・ヘネップによれば、婚約の期間は通過儀礼の過渡期に該当するが、この三日間の「通い」も闇の中の出来事ということでその期間ともいいうるが、高群氏は三日通って露顕するその三日間を、以前の隠れてしばらく通った後、婿取られる習俗の、その長い「通い」の象徴的表現だとする。しかるに、この象徴的表現が可能であるためには、その三日間は非日常的な時間であらねばならず、それはまた夫婦の、とりわけ婿の新しいすまいとしての場所の根底的な構成の時間でもあることで、その通りであろう。絶対的いまの顕現といってよかろう。しかも「通い」の表現は三日間の儀式的通いとか御帳へ入る順序の外にもまた、その御帳への入り方にも読みとりうる。即ち、新婦は御帳の北面から、つまりは奥方から入り、婿はハレ面から入るのである。(2) 婿が通うという形式として少なくとも矛盾はない。

〔注〕

1 御帳には嫁が先に入って待つのが常態と思われるが、『江家次第執聟事』では「聟公入㆓帳中㆒、姫公出、依㆓不㆑待㆑人之心㆒後出云々」とある。古い通ひ婚に照らして考えにくく新案の習俗か。天皇の場合では『山槐記』保元元年（一一五六）三月五日条、応保元年（一一六一）十月十七日条の記事や『玉葉』文治三年（一一八七）十一月十五日条、「入御夜殿〈中略〉入夜御殿北戸御帳北面等」の例があり、逆に『台記別記』久安五年〔一一四八〕十一月十五日条、「上未㆑御㆓夜殿㆒、女御入㆓夜殿㆒後、頃之入御」とあって不定。なお、前述の常態の例は「次女主入㆓帳中㆒、次聟公入㆑自㆓帳東面㆒」（『長秋記』元永二年〔一一一九〕十月二十一日条）、「先女房入㆓座帳中㆒」（『玉葉』治承四年〔一一八〇〕六月二十三日条）。ただし「男女相伴被入帳中」（『兵範記』保元三年〔一一五八〕二月九日条）なることもある。

2 「大将入㆑自㆓西面㆒元永、入㆑自㆓南面㆒、応保入㆑自㆓西面㆒、今日依㆓応保例㆒」（『玉葉』治承四年〔一一八〇〕六月二十三日条）。

三　露　顕

「トコロアラハシ」とは誠に言い得て妙である。結婚披露の祝宴であるが、隠れて通っていた婿を婿として女家が認め、婿がそのそこに女家の一族として共住みする、まさしくその場所の顕現である。しかし、この顕現以前に「三日（夜）餅」なる、女家の用意した四種の小餅を御帳の中で食べさせる、奇しき儀式がある。(1) 高群氏の説く「同族化」する儀式、すなわち女家への統合の儀式である。ただし三日餅といい、前小節の衾覆ひといい、リミナリティの状態にあることに注目しておく必要があろう。秩序は混沌を介さねば統合されないのであり、同時に混沌は邪鬼の世界でもあり、ここでも過渡期は両義的である。

かかる儀式の舞台が母屋の中央に置かれた御帳である。誠に象徴的な場所でそこはある。一度言及したことであるが、今再び示唆に豊む一文（『玉葉』文治六年（一一九〇）正月十一日条）を引いておく。任子入内に先立って藤壺を装飾するのだが、その際「鎮礼」の杭を立てる個所に関して、

先例陰陽師、御所四角立杭、而帳四角歟、家四角歟、未決也、永承、寛治等例、已以不同、（永承家四角、寛治帳四角、此外無所見）

といい、実際は、夜御殿での嫁娶之礼であることで、家の四角に杭を打っている。婚所に於ける御帳は、すまいなる場所を代表していることを端的に示している。そしてこの象徴的な場所としての御帳とは、婿がそこに住まい、そこに内属するすまい全体であることを意味しうるのである。

先節で見た白御帳と御産御座のように機能分化はしていないが、別火の族の結合という非日常的状況は、聖なる闇を構成すべく他から隔離するという、この御帳のもつ室的形式に大いに負うているのであろう（燈爐の置かれる塗籠もまたこの室的形式に呼応する）。その中で夫婦の場所が、すまいの秩序が構成されるのであるから、その御帳と塗籠の室という空間的形式に籠められる意味は多様である。空間的形式と場所との関係が求められる由である。

御帳から出ればそこは尋常な世界である。そこは最早暗くはなく、「大殿油昼のやうに明き」（『栄花物語』）ところである。(2) 女家の用意した装束で婿は立ち現われ、帳前の平敷御座での供饗があり、(3) そこないし簾外に設けられた出居《でい》での女家の親族との対面があり、出居(4)での古書の儀があり、そして後日、婿の「出仕行始」というように、様々な儀式がなお続けられる。

〔注〕

1　「入二御帳中一後、奉二三夜餅一」（『中右記』永久六年（一一一八）十月二十日条）。その他に『御堂関白記』『栄花物語』（寛仁元年（一〇一七）十一月二十四日条）、『長秋記』（元永二年（一一一九）十月二十一日条）等々。

さらに、この餅は食いのこすを例とするが、その食いのこしの餅を「向二西築垣下一。〔自二女御廬舎一当二西方一、是生気方也、〕

令ㇾ埋ㇾ之」（『婚記』久安六年〔一一五〇〕正月十九日条）や、「三日以後可埋生気方」（『兵範記』保元三年〔一一五九〕二月九日条）とあって餅と場所（すまい）の関係を如実に示している。

2　「此間掌燈」（『中右記』元永元年〔一一一八〕十一月二日条）。

3　「次御帳南面茵前供御膳」（『中右記』元永元年〔一一一八〕十一月二日条）。

4　出居の例として『兵範記』久寿三年〔一一五六〕二月二十八日条、保元三年〔一一五八〕二月九日条。

第三節　死者の場所と土殿

『記紀』や『延喜式』には「根（の）国」「根（之）堅国」「根国底国」とか、「泉津平坂《よもつひらさか》」「泉門《よみど》」を持ち闇に結びついた「黄泉《よみのくに》（国）」「泉国」のように、死後の世界は地下的なものに定位されはするが、また一方では『万葉集』挽歌の中に見られる天的なものへの定位がある。堀一郎氏[1]によれば、その挽歌に現われた他界は海・島等に比定されないわけではないが、死者の霊魂が山丘にのぼり、そこにかくれ、もしくは天上の世界に雲隠れると表現した例が圧倒的に多いという。地下的なものにしろ、天的なものにしろ、いずれもその定位のされ方に同様なあり方が見られる。地・山・雲等の中、ないし向こうに隠れてあるというあり方である。また、平安時代にあっては、葬場の位置に結びついてであろうか、この他界に野の例が増えるが、多くの和歌に見出されるように、煙や霧・霞の先という依然として天的なものが続く。一方後半期には浄土教等の普及もあって極楽と地獄という、西への落日といったように日常的世界に結びついて考えられるとはいえ、基本的には具体的な日常的世界を超越した、知的で抽象的な他界観が普及する。それ以前の他界観が、地・山・雲などという日常的な空処の地平の向こうとするのと著しい対照を示している。

「葬者蔵也《はぶりかくす》」と『令義解』や『紀』はいい、『記紀』や『万葉集』は葬を「ハブル」と訓じている（図51）。葬する場所としての

図51　葬《はぶる》の例（『地獄草紙』）

墓は前述の他界観や、また「薄葬令」や火葬の浸透に連関してその位置・形式・規模などを変化させてきているので、他界そのものの解明には葬としての墓の研究が重要な役割を演ずるであろう。またファン・ヘネップやエリアーデがいうように[(2)]、死者は様々な葬礼を経て死者の世界に統合されなくてはならぬのであるから、葬礼の研究も意義があろう。しかしここではすまいという、生きられる場所を解明しようとして葬礼を見るのだが、死後に現世とは別の世界（他界）を認めるにしろ、まったくの虚無とするにしろ、生はすでに死を含んでいるように、すまいという生の場所とその諸場所の秩序は死後の世界や虚無との連関の中にあるはずである。そして、この連関は、第一節で産所をとりあげ絶対的静止としての諸場所の秩序全体が問題にされる事態の中で取扱われたが、死に直面しての葬礼にあってはこのことはますます明るみにもたらされるはずである。古代にあっては、前述のように他界を信憑するのであるが、ファン・ヘネップが明言しているように、葬礼は普通、生から死を離すということで分離儀礼と考えられがちであるが、むしろ過渡や統合の儀礼が発達しているのであって、われわれの事例にもそれが見られるであろう。しかしともあれ、これらの諸儀礼にかかわって生の場所の探求をすすめる。

〔注〕

1　堀一郎、「万葉集にあらわれた葬制と、他界観、霊魂観について」

（『宗教・習俗の生活規制』未来社、昭三八）。

2　A.van Gennep、前掲書、一二五頁。M. Eliade、前掲書、一七五頁。

一　生と死の狭間の場所

上代には「殯《もがり》」といって「仮蔵」（『令義解』）する習俗があった。それについて日本古典文学大系の『紀』の頭注には、「人が死んで葬るまでの間、屍を棺におさめて、仮に安置すること。モは喪。ガリはアガリの約」とあって、「アガリは、身体が死んで、タマ（魂）が身体から遊離すること」といっている。折口信夫氏も同意見で（「上代葬儀の精神」）、魂が完全に抜けきって初めて死となり、魂が身体に帰れば蘇生ということになり、したがって、殯の間は生と死の狭間の時間ということになろう。その期間には、天稚彦《あめのわかひこ》の場合に、

使《すなわ》ち喪屋《もや》を造りて殯す（『記』神代）

とあるように、喪屋を造っている。この喪屋は「殯宮《もがりのみや》」とも「新宮」ともいわれる。庶民もまた、「大化薄葬令」に、

凡《おほよ》そ王《おおきみ》より以下《しもつかた》、庶民《おほみたから》に至るまでに、殯営《もがりやつく》ること得ざれ（『孝徳紀』）

と禁止することから逆推して喪屋は造ったことであろう。[1] しかし、その建物の詳細は不明である。ただ敏達帝の殯宮が宮門や殯庭を持ち、その中に炊屋姫皇后《かしきやひめのきさき》が籠っていることや推古・孝徳・天武帝が南庭《おほば》に営む例から見て、あるいは『貞観儀式』に載せられた大嘗宮のように、垣をめぐらしてその中に廬を設けたものであったかもしれぬ。天皇の殯宮は表4からわかるように、仲

哀・反正・允恭帝という早い例はあるものの、欽明帝以降に集中的に見られ、またその場所も分明なところから、その当時に儀礼的に確立したと見てよかろう。しかしその下限は問題である。何故ならば、後には棺の仮の安置場所としてすまいが、より具体的には寝所が選ばれる一方、誄《しのびごと》は殯の庭で行なわれるので光仁・桓武帝では殯宮があったかの如くであり、他方また諒闇《りょうあん》の間、子等が籠る建物（倚廬・土殿）の初現が淳和帝であるといわれているからである。しかしいずれにしろ、殯宮の下限の時期を決定するのが、ここでの問題ではない。問題はすまいと死、葬礼の関係であって、したがってすまいが棺の仮安置所になる古代後期、平安時代に興味を覚えるし、また葬礼の具体相がわかるのもこの時代になってからであり、ここでも平安時代が主題となる。したがって、殯宮など古代前期の葬礼はその先行形態として参考にするに留めよう。

さて、臨終の場面は『往生伝』や『法華験記』など宗教心の発現の場面として書きのこされたものは多いが、堀河帝の崩御（嘉承二年（一一〇七）七月十九日条）をのせる『讃岐典侍日記』[2]（以下『日記』と略記）ほどその場面を直截にえがいたものはないように思われる。堀河亭の西対を清涼殿に擬し、夜御殿に擬された塗籠の中で、僧侶等による様々な加持・祈禱、物怪のよりましへのかり移し、受戒するなど[3]、様々な手立てにもかかわらず崩御する様が活写される。しかし、崩御後の葬礼の記載は極くかぎられたものに過ぎないが、幸いこの出来事は、『中右記』や『殿暦』にも記されて、かなり分明である。そこでここでは堀河帝の葬礼を軸として、葬礼一般について詳しい記事を載せている『類聚雑例』（以下『類例』と略記）、『吉事略儀』（以下『吉略』と略記）、『吉事次第』（以下『吉次』と略記）、『栄花物語』（以下『栄花』と略記）などで補いながら、葬礼とすまいの関係の考察をすすめることにする。

下格子と死去するところ

『日記』によれば、崩御と共に昼間であるにもかかわらず、まず格子を下している。外界から隔離された室《むろ》的形式にすることを意味しよう。『吉略』や『吉次』は遺骸が帳内にあればよいが、そうでなければ屏風をその廻りに立てるとする。室性を強めるのである。ただし、堀河帝は帳台には臥していないし[4]、『中右記』によれば宗忠が北面より簾ごしに死顔を拝しているので、屏風で囲われているのでもないようである。

表4　歴代天皇の死亡場所と殯宮（清和帝迄）

天皇名	死亡時期		死亡場所	殯宮場所	備考
神武	丙子	三・十一	橿原宮		諒闇《みものおもひ》
（綏靖～崇神）	関連記事なし				
垂仁	庚午	七・十四	纒向宮		
景行	〃	十一・七	高穴穂宮		
成務	〃	六・十一			
仲哀	庚辰	二・六	熊襲の地	豊浦宮	小山田邑に祟って殺した神の斎宮
神功	辛酉	五・七	稚桜宮		
応神	庚午	二・十五	明宮		一書は大隈宮とする。　諒闇より出る。
仁徳	己亥	一・十六			
履中	乙巳	三・十五	稚桜宮		
反正	庚戌	一・二十三	柴籬宮の正寝《おほとの》	殯宮（場所不明）	五年後に殯《みもがり》があり、殯宮《もがりのみや》がある。後、葬る。
允恭	癸巳	一・十四		殯宮（場所不明）	殯宮、素服《あさきぬ》、喪礼《みものこと》、葬礼《みはぶりのこと》
安康	丙申	八・九	殺害		
雄略	己未	八・七	泊瀬朝倉宮の大殿《おほとの》		庚申一・十に葬。
清寧	甲子	一・十六	宮（トツミヤ）		
顕宗	戊卯				
仁賢	戊寅	八・八	泊瀬列城《なみき》宮の正殿《おほとの》		
武烈	丙戌	十二・八	列城宮		丁子十・三に葬。
継体	辛亥	二・七	磐余《いはれ》玉穂宮		
安閑	乙卯	十二・十七	勾金《まがりのかね》橋宮		合葬
宣化	己未	二・十	檜隈廬《ひのくまのいほり》入野宮		合葬
欽明	辛卯	四・十五	磯城嶋宮内寝《おほとの》	河内の古市（五月）	内寝は臥内《おほとの》ともある。九月葬。
敏達	乙巳	八・十五	幸玉宮の大殿《おほとの》	広瀬（又は磐余《いわれ》の池辺）	宮門《みかど》、殯庭《もがりのみや》

用明	丁未　四・九	池辺双槻宮の大殿		
崇峻	壬子　十一・三	殺害		即日葬
推古	戊子　三・七		豊浦宮の南庭《おほば》	九月二十日、喪礼《みものこと》・葬礼《みはぶりのこと》
舒明	辛丑　十・九	百済宮	宮の北	百済の大殯《おほもがり》と称する。
皇極	斉明　七・七・二十四	飛鳥朝倉宮	飛鳥の川原（十一・七）	素服、まつりごとをしない。
（斉明）				
孝徳	白雉　五・十・十	難波宮正寝《おほとの》	南庭《おほば》	十二月葬
天智	天智　十・十二・三	近江宮	十一日新宮	喪服《あさのころも》
天武	朱鳥　一・九・九	正宮《おほみや》	南庭《みなみのおほば》（十一日～持統二・十一・四）	多くの誄《しのびごと》
持統	大宝　二・十二・二十二	（藤原宮）	西殿	
文武	慶雲　四・六・十五	（〃）	殯宮（場所不明）	
元明	養老　五・十二・七	平城宮中安殿		遺言で喪儀なし
元正	天平二十・四・二十一	（平城宮）		素服
聖武	天平宝字八・五・二	寝殿		〃
孝謙	宝亀　一・八・四	西宮ノ寝殿		（道鏡）「留二リ盧ス於陵下ニ一」
（称徳）				
淳仁	天平神護一・十・二十二	淡路廃所の院中		廃帝
光仁	天応　一・十二・二十三			誄、出家
桓武	大同　一・三・十七	正殿	行宮（場所不明）	誄、奉二御歛一
平城	天長　一・七・七			譲位
嵯峨	承和　九・七・十五	嵯峨院		「諒闇之居弗レ寧」
淳和	承和　七・五・八	淳和院		素服を着て庁前、「清涼殿会昌門前庭挙哀、誄」「皇太子下敷御二宜陽殿東庭倚盧一」
仁明	嘉祥　三・三・二十一	清涼殿		
文徳	天安　二・八・二十七	冷然院新成院		
清和	元慶　四・十二・四	円覚寺		出家

さて、大殿《おほとの》・正寝《おほとの》・内寝《おほとの》・正宮《おほみや》・寝殿というように（表4）、すまいが死去の場所として常態視されているようである。(5) 何故、極く当り前のことを述べるかといえば、例えば道長が法成寺阿弥陀堂の内で阿弥陀如来の前に屏風で囲った座中で「本意のさま」で死去する例が示すように、すまいを離れてなかば他界に仮託した形での死去がありうるからである。そして物怪を除くために法成寺に籠った皇太后研子は、

すべて今は何事も験《しるし》もなし。いかで枇杷殿にて、生くとも死ぬとも（『栄花物語』）

といった際の彼女の意識した枇杷殿、生と死の場所としてのすまいがあるからである。

堀河帝は夜御殿で崩御されたが、一條帝も入棺に際して、

舁置夜大殿南戸内御床南頭（『権記』寛弘八年〔一〇一一〕六月二十五日条）

のであるから、やはり夜御殿に移されているようで、死去の場所はすまいであって、その寝所が常態視されていたようである。それは寝所がすまいの中にあって、今まで見てきた床の例からも解るように、すまいを最もよく体現する場所であるからであろうと思われるが、これについては「入棺」のところで再度問題にしよう。

夜御殿の中には、堀河帝の場合はそうではなかったが、御帳があるのが常態のようである。(6) それ故にこそ、『吉略』や『吉次』が帳内の遺骸について言及しているのであろう。夜御殿の御帳については、しかし次章で触れるので、今は葬礼に関連して次の事象についてのみ触れておく。

『日記』に、

日の御座のかたに〈中略〉御帳をこぼつ音

を聞くとあるが、『中右記』によれば、これは密々のうちに昼御帳に移置しておいた剣璽（通常は夜御殿の御帳の中に安置されてある）を新帝方に渡御[7]するに伴って、その昼御帳を壊したとする、その音であった。昼御帳は、貴族の場合にあっては寝殿の母屋中央に据えられる御帳に該当するもので、これらは移徙・婚礼・御産などで重要な場所的意味を保持していることはすでに以前の諸章節で見てきた通りであるが、ここでもまた、剣璽という天皇位の象徴の移御に際しても使われている。昼御座前で崩御された後一條帝の場合ではこの剣璽は一旦昼御帳に安奉されてから新帝方（昭陽舎）に渡していることから見ても、この使用は一つの決まりであったであろう。そして移御後に壊されるのであるから、この御帳は家の主の、家にあるという仕方を、すなわち場所を象徴的に示しているといいえよう。

御座を直す事と衣更え

『吉略』は「直御座」としての御筵の下の畳を抜き取るか、あるいはもし畳に直に臥しておれば刀でその畳表である御筵をはがしてしまうかして、いずれにしても床はうすっぺらな御筵のみになる。そして同時に頭を北向きに、つまり北首にするとする。しかしこの時期についてはかならずしもこのようではない。一條帝の場合について『権記』寛弘八年（一〇一一）七月八日条は、入棺に際して、

御棺枕上在東〈中略〉御入滅并入棺之日不返御枕

といっている。

また別に『行親卿記』長暦元年（一〇三七）八月四日条は死去四ヶ目に入棺し、その「事了後令二北首一反二几帳一」としており、また藤原師実室麗子の死去について記す『殿暦』永久二年（一一一四）四月三日条はその日に「改二御座一北首奉レ成」としている。このようなこの時期の混乱は生死の判断の曖昧さに起因していると思われるが、「入棺」の小節で再考することにしよう。

北首(8)の意味であるが、『今昔物語』は右近少将挙賢の出来事として興味深い話を載せている。彼は死去して地獄へ行くが、

速ニ可レ免シトテ被レ免ツレバ返来タルニ急テ枕ヲ被レ替ニケレバ魂ノ入ル方ノ違ヲ活ルコトヲ不レ得シテ迷ヒ行也

というのである。したがって、北首は、別の恐しい死霊の身体への進入を怖れての所作と解しえないわけではないが、むしろ魂がぬけた身体、すなわち死体の、生とは分離された死のあり方を示すと解すべきで、死霊の進入防止という観想は死のあり方の特殊な解釈であろう。何故ならば、死への対処の仕方は北首だけではなく「直御座」をはじめ様々で、この解釈ではそれらを統一的に把握できないからである。したがって、さしあたり問題になっている「直御座」と北首とは次のように解しておこう。すまいとはもっぱら生の場所であったのだが、そこに起った死がその場所に存する仕方として、日常的な就寝形式とは別様の形式をとることで対処しているのだと。別様とは、尚侍嬉子について一夜隔てたので、もはや蘇生は期待しえず、

御几帳御屏風など様ことに立てさせ給（『栄花物語』）

とする、その「様こと」のことである。

『日記』は、

御衣《おんぞ》今はぬぎかへさせ参らせて、御たたみ今はうすくなさん〈中略〉御単衣《おんひとえ》とりよせ給うて、ひきかづけ給らせなどせられぬ

と記している。また「奉レ掩二御衣一」（『吉略』）や「令レ着二法服一令二沐浴一」（『行親卿記』）とあって、直衣を換え、袈裟を着せ、身を清めたりしているのだが、それが直御座と同時であることは、場所だけでなく、身体それ自身において別の秩序に属することを示そうとするもので、お産の場合にならっていえば、それらは別身化の形式といいえよう。

しかし、これらは逆に、生の諸場所の秩序として、また生の身体として一定の形式のあることを教えているし、或る意味では移徙・婚礼・産養などの統合の儀礼で示したハレの形式とは、かかる形式であったことを示している。

供燈と闇

『吉略』には「供燈」として、

御枕方去二一間許一向レ北誂レ之

とあって枕もとに燈をともす。夜の死去であればその時の燈爐をそのまま、昼間の場合は切火でつけるとはしているが、それは尋常な火ではない。忌火である。『類例』長元九年（一〇三六）四月二十二日条には、

自二晏駕日一不レ滅二御殿油一也

というように消してはならない火であり、棺を他処から運び込む際や葬送の際の先導の火はこの枕火が用いられることからも明らかである。『吉次』は棺を運び込むに際して「用ヒズ、別ノ火ヲトモス」というが、『吉略』の裏書には、

此火者、枕上火也、布脂燭ニハ必付二此火一也、此大儀也

としているし、後一條帝の場合にも、

取二両人所持之松一焼二付御在所御殿油一（『類例』長元九年（一〇三六）四月二十二日条）

とある。また肝心の葬送の際にも、

前火所役二人、取続松入御在所、付御油左衛門督付脂燭伝之（『中右記』）

とあって、枕火が用いられている。そしてこの火は、

二人之所持前火ヲ取合テ成一火奉付也（同前）

とあって、荼毘の際の火ともなっている。白河法皇の場合に、

取二前火一付二小松一〈後略〉　付レ薪自二乾方一始終二于艮方一（『長秋記』大治四年〔一一二九〕七月十五日条）

とあって、最終的な棺の薪のところまで明記されている。

かかる忌火は前に触れた移徙儀や婚礼の火と、この場合は死へと向うことで異なってはいるが、原初的闇にある忌火ということで同類である。しかし荼毘の火にさえなる。この忌火は、婚礼のところで見たように単に明るさの故に邪鬼を防ぐのではなく、かつ共食族の源になるものであることでそれ自体呪力のあるもの、当人や家族や氏族に属しながらそれを超えるものとして聖なるものであった。したがって、死去にあっての忌火をつけるとは生が問題になっており、そして場所についていえば、その場所がなくなろうとする、再び無秩序に帰そうとする、まさしくそのあり方を示している。格子を下した暗闇の中で、死者は先述のような異様な秩序をとって、忌火と共にあるのだ。

入棺・葬送とすまい

『日記』は、体の冷たくなることや眼の色の変化で直ちに死の確認をする様を載せるが、道長女嬉子の場合は、

上東門院東対上以尚侍殿御衣修魂喚（『左経記』万寿二年〔一〇二五〕八月二十三日条）

蘇生を願って魂呼を行なっている。息をひき取った後しばらくは完全な死を認めないという古来の生死観が引き続き残っているが、田中久夫氏[10]が詳しく論じているように、かかる観念は、当時既に入棺と出棺の間にしばらく時（せいぜい七日）を置くという、いわば形骸化された形でのこるのが通常であったという。明らかにリミナリティの状態である。そして、その棺は通常はすまいに留められるのであるが、その事情を少しく見てみよう。[9]

後一條帝の場合について『類例』は禁中より発葬することの是非を問題にし、結局は上東門院で行なっている。『類例』にはその理由の記載がないので葬送の便利のためか、新帝が弟の後朱雀帝の故なのか、あるいは北政所のすまいなのだからか、定かなことはわからない。その他、中宮安子の場合のように主殿寮で死んで東院に移すという理由の不明なものもあるが[11]、一般にすまい以外からの発葬地に寺が選ばれる例が多い[12]。これは死以前に、あるいは以後に戒を受けることに照らして、また道長や彼の室倫子のように寺に籠って死ぬ例に照らして、その理由は了解できる。しかし、すまいに棺を安置する例も多い。

棺は死者の建物とは別のところで造って運び込む。堀河帝の場合は、

於基隆朝臣年来直廬令作御棺（『中右記』）

とあって御在所の外である[13]。そして堀河亭の西北対を経て西対の北面より運び込む。このように棺が他処で作られることといい、またその搬入には葬送と同様に忌火によって先導されることといい、棺自体が尋常でないものであることを示している。

『中右記』は入棺儀を詳しくは載せていないが、書真言・御錫紵御装束を加え入れ、御手水・御浴殿・供御膳があることはわか

る。『吉略』には、鳥羽院の例として、真言種子を蒔くのは棺内の三方で、足方には蓮華を蒔いている。さらに加え入れるものに、香土器粉・御枕・蔓荼羅（野草衣という）・土砂（頭・胸・足に散入する）・御護・御持経・宮々并人々の阿末加津（作二黄檗一人形）があり、来世を信じての仕業であることは明らかである。そして棺は、

　本臥給所如レ元北首奉二舁居一也

としている。すなわち、棺は死者のいわばすまいであるとともに、死者それ自身を体現するという存在論的なあり方だと解しえよう。

　棺の安置される場所は、

　置御在所、（中殿北面也）、先置大床子一脚、安御棺（『中右記』）

とあり、『権記』には一條帝の場合について、

　舁置夜大殿南戸内御床南頭（寛弘八年〔一〇一一〕六月二十五日条）

とあって、夜御殿[14]である。完全な死を死後すぐには認めない観想の形骸化として、入棺と出棺の間に時をおく。

　その場所にすまいが選ばれるということは、棺の状態にあっても死者のかつての場所としてのすまいが何ほどかの機能を果しているのであろう。つまり原初的闇と忌火に帰することで死者のかつての場所がなくなりつつあるが、その過渡期として入棺と出棺の間と見ることができよう。蘇生への期待は尚侍嬉子の場合では装束や死者を「様こと」にする時にすでにあきらめているのだが、したがって、棺の状態は死の状態である。それでもかつての慣習をうけてすまいに安置しているのである[15]。序章や第二

章で見たように、すまいなる場所はすでに大地に開かれているが、その故であろうか。さて葬送であるが、堀河帝について『中右記』は出御の前の中殿での御念仏を記している。図52は太田静六氏[16]の堀河殿の復元図の中にその鋪設を記入したもので、『中右記』の記述に一部意味が読み取れないものがあるが、鋪設は略々図のようであろう。黄幡を先頭[17]に御輿に乗って葬場へ向う。御在所を出るに際して、

破北築垣一本余

してそこから出御している。築垣を壊して路を造ることについては、『小右記』万寿二年（一〇二五）八月六日条は、

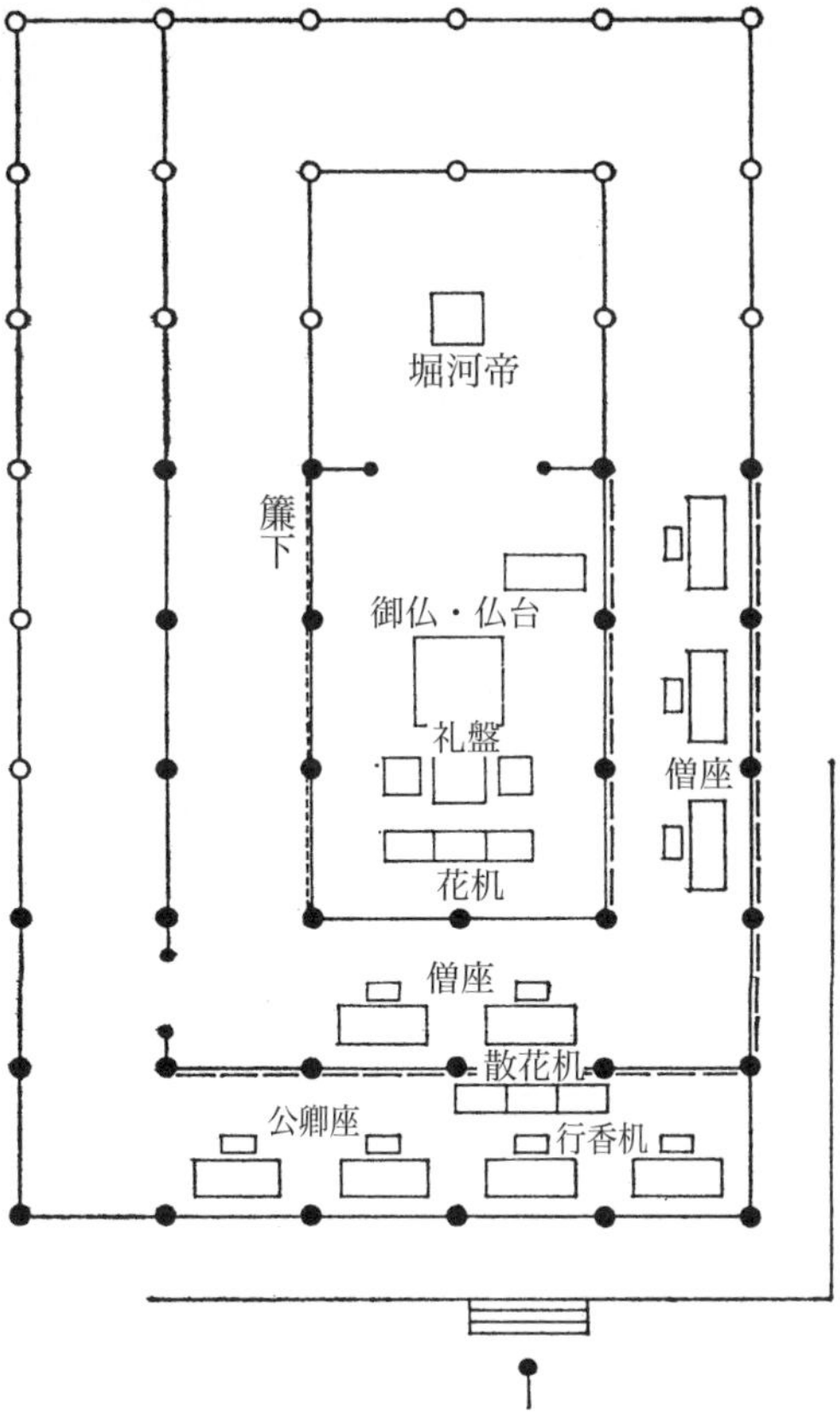

図52　堀河殿西対での故堀河帝葬送前の御念仏鋪設推定図

出二上東門院南門一、件門奉レ迎二神璽宝剣一之門、不レ可レ用二凶礼一、若当二吉方一者可レ壊二門傍垣一歟、可レ謂二不吉事一歟

とすることより、その理由の一端が判明する。吉方より出すべきということと剣璽の門は凶礼には不可とし、生の儀礼には決して見られない、垣[18]を壊すことを推奨する。『今昔物語』は下毛野敦行が隣家の死人を隔ての墻を壊して自家の門から出して遣る例をあげるが、この習俗の一般性をうかがわせる。[19]これは、すまいの生の秩序とは別様の秩序である道をつ

くって出すわけで、生の場所としてのすまいと死、もしくは他界との相剋が見られる。

〔注〕

1　皇子の場合ももちろん殯を設けている。例えば、来目皇子、皇孫建王、納宮兼宮内卿五位舎人王、高市皇子、明日香皇女木𥓖など。

2　玉井幸助著『讃岐典侍日記全注解』有精堂、昭四四。その項目のみを列記する。

3　内外での様々な加持祈禱について『中右記』（嘉承二年〔一一〇七〕七月条）にあったものを以下列記する。彼の見聞外のものもあろうから、それは種々万々であった。

六日、非常赦（伊勢大神宮と八幡宮の訴に触れる者は除く）、軒廊御卜（宮卜、寮卜）、御等身七仏薬師像於院被作始。

七日、諸社御諸経日時僧名定（石清水・賀茂上下・稲荷・祇園・日吉）、限七ヶ日転読大般若経、奉祈玉体平安之由、御修法御祈等種々万々也、於晝御座、以僧十口転読□経。

八日、於晝御座、以僧侶廿口転読法華経、丈六之六観音像被作。

九日、於御前以僧廿口被転読仁王経。

十日、於法王主上御所大般若経一部書写供養、転読。軒廊御卜。関白殿於春日御社、長日御祈被始。

十日夜、於二間方、御等身不動尊三体供養是百体中被始也 毎夜五体被供養之（中略）。御修法十壇許被始行（最勝講・唯識講・大般若）。殿下公家御祈於興福寺金堂（千座仁王講）。法成寺寿命経御読経被始行。平等院大般若被始行。丈六御仏数体被始云々（弥勒尊像）。

十一日、禁中五日御物忌。於南殿六十口御読経、於中殿、以三井寺僧廿口転読千手経。於二間方、以僧十口不動御念誦被修。

十二日、於南殿、六十口大般若御読経、於中殿、以僧卅口有不動御念誦供養法。後三條院山陵御使。

十三日、於晝御座方、以僧卅口不動御念誦。

十四日、於二間方、以僧千口尊勝御念誦被修之（三ヶ日也）、一日金泥法華経供養、釈迦三尊同以図絵供養。定千僧御読経日時僧名。

十六日、七仏薬師法被始行。霊所御祓。

十六日夜、又々被始行種々御修法也。

十七日、権大僧都寛助依孔雀経御修法結願、率廿口伴侶参上。二間尊勝御念誦被延引。

十八日、山座主仁涯僧正率中堂衆御加持。

十八日夜半、受菩薩大戒御。大僧正増誉候御几帳辺殊以祈念。二間方、御修法諸壇阿闍梨十余人（尊勝陀羅尼、不動呪）。主上念誦法華経方便品奥偈御。

十九日、大極殿、可被行千僧御読経也（不行）。先自唱大般若法華経号、并不動尊宝号、次唱釈迦弥陀宝号、向西方給、身体安穏只如入睡眠給也。

4 『日記』には「御障子と、臥させ給へるとにつめられて」とあって襖障子と臥所の間に何もないようだし、「大殿ちかく参らせば御膝たかくなして蔭にかくさせ給えば」と大殿の視線からこの典侍を膝を上げることで遮っているからである。

5 『礼記』喪大記では亡くなる人の身分によってその死亡場所を異にすべしという。

君主、主人は路寝（＝正殿）
大夫、世婦は適寝（＝正室）
まだ君命を被らない内子は下室（＝次室）で死去の後、寝（＝正室）
士、妻は寝

6 それは堀河帝崩御後の新帝である鳥羽天皇の里大裏（大炊御門東洞院）の中殿、つまり清涼殿の喪の御装束中に、白木骨青さび帷の昼御帳の外に夜御殿の御帳の存在に傍証されている。

7 移御するものはこの外いろいろあったらしいが、後一條帝の場合は『類例』長元九年（一〇三六）四月十七日条に御笏、（御袍）、時簡、殿上御倚子、昼御座大床子、同二階厨子等で代々渡御するものだとしている。

8 『礼記』喪大記では危篤に陥った病人は、北牖（＝窓）の下で東首し、牀（＝寝台）を取り去り、衣を更える。

9 『仁徳記』は稚郎子の死去で、「解レ髪跨レ屍、以三呼曰、我弟皇子、乃応レ時而活、自起以居」とする、かかる観想である。

『日本霊異記』は幾人かの地獄からの蘇生の話を載せている。

なお、『礼記』喪大記には、復（＝招魂）の方法として、山林の官の作った梯子で東の軒から屋根に登って棟の上に立って、北面して三たび呼び、衣（身分に応じて種類を異にする）を巻いて前方に投げ、西北の軒から降りる。投げられた衣は司服が受けとめるといった具合である。道長の方法はこれによく似ている。

10　田中久夫、「玉殿考──殯宮研究の前提として」（『社会と伝承』十三の一）。

11　「母后崩二於昭陽舎一之後、以二御車一奉レ遷二一條殿一」（『村上天皇御記』天暦八年）や白河后賢子の「崩二三條皇居一之後、葬礼以前渡二御経成朝臣四條宅一」という例でもわかるように、中宮・皇后は死後は皇居を退去するのが通例のようで、「東院」が皇居外の何処かを指せば通例通りであるが、内であれば不明。

12　寺に移す例をいくつか載げる。
　堀河后篤子、雲林院掌侍堂（永久二年〔一一一四〕十月一日）
　尚侍嬉子、法興寺僧房（万寿二年〔一〇二五〕八月六日）
　右兵衛督尊堂、徳大寺（長元八年〔一〇三五〕八月六日）
　長家北方（斉信女）、法住寺（万寿二年〔一〇二五〕九月十五日）
　公信、法住寺（万寿三年〔一〇二六〕五月十五日）
　藤原実頼、法住寺艮松林寺（天禄元年〔九七〇〕五月十八日）
　藤原伊尹、大安寺（天禄三年〔九七二〕十一月二日）
　故左京大夫室家尼、山寺（寛弘七年〔一〇一〇〕四月十一日）
　藤原公教、八條堂（永暦元年〔一一六〇〕七月十日）
　藤原良通、嵯峨辺小堂（文治四年〔一一八八〕二月二十二日）

13　道長室倫子の場合、「作御棺於末方作之、西対西廊北頭〈後略〉」。

14　内裏から上東門院へ移された後一條帝の場合は、内裏では「入レ自二夜大殿東戸一。暫居二御所傍一」（長元九年〔一〇三六〕四月二十二日条）とあるが、京極院では図52の銀御仏のある位置に置かれる。

15　ただし嬉子の場合は法興院に移しているので、すまいをはなれるということに関しては、すでに格子を下し忌火をつけることで果たされているとみなしえよう。
　『礼記』喪大記は遺体は堂上に（南首して）安置される。その周りに人を配して喪礼を行うが、一般的に東には男、西には女が座す。君主が亡くなった場合は図53のように人々は座を占める。また納棺に際しては小斂・大斂の礼があるが省略する。

16　太田静六、「堀河殿の考察補遺と対屋の形式に就いて」。

17 念のため行列の構成を示すと、
黄幡・炬火者（十二名、最後の二人が忌火）・御前僧・前行歩障・火輿（歩障の内だが次記の行障の外）・行障・中御輿（歩障及び行障の内）・香輿（歩障の内、行障の外）・御膳辛櫃・素服公卿・以下多数。

18 「自乾方築垣壊出御於一条路」（『権記』寛弘八年（一〇一一）七月八日条）。「室町面北門之北腋築垣破、自二北対西妻一出」（『中右記』大治四年（一一二九）七月十五日条）。「令下人壊二院東墻一本一為中御輿路上自二御在所一中方、」（『類例』長元九年（一〇三五）五月十九日条）。『類例』は御輿・火輿・香輿・行障・歩障など一條院で準備して殯殿（上東門東対）に運び込んでいるが、その際やはり新たな入口を使っている。そして東対の東廂で輿に棺を乗せるが、その時は西首にしている。

19 源経相、「可レ毀二東築垣一也〈中略〉門南掖垣也」（『春記』長暦三年（一〇三九）十月七日条）。頼長北政所、「破二却乙方築垣一被二出申一」（『兵範記』久寿二年（一一五五）六月八日条）。

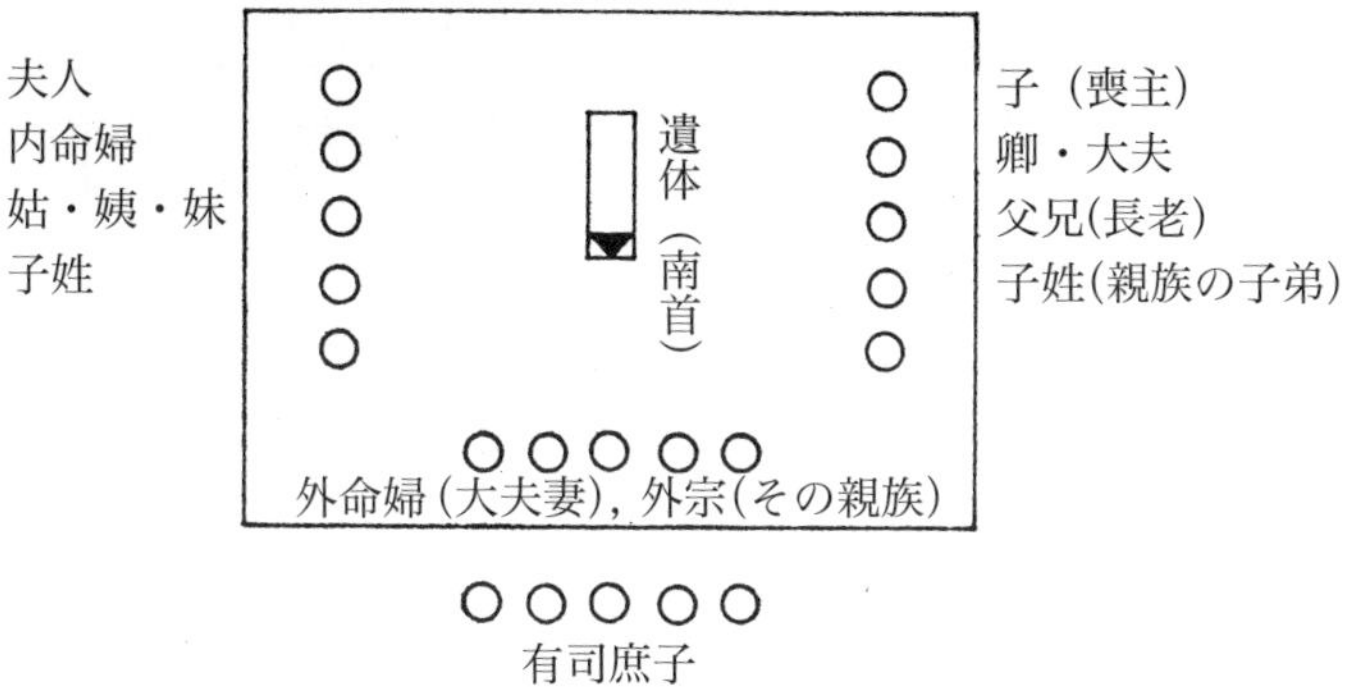

図 53『礼記』の葬礼の座（シエマ図）

二　葬送後のすまい

葬場と仏事

堀河帝の火葬場[1]（「山作所」ト云フ）に関して『中右記』は、そこには「貴所」と「葬場殿」「清庭」とがあって、葬場殿で棺を輿から下して暫しそこに留めた後、貴所で焼くとする。しかし、具体性に欠けるので『類例』長元九年（一〇三六）五月十九日条によって補えば次のようである。まず山作所全体をシェマ的に復元すれば図54の如くである[2]。この外垣の門前で炬火輩も迎火者も火を滅して退出するが、二つの忌火は葬場の門を入って前庭に立つ。御輿もこの門を入るが、葬場殿には棺のみが安置される[3]。供御手水・御

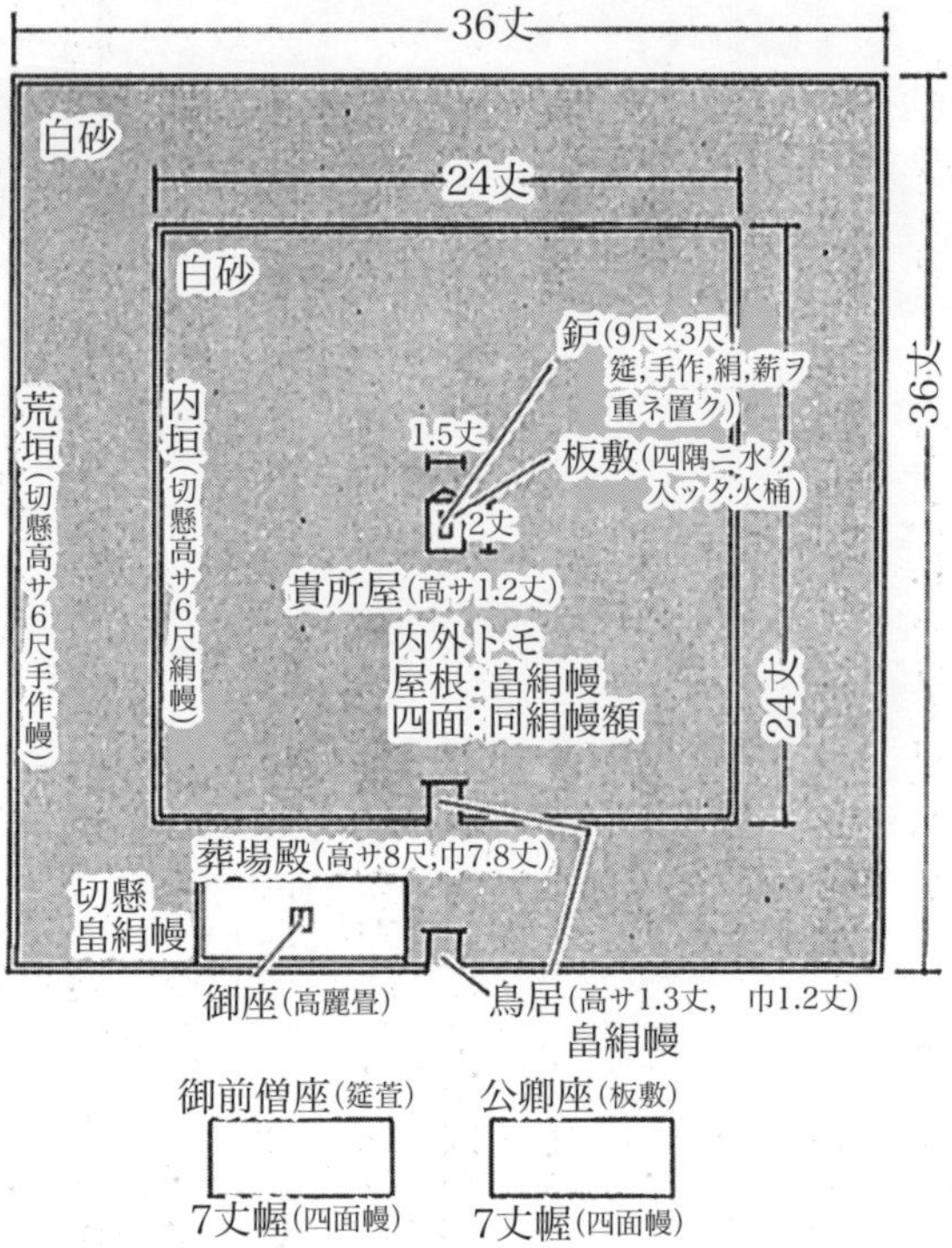

図 54　山作所推定図（『類例』長元 9〔1036〕年 2 月 25 日，ただし，同書はこの施設は寛弘 8 年〔1011〕の例に従う異例のものといっている）

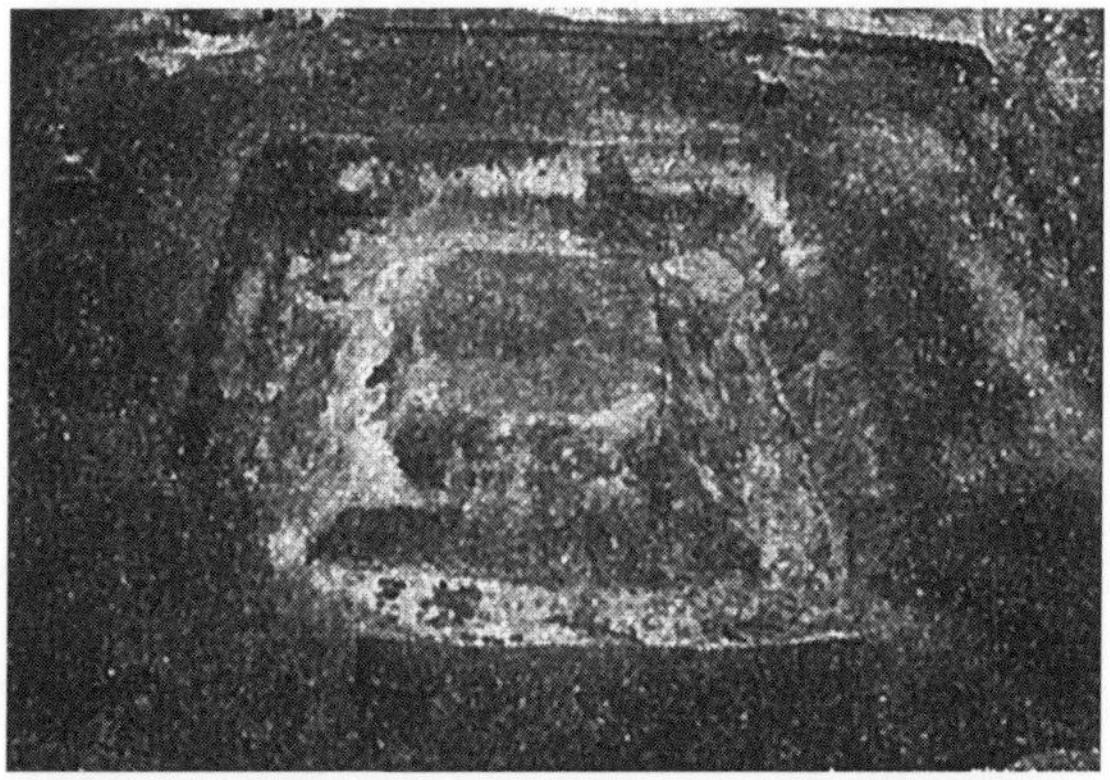

図 55　火葬塚――京都大学農学部で発掘された平安時代の墓で，『雑例』の記事に類同する。

膳、北庭での咒願の後、棺は筵道の上を貴所（竈殿ともいう）に移し、北首で荼毘に付す。その際、忌火は艮（北東）より乾（北西）に時計まわりにつけ、北方にはまわさない。北首が最後まで厳守されていることは注目に値しよう。

荼毘後には、貴所の板敷・壁などを壊し、酒で火を消し、拾骨して茶垸壺に入れて寺に向う。堀河帝の場合は香隆寺僧房を御骨所として、その母屋に絹障子に阿弥陀三尊を画いた小御帳を設け、その中に安置される[4]。また貴所跡は墓となるが、『雑例』はさらに詳しく、土砂を咒してその上に散じて後、土を覆って塚とし、石卒都婆を立て、陀羅尼を蔵し、釘貫・掘塘（溝）・殖樹を廻している（図55）。

平安時代には葬制としてはこの火葬の外に、土葬・風葬などがあるが、霊殿という興味深い習俗を含めてこれらについては田中久夫氏に詳しい研究があり、ここに述べるまでもない。したがって、死者の行き先を追う作業は以上に留めて、今は本題であるすまいに眼を転ずることにする。(5)

さて、主のいなくなった堀河殿では一周忌を限っての御懺法、講説、御経供養などが行なわれるが、その鋪設は恐らく出棺直前の御仏に似ているのであろうが詳かではない。また四十九日の法事を寝殿で行なっているが、その鋪設の仏台廻りは『雲図抄』の仁王会のそれによく似ている（図56）。しかし、今は、対置にしろ寝殿にしろ、それらが仏事にうまく対応しうることを確認するだけに留めよう。

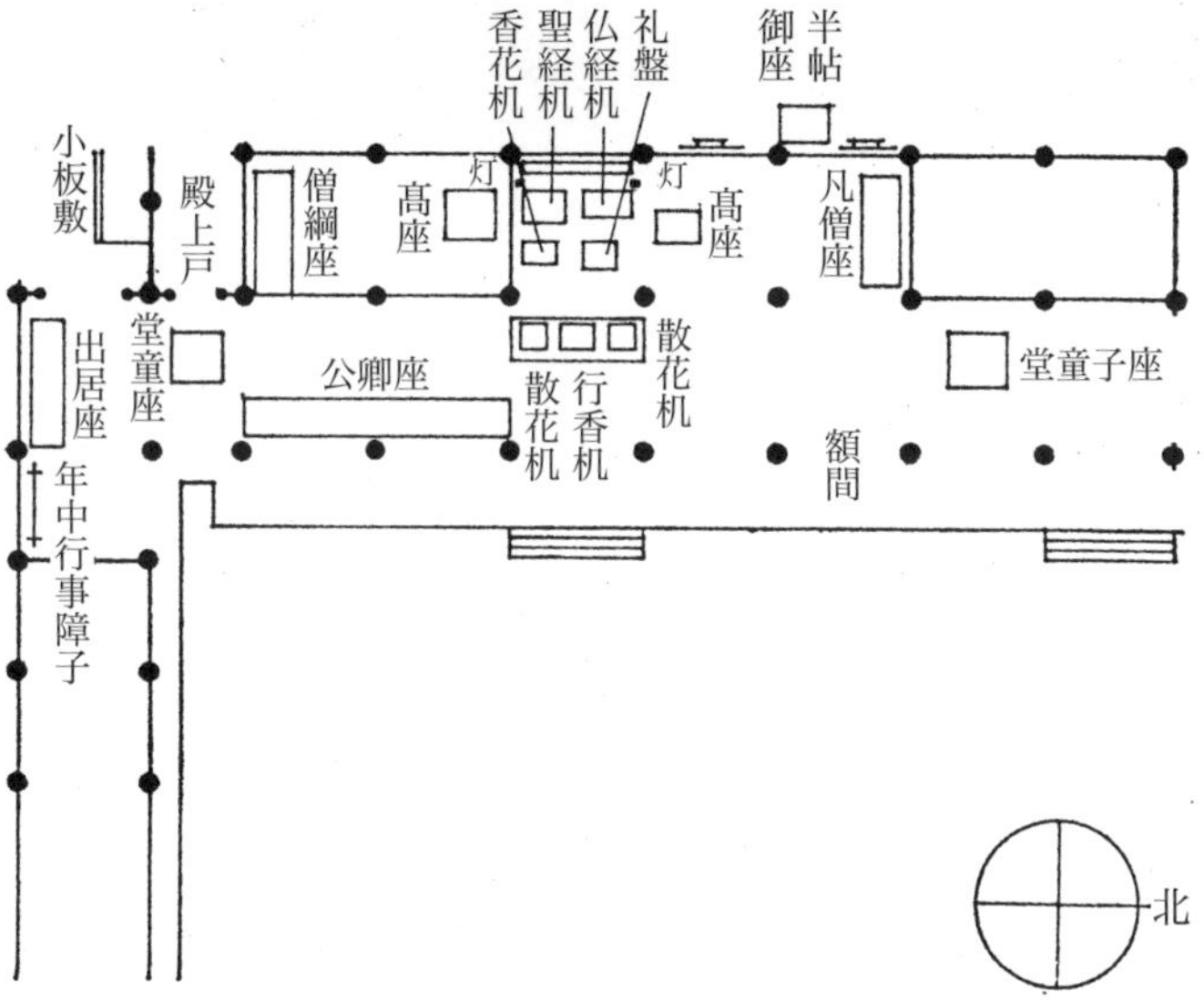

図56　仁王会（『雲図抄』）

行事はしかし、仏事だけに限らない。例えば『吉略』は、

御出以後、本御所掃二除之一、留守人仰レ侍、以二竹箒一払二御寝所一、件塵箒等流レ川、非二塞方一川也、若無レ川者弃二山野一(6)

といっている。これはお産の場合にも見られたもので、穢に関係してのことであるが、その底にはやはり非日常的な場所に係わる一つの手立てであるとみなしえよう。

倚廬

さらに興味を引くのは、新帝である鳥羽帝が「御所下廊可レ御」（『殿暦』嘉承二年（一一〇七）七月二十四日条）として倚廬していることである。(7)倚廬とは諒闇の時の天皇のすまいであるが、その詳細を『西宮記』は「天皇御倚廬事」として、

承塵（骨）下垂二尺構天井方九尺以竹為骨、以莚張之、以葉薦鋪之、上以莚施盈、御座廻以莚曳度以竹蔀之、有二口随所便開之、以黒細布懸之、御在所以莚曳廻、以折薦畳為女房座、有御基帳、以近辺便所為侍臣候所、着服了内侍以神璽等置廬中

と記している。「以日易月」という考えにもとづいて通常十三日、すなわち一周忌の喪服としてかかる仮設的な建物の中に忌み籠るのである。除限には禊を行ない、そして本殿に還るが、これは後述するとして、今はこの倚廬の実態と意味について解明する。

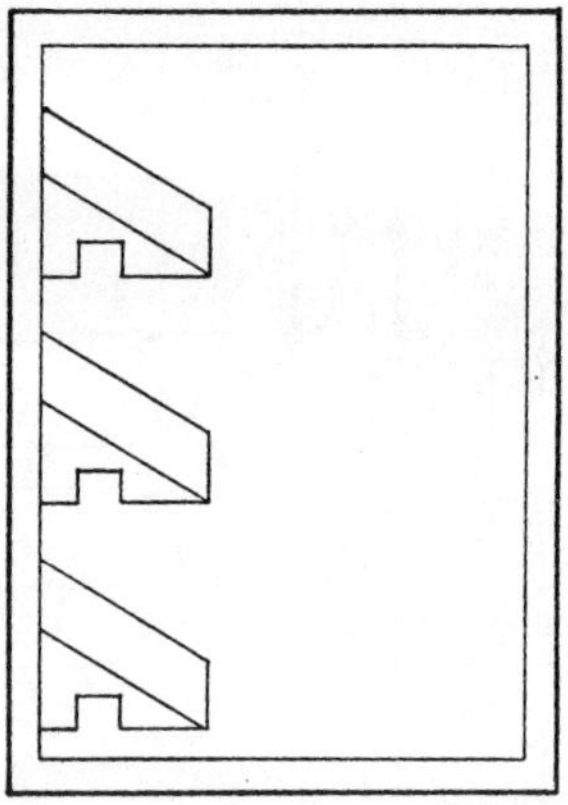

図57　倚廬——東垣上板を寄せて廬としている（『三礼図』）

『諒闇和抄』はそれは中国移入の制で承和七年（八四〇）の淳和帝の場合を初見とする。『礼記』喪服大記には、

父田之喪、居㆓倚廬㆒、不㆑塗、寝㆑苫枕㆑甴、非㆓喪事㆒不㆑言

とある。喪主たる子が父母を葬るまでの間倚廬に居るという。葬った後は、柱を立てて軒をつくり、人目につかない部分には壁を設けている。そして一年後の練祭の後に堊室《あくしつ》に移り、さらに一年後にはこの堊室の床を黒くするなどし、徐々に喪の状態を弱め、もとの生活に復していく。堊室とは、竹内照夫の注によれば、中門外の屋下に白土を重ねて築いた喪屋であるといい、倚廬では苫（わらの席）で（甴土塊）を枕にして寝るとある（図57）。『続日本後紀』承和七年（八四〇）五月九日条には倚廬なる文字はないが、仁明「天皇於㆓清涼殿㆒着㆓素服㆒」とあって倚廬はあるらしいが、既に延暦八年（七八九）十二月二十八日の皇太后の崩去の翌日桓武天皇は、

天皇服㆓錫紵㆒避㆓正殿㆒御㆓西廂㆒

とある。また喪中に廬に籠る例としては、孝謙帝の崩去に際しての道鏡[8]や父の死去に際しての高橋連波自米女[9]が墓の側に結んでする例があり、さらに古くは『舒明紀』に墓所《はかどころ》の廬《いほ》の例がある。倚廬はしかし墓の側や、また死者の御在所と建物を同じくするのではないが、服喪の場でもあった殯宮が「行宮」という葬送用に変化すると推測される桓武帝の在位中に倚廬の初見[10]があるのは、殯宮と倚廬との間には何んらかのつながりが想定される。つまり、殯宮にこもる部分が独立して倚廬に移ったのではないかと。したがって、倚廬そのことは確かに『礼記』にあるので中国の制に倣っての結果ではあろうが、葬礼に係わる古来の観想を制度的に整えるという形で生じたものであろう。

先掲の『諒闇和抄』はまた、倚廬は板敷を土に下げる土殿に同じだとするが、確かにその通りである。『長秋記』大治四年（一一二九）七月十五日条には「下二板敷一事レ可レ有憚歟」と問うて、板敷を下げるには造作が必要だが、その造作の是非を問題にして、清涼殿北廊は「本自落板敷」から造作不必要でそこが良いとしながら方位の関係で結局、東対の、

渡殿北廂板敷近レ地

としてそこを用いているからである[11]。板敷を土に下す、ないしは土に近い板敷の上に倚廬、土殿は鋪設されたのである。

これには新帝だけが籠るのではなく、三條院の崩御に伴って、

さべき所々の板ども放ちて、宮々土殿におはしまし、東宮もさやうにておはします程（『栄花物語』）

のように、子供達も、そして中宮彰子[12]のように妻も籠っている。その点について『礼記』には「婦人は廬に居《を》らず、苫《とま》に寝《い》ねず」とあり、また喪主以外の子は喪屋にいる。我国の個有の観想があってのことであろう。さらにそれは、天皇・上皇などの死去に伴ってだけではなく、

前関白被レ儲二倚廬一他子息又如レ此云々（『長秋記』大治四年（一一二九）七月十一日条）

によりわかるように、貴族の間にも行なわれていたものである。(13)母の場合も行ったし、(14)それとして明記した資料はないが、祖母、叔伯父、兄弟姉妹、子の場合も錫紵を著しているところからその可能性は高い。

倚廬を出る際には後に述べるように禊をすることから見ても死穢に係わりがあることは確かであり、また喪に服するものでもあるが、その底には、『西宮記』の記す鋪設の様子や板敷を土に下げることなど、通常のすまいとは別の、さらにいえば、生の場所の秩序よりより以前の基底的な状態への回帰が読みとれる。たんに死穢を隔離し、死者を追悼するだけでなく、生者も新たに生きるために一度生の秩序以前のリミナリティ状態を生きねばならぬ、そういうあり方の場所として倚廬はあると見うる。そのことは籠るという言葉の真意にも対応しうるのである。

御禊と本殿

『殿暦』嘉承二年（一一〇七）八月五日条は、新帝鳥羽である主上が「還二給本殿一〈中略〉於二廊御所一有二御祓一」と記している。この記載について二つの点で問題にすべきことがある。本殿の装束と御祓である。この本殿の装束とは、『中右記』嘉承二年（一一〇七）八月五日条に、

今日先改御装束、徹夜大殿御帳、立廻廊、〔御〕屏風、昼御座御帳、白木骨、青にび、帷無文菅円座 御大盤、無台、黒漆 撤上御倚子、殿上大盤、黒、合子、黒、平座、御簾、簾青にび、のへり布 障子、御屏風、鈍色、白骨 凡諒闇御装束依先例供之云々(15)

とある。倚廬から出御の後にかかる装束の清涼殿に入るわけだが、一周忌の間、このすまいの中でくらすのである。『礼記』のいう堊室に該当しよう。そして一周忌には朱雀門での大祓えと天皇の御禊が行なわれる。したがって、重い諒闇の後、さらにそれ

に類同した期間が続くわけで、やはり秩序の再構築、つまり統合の過程とみなしえよう。

御祓については、『玉葉』建久三年(一一九二)三月十九日条(後鳥羽帝)に詳しく、それによれば、倚廬の南間に前敷御座の一帖を取って乾向き(北西)に置き、御贖・大麻による御禊、人形を撫でる祓えが行なわれる。しかしこれは清涼殿で「四方拝」の前に行なわれる「御贖事」と原理的には同じであるので、詳しくは次章にゆずるとして、ここではかかる御禊、御祓が行なわれる間は掌燈を撤去して、つまりは闇の中で行なわれるということに注意するに留めよう。かかる儀式的場面での闇とはもちろん、闇に対する意識的態度の上になり立っているのであって、死穢を祓いうるので死穢さえも含みうる闇として、より基底的には先秩序的なものとして、したがってリミナリティの状態に属するものとしてあるように思われる。

さて葬送は、『監尻』に、

葬礼に夜を用之事、上代格に成て、我国久しき風俗也

といっているように、夜行なわれる。かかる闇は先に触れたように先導される忌火に対しての闇であり、また他界という此界を超えたところに向う際の闇であるから、これもまた過渡の過程に属している。そして死者の棺が置かれる部屋もまた闇であった。

われわれはいささか煩雑ではあったが、葬礼の諸相を、とりわけすまいに関係しての諸相を追うことで、死者にとっては格子などで囲われた、闇をつくりだす室があり、生者にとっては倚廬(土殿)という先秩序的な室があることが確かめられた。そしてそれらには闇が深く係わっていたのである。闇は目に見える世界を消すことで、他界を示しうるのであるが、この闇はまた生の秩序の基底になるという意味での先秩序的なものである。そのような両義的な意味で、言いふるされた表現ではあるが、それは原初的な、太古の闇なのである。

〔注〕

1 火葬場はすまいか棺のある所から吉方を持って選ばれているが(『類例』長元九年〔一〇三六〕四月二十七日条)、葬送の日時の吉

凶は陰陽師の判断に委ねられる。火葬場の鎮めもまた陰陽師によって行なわれる。

2 『類例』長元八年（一〇三五）六月二十五日条には先斎院の蓮台廟の葬所の記載があり、「貴所」を「火屋」といっている。

3 御輿は「挙物所」に移す。そして他のものとともに焼去される。挙物所の位置については一條帝の場合がわかっている。「此間焼上物於外垣外艮方」（『権記』寛弘八年（一〇一一）七月八日条）とある。

4 『長秋記』元永四年（一一二一）三月二十二日条は、これは後に仁和寺に渡され、埋められてその上に石塔が立てられるとする。

5 田中久夫、「陵墓祭祀の風習について」（『近畿民俗』昭四十四年）。「文献にあらわれた墓地――平安時代の京都を中心にして」（『墓地』昭五十、社会思想社）。

6 『殿暦』永久二年（一一一四）四月十七日条もまた「亡者有レ家時、無二家中掃除一、又有二家中一人不二沐浴一」としている。

7 『中右記』嘉承二年（一一〇七）七月二十二日条は「廬被始云々」とあるが、二十四日に「被問公卿云、新帝御生五才也、御倚廬并着御素服如何」とあるので、二十二日の廬は倚廬ではない。そして「准倚廬者正寝御別御所何事之有哉」という意見によって、二十四日夕方「新帝遷御寝殿西之北渡殿、以紫端畳為御座」としている。

8 「留‐廬於陵下」（『続日本記』宝亀元年（七七〇）八月十七日条）。

9 「結蘆墓側毎日斉食」（『続日本紀』神護景雲二年（七六八）二月五日条）。

10 倚廬の例を『古事類苑』礼式部の中から拾って記する。ただし天皇名は新帝である。

桓武、「避二正殿一御二西廂一」（『続日本紀』延暦八年（七八九）十二月）

平城、「下レ殿、而遷二於東廂一」（『日本後紀』大同元年（八〇六）三月）

村上、「坐二倚廬〈前略〉可移二件廊一（清涼殿北軒廊）〈後略〉　〈中略〉二十二日、除二素服一出二倚廬一」（『西宮記』天暦八（九五四）・一・十）

鳥羽、「遷御倚廬、東対北等三渡殿為二倚廬代一」（『長秋記』大治四年（一一二九）七月十五日条）

後鳥羽、「避正殿御于倚廬也」（『玉海』建久三年（一一九二）三月十九日条）

四条、「入御倚廬代」（『明月記』天福元年（一二三三）十月二十一日条）

なお、『後成恩寺関白諒闇記』の割注には永万・保元・明徳の例をあげる。その外には通親の『高倉院升避記』には「わたどのにうつらせ給ふ。あしのすたれも」とあり、『師守記』貞治三（一三六四）・七条に「後朱雀院、寛徳二年（一〇四五）正月十八日御事、二月二十一日、天皇下二御倚廬一給」とあり、『栄花』には皇太后姸子の死去によって「一品宮（陽明）、東の廊の坂敷下して

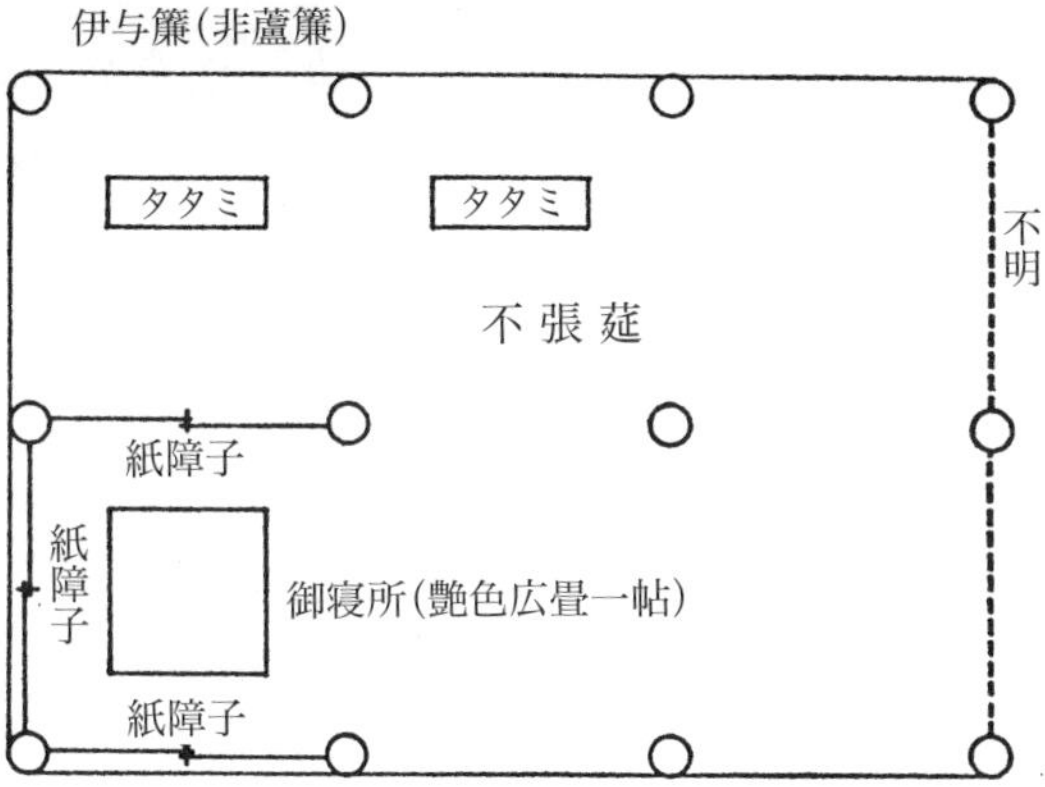

図58　倚廬推定図——東対北第三渡殿（『長秋記』）

おはしますべきなれば、さしあひているべし」とも、後一条帝崩御に際して「一品宮などのおはしますべき土殿造る音を聞いて」とある。

11　その鋪設は『西宮記』のそれとはいくらか異なっているので、参考のためにそのシェマ図を書いておく。『玉海』建久三年〔一一九二〕三月十九日条後鳥羽帝の場合は「下板敷」しているが、中に帳台があって、そこに剣璽等が置かれた。『類例』長元九年〔一〇三五〕五月十九日条後朱雀帝の場合は倚廬との明記はないが、その際着る錫紵の着用のための鋪設があって、それは、舎北庇東一間に屏風二帖を立廻し、その中に小筵二枚を敷き、さらに半畳を置いて座としている。（図58）

12　『御堂関白記』寛弘八年〔一〇一一〕七月十七日条、「中宮御土殿、自御在所戌亥方、并著素服」。

13　『小右記』寛弘八年〔一〇一一〕七月十一日条、「今日中宮司下君給〈中略〉自御在所下御土殿有方忌」。『栄花』には兼家の死去に伴って、「東三条院の廊・渡を皆土殿にしつつ、宮・殿ばらおはします」とある。

14　四宮后が母の進命婦のために天喜元年〔一〇五三〕「以㆓東三条殿㆒被㆑用㆓土殿㆒」と『長秋記』大治四年〔一一二九〕七月十日条は記している。倚廬事は錫紵（素服・服などとも表記）を着けることを伴うので、その方から数えれば数はさらに増すが、はっきりと明記か、それに近いもののみをさらにあげる。
皇后宮娍子の死去に伴って、三条院の「西の廊・渡殿などの板敷おろして、院・宮々おはしますべき方々わかちたれば、皆入らせ給ぬ。ゆゆしげなる御しつらひの有様なり。」（『栄花』）。

15　『西宮記』をもとにした『村上天皇御記』にもほぼ同じような記載がある。「先是内匠撤㆓昼帳㆒立㆓白木基帳㆒、並懸㆓鈍色帷㆒撤㆓大床子並御座等㆒、儲㆓鈍色端畳茵等㆒」（天暦五年〔九五一〕正月十六日条）、「今朝撤㆓却常御簾㆒、改㆓懸蘆簾㆒、以㆓鈍色細布㆒為㆓端額㆒」（同上二十四日）、「内匠寮撤㆓夜御帳㆒、替㆓御屏風㆒」（同上二十九日）。

喪服者	死者	崩御年日	倚廬	出典
三条	冷然院	寛弘八年（一〇一一）十月二十四日	十一・十六　戌刻、於二倚廬一著二御服一、 二十七　天皇除二素服一著二御橡御衣一 〈中略〉天皇二倚廬一還二御本殿一	日本紀略
四条	後堀河	文暦元年（一二三四）八月六日	八・十一　主上召二錫紵一御二別殿一、 二十二　除二御錫紵一還二御本殿一	日本紀略
宇多	光孝	仁和三年（八八七）八月二十六日	戌一剋御倚廬	寛平御記
朱雀	醍醐上皇	延長八年（九三〇）九月	東宮御二倚廬一素服 還往朱雀院西廊倚廬	日本紀略 西宮記
醍醐	源惟時	延喜五年（九〇五）九月二十六日	下御簾於殿北廂服錫紵	西宮記
鳥羽	堀河后篤子	永久二年（一一一四）十月一日	八今夜　主上、於二西南廊一著二御錫紵一則除 御	中右記
村上	雅子内親王（姉）	天暦八年（九五四）九月四日	下御簾、西剋著錫紵	西宮記
村上	理子内親王（皇女）	天徳四年（九六〇）	五・二　於二南廊一服二錫紵一	紀略

終章　場所・秩序・形式

総じていえば、これまでは場所の在り方といったことに焦点が当てられて、探究が推められてきた。ところが、序章で空間に関して知覚という根源的領野に帰って取り上げ直した際、方向づけられて現われる諸場所の秩序を問題にしなければならぬことが明らかになった。続いて、その秩序は可能態を本質的に持つものであって、その可能態は絶対的静止としての場所——身体としての絶対的ここと大地という両義的在り方をする——に内属することが明らかになった。そのようにして現実的な場所の秩序がその都度かかる場所で成立するのである。このような場所の在り方を具体的な事例の中にさぐってきた。しかし、この現実的な諸場所の秩序については、これら非日常的状況への着目を通じてその絶対的なここの背景がさぐられたが、すまいに関連してそれ自身についてどうだとする探究はまだ行なってこなかった。片手落ちというものであるし、また、それをしなければ、場所の在り方そのことも本当に明らかになるということにはならないであろう。

この現実的な諸場所の秩序は、本来的には日常的生活において見られるものである。ところが、古代にあってはこの日常的生活をとりあげてあの秩序をさぐるということはほとんど不可能である。それについての詳細で具体的な記述がのこされていないからである。そこで、物語類に目を転じたわけであるが、幸い『源氏物語』という優れた作品がある。これはもちろん、仮構の物語ではあるが、われわれの関心はストーリィにあるのではなく、それを支える出来事である。この出来事も仮構ではあるが、例えば物の名によって一般に物を了解すると同程度に一般的了解に基づいている。それを手懸りにして諸場所の秩序をさぐることにしよう。

そして、続いて儀式における諸場所の秩序、つまり形式化された秩序を再度とりあげ、第二章、とりわけ第三章で得た知見にもとづいて、すまいの空間的形式と場所の問題を探究しよう。その際、天皇の日常的居住の場所である清涼殿が事例としてとりあげられる。

第一節　隔て現象における諸場所の秩序

『源氏物語』には「隔て」とか「隔つ」という言葉が多く見出され、その意味もまた多様である。そして、「御簾隔てて」「御几帳隔てて」「障子を隔て」(1)等というように簾、几帳、障子という、いわゆる隔ての道具に係わって使われてもいる。(2)ここでは『源氏物語』において、「隔て」あるいは「隔つ」なる言葉の用いられる諸事象のうち、建築的事象に係わる用例に着目し、それを通じてすまいの諸場所の秩序を究明しよう。

しかるに、『源氏物語』に登場する住宅はほとんど寝殿造りとみて間違いなかろうし、また前述の隔ての諸道具は寝殿造りの構成要素でもあるから、ここでの諸場所の秩序とは寝殿造りでの諸場所の秩序ということになる。寝殿造りにおける儀式的な場所秩序については既に見てきたところであるが、今や日常的なそれが問題なのである。従来、寝殿造りそのものの研究(3)はもちろん、寝殿造りの建具、ないし調度の研究(4)も多いし、またそれらの空間性に着目してなされた研究(5)も若干ある。それら諸仕事に担われて、諸場所の秩序を究明する。

さて、第二章でとりあげてきたことであるが、すまいは中心であった。したがって、現前の諸場所の秩序は中心性という意味を持つ。そして、すまいが開放した不動的大地という絶対的静止にその秩序は統べられている。神話の脈絡の中で、この事態についてエリアーデは、「形なく漂う俗なる空間の中に一つの固定点を、〈混沌〉の中に〈中心〉を投入するばかりでなく、同時に地平の突破を起こし、それによって宇宙段階の間（地上と天界の間）の交流を樹立(6)」することだとする。住宅が大地物体Bodenskörperとなるといったことの別様な表現と看なしてよいであろう。それは、〈混沌〉の中の秩序として、生きることが準拠しうる投描点であり、生にとっての遠さ近さという空間的事象が成立しうる絶対的中心である。したがって、諸場所の秩序については遠近という現象を手懸りに探究していくことができるであろう。

そこでまず、ここでいう隔てにおける遠近の現象の様態の素描を介してその原理的な関係を見ておこう。『源氏物語』帚木帖には、障子を介して光源氏と空蟬が相互に相手を意識する情景がある。すなわち、

> この北の障子のあなたに人のけはひするを、こなたや斯くいふ人の隠れたるかたならむ

と光源氏が思う、そのこなたにいる空蟬は源氏のいる所を、

> いかに近からむと思ひつるを、されど、けどほかり

という情景である。われわれの関心する遠近の現象はこの「けどほかり」と類同するものである。つまり、「思ひつる」という単なる眺めやりにあっての「近」さではなく、その場面を生きることにあっての「けどほかり」である。この現象は前後の事情で解ることだが、ここでは障子に懸金をかけて相手の進入を拒みうるという、隔ての道具性を配慮することで成立っている。つまり進入という可能的状況を道具性において配慮しているのである。しかもまた、「け」という気色、けはひを意味する接頭語から解るように、道具的関連の認知ではなく、その関連を生きることで現われる。道具的関連に生きるとは、例えば「手となったハンマー」の様態が示すように、「手もと存在」を意味し、それは何かのためという形で常に超えられていて、その遠近は主題化されていない。つまり、道具性が固有に絶対的ここに内属しているのである。ハイデッガーは、かかる道具のもとにあるとは、現存在が「距離をとり除きながら在る」[7]ことであり、それは「近づけるという性格」を持つというが、それは内属しつづけるということである。そしてさらに彼は遠さの見積りについて「日常的現存在がそれらのなかに保たれているさまざまな距離除去に相対的に関連しておこなわれる」という。

このように見てくると、事物のもとにある、つまり「手もとにある」とはその場所に距離をとり除きながら在ることによって、換言すれば内属しつづけ、生きることとして隠れることによって、遠近を開くことであり、まわりの諸事物を通じていくつかの遠近を集め、生の拡がりとしての空処が、折々の生きられる諸場所の秩序が成立することである。もちろん、隠れるというようにして広さが主題化されていない、絶対的静止に属するこの手もと的な場所も、あるべきところにものがなかったり、行動に失敗したとき主題化され、拡がりがある、大小があるものへと変貌するであろうことはすでに見てきたことであり、これからも出合うであろう。

さて『源氏物語』での道具を介する隔て現象は大抵は対面[8]の場面での出来事であるので、ここでは対面での隔て現象に関心する。それは前述の遠近の現象を含むはずであり、そのことにおいて個有な諸場所の秩序が見られるはずである。しかるに、「手もと存在」である道具的関連は、もちろん障子や懸金に限定されず、それら諸道具の全体としての住宅に拡大されて、すまいなる場所そのものに係わる。しかし、すまいそのものの現象はすでに見てきたように非日常的事態であるので再度次節で取扱うとして、ここでは建具や調度による隔て現象に専念する。しかし、この諸道具は既存の全道具的関連としての住宅に設けられるのであるから、この現象においてすまいなる場所が特有に生きられている。したがって、すまいなる場所に言及できるのである。しかもわれわれの関心する対面での隔て現象は、『源氏物語』[9]における対面がほとんど私的な、しかも男女の、さらに愛憎の間柄の男女のそれが多いということで、公卿の日記類や儀式帖には見出しえない日常生活の場所としてのすまいの意味に係わるであろう。

〔注〕

1　底本は『対校源氏物語新釈』(平凡社)による。なお、出典箇所を示すに以後ローマ数字はその巻数、アラビア数字は頁数を示すとする。「御簾隔てて」はⅣ―326、Ⅳ―196、「御几帳隔てて」は、Ⅰ―70、Ⅱ―261、314、Ⅲ―4、15、47、Ⅳ―118、174、389、Ⅵ―25、205、「障子を隔て」はⅣ―3、Ⅴ―15。

2　「隔て隔てしつらはせ給へるも」(松風Ⅱ―205)のように隔てが即これら道具を指す場合もある。

3 太田静六及び関野克両氏の一連の研究。
4 関野克、「中世住宅建築に見られる建具の発展」（論文報告集、昭二一年一月）、太田静六「春日験記に現れたる住宅建築と住宅調度について」（論文報告集、昭二〇年一月）。
5 増田友也、「日本建築の空間について」（建築雑誌、昭三〇年十月）、稲垣栄三「生活空間としての寝殿造」（建築雑誌、昭四〇年一月）、井上充夫『日本建築の空間』（昭四四）、野地修左、多渕敏樹両氏の一連の平安後期寝殿の「用」の研究。
6 M.Eliade、前掲書五六頁。
7 M. Heidegger,『Sein und Zeit』1927.（『存在と時間』桑本務訳、一九六〇）。
8 例えば、総角帖には「障子をいとよくさして対面し給へり」という対面にあって「隔てながら聞えさせむ」というそれである。
9 公的、儀式的対面の場所については稲垣栄三「寝殿造に於ける接客部分」がある。

一　隔て現象の概観

寝殿や対屋を様々な調度で鋪設してすまう情景が『源氏物語』にも散見される[1]が、その具体的な配置の例をわれわれは『類聚雑要抄』の「小野宮装束指図」や「東三條殿」の室礼指図を、持っている。後者は、第二章で見たように（口絵及び図31）、移徙儀の際の室礼図であって、住み始めという端初にあって形式のもつ特異な力に準拠して予祝しようとする儀式的鋪設であるが、それでも日常の鋪設と大差はない[2]といわれている。そしてそこでの調度は簾、屛風、衝立、几帳、壁代等である（図59）。しかし、隔てをめぐる関心にあっては、さらに障子、遣戸、妻戸、格子等、建具を含めて考える必要があろう。

しかしそうとはいえ、この物語においては、障子[3]を除いて、建具には顕著な隔て現象は見出し得ない。格子（蔀）や妻戸は閉じられた状態では壁とほぼ同じ意味を持つものである。それは、例えば、格子が夜間開けられた事態を隔ての欠如と意識する[4]という、その不備によって道具性が顕在化する傾向とか、妻戸は、関野克博士の指摘[5]、「閉鎖的の意味を示す」建具であることで壁的

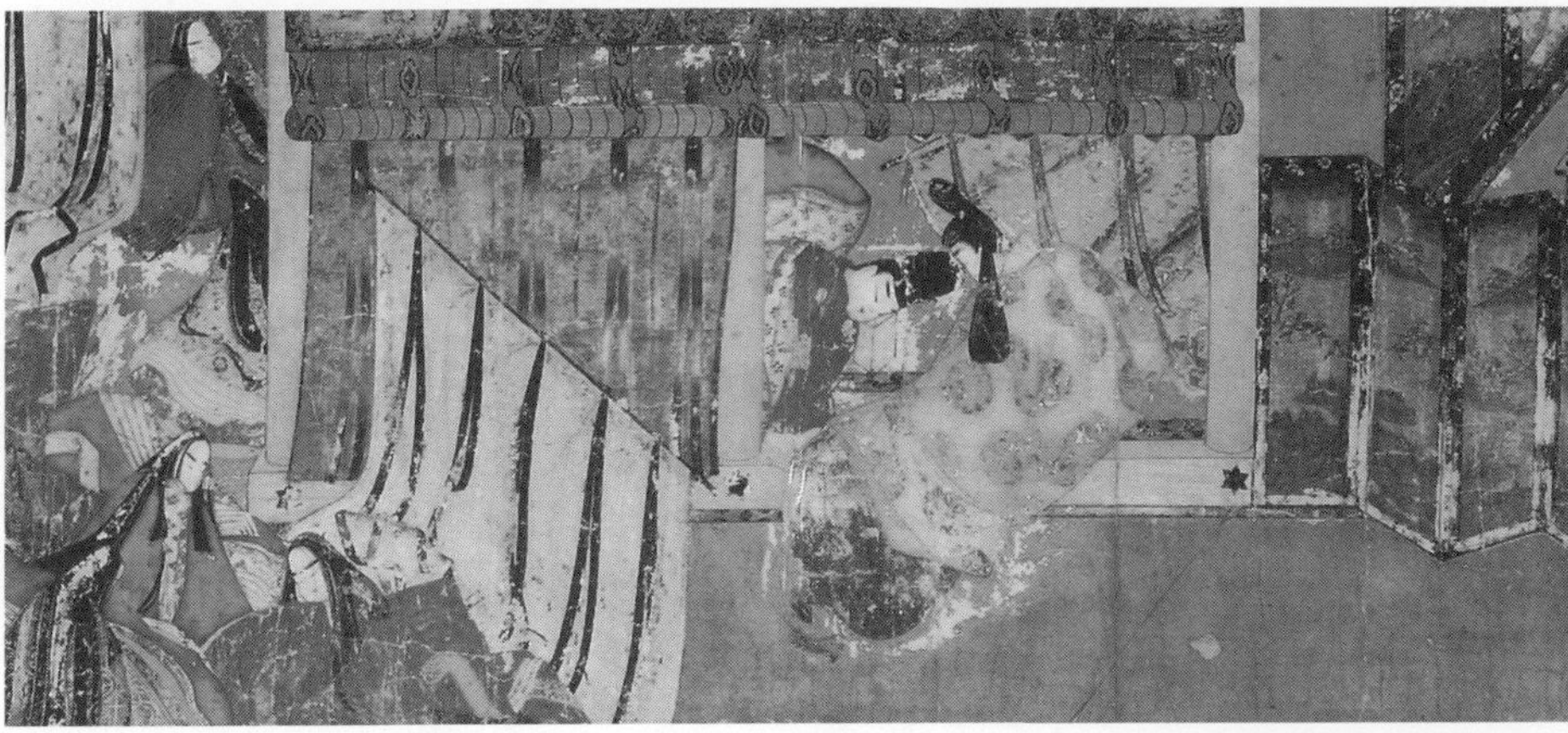

図 59　柏木が夕霧を見舞う。簾，几帳，屏風，壁代，畳などが見られる（『源氏物語絵巻』柏木）

であることは明らかである。その意味で、それらは深く諸場所の秩序の方向づけ[6]に係わっているはずであるが、今は『源氏物語』に見られる具体的なものによる隔て現象に専念するので、この論究からは除かれた。

さて、障子を介する隔て現象[7]については既に触れたように可能性の配慮に基づく現象であって見れば、同じ障子が異なる状況によって異なる現象を呈するはずである。例えば、前述の帚木帖の情景に続いて、源氏は空蟬と逢瀬し、障子を「引き立てて別れ給ふ」のであるが、その際、

心細く、隔つる関と見えたり

と障子を見なす事象である。すなわち、もはや、再会は不可能かもしれぬという未来への配慮にあって、けどほさとは異なって「関」というような遼遠な距離の現象が見られる。しかし、この障子における隔て現象からは諸場所の秩序ついてに前述の原理的[8]なこと以上に論究を推めることができない。したがって、やはり調度における隔て現象を探究することになるが、先述の室礼図に見られるように、同じ調度が住宅の様々な位置にあり、また調度を介して対峙する人々も異なるであろうから、そのことにおいて隔ての意味もまた微妙に異なることが予想される。

すなわち、『源氏物語』を概観する時、訪問者は親密の度合や身分等によって、相手の女性のいる寝殿や対屋等の簀子、廂、母屋あるいは妻戸の間といったように、位置を異にすることが見出される。したがって、究明をすすめるにあたつて、とりわけその対面の行なわれる位置を固定しつつ調度を介しての隔ての意味を探

ることが論旨の混乱をさける意味でも必要であろう。そこで、訪問者が簀子の簾前で、しかも仲介人（普通相手となる佳人の女房。人づてという）を通しての対面（それは最も疎遠な対面を示す）より、順次親密な対面へと、前述の様々な事柄を考慮しながら、個別の事象、個別の調度における隔て現象を追究することから始めよう。

ただし、論中に事象にまつわる雑多な事柄、例えば出典個所、住宅名、登場人物名、筋書等を叙述することは煩雑であるので、必要以外は番号を付して表5に一括する。

〔注〕

1　例えば、若菜上帖には、

南の御殿の西の放出に御座よそふ。屏風、壁代よりはじめ新しくはらひしつらはれたり。〈中略〉若菜まゐりし西の放出に御帳立てて

とある。

2　稲垣、前掲論文。しかし、『台記別記』久安六年（一一五〇）二月十五日条には、

撤二母屋廂調度一、立二他廂調度一、不レ立二母屋調度一、

また『玉葉』建久二年（一一九二）七月二十九日条にも婚礼の装束を後に改める例がある。要は改める内容である。

3　遣戸についてはわずかに東屋帖に、

遣戸といふもの鎖して些か開けたれば、飛騨の工匠も怨しき隔てかな

とあって、『源氏物語絵巻』にその情景を見ることができる。

4　例えば、横笛帖で格子をあけて夜帰ってきた夕霧に対して雲居がいう恨みごと、

〈前略〉格子をあげられたれば、例の物怪の入りたるなめり

に見出すことができる。それはむづかる子供の原因を物怪に帰せようとする態度によるのでむげに比喩として排除することはできないが、いずれにしろ格子をあげることを隔ての欠如ととっているのである。

5　関野、前掲論文。藤原豊成板葺殿や塗籠の建具が妻戸であることに注目しての指摘。妻戸は閉ざされて壁に似るとはいえ、特に外

表5　出典リスト

番号	出典箇所	人物（甲、乙）	位置	筋書、その他
一	宿木Ⅴ—281	薫、中君	二條院（中宮方）	匂宮の妻となった乙を甲が懸想。人づて。乙が端近へ。
二	柏木Ⅳ—167	夕霧、落葉宮及びその母	一條宮	故柏木の家族を見まう。人づて。
三	朝顔Ⅱ—272	源氏、権（前斎院）	桃園宮寝殿西の方	故父宮の服喪の為そこにいる乙を甲が訪問。人づて。（宣旨）
四	賢木Ⅰ—387	源氏、六條御息所	野の宮（斎宮用）	旧恋人乙が伊勢に出立する間際に訪問。人づて→自ら。
五	夕霧Ⅳ—259	夕霧、落葉宮	小野の山荘寝殿西面	甲は妻戸の簾前。人づて（乙の女房少将の君）
六	宿木Ⅴ—263	薫、中君	二條院	甲は廂の殿内。乙は母屋の簾に几帳を添えて対面。
七	藤袴Ⅲ—168	柏木、玉鬘	六條院東北町西対	南簀子で人づて→病床前の几帳のもと。
八	夕霧Ⅳ—215	夕霧、落葉宮	小野の山荘寝殿西面	客室がないので乙と簾で隔てられた所へ甲を。人づて。
九	若紫Ⅰ—179	源氏、尼君	僧都の坊西面	そこは外からよく見える。
一〇	橋姫Ⅴ—21	薫、大君及び中君	宇治八宮邸	甲が透垣よりのぞく。
一一	螢　Ⅲ—64	夕霧、明石姫	六條院東南院寝殿	源氏は甲が紫上と同簾内を禁ずる。
一二	夕霧Ⅳ—294	蔵人少将、落葉宮	一條宮	甲は夕霧の妻雲井雁の父致仕大臣の使。
一三	澪標Ⅱ—135	源氏、六條御息所	六條旧邸	尼になった乙を見舞う。
一四	宿木Ⅴ—290	薫、弁	宇治八宮邸	乙は障子口に几帳を立てて対面。
一五	蓬生Ⅱ—169	源氏、末摘花	常陸宮邸	永く無沙汰の後、甲の再訪。
一六	帚木Ⅰ—71	源氏、女房達	紀伊守邸寝殿東面	女房に囲まれての就寝をいい、個有なすまい場所を指さない。
一七	螢　Ⅲ—49, 50	源氏、玉鬘	六條院東北町西対	甲の手引きで兵部卿宮にめあわせる。そして螢を放つ。
一八	玉鬘Ⅱ—396	源氏、玉鬘	六條院東北町西対	長い間乙は甲ほど美しい人を見ていないので。
一九	紅葉賀Ⅰ—286	源氏、藤壺	内裏藤壺	乙が甲を見る。〝おもほす事しげかり〟

二〇	松風II—222	源氏、明石上	大堰の山荘	帷子引きやりてこまやかに語らひ出で給ふ。
二一	藤袴III—158	玉鬘	六條院東北院西対	わが身の上をなげく。
二二	梅枝III—242	雲居雁	内大臣邸	夕霧についてなやむ。
二三	末摘花I—245	源氏、末摘花	常陸宮邸	人づて（命婦）。
二四	手習IV—266	中将、浮舟	僧都の小野の邸	甲は僧都の妹聟。
二五	賢木I—432	源氏、藤壺	三條宮邸	尼となった乙を訪問。
二六	総角V—111, 114	薫、大君	宇治八宮邸	
二七	桐壺I—30	源氏、藤壺	内裏、藤壺	
二八	薄雲II—261	源氏、姫君（明石中宮）	二條院寝殿	
〃	螢　III—47	兵部卿宮、玉鬘	六條院東北町西対	妻戸の間に茵。乙に近い座。
二九	葵　I—343	源氏、葵上	左大臣邸	乙の御座の際。
三〇	初音　III—4	源氏、花散里	六條院東北町寝殿	
三一	蜻蛉IV—223	薫、明石中宮の女房	六條院東南町寝殿	
三二	総角V—112	薫、大君	宇治八宮邸	
三三	帚木I—70	源氏、左大臣	左大臣邸	
三四	薄雲II—248	源氏、藤壺	三條宮	乙が重態。
三五	胡蝶III—27	夕霧、玉鬘	六條院東北町西対	
三六	松風II—218	源氏、尼君	大堰の山荘	乙は明石上の母。
三七	花宴I—321, 322	源氏、有明君	右大臣邸寝殿	
三八	真木柱III—179	源氏、玉鬘	六條院東北町西対	
三九	少女II—313	内大臣、雲居雁の女房	内大臣邸	甲、琴をひく。

廻りの妻戸は主要な出入口ということで、諸場所の秩序にとって重要な役割を演ずるはずであるが、残念ながらその用例はこの物語にはない。

6　壁が空間にとっていかに本質的であるかの本格的論究を、増田友也「壁と私と空間と」（大阪府建設業協会会報、一九六八年一月）に見ることができる。

7　障子についてもまた、壁的現われはあるであろうが、宿木帖に浮舟が隣室の薫を気にする情景の中に、すき見を防ぐため「四尺の屛風をこの障子に添え立てたる」とあって、壁とまったく同じというのでは、もちろんない。

8　手習帖や宿木帖に「障子口に青鈍の几帳さし出でて」対面する事象があるが、これは障子というより几帳における隔て現象である。

二　隔て現象の具体相

(一) 簀子の座の場合（図60）。

端に御茵さしいださせ給ひて[出一]

のようにそこに茵を出して座とするが、そこは普通、

いとかるらかかる御座[出二]

と見なされる。したがって、

　すのこは傍痛けれど南の廂に入れ奉る[出三]

というように横からみて、すなわち客観的にみてふさわしくない場合には、このように南の廂に入れたりもする。簀子の座は、もちろん廂にかけられる簾の外にあるので、そこは簾の外にあることの一般的意味を共有するであろうが、実際、

　「御簾の外の隔てある程こそ怨めしけれ」とて長押に寄り居給へり[出二]

というように、隔てある怨めしき場所と見積られる例もある。そして南廂に招き入れられない場合は自ら長押に寄ったり、また、

　御簾ばかり引き着て、長押におしかかりて居へり[出四]

のように簾の中に身を入れたりもする。また一方、簾内では相手を顧慮して、

　几帳を簾垂のつまよりすこし押し出[出五]

して、疎遠さをなくそうとしたり（図61）、「人づて」[1]から人づてでない対面へと変えたり、あるいは前述のように南廂の座に移したりする。

(二) 南廂の座の場合。しかしそこも又母屋側に簾がある場合がある。その場合は、

　隔て少し薄らぎし侍りにける御簾の内よ[出六]

図 60　簀子の座の状景。薫が浮舟を訪ねる。障子を開けて何事かを告げている人づての女房（『源氏物語絵巻』東屋）

と簀子座にくらべて隔てがうすらいだ程度に見なされて、

苦々しき心地する御簾の前[出三]

なる場所であることは変りない。そこで、

御几帳のもとをば許させ給ふまじくや[出七]

とか、また、

今は内外とも許させ給ひてとぞ頼み侍りける[出三]

というように、なお近づこうとする。そしてこの場合も人づての対面[(2)]がありうるが、簀子の座よりかえって物遠い隔てを感ずる場合がある。何故ならば、そこは相手のけはいをまのあたりにしうるにもかかわらず、なお隔てられているからである。隔て現象が決して物理的距離に準拠するのではなく、状況によること、つまり起こることそれ自身であることをここでも示している。そしてその諸場所の秩序は簀を介して、そこ（簾内）を測ることで自らのここを見積っているということであるが、簾前は簀子と南廂に共通して否定的には把握されている。しかしそうとはいえ、南廂での人づてなしの対面は簀子座のそれに対してより薄らいだ隔

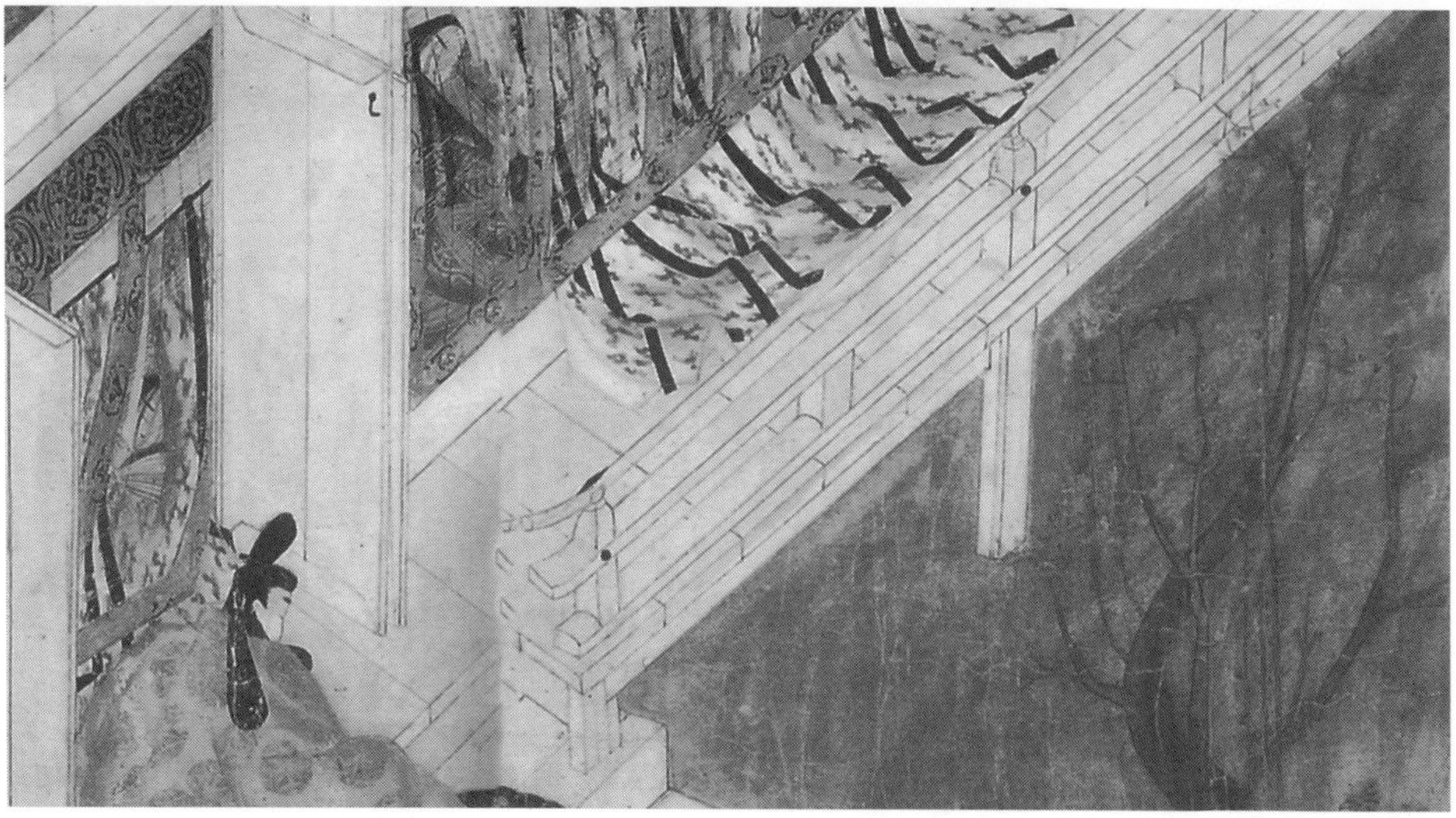

図61　簀子の座の状景。薫が玉鬘を訪ねる。打出という几帳の先が簾より出されている（『源氏物語絵巻』竹河）

てと把えられることで、座の位置の場所秩序への参与の差異性は明らかである。

(三)簾内の座の場合。簾内にあって訪問者と対面する側に視点を移そう。簾が垂らされる目的の一つは他人の、とりわけ男性の視線に対してさらされないようにすることで、例えば、

　奥のかたより「人おはす」と告げ聞ゆる人やあらむ、簾垂おろして皆入りぬ[出十]

というようにである。そしてこの入ることを「隠れぬる」ともいうが（この隠れる事象の後に問題にする）、その対となる事態はあらわな状態であって、例えば、

　あらわにや侍らむ。今日しも端におはしましけるかな[出九]

というように端にいることである。そしてそれは「かろがろし」[出九]き有様ともいわれるものである。一方、端にいること自体はまた物思い[3]の状態と把えられてもいる。すなわち、端近《はしちか》という同じ位置にあることがあらわで軽々しと見られたり、同情をもって見られたりする。

　この端近に対する奥ざま、すなわち隠れの状態の意味ももちろん一様ではない。例えば、交際の拒絶としての、

物深くのみ引き入り給う[出三]

場合や、

いとはづかしとおもひて〈中略〉奥ざまへゐざり入り給ふ[出二三]

という、はずかしいが交際したい様態を指す場合がある。そしてこの奥ざまは極度になると、

あまりもて離れ奥深げなるけはひも、所のさまにあはずすさまじ[出二四]

というようにむしろ拒絶の方に移行する。つまり「所のさま」に適う、適わないを判断するのはこの場合訪問者であるが、内側の女性もそういう相手の期待する「所のさま」をとらないことで自分を表現しているのである。このように簾内の場所は内側の人にとっても様々であるが、しかし、端近との差異は明白である。

さて、簾の外にいる訪問者は前述のようにそこをはしたなく、また「たづきなく」[出十二]感じ、より相手に近づこうとして簾内[4]に入ろうとする。しかし簾内ではなお、

御几帳ばかりを隔て[出二八]

というように几帳を介するだけの対面がある。次にこの対面に於ける隔て現象を見ることにする。几帳そのものは事物的にはT字型をした横木に帷をかけただけの簡単なものである（図62）。それ故、

のぞき給ふ気色なれば「いと怖ろしげに侍りや」[出十三]

とあるように、相手の気色を敏感に推し測りうる隔てであり、隔ての道具としての几帳によって見積られる相手の行動の可能性は高く、かつ不定である。[5] しかし、この隔ての微妙さは特異に几帳を介する内側の人、とりわけ女性のあり方を規定する。それは、例えば、次のような事象である。

嬉しけれどいと恥かしき御有様にてたいめんせむもつつましく思したり〈中略〉御几帳引き寄せておはす[出十五]

である。つまり几帳[6]に隠れて恥ずかしき有様を示しながら、そのこと自体は対面しうることの嬉しさを表現しているのである。それはまた、

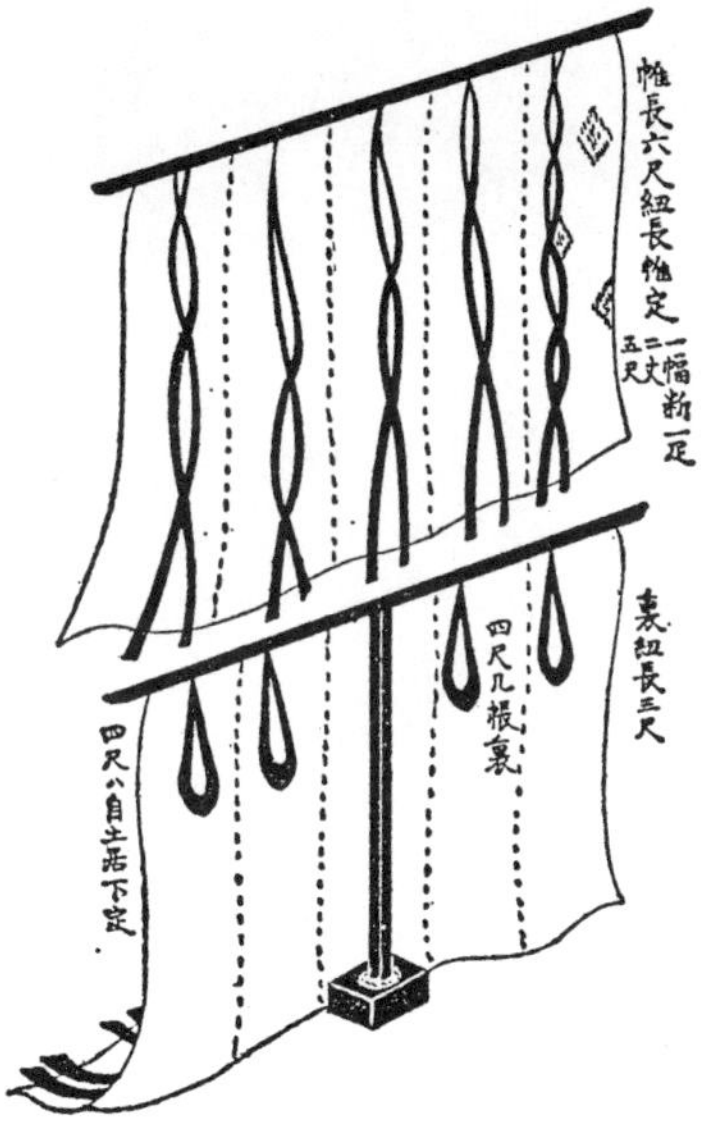

図 62　四尺几帳（『類聚雑要抄』）

物隔てなど聞えば誠に心の隔ては更にあるまじくなむ[出三二]

とある事象と構造は同じである。これは薫が恋する大君の態度に業を煮やして隔てぬ心を示すために大君の部屋に押し入り、直に対面するのであるが、それに対する大君の感想である。すなわち、何か隔てて対面した方が、心の隔てなく、つまり隠しごとなく真に対面しうるというのである。その意味でその何かは、恥ずかしさの隠れとしての几帳に比定しうる。[7] さらにまた男性間の隔てであるが、

図63　帳台の前の平座での睦まじい匂宮と六の君（『源氏物語絵巻』宿木）

> うちとけ給へば、御几帳隔てておはしまして御物語聞え給ふ 出三三

という用例であって、これもうちとけるという状態で対面するという、前述と同じ几帳の隔て現象である。

恋愛での対面はさらに同衾という親密さの状態があるが、そこにはもはや隔て現象はない（図63）。すなわち、以上で対面での隔て現象の通覧はしめくくりうる。そしてそれらの現象を通して簾や几帳が慣習的シェマを含み位置に拘束されながらも、特有に人間の存在仕方を規定していることがわかった。そこで次に前述の隔て現象を場所の秩序に焦点を絞って究明することにする。

〔注〕

1　人づてによる対面とは、一條宮と夕霧の対面（柏木帖）では失礼のないようにと宮の母の御息所が応接するが、普通は女房が応接し、双方の消息を伝えることをいう。したがって大君のように父親をなくした場合には、

　頼もしき人なくて世を過ぐて身の心憂きを、ある人どももよからぬ事何やかやと次々と随ひつつ言ひいづめる

とあるように、自らのよすがの幾分かを女房にゆだねるという結果にもなる。

2　「こよなう物遠うもてなさせ給へる恨めしさなむ。斯かる御簾の前にて人づての御消息などのほのかに聞え伝ふることよ[出八]」とあり、そこは「旅の御しつらひ浅きやうなる御座のほどにて、人の御けはひおのづからしるし」とある。

3　「端近くて見いだし給へるさま[出二一]」とか、「端近うながめ給ふ[出二二]」とある。なお『枕草子』にも端近についての評価をのせている。例えば九十九段に「端ぢかにあさはかなれど、をかしきに」。また、八十一段にもある。

4　親族は簾内を許されることは予想されるが、それでも元服した男子とその母親の場合は「大人になり給ひてのちは、ありしやうに、御簾の内にも入れ給はず[出二七]」であり、また兄妹の場合「南面の御簾の内は許し給へり。台盤所の女房のなかは許し給はず[出十一]」のように、より内向は許さないというように、さらに奥がある。

5　例えば、「御几帳の帷子引きあげて見奉り[出二九]」とか、「大殿油ほのかに物よりとほりて〈中略〉御几帳の綻より見給へば[出十三]」とか、「御几帳隔てたれど、すこし押しやり給へば[出三十]」等である。

6　几帳に隠れるという用例は次のようである。Ⅲ—13、179、369、Ⅴ—207、223、Ⅵ—63。

7　そうであるから几帳は日常的な対面の道具になりうるのであろう。例えば「几帳さし出でて[出十四]」と大君の女房弁の尼が几帳を隔てて対面するように、また女房達が不意の男性の訪れに驚いて「かたへは几帳のあるにすべり隠れ、あるはうち肯き[出三二]」とあるようにである。さて隔てることで心隔てなくあるという現象は正しく人間の存在の仕方の空間性を示すもので、O. F. Bollnow,『Mensch und Raum』1963. で鳥と巣のテリトリー関係や主婦と台所との場所的関係をあげて説明するものであるが、この几帳を介する現象は、その微妙さにおいて極めて人間的意味でのその好例であろう。

三　隔て現象における諸場所の秩序

もと現象

さて、几帳を介する事象であるが、対面ではないそれを『源氏物語絵巻』柏木に具体的に見ることができる。それは、

老御達など、此処彼処の御几帳のうしろに頭つどへたり[出三九]

と同様な事象であろうが、ここには「うしろ」という語がある。ただし、それは几帳の表裏に関係なく、人々と几帳[1]の位置関係を表示していると解される。しかるに、我々の関心する隔て現象としての几帳については、

近き御几帳のもとに寄りて[出三四]
几帳のもとによりて[出三六]

に見られるような、「もと」という表現を見出すことができる。「もと」とは『国語大辞典上代編』によれば、本来の本（特に根もと）、ある物の下の方、根元、本来のもの等々を意味するとある。「几帳のもと」の「もと」は事物的観点からすれば『大辞典』の二番目の字義、几帳の下の方、つまり傍にあたるが、しかし、隔ての現象としての「もと」にはそれ以上の意味、特有な場所の秩序を見出すことができる。すなわち、これらの「もと」は対面の相手と正に特殊な空間的関係にあることを表わしているからである。それは先述の「もとに寄る」とか、

近き御几帳のもとに入れ奉る[出二九]

に明白に見られることだが、つまり相手により近づくために寄りあるいは入る場所が正に「もと」であるからである。もと現象の事実関係は、几帳の外側で男性のみの、内側で女性のみの、両側で両性の場合に応じて様々(2)である。しかしいずれにあっても、前小節で述べた几帳を介しての対面、つまり隔てられることでかえって隔て心なしとなる事象が示すように、相手のいるそこと交流する、あるいはそこの領域に入っているという特異な空間的関係(3)を表現しているのである。

この関係は「もと」と同じく傍を意味する言葉、「きは」と対比する時より明らかになる。「きは」とは『名義抄』によれば「際キハ、キハム、涯キシ、キハ、キハマル、限カギル、キハム、キハ」とあり、「きはむ」「きはまる」から解るように極限を意味する言葉(4)である。したがって、「きは」の示す空間的関係は、

母屋のきはなる御几帳のもとに傍臥し給へり 出十七

の示すように、この場合母屋に極めて近いほとりを示して、もはやそれを越えた向うとの関係を絶っていることを表わしている。それに対して「もと」は（この場合内側の女性が「もと」にいるのであるが）几帳を越えて交流しようとする在り方を表わしているのである。

さて、この「几帳のもと」は隔てられているとはいえ、先述のような几帳の事物性の故に、物越しに見、見られうるところである。外から見入る用例として、

えならぬ羅の帷子の隙《ひま》より見入れ給へるに 出十七

とか、

御几帳のほころびより見給へば[出十三]

というようにであり、また内側から見る場合として、

御几帳の綻よりはつか見奉る[出十八]

とか、

御几帳のひまよりほの見給ふ[出十九]

とかがある。

それは帷の裂け目が物見(5)と命名されていることでなお明らかである。それ故、几帳の「もと」なる空間的関係をとる存在仕方は几帳の両側で差異がないかに思われる。しかし、実はそうではない。例えば、それは対面の際、女性が几帳を自分に引き寄せる事象(6)、すなわち、

御几帳を少しひき寄せて自らははた隠れる[出三八]

ことで「もと」にいる事象や普通の応接の際でも女性は几帳を伴って現われる事象に明らかに見られる。つまり、そこと交流するため自分を隠すという、いわばここの無化の現象が内側の女性に見られるのである。したがって、几帳を介する対面には、

のぞき給ふ気色なれば、「いとおそろしげに侍りや」[出十三]

というように、恐ろしとするアキシデントも起りうる。つまり、隠れることで相手に近づくもと現象は、几帳という隔てとしては微妙な道具性にもとづくが故に、逃れたいというように否定的な意味でここが顕在化しやすい現象でもあるのだ。すなわち、几帳というものは、対面の場面にあっては「手もと存在」的であるが、同時にこの手もとにあるとして隠れるにしても、几帳は無になっているのではないことを示している。

几帳の隔ての微妙さは、

几帳隔てたれど、すこし押しやり給へば[出三十]

とか、

帷子をすこしかきやり給へば[出十五]

とか、

几帳越しに手をとらへ[出三七]

とあるように、侵入する行為に対しても確かなものでないことにもよるであろうし、几帳に隠れるといっても、

几帳にはた隠れたるかたはらめ、いみじうなまめいて[出二十]

図64　たもとで隠す（『年中行事絵巻』）

図65　扇子で隠す（『紫式部日記絵巻』）

というように部分的に隠れるのであって、したがって、その隠れ方が女性自体の在り方となってなまめきうるのであろう。

もちろん夫婦とか親子のような間柄では、例えば、

隠ろへたる几帳をすこし引きやりて、こまやかにぞ語らひ給ひける（宿木）

のように何も隔てぬ対面もある（図64、図65）。そして、恋愛の場合でも几帳をのけて帳台を同じくすることを目ざすこともあるので、几帳での隔て現象は、どのような配慮があるにしろ、その現象を持続しようとすることにもとづくのであろう。例をあげるとすれば薫の逡巡、

斯く程もなき物の隔てばかりを障りどころにて覚束なく思ひつつ過ぐす心おそさの、あまりをこがましうもあるかな（橋姫）

が好例であろう。

几帳という特有な道具性に於いて、その事物性を主題化して意識しないにもかかわらず、その道具に特有な仕方でそこに係わっている。特有さとは、この場合、自らの居場所がうせやすい場所であることである。それ故、前小節で見たように「几帳のもと」での対面を許される人に一定の慣習的シェマが、すなわち、場所秩序としてもと現象を見た場合、それは単に几帳を介してのそこ、ここの微妙な関係のみならず、この関係において既に前提されている場所、しかるべき人のみが在りうるという形でもと現象に先行し、その前提になっている場所でなければならぬのである。几帳の場合には、それが、すなわち先に見たように、簾内である。

前現象

几帳を介しての対面に必要な親しさの資格は、

内外《ないげ》なども許される（少女）

というように簾内を許されることである。そしてこのことは几帳の隔ての微妙さに対して、簾の隔ての峻別さを示唆している。それはまた、「内」「外」という言葉の用例の頻度[7]にあらわれている。『源氏物語』を通じて「几帳の内」は一例、「几帳の外」は皆無であるのに対して、「御簾の内」は二八例、「御簾の外」は三例あるからである。したがってまず、簾の外にあって対面する人に着目した場合、その場所にはもと現象とは異なるそこへの関係があるはずであるが、それが前という関係である。

「几帳の前」の用例は皆無だが、「御簾の前」は十四例あることでも、簾外での対面の場所秩序が「前」であることは明らかである。そしてもちろん、前現象は単に外にあることではなく、簾内のそこと交流しようとして見積る現象を表現している。そして、同じくそこと交流するもと現象が云わば既にそこにある現象であるのに対して、前現象はそこに可能的にありながらなお隔てられている現象である。それが不可能になるか、そこに無関心である時、簾は「手まえ存在」的であるが、前現象の場合は、遠くのものに近づこうとして方向づける在り方である。つまり、前現象は先に見た簀子の、また南廂の座での現象を貫ぬく一つの場所の秩序であるが、つまり簀子や南廂が手もと的にあるのだが、簾の前において相手の奥ざまを推し測り、また相手との関係において自分のここを苦々しきところと見積る、そういうそことここの関係を貫いて秩序化されている一定の方向である。簾をひき着、長押に押しかかるようにして相手に接近しうる可能性の方向として「前」は前提されており、そういう状況の諸場所の秩序である。

かげ現象

しかるにこの前現象は簾内という領域を前にしての事象であってみれば、それはなお簾内という、あるいはすまいなる場所を前提にしているといい得よう。[8] そこでまず、

「〈前略〉この前にこそは、蔭にも隠させ給はめ」とて妻戸の御簾を引き着給へば[出三七]

に着目しよう。簾内を隠れうべき蔭と把えているのだが、この蔭はまた同時に、

只この御蔭に隠れ過ぐし給へる年月（須磨）

と同じく、加護という意味でのおかげを意味している。すなわち、蔭は単に見えないという意味での隠れ処を指すだけでなく、

荒き風防ぎし蔭（桐壺）

花の蔭に〈中略〉やすらう（夕顔、若紫）

の示すように庇護されたところを指している。そしてかつ、この用例の示すようにその庇護の質は庇護するものの性質による。

すなわち、簾の内とは簾を介しての庇護的拡がりであるということである。したがって、例えば簾のゆかは全体として「手もと存在」的にあるものであり、遠近は主題化されておらず、その意味でそこは生きられる庇護の場所といいえよう。
それは特に簾内に居て対面する人にとって意義あることである。例えば、薫に迫られた大君が隠れようもないすまいを、

　斯かるすまひのかひなき〈中略〉のがれむ方なかりける　出二六

といい、

　隠ろへ給ふべき物の隈だになき御すまひ　出二六

ということの中に現われている。簾内とは、そして、すまいとは本来的には強引な訪問者からのがれうべく庇護された場所でなければならぬというのである。すなわち、蔭でなければならぬという。そしてまた、この用例は逆に庇護された場所の秩序をわれわれに示唆している。つまり、「のがれむ方なし」という、居どころなしという否定的形式で、現存在のここが顕在化する事象が蔭においてはないということを前提としている。すべてのここが隠れるということで庇護的なのである。これこそ正しく場所を解放するということであり、開け放なたれたる処、つまり空処が、換言すれば、現存在の蔭的場所による一定の空処が成立っているのである。それは、簾内で几帳が引き出したもと現象、とりわけ内側の人にとってのここの無化を通してそこに係わるもと現象の基底としての空処である。

しかし、簾内は一定の庇護的空処とはいえ均一な質の場所ではない。すなわち、先小節の端―奥ざま関係の示す通り、簾内は、簾外にいる相手との或る隔たりをとることで自らを、例えば拒絶の意志を表現しうる場所である。奥ざまとは或る意味では相手の侵入の可能性に対する構えでもあるわけだ。つまり、前述の二つの例の示す通り、のがれむ方のあるすまい、ないし簾内なる場所は相手の侵入に対してのがれ得、隠れ得るべき可能性の上に成立っているのである。それはもちろん、慣習的シェマ[9]を含ん

でのことであるが、もはや単に簾の道具性の見積りにのみよるのではなく、壁や障子や屏風等々、すまいの全体的道具の見積りによるといわねばならぬ。そのように事物は場所を解放する。かかる意味で「かげ」は簾なる隔てとしての道具を介しての隠れの場所であるが、その隠れはさらにすまいなる全体的道具を介して、のがれ、庇護されることを前提にしている。つまり、簾なる隔てによってこの全体的な可能的庇護性を「かげ」という形で浮彫りにし、引出しているといい得よう。簾内とはそのような奥のある「かげ」としての一定の空処なのである。

〔注〕

1　『源氏物語絵巻』では几帳の表側をうしろとしているが、几帳の裏面をうしろと表現する「几帳のうしろ《出十六》」という例があるからである。なお、この用例は六件ある。

2　出二九、三四、三六は男性のみが「もと」にいる場合。また「几帳のもとについゐ給へば、つつましけれどゐざり寄りていらへ給ふ」（Ⅴ—181）のように女性（浮舟）が「もと」にいる男性の方へ寄る場合もある。出三五は几帳をはさむ両者が共に几帳の「もと」にいる事例。

3　このもと現象は、E. T. Hall,『The hidden dimension』（『かくれた次元』日高他訳、一九七〇）でいう involvement という概念にほぼあてはまる。この概念は個人の固有距離が前提され、その重なりとして説明される。しかしここでは、むしろ、交流するにはある距離をとらねばならぬという観点に立つ。

4　『源氏物語』にその用例をさぐれば、それはある極限、ないしそれへの程度を中核とする。したがって身分とか、ほどあいとか、ほとりとか、そしてさかいめを指すのであろう。

5　「ひま」の「ま」についてここで触れておこう。空間的事象についていえば「すきま」の「ま」、「かきまみる」の垣間の「ま」、「はざま」の「ま」と同じである。そして「御格子一間あげて」（蓬生Ⅱ—164）の一間は柱と柱の間である。このように空間的事象としての「間」は事物のないところ、ないし事物と事物の間に張られるというように事物によって規定されている。したがって、妻戸の間という、部屋の用例もまたそういう事物の間に由来するのであろう。

6　Ⅱ—169、Ⅲ—359、369。

7　「几帳のもと」の用例は九、「御簾のもと」は三例ある。ただし、後者はすべて「近く押寄せ」とか「歩みきて」を伴い、それは方向として既にinvolvementに、すなわち途上的に相手のもとにあることを示している。従って、「前」や「もと」の頻度や内外の用例に照らして、もちろん訪問者にとってであるが、簾には「前」が、几帳には「もと」が本来的といい得よう。

8　簾の透影（物を透して見える姿）がこの物語に七例ある。その意匠には興味深いものがあるが、既に伊藤ていじ『超越者のすまゐ』をはじめ多くのそれへの論及があるのでここでは省く。ただし「御簾の内のけはひ」、「御簾の内の匂ひ」、「掻き鳴らして簾のうちより聞き」というように視覚以外に物越しの姿、すなわち隔て現象のあることを注記しておく。

9　慣習的シェマについては、前小節で親族関係や親密さで許される対面の方式（位置や人づて等）に一定の枠組があるという意味で使った。そしてもと現象の頃で、事物的には何んでもない隔てを越ええずして逡巡している薫の事例をあげたが、それもある意味ではこの慣習的シェマにしばられた事象であろう。

しかし、また次のような事例の準拠するシェマも慣習的シェマに含める必要があろう。その事例とは、源氏が五條に近い某院を夕顔との逢瀬のための「隠處《かくれが》」（I―131）とし、荒れたるそこを、

　仮宿なれど清げにしつらひたり

としたにもかかわらず、夕顔は、

　奥の方は暗う物むつかし

とする事象である。訪問者から隠れえ、のがれうる、庇護された「奥」が「物むつかし」ととらえられているのである。これはおそらく急に住みなれた処からつれてこられたことに起因するのであろう。しかし、住み慣れた処とは単に道具的全体としての住宅への住まい込みのみならず、夕顔を様々に面倒を見てきた女房達という、人間関係を含めたそれへの住まい込み、すなわち、慣習化された場所であるのであろう。

四　諸場所の日常的秩序と儀式的秩序

さて前掲の「隠ろへ給ふべき物の隈だになき御すまひ」には「さしこもり」という語が先行している。この「さしこもり」の「こもる」とは外界との交渉を絶ち、「まじはらで」あることであり、「隠れ」とは前述の如く「のがれ」隠れることであり、両語が共に「すまひ」に係わることで、それらは同一の場所秩序を指すかに思われる。しかし、「こもり」の他の用例を顧みる時、それらは自ずと別れるようである。したがって、「こもり」の場所秩序を追求しなくてはならぬ。

さて、「こもり」のこの物語における用例は外界との交渉の断絶なる意味を共通にして実に様々である。[1] 例えば、社寺への参籠、出家や隠穏としての山ごもり、再生をねらってのすまいへの忌みごもり[2]という呪術宗教的な事象や様々な日常的な事柄に専念するためのすまいにこもる事象である。また、寝るの尊敬語である「大殿籠り」[3]は、寝室を意味する大殿が既に廃義になっているとはいえ、寝るの核、再生を内包することでやはりこもる事象である。ところで一方、夕顔帖（I―147）に夕顔の屍体を東山の或る尼の坊に置くことを「籠り侍らむ」[4]と云い、明石帖（II―66）には「斯かる物の隈にぞ思ひの外なる事も籠るべかんめる」とあるが、それらの「こもり」の場所が限定されうることは明らかである。そして出家や隠穏のこもり現象にも俗界と断絶しているとはいえ、寺なり山なりを特定しうるのであってみれば、こもり現象には共通して場所が限定されているといい得よう。それに対して「隠れ」には、「母に侍りし人は〈中略〉かくれ侍り」（橋姫V―40）のように死をさえ意味しうることが示すように、「あらはれ」の否定を共通にしている。したがって、先に見たような対面という場面で、それをさけたい人にとっては、所在の不明こそ肝要であり、その意味で「隠れる」という表現が使われているのであろう。

そこで「隠れ」と「こもり」の場所としてのすまいであるが、それについてはわれわれは宿木帖（V―321）に好例を見出しうる。格子を「おろしこめたる中の二間」にこもっている浮舟を、「立て隔てたる障子の穴より」薫がのぞくのであるが、浮舟は、

　　こなたはうしろめたげに思ひて、あなたざまに向きてぞ添ひ臥しぬる

のである。つまり薫の視線に顕わである浮舟は唯それに背をむけるだけで、もはやそこを動こうとはしない。それは「こもり」の場所が限定されうることに呼応する事柄である。すなわち、「こもり」の場所とは正にその人の居どころとして、逃げずにとどまり、その人にとって自足する場所である。ここなる場所の積極的肯定である。かかる意味で問題の導入になった「こもり」かつ「隠れ」うるすまいとは、隔ての道具の堅固さによっての「隠れ」うる場所がこもる場所にかさなっているすまいだといい得よう。そしてさらに「こもり」の場所を隔て現象として把えようとすれば、そこが「忌みごもり」の、そして「大殿ごもり」の場所として、すなわち再生の場所としてすまいがありうるのであってみれば、そこはもはや他者からではなく、死から、「けぶりとなりし雲居」(須磨Ⅱ―9)から隔てられた場所というべきであろう。諸場所の秩序が隔ての道具において開かれる様を見てきたが、これら秩序の全体、それは生それ自身であるが、それを死から隔てるものとしてすまいがありうるということである。そうであれば、この節で究明した様々な隔て現象にあって既に常に前提され、潜在的な様態でそれらを支えていた場所とはまさに「こもり」の現象で顕在化するかかる場所であるといいえよう。

このこもる事象は今はじめて取扱ったものではなく、すでに大嘗宮正殿や倚廬、さらには産所や婚所などに見られるものであった。それらは秩序の構成を狙っての手立であった。その時の諸場所の秩序はどうであったかと云えば、床的なもの(床や御帳など)が重要な機能を担っていたのである。そして、それを囲む事物を含めて、それは室という空間的形式をとっていた。儀式的な諸場所の秩序は、対象的な層についていえば、その形式がすまいに係わって様々ありうる秩序を象徴化しているようである。換言すれば、床的なものが中心となって他の諸場所を代表しながら、その秩序も室的という固定化した形式で日常的秩序、ないしその基底を象徴しているようである。

日常的な諸場所の秩序は、この節で見てきたように、状況に応じて変化しうるものであり、状況とは勿論可能態の関連の中にあり、したがって、それは可能的秩序として絶対的静止に内属している。それこそ建てることで解放される場所であった。

大臣大饗で見た秩序はどうであろうか。確かにそれは儀式的秩序であり、硬直したものであった。この秩序は日常的なそれとはどのような関連のうちにあるであろうか。序章のところでも触れたが、大饗は本来「朝拝《みかどおがみ》」という内裏におけるハレの儀式につづくもので、お産後の「産養」の際の饗宴もまたハレの儀式であり、その秩序もまたハレの秩序である。「産養」の例でも明らかであるが、それは婚礼でいえば「露顕」後の新婦家の家族との饗宴といったように、事物的には確かに建てることに係わるのではなく、人々のきずなの確立を目指したものであった。しかし、それらはいずれも場所の設定に属する儀式であることで、人々のきずなもまた場所の秩序に内属するものである。その意味で大臣大饗もまた、大臣の場所の確立に係わっていると云いえよう。つまり、簀子・廂・母屋なる諸場所の身分的価値の区別、上《かみ》・下《しも》、端・奥といった方向の顕在化、方位への個々の場所の位置づけ等にといった具合に、日常的秩序を固定化し、意味を鮮明にすることで成立している形式である。それは、或る意味では、すまい全体の統一的な形式への配慮につながるものである。例えば、『作庭記』に見られるように、ハレ側から見ての造形といった、一つの造形への軸を持ち込む配慮につながるものである。

　そうとはいえ、われわれは大臣大饗の儀式的秩序の中にも儀式のための儀式、単に区別をするだけのための秩序といった、いわば矮小化された秩序があったことからわかるように、場所としての統一的な形式にもたらされるためには、常に根源に帰って、場所の解放としての建てることに帰って、形式の意味をくむようにすることが求められる。

〔注〕

1　「こもる」だけでなく、前に絶えのつく「絶えこもる」という用例Ⅱ―84、Ⅴ―56はこの断絶の強調である。

2　例えば、澪標帖には源氏が六條御息所の死去に際して六條邸にこもって精進する場面があるが、これもまた生自体の庇護をめざしているのであろう。第三章第三節参照。

3　「大殿籠り」とは「御帳に入りて大殿籠る」（浮舟Ⅳ―108）のように御帳に入ることが正式と思われるが、「端つかたの御座にかりなるやうにて大殿籠れば」（帚木Ⅰ―71）とか「昼の御座に打臥し給ひて〈中略〉大殿こもり入りける」（若菜Ⅳ―87）等で端的にわかるように、それは寝ることを指すにすぎない。

4　ただし、これについても再生を願って一日待っている。すなわち死後一日の晩「今は見果てつや」と聞き、「今は限りに」と答える会話の中にも再生の願いのあるのは明らかである。

第二節　隔離し庇護する室と場所

儀式的な諸場所の秩序は硬直した形式をとるが、その形式がその本来的意味を得るのはリミナリティの状態、もしくはそれに連なる分離や統合の過程であることは今迄の究明で明らかである。それは生それ自体の存立が問われる状況であり、可能態を含めて諸場所の全秩序が問われる状況である。このような通過儀礼にあって現われる顕著な空間的形式は、それがすまい全体にしろ、建物にしろ、部屋にしろ、あるいは御帳にしろ室的形状であった。したがって、すまいについての場所論的考察のしめくくりとして非日常的状況をとりあげようとする。ここでは、かかる空間的形式と、庇護性というすまいなる場所の特性との関係が究明されねばならぬであろう。しかし、かかる室的形状は前章の探究の結果として生誕に関しては御産御座と白御帳、婚礼については御帳、葬礼に関しては出棺までの死者のとどまるところと倚廬というように互いに質を異にするものがあることがわかった。リミナリティの状態での御産御座、統合儀礼での白御帳、その両方を兼ねる婚礼での御帳、また共にリミナリティの状態でありながら片や死に、片や生へとつながって行く死者のありどころと倚廬であった。これらは非日常的状況での空間的形式と場所の関係の探究に対して一つの方法を呈示するであろう。

さて、ここではかかる探究の事例として祭祀儀式の行われる清涼殿をとりあげる（図66、67、68）。しかし、清涼殿が平安時代中期、ないし後期には確かに天皇のすまいとしての常御所であるにしても、以前は仁寿殿であったことは明白な事実であり、したがって、古代のすまいなる関心からすれば、仁寿殿こそ論究されるべき対象ではある(1)（図69）しかし、そこでの生活の実態的資料はほとんど無いに等しいが故に、ここでは清涼殿に集中するのである。しかるに一方、太田静六氏の研究によれば、一般貴族の邸宅を里大裡とする場合、少なくとも長暦四年（一〇一四）以降の例にあっては、対屋が清涼殿に擬せられるのが普通であるという(2)。それは、清涼殿の住宅のプランとしての一般性をうかがわせる。

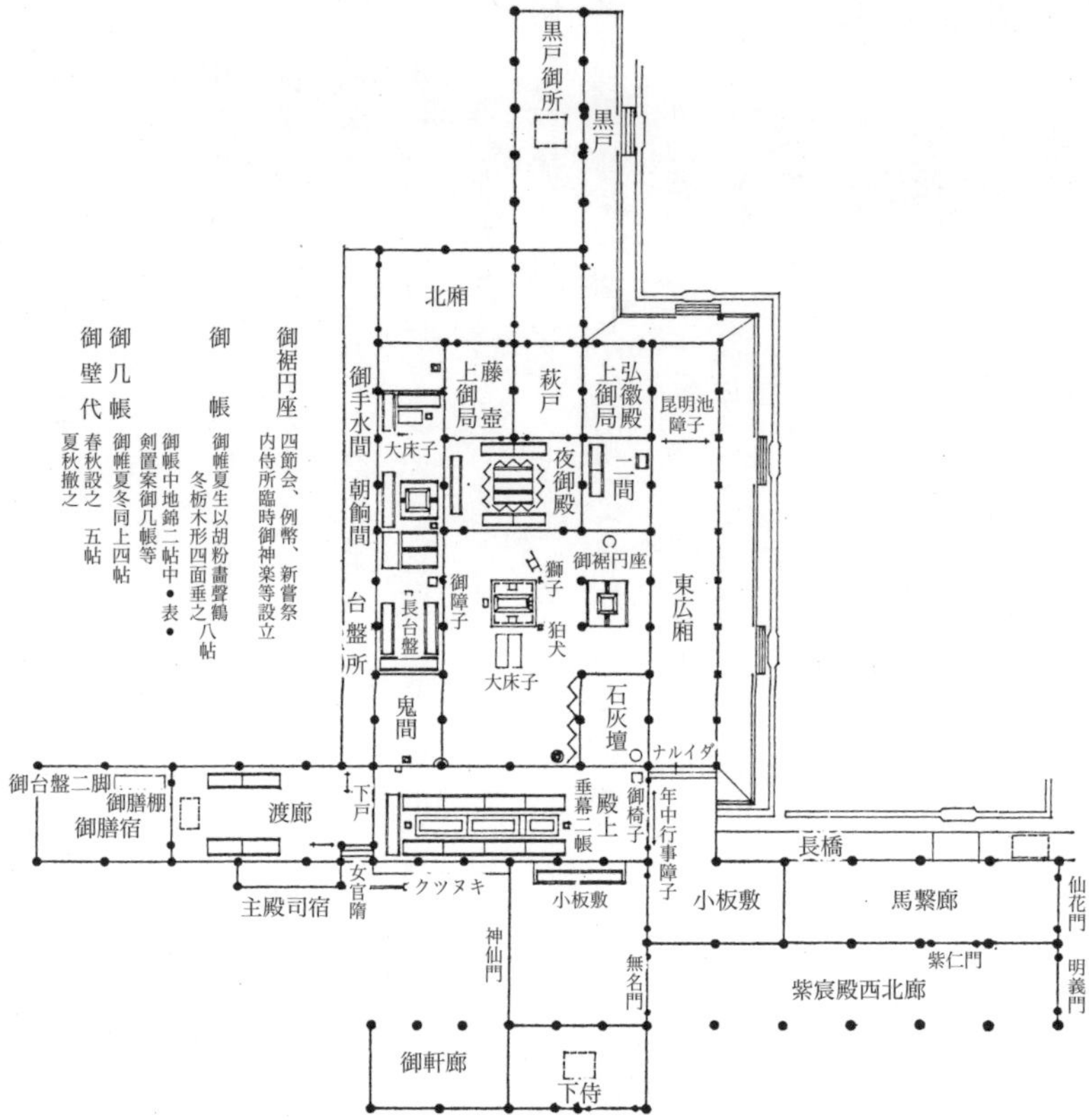

図 66　清涼殿――ただし，点線の長方形は供御薬の御薬を籠め置く位置を示す（『世界建築全集』）

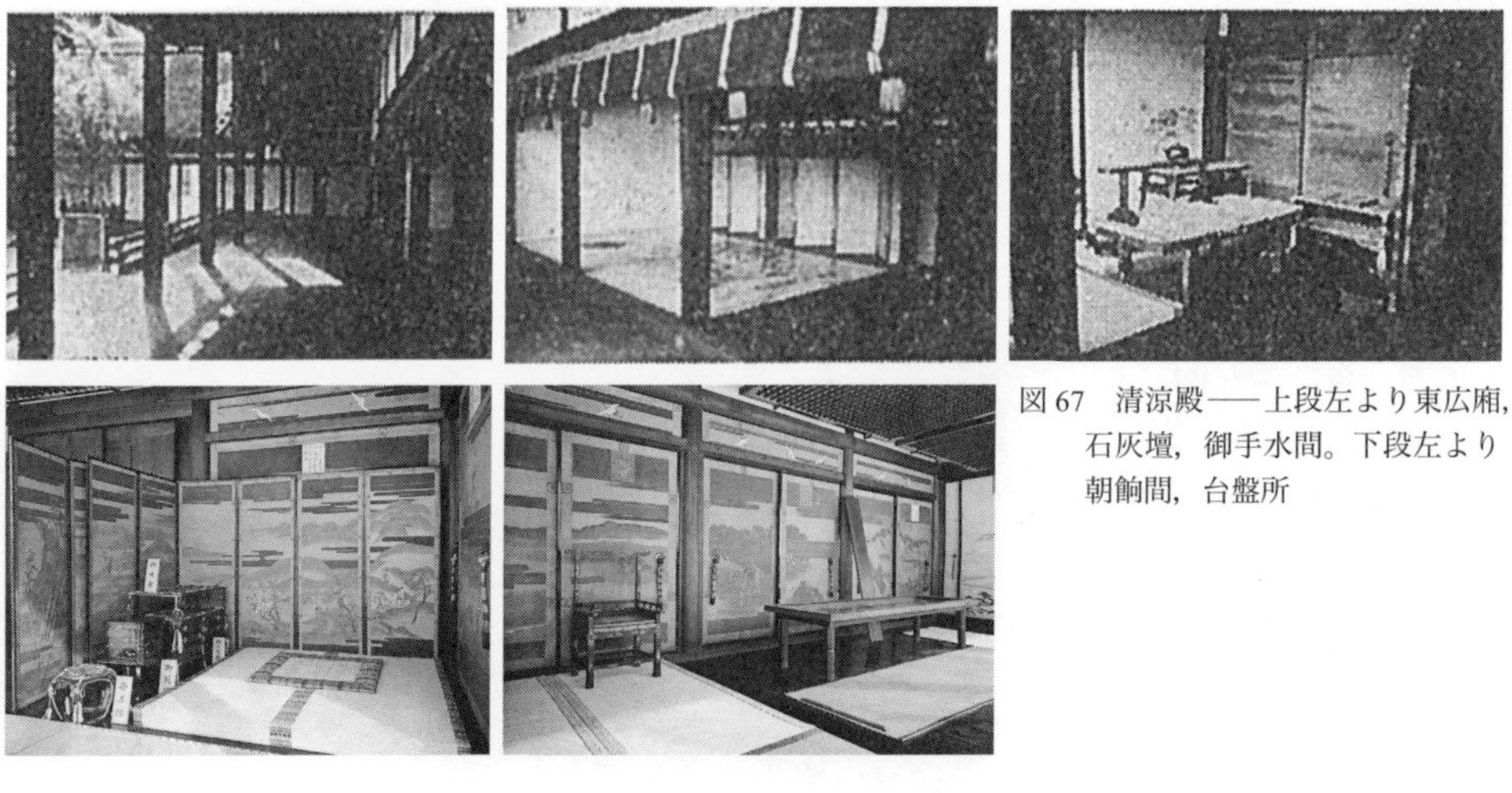

図 67　清涼殿――上段左より東広廂，石灰壇，御手水間。下段左より朝餉間，台盤所

図68　清　涼　殿

第二章の最初に掲げた図12には東三條殿の東対が清涼殿に擬せられており、また保元三年（一一五八）十月十四日の二條天皇の行幸時には東三條殿の寝殿が清涼殿に擬せられている。里大裡になることを考えて、東三條殿のプランをつくったことも考えられるので[3]、これらにみられる室堂型のプランが一般的であるとは単純にはいえない。しかし、一方、井上充夫氏によって、それのとる室堂形式が神殿を含めて古代建築に共通する一般形式だとする指摘があり、また平井聖氏によって、それが夜と昼との生活の場に対応する一般形式との指摘[4]もあり、平安後半期の清涼殿とは言え、そこに古代のすまいを見ることは可能であろう[5]。そうであれば、ここではこの室と堂なる形式における前述の関係の探究ということになろう。

さて、清涼殿で行なわれる祭祀儀式であるが、幸いなことにわれわれはその年中行事の指図集、『雲図抄』[6]を持っている。その中からとりあえず前述の目的に適う行事を取り出そう。そこでまず、天皇が観覧・謁見したり、叙位する儀式はその生の安寧と場所の秩序の確立への直接的関係はないので除かれる[7]。次に「最勝講」「御仏名」等という仏事であるが、それらは天皇の安寧に係わるとはいえ、その鋪設のプランに寺院の儀式形式の導入を思わせ、それにはさらに寺院自体の探究を要するので[8]、ここでは一応除外したい。そうすると我々の対象は、祓え的な「御灯」「御贖物」「追儺」なる諸儀式や何か呪力を付加する鎮魂的な「供御薬」「供菖蒲」「卯杖」「四方拝」なる諸儀式となる。しかし、古代に係わるこの本節では、『内裏式』をはじめとしていくつかの資料を使って、これらを出来うるかぎり祖型に遡ってその意味を検討しなくてはなるまい。その際『雲図抄』にはない二、三の儀式をとりあげることになろう[9]。

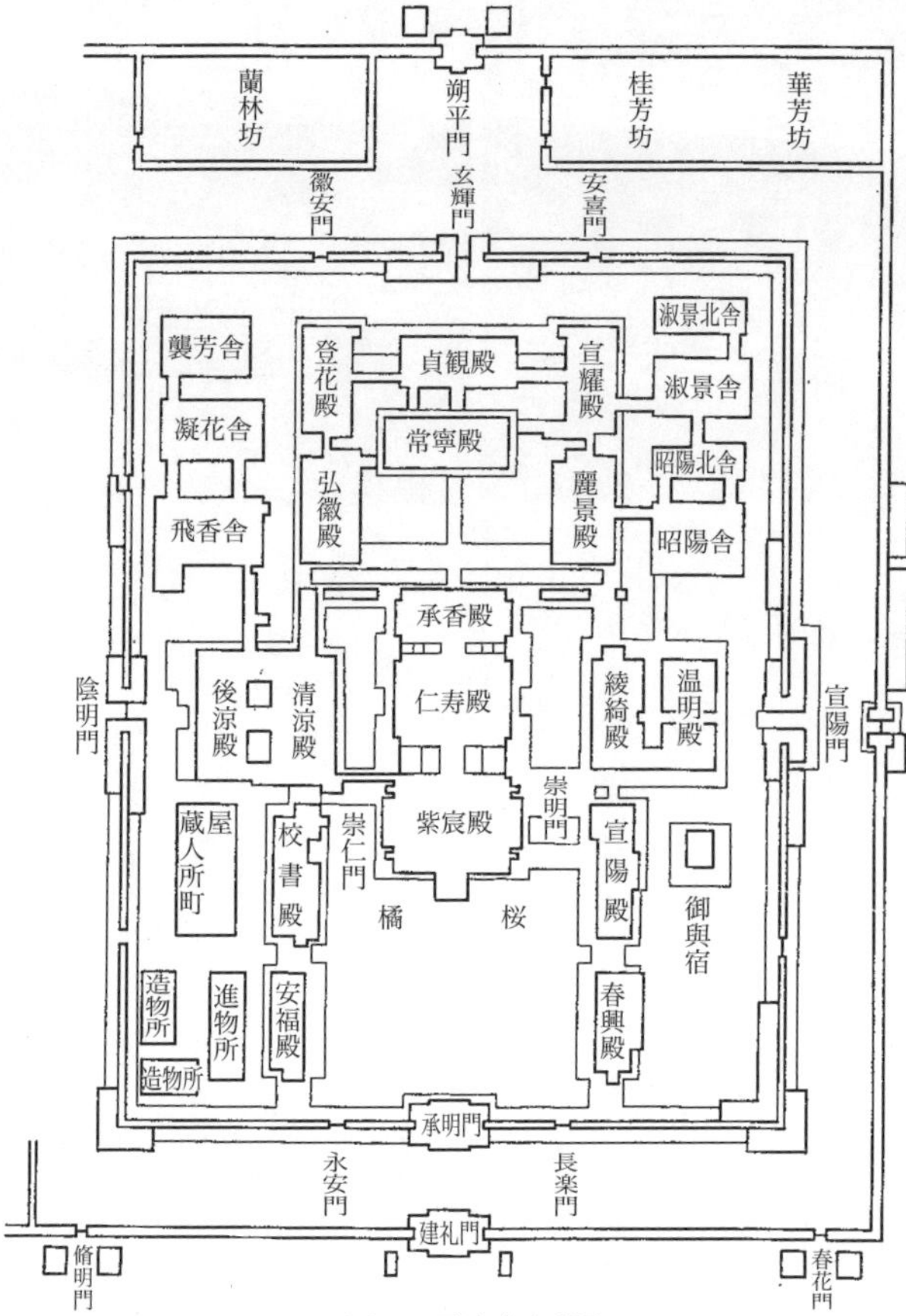

図 69　平安京内裏図

図 70　紫　宸　殿

〔注〕

1　『禁腋秘抄』には、

清涼殿、常にわたらせ給ふ殿也。中殿ともいふ。むかしは、仁寿殿を、御殿に、しつらはれたる時もあり

とある。この変化の時期を角田文衛氏は宇多天皇の八九一年よりとする（『日本の後宮』昭四八）。鈴木亘氏の詳細なる研究「平安初期における平安宮内裏の修造について」（『論文報告集』昭四九年四月〜五月〔『平安宮内裏の研究』平二所収〕）によるとそれ以前にもそこは常御殿として使われており、さらに仁明天皇は嘉祥三年（八五〇）三月二十一日、そこで崩去している。したがって、前述の時期より清涼殿は常御殿として固定したというべきであろう。

2　太田静六、「平安・鎌倉時代における里内裡建築の研究」。

3　『大鏡』兼家条には、

東三條どのの西対を清涼殿づくりに御しつらひより始めてすませ給ふ

とある清涼殿づくりがそれを暗示する。また角田氏は前掲書で宇多帝時にそのプランが「根本的に改変された」と推察している。藤岡通夫氏は、廂の発展の見られることで『大内裏図考証』の清涼殿のプランを平安末期のものとする（『京都御所と仙洞御所』昭四九）。

4　井上充夫、『日本建築の空間』昭四四。

5　平井聖、『日本住宅の歴史』昭四九。

6　和田英松、『本朝書籍目録考証』によれば、中納言顕隆蔵人たりし時、左衛門佐重隆の抄出したもので、永久三年（一一一五）から元永元年（一一一八）に選述されたという。なお群書類従及び京大図書蔵写本（久世本）の『雲図抄』を適宜参照にした。

7　小朝拝、春日祭使、加茂祭使立、賭弓、乞巧奠、相撲内取、試楽、御前試、童御覧、石清水・加茂臨時祭や叙位、女叙位、除目。

8　その他、御斎会内義、灌仏、仁王会。

9　その主たるものは次の通りである。『内裏式』『内裏儀式』『貞観儀式』『西宮記』『江家次第』『北山抄』（以上故実叢書）、『延喜式』（国史大系）、『建武年中行事』『年中行事秘抄』『公事根源』（以上群書類従）。

一　夜御殿と夜の闇

エリアーデ(1)は、聖なる空間としてのすまいは俗なる混沌からの隔離によって構成された秩序cosmosであるという。また、古代のすまいはその立柱や移徙の際、あるいは御諸《みもろ》としての床等々の現象に見られるように、場所は聖化することで、その秩序は聖なるものである。西郷信綱氏(2)は古代人にとって「空間における聖と俗との対立は時間における夜と昼との対立とかさなるのである」という。われわれもまた移徙儀や婚所や葬送などの原初的な闇というものに着目してきた。この章でも清涼殿での祭祀儀式に係わってそれを見ようと思うが、それに進む前に、日常的状況でのそのような聖なる秩序を、とりわけ夜との関係において概観しておこう。それは、夜に固有な就寝の場所ということで夜御殿が対象となる(3)。

夜御殿は塗籠ともいわれ、四方に妻戸を有する閉鎖性の強い空間である。中央には昼御帳と同じ八尺御帳（東枕、西側に鏡）があり(4)、側には衣架が立てられ（図71）、また南西北に畳を敷き女房座とする。そしてこの帳の東側に二階厨子があり（図72）、そこに神器が置かれる。つまり、東を南にした御剣と宝璽が蘇芳の打物で覆われて置かれてある。それ故、そこは様々な配慮がされねばならぬという。上臈内侍のみが入室を許されること、東枕の上《かみ》（東方）を通らないこと、そして夜御殿の四角に置かれた燈炉の火を夜間絶やさないことである(5)。この火を絶やさない配慮は、明らかに夜の闇に対して神器の聖性がなじまないことを示すものである。

さて、このような夜の闇に対する観想は天皇の就寝に対する様々な配慮となって現われる。すなわち、清涼殿は戌刻（午後八時）、すべての格子が下され、通路である鬼間南第二間を除いて凡てさし木がさされ、つ

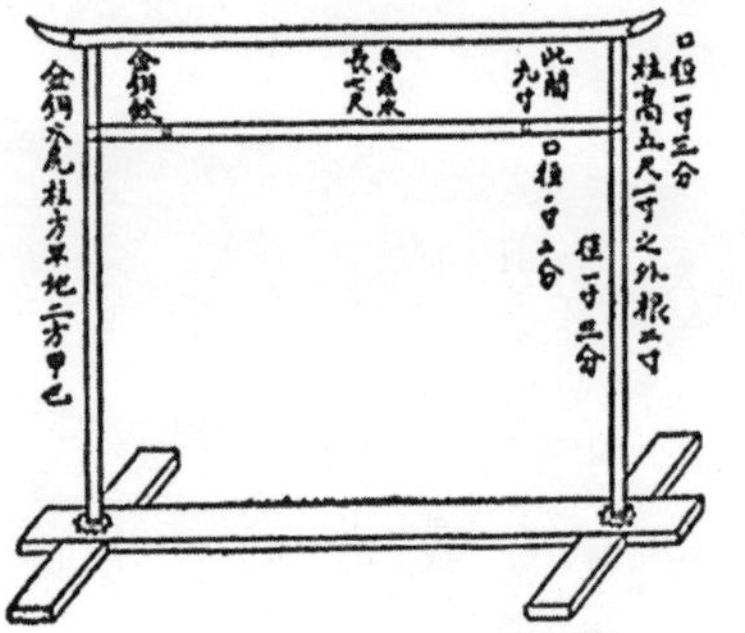

図71　衣架（『類聚雑要抄』）

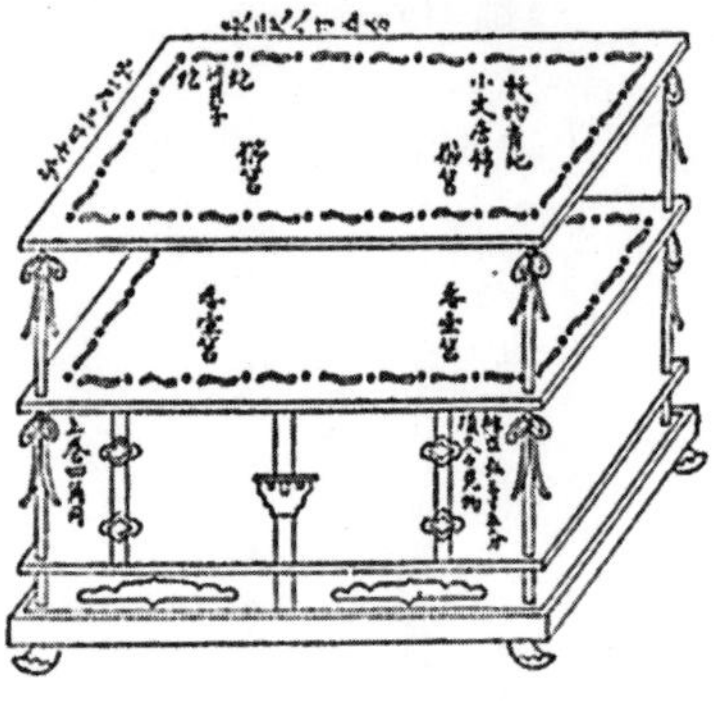

図72　二階厨子（『類聚雑要抄』）

まり閉鎖的になるが、その際、

夜半後一切不浄朝僧尼重軽服等人不レ参無二仏経沙汰許一也（『禁秘抄』）

とあり、つまり、清浄の維持を配慮する。続いて、「毎日の御祓事」といって、夜、主上の着る御衣を蔵人にさずけて祓う行事がある。そして祓われた御衣を「毎日御身上引懸」（『禁秘抄』）、すなわち鎮魂《たまふり》するのである。(6) また、夜御殿の東廂の二間（図73）では阿闍梨座が設けられ、毎夜、夜居の僧が加持、すなわち護身を行なう。さらに、清涼殿のまわりの庭では弦《つる》うち、すなわち邪気邪霊(7)を祓う行為がある。

図73　東廂二間

これら祓禊、加持、鎮魂そして不浄の停止は、夜の闇という状況にあって生を、そして、それにとってふさわしい場所の維持をめざすものであることは明らかである。閉鎖した清涼殿、そしてその中の閉鎖的な夜御殿は正しく夜の闇に浮ぶ小宇宙といい得よう。(8)

ところで、このように不浄で邪霊の満ちた、死を内包する夜の闇なる観想に対して別の観想がある。神々の現われる状況としての夜である。例えば、『古事記』にある三輪の神や夜刀《やと》の神のように夜、現われて人と交渉する話や、祭りは古来夜を旨としてきたことで、それは明らかであろう。すなわち、聖なる秩序の源が夜の闇に存するということである。夜は単なる混沌ではなく、生を内包する混沌であり、したがって好悪のアンビバレンツの対象でもある。(9) そのことが明瞭な形で現れるのは闇の中で、あるいは闇を背景とする祭祀儀式なる非日常的状況なのである。これについては通過儀礼のリミナリティの状態で見た通りである。それはまさしく生の全秩序が問われ、そして確立される状況である。それ故、次にその状況を取り上げるのが順序であろうが、そして聖の秩序の問題は顕《あらわ》と隠《かくれ》の問題と重なって、いきなりそれに入るには複雑すぎる。そこで夜御殿の御帳と同じ形でありながら、記録の上では就寝に係わらない、また夜御殿と対立する昼御帳を中心とする儀式、「供菖蒲」及び「卯杖」をまずとりあげ、顕と隠について考え、昼御帳について究明することから始める。

〔注〕

1　M. Eliade（久米訳）『聖なる空間と時間』、一九七四。

2　西郷信綱、『古代人と夢』昭四七。天照大神の天の岩屋戸ごもりの話がもっとも鮮やかに示すという。

3　清涼殿については、裏松固禅『大内裏図考証』が第一資料になるが、日常的なことについては、『日中行事』（一三三四）、及び大石千引『日中行事略解』、『禁秘抄』（一二二三）、及び牟田橋泉『禁秘抄考証』、『禁腋秘抄』、『侍中群要』（一三〇四）を参照する。「夜御殿」の初見は、管見によれば『西宮記』（九八二頃）の「供御薬」なる行事の場所として見られる。また、そこの寝室としての鋪設の初見は康平三年（一〇六〇）八月十一日里大裏高陽院で「清涼殿并夜大殿御帳方九尺〈下略〉」（『類聚雑要抄』）である。

4　『禁腋秘抄』には、

夜ノヲトヾハ。御帳日ノ御座ノ如シ。壁代懸タリ。四ノ隅ニ燈炉有。掻灯ノ所ニクハシク見ヘタリ。御帳ノ御枕ノ方ニ。ヅシ二。

アトノ方ニ鏡カケタリ。昼ノ御座ニ同ジ。御イカナド此所ニタテラル

とある。御帳のまわりは、

南西北ニ敷レ畳為二女房座一（『禁秘抄』）

であり、『山槐記』（治承四年〔一一八〇〕二月二十一日）によれば、里大裏（五條亭）ではあるが、南は掌侍座二帖、西は典侍座（幼主の時はこの方に御乳母座）である。『讃岐典侍日記』によれば、中宮がここに寝る際には内侍達は座をはずす。また中宮が寝る記事は『枕草子』四二、八二にある。なお、

副小壁、立御辛櫃二合、或又副西壁、立衣架二基

とある。太田静六氏によれば、

塗籠中を夜御殿とすることは〈中略〉里大裡を通じて大体一定する方法であったとする。その際、御帳のないらしい例がある。『人車記』（保元二年〔一一五七〕七月五日条、東三條殿東対）には、

敷繧繝縁畳三枚、為御座、（東西行）西方、敷高麗縁畳一枚、為辺敷

とある。

5　夜のおとどのさし油を、蔵人非蔵人にもたせて、たゝき戸（南大妻戸）をあけてまいりて、よもすがらきえぬようにするなり、非蔵人は、戸の下にたてて、内をみせず、さし油も、かいともしをたつみの角よりはじめて、うしろにてかくしつ、御帳の東、御枕をとほらず（『日中行事』）。

ただし下格子の際の点火については、

夜の御殿のかいともし御手水の間より内侍もちてまゐりて四のすみのとうろにともす（『日中行事』）

のである。

6　『日中行事』はこの行事を「招魂の御まつり」というが、『日中行事略解』にはこの招魂について「ここは鎮魂祭の事にて招魂とは異なれど鎮魂の現身の遊魂を身体の中底に鎮むる事なれば招魂ともいふなるべし」という。

7　前節で見たことだが、『源氏物語』構笛には、夜、格子をあげたことで「例の物怪の入りたるなめり」とする場面があり、夜と物怪、邪気のつながりの一般性がうかがえる。

8　このことは起床時の行事にもうかがえる。主上はまず御湯殿で沐浴する。それは祭祀前の沐浴と同様、禊斎で、いわば夜の邪気を祓いやるのである。

9　Eugené Minkowski は『Le tempe vécu』1933.（中江他訳『生きられる時間』一九七三）の中で生きられる空間をとりあげ、それには明るい空間と暗い空間なる二様の空間があるといい、「暗い夜、完全な闇、それはもう私の前にあるのではない。それはすっぽりと私を包み、視覚空間の明るさよりもはるかに深く私の全存在に滲透し、より親密に私に触れる」という。この個所について Roger Gaillois は早くから注目したが（『Le mythe et l'homme』1938. 久米訳『神話と人間』一九七五）、彼はそこに人格と生命の感情の減衰のみを見、暗黒における恐怖を指摘するのみであるが、ミンコフスキーはそこに「積極的価値」と「固有の生命」のあることを強調する。われわれのとりあげた聖なる闇は、一つには人間の一般的在り方としてのこのような把握に類同する。

二　立柱と立帳

供菖蒲と立柱

まず「供菖蒲」をとりあげよう。この行事に清少納言はことのほか関心があるらしく、『枕草子』[1]の数箇所でとりあげている。例えば、

いとあたらしからず、いたうものふりぬ檜皮葺に、ながき菖蒲をうるはしうふきわたしたる。あをやかなる御簾の下より、几帳の朽木形いとつややかにて、紐の風に吹きなびかされたる、いとをかし（八九段）

風薫る季節の清らかさを愛でたのであろう。この菖蒲を軒に葺く風習は内裏にかぎらず、民間[2]においても見られるが、内裏においてはそれは五月の節会行事の一つとして行なわれる。『西宮記』によれば、その行事は以下のように三日に渡って行なわれる。

三日、六府立菖蒲輿瓫宛各一荷、花十捧南庭、見近衛府式也、先申内侍、内蔵寮官人、行事蔵人等、給絲所女官、
四日夜、主殿寮内裏殿舎葺菖蒲、不見式、
五日早旦、書司供菖蒲二瓶、居机二脚、立孫廂南四間近代不見、絲所献薬玉二流又差内豎送諸寺、蔵人取之、結付昼御座母屋南北柱、撤米須臾（茱萸）裹改着彼所、請料絲

清涼殿に直接係わるのは第二と第三日のものであるが、しかしそこで使われる菖蒲は、第一日目にあるように内裏を護衛する六府の奉じたもので、その行事の目的の大略は守護にあることを示して明白である（図74、78）。したがって、場所に関していえば

生の秩序の維持強化を狙っていることが見てとれる。より詳細に見てみよう。まず四日夜の行事であるが、それは巻に見られる風習と同一である（図75）この風習について倉林正次氏は『饗宴の研究』（文学編）で、それはかなり古くから民間で行なわれていた習俗ではないかとし「菖蒲、蓬、萱等を屋根にさし葺くことは、それがとりも直さず、新築を意味することができたろう(3)」とし、その「新築された夏の新室は忌み隠るためのものであった」とする。「忌み隠る」とは、西郷氏もいうように、正に再生を目ざすものであり、そうであれば菖蒲葺は単に守護のためというより、再生のための場所としての新室の構成を目ざしていることになろう。しかも、菖蒲は夜に葺かれ、その中で次の早旦儀式が行なわれるのであってみれば、そこに新室を見ようとする倉林氏の慧眼は確かであろう。しかし、その内実は五日の行事に負うているので先にその行事を概観しておこう。

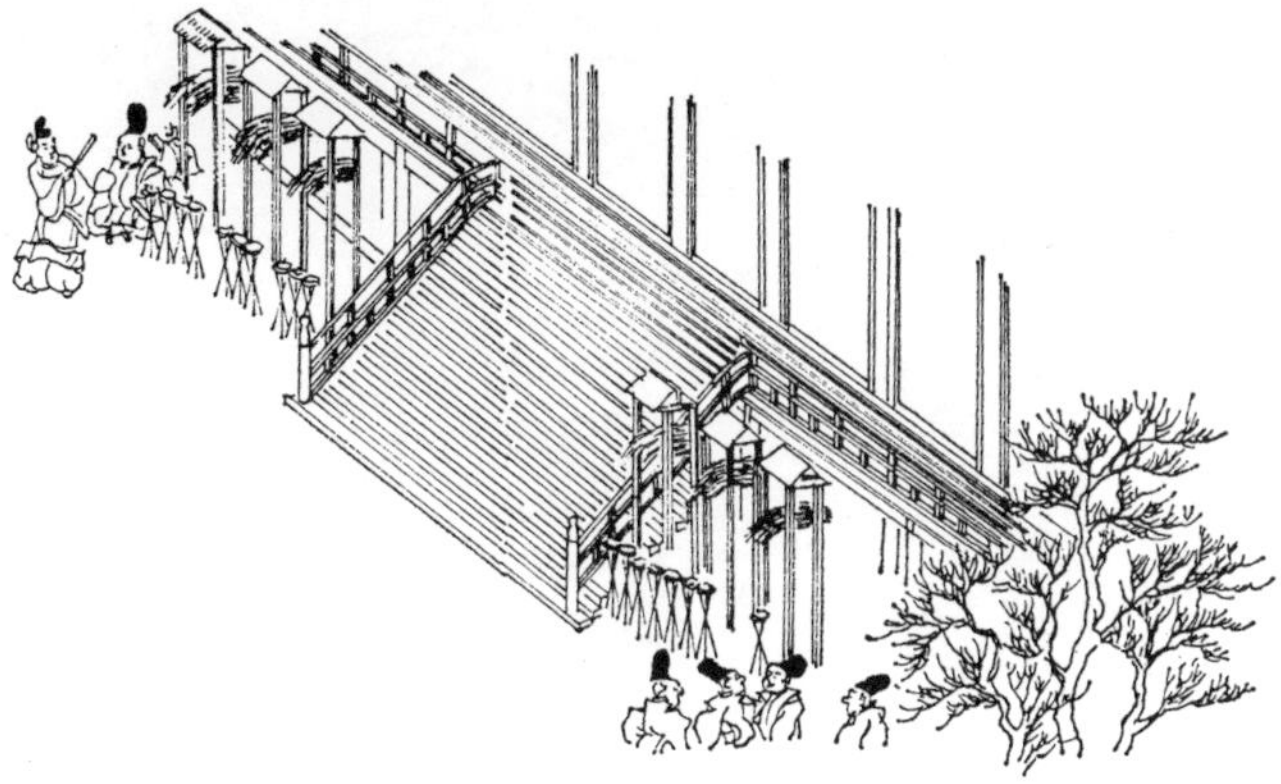

図74　六府献菖蒲図（『年中行事絵巻』）

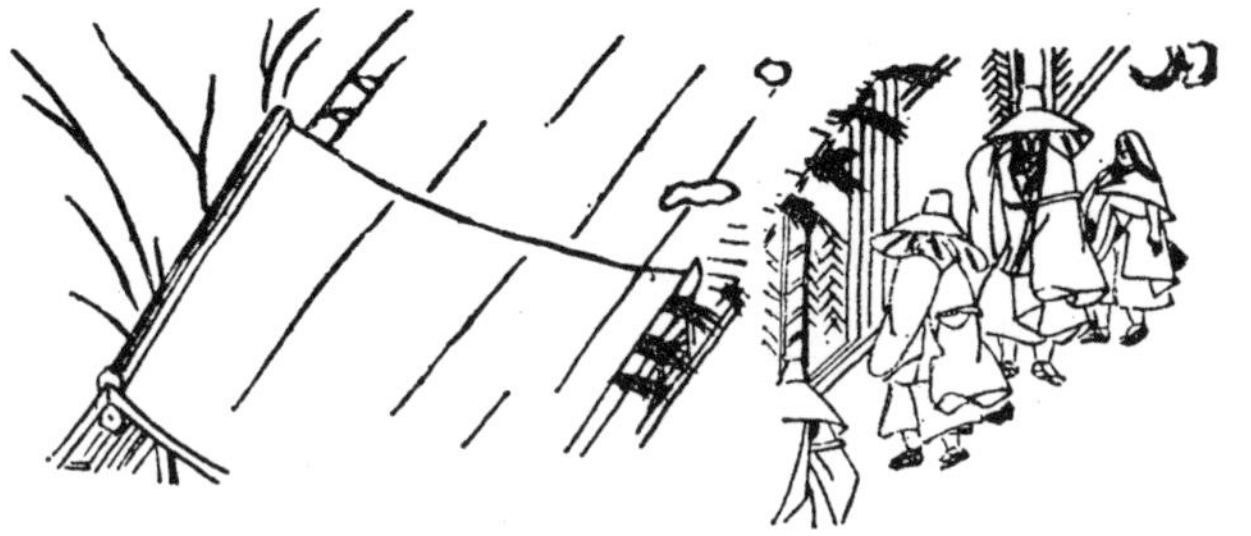

図75　民間での菖蒲葺（『年中行事絵巻』）

清涼殿での五日の行事は前掲の『西宮記』にあるように、書司によって昼御座の前の孫廂に二脚の菖蒲案が置かれること及び昼御帳のある母屋の南北柱に絲所からの「薬玉」が蔵人によって結ばれることである(4)（図77）。後者の「薬玉」は一名「続名縷」とあり、やはり三日に六府が南庭に立てた菖蒲や蓬等を五色の糸で括り、玉の形にしたもので、奇玉《くすだま》、すなわち奇《くす》しき霊なる意に解される。すなわち邪気をはらい、病を除く呪力をもつものと考えられていた(5)。また昼御座の前、左右に置かれる菖蒲二案もその植物のもつ呪力でその場所の浄化をめざしているのは明らかである(6)。

さて問題は薬玉がつけられる位置である。ただし、『雲図抄』に、

図76　昼御座，奥に昼御帳

件巽艮角柱結付茱萸重陽日、給付之五日撤之更結付薬玉也(7)

とあるように、茱萸（茱萸を入れた袋）は重陽の日に薬玉と更えられるもので、薬玉と同じく悪気を避けうると考えられることから、その位置についても考慮して言及する。まず、『西宮記』と『雲図抄』では、前掲のように昼御帳の間の母屋の前左右の柱につけられることで一致する（図76）。このことは『西宮記』より少し時代の下る『枕草子』には登花殿（南北棟）についてであるが、

縫殿より御薬玉とて〈中略〉御帳たてたる母屋のはしらに、左右つけたり（三九段）

とあり、茱萸で、しかも紫宸殿の場合だが、

當御帳之母屋左右柱、裏盛茱萸、向外着之（『西宮記』の延長四年（九二六）九月九日条、及び『北山抄』の天暦五年（九五一）十月五日条）

とある。南面の紫宸殿、東面の清涼殿や登花殿を対比すれば、薬玉や茱萸の位置は方位にもとづくのでなく、御帳の間の母屋正面にあって、その左右の柱にそれらは結びつけられたと結論づけられる(8)。

さて、このような柱に邪気邪霊を祓う呪力のある薬玉を結びつけるということは、例えば、『紀』歌謡に見られる風習、「栄枝《さかえ》を五百《いお》経る懸きて」という、新築の家の柱に「栄枝」を懸けることで植物の生命力を感染させるという風習と同じ観想にもとづいていると見てとることができる。これは、すまいという諸場所の設定にあって、「栄枝」の生命力で場所の主要な構成物であ

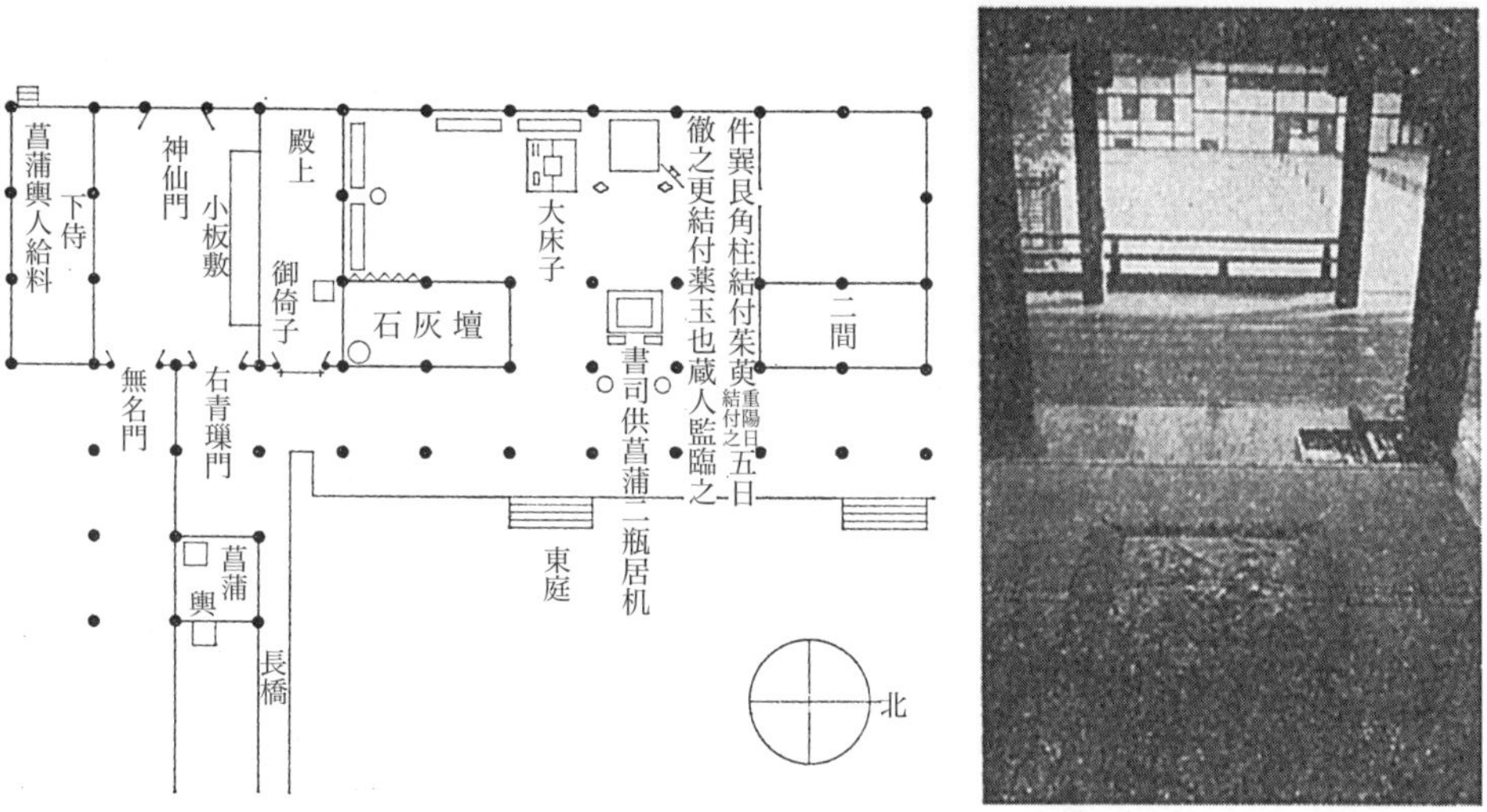

図 77　清涼殿での供菖蒲（『雲図抄』）

図 78　六府獻菖蒲図（『年中行事絵巻』）

る柱を堅固にすることで可能態を含む場所を先取的に確定しようとする、いわゆる立柱式を示している。したがって、「薬玉」を柱に結びつけることは、先述の菖蒲葺に関する倉林氏の卓見、そこが新室であるという見方に導かれて、立柱式のくりかえしであるといい得よう。立柱については第二章で触れた。ハイデッガーは、序章で触れたように、久遠で不動な大地を開くようにして諸場所が設定さるが、それを守り保ちつつ、自らのまわりに開け放たれた処としての空処を集めるという。この立柱式のくりかえしはまさにこの守保することに該当しよう。また、それは、エリアーデにならっていえば原初への回帰による聖なる秩序の再生、強化をねらったものである。とりわけ、菖蒲が四日の夜に葺かれることは、前節で見たように、生の源を内包するchaosとしての夜（原初的闇）、原初への回帰とそこからの再生としてくりかえされる新築であることは明らかである。また、第二章で見たように場所には家長（また家人）が内属するのであるから、そのことによる場所の秩序の確立を通して天皇の生が予祝されているといい得よう。(9)

その際、薬玉の付けられる柱が昼御帳前の左右の母屋柱であるということは、この空処にあって正面性とシンメトリーが昼御帳を中心として構成されていることを意味している。(10) このような形式視は、一般に予祝がその形式のイデア性に支えられていることを示している。すなわち、この行事はこのような中心的柱を原初的闇を背景とした形式視の中で擬似的に立てることで、清涼殿なる場所の未来に渡る可能的な秩序の確立を求めるのである。

〔注〕

1　『枕草子』二五段、三九段、八九段、二二一段、二三九段。

2　九重の御殿の上をはじめて、いひしらぬ民の住家までいかでわがもとにしげく葺かむと葺きわたしたる。なおいとめづらし（『枕草子』三九）。

3　『年中行事秘抄』に「葺二菖蒲一事、新造家必葺之、代々例也、」とあり、この新室寿的解釈は確実である。

4　ただし、図中の下侍の西にある「菖蒲輿人給料」及び蔵人廊の東にある「菖蒲輿」は武徳殿で供さるべき菖蒲案を、武徳殿での節会の中止によってそこに立てられるのを示している。すなわち、『西宮記』には、

　無節会之時、典薬供菖蒲机四脚、二脚供御、立明義門、人給料、前廊下立侍西辺

とある。殿上廻りには不正確な箇所があるが、そのままコピーした。

5　山中裕著『平安朝の年中行事』（昭四七）、倉林正次著『饗宴の研究（文学編）』（昭四四）。このことは、これが内薬及び典薬などから奉ぜられるものであることでも明らかである。薬玉の材料には菖蒲、蓬の外、支子、橡、黄蘗、紫草、茜、汁灰、酢の名が見える（『延喜式』内蔵寮）。しかし、この薬玉は別の形で用いられてもいた。すなわち『延喜式』の左右衛式にすでに、「凡五月五日薬玉《くすたま》料、菖蒲、艾《よもぎ》、惣盛二一輿一、雑花十捧、盛レ瓫、居レ台、三日平旦申二内侍司一列二設南殿前一」（図74）とあるが、「凡諸衛府所レ献菖蒲并雑彩時花〈中略〉検収附二糸所一」（内蔵寮）。

の糸所で造られる薬玉は五月五日武徳殿での四府騎射と貢馬を覧る節会の際、天皇より皇太子や臣下に配られ、

　懸右肩垂左腋、即相分其緒結腰

のである。その際天皇は、

　着菖蒲縵如日景縵〈中略〉太子王卿百僚著菖蒲縵（『西宮記』）

すなわち祭祀に臨む資格を示すしるしとして菖蒲の縵をつけているのである。なおこの行事の初見は天平十九年（七四七）である。

6　武徳殿では菖蒲案は注5に触れた薬玉の分配の前に、

　中務省率二内薬司一ヲ盛二供御ノ菖蒲ヲ於二ノ黒木案一ニ進置二版位ノ東北一ニ宮内省率二典薬寮一ヲ盛二人給ノ菖蒲ヲ於二ノ案一ニ置二版以南一ニ（『儀式』巻第八）。

すなわち武徳殿の前の埒（低い垣）の中に持ち込まれ、奉る由を奏してすぐに取りのぞかれる。つまり、騎射場を菖蒲の力で浄化したといえよう。清涼殿の場合と同様である。

7　『群書類従』には艮（北東）ではなく坤（南西）とあり、『久世本』では長とあるが、艮が正しいであろう。また、この茱萸はやはり典薬、薬司が係わる（典薬式、中務式）。そしてさらに、

　去柱貫一尺余許、以金瓶挿菊花、置黒漆台机、以組結着、各置茱萸柱下内辺（『西宮記』）

に注目しておこう。つまり、菖蒲案と同じ働きのものがある。

8　『建武年中行事』には、

　五日いと所くす玉を御帳の左右の柱に結びつく

とあり、『年中行事秘抄』には、

　結二付御帳一〈中略〉薬司献二茱萸一事結二付御帳東柱一

とあり、『師光年中行事』には後者と同じ記載がある。すなわち、いずれも御帳の柱に結びつけられる。ただし、それらは前者の記録との間に大きな時間差があり、前記の結論が妥当であろう。しかし、それはこの母屋の柱が御帳の中心性に引かれて選ばれたことを示している。なお、一般の寝殿でそこに置かれる帳前の簾鈎に香嚢を懸ける習俗（『類聚雑要抄』）もこれらの習俗の延長線上にあるであろう。

9　ただし、忌み隠りとしての直接的徴表は武徳殿での薬玉にうかがえるのみで、清涼殿にはない。

10　まったくの新築の場合の立柱の形式性は例えば四角の柱への斎忌である。第二章第二節参照。

卯杖事と立帳

正月の初めの卯の日に杖を献ずる行事が「卯杖事」である。それは「遂二精魅一也(1)」といわれ、『公事根源』は解説して「悪鬼を払ふ心ち也」という。「卯杖」とは曽波木、比比良木など多種の木を五尺三寸に切り、束ねられたものである(2)。つまり、邪気を祓う力のあるものと観想されていた。そして、それは皇太子、大舎人寮及び左右兵衛府から献ぜられるが、元来、この日紫宸殿に天皇の出御を仰ぎ、皇太子の卯杖はこの南殿の簀子に、他は南庭に置かれた。この卯杖は『西宮記』によれば、さらに作物《つくも》所で造られ、「生気方物形(3)」に付けられ、清涼殿で天皇の目に供せられる。そしてその後、卯杖は「立昼御帳両柱」という。ただし、南殿での行事は持統三年（六八九）を初見にして、後しばしば見られるが、『江家次第』によれば行事の重点は清涼殿の儀に移行するという(4)。

さて、その清涼殿における「卯杖事」は『江家次第』に詳しく、整理すれば以下五つの部分に分かれる。

（一）春宮の献ずる卯杖は、腋陣から蔵人に付けられ、神仙門―無名門―明義門―仙華門―長橋―南廊小板敷を経て―「着御帳如例(5)」。

（二）大舎人の献ずる卯杖は、内侍所から女官に付けられ、仙華門―長橋―南廊小板敷を経て、ここから内侍が受け取って、「立二夜御殿南戸内面東西壁下一(6)」。

（三）左右兵衛府の進める卯杖は、小板敷までは大舎人と同じで、その後、掃部女官が受け取って「立二昼御座御帳四角一」。

（四）絲所が「卯槌《うづち》」を進める。「卯槌」とは、『枕草子』に「卯槌、薬玉」（二五段）とあるように薬玉と同じく、邪気をはらうものと考えられ四角に削られた長さ三寸の卯の木を束ねて五色の組糸で結び下げたものである。それを蔵人が受け取って「結二付昼御帳懸角柱一西南柱、也　副二立細木一為レ柱」。

（五）作物《つくも》所の献ずる卯杖は、先述のように、「生気方獣形」につけられ、広廂を経て、「立昼御帳両柱(7)」。

明らかに卯杖は、（二）の大舎人のそれを除けば、最終的には昼御帳の柱につけられる。前小節の「供菖蒲」を見たわれわれは、この「卯杖事」は正に初卯という初発的状況にあって、薬玉の場合に似て、卯杖を柱につけることで新たに立帳を行なったと観想され、場所の聖なる秩序の再生をめざしていることに容易に気付かされる。この推定は通過儀礼の章や「移徙儀」のところで見たように、実際の立帳が、立柱に似て、吉日に、しかも穢れのない人によって行なわれ、その際、とりわけ、その柱を立てる順序が関心される事実によって裏付けられる。

さて、卯杖がつけられる柱の位置は前述のように昼御帳の四角、両柱、西南柱と錯綜する。[8] しかしそれらの位置を支える場所の秩序は見かけのようには多様ではない。すなわち、日常の昼御帳が既にして一定の呪的な空間的形式をとっているからである。『類聚雑要抄』によれば、この帳の柱の正面、すなわち東面左右には犀角（図79）、後面左右には八稜鏡が懸けられ、そして前面左右に獅子狛犬が置かれる（図36　一一七頁参照）。これらはすべて呪物であって邪気を祓うものである。そして帳内には東向に敷かれた繧繝御座がある。つまり、清涼殿の昼御帳は呪術的な意味でも既にして東を正面としたシンメトリーな形式をとっているのである。したがって、卯杖の立てられる柱の位置の如何を問わず、呪物である卯杖はこの形式を浮び上がらせているといい得よう。

しかし、同じく昼御帳を中心とした形式視を通して諸場所の秩序の確立を狙うとはいえ、「供菖蒲」「卯杖事」の間には少しく差異があるかに思われる。そこでまず昼御帳について見てみよう。この御帳は夜御殿の御帳と同形でありながら、管見によれば、就寝の具として使われず、座居の具として使われる。しかし後者の例も少なく、わずかに『西宮記』[9]の載せる清涼殿での小朝拝の際に見えるくらいである。第三章三節（死者の場所と土殿）で見たように、天皇が臨終の際には神宝がこの昼御帳に移され、崩御と共に神宝は皇太子の処へ運ばれ、そして昼御帳は壊される。このことから、この御帳は天皇の生の象徴にもなりうるものであった。すなわち、それは実用的な座居の具というよりも儀礼的なものである。その機能は茱萸や卯杖が紫宸殿の御帳にも付けられること等を見れば、紫宸殿のそれと共通するものであることは明らかである。そうであれば、豊楽殿や大極殿[10]の御帳にも共通しよう。これらの御帳は基本的には天皇が臣下の前に立ち現われるため[11]の具であり、いわゆるハレの

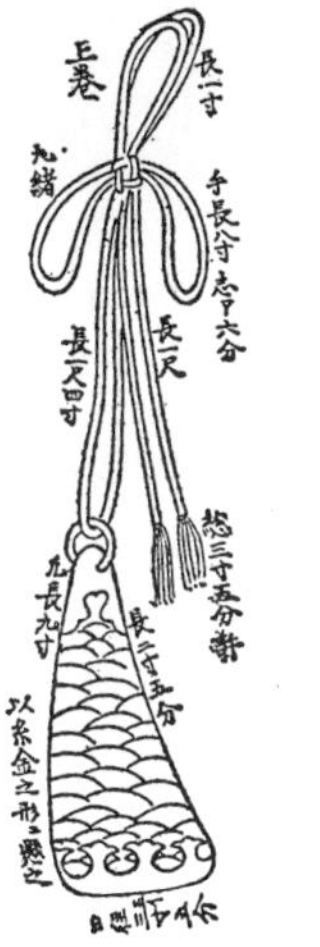
図79　犀角（『類聚雑要抄』）

具であり、臣下にとっては世俗を超越した聖なる天皇の顕れと隠れの接点となる。

聖なるものとは、場所に関連して云えば、大地物体といった意味でのその秩序の全体もしくはそれが依拠するものと云えば云いえよう。その顕現としてのハレにおいては、それはしたがって諸秩序から隔離されてあるといった以外にはありえない。つまり、聖の顕現そのものは、エリアーデ（Epiphany といい）やフィンク(12)（Dämon といい）の指摘するように、アンビバレンツの対象であり、それであってそれでないといった両義的在り方をとらざるを得ないのである。それ故、ハレの場所は俗界から隔離されているとはいえ、その中で聖なるものは中心とか、上とかというようにさらに区別されたり、またさらに、隠れることで現われるという形式をくりかえすのである。豊楽殿や大極殿の御帳はこの顕・隠を現出させる隔離の形式と同時に中心の形式になりうることで、ハレの場面で構成的な役割を演ずるといえよう。それをシェマ的に示したものがA図である（外の枠は俗と聖の分離を、内の枠は御帳の室的形式を示し、隠を黒で示してハレとしての明と対立する）。この形式にはすでに見たものの中では産後の白御帳が該当しよう。ところが、豊楽殿や大極殿には清暑殿と小安殿という後房があるが、それらについては倉林氏は、控所としてだけでなく「神聖な霊魂の籠り宿る」ところ、鎮魂斎場的性格をそこに想定する(13)。そうであれば御帳の隠は後房の隠を本来的とすることになり、したがって、シェマ図はA′図の方がむしろ適当で、御帳の中心性は必然的に奥行関係の上に現われるといわねばならぬ。そして、明の部分も聖なる空処であることはもちろんである。

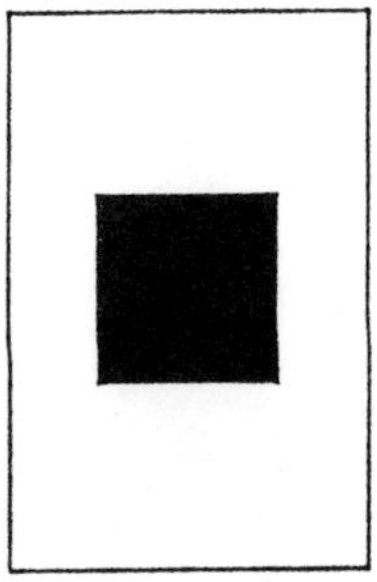

シェマA図

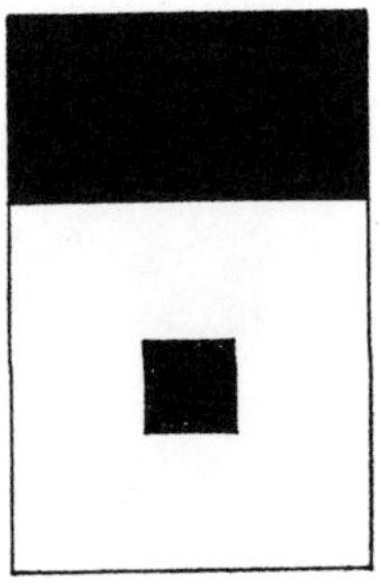

シェマA′図

さて、清涼殿の昼御帳も、「小朝拝」の例の示すように、顕隠と中心の形式になりうるが、さらにこの御帳は夜御帳と同形であることによって、ハレの状況で夜御殿を代表（象徴）しているのではないかと想定される。すなわち、一般の寝殿母屋の御帳は、少なくとも平安後半期にあっては、「移徙儀」や婚礼に際して儀礼的就寝の具となるが、それはそのすまいでの将来の生の安寧を生の全秩序の基底に着目することで狙ってしている。つまり、ハレ的状況にあっては、北廂の日常的寝所(14)とちがって、そこが寝所の代表（象徴）的場所になるのである。清涼殿の昼御帳にはそのような用例は見出し得なかったが(15)、葬礼のところで見たように、昼御帳は天皇の象徴であり、天皇の存在の仕方であるところから見れば、この関係の蓋然性は高い。そうであれば、この「卯杖事」はハレの状況にあって昼御帳を通して夜御殿を、夜を背景とした清涼殿なる諸場所の秩序の確立を狙っているといい得よう。すなわち、その行事の際の空間的形式は、天皇は臨在しないが、シェマA′図となり、上部の黒部分は夜御殿を示すこととなる。

〔注〕

1　仁寿二年正月、乙卯、諸衛府献二卯杖一、逐二精魅一也（『文徳実録』）。

山中裕氏（前掲書）によれば、直接的な起源を中国に持ちながら、在来の慣想によって、例えば、「年木」の観想によって生かされ、慣習化されたものといわれる。土橋寛氏も『古代歌謡と儀礼』（昭四〇）で卯杖の発生を年木に求める。それは平安盛期には流行したようで『枕草子』には、例えば、

五寸ばかりなる卯槌ふたつを、卯杖のさまに節などをつつめて、山橘の日かげ、山菅など、うつくしげにかざりて（八七段）

とある。

2　『貞観儀式』によれば、大舎人寮の献ずる、

其杖曽波木二束比比良木棗牟保許桃梅各六束己上二株為束、焼椿十六束皮椿四束黒木八束己上四株為束

とあり、左右兵衛府の献ずる、

其杖榠樝三束一株為束木瓜三束比比良木三束牟保許三束黒木三束桃木三束梅木二束己上二株為束椿木六束四株為束

とある。

3　「生気方物形」の「生気方」とは吉方のことであるが、その「物形」とは、吉方が東であれば馬というように、吉方の獣をいう。馬（南）、羊（南西）、鶴（西）、猪（北西）、馬（北）、牛（北東）、兎（東）、竜（南東）である。これは北の馬を除けば十二支の方位にほぼ従っている。それに卯杖を持たせて州浜という、箱庭に奇巌を作ったものの中に置き、そしてそれを案にのせ、行事蔵人が舁ぎ、

経殿上前仙華門、立南長橋上、絲所女孺伝取立孫廂御前覧之

である。

4　上古有下出二御南殿一皇太子参上儀上、近代不レ行

とあり、また清涼殿の儀の初見は、『西宮記』によれば、応和三年（九六三）正月である。

5 延喜五年（九〇五）正月八日には、

　春宮坊進杖〈中略〉捧持樹簀子敷、掌侍二人樹御帳未申角五丈餘（『西宮記』。この「丈」は杖に同じ）

とある。ただし紫宸殿の御帳である。

6 『江家次第』によれば、小板敷に続いて、

　近例立二昼御座孫廂一

とある。「近例」とあるので『西宮記』の掲げる応和三年（九六三）正月二日の、

　以東宮卯杖机、立南廊小板敷上、蔵人転取着御帳如例

による。ただし、この卯杖は紫宸殿の御帳にも立てられるもので、注5の記事や又『西宮記』に、

　内侍二人舁机、立御帳西南

とある。

7 『建武年中行事』によれば、生気方の獣に付けられるのは六府の卯杖といい、また左右衛門府の捧げる卯杖も、この卯杖と同じく内侍所を経由しているので、この卯杖は（三）と同じものであろう。

8 新しい資料だが、さらに別の資料『建武年中行事』の例をあげれば、左右兵衛府の卯木は、

　ひの御柱、夜のおとどの御帳、四すみにたつなり

とある。

9 　延喜十九年正月一日大臣依レ申有二小朝拝一、午三尅坐二帳中一。

10 大嘗祭の午日の豊楽殿の御座を『儀式』は「高御座」といい、『延喜式』は「尋常御帳」という。これは同一である。『儀式』元日御二豊楽院一儀に「構二立御斗帳於豊楽殿高御座上一」とある。つまり、高御座の上に御帳を立てることで「高御座」であり、「尋常御帳」であるからである。大極殿の「高座」「御帳」（『儀式』天皇即位式）も同様であろう。

11 朝賀を「みかどをがみ」とも称した。この用語例からうかがわれるところは、神祭における神拝みとその意味において大差のないということである（倉林正次『饗宴の研究』儀礼編、昭四〇）。

12 Eugen FINK,『Spiel als Symbol』1960.

13　倉林正次「神楽歌」(『日本の古典芸能』第一巻、昭四五)。

14　島田武彦「帳台構の起源について」。

15　大舎人寮の献じた卯杖の位置が、

　夜御殿南戸内面東西壁下

ということで、つまり昼御帳と同じ目的で夜御殿が対象になっていることで傍証されよう。大殿祭祝詞(『延喜式』)の傍注にある「産屋に辟木《さきき》・束稲《つかしね》を戸の辺に置く」習俗と同様であって、要するに呪物である卯杖をハレと隠の狭間に立てることでその秩序を確立する。この南妻戸は第一小節で見たように文献では夜御殿のさし油に蔵人が出入りする位で、その出入は少ない(清涼殿と夜御殿への日常的な出入りは朝餉間や手水間のある西廂が主として受け持つ)。したがって、聖と俗との関係ではなく聖でのハレ的場所である昼御帳の部分とその隠として夜御殿があるということになる。

三　闇の宝と明るい室

御贖儀《みあかもの》と闇の室

夜の闇に直接係わる、清涼殿での行事に「御贖儀」がある。それは祓えを目的とするが、年中行事としての祓えはこの御贖儀だけではなく、他に六月と十二月の晦の「大祓《おおはらへ》」(図80)師走の「追儺《ついな》」、そして毎月の晦日の「祓え」がある。[1] また、既に葬礼の節で見たように、倚廬からでる際の臨時の「御贖儀」がある。年中行事の「御贖儀」は後に「節折《よおり》」と呼ばれ、不明な点も多いが、やはり大祓と同根の行事であろう。[2]「大祓」は内裏の朱雀門の南面で大臣以下の宮廷人の罪や穢れを、麻等の撫物や馬やその他種々な祓物で、除去する行事である。その際唱えられる祝詞が、『延喜式』に「六月晦大祓《みなづきのつごもりのおほはらへ》十二月准此」として記載されており、それによると「大祓」とはその季の中に犯した天罪《あまつつみ》、国罪《くにつつみ》を諸々の神々が大海原に、そして根の国・底つ国に祓う行事である。このような目的を「御贖儀」も共有しているはずである。

図 80　貴族の六月祓（『年中行事絵巻』）

さて、この行事次第は既に『貞観儀式』に詳しく記されていて、それによれば、御麻を中臣が、横刀を東西文部が、荒世・和世という神服を縫殿寮から、そして壺を、それぞれ中臣女を経て天皇に捧げる。御麻は、天皇自ら自分の体をそれで撫で、卜部が受取って祓所で祓うものである。「大祓」の麻と同一目的のものである。横刀については『延喜式』に「東文忌寸部献二横刀一時咒《やまとのふみのいみきべのたちをたてまつるときのず》西文部准レ此」があり、それによれば、それは神々に横刀を献ずることで禍災を除き、天皇の治世を延ばそうとするものである。ただし、『西宮記』によれば、天皇がそれに気息をつけて中臣に返しているので、これも撫物である。荒世《あらよ》・和世《にぎよ》は問題であるが、(3)気息をつけているのでやはり撫物であろう。壺も「放二口気於壺一」とあって同様である。いずれも大祓と同様に、その季に犯した天皇の罪の祓斎を意味しよう。

さて問題はその際の鋪設である。(4)その装束は『江家次第』に詳しい。また、それとは屏風や幔に多少の相異はあるが、『雲図抄』にその鋪設を示す指図がある（図 81）御座は、夜御殿の東戸の前、「二間」の北間に、北西南の三方に屏風を立て廻らし東方に簾を下して、閉鎖的な空処をつくり、その中に「鋪二小莚二枚一、其上供二半畳一南面」となっている。

またその東方、宮主座が設けられる東庭も南東北の三方を斑幕で囲う。要するに行事は室的な形状の中にあるのだ。そして、それは夜で、しかもまったくの暗闇の中で行なわれる。出御の間は燈楼の火を皆消して行なっている。(5)特異に闇に着目するのである。この闇の夜は荒世・和世という言葉の示すように、俗ではない、いわゆる聖なる夜である。この闇は、祓われる罪禍を引受けることで、まさしく混沌とした闇ではあるが、この祓斎を通して天皇は再び新しく生きうるのであるから、それは季節の節において特殊視された夜、第一小節の終りでも指摘した、いわゆる生を内包する混沌としての原初的闇である。

そうとはいえ、この闇は混沌であり、秩序とは対立するものであり、したがってそれからこの行事の儀所は隔離されねばならぬし、それが屏風や斑幕で囲う意味かと思われる。しかも、その内部でも闇を維持しようとするのであるから、この室的空間は通常の在り方ではない。しかるに、この行事は混沌を介して新しい生を得ようとする儀式であるから生と死の両義的在り方を、すなわち混沌としての闇をとるが、人は生である外ないのであってみれば、このような混沌に対して生なる秩序をこの室が支えていることになろう。つまり、両義的様態の中での秩序志向の形式であろう（このシェマをB図に示す）。この関係は倚廬からでる際の「御贖儀」がよく示している。倚廬にあるとは死去に伴うリミナリティにあることであるから、それはまさしく生と死のはざまにあることであるが、この臨時の御贖もそれに続くことで同様な状態にあると考えられるからである。この室は闇を囲うということにおいて原初的闇を開けているのである。そのようにして空処を方向づけている。

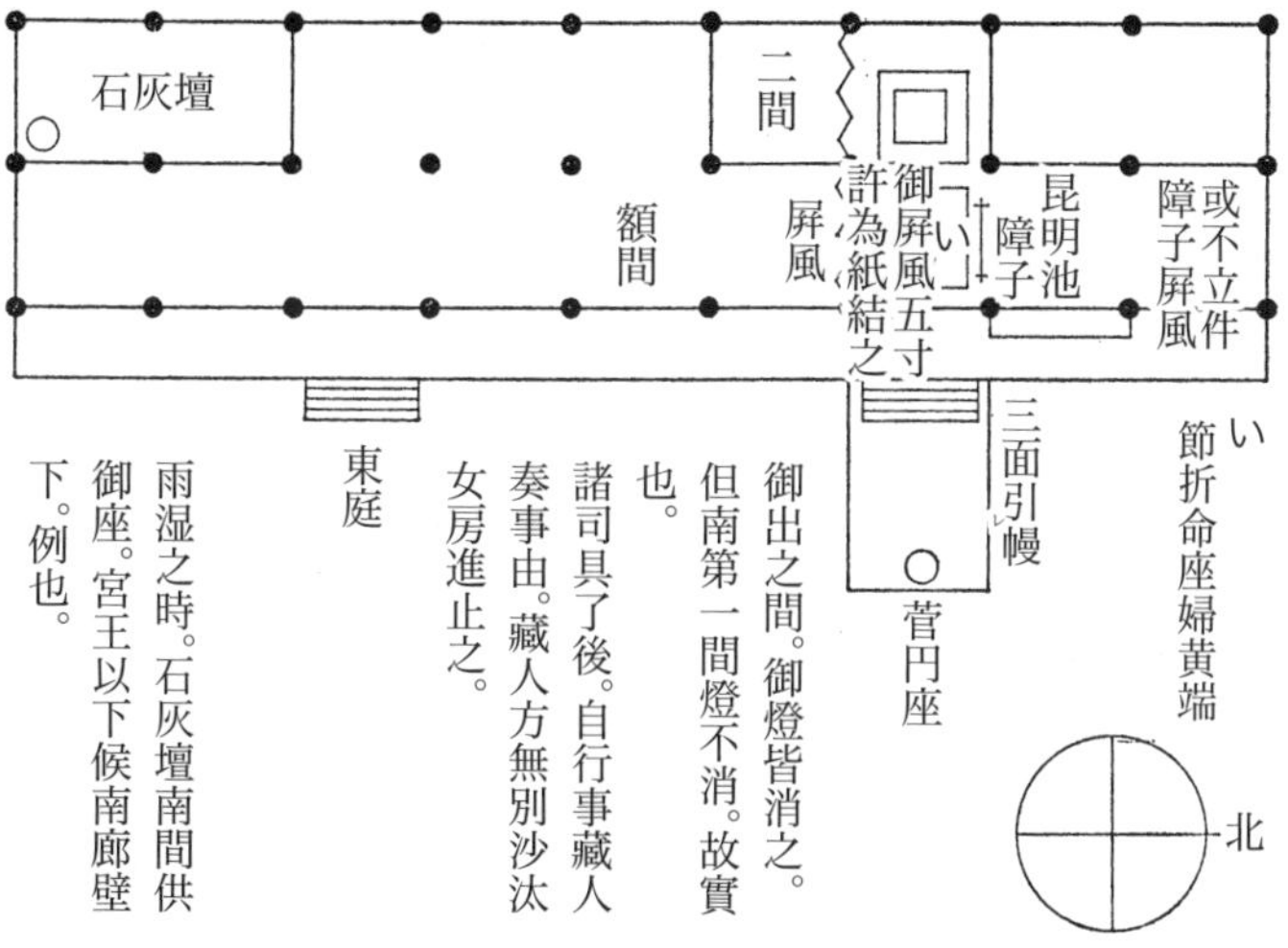

図81　御贖儀（『雲図抄』）

シェマB図

この室的形式はしかし孤立してあるのではなく、一つの方位に関連する。すなわち天皇はこの室内で南面する。この南面は雨儀の場合でも同様で、つまり、南第一間の石灰壇で同じく屏風と斑幕で囲んでやはり南面する(6)。南面が形式視されていることは確かである。この行事と同根と思われる「大祓」が前述のように朱雀門の正面、すなわち南面して行なう。その南面に通じる何物かではあろう(7)。同じく闇の中にありながら、北首にしたり、座を薄くしたり、屏風等をことざまに立てたりする、死者のありどころの秩序とは対立する秩序である。しかし、要するにこのことで確認しておきたいことは、南面はおそらく祓斎のため混沌の中に生きねばならぬという、両義的在り方を支える形式であり、この室的形式と同一機能を担っているのであろうということである。

〔注〕

1 『内裏儀式』には「毎晦日進御麻式」とあって、神祇官の進める御麻を天皇の体に触れ、それを祓う。

　〈前略〉内侍伝供皇帝執麻自麻御体〈中略〉神祇官候階下事畢捧麻退出

その詳細については不明である。

2 『令義解』では「大祓」に東西文部が参与するといい、『延喜式』では、

　凡東西文部等上二大祓大刀一者

といい、「御贖儀」にはこの文部の奏刀が含まれることも、同根の理由となろう。

3 『貞観儀式』では荒世・和世は神服で、それで「量二御体一惣テ五度」とあり、『西宮記』では「着緒気息」とあり、後に「量御体」とある。後者では荒世・和世は竹を意味している。『江家次第』も同様である。それを奉仕する官人に『西宮記』には「荒夜卜部」がおり、『江家次第』には「節折《よおり》蔵人」がいて、世《よ》、夜《よ》、節《よ》は同一の時間概念に係わっているといえよう。六月と十二月の晦日の夜は年季の夜である。

4 『小野宮年中行事』には、

　内裏式雖レ載二南殿儀一、近代於二御在所一所レ被レ行レ之、十二月同レ之

とある。

5 『江家次第』は「或云」としてこの記事を載せるが、延久二年（一〇七〇）六・晦として次のようにいう。

　御出以前皆消レ火畢、而依レ被レ仰二暗之由一一燈楼許居二御燈盃一、御出之間又消畢、但燈盃居二長押下一、事畢後如レ本供二奉御燈等一

6 毎朝の御手水は北面して行われるが（『禁秘抄』『日中行事』）、『建武年中行事』には、潔斎には大床子を北によせて南向で御手水を使うとある。あるいはこの南面と同一観想の上にあるのであろうか。

7　師走晦日夜には、除去という点では「大祓」に似た、悪鬼を払う儀式「大儺」、後に「追儺」といわれる行事がある。方向の問題に係わるのでそれについて略記する。紫宸殿に天皇が出御し、南庭で行なわれる。その際、陰陽師が読む咒文が『貞観儀式』、及び『延喜式』にあり、そこには、

〈前略〉「穢悪《けがら》はしき疫《えやみ》の鬼の、処処村村に蔵《こ》り隠《かく》らふるをば、千里のほか、四方《よも》の堺《ほとり》、東の方は陸奥《みちのく》、西の方は遠つ値嘉《ちか》、南の方は土佐、北の方は佐渡より彼方《おち》の処を、汝等《なむたち》疫の鬼の住処《すみか》と定めたまひ行《おもむ》けたまひて〈下略〉（『延喜式』儺祭詞）

とある。この四方に向けて内裏の四門（玄輝、宣陽、承明、陰明）において内裏の外へと祓うことで、宮城外へ、また国外へと追い払うという。具体的には恐ろしい姿をした方相と振子が悪鬼となった疫を駆逐する。清涼殿では方相が仙華門―東庭―滝口陣へと走りぬける。方向に関しては四方に祓うということで、南方への「大祓」、節折とはことなる。

四方拝《しほうはい》と明るい室と方位

「大祓」「御贖」「追儺」等で天皇の身体と内裏は浄化され、正月が迎えられる。すなわち、天皇のある、その存在としての場所は、これらの諸行事によって再生の基底を顕在化し、そこはいわば白紙になったのである。そして、正月元旦寅刻（午前四時）、鶏鳴と共に「四方拝」なる行事が始まる。これもまた屏風で囲われた室的形式の中の行事である。

「四方拝」は宇多帝時代に盛んになり[1]、一般貴族や庶人の間にも行なわれたものである。清涼殿では、図82に示されるように大床子の間に当る南第三間の格子をあげ、その東庭に四帖の屏風を立て廻し、中に御座を三所設ける。

一所拝属星、一所拝天地、一所拝陵（『西宮記』）

つまり、そこで属星、天地、陵を拝するのだが、その拝するものによって座を異にする。その際に唱えられる咒文によると[2]、この行事は年の始めにあたってあらゆる災厄をまぬがれ、安寧であるよう祈る行事である。

その式次第は、

北向、称属星名再拝、次咒、次北向、再拝天、西向拝地、次拝四方、次拝二陵、両段再拝（『西宮記』）

とある。これら方位については『江家次第』に詳述されている。北向で属星を拝するのはその方に北斗七星があるからであり、天を拝するのに北向であるのは陽気は北に起り（陰は未でほぼ南南西）、陽気の起る所が天であるからとも、皇天上帝が北にあるからともいう。地を拝する向きは、土は亥（北北西より少し西寄り）で気を受け、土気の起る所を地とするからであるといい、また乾（西北）を再拝してもいる。(3) 四方は東に始まり、南、西、北と再拝する。(4) 陵の向きは不明である。ただ、『江家次第』には、『北山抄』がいうとして、「荷前《のさき》式」が十陵を拝するに対して、この「四方拝」では二陵を再拝すると載せている。また庶人が行なう「四方拝」の注記に、

私云御父母御現在之時不可有陵座也

としているところを見れば、この二陵は父母の陵を云うのであろうか。そして拝する方向はその陵のある方向であろうか。以上は皇族・貴族等の「四方拝」であったが、庶人儀の方向はそれらと僅かに異なっている。(5)

さて、この行事は屛風の中に入ってからは筵道の屛風も閉じるというようにまったくの室的形式の中で行なわれる。しかし、暗闇での御贖儀とは異なり、この場合脂燭をかかげて座に入り、屛風の内でも燈を点す。すなわち、儀所が囲われていることをありありと顕わす。室的形式そのものの着目である。そしてこの行事の狙いは年の初発で、しかも夜明けにあたってあらゆる災厄をまぬがれ、生の秩序を、生の可能性を確立することにあり、したがって一状況を超えた生の基底的なものをめざしているのであり、その際の北辰（生）と陵（死）、天と地はわれわれがつとに開放される場所として着目してきたもので、それらは中心的な場所において開かれるのである。そうであれば、この室的形式は、囲うことでかえって生の基底（会域《ゲーゲント》）を顕在化させる、ある

いはそれに対応する形式であるといい得よう。しかるに、顕在化しうる、あるいは対応しうる根拠は一つには方位の呪的象徴化に負っている。前者の顕在化を後者において行なうからである。しかし、そうでありうる前提として方位が顕在化していなくてはなるまいが、それはまさしく室が構成している一つの空間的様態である。

前節で見たように、日常的にはここの現象は本来ここへの志向にあって、それとの係わりの中で潜在的に指定されているものである。この行事の鋪設はそのここを囲いかつ照らし出すことで顕在化し、そのことで方位に着目しようというのであろう。一方、方位自体は序章第二節で指摘したように、絶対的静止としての大地の一つの対象化と看なしうるが、このような方位をこの明るい室が照らし出しているのである。つまり、場所の二層性に着目しての手立てである。そして方位に係わる呪的慣習的象徴を介して、生死・天地・四方を現わしているのであって、それが生の基底的秩序に属することを示している。このように明るい室的形式を介してのこの方位への着目は一つの秩序志向で

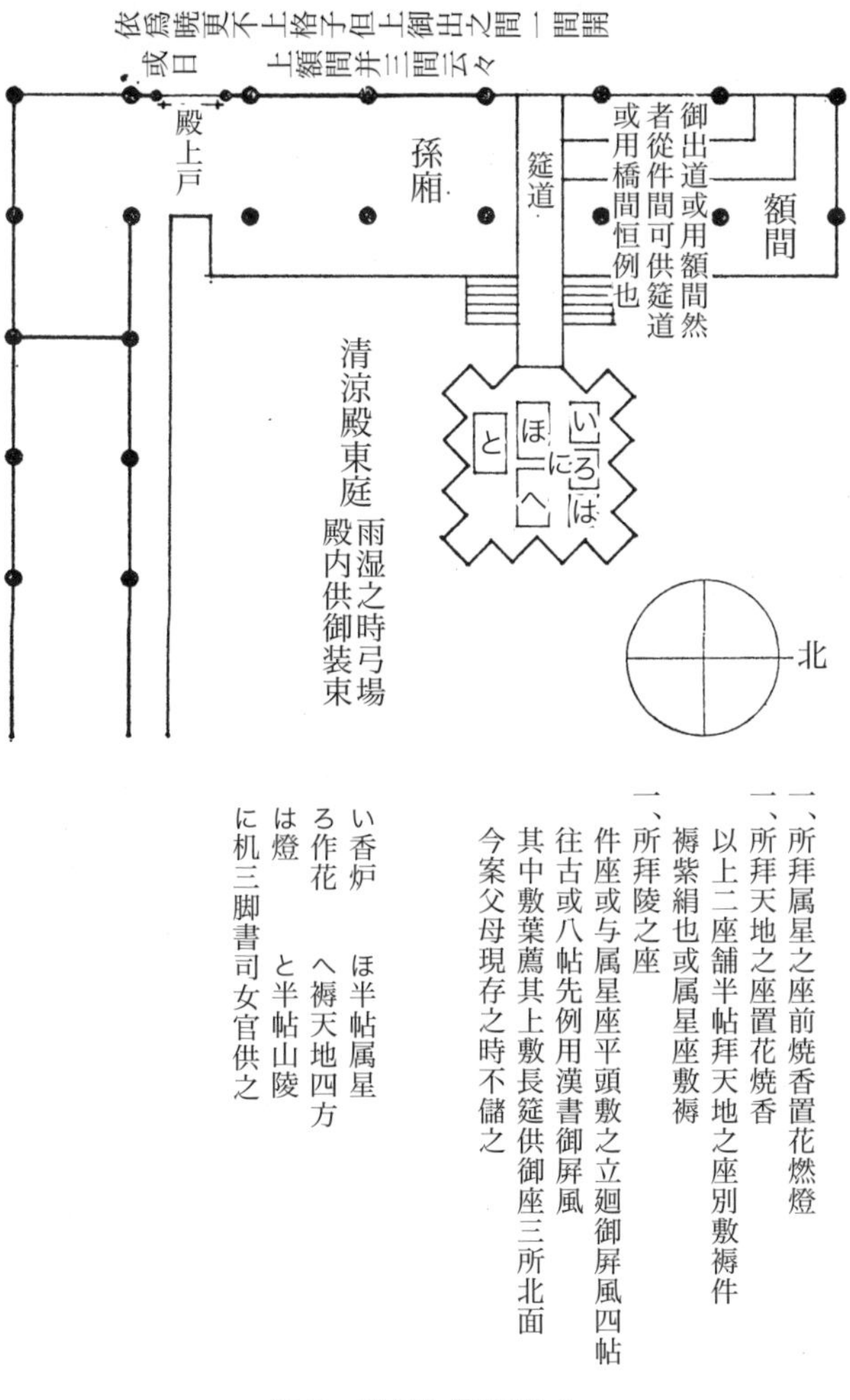

図 82　四方拝（『雲図抄』）

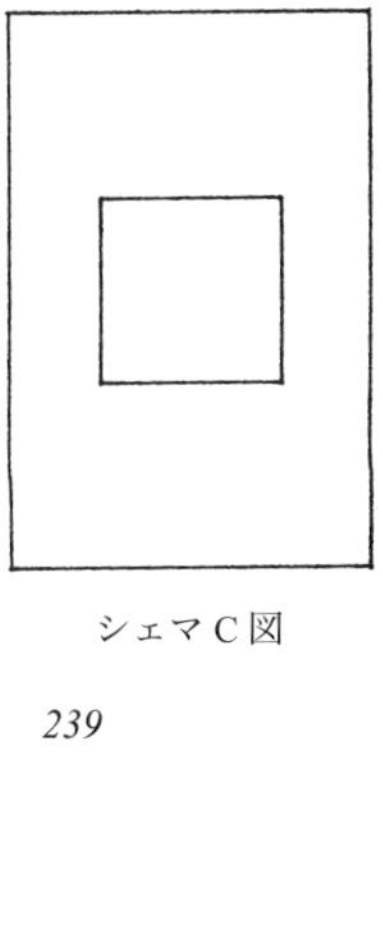

シェマＣ図

ある[6]（このシェマをC図に示す）。この点に関しては「大臣大饗」についてもあてはまる。

　方位については、序章で儀式的な諸場所がそれに定位されることとして注目されていた。そして、『礼記』に見られる中国の方位観との差異についても指摘された。その他、これまでに、「安鎮法」に係わってとかというように、死去に係わってとか、ところどころで取り上げられてもきた。これらに共通する非日常的状況の中で方位に着目するということが、一体どのような意味を持つかについて、この「四方拝」が鮮やかに示しているのである。

　しかし、「四方拝」での方位の意味も、『江家次第』では、「五行大義云」といっていることからもわかるように、中国の方位観につながるものである。それでは日本古来の方位観はどうかといえば、大野晋氏の研究[7]にあるよう言語学に負う以外にはない。その研究によれば、東は、

> 古くはヒムカシで、これは「日―向カ―シ」の複合で〈中略〉「日に向く方向」（西は）「去方《いにし》」の約で〈中略〉「日没の方向」（南は未詳、北は）「黒・汚・闇」を表わすキタによって「北」を把えた

とある。そしてこの北に対比される南は、『万葉集』五十二の長歌にある、カケトモ、つまり、カゲ（光）ツ（の）オモ（方向）に示される「光の方向」、つまりは太陽の方向であり、北はソトモ、ソ（昔）ツ（の）オモ（方向）であるという。要するに、わが国の方位観は太陽に係わっており、東と南を前面、正面とする考えもまた太陽の運行に基づくのである。

「四方拝」にある方位観はこのようなわが国古来の方位観と合致するところはないといってよいであろう。したがって、「四方拝」は、方位に関していえば、「大臣大饗」が方位観を欠いた形で中国の儀礼を吸収したのに対して、それを保持している。

　さてここで前小節の結果と合わせると、われわれは室的形式の二つのタイプを持ったことになる。一つは暗闇の中での室であり、一つは明るさの中での室である。前者は生の根であり、生の対立である闇の中で再生の準備のための空間的形式であって、それ自体は生を庇護する形式である。後者は生の根底的秩序を確立するための空間的形式であって、場所の二層性を現わす形式である。共に囲うこととして建てることであるが、開ける方向に差異がある。そしてそれは一連の行事の形式であり、前者が他界

としての聖なる闇、後者がそこからのハレとなることは明らかであろう。そして、この形式は平安時代の皇族貴族の産所で見出される、他界にさしむけられて子を生む場所としての御産所と誕生した生の確立のためのハレ的場所としての白御帳に正しく対応するものである。

　このような両形式は古代人に一般的でないかと思われる。これらの室は天皇の存在仕方としての場所を如実に示すものであるが、それらの鋪設は仮設的なものである。したがって、この知見を踏んまえて、次に本来的なすまいとしての清涼殿についての、しかも闇と明、混沌と秩序、死と生の関係の中での場所の秩序を見ることにしよう。

〔注〕

1　『内裏儀式』に詳しい内容が見えるところから嵯峨帝時代に儀式として確立したといわれる（山中、前掲書）。顕著に密教的な修法であるが、根底に新春の「山見」の習俗が透けている。

2　『内裏儀式』正朔拝天地四方属星及二陵式によると「咒日賊寇之中過度我身毒魔之中過度我身危厄之中過度我身毒気之中過度我身五兵口舌之中過度我身五危六害之中過度我身百病除愈所欲従心急々如律令」。

3　地を拝する向きは各書に相違が見出される。『江家次第』で乾（北西）というが、もちろん亥（北々西に近い）とちがう。『西宮記』は西向といっている。

4　『九条年中行事』では、「起レ子終レ西、子是十二神之始」とある。『江家次第』はこれを庶人儀としてあげている。

5　『江家次第』は庶人儀では、北辰、天地、四方、墳墓の地、大将軍、天一太白、氏神、竈神をあげている。

6　Medard BOS は、『Der Traum und seine Auslegung』1953.（三好他訳『夢、その現存在分析』、昭四五）の中で、重い慢性のうつ病患者に、空虚な無の暗黒の中から、医者への信頼による「そこ」の再築を通して、自己定位と自己運動可能性とが整えられる事象をあげているが、われわれの事例にあってその医者の「そこ」に該当するものが、非対象的な大地であり、象徴的意味を持つ方位ということになろう。

7　大野晋、『日本語をさかのぼる』昭四九、一五八〜一七一頁。

四　夜御殿

供御薬《みくすりをぐうず》と夜御殿

「四方拝」の後、清涼殿では「供御薬」が行なわれる。「屠蘇《とそ》」という邪気邪霊を祓う薬酒を供する儀式で、飲食するという行為によってより直接に天皇の安寧を獲得しようというのである。(1) それは、「歯固め」の儀といって押鮎その他の食品を長寿を願って食する儀と共に行なわれ、三カ日間つづく。さて十一月下旬陰陽寮の勘文や薬、雑器等の準備が始められる。そして師走晦日には典薬寮の進める御薬を「籠二於生気方一」。生気方とは吉方をいい、東西南北のいずれかをあてる。(2) そして、その生気方に応じて特定の位置に、屏風を立廻してその中に御薬を籠める。この特定の位置とは、『西宮記』や『江家次第』によれば、その際の生気方に応じて仁寿殿西渡殿西面(東)か、下侍(南)か、黒戸上(北)か、後涼殿西南戸口前(西)かである(図66参照)。すなわち、いずれも清涼殿へのアプローチの口にあって、清涼殿という領域の境にあたる。そして、また「屠蘇」(3)も同日、緋絹袋に入れられて井戸(豊楽院西の典薬寮巽―南東―の井戸)にひたされる。(4)『公家年事』によれば、地中より昇る青陽の気を「屠蘇」につけるためであるという。生気といい、青陽の気といい、それぞれに精気をつけるのである。また屏風を立廻すといい、井戸といい、ここにあっても室の意味が見出される。そして、元日早旦清涼殿を装束する(図83)。東廂南第三・四間に、昼御帳の中にある南北両面の几帳をとって立て、のこりの間には簾が下される。また、必要な座が昼御座のまわりに設けられる。そして天皇をはじめ、陪膳女房等が着座する。一方、弓場殿に御薬が運び込まれる。表6にはそれ以後「屠蘇」を飲む第一献の前までの人の移動と物の移動が示してある(最下段に記された人ないし物が上より下へ移動し下二段に記されてある座に至る)。

その後「屠蘇」を飲み、そして昼御座に帰って「白散」「度嶂散《としょうさん》」を飲む行事、そして「御膏薬《みこうやく》」を供する行事が続く。しかし、まず着目したいのは天皇が最初に飲む屠蘇行事である。その際、天皇は座をたって夜御殿の南戸より入って東方戸に向って立ち、(5) そして陪膳女房は「屠蘇」の入った酒盞をもって東廂御障子を通って東戸の前に行き、それを天皇に供する。すなわち、室的形

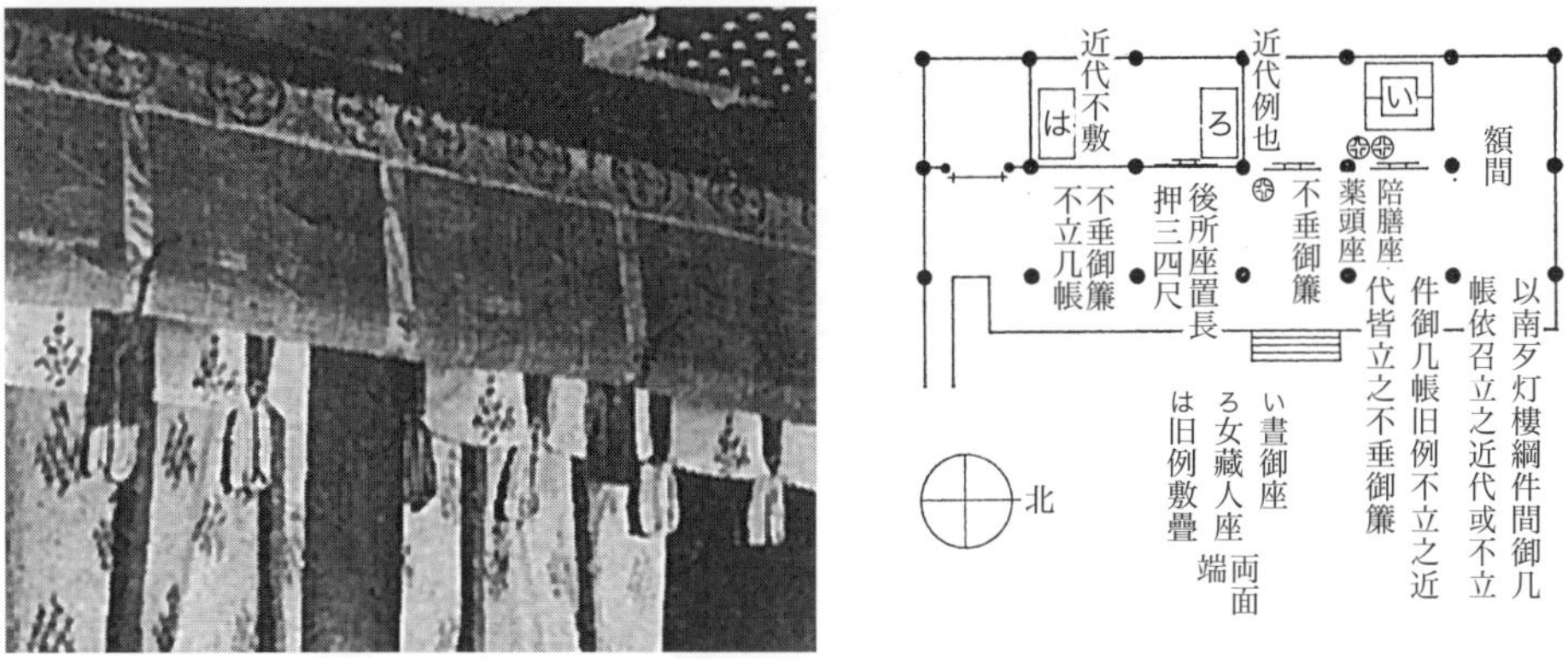

図83　供御薬（『雲図抄』）

表6　「供御薬」の際の人と物の移動経路

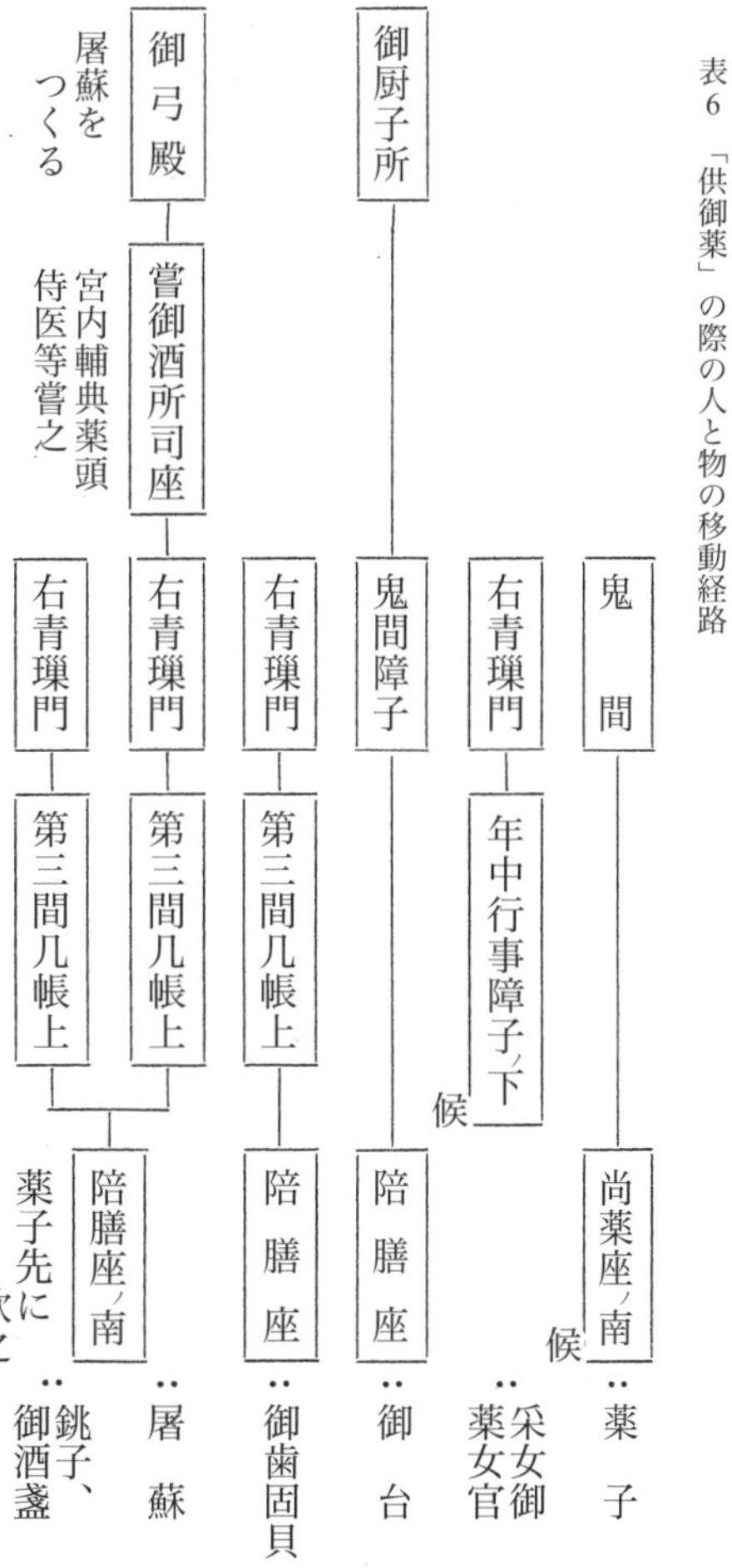

式である夜御殿にわざわざ出向き、秩序を象徴する東に面して邪気を祓いうる薬酒を飲むことで天皇の生を確実にしようというのである。そこには明らかに夜御殿が生の確実化のために最初に入るにふさわしい場所とする観想が見てとれる。何故ならばそこは、昼御座という明るい側に対する、聖なる闇を意味しているからであろう。

この室形式は「御贖儀」の形式に類同すると見れないわけではない。そうであれば「四方拝」に該当する行事は、「屠蘇」につづく、同じ目的での「白散」「度嶂散」を飲する行事となり、その室的形式は、それが行なわれる昼御座、つまり昼御座の前に昼御帳の几帳を立ててつくる儀所に該当しようし、図81、82にあるように、「御贖儀」の儀所が夜御殿から、「四方拝」の儀所が御帳の間、ないし大床子の間からそれぞれ出ていることからも傍証されるかに見える。しかし、この行事に見られる夜御殿の外は明

図 84　夜御殿南戸より昼御帳ごしに昼御座，石灰壇などを見る

であり、また「御贖儀」が祓いという分離儀礼を含むのに対してここではむしろ統合儀礼的である。したがって、この行事の類同を他に求めれば、婚礼での御帳の中での三日餅と帳前での供饗との関係が浮び上がる。そうであれば御帳と夜御殿が対応していることになる。この対応は「卯杖事」を見たわれわれにとっては納得が行く事柄である。そうして、統合儀礼を含むとはいえ、この夜御殿はリミナリティの状態であり、さすれば清涼殿にあっても「御贖儀」から「四方拝」の関係に似て聖なる状況において混沌から秩序へ、闇の室から明の室への移行があり、そのことで生が確実化される事象があることになる。夜御殿から昼御座への移行である。

さて、一方「卯杖事」ですでに見た事柄であるが、ここでもまた東広廂からのこれらの室に対する見方がある。つまり、「卯杖事」のシェマにならえば、これらの室の内はすべて隠であるからである。しかるに一方、明白に前述のように室の内では闇から明への移行がある。したがって、ここでのシェマ図は隠の中のさらなる分化として理解されねばなるまい。それはわれわれの立論の障害とはならず、かえって益となる。すなわち、生の基底的秩序に触れるとは、室外の対象的な秩序とは別の状況にあることで、隠れる以外にないからである。同時に、全体的秩序や他界を開くのである。その構造は、シェマB図とシェマC図に隠としての闇がかさなったもので、明と明に対する隠の二重性、闇と闇に対する隠の二重性のシェマとして示される（「御贖儀」「四方拝」のシェマ図も同様である）。それは、まさしく室という空間的形式の両義的在り方を露呈させているともいいうるし、逆に開けることの両義性がかかる祭祀を支えているともいいえよう。つまり、隠れることで混沌に属しながら秩序に係わっている空間的形式においてである。そうであるから、「御贖儀」と「四方拝」という対立した行事の空間的形式になりえたのであろう。

〔注〕

1　『江家次第』には「弘仁年中始之」とある。また山中、前掲書には「元来屠蘇の字は鬼気を屠絶して人魂を蘇生せしめるという意味」とある。その調合には大黄、蜀椒、桔梗、桂心、防風、白朮、虎杖、鳥頭をもちいるという。

2　『拾芥抄』では、死気方に対して、「一切療治可レ向方也」といい、十二ヵ月に十二支をあてているが、『江家次第』によれば本文の通りである。なお、例えば北は黒というように生気方には各々特定の色がある。

3　「先煖二御酒一、以二御薬一入二於酒一、名二之屠蘇一」（『江家次第』）とある。最初に「屠蘇」、次に「神明白散」、次に「度嶂山」を供する。後の二者は盞の酒に薬をまぜてのむ。しかし共に多種の薬物をまぜたもので「一人飲レ之一家無レ病、一家飲レ之一里無レ病也、自レ少飲レ之、然後至レ老也」（『大学集』）といわれるものである。

4　立春の日、青陽の精気を身につけるために供せられる若水は、

一日年封二御生気方人家井一、一用之後廃而不レ用レ之（『江家次第』）

という。「屠蘇」の井戸への浸しもこれと同様であろう。但し、一度使った井戸を廃した形跡はない。

5　『西宮記』は、

塗籠東方戸内也、但向御生気方

といい『江家次第』は、

当二塗籠東方戸一立給〈中略〉向二東戸一飲レ之

とある。『建武年中行事』も同様な記事をのせている。

物忌と清涼殿

さて、このように見てくれば逆に内が明で外が闇である室の関係もありうるわけで（シェマD図）、その祭祀儀礼をしらべねばならぬ。それが「大殿祭」である。それは室内での祭礼であるが、それを検討する前に、闇なる室外（混沌）から見た明なる室の関係を見るために「物忌」を

シェマD図

とりあげよう。

物忌の際には「御物忌」を、すなわち約三分の長さの柳の木に御物忌と書いたそれを、簾にはさみつける。清涼殿でのその箇所は、『侍中群書』によれば、昆明池御障子南七間、朝餉間三間、台盤所二間、鬼間上御簾、渡殿、御装物所である。(1) 物忌とは『拾芥抄』や『江家次第』によれば、元来鬼神王の名であって、それには他の鬼神達も近づき得ないといい、したがってこの名の書かれた柳をつけた簾はそれら鬼神達の侵入を防ぐという。このような観想は在来のいむという観想、すなわち、わざわいを招くような行為を避け慎しむという観想に、陰陽道(2)のそれが融合して成ったものだといわれている。『江家次第』によれば(3)、この日、家への出入りが禁じられるのが普通である。清涼殿についても同様である。例えば『禁秘抄』が示すように、古くはその日参籠した公卿は殿上に候うのみであったというようにである。したがって、そこには慎しむに相応しい場所、つまり邪気・邪霊のない浄化された場所が、「御物忌」を付した簾によって構成されているのである。

日蝕の際の物忌は殊の外厳しい。『令義解』には、この日天皇は政事をしないとある。(4) 死穢が内裏に満ちているからである。例えば『推古紀』に「日、蝕之尽きたること有り」、つまり太陽が死んだとすることによってわかるようにである。それ故天皇はその穢れから忌み避けるべく家内に籠るのである。『禁秘抄』によれば、天皇にその光を当てないように清涼殿を席《むしろ》でもって囲み、内にはさらに軟障を引き、その中で音奏さえ止めて慎しんでいる。(5)

つれづれなるもの、所避りたる物忌（『枕草子』）

のように、物忌は「つれづれなるもの」に属しさえするが、根底にはやはり、物忌の禁を破って殺される『今昔物語』の話が逆に示すように、忌み慎んで家に籠ることには死からまぬがれうるというイメージがある。(6)

すなわち、「御物忌」を付けた簾や席、軟障で構成されたこの室は、穢れや邪気・邪霊に満ちた外界に対して専一に生の場所なのである。しかるに、それとは逆に、とじ込められ、のがれたい場所、ネガティブな場所と観想する事象がわれわれの身のまわりにいくつもある。その典型的なものは感覚遮断 sense deprivation 実験での暗室であろう。(7) 暗室内の被験者にとっての外界は一般に敵対的で危惧すべきものと捉えられるが、その中で実験に耐ええた人、つまり指定された日時そこに留まり得た人の特徴の一つは、暗室を定位させる場所秩序の熟知にあるという。われわれの事例は暗室ではないが、廻りが危険であることで、かなりそれに似た状況であろう。この室は実験室でなく、生の諸場所であってみれば、すぐれて場所秩序の中にあらねばならぬことになる。前節でも繰り返したことであるが、単に外界から隔離されることで場所の庇護性は成立するのではなく、秩序に究極的には諸場所を開き方向づけられていなくてはならぬのである。たとえ隠されているにしてもである。

しかし、物忌にはわずかに慎しむという行為に非日常性が見出されるとはいえ、明なる室に隠れることで目的を達している。そのような秩序の確立こそ、祭祀儀式という非日常的状況において狙われているものなのである。

〔注〕

1　「御物忌」を付けるのは『侍中群要』によればこの外、四衛府、御厨子所、上下御膳宿所、進物所、造酒内侍、薬殿、贄殿、内膳、日次所、主水内侍、内侍所、滝口、殿上、女房。この中には人があげられているが、これは物忌と書かれた簡を冠や着物につけるからである。

2　金子武雄、『上代の呪的信仰』昭四三。

3　依二具人年一有二可レ慎之日一、件日禁二一家人之出入一也。

しかし、物忌は臨時にも行なわれ、

毎レ有二恠事一有レ仰召遣候処、陰陽師於二所座一令レト二申吉凶之由一（『侍中群要』）

とある。またそれが他の儀式と重なったりする場合、儀式の性質に応じて簾中で行なわれたり、廉外だが通常とはちがう仕方で行なわれたり、また「四方拝」のように通常通り行なわれたりする。

4　凡太陽虧、有司預奏、謂、大陽者、日也、虧者、薄蝕也、有司者、陰陽寮也、皇帝不レ視レ事。

「不視事」とは「不レ聞二政事一」とある。日蝕と死の関係については、大林太良、『東南アジアの日蝕神話の一考察』（昭四七）参照。

5　「主上当二日月曜一之時御慎殊重〈中略〉王子殊不レ当二其光一雖二蝕以前以後一不レ当二其夜光一日月惟同以レ席裏二廻御殿一如二供御一不レ

当㆓其光㆒、そして「引㆓廻席㆒之上内引㆓軟障㆒外席所衆㆑之内蔵人引㆑之」。

6 「以㆓陰陽術㆒殺㆑人語第十八」。先述の『推古紀』に極めて示唆的記載がある。すなわち「日、蝕え尽きたること有り」として、四日後推古帝は「痛みたまふこと甚しくして、諱むべからず」とあり、翌日死去する。『日本古典文学大系』頭注には、

「不㆑可㆑諱」は、忌み避けることができない意、すなわち死をいう

とある。

7 Jack.A. Vernon『Inside the black room』1963.（大熊訳、『暗室のなかの世界』昭四四）。

大殿祭と顕在的室としての夜御殿

「大殿祭」とは、第二章第二節で「大嘗祭」に関連して述べたが、基本的には天皇の常御殿において殿舎の神（屋船ククチノ命、屋船豊ウケ姫ノ命）を祭り、その神の力で生の場所を確定（解放）し、禍いからまぬがれようとするもので、「大嘗祭」「新嘗祭」「神今食」等、祭の前後にはかならず行なわれる。その祭次第を『江家次第』に見ると、中臣と忌部が石灰壇、夜御殿、朝餉間、御樋殿、御膳宿、御厨子所、南殿御膳を次々と祭っていく。その祭の仕方は『貞観儀式』[1]に詳しく、玉を殿の四角に懸け、その四角に米・酒・切木綿をまいて、祝詞を読むとある。邪気・邪霊を祓うべく呪物を殿舎の四角に置き、神に祈《の》むのである。

さて『江家次第秘抄』は、「大殿祭」を解説して、

殿門祭ト云〈中略〉今僧ノ安鎮ノ祭リモ此レト同ジ、異国ニテ新宅ノ振舞ヲ落祭ト云ガ、此大殿祭リニ当ル也

という。そして実際平安後半期では遷幸儀の前段階的行事として「大殿祭」、ないし「安鎮法」が行なわれている。[2]「安鎮法」と「遷幸儀」を含む「移徙儀」については第二章第三節で触れたが、ここで再度着目したいのは、「移徙儀」の重要な部分を構成している次のような儀式である。それは、童女（火童）によって運び込まれた火が食事関係の場所に下げられる前、三ケ日間消されずに夜御殿の四角の燈楼に置かれることである。[3] 第三章第二節で、任子入内に先立って陰陽師が夜御殿の四角に礼（おそらく護

符）を打つことを見たが、(4) また第三章全体を通じてこのような火の聖性を確認したが、この火もまた礼と同じく邪霊を祓いうる機能をも持った呪物であろう。そうであれば、火が夜御殿の四角に置かれるそのことは、明らかにその室的形状が注視され、開かれるというようにして建てられていることを示す。それは「遷幸」という居住の初発にあってその場所の形式性を生きることで、将来に渡っての生の確実化を狙う、すなわち、予祝であることは明らかである。そして、それがこのように夜御殿という就寝の場所であることは、就寝と夜の闇への重大視を示すものであり、「移徙儀」にあっての昼御帳での儀式的就寝は、清涼殿での「卯杖事」のシェマ図と同類で、この場合も奥の寝所での儀式化と云いうるものである。第一小節で見た日常的状況でのそれらへの慎重な配慮にまさしく対応するものである。さすれば、「大殿祭」も夜御殿を本来的儀所とするのではないかと推測される。(5) それは以下の諸事象によって傍証されるであろう。さて、「移徙儀」における夜御殿のこのような室的形状の浮彫りは、「大殿祭」における夜御殿の四角に呪物を置く、そのことにも見られる。この祭において夜御殿の室性が着目されていることは『江家次第』解斎事の中で、「神今食」の間は昼御座の格子は皆上げられ、「今夜不二下格子一」と述べていることで明らかであり、つまり、夜の闇に夜御殿がむき出しでおかれることになるからである。また、その内実は、「大殿祭」で唱えられる祝詞に端的に示されている。次にその一部を引用する。(6)

〈前略〉大宮地の底つ磐ねの極み、下つ綱ね、這ふ虫の禍なく、高天の原は、青雲の靄く極み、天の血垂《ちだ》り飛ぶ鳥の禍なく、掘り堅めたる柱・桁・梁・戸・牖《まど》の錯《きか》ひ動き鳴ることなく、引き結《ゆ》へる葛目《つなめ》の緩《ゆる》び、取り葺《ふ》ける草《かや》の噪《そそ》きなく、御床《みゆか》つひのささやき、夜目《よめ》のいすすき、いづつしき事なく、平らけく安らけく護りまつる神の御名を申さく〈下略〉。

これらを含む祝詞は、全体として四部分よりなっている。すなわち、天皇と殿舎（の神）の聖なる由来を示す部分、「奇《くす》し護言《いはひごと》をもちて言寿《ことほ》き鎮め白《まを》さく」というように、呪力ある言葉によって場所の様々な禍のないよう殿舎神を祭る部分、祭る手段の神聖さを示し祈る部分、そうして殿舎内の様々な行為に過ち（または邪悪な行為）のないよう大宮売の命を祭る部分とからなる（「大殿祭」の行なわれる朝餉間以下の部屋々々にはむしろこの最後の部分が該当するかに思われる）。この引用文はこの第二部分に該当するが、神々が遮らなくてはならぬ禍は、建物を取りまく天地の禍——すなわち、この建物が絶対的静止を開き、開け放たれた処としてのそこがこの場所に方向づけられていることを示しているが——、建物自体の、そして「御床つひ」と「夜目」の禍である。要するに、すまいの諸場所を秩序づけようというのである。とりわけ、その後者の禍、「御床つひ」とは御床の霊、つまりここでは御帳の霊であり、「夜目」とは夜に物を見る目であり、共に就寝に関係する。先の諸小節で見た夜間、夜御殿での就寝と夜の闇への配慮といいえよう。しかも、「大殿祭」では、言あげせぬ伝統の中でまさしく殿舎の神の名をあげるのであり、このハレ的状況の中で夜御殿は呪力のある室的形状が直視されて、かかる中で隔離性を支える事物性が、そして混沌に対する対拠が、そして場所が狙われる。御帳や几帳などによる室ではなく、すまい自体において狙っている。その強い形式視によって将来に渡っての就寝の、生の場所としての絶対的静止が解放される[7]。

それは邪気邪霊に抗してあるということでD図の如きシェマになろうが、ただし黒部分は闇を、しかも聖なる闇を示している。それは当夜、忌火がともされることで明らかだ。さて、前小節で生なる場所にとっては秩序が本質的であることを見たが、このような闇の中で秩序を志向する室はどのように構成されているのであろうか。既にわれわれは「御贖」から「四方拝」への行事において明瞭な形で、つまり、室において方位の顕在化と天地等の象徴化で秩序が構成されたことを知っているが、この場合も前述の如く室において場所が狙われているが、さらにこの祝詞の導入部の殿舎の建立の聖なる由来を述べている箇所にはっきり示されている。すなわち、

斎鉏《いみすき》をもちて斎柱立てて、皇御孫《すめみま》の命の天《あめ》の御翳《みかげ》日の御翳と、造り仕へる瑞《みず》の御殿《みあらか》

に見られる、すまいはまさに建てることにおいて場所を開き、その中で一つの空処を集め、方向づける事象である。第二章で宮柱について縷々述べてきた事象である。日常的状況にあっては、かかる場所は隠れつつ開け放たれた処を集める。「大殿祭」にあっては祭祀的に場所の設定を、すなわち開けることを繰り返すのであるが、その時、究極的には混沌に対する生の全体的秩序であり死から隔離されたる場所としてのすまいが、この絶対的場所を開くすまいがこの室的空間形式において設定される。

〔注〕

1 『貞観儀式』大殿祭は仁寿殿を祭る。仁寿殿・浴殿・厠殿・炊《みかしき》殿とある。『延喜式』にはさらに御厨子所、紫宸殿が加わる。メインは仁寿殿であろう。「御殿」ともいい、「大嘗会」の途中「神祇官准レ例祭二仁寿殿一」（「大殿祭」のこと）とあるからであろう。また、四角に懸けられる玉は祝詞にあるように生気ある大きな玉で呪物である。

2 入内に際して行なう場合もある。

3 例えば『中右記』元永三（一一二〇）・八・十九新造大炊殿へ遷幸。この火は旧宅から持込まれることで、共食族としての一家の一貫性を示すものである。第二章第三節で示したように、童女は火の他、水も運び込み、やはり三ヵ日間夜御殿に置かれる。

4 別の例だが『経俊卿記』建長三（一二五一）・六・二七（遷幸新造閑院日也）、「今朝陰陽頭、安倍良光朝臣参仕、夜御殿打四角礼」。

5 『貞観儀式』『延喜式』は仁寿殿というのみであるが、『西宮記』は『御在所』といい、『江家次第』は夜御殿という。「大嘗祭」や「神今食」は夜間行なわれ、平明に還御するが、それ以前に「大殿祭」をやっており、指燭を採って行なっている。また当夜、以前の火を消して忌火に変えており、夜御殿の四角の火も忌火になっているのであろう。

6 『延喜式』大殿祭祝詞（日本古典文学大系）。祝詞はここでもそうだが、「奇《くす》し護言《いはひごと》をもちて言寿《ことほ》き鎮め白《まを》さく」というように、祝言をいうことで、その実現を期待するという。呪力ある言葉への信憑である。

7 「大殿祭」は「遷幸儀」のみならず、天皇の再生儀礼である「大嘗祭」「新嘗祭」「神今食」に際して、天皇が神殿から遷幸する以前に行なわれるのであるが、意味するところは天皇自身が再生する際に、そのすまいの生の秩序が確立されるのであり、まさしく生の存在仕方としてその場所は存する。

主要参考文献リスト

古代の資料として使用した文献は後にまとめて掲載する。なお、論文など重要なものでも、単行本になっていないものは除いた。

Bachelard, Gaston『La poétique de l'espace』Presses univairsitaires de France, 1957.（岩村行雄訳『空間の詩学』思潮社、昭四四）。

——『La terre et les rêveries du repos』Librairie José Corti, Paris, 1963.（饗庭孝男訳『大地と休息の夢想』思潮社、昭四五）。

——『La psychanalyse de feu』Gallimard, Paris, 1938（前田耕作訳『火の精神分析』せりか書房、昭四六）。

Badt, Kurt『Raumphantasien und Raumillusionen』M. DuMont, Schaukerg Köln, 1963.

Bettelheim, Bruno『The empty fortress』The Free Press, NewYork, 1967.（黒丸・岡田・花田・島田訳『自閉症—うつろな砦』I・II、みすず書房、昭四八・昭四九）。

Bollnow, Otto Friedrich『Mensch und Raum』Kohlhammer, Stuttgart, 1963.（大塚恵一訳『人間と空間』せりか書房、昭五三）。

Bos, Medard『Der Traum und seine Auslegung』Hans Huber, Bern, 1953.（三好・笠原・藤縄訳『夢—その現存在分析』みすず書房、昭四五）。

Cassirer, Ernst『An essay on man』1944.（宮城音弥訳『人間』岩波書店、昭二六）。

Claesges, Ulrich『Edmund Husserls Theorie der Raumkonstitution』Martinus Nijhoff, Haag, 1964.

Coulanges, Fustel de『La cité antique』Librairie Hachette, 1924.（田辺貞之助訳『古代都市』白水社、昭三六）。

土橋　寛『古代歌謡と儀礼の研究』岩波書店、昭四〇。

Eliade, Mircea『Das Heilige und das Profane』Rowohlt, Hamburg, 1957.（風間敏夫訳『聖と俗』法政大学出版会、昭四四）。

——『Traité d'histoire religions』Payot, Paris, 1949.（部分訳、掘一郎『大地・農耕・女性』未来社、昭四三）。

——『Birth and Rebirth』Harper & Brothers Publischers, NewYork, 1958.（堀一郎訳『生と再生』東京大学出版会、昭四六）。

Fink, Eugen『Zur onthologischen Frühgeschichte von Raum-Zeit-Bewegung』Martinus Nijhoff, Haag, 1957.

――『Spiel als Weltsymbol』Kohlhammer Stuttgart, 1960.（千田義光訳『遊び――世界の象徴として』せりか書房、昭五一）。

Frazer, James George『The golden bough』Macmillan, 1925.（永橋卓介訳『金枝篇』岩波書店、昭四一）。

Frey, Dagobert『Kunstwissenschaftliche Grundfragen』R.M. Rohrer, Baden, 1946.

藤木邦彦『平安時代の貴族の生活』至文堂、昭四一。

福山敏男『神宮の建築に関する史的調査』造神宮使庁、昭十五。（『伊勢神宮の建築と歴史』なる書名で復刻、日本資料刊行会、昭五二。）

――『日本建築史研究』墨水書房、昭四三。

――『日本建築史研究続編』墨水書房、昭四六。

福山敏男、稲垣栄三、村瀬美樹、胡麻鶴醇之『神宮』小学館、昭五〇（『神社建築の研究』福山敏男著作集四、中央公論美術出版、昭五九所収）。

Gaillois, Roger『Le mythe et 1'homme』Gallimard, 1938.（久米博訳『神話と人間』せりか書房、昭五〇）。

Guillaume, Paul『La psychologie de la forme』Librairie E. Flammarion, Paris, 1937.（八木冕訳『ゲシタルト心理学』岩波書店、昭二七）。

Gosztonyi, Alexander『Der Raum』Karl Alber, Freiburg München, 1971.

芳賀登『葬儀の歴史』雄山閣、昭四五。

萩谷朴『紫式部日記全注釈』角川書店、昭四六。

Hall, Edward T.『The hidden dimention』Doubleday, NewYork, 1966.（日高・佐藤訳『かくれた次元』みすず書房、昭四五）。

橋本義彦『平安貴族社会の研究』吉川弘文館、昭五一。

Harrison, Jane Ellen『Ancient art and ritual』Oxford Univ. Press. 1918（佐々木理訳、『古代芸術と祭式』筑摩書房、昭三九）。

原田敏明『日本古代思想』中央公論社、昭四七。

速水侑『平安貴族社会と仏教』吉川弘文館、昭五〇。

Heidegger, Martin『Sein und Zeit』Max Niemeyer, Tübingen, 1963（1927）（桑木務訳『存在と時間』岩波書店、昭三五）。

――『Bauen Wohnen Denken』（『Vorträge und Autsätze』Neske Pfullingen, 1954）.（中村貴志訳・編『ハイデッガーの建築論――建てる・

住まう・考える』中央公論美術出版、平二〇)。
——『Die Kunst und der Raum』Erker Verlag, 1969.(竹内明弘訳「芸術と空間」、新田博衛編『芸術哲学の根本問題』所収、昭五四)。
平井聖『日本住宅の歴史』日本放送出版協会、昭四九。
平野仁啓『古代日本人の精神構造』未来社、昭四一。
堀一郎『我が国民間信仰史の研究』創元新社、昭三〇。
——『宗教・習俗の生活規制』未来社、昭四六。
——『聖と俗の葛藤』平凡社、昭五〇。
Husserl, Edmund『Ideen zu einer reinen Phänomenologie und phänomenologischen Philosophie』I, II, Martinus Nijhoff, Haag, 1950, 1952
——『Cartesianische Meditationen und pariser Vorträge』M. Nijhoff, Haag, 1963.
——『Die Krisis der europäischen Wissenschaften und die transzendentale Phänomenologie』M. Nijhoff Haag, 1962.(細谷恒夫訳『ヨーロッパの学問の危機と先験的現象学』中央公論社、昭四五)。
——Grundlegende Untersuchungen zum phänomenologischen Ursprung der Raumlichkeit der Natur, 1934.
——Notizen zur Raumkonstitution, 1934.
井上充夫『日本建築の空間』鹿島出版会、昭四四。
伊藤平左衛門『建築の儀式』彰国社、昭三四。
Jammer, Max『Das Problem des Raumes』Wissenschaftliche Buchgesellschaft, Darmstadt, 1960.
金子武雄『上代の呪的信仰』新塔社、昭四三。
川上貢『中世日本住宅の研究』墨水書房、昭四二。〔新訂・中央公論美術出版、平一四〕
川出清彦『祭祀概説』学生社、昭五三。
Kerényi, Karl『Labyrinth-Studien, Labyrinthos als Linienreflex einer mythologischen Idee』Rhein, 1950.(種村・藤川訳『迷宮と神話』弘文堂、昭四八)。
木村徳国『古代建築のイメージ』日本放送出版協会、昭五四。

倉林正次『饗宴の研究――文学編』桜楓社、昭四四。

――『饗宴の研究――儀式編』桜楓社、昭四一。

Langer, Susanne K.『Philosophy of new key』Harvard Univ. Press, Cambridge, 1942.（矢野・池上・貴志・近藤訳『シンボルの哲学』岩波書店、昭四五。）

――『Feeling and form』1953.（大久保・長田・塚本・柳内訳『感情と形式』太陽社、昭四六）。

Lévi-Strauss, Claude『Anthoropologie structuale』Librairie Plon, Paris, 1958.（荒川・生松・川田・佐々木・田島訳『構造人類学』みすず書房、昭四七）。

Lévy-Bruhl, Lucien『La mythologie primitive』Libarairie Félix Alcan, 1935.（古野清人訳『原始神話学』弘文堂、昭四五）。

前川道郎『ゴシック建築の空間論的研究』私家本、昭四二。

――『ゴシックと建築空間』ナカニシヤ出版、昭五三。

増田友也『建築的空間の原始的構造』私家本、昭三〇。

――『建築的空間の原始的構造』ナカニシヤ出版、昭五三。

――『ある風景について――正法眼蔵における空間と時間』私家本、昭四四。

――『Japon』Office du Livre, Fribourg, 1969.

――『建築的思惟について――存在論的建築論のために』（『歴史と未来』彰国社、昭五〇所収）。

松前健『日本神話と古代生活』有精社、昭四五。

――『古代伝承と宮廷生活』塙書房、昭四九。

松村武雄『日本神話の研究』Ⅰ・Ⅱ・Ⅲ、培風館、昭二九。

Merleau-Ponty, Maurice『L'Oeil et l'esprit』Gallimard, 1964.（滝浦・木田訳『眼と精神』みすず書房、昭四一）。

――『Phénoménologie de la perception』Gallimard, Paris, 1945.（竹田・本田・宮本訳『知覚の現象学』Ⅰ・Ⅱ、みすず書房、昭四二、昭四九）。

Minkowski, Eugène『Le temps vécu』Dielachaux et Niestlé, Neuchâtel, 1933.（中江・清水・大橋訳『生きられる時間』Ⅰ・Ⅱ、みすず書房、昭

四七、昭四八)。
三浦幸雄『カントにおける空間時間の研究』協同出版、昭四四。

森浩一編『墓地』社会思想社、昭五〇。

森田慶一『西洋建築思潮史』私家本、昭四九。

――――『建築論』東海大学出版会、昭五二。

村井康彦『古京年代記』角川書店、昭四八。

中村直勝『平安時代の文化』至文堂、昭四一。

中村義雄『王朝の風俗と文学』塙書房、昭三七。

にひなめ研究全編『新嘗の研究』学生社、昭五三。

大藤ゆき『児やらい』岩崎美術社、昭四四。

大林太良『葬制の起源』角川書店、昭四一。

大林太良編『家』社会思想社、昭五〇。

大野晋『日本語をさかのぼる』岩波書店、昭四九。

大野達之助『上代の浄土教』吉川弘文館、昭四七。

岡田清司編『大嘗祭と新嘗』学生社、昭五四。

折口信夫『折口信夫全集』中央公論社、昭四八、(I・II・III、古代研究。XX、神道宗教篇)。

Piaget, Jean『La psychologie de l'intelligence』Librairie Armand Colin, Paris, 1952.(波多野・滝沢訳『知能の心理学』みすず書房、昭三五)。

Read, Herbert『Icon and idea』Faber and Faber, London, 1955.(宇佐見英治訳『イコンとイデア』みすず書房、昭三二)。

西郷信綱『古事記の世界』岩波書店、昭四二。

――――『古代人と夢』平凡社、昭四七。

――――『古事記の研究』未来社、昭四九。

Sartre, Jean-Paul『L'imaginaire』Gallimard, Paris, 1940.(平井啓之訳『想像力の問題』人文書院、昭三〇)。

──『Esquisse d'une théorie des emotions』Harmann & Cie, 1939.（竹内芳郎訳『情緒論粗描』、『哲学論文集』人文書院、昭三二、所収）。

佐藤米司『葬送儀礼の民俗』岩崎美術社、昭四九。

Sedlmayr, Hans『Verlust der Mitte』Otto Müller, Salzburg, 1948.（石川・阿倍訳『中心の喪失』美術出版社、昭四〇）。

──『Die Revolution der modernen Kunst』Rowohlt, Hamburg, 1955.（石川公一訳『近代芸術の革命』美術出版社、一九五七）。

関野克『日本住宅小史』相模書房、昭十七。

Simmel, Georg『Brücke und Tür』K.F. Koehler, Stuttgart, 1957.（酒田健一他訳『ジンメル著作集』第十二巻　白水社、昭五十一、新装復刊『橋と扉』平十）。

Smith, E. Baldwin『The dome』Princeton University Press, 1971.

──『Architectural Symbolism』Princeton Univ. Press,1956.（河辺泰宏、辻本敬子、飯田喜四郎訳『建築シンボリズム』中央公論美術出版、平一四）

Ströker, Elisabeth『Philosophische Untersuchungen zum Raum』Vittorio Klostermann, Frankfurt am Main, 1965.

高群逸枝『招婿婚の研究』Ⅰ・Ⅱ、理論社、昭四一。

田中初夫『践祚大嘗祭』木耳社、昭五〇。

田中久夫『祖先祭祀の研究』弘文堂、昭五三。

Turner, V.W.『The ritual process』Aldine, Chicago, 1969.（冨倉光雄訳『儀礼の過程』思索社、昭五一）。

角田文衛『日本の後宮』学燈社、昭四八。

──『椒庭秘抄』朝日新聞社、昭五〇。

Van Gennep, Arnold『Les rites de passage』Émile nourry, 1909.（綾部恒堆・裕子訳『通過儀礼』弘文堂、昭五二）。

Vernon, Jack A.『Inside the blackroom』C.N. Potter, NewYork, 1963.（大熊輝雄訳『暗室のなかの世界』みすず書房、昭四四）。

山中裕『平安期の年中行事』塙書房、昭四七。

柳田国男『日本の祭』角川書店、昭三一。

横尾豊『平安時代の後宮生活』柏書房、昭五一。

和辻哲郎『風土』岩波書店、昭三一。

日記類

御堂関白記、小右記、殿暦、台記（以上大日本古記録）。中右記、左経記、長秋記、権記、春記、永昌記（以上史料大成）。兵範記、山槐記（以上史料通覧）。玉葉（国書刊行会）。枕草子・紫式部日記（岩波日本古典文学大系）。讃岐典侍日記（玉井幸助、全註解、有精堂）。

史書・その他

日本書紀、古事記、風土記（以上岩波日本古典文学大系）。延喜式、弘仁式、令義解、続日本紀、日本後紀、続日本後紀、日本文徳天皇実録、日本三代実録（以上国史大系）。大裏式、大裏儀式、（貞観）儀式、西宮記、江家次第、江家次第秘抄、北山抄（以上故実叢書）。年中行事秘抄、九條年中行事、小野宮年中行事、建武年中行事、日中行事、侍中群要、雲図抄、公事根源、禁秘抄、古語拾遺、類聚雑要抄、満佐須計装束抄、吉事次第、吉事略儀、中宮御産部類記、御産部類記、康和元年御産部類記、后宮御産当日次第（以上群書類従、続群書類従、続々群書類従）。皇大神宮儀式帳（日本祭礼行事集成）、作庭記（岩波日本思想大系）、礼記（新釈漢文大系、明治書院、昭五二）、儀礼（東海大学出版会、昭五三）。

物語・歌書・その他

源氏物語、宇津保物語、落窪物語、栄花物語、万葉集（以上岩波日本古典文学大系）。対校源氏物語新釈（平凡社）。往生要集、往生伝・法華験記（以上岩波日本思想大系）。

辞典・その他

古事類苑（葬礼、天皇服喪、誕生祝、婚嫁、陰陽道、観相）。時代別国語大辞典上代編。源氏物語辞典（北山谿太著、平凡社）。名義抄。大内裏図考証（裏松固禅）。民俗学辞典（大塚民俗学会編）。綜合日本民俗語彙（柳田国男監修）。

図版・図表リスト

図1　大臣大饗。『年中行事絵巻』（日本絵巻物全集、二四、角川書店）。
図2　宇治上神社拝殿。（『日本建築史基礎資料集成』「社殿Ⅰ」中央公論美術出版）。
図3　忠通の東三條殿での「母屋の大饗」。『類聚雑要抄』（群書類従）。
図4　基実の東三條殿での「廂の大饗」。『兵範記』（史料通覧）、太田静六「東三條殿における庇大饗時の用法」（『日本建築学会論文報告集』一五八号、昭和四四）。
図5　客の列立。
図6　拝　礼。
図7　大臣大饗。『年中行事絵巻』（京都大学附属図書館蔵）。
図8　公卿座―頼長大饗。
図9　奥座の大納言への奉酒のサービス動線。
図10　中宮の大饗―玄輝門の西廊。『年中行事絵巻』（日本絵巻物全集、24、角川書店）。
図11　大臣大饗での禄事―東三條殿。『年中行事絵巻』（日本絵巻物全集、24、角川書店）。
図12　後白河天皇の行幸時の東三條殿。太田静六「平安・鎌倉時代における里内裡建築の研究」。
図13　皇大神宮の旧正殿の忌柱跡。丹下健三・川添登『伊勢――日本建築の原形』昭三六、朝日新聞社。
図14　出雲大社本殿推定復原図。福山敏男「出雲大社」（『日本のやしろ』昭四五、美術出版社）。
図15　皇大神宮正殿推定図。福山敏男『伊勢神宮の建築と歴史』昭五一、日本資料刊行会。
図16　皇大神宮正殿の立柱式。神宮司庁『皇大神宮遷宮之図』昭五。

図17　大嘗宮正殿内図。荷田在満『大嘗会便蒙』天文四年。
図18　皇大神宮正殿御床。『貞和御餝記』（群書類従）。
図19　大嘗宮正殿の神座。『兵範記』（史料通覧）。
図20　大極殿。『年中行事絵巻』（日本絵巻物全集、24、角川書店）。
図21　皇大神宮大宮院推定図。福山敏男『伊勢神宮の建築と歴史』昭五一、日本資料刊行会。
図22　朝堂院の内に設営される大嘗宮。関野克「貞観儀式大嘗宮の建築」（『建築史』昭十四）。
図23　平安神宮写真。
図24　大嘗宮正殿図。荷田在満『大嘗会便蒙』天文四年。
図25　柴垣の一例――青山祭会場。
図26　遷御内院図。神宮司庁『皇大神宮遷宮之図』昭五。
図27　平安京部分。
図28　白川押小路殿寝殿の安鎮法。『門葉記』安鎮法1（大正新脩『大蔵経図像』）。
図29　安鎮法での天幡の並べ方。『門葉記』安鎮法1（大正新脩『大蔵経図像』）。
図30　安鎮法での中央の鎮所。『門葉記』安鎮法1（大正新脩『大蔵経図像』）。
図31　東三條殿室礼指図。『類聚雑要抄』（群書類従）。
図32　行幸――紫宸殿出御。『年中行事絵巻』（日本絵巻物全集、24、角川書店）。
図33　紫宸殿での行幸反閇作法図。（群書類従）。
図34　清涼殿昼御座での擲采戯指図。『山槐記』（史料通覧）。
図35　中宮徳子御産御所の指図。『山槐記』（史料通覧）。
図36　御帳。『類聚雑要抄』（群書類従）。
図37　御産所としての六波羅亭。『山槐記』（史料通覧）。
図38『后宮御産当日次第』の御産所推定図。

図39　御産御座での御産。『餓鬼草紙』（日本絵巻物全集、7、角川書店）。
図40　御産御座での御産。『北野天神縁起』（日本絵巻物全集、9、角川書店）。
図41　雲井雁と嬰児。『源氏物語絵巻』横笛（日本絵巻物全集、2、角川書店）。
図42　産後の母后が白御帳にいる。『紫式部日記絵巻』（日本絵巻物全集、13、角川書店）。
図43　湯殿推定図。著者作図。
図44　中宮への御膳。『紫式部日記絵巻』（日本絵巻物全集、13、角川書店）。
図45　産養の饗応。『紫式部日記絵巻』（日本絵巻物全集、13、角川書店）。
図46　五十日の産養。『源氏物語絵巻』柏木（日本絵巻物全集、13、角川書店）。
図47　五十日の産養。『紫式部日記絵巻』（日本絵巻全集、13、角川書店）。
図48　飛香舎での香子入内御装束指図。『山槐記』（史料通覧）。
図49　飛香舎。宮内庁京都事務所提供。
図50　淑景舎。『枕草子絵巻』（日本絵巻物全集、13、角川書店）。
図51　葬の例。『地獄草紙』（日本絵巻物全集、7、角川書店）。
図52　堀河殿西対での故堀河帝葬送前の御念仏鋪設推定図。太田静六「平安末期における貴族の邸宅に就いて」（『日本建築学会論文報告集』45号、昭二七）より、著者作図。
図53　『礼記』の葬礼の座。
図54　山作所推定図。『類例』より作図。
図55　火葬塚。京都大学埋蔵文化財研究センター提供。
図56　仁王会。『雲図抄』（群書類従）。
図57　倚廬。『三礼図』。
図58　倚廬推定図――東対北第三渡殿。『長秋記』より著者作図。
図59　柏木が夕霧を見舞う。『源氏物語絵巻』柏木（日本絵巻物全集、2、角川書店）。

図60　簀子の座の状景。薫が浮舟を訪ねる。『源氏物語絵巻』東屋（日本絵巻物全集、2、角川書店）。
図61　簀子の座の状景。薫が玉鬘を訪ねる。『源氏物語絵巻』竹河（日本絵巻物全集、2、角川書店）。
図62　四尺几帳。『類聚雑要抄』（群書類従）。
図63　帳台の前の平座での睦まじい匂宮と六の君。『源氏物語絵巻』宿木（日本絵巻物全集、2、角川書店）。
図64　たもとで隠す。『年中行事絵巻』（日本絵巻物全集、24、角川書店）。
図65　扇子で隠す。『紫式部日記絵巻』（日本絵巻物全集、13、角川書店）。
図66　清涼殿。日本建築学会編『世界建築全集』昭四五、彰国社。
図67　清涼殿。
図68　清涼殿。宮内庁京都事務所提供。
図69　平安京内裏図。『世界建築全集1』昭三七、平凡社。
図70　紫宸殿。宮内庁京都事務所提供。
図71　衣架。『類聚雑要抄』（群書類従）。
図72　二階厨子。『類聚雑要抄』（群書類従）。
図73　東廂二間。
図74　六府獻菖蒲図。『年中行事絵巻』より著者模。
図75　民間での菖蒲葺。『年中行事絵巻』（京都大学図書館蔵）。
図76　昼御座、奥に昼御帳。
図77　清涼殿での供菖蒲。『雲図抄』（群書類従）。
図78　六府獻菖蒲図。『年中行事絵巻』より著者模。
図79　犀角。『類聚雑要抄』（群書類従）。
図80　貴族の六月祓。『年中行事絵巻』（日本絵巻物全集、24、角川書店）。
図81　御贖儀。『雲図抄』（群書類従）。

図82　四方拝。『雲図抄』（群書類従）。
図83　供御薬。『雲図抄』（群書類従）。
図84　夜御殿南戸より昼御帳ごしに昼御座、石灰壇などを見る。

表1　藤原頼長の「母屋大饗」での諸席の位置及びその鋪設。
表2　「大臣大饗」の饗所一覧。
表3　正頼一族の邸宅。太田静六「宇津保物語に現れたる宮室建築に就て」『早稲田大学建築学報』、第十五号。
表4　歴代天皇の死亡場所と殯宮（清和亭迄）。
表5　出典リスト。
表6　「供御薬」の際の人と物の移動経路。

論文リスト（上に本書の章節を記す）

第二章第一節　「古代の家」、『日本建築学会論文報告集』第一九八号、昭和四七年八月、五三～六二頁。

第二節　「浄化する場所」、『日本建築学会近畿支部研究報告集』昭和四七年六月、二五三～二五六頁。

第三節　「移徙儀について」、『日本建築学会近畿支部研究報告集』昭和四九年六月、二七七～二八〇頁。

第三章第一節　「産所について」、『日本建築学会論文報告集』昭和五〇年二月、第二二八号、一三九～一四八頁。

第二節　「婚所について」、『日本建築学会学術講演梗概集計画系』昭和五一年八月、一六二五～一六二六貫。

終章　第一節　「隔て現象における場所の構造―源氏物語の場合」、『日本建築学会論文報告集』昭和五〇年九月、第二三五号九五～一〇二頁。

第二節　「清涼殿について―祭祀儀式より見たる場所の構造」、『日本建築学会論文報告集』第二四〇号、昭和五一年二月、二三五～一四一頁、及び第二四一号、昭和五一年三月、一八九～一九六頁。

あとがき

本書は、昭和五二年京都大学に博士学位請求論文として提出した『日本古代の住居――その建築的場所の研究』をもとにしたものである。その論文は、末尾に掲げた論文リストにある既発表の論文に新たに二論文（本書の序章第二節、第三章第三節）を加えて構成されたが、今度、序章に「大臣大饗と寝殿造り住宅」をさらに加えた。それは、本文中に触れたように、本書で扱う住宅は主として寝殿造り住宅、もしくはそれに関係の深い内裏の建物であるが、それについて事物的に概観しておこうと配慮したからにほかならない。その際、諸場所の儀式的な秩序が明らかになったが、その知見が次々と他の章節に波及効果を現わし、いくつかの加筆・修正が行なわれた。ただし、第三章・終章については語句の修正がほとんどである。その他、理解の便を配慮していくつかの図を加えた。

本書の目指す方向はすでに「まえがき」で触れたので繰り返さない。ただ、その目的がどの程度達成されたかとなるといささか心許無い。見られる通り、ここで中心になった問題は、全体とか無限、また絶対というように、神にとか他界というように、従来建築を論じる際には取り上げられることの稀な問題である。もちろん、それは空間の根源的事象としての場所が指し示した問題であったが故に、取り上げたことは云うまでもない。そしてそれは開けるという起ること自体において現成しているのであった。それは、稀な問題で取扱いに不慣れの所為だけではなく、論じにくい問題であることは、非対象的な領域に踏み込んでいることを考えただけでも首肯されるであろう。ここでは、したがって、関心を変え事象を変え、この問題を何度も繰り返し論じ、そうしながら遅々とした歩みで問題の新局面を展じてきた。また、ともすればこのような領域は単なる思弁として、建築の外に排除されがちであることを考慮して、様々な建築的事象にこの問題が潜んでいることを示さんとして、多くの事象を取り上げてきたし、また、注記の数を増して、資料を掲げておいた。したがって、読者諸氏には煩雑の感を与えたであろうが、このような事象を諸として御諒承願いたい。

また、ここで論じた問題は、当然なこととは云え、これでもって完結するような類のものではない。もし、この問題が真実なものであれば、様々な事象の中で論じうるものであろうし、新しい知見を開示するであろうからである。私としては、本書でも少しく触れた形式の問題をもっと細かい差異にわたって論じる必要性を痛感している。しかし、それも本書の問題意識が的を射ているかどうかにかかっている。識者諸氏の御高評を衷心より乞うところである。

この研究は恩師、増田友也京都大学名誉教授の御指導の賜である。その学恩にどの程度報いえたか心許無い限りで、自己の非才を恂れるのみである。また、京都大学教養部の前川道郎教授には直接、研究・教育面で常に変らぬ御配慮をいただき、そして田中喬・加藤邦男両京都大学助教授をはじめとして同門の先学諸兄の新鮮な問題意識にも少なからず示唆されたことを謝意を籠めて表明しておきたい。古代の関係資料はほとんど京都大学工学部建築系教室の図書館を利用させていただいたが、これもとりわけ建築史学の諸先学の長い蓄積の賜である。第二章第二節及び第三節の資料の収集と整理は玉腰久恵氏の手を煩したことを謝意を籠めて明記したい。

本書の出版に際しては、直接間接多くの方々の御好意を受けた。口絵の「室礼図」（『類聚雑要抄』桂宮本）は東京国立博物館より拝借した写真原版によった。年中行事絵巻の一部は京都大学附属図書館所収の写真原版によった。京都御所の紫宸殿をはじめとする写真は、その原版の使用を含めて宮内庁京都御所事務所の御好意による。火葬塚の写真は京都大学埋蔵物研究センターよりの貸与をうけた。皇大神宮遷宮之図は御退官に際して増田先生より贈られたものによった。指図はほとんどすべて作図し直してあるが、それらは叶耕造・黒田祐一・仲井昌之・奥哲治の同門の後輩の諸氏の手を煩わした。その他絵図の類は出版物より写真コピーした。その出典は図版リストに明記しておいた。これら多くの御好意に対して心より感謝したい。なお、「葬礼より見たるすまいの研究」（第三章第三節に該当）の際には昭和五一年度文部省科学研究費補助金の交付を受けたことを記して、謝意に代えたい。

また、かならずしも平明とは言えないこの研究に心よく公刊の機会を与えられたナカニシヤ出版の中西康夫、中西健夫両氏には心より感謝申し上げたい。直接、編集を担当された宮内久氏には大変煩雑な作業を課す結果になったことを御諒びし、衷心より御礼申し上げたい。

昭和五五年三月

洛南　苑道にて

筆　者

第二部　公刊論文

第二部凡例

1　第二部には、公刊された著者の論文を二群に分けて収録した。

2　本文については誤植を除き原文を踏襲した。

3　注記については表記法を統一し、編者による書誌情報の追記は［　］で示した。

4　各論文末尾に公刊年を表示した。書誌は本書末尾「著作目録」に示す。

二―一　主要論文

場所と形式――建築空間論の基礎的考察――

1

はだすすき尾花逆葺《さかふ》き黒木もち造れる室《むろ》は萬代《よろづよ》までに（『万葉集』一六三七）

これは元正天皇の御製歌《おほみうた》で、聖武天皇のもの（一六三八）と共に、新嘗屋《にひなへや》について歌ったものと推測されている。新嘗屋とは神や天皇に新穀を供薦する祭祀の建物をいうが、この推測通りとすれば、歌にあるように新嘗屋は、「はだすすき尾花逆葺き」とあるから、尾花を付けたすすきを下向きにして屋根が葺かれてあり、架構は皮付きの丸木である。廬《いほ》である。新嘗という習俗は、『紀・記』や『風土記』などに散見されるように、貴賤を問わぬ一般的なものだが、平安時代初期の天皇にあっては毎年の新嘗祭のほかに一代に一度、大嘗祭が行なわれた。

大嘗祭は、天皇の即位に係わって行なわれる新嘗祭で、折口信夫[(1)]などによって天孫降臨を儀式的に再現することで天孫としての天皇の資格を得る祭祀と解釈されている。その主要な施設は大嘗宮といって、朝堂院内の大極殿前の南庭に設けられた。『貞観儀式』践祚大嘗祭によれば、その諸建物は、黒木を黒葛《つづら》で結んで構作し、屋根は青草や萱の草葺で、席で壁を作り、床も土の上に束草・播磨簀・席を置くといった簡略なものであった（図1）。なお、柱も掘立柱である。廬といっていいものである。これらの建物は仮設的である。祭祀後直ちに壊されることでもそのことは明らかである。そして、この仮設性は意図的なものであった。天皇の即位という重要事にも係わらず、平安神宮に見られるような瓦葺丹塗の中国式建築である大極殿を前にして、廬的な大嘗

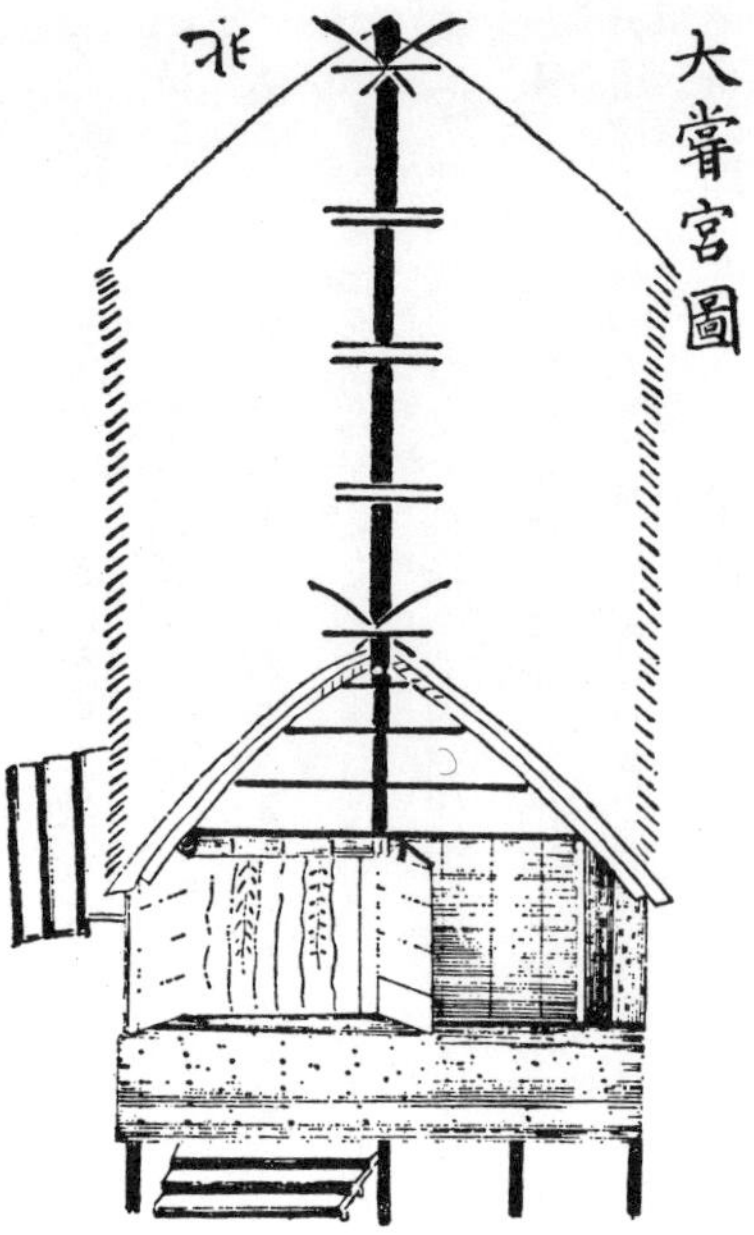

図1　大嘗宮正殿（『大嘗宮便蒙』より）

宮が設けられていたからである。

先の新嘗屋も仮設的であることはすすきの尾花という失われやすい屋根葺材を用いているので納得されるが、萱などの草葺であったとしても事情は同じである。また、先の聖武天皇の御製歌には注記があって、それによればこの歌は左大臣長屋王の佐保の宅《いへ》での新嘗屋を詠んだことになる。そして平城京左京三条二坊の邸宅の発掘跡に基づく復元(2)の際にも考慮されたことだが、当時の貴族住宅は、瓦葺丹塗でなく、また掘立柱であるものの、少なくとも主屋は高床板敷で檜葺、白木造の洗練された建物であった。したがって、この新嘗屋の仮設性も大嘗宮と同様、意図的であったと看なしうる。

この新嘗屋について聖武天皇の歌には「座《ま》せど飽かぬかも」とあるが、元正天皇の歌には、先掲したように、「萬代までに」とある。仮設的建物に久遠性を見ている。仮設性と久遠性とは通常的には対立する概念であるが、この対立する意味を同時に新嘗屋に見ているのだ。

践祚大嘗祭によって天皇が天孫になるとすると、現身《うつつみ》としての天皇と久遠な天孫とがあることになり、その関係は大嘗宮の仮設性と久遠性の関係に類同する。しかし、今はこの身の問題は別の機会に譲るとして、大嘗祭も新嘗も生存に深く係わる祭祀で、生存が問題的になっている状況と看なしうるが、そうであれば、仮設性と久遠性への注視は建築の存立の根源に応じたものであろう。すると、建築は元来、その対立を許容するのではないかと予想される。ここでは、この予想に応ずるという形をとって、建築空間の根源を目指して考察をすすめることにしよう。

2

建築の根源を求める営みは何も今世紀に入ってから始められたものではないが、少なくとも今世紀前半の建築活動から滋養を得ていることは確かである。何故ならば、過去の方法論（例えば建築様式への関心にもとづくeclecticism）を否定することを共通にするその活動は建築家自らに、もしくは建築の現実的事象の中にその根拠を求めざるをえないからである。建築の空間論もこのような根源への関心を動機としていることは明らかだ。

ところが、建築という既成概念の否定に係わっての空間論ではあったが、その空間概念もまた既成のものであるという事実にはなかなか目が向けられなかった。例えば、戦後の建築思想に多大な影響を及ぼしたS・ギーディオン[3]にしても、またB・ゼヴィ[4]にしても例外ではなかった。しかし、空間概念の反省はもはや狭く建築的事象の内に留まらず、「一切の概念的加工以前の空間経験」の主題化へと広がらざるをえない。少なくとも空間が問題にされるべき領野を視野に収めての上でなければ建築空間論は始められない。そこで、この空間経験が主題化される一般的な事情を現象学に見ることにしよう。何故ならば、現象学こそ、われわれの関心に相応しく生世界《レーベンスヴェルト》の徹底的反省を遂行せんとするからである。

3

この生世界を主題化する際、なおそこには二つの態度のありうることを現象学は教えている。すなわち、「知覚や経験の事物は知覚の本性からして元来、空間・時間的なものである。つまり、形態《ゲシュタルト》と持続《ダウエル》を持ち、空間と時間の中に位置を占める[5]」と、空間に限定していえば、空間の先在性を自明とする自然的態度と、空間を明証な直観にもたらし、空間構成に関心する超越論的態度とである。空間の既成概念を反省しようとするわれわれには当然なこととして後者に立つことが要請されよう。

『空間（Der Raum）』という大著を著わしたA・ゴットニー(6)は、E・フッサールの空間論(7)についてそれは完結したものではなく、空間問題への基本的態度が分明であるのみだという。その態度での空間とは「私に出来る Ich kann」なる運動感覚的意識《キネステーゼ》に於いて開かれている、つまりは身体《ライブ》に開かれている理念的場所秩序 ideelle Ortssystem であるとすることである。この場所はとりあえずは語義に従って先端的《シュピッツ》なものとのみしておくが、その理念的秩序が空間だという。この知見は場所について、したがって空間について、重要な知見の一つ、生き・生きられる空間を開示する。その事情は後述するとして、まずは形態《ゲシュタルト》の契機から検討していこう。

諸物の現われはこちらに向けられた側面に於いて隠された側面を隠されてあると措定しつつあることで成り立っているが、それは（内的）地平を伴うということと同義である。この地平は両側面の境界であると共に、この物が隠す他の諸物との境界、つまり地 Hintergrund の上の図 Vorgrund の限界でもある。この個別的地平は或る意味では原理的に乗り越えうるものとして、隠された側面は見られるようにもたらしうるものとしてあり、かつて見ていたものも隠される。そのようにしうるものとして諸物の現われはある。つまりは、それは私の可能化の信憑の上にあり、したがって理念的な在り方をとるのである。

一方、地平は物のまわりをいくら廻っても地平として厳然とある。このような知覚における秩序はこのことに止まらずいくつかあるが、基本的にはそれらは空間が運動感覚的意識としての身体に根づいていることに基づく。つまり、知覚の領野は、その内景がどのようであろうとも、常に私の身体としての絶対的ここに方向づけられているということである。

この重要な知見の検討は後まわしにして、次に、フッサールの言を借りて、私の可能化と場所の関係を見るために、運動についての文を引用する(8)。

（運動は）その各相で静止しうるし、さらにこの静止相は（可能な運動）の開始相と終了相として一致しうる。つまり、静止相は可能な運動の終了として再認しうるし、運動の終了は再び新しい運動とその終了の可能な始まりであるといった具合である。かくして、「運動感覚的空間」は持続的な（運動感覚的な）行動にとっての停留位置としての、すなわち、始まりの静止と終わりの静止としての可能な運動感覚的諸場所の秩序である(9)。

形態が地平という可能的秩序のうちにあるのと同様に、場所についての可能的秩序が明確に述べられている。

このような領野が先述したように絶対的こことしての身体に方向づけられている。つまり、前・後、左・右、上・下、遠・近などといった具合である。それらが程度を異にし、様々に組み合わさって、それを通して諸場所が立ち現われているのである。そして注目さるべきことであるが、地平が乗り越ええなかったと同様に、それらは常に領野に伴われている。そしてそれらの背後にある身体は絶対的こことして不動である。

この不動は先に見た静止相としての場所の源となる絶対的な不動である。この絶対的不動としてのここは決して対象化しえぬことは注目さるべき事柄である。生きるそのことに於いて納得するほかない。このことはそのここに方向づけられた秩序にも見出される。そして、それが対象化しえたとしても、そこは物体としての身体の占める場所であって、それは領野を形づくる諸場所の中にあって、その中を動きうる。諸場所は、したがって、かつてのここ、これからのこことといった意味を持ちうるものである。しかし、絶対的不動としてのここではない。そうではなく、絶対的ここは、私の運動の相対的ここである諸場所の基盤である。理念的諸場所の秩序は総体としてこの絶対的不動としてのここの上に基づいている。

4

場所《オルト》には、そこやこことという相対的場所と絶対的こことしての場所があり、前者は後者に基づくという在り方をとることが分明となった。しかも、前者は対象化しうるのに対して、それを支える後者は生きられるのみであった。後者の場所はあれやこれといった場所ではないのであるから、当然なこととして、空間論で多出する内部・外部という区別を超越している。つまり、対象化された身体の内部にこの場所が限定されるのではないかという誤解を粉砕する。

この事象をフッサールの大地（Erdboden もしくは単に Erde）(10)がよく示している。大地とは地平の地平をいうが、身体に類同する。絶対的こことしての身体を対象化すると、相対的ここが立ち現われ、それが領野の諸場所の中に座を占めることは既に見た。

この相対的ここは他の諸場所に対して動きうるものとして、そして諸場所は、この動きの都度、相対的に変化しつつ、また、その領野の（外的）地平は乗り越えられたものとしてその都度のさらなる地平の内へと取り込まれる。そして、このようにして成立する諸場所は全体としては動かない。個々の諸場所やその都度の地平はこの動かない全体に対して静止、もしくは運動をしている。この全体は、したがって、絶対的に静止しており、次々に乗り越えられる地平の、そのさらなる地平といいうるもので、この全体をフッサールは大地と呼んだのである。

そしてこの大地もまた、究極的には対象化しえない。J・デリダ(11)はこの大地について、

> 大地は、その無限な地平として、あらゆる対象・物体を超過している。というのも、大地は、そこから発する客観化の作業によっては決して汲み尽くされないのだから。

つまりは、生きることに於いてしか汲み取りえないものとして大地はある。

デリダのいうように、「「運動様式としての静止」ではなくて」、そのような相対的静止を支える絶対的静止としての、運動感覚的意識としての身体のほかに、さらに大地のあることが明らかになった。大地についての超越論的意識は、それとしては気づかれてはおらず、生きられるということに於いて隠されてある。M・メルロ＝ポンティの言葉を借りていえば、大地という獲得物によってそれは隠されてある。(12) したがって、身体と大地として現われている絶対的静止は超越論的意識の両義性を示しているのであって、注目に価する。地平の地平といっても、後者の地平は前者の地平が対象化しうるようにあるのではないし、絶対的ここについても、相対的ここが対象的であるようには対象的ではない。現われとしては地平の地平と絶対的ここという、地平と中心といういわば反対方向にありながら同時にその否定としてある絶対的静止は、まさに存在《ザイン》と解される限りでの場所である。

5

場所はこのように二様に解さねばならぬのであれば、建物という事物に於ける場所とは一体どのように解すべきであろうか。

デリダはフッサールの言う大地について、

（大地は）土壌として、その対象－物体の相対的出現のこととして、先行している。(13)

という。大地は部分的に分割可能であり、そういう大地の部分は相対的運動や静止の状態にあるが、その全体に於ける大地は絶対的に静止していて、勿論物体ではない。部分としての土壌は諸事物の占める相対的場所であるが、同時にその土壌が絶対的こなる場所でもあるという構造である。

さて、部分的な土壌は、相対的場所が地平の開かれた可能的な諸場所を歩行などで次々と現実化することや他者の経験に依存するという間接的経験によって地球を覆いつくすというようにして、物体としての地球となる。フッサールはこのように構成される地球は大地－物体 Boden-Köper だとし、次のようにいう。(14)

この「大地」ははじめは物体としては経験されないが、経験からの世界の構成の高度な段階で大地－物体となる。そしてそれは当初の大地－形式を放棄する。大地は総体的《トタール》物体になるのである。つまり、在来の完全に（普通の）全面にわたって経験的《エンピリッシュ》に充全に経験可能なすべての物体の担い手となる。

このような物体としての地球には絶対的静止としての大地性が欠けているが、この物体としての地球から直ちに想起されることだが、地球は我々を乗せた箱舟であって、そこに居住していることは偶然事ではないかという疑念である。フッサールはこの疑念を強く否定して、超越的なものにおける心的なものを強調する。何故ならば、

自我《ダス・エゴ》があり、それは現実的であろうと可能的であろうと、実在的であろうと非実在的であろうと、あらゆる存在に先行する、(15)

からである。したがって、我々は、またしても始めにかえって、つまり、

（地上にあるという）この意味は私や共に生存しあいしあってきた身近な我々の中に根を有していて、そしてそこに意味の方向－中心がある。(16)

という事実から始めねばなるまい。

フッサールは大地の絶対的静止性を明確にするために、汽車などの動く大地－物体をとりあげている。車中での出来事に対しては車は大地的であるが、車外に対しては車も人も運動中という事象である。建物も見ようによってはこの大地－物体と看せな

いわけではない。建物は、そこにいるわれわれにとっての基体となってはいるが、元来は建築されたものであって、その不動性も偶然事に属するかに見えるからである。建物は、その部分的物体を担う総体的物体と看なしうるからである。

果たしてそうであろうか。この問題は、創作と自然という差異があるとはいえ、ここに引用を繰り返した地球の問題に大変よく似ている。そこで、建物に居る私なり、われわれなりに還って考察をすすめねばなるまい。そして、それは住まうことを巡って展開される。つまり、典型に着目することで、建物にいる事態をより明瞭にしようとしての住まうことへの着目である。

6

日本語の「すまふ」については、その語尾「ふ」について動作の継続を示す接尾語とするか、「合ふ」の約とするかの二説があるものの、「すむ」についてはほぼ共通している。『岩波古語辞典』には「すみ」とは「あちこち動きまわるものが、一つ所に落ちつき、定着する意」とある。要するに、「すまふ」は留まりつづけることを中核としている。ドイツ語のWohnenと同様である。

そして問題はどのように留まりつづけるかということである。そこで、その例示となる具体例を、この小論の導入部で取り扱った新嘗屋に相応する時代の中から選ぶことにしよう。

まず、『万葉集』や『紀』に散見する[17]「家居《いへゐ》」という表現に着目しよう。その意味は単に「家に住むこと」のみではない。「山かたつきて家居せる君」（一八四二）にあるように、山に家を寄せて建て、そういう様にして住まっているからである。つまり、風土なり自然なりの真中に家を建てるというようにして自ら有る、そういう「家居」なのである。「家居」というのは、単に大地-物体としての家に定住《ベハイマート》するのではなく、周りの自然の中にあろうとすることを意味している。さらにいえば、これは大地性への着目ではないであろうか。

そこで、古代人が「家居」をどのように把えているかを見ることにしよう。

真木柱讃めて造れる殿の如いませ母刀自《ははとじ》面《おも》変りせず（『万葉集』四三四二）

この歌は折口信夫のいう新室ほがひ[18]という習俗を前提として始めて理解される。新室ほがひとは、まれびとが初春に各家を訪れ、新嘗を受け室寿《むろほ》ぎをすることで家人の安寧を得ようとする祭祀である。そして「真木柱」の真木は檜、松、杉、槙などの堅い木で、それで出来ている柱、真木柱は仮廬用ではない。また、木村徳国氏によれば[19]「殿」は大陸風の建造物、少なくとも高級な建物を意味している。したがって、この歌では新築の住宅で新室ほがひが行なわれたことを示している。その仕方は建設に際して柱をほめることによってである。そのことによって女主人である母刀自の安寧を狙っている。その安寧とは「面変りせず」とあるように生の久遠の存続である。しかるに、真の久遠は過去・現在・未来といった時間の未来ではなく、場所についての空間的側面の考察に倣っていえば、それら諸時間の基づくべき絶対的現在でなければならぬ。つまり、この久遠は絶対的静止としての大地の時間的現前と解しえよう。あの歌に大地性が窺いうるのはかかる意味に於いてである。

さて、あの歌にあるように、柱が家の象徴となりうるほど重視されるのは何故にであろうか。対象的にはそれが垂直な構造体であるということであろう。例えば、『神代紀』に「天地《あめつち》、相去《あひさ》ること未だ遠からず。故、天柱《あめのみはしら》を以て、天上《あめ》に挙ぐ」とあるようにである。ところがこの立柱に於いてまさに中つ国、すなわち諸場所と場所（大地）が顕現している。一般的にいって、柱はこのように家なる場所を開くのである。われわれがこれ迄見てきた場所の構造を思いうかべてみるならば、家は生活の場所であるから、そこには運動感覚的意識に於いて開かれた可能性に担われた諸場所の秩序があるはずである。しかし、今はこの秩序を探究していくことは控えて、先の歌に再び帰っていえば、そこでは柱に於いて大地としての場所を開けようとしているのであるから、それによって担われる諸場所の秩序が柱によって象徴的に構成されているということの確認に留めよう。

7

ところで、住まうことの久遠性と大地性を絶対的静止を介して結びつけたが、その具体相を次の歌に見ることができる。

真木柱太き心はありしかどわが心鎮めかねつも（『万葉集』一九〇）

この歌はしかし、次のような室寿詞を前提しないかぎり充全には理解しえないものである。すなわち、『顕宗紀』には縮見屯倉首《しじみのみやけのおびと》の新室《にひむろ》についての室寿詞が載せられてあるが、今はその出出しのみ掲げると、

築《つ》き立つる　稚室葛根《わかむろかづね》、築き立つる　柱は、此《こ》の家長《いへのきみ》の　御心《みこころ》の　鎮《しづまり》なり〈下略〉

「葛根」については定説はなく、今は柱の基礎と解しておくが、注目すべきは、柱が家長の心の鎮まりの状態を示しているとする観想である。この観想の存在よりすれば、先の歌は或る理由で落ちつかない心を柱による心の鎮まりにかけて歌っていることが分明となる。しかも、太い柱が鎮まりの表現になっていることも注目すべき事柄である。

それでは、柱による心の鎮まりとは一体どのように解釈すべきであろうか。これは古代の神々の在り方にも共通する事象である。やしろという建物を建てることは、例えば伊勢神宮の場合に、

磯城《しき》の厳橿《いかし》の本《もと》に鎮《しづ》め坐《ま》せて祠《まつ》る（『神武紀』）

とあるように、祠ることであり、そのことによって神は祟ることなくずっとそこにいると述べている。しかも、『紀・記』や『万葉集』、『延喜式祝詞』には、このやしろの在り方について、

底津石根《そこついわね》に宮柱布斗斯理《ふとしり》、高天の原に氷木多迦斯理《ひぎたかしり》て

という常套句が多出する。この「しる」は占有するとか領有するということを意味するが、この常套句は宮柱に於いて底津石根を、氷木（千木《ちぎ》）に於いて高天の原を占有するというのである。底津石根とは、あれやこれといった相対的土地ではなく、大地の本質を表わしていて、石根とはまさに不動としての大地の土壌である。その土壌に柱に於いて太く占有するという。高天の原は天の本質としての絶対的場所を表わしているが、やしろにあっては、千木に於いて占有するという。それは、しかし、神々であるから高天の原を占有するのではなく、人々の住居にあっても同様である。ただ、それを直接に示す資料はなく、傍証を辿るという手立てが必要であるので、ここでは避けて、大地の問題のみに留めよう。

神々が鎮まるとは柱という形式に於いて大地を占有することをいうが、この大地は絶対的静止としての場所であるので、占有といってもそれは対象的な占有ではなく、むしろ占有を通じて大地に開かれると見なすべきであろう。柱という形式に於いて大地に開かれつつ、鎮まるのである。

人々の住居の柱もその大地としての場所に関しては、先の『万葉集』などに見える観想が示すように、神々のやしろの宮柱の場合と同様である。ただ、そこには「心の鎮《しづまり》」というように、心があることを忘れてはなるまい。折口信夫によれば[20]、古代人は魂と身体の二元論で人や神を考えていて、すでに万葉の時代には魂は心と混合されていた。そういう心や魂は身体に対立する精神といったものではなく、不死といういわば生命の源、身体の象徴にあたるものであろう。つまりは、対象化しえない身体《ライブ》の、身体《ケルパー》とは別様の対象化の結果だともいいうるものである。そして、このような魂が、柱を通して開かれた大地に鎮まっている。

　このように魂が大地に鎮まっているならば、身体《ライブ》と大地とは、もともと対象化しえずただ生きうるのみの生そのものの二面といいうるもので、それが諸場所の秩序を担う根源的場所なのである。先項で見た、絶対的静止を介しての久遠と大地の一致という事象を古代に具体例を求めて考察をすすめてきたが、ここに一応の結論を得た。

　M・ハイデッガーは、柱のこのような在り方を簡潔に、「建てる《バウエン》とは本来的に、住まう《ボーネン》ことである[21]」といい、住まうことの依処として大地と天、神的なものと死すべきものをあげ、それらは根源的には一者であるという時、それはまた、われわれのいう絶対的静止の、大地と魂の場所に該当するであろう。むろん、ハイデッガーはいくつかの著書[22]で場所について触れている。例えば、『芸術と空間』の中で、

　諸々の場所は、一つの会域を開け、それを庇護しつつ、自らのまわりに空け《ダス・フライエス》を集めつづける。この空けが折々の事物に滞在を、人々には事物に伍しての住まうことを与えるのである[23]。

という。この空けがわれわれのいう大地に該当しようが、いずれにしてもこの場所はわれわれのいう絶対的場所に内属している。この場所はそれを体現する事物に於いてあるというように、事物についての、建物についての新たな見解を導くが、それに触れる余裕はもはやない。

　また、場所が魂の鎮まりとしての不動的大地であるならば、われわれはかかる場所に統べられ、担われている可能的な諸場所の秩序を究明せねばならぬし、生きられるのみの不動的大地、すなわち絶対的場所を非対象化の困難に耐えながら究明しなくてはならない。例えば床《とこ》はその伝統の根深かさといい、その展開の豊かさといい、これらの諸問題を導いていく事例として格好なものであるが、これらについても追究する余裕はもはやない。しかし、この小論の内容を含めて、不充分ではあるが、平安末期

まで時代を拡げつつ、これらの諸問題を追求したものがすでにある。[24] 今は、すべてそこに譲ることにする。

8

さて、この小論の導き手となった新嘗屋の久遠性と仮設性について述べうる準備は整った。これに答えつつ、これらを貫く関心を展望し、この小論を閉じることにしよう。

先述の縮見屯倉首の新室は新嘗屋と思われるが、『古事記』ではこの新室について床《とこ》の存在を載せている。しかし、これは『顕宗紀』の席《しきゐ》と同じで、この新室は廬的であるといいえよう。また、その室寿詞の表わす新室も廬的である。大嘗祭や長屋王の新嘗ではこの廬屋が恒久的な建物に対比される形で意識されて、つまり仮設性として意識されていた。

この仮廬への固執は、M・エリアーデによって最もよく解釈されるであろう。すなわち、

神聖にして強力な時間は原初の時であり、実在が創造され、はじめて充分に顕現した不可思議の刹那である。それゆえ人間はこの原初の時に繰り返し立ち戻ろうとする。[25]

という、「太初の時への回帰による再生」という解釈である。確かに、大嘗祭に関しての折口信夫説に見られるように、真床追《まとこおふ》衾《ふすま》にくるまれての天孫降臨という太初の再現が大嘗祭の核心だとする解釈はエリアーデのそれに類同する。そのようにして現身としての天皇は久遠の天孫となる。したがって、大嘗宮も太初のイメージにもとづいて造られねばならず、仮廬的なものになったと。新嘗については、直接的な資料はないが、『紀・記』に見えるように、穀神の死により穀物が生まれる、その「はじめて穀物に命あらしめた創造のわざをくり返す[26]」儀礼である可能性は充分にある。

仮廬的なものをもってする太初の再生という習俗は何にも我国のみに限られるのではない。例えば、J・リクウェルト[27]［リクワート］がいう、デルポイの神域の脱穀場に小屋を建ててするセプテントリオン祭とか、ユダヤ教での幕屋祭[28]などである。いわば一般的なのである。

さらにいうならば、このような解釈が成り立ちうるには、場所的にもそうあらねばならぬ。つまり、そこでは久遠性が着目されているが、具体的には、例えば柱という形式を介しての大地性への着目である。対象化しえず、生きられてあるのみのものへの着目は尋常な行為ではない。大嘗祭は一代に一度、新嘗は年に一度といった祭祀というのはそのことに対応している。尋常にあらざる行為は尋常でない建物を求める。大嘗宮や新嘗屋といった仮廬的な、いわば仮設的な建物は、この意味で、大地性への着目の、また大地に開くことの手立てであると看なしうる。そこに建物のもつ形式性の意味が充全に汲み取りうる。

ところで、『万葉集』には、

世間《よのなか》の繁《しげ》き仮廬に住み住みて至らむ国のたづき知らずも（三八五〇）

とあるように、尋常なすまいもまた仮設的だとする観想がある。この歌では次世の様子の解らなさを絶望して、仮設性に消極的意味しか見ていないが、とりわけ我国の文化に多大な影響を及ぼした天台の止観にあってはこれを積極的意味に転化している。

われわれの問題に係わってそのことを少し敷衍しておこう。観仏が自れの心を観るとしての観心であるとする天台の止観原理は現象学のいう意味での意識、すなわち所観と能観としての意識を介すれば解りやすい。しかし、観仏の弥陀は有無の限定を超越した空であり、そして「その限定すべからざる弥陀の三十二相が現実的に仮有として意識されて[29]」、さらに「弥陀の本質が上の相反する二面を統一したより高次の」ものと意識される。空・仮・中の三締とそれが一心三観であるということのこれ以上の言及はここではさけざるをえないが、仮有への、すなわち、仮設性への積極的評価の根拠はこれでほぼ察しがつくであろう。そしてこのような評価は平等院鳳凰堂をはじめとして、すぐれて日本的な建築を生む素地になったし、仮設性に住まうという、いわば逆転した強烈な意志を介して、日本固有の建築空間の生誕へと連なっていったのである。

このように仮設性は少なくとも平安時代後期以降の日本建築にとって一つのキイ・ワードであったことは確かであり、今後かかる観点からの研究が期待される。ここでは、場所の本性からして建物は仮設性を孕むことの指適を方便として、むしろ建築的場所の基本的構造を究明して、建築空間論の礎に言及した。

注

1 折口信夫［一九二八］「大嘗祭の本義」『折口信夫全集』第三巻、中央公論社、昭四八。

2 坪井清足編『平城宮跡』『日本の美術』一一五、昭五〇。

3 Giedion, S. *Space, Time and Architecture.* 1941（太田実訳『空間・時間・建築』丸善、昭三〇）、——. *Architektur und Phänomen des Wandels.* 1969（前川・玉腰訳『建築、その変遷』みすず書房、昭五三）など。

4 Zevi, B. *Saper vedere l'architettura.* 1948（栗田勇訳『空間としての建築』青銅社、昭四一）。

5 Husserl, E. *Ideen [zu einer reinen Phänomenologie und phänomenologischen Philosophie] II., [Phänomenologische Unterzuchungen zur Konstitution]*. 1952. S. 82f.［立松・別所訳『イデーン　II―1 純粋現象学と現象学的哲学のための諸構想：　構成についての現象学的諸研究』みすず書房、二〇〇一、九六頁］。

6 Gosztonyi, A. *Der Raum.* 1971, S. 130f.

7 フッサールには *Ding und Raum, Vorlesungen 1907.*（1973）があるが、今は Claesges, V. *Edmund Husserls Theorie der Raumkonstitution.*（1964）によって述べる。その他二つの論文をとりあげる。

8 Husserl, E. "Notizen zur Raumkonstitution."(1934)［in *Philosophy and Phenomenological Research* Vol. 1, No. 1. 1940.］

9 ibid. p.29. 引用文中に「空間」という言葉があり、したがって、領野と空間の異同について問わねばならぬが、今は *Ding und Raum* の第五部［タイトル］に "Der Übergang vom okulomotorischen Feld zum objektiven Raum…" とあることのみを記す。

10 Husserl, E. 1934. "Grundlegende Untersuchungen zum phänomenologischen Ursprung der Raumlichkeit der Natur."［in *Philosophical essays in memory of Edmund Husserl*. Marvin Farber Editor, New York: Greenwood Press, 1968.］

11 Derrida, J. "Introduction" in *Edmund Husserl, L'origine de la géométrie, traduction et introduction par J. Derrida.* 1962. p. 81,（田島・矢島・鈴木訳『E・フッサール　幾何学の起源』青土社、昭和五一、［一二〇頁］）。

12 Merleau-Ponty, M. *Phénoménologie de la perception.* 1945,（竹内・木田・宮本訳『知覚の現象学』みすず書房、昭四二・四八）二八二頁［編者注記：原著の頁箇所とみられるが、そこでは、「上下知覚」が意識に隠されていることに言及しているのであって、「大地」にではない］。

13 Derrida, J. ibid. p. 81.

14 Husserl, E. op.cit. 1934,［前注10書］p.308.

15 Husserl, E. ibid. p.325.

16 Husserl, E. ibid. p.318.

17 『万葉集』一八二〇、一八四二、四二〇七、四二〇九。『推古紀』。

18 折口信夫［一九二七・一九二九］「国文学の発生」『折口信夫全集』第一巻、中央公論社。

19 木村徳国 『古代建築のイメージ』［一九七九］ 一二一頁以下。

20 折口信夫［一九三二］「剣と玉と」『折口信夫全集』第二〇巻、中央公論社。

21 Heidegger, M. "Bauen, Wohnen, Denken." in *Vorträge und Aufsätze*. Teil II. 1967.［中村貴志訳著『ハイデッガーの建築論——建てる・住まう・考える』中央公論美術出版、二〇〇八］

22 Heidegger, M. *Sein und Zeit*. 1927.［辻村・ブフナー訳『有と時』ハイデガー全集第二巻、創元社、一九九七］、---. *Zur Sache des Denkens*. 1976.［辻村・ブフナー訳『思索の事柄へ』筑摩書房、一九七三］など。

23 Heidegger, M. *Die Kunst und der Raum*. 1969. S. 11.［竹市明弘訳「芸術と空間」『藝術哲学の根本問題』晃洋書房、一九七八、二八九頁］。

24 拙著『古代日本のすまい』（ナカニシヤ出版、昭五五）。

25 Eliade, M. *Das Heilige und Profane*. 1957.（風間敏夫訳『聖と俗』法政大学出版局、昭四四、七一頁）。

26 Eliade, M. *Traité d'histoire des religions*. 1949.（堀一郎訳『大地・農耕・女性』未来社、昭四三、二五三頁）。

27 Rykwert, J. *On Adam's House in Paradise*. 1972. p. 144f.［黒石いずみ訳『アダムの家——建築の原型とその展開』鹿島出版会、一九九五、一九八頁］。

28 Rykwert, J. ibid. p. 155f.［同前、二一五頁］。

29 安藤俊雄『天台学論集』平楽寺書店、昭五三、三二一〜三三三頁。

［一九七九年］

建築的形式の場所について——御帳をめぐって

1．問題設定

様式 Stil という概念は多義的である。我々がゴシック様式とかルネッサンス様式、あるいは寝殿造り様式とか書院造り様式という時の様式は歴史的様式に分類されるものである。この種の様式概念の最良のものをゼードルマイヤー Hans Sedlmayr はリーグル Alois Riegl に見出している。彼の様式概念は芸術意欲、もしくは意思と訳される Kunstwollen によって規定されるものである。彼の弟子ヴォリンガー Wilhelm Worringer の言葉でいえば[1]、

対象と創作の方式とに全然依存しないで、それ自身独立に成立し、形式への意志として振舞うところのあの潜在的・内的な要求が《絶対的芸術意欲》として理解せられねばならない。

とある。その意欲であり、形式である。様式とは、この意欲の振舞いであるから、様々な個別な形式の条件となるような、いわば諸形式の地平といった在り方をとる。

この脈絡はゼンパー Gottfried Semper との関係を見ることでより明瞭となろう。ゼンパーの様式概念について、森田慶一先生の言葉を借りて言えば[2]、

ゼンパーによると、芸術の形式は、（一）使用目的 Gebrauch（二）材料 Stoff（三）制作器具および制作過程 Werkzeug und Prozedur の三つのモメントによって決定される（Der Stil, I, S. 7）。

この唯物論概念は、例えばワグナー Otto Wagner に見られるように、近代建築の造形理論を形成していくが、また、寝殿造り様式などのいう様式概念とも基を一にしている。リーグル自ら、例えば『美術様式論』(3) の中でしばしば触れているように、この概念に対決し克服する形で自らの様式論を展開した。ヴォリンガーは、ゼンパーの芸術史を能力 können の歴史を見て、能力は意欲より出てくる第二次的附随現象であるにすぎないとして、リーグルと共に、ゼンパーの三モメントは芸術意欲という目的意識をモディファイする、言わば一種の摩擦係数にすぎないとする。

リーグルの様式概念については、ヴェルフリン Heinrich Wölfflin の造形作品の見ること das Sehen に限定した自律的な様式概念とも、また精神史的立場を極端に強調するドヴォルシャック Max Dvořák とも異なることなど述べなくてはならぬ点は多々あるが、今はこれ位で留めておく。

さて、冒頭から十八世紀末から二十世紀初頭にかけての様式概念について触れてきたが、それはまず、我々の通常云う様式概念については反省しなくてはならぬということを示したかったからに他ならない。次いで、それは作品における地平的な目的意識に眼を向けるという必要性である。しかしさらに、ゼードルマイヤーはリーグル以来、多くの美術史家による様式史的方法の破産を宣言して、「批判形式 Kritische Form の方法」(4) そして「構造分析 Strukturanalyse の方法」を提示する。「様式分析」は一作品に個有な特性というよりもその作品に刻印された歴史的様式に着目し、真の芸術的意味というよりもそれを位置づける一般的意味に着目することは明白だと云う。「構造分析」はかかる「様式分析」の一般性を克服するものとして、芸術作品の真の具体的解釈の方法であり、また解釈は再創造であると云うのであるから、創造という秘儀の解明を孕むものである。したがって、我々の様式概念の反省はかかる射程を視野に入れてかからねばならぬであろう。

一方、今日という時代の諸要求に対応出来ないとして過去の様式を拒絶して、自らの中、もしくは現実的事象の中にその根拠を求めながら現代建築が形成されてきたという事実がある。建築の空間論もまたこのような根拠への関心をモメントとして展開されてきた。例えば、ギーディオン Siegfried Giedion は『建築、その変遷』(5) の中で、ル・コルビュジエ Le Corbusier の出合いなどを回顧しつつ、そうだという。彼の空間概念は、様式概念に似て、建築の個々の空間の基底にあってそれを条件づけるものである。しかも、外部空間としての建築の、内部空間としての建築の、外部空間と内部空間としての建築の時代（エポック）というように、時代を画しつつ変化する。目的・素材・技術を導くものとしてこの概念は明らかにゼンパーのそれを越えている。しかし、ゼードルマイヤーが「様式分析」に見たと同じ欠陥がこの概念にも見出しうる。一般性である。しかも、それは建築にとって外在的である。また、空間概念自体からいえば、それは幾何学的空間概念、もしくは事物的空間概念であって、一般的で外在的であるのも当然といわねばならぬ。建築の根拠への関心も空間概念自体へは至らなかったといえよう。

このように空間論にあっても具体的で内在的な空間概念が求められた。バット Kurt Badt[6] はまさにかかる関心のもとにカントの空間概念を退けて造形芸術固有の空間概念を求めた。また、一切の概念的加工以前の空間経験に遡向して建築的空間を捉え直そうとする増田友也先生[7]やノルベルグ-シュルツ Christian Norberg-Schulz[8] の諸研究がある。

様式概念の反省の中から、また空間概念の反省の中から、具体的で内在的をいうことを共通にする形式と空間の概念が求められていることを述べた。その際、この形式と空間の関係はどうであろうか。それは一見否定関係であるかのようであるが、そうではない。例えば、ヴォリンガー[9]は、

> 世界感情とは人間が宇宙に、即ち外界の諸々の現象に、当面してその都度見舞われる心理状態である。この心理状態は〈中略〉絶対的芸術意欲として顕われる

といっている。つまり、形式への意志として振舞う芸術意欲は世界に対応しようとする態度 Einstellung であって、元来、空間的事象であるからである。

そこで、この問の解答方法となるが、それは問そのものの中に示されている。具体的で内在的なことを目指すのであるから、まず、個別の例示から始めるべきであろう。

そのような例として平安時代の寝殿造り住宅に鋪設される御帳をとりあげよう。そしてその形式と空間的意味について述べ、そのことを通して様式概念の反省という要請に応ずることにしよう。

なお、以下に取扱う対象はすでに当学会に発表ずみのものであり、それらはまた一冊にまとめて公刊[10]されており、詳しい内容はそれを参照していただければ幸いである。

2. 儀式における御帳

『類聚雑要抄』に示された御帳の図を掲げておく。その構成は、まず地敷と下敷の各二帳、さらに中敷二帳と表莚《うわむしろ》を重ね置く。その四角に土居《つちゐ》を据え、その各々に三本の柱を立て桁で繋いで架構を作る。天井には明障子を載せ、四面には障子をはめる場合もあるが、通常、帷《かたびら》を懸け、面額《もこう》を付ける。そしてその内には三方の端に几帳が各々立てられ、正面の方には一双の沈枕が置かれる、等々である。なお、御帳台と通常呼ばれるのは、上述の地敷の部分が帳台または浜床と呼ばれる台状のものになっているのをいう。ここではこの帳台があるなしにかかわらず御帳として取り扱う。

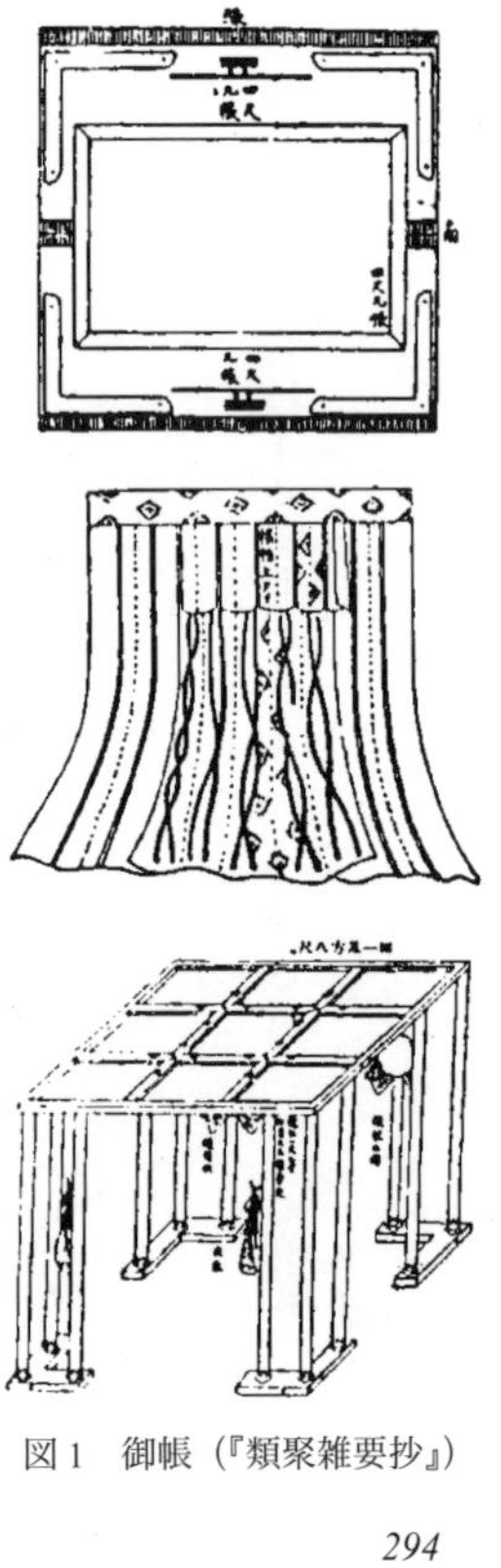

図1　御帳（『類聚雑要抄』）

さて、この御帳は、例えば『日本書紀』履中天皇の条に、

乃《すなは》ち室《よどの》に入り帳《とばり》を開けて、玉床《みゆか》に居《ま》します

とあるように、上代より寝台として使われてきたことは確かである。ところが平安時代も後半期となると別の機能が顕著となる。坐臥の具として使われるのもすでに上代にあるようだが、ここでいう別の機能とは儀式の場面、もしくは日常的場面での形式的機能である。

清涼殿の母屋に設けられる昼御帳は、日常的生活の効用（ユーティリティ）という面から言うと無用に近い存在のように、少なくとも平安後期の文献上では、思える。昼の執務はその前の東廂の昼御座で行っており、居間としては朝餉間があり、夜には夜御殿などがあるからである。それでは儀式として使われるかというと、わずかに「小朝拝」が管見にのぼるのみである。また「最勝講事」などでは御仏台になっている。このように無用に近ければなくなりそうなものだが、そうでもない。太田静六氏の研究(11)で明らかなように、後白河帝の里大裡となった東三条殿にあっても、南殿（紫宸殿）に比定される寝殿に御帳があるだけでなく、東対の母屋には天皇の、西北廊の母屋には東宮のそれぞれの昼御帳がある。この事態は次の出来事を知ることで速やかに解釈されよう。

それは堀河帝崩御直後のことで、密々の中に昼御帳に移置しておいた剣璽を新帝方に移すに際して、その御帳を壊した出来事である。すまい主の死去にあたって剣璽を移し、昼御帳を壊すということは、少なくともこの御帳がその主の存在仕方、この屋にすむということを示していると解釈するのがすなおであろう。そうであれば、五月上旬の供菖蒲の際、五日に薬玉を昼御帳の前の左右の母屋柱に、九月九日にそれに代えて茱萸《しゅゆ》を付ける行事とか、正月の初めの卯の日に杖を献ずる卯杖や卯槌《うづち》を昼御帳の柱に付けるという行事も、薬玉・茱萸・卯杖・卯槌のそれぞれが呪物であることから、それらを付けることで御帳の在り方を強化する、したがってすまい主の生存を強化する行事という解釈が出てくる。

これらは清涼殿の場合であるが、一般の寝殿造り住宅にあっても同様である。そのことを典型的に示すものに移徙儀《わたまし》がある。その際この住宅は一定の方式で鋪設されるが、その様は『類聚雑要抄』に明々である。御帳にかぎっていえば、それは寝殿母屋に設けられる。この御帳が先述の昼御帳の場合と同様、形式的機能が強いことは、この御帳の後の北廂に寝所の鋪設のあること及び移徙儀の続く三日間すまい主がこの御帳で儀式として就寝することを以ってして明示されよう。

しかし、この後者の行為は御帳のさらに別の意味を示唆する。というのは、まず移徙という儀式がそこにすまい込むにあたっての初発の行事であるということによる。しかも夜の闇の中を黄牛と火と水とに先導されて始行されるからである。今は火についてのみ言及する。火は火童によって持ち込まれて寝殿の橙炉に付けられ、三日間消されない。忌火である。それに対応してあの夜の闇は原初の闇ということになる。なお、火は死去に際して枕火となり、葬送に伴って山作所に運ばれ荼毘の火となる。誠に苛烈というほかない。

このような原初の闇におかれた御帳の中で儀式的に寝るということに寝るということの予祝を、将来の安寧確保の呪術を見てとることは容易であろう。問題は、すまい込みに際して何故に寝ることが重点的に取り上げられているかということである。すまいにとってそれが本質的であるからといってしまえばそれも一つの答であるが、要はその解釈のレベルである。今はとりあえず存在的に受けとって先に進もう。

寝ることがそうであれば、御帳がすまいにとって本質的であるとなろう。このことを示す事例はいくつかある。例えば、『玉葉』文治六年（一一九〇）正月十一日条には、移徙儀に似た入内儀にあって、鎮礼を付けた杭を藤原任子の御所の四角に立てるにあたって御帳の四角にするか家の四角にするかを迷って、

　永承家四角、寛治帳四角、此外無所見

と先例を引きつつ、結局、家の四角に立てている。移徙儀では『兵範記』保元三年（一一五八）条に、高倉殿の場合として御帳の四角に鎮礼を打つ例が載っている。つまり、御帳は意味の上では家の代わりになりそれを代表しうるものと捉えられている。

このような事象は時代をさらに遡って『万葉集』の中にも見出しうる。それは、夫が旅もしくは病気で家にいない場合、妻がその床の辺に厳《いつへ》をするゑて自らも巫女になって夫の無事を神祇に祈るといったことを歌ったものである。折口信夫氏[12]によれば、

　郷家の寝床に我が魂の一部は分離して留まるものと信じた

のであるから、巫女となった妻は床にある分魂に対して鎮魂の呪術をしているのである。この事象をさらに一歩立ち入って解すれば、無事にあることは家にいることでもあり、その極限の状態では、床にいることでもあると。このことこそ移徙儀にあって原初の闇という極限状態にあっての寝殿の御帳で就寝することに通じあう。

御帳もしくは床がすまい[13]の本質を担う代表でありうると同時に、すまいにあることの極限が御帳もしくは床にあることで示される。それが移徙儀で御帳で寝るということである。この物としての御帳と人のあり方とを繋ぐ事象は御帳の柱に係わる観想を見ることでより明らかになろう。

御帳の四角に鎮礼を打つ、もしくは鎮礼をつけた杭を立てる習俗についてはすでに見た。その際、御帳の柱に何程かの注目が払われているはずである。『仮名装束抄』には、

　御帳あたらしくば、よき日をもちて立べし、ふるきはくるしからず、柱はうしとらのすみよりたつるなり

とある。まるで建物の柱に対するかの如き、つまり立柱式に通ずる態度である。この鎮礼を付ける習俗はこのことの儀式的なくりかえしと言える。このことは、先述の供菖蒲の菖蒲を軒に葺く習俗を忌み隠るための「新室」の儀式的にくりかえされる新築だとする倉林正次氏[14]の卓見に応じて、薬玉を御帳の前方の両母屋柱に付ける習俗をそういうくりかえされる立柱式と解しうるこ

とに類同する。

そうであれば、御帳を立てるという事象は家の立柱式の持つ意義を受けとるのであろう。立柱とは、単に事物的な建物の構築であるというだけでなく、人が鎮まり居りうる広がりを集めることでもある。人の場所としてのすまいを定めるということである。

結婚式──当時は招婿婚の時代であるので婿取式──が行なわれる三日間の最終日の夜の露顕にそういう立帳に見られる御帳の意味がより明らかに示されている。露顕は「トコロアラハシ」と仮名送りされているように、それは婿の在所(場所)を顕わすという意味である。具体的な儀式としては、夫妻が御帳の中に入って妻方の用意した小餅である三日(夜)餅を食した後、妻方の用意した装束を身に付けて御帳前の平敷御座に立ち現われる。その際、あたりは「大殿油昼のやうに明き」(『栄花物語』)状態であるが、それ以前は「大殿油あるやなきやにほのめ(く)」(『栄花物語』)ばかりの闇である。ちなみに、この火は火合わせといって、婿行列を先導してきた婿方の火を妻方のそれに合わせる行事によってもたらされたもので、忌火である。そしてその夜の闇は無論、原初の闇である。かかる闇を背景とした御帳の中からの出現がまさにところあらわしというのである。御帳が人の場所としてのすまいを代表していることを如実に示している。

3. 形式と場所

原初の闇とは、しかし一体何であろうか。ここで取り上げた例でいえば、移徙といい婿入りといい住い込みに、つまり何かの始まりにあたって着目されていた。しかも通常の夜の闇とは区別された闇である。しかしこの闇において将来にわたっての安寧な広がりが設立されるのであるから、原初の闇は通常の闇から単に区別されるというだけでなく、安寧な闇やまた日々を支えていると見るべきである。つまり、それは日常的なすまいとしての時空が準拠する絶対的な基盤である。

御帳に見られる儀式的な形式は、この絶対的基盤としての原初の闇に直に面して人の場所としてのすまいを設定しようとする、その際の形式である。設定するという創造にあっての形式であり、絶対的なものと相対的なものをつなぐ形式である。

この事象をより明らかにするために、日常的な空間経験についての現象学の知見に目を向けよう。

或る諸対象を見る状態をとりあげよう。それらは他の諸物と共に領野 Feld を形成しているが、その領野は前・後、左・右、上・下、遠・近等々と絶対的ここの私の身体 Körper に方向づけられている。それらは、内景がどのようになろうとも常に領野に伴なわれている。しかもその背後にある身体は絶対的ここことして不動である。それに対して物体としての身体 Körper は領野を形づくっている諸場所の中を動きえて、かつてのここ、これからのここといった相対的ここを占めうる。このここは絶対的ここでは無論ない。事態が教えるように、絶対的ここは相対的ここの基盤である。

しかし、この相対的ここの諸場所は身体の動きに応じて動き変化するのではあるが、諸場所の全体は不動である。個々の諸場所やその都度の諸場所の地平はこの不動に対して静止もしくは動くのである。しかも、身体の動きに応じて地平は乗り超えられ、その都度の地平の中に取り込まれる。その意味でこの全体は地平の地平ともいいうる。この全体をフッサール Edmund Husserl[15] は大地（Erdboden 又は Erde）と呼ぶ。大地は絶対的に不動である。個々の静止や動きが準拠する不動な基盤である。

大地も身体も共に相対的静止ではなく、それらを支える絶対的静止であった。しかも、この静止は対象的に把握されるのではなく、生きることにおいてしか汲み取りえないものである。つまり、絶対的静止は大地と身体に係っての意識の両義性を示している。空間という概念は領野の客観化という手続きを経て把握されるが、今は諸場所の秩序とのみいっておこう。

さて、我々の原初の闇はこの絶対的不動としての大地と身体に比定しうるように思える。それはまさしく絶対的な不動であるからである。しかし、その原初の闇は人の運命や生存そのものに係わると観想されていることでより深いといわねばなるまい。このことを示す諸々の習俗を述べる頁数は最早ない。ただ或る一つの習俗のみを掲げておこう。それは古代の葬送も夜の中で行われるということである。その際、忌火が燈されることは既に触れた。生存とその場所としてのすまいの消滅は原初の闇への隠没であった。したがって、生存の全秩序の底こそ原初の闇に相応しい。或いは絶対的不動としての大地と身体の両義性を支える基盤といいうるかもしれない。

これについても評論する余裕はないが、古代での柱は、立柱という状況にあっては、天に開かれ、不動な地を神々や人々が鎮まるというようにして占めつつ、自らの廻りにそれらがすまいうる開け放たれた処を集めるというように観想されていた。絶対的不動としての大地と身体はこの天地に該当しようし、ハイデッガー Martin Heidegger の用語でいえば、会域 Gegend である。[16]天と地と、神と人との間である。普通にいう建築的空間は開け放たれた処に該当しようが、その処を会域が方向づけるといった構造である。

我々の御帳は、先述のように立柱式としての立帳という観想があるからには、原初の闇にあってはかかる構造のうちにあるはずであり、またその傍証もある。つまり、その状況にあっては、御帳は単に物としてあるのではなく、その形式において会域を開き、開け放たれた処を集めるのである。それは原初の闇、会域、開け放たれた処の三層を貫いて支えている。

4．まとめ

ここで取り扱った御帳は勿論、住宅そのものではなく、その一部である。ただ、それがすまいに占める中心的で本質的な意味において、すまい全体の構造を或る程度示しえたのであった。このような形式の建築の全体的構造に占めるあり方はゼードルマイヤーのいう批判的形式（クリテッシュ・フォルム）のそれによく似ている。様式史が通常、ある時代 Epoche に共通する様式を示す作品のみで芸術史を考える弊害や様式概念の細分化の迷路への迷い込みを示したのに対して、批判的形式は、時代（エポック）の本質的現象を少ない前提で説明し解釈しようとする、その前提にあたるものである。しかも、その概念のあり方が問題で、この形式は、[17]

ひとつひとつのエポックを一貫して、いわばただ認識の「地平線 Horizont」だけをおくというように、消点とか消線に比定されうる目標といった時代（エポック）の「遠近法的枠」というあり方をとる。そして、この枠に対して、はじめて歴史的な生命と多様性とを与えるのは無数の一回的なもの、もはやそれ以上に溯れないぎりぎりのもの、真に独創的なものでなければならない。

しかも、それは「多少なりともそこへ近づく」課題として作品の成立に係わる概念である。我々の御帳に見た形式概念は、ゼードルマイヤーの批判的形式のようには、さしあたりは時代（エポック）を見越して提出されたものではない。しかしそれは、歴史的事象の忠実な解釈の中から生れたもので、当然なこととしてその準備となりうるものであろう。

加えるに、我々の概念は生きられる場面への着目から生れたもので、場所としての、空間としての建築の本来的なありようをよりよく捉えうるであろう。そしてそういう場所の中で浮彫りになった、絶対的なものと相対的なものの関係は、解釈においても創造においても地平的なあり方をする形式に対してより深い展望を与えるであろう。

注

1　Worringer, W. *Abstraktion und Einfühlung*, 1908（草薙正夫訳『抽象と感情移入』岩波書店、昭二八、二四頁）。
2　森田慶一『建築論』東海大学出版会、昭五三、八七頁。
3　Riegl. A. *Stilfragen*. 1893（長広敏雄訳『美術様式論』岩崎美術社、昭四五）。
4　Sedlmayr, H. *Verlust der Mitte*. 1955（石川公一・阿部公正訳『中心の喪失』美術出版社、昭四〇）。
5　Giedion, S., *Architektur und das Phänomen des wandels*. 1969（前川道郎・玉腰芳夫訳『建築、その変遷』みすず書房、昭五三）
6　Badt, K., *Raumphantasien und Raumillusionen*. 1963
7　増田友也『建築的空間の原始的構造』ナカニシヤ出版、昭五三［『増田友也著作集』Ⅱ、ナカニシヤ出版、一九九九］。
8　Norberg-Schulz, C. *Existence, Space and architecture*. 1971 加藤邦男訳『実存・空間・建築』鹿島出版会、昭四八。
9　Worringer 先掲書、三〇頁。
10　拙著『古代日本のすまい』ナカニシヤ出版、昭五五、第三章［本書第一部収録］
11　太田静六「平安・鎌倉時代における里内裡建築の研究」『建築史研究』一九号、彰国社、昭三〇［同『寝殿造の研究』吉川弘文館、一九八七、八〇二頁以降］。
12　折口信夫「万葉集研究」（『折口信夫全集』第一巻、昭四八）
13　「すまい」はあちこち動きまわるものが、一つ所に落ちつき、定着する意であるスミとアヒ（合）の約（『岩波古語辞典』）、またはスミに持続を示す語尾フが付いた語（『時代別国語辞典』）とあり、「家」はイホ（廬）と同根らしいが、家族の住むところをさすほか、家族・家系・建物などをさす。「家」の方が広義であるが、ここでは場所性を明示するために「すまい」を選ぶ。

14 倉林正次『饗宴の研究──文学編』桜楓社、昭四四

15 Husserl, E. "Grundlegende Untersuchungen zum phänomenologischen Ursprung der Raumlichkeit der Natur" 1934［in *Philosophical Essays in memory of Edmund Husserl*, Marvin Farber Editor, New York, Greenwood Press. 1968.］

16 Heidegger, M. *Die Kunst und der Raum*, 1969（竹市明弘訳「藝術と空間」『藝術哲学の根本問題』晃洋書房、昭五三）

17 Sedlmayr, H. *Kunst und Wahrheit*, 1958（島木融訳『美術史の理論と方法』みすず書房、昭四三、一〇頁）

［一九八〇年］

宇宙のなかのすまい

古代ローマの鳥占にみられる方位と境域《テンプルム》

古代ローマの鳥占 augria は方位の究明という本題の目的にとって示唆に富む。なぜならば、すまいという空間と方位との本来的関係を概略教えてくれるからである。鳥占の著名な例にロムルス Romulus とレムス Remus のローマ王位争いに見られるそれがある。[1] リウィウス Livius[2] は、二代目のローマ王となるヌマ Numa Pompilius の継承式をめぐって、その占いの詳細を知らせてくれる。彼の著した『ローマ市建設以来の歴史』によると、儀場はカピトル丘の北頂、アルクス arx であった。そこでは鳥占師が主役である。占師は石に坐って南面する王の左側にあって、聖杖である曲柄杖 lituus を右手にとって神に祈りつつ、東面して天界と地上の境域を定める。その際占師は視界の届くかぎり遠くを見ている。そして曲柄杖を左手に持ちかえ、右手を王の頭の上に置き神に祈《のぞ》みつつ、次のようにいう。

父、ユーピテルよ。これなるヌマ・ポンピリウス、いま、私が頭をおさえているこの者が、ローマで王となるも正浄《ファース》なりとせば、なにとぞ我らに確かなしるしを、私の作ったかの方位の間に顕示《あらわ》し給え。[3]

この「私が作ったかの方位の間」すなわち境域とは、この占師が聖杖で示すことで現出したもので、聖杖を通る南北線と東西線とで四分され、さらにその四周を地平線で限られたものである。W・ミュラー(4)は roma quadrata を従来の解釈――真四角なローマ――に対して四分割されたローマとする説をとっているが、この境域についても、ウァロ Varro が書き留めておいた鳥占師のとなえる呪言を解釈することで、その四分割性を確かめる。つまり東面して fines を凝視する――この fines は境界ではなく、たとえば樹木のような境界上の点、境界点である。そのことで東西軸が定まり、境域の南半分と北半分への分割が定まる。また占師の左右に境界点を定めることで南北軸が定まり、四分割が成立するという。

この四分割された境域 templum は、占師を基準として左右、前後(5)に振り分けられて命名され、鳥占の基盤となる。この空間観念に基づいてローマという都市が建設されたという証拠はない(6)。しかし、先の roma quadrata に明らかなように、四分割性自体は共通するし、また中心から測られるシステムであることも共通することをもって、その蓋然性が高いとミュラーはいう。ローマ建設にあっては聖穴 mundus が最初に定められ、中心となったからである。

方位に関連してここで着目したいのは、鳥占における中心と全体の関係である。境域が中心を待って、そしてそれによって秩序づけられるのはいま見たとおりである。しかしそのさい、鳥占師が東面、もしくは南面(7)するのであるから、占師はすでにして方位の秩序のなかに秩序づけられているのではないだろうか。さらにいえば、さきの鳥占師の尋常ではない眼ざしを介して境域全体が無限の広がりの中に定位される。つまり、眼のとどくかぎり遠くを、地平線を、fines を介して凝視するそのことは、境域全体を地平線を超えた拡がりのなかに、いわば無限的なものの中に定位しようとする営みではなかろうか。

一方、同一の方向（線）というものは、幾何学的に解すれば、一無限遠点で交わるのであるから、方位に秩序づけられるとは、それ自体、無限的なもののなかに定位されることを意味しよう。しかしながら、逆に無限の側からこの定位を見るということを仮定してみると、そこでは有限なものの大きさや運動は無意味となる。無限に対しては、その要素である有限なものの有限な変化はなんらの変化を与えないからである。

そうなると、生の営みを確かなものにしようとする鳥占はかえって無意味なものへの埋没となってしまうのではなかろうか。それは事実に、少なくともローマ市民の心情に反している。その有限な生は自らを超えるものに繋がることで有意味であろうとしているからである。したがって、この意味と無意味の繋がり方が問題にされねばならぬであろう。古代ローマの鳥占にあっては、いまそのような証拠を持ちあわせていないが、東もしくは南が祖ジュピターの方位、もしくはジュピター自体であれば、意味と無意味の間をうめる筋書としては首尾一貫する。ともあれ、ここに鳥占の例を引いたのは、方位の問題は元来、宇宙論もしくは超越論を含むものであることを示したかったからにほかならない。以下、わが国古代の方位について、その宇宙論的意味とその現実化としてのすまいの在り方をめぐって探究する。

『作庭記』に見える方位

方位はさまざまな場面でさまざまな仕方で着目されるが、直接的に着目されるのは比較的まれであろう。しかし、方位観が鮮明に現われるのはこの直接的な場合であろうから、まれな事象がこの探究の対象となるといってよい。

古代にあっては、まれといってもこの事象は今日と較べれば豊富である。たとえば、方忌《かたいみ》というものがある。ある行為をする場合、それが禁忌の方位にあれば、その行為をさけるといった習俗である。『続群書類従巻三下』に載せられた「方角禁忌《ほうがくきんき》」には、築垣事《ついがきのこと》など作事が主であるが、受領出門事《じゅりょうしゅつもんのこと》といったものを含めて合計九五種の行為があげられていて、それらが大将軍方、王相方、太白方《たいはくのかた》などにある場合に応じて忌まれたり、忌まれなかったりするべきだとしている。彼らの、事の善し悪しは別にして、自らを超えたものへの関心は、われわれと対比してより深い。

大将軍方など、この方角は年、季節、日とともに移り変わっていく。方忌は時間的秩序を背景としての方角（方位）への着目であるとみなしうる。しかし、禁忌される行為が主として作事であることは、そこに何か空間的秩序への関連が伺いうる。そこで次に作事により限定して、作庭における方位観を『作庭記』のなかに探ることにしよう。

『作庭記』(8)は、『前栽秘抄《ぜんさいひしょう》』とも称され、藤原頼通《よりみち》の三男で、橘俊遠《としとお》の養子となった橘俊綱《としつな》の著作とするのが定説(9)である。本文中に、「延円阿闍梨《えんえんあざり》ハ石をたつること、相伝をえたる人なり」とあるように、すでに立石についての伝書があって、『作庭記』の作者もそれを参考にしたことが推測されている。つまりそこには、院政期をさかのぼる時代の観念があることが期待される。

四神相応の地という観念が見られる。四神とは、青竜、白虎、朱雀、玄武であるが、それはインドの占星法に見られる二十八宿《しゅく》を四等分したその各七星のなす象、すなわち竜（東）、虎（西）、鳥（南）、蛇・亀（北）に、陰陽道の五行のうちの四行、木（青）、金（白）、火（赤）、水（黒）を配することで成立したといわれている。『作庭記』では、「池並びに遣水《やりみず》の尻は未申《ひつじさる》の方へ出すべし。青竜《せいりゅう》の水を白虎《びゃっこ》の方へ出すべき故なり。」とあるように、南庭前の池や遣水という、水の流す方向に関連してとりあげられていて、「青竜の水を以《もち》て諸々《もろもろ》の悪気を白虎の道へ洗ひ出す故なり。」とその理由をあげている。『作庭記』中に名があげられている高陽《かやの》院《いん》をはじめとして、平安京の、とりわけ左京の地形は南もしくは南西さがりになっていて、このような水の流しぐあいはわりに無理なく行ないえたようではある。また、「人の居所《きょしょ》の四方に木を植《う》ゑて、四神具足の地と為《な》すべき事」とあって、東西南北に流水・大道・池・山岳がない場合に、その代りとしてそれぞれ柳九本、楸《ひさぎ》七本、桂九本、檜三本を植えるべきであるという。そうすれば、「官位福禄備《そな》はりて、無病長寿なりと言へり」とある。「簠簋内伝《ほきないでん》」(10)にある四神相応の地は「尤《もっとも》大吉也」といっていることと同類である。池水を東から西に流すことで、その地から悪気を洗い出そうというのである。

四神相応という観念は、『続紀』和銅元年二月戊申（七〇八）に「平城之地」、つまり平城京が建てられるべき地を見て「四禽叶ヒレ図ニ。三山作スレ鎮ヲ。亀筮並ヒ従フ」と把えた、そこに見られるし、古墳時代終末期の高松塚古墳の四壁にも見られる。おそらく、持統天皇四年（六九〇）に初めて行なわれた元嘉暦《げんかれき》と儀鳳暦《ぎほうれき》（麟徳暦《りんとくれき》）、もしくはその解説書（暦経や暦注の類）にはすでに記載されていたものであろう。そのようにこの観念は、外来ものではあろうが、平城京建設に際して着目されており、明らかに平城京を四神を含む宇宙的秩序のなかに定位させようとする意図がそこに読みとれる。定位させることにおいて久安の都となることを願っての手立てであろう。また、高松塚古墳は、死者に対してであるとはいえ、そこが死者の居所と把えられたが故に、四神が画かれたにちがいない。死という、生自体が問題にされる状況にあって、生死にわたる全体的な宇宙的秩序が着目されることになり、四神が選ばれたのであろう。

『作庭記』にあっての四神への着目も、すでにみたようにこれら以外の何ものでもない。日常にあってはあまり顧みられぬ四神も、作庭という新たに場所を設定しようとする状況にあって、その場所を定位させる、しかも大吉という形で定位させる秩序として着目されているのである。新たに何事かを始めることとしての作事がこの時代に慎重に取り扱われていたことは方忌という習俗に見たとおりである。

『作庭記』には、また「石を丑寅方《うしとらのかた》に立ッべからず。或は霊石と成《な》り、或ハ魔縁《まえん》入来の便《たよ》りとなる故《ゆへ》に（中略）但シ未申方《ひつじさるのかた》に、三尊仏《さんぞんぶつ》の石を立《た》て向《むか》へつれば、祟《たた》りを為さず。魔縁入《い》り来《きた》らざるべし」とある。丑寅、つまり北東に石を立てると、「魔縁」がそれをたよりに入ってくるといっているが、「又過ニル五尺一ヲ石を、寅方《とらのかた》ニたつべからず。自ニリ鬼門一入ニリ来ル鬼一也」というように、はっきりと「鬼門」より「鬼」（「鬼神」ともいう）が入ってくるという。鬼門、あるいは未申方（西南）である裏鬼門なる観念が見られる。

鬼が出入するという観念の一般的であったことは、当時流行した物忌《ものいみ》という習俗をとりあげるだけで明らかであろう。物忌とは、建物の周囲に簾を下ろして、そこに「御物忌」と書いた柳の小片をはさみつけて、その簾内で謹慎することをいう。『拾芥抄《しゅうがいしょう》』や『江家次第《ごうけしだい》』によると、御物忌とは鬼神王の名であって、それには他の鬼神たちも近づきえないという。この名を付けた簾は、したがって鬼神たちの室内への出入を妨ぐわけである。このような鬼神信仰とともに鬼門があるのである。ただ、現在流布している家相における細々とした規制もないし、事例もあまり見られない。先掲の『簠簋内伝』の「屋敷二十二相図文曰」にある「東北不足息災相」がその少ない事例である。東北、すなわち鬼門の部分を欠いた屋敷地は無事安泰な相であるという。

その他、戌亥《いぬい》の方（北西）に臥石《ふせいし》を向けるなとか水路を通すなとか、未申の方に山を置くなとか、その方の柱の辺には石を立てるなとか、さまざまな禁忌が見られる。それを犯せば、財物が倉に止まらず福徳を失なったり、白虎の道を塞ぐから病気になったりするという。

そこに見られるさまざまな禁忌は、すべてがかならずしも宇宙的秩序に統合されるものばかりではないが、作庭という初発の状況にあっておのおの日常生活を安寧にする秩序と観想されながら、複合的に関連しあっている。

この『作庭記』の庭は寝殿造り住宅のいわば構成要素である。

晴と褻の方位

この住宅に見られる空間的秩序に晴、もしくは礼がある。たとえば、大臣大饗《たいじんたいきょう》[11]ではその儀場となる邸宅の東面、あるいは西面をその正式な正面とするが、そのことを東晴、東礼、あるいは西晴、西礼といっている。晴《はれ》とは日常性を意味する褻《け》に対立する言葉であって、神の顕現を、転じて祭祀や儀式といった非日常的な状態をさす。それが邸宅の東西方向に配分されて、儀場の空間的秩序になり、東晴、西晴などと称されるのである。また、晴の代わりに礼と書かれる場合もあるが、意味するところは同じである。この向きが、たとえば儀場での座や立礼の位置の上手や下手の方向を決める規準となっている。身分によってそのような座を占める。この晴（礼）の方向は東の場合も西の場合もあって、どちらか一方が優先されるのではなく、東西方向が重視されているのである。

南北方向も儀場の秩序の規準になっているが、内裏のようには重視されてはいない。そもそも南門がない。しかし寝殿造り住宅でも、内裏や仙洞《せんとう》となる閑院や高陽院のような場合には南に門が開けられている。したがって、通常の寝殿造り住宅に南門のないのは何らかの意味で天皇に関係しての手立てであろう。あるいは、天子南面すということも配慮されているのかもしれない。

東晴の初例が承平四年（九三四）藤原忠平邸に見られるが、なぜ東西方向が晴という状況にあって重視されたのかは特定できない。ただ、古くから神社には東西方向が重視されている例がある。春日大社の正門は西門ではなかったかとする説[12]がある。出雲大社本殿と神魂神社本殿の内に置かれる祠はそれぞれ西面、東面しており、日前宮本殿のそれも東面している。日に向く方向としてのヒムカシ（東）、日没の方向としての去方《いにし》[13]（西）という、東西なる言葉に秘められた太陽との関係がここでも着目されてのことと推定される。

太陽は、天照大神によってもわかるように、古来、太陽神という形で特別視されてきたことは明らかである。その在り方は、より詳細に、たとえば陰陽五行との関係も考慮して、さまざまな人びとによる研究がすでにある。(14) しかしここでは、太陽神は天の至上神であって、絶対的秩序の象徴であったことを確認したいのみである。そして晴・褻に際して選ばれた東西方向も本来はかかる秩序に関係しているのではないかと推定できるが、その確証はない。

安鎮家国法

家移りの儀式である移徙儀《わたましのぎ》（または遷幸儀《せんこうのぎ》）に先立って行なわれる、安鎮法という密教修法がある。そこには方位が実に多様な形で注視されている。安鎮法は「安鎮家国法《あんちんかこくほう》」、または「安鎮家国不動法《あんちんかこくふどうほう》」を正式名とする。内裏の新築に伴って行なわれるのが本来であるが、その範囲は上皇・中宮・皇后の殿舎に及んでいる。この安鎮法を行なった僧侶たちが書きのこした安鎮法日記は収集されて、台密の書である『阿娑縛抄《あさばしょう》』（極楽房承澄の撰、仁治年間（一二四〇～四三）に起稿）と天台宗青蓮院《しょうれんいん》の記録集成である『門葉記《もんようき》』（尊円親王撰、成立年代不詳）に載せられている。それを一覧表にしたのが表1である。応和元年一〇月二四日（九六一）に始まって応永五年四月二二日（一三九八）まで四四例が数えうる。しかし、その日記中に読みとりうるが、その実行日とか場所が分明でないので表に載せなかったものもいくつかある。また、平安・鎌倉時代の公卿日記にも別例が記されている。当時盛んに行なわれていたことが推定される。

この安鎮法は、後に詳述するように、いくつかの儀場に分かれて行なわれるが、いくつかの壇が築かれる壇所は、表1に見られるように、承香殿《しょうかでん》、仁寿殿《にんじゅでん》、清涼殿《せいりょうでん》、寝殿、南殿とさまざまである。しかし、承香殿で行なわれたのは応和元年村上帝の場合で、その『村上御時日記』を載せる『阿娑縛抄』によれば、「須二仁寿清涼殿一修レ之。而作事未レ了。仍於二此殿一修レ之。」とある。本来ならば仁寿殿か清涼殿が壇所になるべきであったという。それらは天皇の居所である。そうすると、壇所は、さらに安鎮法の儀場全体はすまいを本来的とするもので、安鎮法はすまいに関する修法であることがわかる。

さて、儀場は先掲の壇所と庭上での鎮所《しずめどころ》に分かれて設けられる。壇所は、図1に示した六条殿の場合のように、母屋《もや》の中央に

表1　安鎮家国法の実施例

	開　始　日	壇　　　所	備　　考	出　典
1	応和元・10・24（961）	大裏承香殿		『阿』
2	天禄3・6・24（972）	桃薗殿		『阿』
3	長保2・9・21（1000）			『阿』
4	長和4・5・25（1015）	仁寿殿		『阿』
5	寛仁元・10・14（1017）			『阿』
6	寛仁2・3・9（1018）			『阿』
7	長久2・11・26（1041）	内裏		『阿』
8	天喜4・2・15（1056）	一条院仁寿殿		『阿』『門』
9	康平3・7・16（1060）	賀陽院清涼殿		『阿』
10	延久2・6・12（1070）	平等院新御所寝殿（平等院西新ト御所）	池房トモイフ	『阿』
11	延久3・7・19（1071）	仁寿殿		『阿』
12	承保3・12・12（1076）	六条内裏南殿		『阿』
13	承暦3・11・16（1079）	堀川院寝殿		『阿』
14	永保3・12・15（1083）	三条内裏南殿		『阿』
15	嘉保2・6・9（1095）	閑院寝殿		『阿』
16	康和2・5・24（1100）	大内裏仁寿殿		『阿』
17	長治元・3・29（1104）	堀川殿寝殿	中富殿下御所	『阿』
18	長治元・12・3（1104）	白川院内裏寝殿	挑杷園トモイフ	『阿』
19	保安4・5・26（1123）	二条殿		『阿』
20	天治3・1・5（1126）	三条東洞院内裏寝殿		『阿』『門』
21	大治5・8・7（1130）	仁和寺待賢門院御所		『阿』
22	保延6・10・23（1140）	土御門南烏丸西内裏南殿		『阿』『門』
23	康治2・3・16（1143）	皇后宮門御所白川押小路殿		『阿』『門』
24	保元2・9・23（1157）	大内裏仁寿殿		『阿』
25	応保2・3・4（1162）	烏丸新大裏		『阿』『門』
26	文治4・12・9（1188）	六条西洞院御所南殿		『阿』『門』
27	建久2・12・8（1191）	法住寺殿寝殿南面		『阿』
28	建久9・4・12（1198）	二条内裏		『阿』
29	建仁2・10・11（1202）	春日京極新御所	大炊御門京極也	『阿』『門』
30	建仁3・11・4（1203）	二条殿	修理	『門』
31	元久元・7・29（1204）	五辻新御所南殿		『阿』『門』
32	元久2・11・22（1205）	賀陽院新殿寝殿		『阿』『門』
33	承元3・7・27（1209）	押小路烏丸御所寝殿		『阿』
34	建暦3・3・12（1213）	新造閑院内裡清涼殿		『阿』『門』
35	建保2・12・4（1214）	新造大炊殿寝殿		『阿』
36	建保4・12・29（1216）	水無瀬殿		『阿』
37	建保6・11・21（1218）	高陽院	修理	『門』
38	寛元3・11・22（1245）	一条殿		『門』
39	寛元4・正・13（1246）	冷泉仙洞		『門』
40	建長3・5・13（1251）	閑院大裏		『阿』
41	正嘉元・4・4（1257）	押小路烏丸御所		『門』
42	正元元・7・25（1259）	五条殿	女院御所	『門』
43	文永12・4・1（1275）	六条殿新御所南殿		『門』
44	応永5・4・22（1398）	北山殿東対屋		『門』

『門』：門葉記安鎮法　『阿』：阿娑縛抄安鎮法日記集

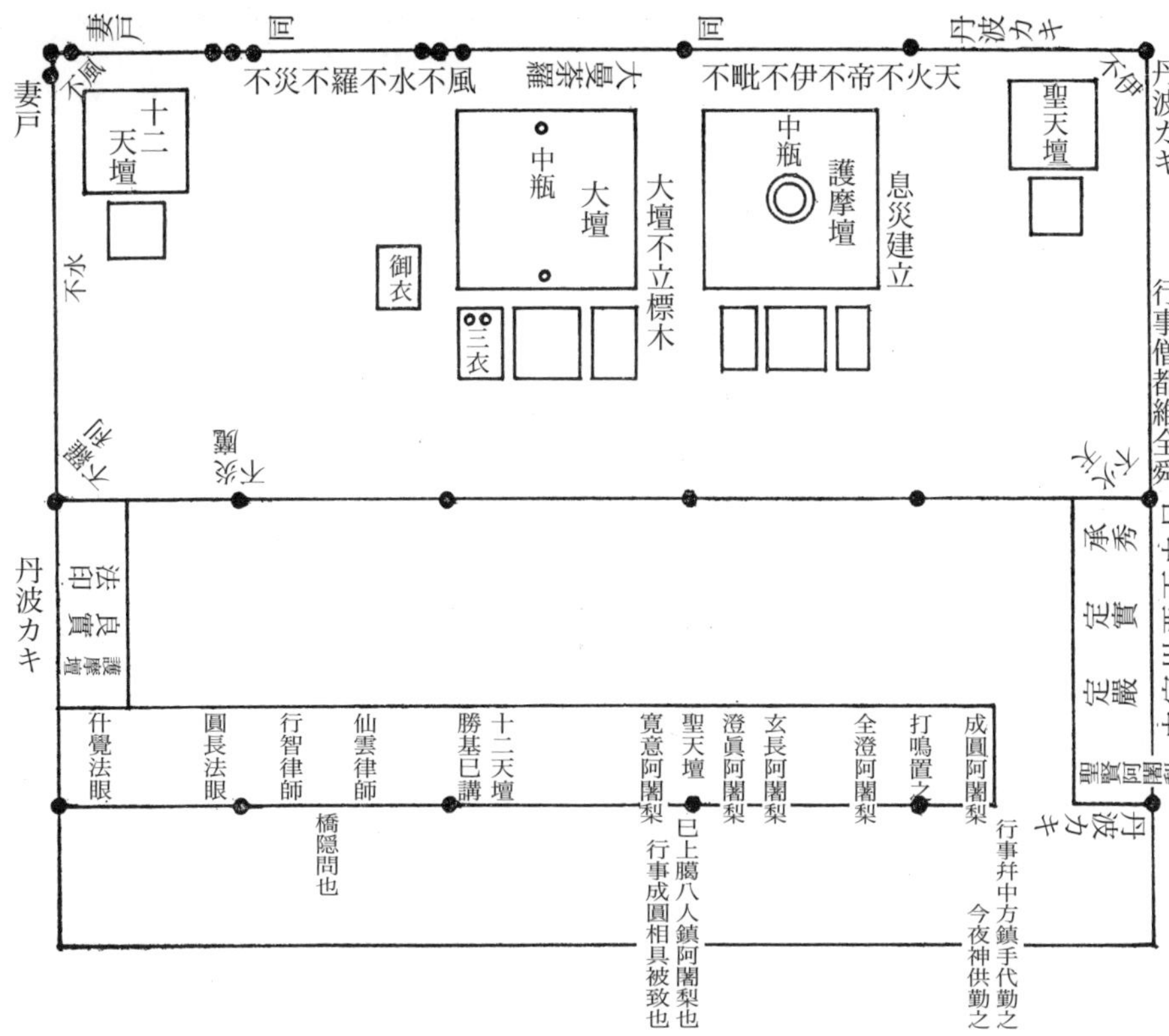

図1　六條殿安鎮法壇所

大壇《だいだん》が、そしてその東に護摩壇《ごまだん》が設けられ、母屋の東北隅と西北隅にそれぞれ十二天壇と聖天壇とが設けられる。しかし、このような壇は最初から設けられたわけではない。

　応和元年の村上帝の場合は、先掲のように、壇所は承香殿であって、そこで安鎮家国不動法が修せられた。そこに安鎮家国不動曼荼羅《ふどうまんだら》が一鋪懸けられることは後の場合と同じであるが、七カ日間を限って七二天供を修したと記されている。このことについては、天禄三年（九七二）の場合には不明であるが、長保二年（一〇〇〇）の一条院の場合も同じである。長和四年（一〇一五）になってはじめて「二壇有。大地護摩地也。」とあって、図1の六条殿での壇所に似てくるようである。ただし、十二天壇と聖天壇が明確に現われるのは延久三年（一〇七一）まで待たねばならない。それも、初期では壇所の東北隅に十二天壇が、その西北隅に聖天壇があって、嘉保二年（一〇九五）の閑院の場合から、その左右が逆転して、以降図1のように定まってくる。

　鎮所についても、後述するように変化が見られる。要するに、徐々にその形式が整えられたのである。

一般貴族の場合はどうかというと、たとえば藤原忠実《ただざね》の鴨院第では、『殿暦《でんれき》』永久三年六月二五日（一一一五）によると「従今日於新所始種々祈等」とある。この新所は鴨院第のことであるが、実に多様な祈りを行なっている。七月二日に移徙儀を行なっているが、それに先立つ六月二五日から、寝殿で不動法を、南東屋で大般若読経《だいはんにゃどきょう》を、同屋東面で愛染王供《あいぜんおうきょう》を、寝殿東南庇で最勝《さいしょう》講《こう》、内府宿所屋で仁王講《におうこう》を始め、また寝殿、湯屋などに仏経、真言を置く。そのなかに「不動尊絵仏・水天絵」があることは注目に価する。さらに寝殿四角には四天を案じて不動供を行なっている。そして、二六日に西嶽七二星鎮をする。それは寝殿の天井上に置物をすることで行なっている。そのことについて「修法間不憚置之」といっているところを見ると、この鎮は密教の修法とは別の系統に属しているようである。また七月二日には石鎮をし、修法も読経も結願している。これも別系統であろう。

また、『兵範記《へいはんき》』保元三年七月二五日（一一五八）に記される高倉殿の場合は、鴨院とほぼ同じ祈りを行なっているが、より詳しく記されている。まず、おそらく不動尊絵であろう「本尊等身形像一鋪」があり、大壇、護摩壇、聖天、十二天、夜叉壇などが設けられる。また八月二日には陰陽師賀茂在憲《かもありのり》が高倉殿鎮祭事を行なっている。その内訳は七二星鎮、西嶽真人鎮、大鎮、大将軍祭、王相祭、土公祭、火災祭、井霊祭である。壇所については安鎮法に重なる部分があることがわかる。すなわち、阿闍梨の行なう密教の修法に加えるに、陰陽師の鎮法が加わっているのである。

安鎮法の初期の例、天禄三年や長保二年の例に見られる阿闍梨の行なう七二天供は陰陽師の七二星鎮となんらの関係があろうが、『延喜式《えんぎしき》』には陰陽師の行なう地鎮めの祭りである「鎮土公祭」があることからわかるように、安鎮法は初期の例にあっては陰陽師の祭りを含んでいたのが、密教の濃度を増す過程を経て形式が整えられていったといってよかろう。そしてその排除されて行く陰陽師の鎮めが民間の中に残ったとみなしえよう。

曼荼羅と八天

さて、主題である方位に話題をもどして、安鎮法を見ていこう。壇所の北隔正面を飾る安鎮家国法不動曼荼羅は、いわゆる別尊曼荼羅に属するもので、不動安鎮軌《き》に基づいて画かれる。[15] それは三重より構成されていて、中央（内重）には二臂《ひ》（または四臂）の黄金の不動明王がいて、その八方に四臂の紺青（または青黒）の不動明王が中重に配されている。その外重の八方には八天像が画かれてある（図2）。

図2　安鎮曼荼羅

曼荼羅とは「本質を具有するもの」を意味しているが、発生的にいえばそれは壇であって、多くのものを集摂したものと解されている。いわば、密教的宇宙の象徴的縮図といってもよい。安鎮不動曼荼羅の外重の八天はこの宇宙の表現であると解しうる。したがって、それは安鎮法なる修法の基本的シェーマになっていることが予想される。この曼荼羅は、八天の配置を見れば明らかなように、その上を北にとっている。そして壇所の北隔《きたのへだて》に懸けられるのであるから、まさに壇所の現実的方位にうまく応ずるようになっている。先の予想を裏切らない。

この八天は、北から時計回りに名を上げると、毘沙門天《びしゃもんてん》、伊舎那天《いしゃなてん》、帝釈天《たいしゃくてん》、火天《かてん》、焔魔天《えんまてん》、羅刹天《らせつてん》、水天《すいてん》、風天《ふうてん》である。四《よん》臂不動明王《びふどうみょうおう》を画いた白色幡《はた》八流と八天をその方位の色[16]の幡に画いた幡八流がつくられる。この不動幡《ばん》と八天幡は、ペアになって、つまり左に不動、右に天というようにして、壇所内の現実の方位、つまり本方に配される。さらに、承保三年（一〇七六）六条内裏の場合には、大壇中央に金色の二臂不動尊が安置されている。壇所がまさに不動曼荼羅になったのである。

ただ、この仏・天が、修法に先立って、開眼供養を受ける時には、この対となった不動幡と八天幡は正面の曼荼羅の左右に立てられる。右からいえば、東・東南・南・南西・中曼タラ・西・西北・北・東北と配される場合と、東北・東云々というように、また東南・南云々というように配される場合がある。図1の六条殿では後者を選んでいる。これらの差異の理由についてはわからない。

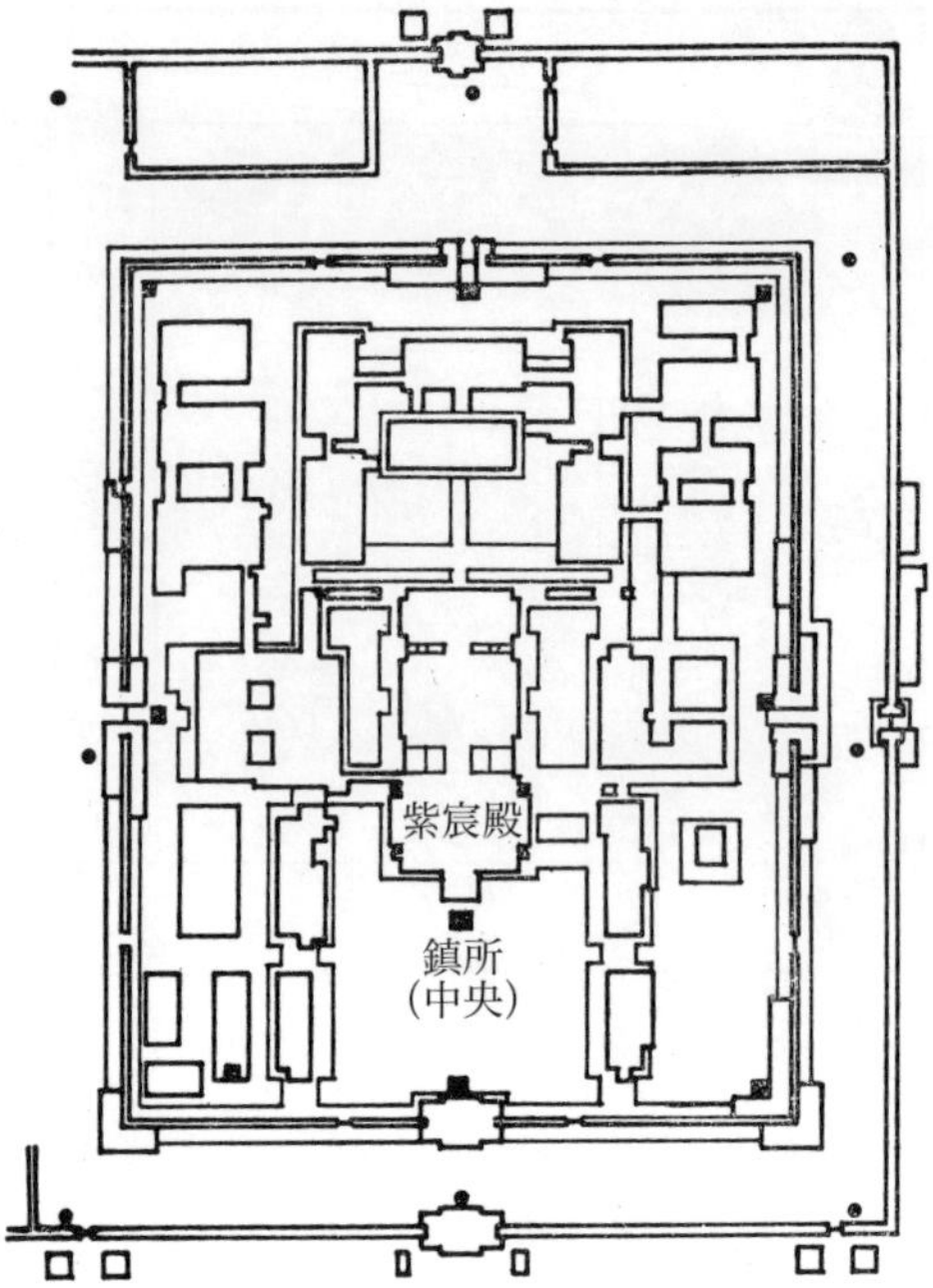

■延久3（1071）年7月19日の場合ただし鎮所
●康和2（1100）年5月24日の場合は共通

図3　内裏の鎮所

次に、輪、橛《けつ》、五香、七宝等が入った櫃《ひつ》を曼荼羅の前に安置する。これは九箇あって、後述するように、後に中央と八方に掘られる鎮穴に入れられるものである。壇所では、先述の幡と同じように、右から東方の櫃、東南方の櫃云々というように一列に並べられる。そして壇前の礼盤《らいばん》に阿闍梨が昇って行法に入る。その際には幡は壇所の本方に配されている。

密日といわれる日曜日に正鎮が行なわれる。鎮所が舞台となる。それは、紫宸殿《ししんでん》もしくは寝殿（南殿）の正面中央の南庭と八方に鎮穴(17)が掘られ、そこに仮屋が建てられたものを指す。八方の鎮所の位置は、図3に示したように、承明門《しょうめいもん》に続く築地の中に配される場合（延久三年）と建礼門《けんれいもん》に続く築地の中に配される場合（康和二年）がある。しかし、いずれも方位に応じて配されている。この方式も初期からあるのではなく、長和四年（一〇一五）の場合が初例である。壇所のイメージも、不動曼荼羅を、先の壇所から拡げて、大内裏全体に比定したと思われる鎮所のイメージも時とともに深まったとみなしうる。

中央の鎮所をもう少し詳しく見てみよう。正鎮日に十六幡と九の折櫃《おりびつ》が壇所から出されて、図4に示したように、鎮穴の北方に方位に応じて安置される。ただし、九鎮所の初例である長和四年の場合では、この折櫃の傍に立てられるのは、銀銭幣帛《へいはく》と八方幡であって、不動幡ではない。この銭幣は五方色の絹が付けられ、明らかに陰陽道の秩序に属するもので、ここでも密教化の経過が見られる。

鎮穴を掘るに先立って、地天供《ちてんぐ》(18)といって地天（地神）より受地が行なわれる。掘り終り、仮屋を建て、櫃等を配した後、護身結界《けっかい》、加持《かじ》、読祭文、読経、真言など安鎮供養が行なわれ、賀殿・万歳楽など音楽が行なわれる。そして鎮めが実施される。そのさいには各方の櫃と幡が八鎮所に配されて、中央ばかりではなく、そこでも鎮めが阿闍梨によって行なわれる。

鎮めが終われば、鎮穴を埋めもどし、幡は莒《はこ》に入れられ、方位に応じて壇所の適当なところに釘を打って固定される。曼荼羅もやはり莒《はこ》に入れられ、壇所の梁上に、仁寿殿であればその紅梁《こうりょう》の上に、清涼殿であれば夜御殿《よんのおとど》の梁上に安置される。それらの配置の仕方も、曼荼羅と幡を一莒に収めて安置する場合（延久三年）もあるが、壇所の梁上の中央と八方にそれぞれの方位に応じて固定する。

鎮めの際読まれる祭文（嘉保二年）によると「安レシ国ヲ安レシ家誠是明王之弘誓也。鎮レナリ処ヲ鎮レナリ居豈非二本尊之素念一乎」とある。そして不動尊明王がこの修法に感応をたれ、宮には風雨水火之難もなく、疾病盗賊之害《しっぺいとうぞくのがい》もなく、衆庶に至るまで、泰平康和之地《たいへいこうわのち》に栖《す》み、万歳千秋之寿《まんさいせんしゅうのよわい》を受け、天地とともに久しく、日月とともに栄え、云々と敬白《けいはく》すといっている。このような意図のもとで、不動尊の宇宙である、不動尊曼荼羅を内裏などに比定し、その方位に着目していたのである。このことは、本文の初めに見た古代ローマの鳥占師の場合の方位への着目と同じ構造である。つまり、人が安寧にありうるのは、宇宙とともにあって初めて可能なもので、宇宙でのある定まった在り方こそ、内裏など、すまいの在り方であることを意味している。方位の取扱い方がそのことを示している。

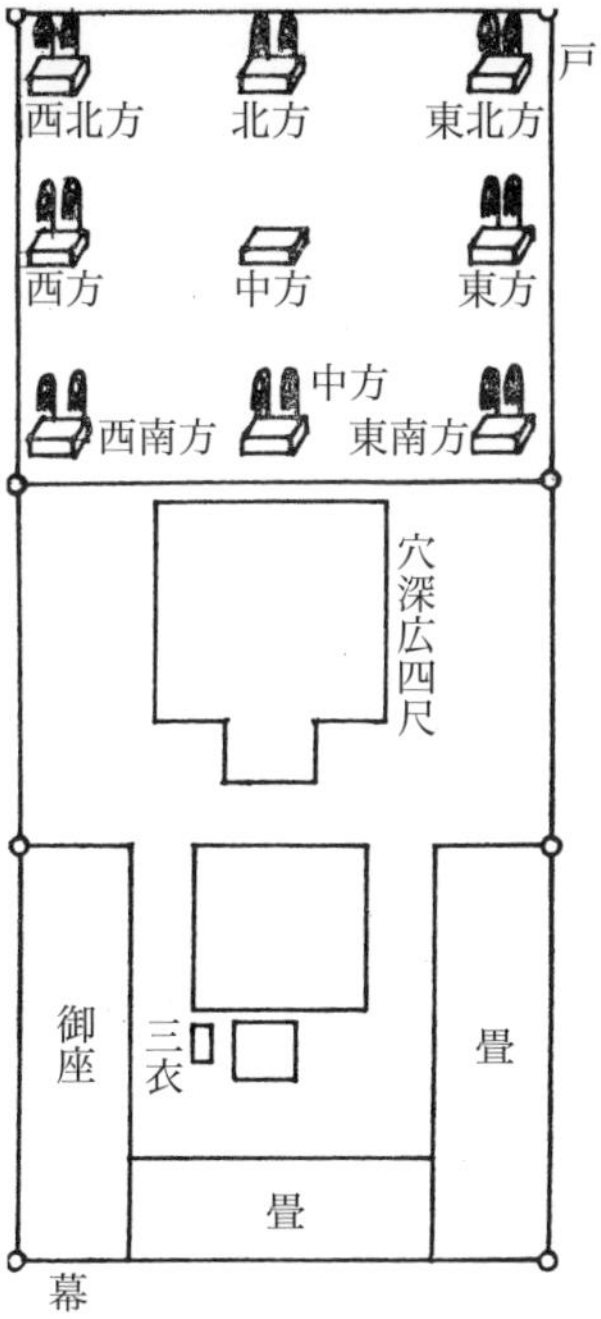

図4　中央の鎮所

それにしても、このように整然とした安鎮法の観念が『作庭記』のなかにあっては、「不動明王ちかひてのたまはく、滝ハ三尺になれば皆我身也」、したがって、しかるべく取扱えとか、「三尊石」は不動尊と二童子を表わすといった僅かな例を除いて、見出しえない。先述したように、『作庭記』には多層な方位観が見られるが、それは一般貴族の宅鎮法での多層性に共通する。安鎮家国法という修法は、このような多層的な方位観を密教化し、密教的観念で統一しようとする意図のもとに成立したといいうる。

注

1 松田治『ローマ神話の発生』社会思想社、一九八〇、一六八頁参照。

2 Titus Livius, *Ab rube condita.* 鈴木一州訳註『ローマ市建設以来の歴史』神戸大学教養部紀要『論集13～24』。

3 Livius, ibid『論集13』[一九七三]、一二七頁。

4 Werner Müller, *Die heilige Stadt*, W.Kohlhammer Verlag, Stuttgart,1961.

5 templum anticum sinistrum（左前方域）、templum anticum dextrum（右前方域）、templum posticum sinistrum（左後方域）、templum posticum dextrum（右後方域）。これらはおのおの東北、東南、西北、西南域に該当する。

6 Joseph Rykwert, *The Idea of a town*, Faber and Faber, 1976（前川道郎・小野育雄訳『〈まち〉のイデア』みすず書房、一九九一）。Rykwert は軍キャンプ建設の際には、鳥占の templum に関係づけられたとする（p. 48）[邦訳書八四頁]。

7 Müller, *ibid.*, S. 44. Rykwert, *ibid.*, p.47 によれば Varro や Festus はこの占師は南面したと記しているという。

8 「作庭記」岩波思想大系『古代中世芸術論』一九七三。

9 森蘊『平安時代庭園の研究』桑名文星堂、一九四五。田村剛『作庭記』相模書房、一九六四。これに対し、久恒秀治『作庭記秘抄』誠文堂新光社、一九七九は橘俊綱著作説もまた藤原良継著作説も否定した。著作時についても疑義がある。

10 『簠簋内伝』（『続群書類従』巻第九百六）。安倍清明（九二一～一〇〇五）撰。『三国相伝宣明暦経註』ともいう。

11 大臣大饗とは、大臣が正月もしくは大臣就任後に太政官を自邸に招待して催す饗宴をいう。晴という事象を含めて、この大饗については拙著『古代日本のすまい』ナカニシヤ出版、一～三〇頁［本書第一部序章第一節］を参照されたい。

12 「ここで慶賀門が男子の正式参向の門であったことは注意すべきであらう。即ちこの西面の門がこの社の正門とされたことは、三笠山を正面に望んで参入することを示し、この社の成立が三笠山を神奈備山としたものであったことを物語るものであろう。」黒田昇義『春日大社建築史語』福山敏男編、綜芸会、一九七八、一〇五頁。慶賀門は西面の南にある門で、『貞観儀』のいう、西面南にあった鳥居の後身と推測されている。

13 大野晋『日本語をさかのぼる』岩波書店、一九七四。

14 柳田国男、折口信夫の諸研究。また、近年では、松前健や青野裕子の諸著作があるが、「日本古代の太陽祭祀と方位観」を特集した『東アジアの古代文化』二四号、一九八〇年夏をあげておく。

15 『曼荼羅集』巻下（『門葉記』所収）。

16 黄色（北）、緑色（東北）、白色（北）、黄色（東南）、黒色（南）、燲色（西南）、赤色（西）、青色（西北）。五色である青色（東）、赤色（南）、黄色（中央）、白色（西）、黒色（北）とは異なった、また九星に配される白（北）、黒（西南）云々とも異なった方位についての象徴が見られる。

17 或方或円。其形無㆑定（延久三年大内裏の場合）。

18 木下密運・兼康保明「地鎮めの祭り」『日本文化史論叢』一九七六によれば、陰陽道の影響を受けて、陰陽道の土公と仏教の地天が同一視され、阿闍梨の行なう土公供あるいは土公神祭法が編ぜられたという。

［一九八三年］

建築的場所、とりわけその大地性について

1.

E・フッサールは晩年の論文「空間構成についてのノート[1]」の中で、空間構成の契機である運動把握のための疑い得ない事実、準拠すべき事実について次のように書く。

純粋自我としての私は、外的知覚されるものの静止と運動の関係の基本として、運動感覚的活動にある私を取り上げる。純粋自我、すなわち超越論的主観性なる脈絡の中で、運動感覚的活動している私、すなわち身体としての私を虚心に見ていこうとする。このことは空間を問題にしようとする者にとって折に触れ帰還すべき根源的事象であるように思われる。

フッサールがこのノートで示した事柄を要約する。運動感覚的に静止している私を考察して、外的に現われるものは常に度合を異にしつつも前後、左右、上下といった方向づけられた領野の中にあることが確認される。この領野は現われるものの占める場所 Ort より構成され、それらの諸場所が方向づけられるとして秩序づけられている。この秩序づけられるのは絶対的ここに対してであるということは注目すべき事柄である。領野の中のそこ、ここといった相対的を場所ではなく、現われるものの運動と静止に対して基盤となる絶対的場所である。この場所は相対的運動の基盤という意味で絶対的静止のうちにある。また、この絶対的ここは対象化の目指しから常に逃がれ、生きられることによってのみ本来的に直感されるということを事象は示している。

一方、運動感覚的なる私が運動する時、器官としての私の身体は諸物体(として現われるもの)の間に互して、それらとの相対的変化の中にある。これらの諸物体は地平を形成する。そしてこの地平は、私の身体の運動に連れて乗り越えられ、諸物体は再び

新たな地平の中にある。これら地平はその都度絶対的不動に対して運動するのである。この絶対的不動なるものは大地と名づけられる。地平はその都度の領野を越えた領野を可能的に含むものであるが、領野それ自体も私に出来る Ich kann なる私の運動感覚的可能性によって織りなさせられており、大地は全体としての私の運動感覚的可能性の絶対的基盤ということになる。したがって、超越論的主観性と大地とは志向的連関のうちにあることが明らかになる。

対象化の目指しを常にのがれるこの大地は芸術作品において充全にその本性を示すとM・ハイデッカーは云うが、それは後に納得されることになろう。ともかく、この大地について明確なることが二つある。

私の場所的秩序には他者の身体性が内属しているという意味で、大地は他者の絶対的不動なる基盤でもあるということをまず指摘しなければならない。地平の可能性に関して、他者の経験への信憑の上に私の地平は拡大されるからである。フッサールの言を引用して云えば、「共同体への統一された人間的主観性によって、その多様な相互関係において行為的能動性を通じて引き起こされた出来事なのである」。大地は、私の、共同体の、人間の原すまいどころ Urheimat であり、原テリトウム Urterritorium である。(2)フッサールは、このような事態を簡潔に超越論的主観性の内世界的客観化という。

この内世界的客観化ということは、場所的秩序は勿論、大地は発生的構成の中にあり、すなわち本来的に歴史的である。大地は場所的秩序に基盤となって大地性を呈しながら、絶対的静止と沈黙の中にとどまる。大地は内世界的出来事としてのみありうる。

H・ホーへは『生活世界と歴史』(3)の中で、フッサールの言を引きつつ次のように云う。「「歴史とはそもそも根源的な意味形成と意味沈澱とが相互に内在しあう生き生きした運動以外の何ものでもない」〈中略〉このような沈澱した概念性があらゆる思惟にとって自明の地盤となり、前提となっている。諸前提は問はれ、解明されねばならず、それゆえ、このような沈澱化した概念性を、「その隠れた歴史的意味において再び生き生きさせる」必要がある」。我々は歴史を遡向し、場所的秩序の根源的意味発生の現場に立ち合い、「疑似経験」的にその大地の生きた働きを生き直す必要がある。かかる営為こそ、今日の足元を見直す課題を担った建築論に要請されていると愚考する。

2.

M・ハイデッガーは『芸術作品のはじまり』(4)の中で、作品と大地と世界について次のように書く。
神殿はそこに立ちながら世界を開き、同時に世界を大地の上に送り返す。大地はこのような仕方で自ら始めて本生的基盤として現われる。
世界を開くとは、存在者をまさしくそのようにあらしめる尺度を開くことであり——場所的秩序を構成することであり——、大地はかかる開けの中で開けを保護しつつ、自らは閉じつづける。「世界を建立し、大地を設定することが、作品の作品としてあることの二つの本質連関である」とも書く。唐突にハイデッガーを引いたのは、建築的場所を考えるために作品における大地性に関心を転じる為以外にはない。作品としてここでは平安時代の阿弥陀堂の内部空間、とりわけ平等院鳳凰堂のそれを選び、そこに見られる大地性を考察することで、先の要請に対拠することにしよう。ただ、ここで鳳凰堂をとり上げるのは大地性を見るだけのためであって、鳳凰堂そのものの研究ではない。これについては別の機会に述べるつもりである。

さて、鳳凰堂の内部空間を構築する諸物を大雑把に数え上げる。天蓋を戴き、須彌壇上に定印を結んで結跏趺坐する阿弥陀仏、来迎壁をはじめとする扉壁画、天井や柱、梁などには宝相華をはじめとする様々な荘厳、そして供養菩薩等々。信仰を抜きにした関心でこれらを見た場合、壁・天井などは、その背後の外界を覆いつつ、またその前の仏像などに一部隠されながら、地Hintergrundを形成する。これらの地は、例えば仏像を注視する時、相対的静止の内にある。しかし、この地の地平はすぐに乗り越えられ、外界へと位置づけられ、世界へと開かれる。阿弥陀堂は日常的空間の一つとして把握される。

信仰人の目には御堂の内部はどのように見えるであろうか。浄土教の教養を手がかりにして疑似経験を試みてみよう。善導の浄土教、すなわち口唱念仏を重視する浄土教は、我国にあっては法然をまたねばならぬので、当時の浄土教は天台のそれと見なければならない。それらの考証については今触れ得ないが、さらに限定されて恵心僧都、源信のそれであった。この浄土教の内容は『往生要集』[5]に集約した形で見ることができる。以下その中から引用しつつ考察をすすめる。

巻中「惣身観」の中で源信は、仏身観に触れて、応身（応化身）・報身・法身の三様態を上げている。また、その補注によると『阿弥陀経略記』の中で真身と応身に触れて、真身は報仏土に、応身は同居土に住むとし、弥陀は応仏であって凡聖同居土に住むとした。さらに、安藤俊雄氏の研究[6]によれば、天台智顗は世界を染浄国（凡聖同居土）、有余方便人国（方便有余土）、果報純身国（実報無障礙土）、常寂光園（常寂光土）に分類し、弥陀の浄土は凡聖同居土であるとした。源信の浄土観は天台の伝統に則っている。源信はまた「かの仏は三身一体の身なり」とか「三身即一」といっている。つまり応化土は即、実報土や常寂光土なる法土でありうることになる。

阿弥陀堂の内部空間はこの三土とどのように対応するであろうか。この観仏身である「観察門」は初発心の人の始める行であるので、御堂の内部は凡聖同居土である応土以外にはありえない。「助念の方法」には「遙かに西方を観せんには、或いは闇室を須ひよ」ともいうが、仏像の一相をとって目を閉じる方法を含めて凡夫は燈明を立てて仏像に対峙する。その過程で見られる仏の相好のうち注目したいのは次の相である。

　かくの如く八万四千の相あり。一々の相におのおの八万四千の随好あり。

　一々の好にまた八万四千の光明あり。……無量の化仏。菩薩、光の中に充ち満ちて……

像の中に秘められた仏性をたよりに、次々と対象が展開し、無量に到るという道筋である。安藤氏によれば、応化仏は我々の感覚、正確には眼耳鼻舌身意の六識（総称して事識）によって把えられ、有限な身・量・寿を持つものとして分斉相に於いて現われる。

報身については「一々の相好は、凡聖その辺を得ず。無形第一の体なり。荘厳にあらずして荘厳す」という状態である。無身・無量・無寿であり、限定を越えた無分斉相に於いて現われる。その相は、安藤氏によれば、六識の根底に働く根本識（業識）による。先に見た運動感覚的意識の底に働く超越論的主観と大地の志向的連関に、この業識と無分斉相は鮮かに対応する。

事識から業識への転入は、初発心の人にとって明らかに行の果の上にあるはずである。そうすると応化土に於いて無身・無量・無寿への方向のうちに報土が現応する。何故ならば、無量などの方向は無限へと拡散しながら、仏は同時に一体性、全一性を示しているからである。それはまさしく大地の在り方を示している。大地は自ら隠れながら、現象する諸場所に秩序としての一体性を与える。業識はこの大地への直入といってもよいであろう。

報仏身である無量寿仏はまさしく「身量無辺」であるが、「円かに法界を照し、常寂不にして普しく色身を現じ、一切を利益したまふ功徳は、無量にして不可思議なることを縁ずる」ことに於いて現われる。すなわち、常寂不動なる絶対的なものでありながら、無量・無寿に色身として遍在し、示現する。

法身仏は「実相の法界に具足して減ずることなし。生ぜず滅せず、去・来なし。一ならず異ならず、断・常にもあらず」である。分斉相での身でもなく、常寂不動にして無形なる体であるのでもないとしつつ「有為・無為のもろもろの功徳は、この法身に依りて常に清浄」である。因縁によって生じた現象も、現象を越えた不変なものも越えながら、それらの清浄性において示現するとする。かくして「およそ無尽の法界は備りて弥陀の一身にあり」というように、眼前の仏像にも返りうる。

鳳凰堂の扉壁面は徹底して応仏土の形相を呈している。西面扉絵の日想観図、南東北の扉壁画の九品往生図、来迎壁での宮殿に参集す凡聖同居図がこのことを物語る。源信の考えた弥陀の応化土にそこはまさしく対応する。その中にある初発心の人は弥陀像の相好や荘厳や扉壁画を介して、応化身の観想に専念する。その時、壁や天井などよりなる地の地平は最早、日常的世界への中へと開かれ、大地に収集されるのではない。形相の無身・無量・無寿へとさし向けられ、それに向かって無限に転じながら、報土に収集される。その常寂不動なる大地の上に分斉相として応化土が現応する。

注

1 E. Husserl, Notizen zur Raumkonstitution, 1934, in *Philosophy and Phenomenological Research*, vol. 1, No. 1, 1940.

2 E. Husserl, "Grundlegende Untersuchungen zum phänomenologischen Ursprung der Räumlichkeit der Natur", 1934. [in *Philosophical essays in memory of Edmund Husserl*. Mrvin Farber, NewYork: Greenwood Press, 1968.]

3 H. Hohe, *Lebenswelt und Geschichte, Grundzüge der Spätphilosophie Edmund Husserls*, 1962.（深谷・阿部訳、『生活世界と歴史、フッセル後期哲学の根本特徴』、行路社、一九八三）。

4　M. Heidegger, Der Ursprung des Kunstwerkes, 1935/36, aus *Holzwege*, Vittorio Klostermann, 1980.（菊池訳『芸術作品のはじまり』、理想社、一九八二）。

5　『源信』岩波書店、一九七四。

6　安藤俊雄『天台学論集――止観と浄土』平楽寺書店、昭和五三。

［一九八四年］

阿弥陀堂と法華三昧

平等院鳳凰堂をはじめとする、平安後期の阿弥陀堂を仏教の荘厳という観点から取上げ、その中で建築の可能性を考察したい。この小論はその手始めとして、法華三昧との関連という面から見ることにしたい。

鳳凰堂への多大な影響を与えたと思われる法成寺の阿弥陀堂は、藤原道長が臨終に際して、阿弥陀仏の手に掛けられた糸を持ち、目では阿弥陀仏の相好を見、心には極楽を念い、耳には念仏を聞いたそのところである。『往生要集』の臨終行儀に符合する内容である。ところが、『栄花物語』巻第十八たまのうてなには、ここで法華懺法が行なわれている描写がある。「六根懺悔」という既往六根の造罪を懺悔している。この行儀は法華三昧堂で行うのが通常であり、現に同じ『栄花物語』のすぐ前の箇所で法華三昧堂で『華厳経』の懺悔偈文を誦唱する場面を載せている。一方、道長が造営した木幡の浄妙寺には、法華三昧堂が建立されている。その供養に際して、道長は『御堂関白記』でこの三昧の主旨として先祖の「無上菩提」と子孫の「引導極楽」をあげている。そしてその御願を釈迦如来と普賢菩薩に求めていることは、法華三昧の典拠である天台智者大師の『摩訶止観』巻第二のうち「法華三昧」に適うが、そこには極楽往生の記述はない。道長は『往生要集』を所持しており、覚運より『摩訶止観』を伝受されているし、『法華文句』を習っている。その人にして、先のように一見混沌とした行儀を行っているかに見えるのである。そこで、この種の事情を明らかにするために、まずは法華経との関係が当時どのように把えられていたかを、俗人の場合で見てみよう。

—1—

慶滋保胤は、後に出家して寂心を称するが六条北に住居を構えていた。後の著『池亭記』には自邸の「池の西に小堂を置《す》ゑて弥陀を安《お》く」が、この西堂で「彌陀を念じ、法華を読む」と記す。先の阿弥陀堂に似た用のように思はれる。保胤は『日本往生極楽記』を表わしているが、俗人の往生者十人のうち、日頃法華経を読んでいた者が三人記されている。その一人は『法華経』方便品の誦唱のみで極楽往生したという。このような傾向は、当然のこととはいえ、鎮源の『大日本法華経験記』に多数見出すことができる。法華経の受持、読誦、書写が延命などの現世的利益の外に、兜率天、切判天宮等への往生になるということに混って極楽往生の記事が明記されたもので四例ある。「朝は法華経を読みて……夜は弥陀を念じ」、「昼は法華経を読み、夜は弥陀仏を念じ」ており、「(法華経)提婆品を誦し、入滅の遺言に、浄心信敬の文を唱えて」、「妙法華経を受持読誦して」、極楽往生しているのである。このような事象は、円・密・禅・戒の四宗相承を旨とする天台宗がなくてはありえないことであり、またこの事象の理解についても天台宗を抜きにしてはありえない。それ故、天台宗における弥陀と法華経との関係を見なくてはならぬが、ここでは建築に係わるかぎりで取上げる。阿弥陀堂が天台宗の常行三昧堂の系統を引くことについては、最早多言を用しないであろう。そして、その行儀の変化との関係についても、塚本善隆氏の「常行堂の研究」(『芸文』)がある。ここでは法華三昧堂に重点を置いて見ていくことにする。

—2—

弘仁十二年(八二〇)、最澄は『顕戒論』の「四種三昧院の明拠を開示す　六」で四種三昧院の一つとして法華経等を典拠として半行半坐三昧院の建立を宣言する。「法界はこれを一処、止観能く住して動ぜず。四行を縁となして心を観じ、縁を藉りて調直す。故に通じて三昧と称する」その修行の場所である。これらの道場については弘仁九年の『勧奨天台宗年分学生式（八条式）』ですでに表明しているが、『叡岳要記』によると、大同四年（八〇九）二月、一乗止観院（中堂）で法華三昧の始修されている。そして弘仁三年（八一二）七月上旬、法華三昧堂が止観院の両塚上に建立される。止観院に続いて建てられたことはそれが叡山で重視されていたことを意味する。未だ滅しない燈火、すなわち常燈之火が点される。堂内には多宝塔、多宝仏、妙法蓮華経が安置されたが、康保四年（九六七）四月の再建されたものには、普賢菩薩が奉移された。『摩訶止観』にはこの法華三昧は『法華経』普賢菩薩勧発品にある「この人、若しくは行み若しくは立ちて、この経を読誦せばわれはその時、六牙の白象王に乗り、……自ら身を現わし、供養し守護して、その心を安んじ慰めん。亦、法華経を供養せんがための故なり。この人、若し坐してこの経を思惟せば、その時、われは復、白象王に乗りてその人の前に現われん」にもとづくとする。しかし『普賢観』と『法華経』安楽行品の二経にもとづくといい、この二経は「石に異なるにあらざるなり」といいつつ、前者の「専ら大乗を誦して三昧に入らず、日夜六時に六根の罪を懺す」と後者の「諸法において行ずるところなく、また不分別を行ぜず」を上げている。一見、事（有相）と理（無相）に対応するかに見えるが、共に両方でありうるし、無相の場合は共に方便として捨てられるといっている。堂内荘厳が多宝塔などから普賢菩薩に変ったということは、法華三昧の内実の変化を示していることは確かであろう。『叡岳要記』は、嘉祥元年春（八四八）円仁が「伝二半行半坐三昧行法華一。毎二四季経一期二三七日一建二普賢道場一懺二悔六根罪障一」したとして、最澄は法華三昧の「大縄」を伝えたが、円仁はその精要を叡山に流布せしめたとする。この時、普賢菩薩が堂内に持ち込まれたのではないだろうか。康保の菩薩の奉移は、何らかの形で他所に移されていた像の移動ではないだろうか。

円仁の法華三昧の精要とは、十身業のうちの六根懺悔への集中化であることははっきりしているが、その意味はどうであろうか。先の事と理とは何らかの係わりがあるであろうか。このことに関して参考になるのは、円仁が新らたに建立した常行三昧堂（承知十五年）で仁寿元年（八五一）、五台山念仏三昧之法を修したことである。この法は当時五台山で盛んであった法照の五会念仏のことである。それは、『無量寿経』にある宝樹が、「清風時に発して五音の声を出し微妙の宮商自然に相和す」、その音声で念仏する、音楽的な引声念仏であった。これは、官能なものへの変化を把えられてきたが、大野達之助氏は『上代の浄土教』の中で興味ある見解を展開されている。

五会念仏は「此の生に於て能く五濁煩悩を離れ、……五分法身を成就せんが為なり」であって、実は「諸法実相を悟るのを目的とする実相念仏」であったとし、さらに声明成仏論に引きずられて、「『即身成仏』を予想し、期待したものではなかろうか」と想像される。もしそうであれば、法華三昧にあっても普賢菩薩像という有相を導入し、六根への着目を鮮明にすることで、かえって有相を超えた無相を、すなわち諸法実相を悟ろうとしたのではないだろうか。そして、そのことで即身成仏を期待したのではなかろうか。

さて、法華三昧を考える際、天台中興の良源を除くわけにはいかないし、源信の念仏観についても同様であるが、今はすべて省略しなくてはならぬ。ただ一つ、良源の創建した楞厳三昧院については一言したい。それは、太政官牒「応㆑始㆓修楞厳三昧院両三昧㆒事」には「右行法可㆑准㆓東西両塔舊例㆒」とあり、また別の官牒は、その主旨を「為自㆓他法界平等利益㆒」としていることである。『叡岳要記』によれば、応和元年（九六一）十月、東塔の常行堂で不断念仏が、そして法華堂で懺法が行なわれたのであるが、楞厳三昧院は行法を東西両塔のそれにならったのであるから、ここでも同様に、不断念仏と懺法が行なわれていたことであろう。

不断念仏は円仁遷化（貞観六年）の後、円仁の遺命に基づいて相応が始めたものであるが、さらに時代が下ると、『三宝絵詞』比叡不断念仏（永観二年）にあるように、三塔で各々七日ずつ、身では常に仏を廻り、口には阿弥陀経を唱え、心には仏を念じて、身口心の罪過の消滅を願っていて、五会念仏とも違ったものになってきている。一切諸法の空を観ずることで罪過の消滅を期するというよりも、「単なる儀礼的・音楽的な行事とでもいうべき」ものに変質している。そうであれば、この不断念仏は先の『普賢観』の有相としての六根懺悔に通底するものであり、その意味では、法成寺阿弥陀堂での法華懺法の行儀を許容する性質のものである。

なお、この小論は、昭和五十七年度科学研究費補助（一般研究C）による研究の一部をなすものである。

［一九八三年］

［編者注］本書第三部『阿弥陀のすまい』遺稿［六］参照。

最澄と比叡山寺

この小論は、比叡山寺もしくは延暦寺についての諸先学の建築史的研究の諸成果を踏まえて、その建築の在り方を究明する一連の論究[1]の一つである。建築の在り方とは、建築の使用を通じて現われる建築の意味と一まずしておく。今回は最澄をとりあげる。まず、最澄自らが比叡山寺について記述した文献のある、入唐時（延暦廿三年）以後について述べ、しかる後にそれ以前についても言及する。

1．最澄の建築観——主に『顕戒論』[2]による

弘仁九年（八一八）五月、「天台法華宗年分学生式」（六条式）を、同年八月、「勧奨天台宗年分学生式」（八条式）を矢継ぎ早に撰上して、

得度の年、仏子戒を授けて、菩薩僧となし、その戒牒《かいちょう》には官印を請はん。大戒を受け已らば、叡山に住せしめ、一十二年、山門を出でず、両業を修学せしめん

ことを宮廷に奏請する。仏子戒とは梵網経に基づく大乗大僧戒で、十重四十八軽戒より成る。戒牒とは僧侶受戒の証明書で、それに官印を請うとは、公認の授戒すなわち東大寺戒壇院よりの独立を請うことを指す。

延暦二十年（七九六）の太政官符によって叡山にも天台業として二人の年分度者が許されたが、「天台法華宗年分度学生名帳」に

よると、

大同二年（八〇七）より弘仁九年（八一八）に至る、合して二十四口の中住山は一十口である。山に不住の十四名のうち六名は法相宗によって相奪されている。また、弘仁七年と八年の四名の年分得度者の肩書きは沙弥、つまり受戒末了の者である。これが相奪を恐れての方便であるとすれば、叡山で官許の受戒を行なうことが極めて切実であったと推察される。

その設立の根拠を大乗大僧戒の独自性に求めているが、十二年間籠山修業する場所について、その独自性を主張する。つまり

草庵を房となし、竹葉を座となし、生を軽んじ法を重んじ、法をして久住せしめ、国家を守護せん。

というが、その底に比叡山という、山修山学の場所についての観想がある。

弘仁十年（八一九）の「天台法華宗年分度者回小向大式」（四条式）には「初修業の菩薩の住する所の寺」としての一向大乗寺という性格づけが前面に出てくる。より具体的には「一十二年、深山の四種三昧院に住せしめ」、の四種三昧院である。さらに、「久修業の菩薩僧の住する所の寺」としての大小兼行寺の性格をも持っているようにも読み取れる。そこは「得業以後、利他の故に、小律儀を仮受せば、仮に」住することの許されるところとする。しかし、専らな関心は一向大乗寺にあることは、弘仁十一年（八二〇）の『顕戒論』を見れば明らかである。

さて、最澄の著述といわれる「日本国大徳僧院記」には、弘仁九年の二つの願文が収録されている。一つは十六院計画に触れたものであり、一つは比叡山寺の法界地及び天台法華院に触れたものである。

比叡山寺の法界地とは、

東限比叡社　天之堶　南限登美渓

西限大比叡北峯小比叡南峯　北限三津渓横川谷

である。結界ではなく、法界といっているところに、先の「法をして久住せしめ」に呼応するものを見ることができる。

十六院とは、根本一乗止観院・法華三昧院・一行三昧院・船舟三昧院・覚意三昧院・東塔院・西塔院・宝幢院・菩薩院・護国院・総持院・根本法華院・浄土院・禅林院・脱俗院・向真院である。福山敏男先生の見解によれば、弘仁九年までに出来ていた建

物は、一乗止観院、法華三昧堂、経蔵であり、その他天台法華院に総摂される上野と下野の宝塔くらいのものであるという。したがって、十六院は正に全体構造を示すものであるが、弘仁十年の四条式は、そのうちの法華三昧院までの四種三昧院を重視したのである。「大徳院記」の末尾弘仁九年以降のものと推察される願文が付けられている。それには三十七院の名があげられていて、それらは、十五院よりなる長講護国院、十八院よりなる安鎮護国院、そして四院よりなる四種三昧護国院に大別されている。四種三昧とは、天台大師智顗が『摩訶止観』において集大成した行法であるが、後述するように、最澄はこれをさかんに修していたのであって、行法自体としては新らたに始めたものではない。「大徳院記」や「四条式」でそれぞれの行法にそれぞれ専用の堂を設けようと意図したのであって、それは大乗戒独立の決意を契機に比叡山という山境なり、比叡山寺という建物に新らたに目が向けられた結果だといえよう。

「四条式」による請願も南都の旧宗の反対にあって不成功に終る。護命等僧綱の反対はするどく、最澄の意図を「これ滅法の先兆なることを」といい、「東土に巧言禿頭沙門を出す。これすなわち物類冥に召して世間を誑惑す」ときめつけている。それに対して最澄は弘仁十一年二月（八二〇）、『顕戒論』三巻を上呈して反論する。我々はそこに最澄の建築観を、「四条式」をより詳しくした形で、見ることができる。

まず四種三昧院から始めよう。僧統の「また四三昧院と言ふは誰れ人の修する所ぞ。何の三昧ぞや。ただ名を聞きて未だその実を見ず」という批判に対して、

論じて曰く、四三昧院とは円観を学する者の住する所の院なり。文殊般若に依って常座一行三昧院を建立し、般舟三昧経に依って常行仏立三昧院を建立し、法華経等に依って半行半坐三昧院を建立し、大品経等に依って非行非坐三昧院を建立す。

と答える。そして「具《つぶさ》には止観（摩訶止観）に説くが如し」といっているが、その「止観」によれば、常坐三昧では、

一の静室あるいは空閑の地に居て、諸の喧閙《けんどう》を離れ
一の縄牀《じょうしょう》を安んじ

といっており、常行三昧では、

場を厳飾して諸の供具、香餚、甘菓を備え、その身を盥沐し

といっており、半行半坐三昧である方等三昧では、

閑静の処において道場を荘厳し、香泥を地および室の内外に塗り、円坦を作って作画し、五色の旛をかけ

とあり、法華三昧では「厳浄道場」といい、非行非坐三昧では、

静処において道場を厳り

とあって、かならずしも専用道場でなくてもよい。そこに最澄の選択があるように思える。「春秋は常行、冬夏は常坐、行者の楽欲に随って、まさに半行半坐を修し、また非行非坐を修しべし」という修行状態を考えれば、専用道場の設立は現実的な判断で、後述する比叡山寺自体に対する考えと符合する。

四種の専用道場の設立を志したとはいえ、

法界はこれ一処、止観能く住して動ぜず。四行を縁となして心を観じ、縁を藉りて調直す、故に通じて三昧と称するなり。

とあるように、四種三昧といっても法界は一つであり、この四行を縁とし、一心に空仮中の三観を修することで法界に住せんとする。個々別々の三昧院にありながら、一法界に住している。この考えは、「初修業の菩薩、小乗寺に同ぜざるの明拠を開示す四」の中で鮮明に述べられている。

「四条式」の一向大乗寺、一向小乗寺、大小兼行寺の三分類に対して、僧統の「件の三種の寺、今何れの処にかある」とする批判に対して、印度・唐・我国にある具体例を上げながら反論する。そして僧統の「法界を家となす。何の処か寺に非ざらん。これに由るが故に三寺なかるべし」と法の上でも三寺はないとする批判に対して次のように反論する。

それ法界を家となすは、これ即ち観心の境界なり。伽藍を建立するには、有待の身命のためなり。もし有待の身を引きて強《し》いて観心の境に同ぜば、何ぞ難処を制しまた安居《あんど》を制せんや

僧統の言う「法界を家となす」は「観心の境界」のことであって、初修業の菩薩僧（大乗戒を受戒した僧）は寿命に限りのある肉身、「有待の身命」であって、そのために修行に困難な場所や修業のしやすい状態を設けているのだとする。伽藍、すなわち仏寺というものは、そういうものと同列に置かれるものであるというのである。そうであるから一向大乗の必然性があるのだというのである。この区分の考えをおしすすめれば、これもまた必然的に四種三昧院の考えが生じてくる。

さて、身の開遮、口の説黙、意の止観、いわゆる身口意の三業を縁とする三昧と有待の身命の伽藍を介しての法界とが符合し合っているが、ここに、我々は伽藍と法界に二重に住する事態に出合っている。この事情をもう少し正確に見ておくことにしよう。この二重性は勿論、修業する学生だけにあてはまるものではなく、有待の身命としての我々全て共通する二重性である。『顕戒論』下巻で最澄は次のようにいう。

貪欲の実性は、即ちこれ仏法の性なり
仏法の実性は、またこれ貪欲の性なり
この二法は一相　いわゆるこれ無相なり

貪欲と仏法の縁起関係によって、この二法の無相なることを観、縁起の矛盾を介して化観に至り、そして中観へと反転することで、貪欲と仏法の相即を説くかのようである。伽藍と法界の二重性は、かかる相即の関係にあるのであろうか。

このことは、その『大徳院記』にあった法界としての山境についてもあてはまる。「宮中の出家、清浄に非ざるの明拠を開示す五十三」にうかがえるように、貪里では仏法は沈隠し、正法の神力も顕れ難く、清浄を求めないならば、この災を排えないだろうとして、山界でこそ戒を保つことができるとして、

未度の前、山に住して諳練《おんれん》し、己度の後、位すること十二年、これあに清浄に非ずや

として、山境の清浄性を含意させる。この清浄性は、先述の「八条式」にある草庵の房、竹葉の座に通底するものであり、また、一乗忠の『叡山大師伝』に載せられている最澄の遺誡文の中の「僧統所検の天下の伽藍はこれ我等が居にあらず」にも通底する。清浄性という有待の身命の現実性を踏まえつつ、法界との二重性が狙われる。

2. 最澄の初期止観道場について

有待の身命を配慮して四種の専用三昧堂を構想した最澄が、それまでどのような場所でどのような修行をしてきたかを見てみ

よう。そのことによって、弘仁九年前後の比叡山寺構想の輪郭がいくらかは明らかになるであろう。

「内証仏法相承血脈譜」によると、道璿《どうせん》一行表一最澄と達磨付法の禅を伝える系譜がある。『叡山大師伝』（以下『大師伝』）によると行表は最澄に、「唯識の章疏等を習学せしむ」とある。最澄は延暦四年（七八五）、叡山に籠行するが、その時どのような行法を修したのであろうか。

『大師伝』の中に、

起信論疏并びに華厳五教章等を披覧するに、なほ天台を尚んでもって指南となす。

とある。華厳宗系章疏を介して天台に致ったというのである。そして入山後に草した「願文」がやはり『大師伝』に掲載されてあるが、関口真大氏（「伝教大師「願文」について」『伝教大師研究』）は、その重要な文言を析出し、それら全てが覧首大師の起信論疏の中に見出せるという。つまり、「願文」は華厳宗系章疏の勉学素養の中からでも書きうるものであるとする。そして現に『大師伝』ではそれらを学んだとするのであるから、この説は素直に受けとれる。そうであれば、その行法も華厳教学における行法であることが充分想像される。

しかるにこの行法であるが、鎌田茂雄氏（「華厳教学における止観」『止観の研究』）によれば、華厳教学における止観は天台宗の止観に対して独自の内容を持つが、「実践法として天台小止観を高く評価し、依拠していたことが解るとする。華厳宗第三祖法蔵においても第五祖宗密においても同様であるとする。それはまた、関口氏が、最澄が天台小止観をいつ読んだかは特定できないが、下涙慨然したのは、起信論疏や華厳五教章の中の天台小止観であったという結論によく見合うものである。『大師伝』には、入山修行の様子を次のように書いている。

直ちに叡岳に登りて居を草庵にト《し》む。松下巌上に、蝉声と梵音の響きを争い、右室草堂に、蛍火と斜陰の光を競えり。

多分に文学的修辞であろうが、すまいとしての草庵と、修業道場としての松下巌上、右室草堂が区別してある。

この区別が意味あることを天台小止観に見ておくことにしよう。「具縁　第一」に五縁の一、「持戒の清浄なること」を求めているが、懺悔を行じる必要があるという。そのためには、

道場を荘厳し、洗浴し清浄にして、浄潔の衣を著し、焼香散華して、三宝の前に投じ、如法に修行すること

とあって、自ずとすまいと別異のところが求められる。

天台小止観の行法は、「正修行　第六」によると、先掲の前方便の懺悔を除けば、

止観を修するに二種あり。一には、坐中において修行し、二には縁に歴《わた》り境に対して修す

坐禅を通じて仏法を修する止観と、行住坐臥作々言語の六縁と、眼耳鼻舌身意と色声香味触法の十二事に対して修する止観に分れるが、

端身常坐をすなわち入道の勝要となすも、
しかも累《わずらい》ある身は必ず事の縁に渉らん。

といっている。累ある身である我々は歴縁対境に修しなければならない。（佐藤哲英氏『天台大師の研究』によれば、「小止観の正修行章における二種の止観は覚意三昧における二種の止観を受けてこれを発展せしめたものであるという。）したがって、最澄の入山初期には、この二つの行法を修していたということができる。

そして天台法文の所在を知っている人に相遇して、鑑真和上将来の円頓止観（摩訶止観のこと）、法華玄義・法華文句疏・四教義・維摩疏等を写し取り、精勤に披閲することになる。しかし『摩訶止観』にある四種三昧が行法の中にどのように浸透していったかは不明である。

『大師伝』によれば、一功経論章記等を写すことを発願する。延暦十六年頃と推察されている。七大寺の僧衆の助けをかりて、この願いは叶えられる。そして延暦十七年（七九八）に法華十講の法会を始立する。

卑小の草庵に龍象を容《い》るをことあたわざるを知るといえども、一会の小座を荘厳して

南都六宗から僧を招いての法華会を催すことを計画し、延暦廿年（八〇一）、「比叡峯一乗止観院」に十大徳が参集する。先の草庵はこの一乗止観院にあたるであろうから、小規模な建物であったことは想像に難くない。

ここで注目しておきたいのは、止観院といっても行法の道場であるだけでなく、そこでは毎日の法華、金光明、般若等の大乗経の読誦があり、写経があり、法会がありというように多目的に使われていることである。大同五年（八一〇）はここで、金光明、

仁王、法華の三部大乗経の長講が起し始められる。

このような経過の中で、弘仁三年（八一二）『摩訶止観』に基づく四種三昧院の一つ、法華三昧堂が造られる。行法が天台小止観から摩訶止観に変っていることがはっきりするし、何よりも専用道場が出来た意義は大きい。

何故、法華三昧堂が他の三昧堂に伍して最初に造立されたかは明記されているわけではないが、日本天台宗に占める法華三昧の重要さによることは推察に難くない。最澄が「入唐表」（『叡山大師伝』）に「天台独り論宗を斥けてとくに、経宗を立つ」と法華経による宗の独自性を強調することから解るように、まず法華経がある。塩入良道氏（「法華懺法と止観」）によると、法華三昧の原初は南岳慧思であり、また彼はそれを初対面の智顗に説示したという。そして「慧思の法華三昧は、法華経の諸行のすべてであり、法華経の精神に立って修する三昧行すべてを含んだものと理解できる。」かかる意味で、日本天台宗にとって、法華三昧という行法は特別な意味があったのであり、法華三昧堂の最初の造立が肯定される。そしてもう一つ推測を重ねれば、法華三昧が要求する厳浄な道場ということも、一乗止観院からの独立を早めた原因であったろう。法華三昧は方等三昧と並んで半行半坐三昧に属するものであって、懺悔による行法である。共に受戒後犯した様々の罪を浄めることを含むので、修行の際には心身を厳浄して道場に入らねばならない。道場もまた、『法華懺法』によると、

当於閑静之處。厳治一室以為道場。別安亘坐之處。令与道場有隔。於道場中敷好高座。安置法華経一部。亦未必須安形像舎利并余経典。唯置法華経。安施旛蓋種々供養具。於入道場日。清旦之時当浄掃地。香湯灌灑香泥塗地。然種種諸香油燈。散種種華及諸末香焼象各香。供養三宝。

とあって、まことに厳浄されている。かかる道場で最澄をはじめ弟子達がどのような修行をしたかは、『大師伝』に、

浄行の象五六以上を簡んで、昼夜絶えず法華大乗経典を奉読せしむ。しからば弘誓の力は際を尽くし、善根の功は有情を覆わん

とあるのみで詳細は不明だが、「法華三昧懺儀」（『大正大蔵経』）による行法が修せられたことは間違いあるまい。礼仏懺悔に坐禅実相正観を組合わせた行法は特有の道場観を踏まえているが、その考察は別稿に譲ることにし、今回は、一乗止観院からの法華三昧堂の分立の経過を述べるにとどめたい。そして「天台学生式」や『戒論』の四種三昧堂構想はこの延長線上にあるといって

いいであろう。

注

1　福山敏男「伝教大師時代の延暦寺の建築」（『日本名僧論集第1巻、最澄』吉川弘文館　一九八二。）
福山敏男「初期天台真言寺院の建築」（『寺院建築の研究　下』中央公論美術出版　一九八三。）
景山春樹『比叡山寺』同朋舎、一九七八。

2　なお「学生式」、『顕戒論』は日本思想大系『最澄』による。また仲尾俊博『山家学生式序説』（一九八〇　永田文昌堂）を参照した。

［一九八四年］

［編者注］本書第三部『阿弥陀のすまい』遺稿［四］参照。

比叡山相輪橖が開く法界と風土

延暦寺宝幢院相輪橖に刻された最澄撰の銘文の日付は、彼が没する二年前、弘仁十一年（八二〇）であった。この時期、最澄は叡山に大乗菩薩戒の官許をめざして奮闘中であった。その後間もない時期にこの相輪橖が造立されたと推定されるが[1]その建築的意味をさぐってみよう。

まず『渓嵐拾葉集』記録部私苗中の「叡山宝幢院」及び、仁和寺御経蔵所蔵の「叡山宝幢院図并文[2]」（両者はほぼ同文）によって、相輪橖の様子を見ておこう。

宝幢壱基高四丈五尺 頂上金銅相輪橖故亦曰相輪橖

右相輪橖高三尺三寸有九層形似盤

最上層徑八寸　最下層徑一尺六寸

最下層懸十一宝鐸

毎層有十一金銅小筒 形如仙柗子

毎筒納槢本無垢浄光等眞言

幢頂上輪橖下置金銅桶一口 高一尺四寸徑

とある。長い柱（幢）の頂上に相輪橖をのせ、そのすぐ下に金銅桶が付いている。

仁和寺本の図を基にして、相輪橖の図像学《イコノグラフィ》的意味をさぐることから始める。如意宝珠は字義通り、意の求めるところに従って種々の物を出す宝珠と考えられ、『智度論』には「舎利変成此珠、以益衆生。」とある。宝珠は舎利の働きをしているから、衆生の種々の意に益するとする。また、空海は『御遺告』の中で「如意宝珠……自然道理如来分身者也」と、すなわち金剛不壊本有自然の仏舎利といっている。

蓮華座の下には九層の相輪がある。最下層の輪には十一個の宝鐸が、そして他の八層には各々十一個の金銅小筒が付けられている。そして小筒の中には筒毎に無垢浄光等真言が納められている。この宝鐸・金銅小筒・無垢浄光真言の関係は、そもそもこの相輪樘造立の根拠になった。「無垢浄光大陀羅尼経」（大正大蔵経巻十九）の中で明瞭に述べられている。

この陀羅尼経は、七日後の死亡を予言された大婆羅門が仏陀の言、古仏の塔を修理し、「造相輪樘写陀羅尼。以置其中興大供養。依法七遍念誦神呪。令汝命根還復増長。久後寿終生極楽界。」によって、実行して成就した出来事を基に、陀羅尼と修法を菩薩をはじめとして衆生に説く内容になっている。

その中に、善男子善女人のための相輪樘中陀羅尼法がある。「善男子應當如法。書写此呪九十九本。於輪樘四周安置。又写此呪及功能法。於樘中心覆安處。如是作已。則為建立九万九千相輪樘已。亦為安置九万九千佛舎利已。」とあり、そのことによって、「成就広大善根福徳之聚」、例えば「當得授記於阿耨多羅三藐三菩提而不退転」、「一切罪障皆復消滅」とある。したがって九十九箇ある宝鐸と金銅小筒の中の真言は、この九十九本の書写された陀羅法に該当していると見て誤りなかろう。

その他、この陀羅尼経には、最勝無垢清浄光明大壇法、自心印陀羅尼法等が述べられている。叡山の相輪樘は建立されたのであるから、たんに陀羅尼を写して、宝鐸や金銅小筒に納めるだけでなく、これらの陀羅尼法を実修したことであろう。この経は雑密の経典であり、陀羅尼の功能の信仰の上に成り立っている密教系の修法である。

ところが、叡山の相輪樘では、その樘のすぐ下に金銅桶一口があり、その中に最澄の写書した様々な経典五十八巻が納められた。この無垢浄光陀羅経などの雑密の経典のみならず毗盧遮那経などの純密系の経典、また妙法蓮華経など顕教の経典も納められた。顕密両教を配慮するこの仕方は晩年の最澄の比叡山寺に対する考え[3]に符合する。

最澄は円戒を護持する一向大乗寺としての比叡山寺の認可を求めて、学生式を奏請する。弘仁九年（八一八）、矢継ぎ早に出した六条式・八条式・得業学生式の中で、二名の年分度者のうち一名に止観業を修せしめ、一名に遮那業を修せしめようといっている。六条式では次のように書かれている。

凡そ止観業の者は、年々毎日、法花・金光・仁王・守護の諸大乗等の護国の衆経を長転長講せしめん。

ということであるので、顕密教にわたる経典が金銅桶に納められて何の不思議もない。

さて、相輪樘の金銅桶のうらに刻られた最澄の銘文によって相輪樘の意味を考えよう。その前半部は叡山に天台宗を起すまでの経緯が略述されているので、後半部に注目する。

為《ニ》レ悦《カ》二冥道《ヲ》一　起二斯《シク》輪樘《ヲ》一　叡岳秀《ヲ》聳《テ》
朝影《ニカケス》二北都《ニ》一　神岳嵯峨《トシテ》　夕《ニ》臨《ム》二東湖《ニ》一
山王一等　思存《ス》二給孤《ヲ》一　法宿《ヲ》為レ号《ト》
開二顕毘盧《ヲ》一　亦塔亦幢　延レ寿《ヲ》安身
惟経惟咒　護レ国《ヲ》済《ス》レ人《ヲ》　金刹放レ光《ヲ》
汲二引《ス》迷津《ヲ》一　宝鐸レ流《シテ》聳《ヲ》　発二開《ス》龍神一
我等発《シテ》レ願《ヲ》　渇二仰文殊《ヲ》一　十生出現《シテ》
普《ク》施二髻珠《ヲ》一　信謗両友　倶《ニ》会《ス》二四衛一
同乗二宝車《ニ》一　恒《ニ》遊《ヒ》二寂逼一　長講二妙法《ヲ》一
恒《ニ》転二妙輪《ヲ》一　五忍恒《ニ》説《テ》　永《ク》息《メン》二魔嗔《ヲ》一
生界未レ盡　此《ノ》願不レ泯《ビ》　成住壊空
不レ散二此《ノ》座《ヲ》一

冥道とはこの場合、目に見えない世界（冥界）にいる神々、鬼神である。その神々を説くために、この相輪樘を建立したと、まず建立理由を述べる。先掲の無垢浄光大陀羅尼経の相輪陀羅尼法には、

若有飛鳥蚊虻蝿等至塔影中。當得授記於阿耨多羅三藐三菩提而不退転。若遙見此塔或開鈴声或聞其名。彼人所有五無間業。一切罪障皆得消滅。

とある。このことは、経中にある諸邪魅夜叉羅刹等々についても同様である。銘文の「叡岳」から「東湖」までの語句で、比叡

山という具体的風景の中にこの陀羅尼法が適用されている。山王一は、最澄が延暦寺の守護神として招来した大三輪神、つまり日吉神社の大宮（大比叡）である。『神道大辞典』によると、この神は法宿菩薩と号し、その本地仏は釈迦毗盧遮那如来である。銘文の「毗盧」もかかる釈迦大日同体仏であろう。本来、無相であるその仏を比叡山という山河大地に山王一に於て開顕していると最澄は見る。塔・幢・経・咒の功能が述べられた後、「金剎」、「宝鐸」がそれぞれ光を放ち、声を流すことが、まよいの世界から引上げ、仏法守護の天龍八部を発開するという。ほぼ同様な主旨をやはり先の陀羅尼経に見出すことができる。

銘文の「我等」は、天龍八部とも解しうるが、今は最澄たちと解しておく。その我等が発願する。文殊師利法菩薩は、最澄が『顕戒論』の中で、「諸の大乗寺には文殊を以て上座となす」とする、その文殊である。したがって、「我等」から「此座」までは一向大乗寺としての比叡山寺の建立主旨でもある。この相輪橖の建立において比叡山寺の建立を演じているのである。

先の小論「最澄と比叡山寺」（昭和五九年度近畿支部研究論文集）で二重に住うということ、すなわち「止観能く住」する法界と、有待の身命の住う伽藍なる二重性に注目をした。これは本覚と始覚の二重性と見てもよいであろう。ここで問題にしたいのは、叡山の相輪橖もまたこの二重性を担った形で建立されていて、それが不二あることとして実現されていることである。有待の身命に対応するものは、山や河、湖や都といった具体的な風土である。この風土を法界と不二とする思想が、まさしく具体的に叡山という山河大地に相輪橖の建立することで実現している。

その実現は、我国の固有信仰である神々、冥道を介するという仕方をとっている。この神々は人々の日々の生活を守護しうる者として、その生命と生活を支えうる者と観想されていた。祭りを想起すればすぐ思いあたることがあるが、神々は中心となることで世界を開く、まさしく生の絶対的な大地である。そのあり方は冥界という言葉が的確に示すようにいつも、対象化し把握しようとする人間の能作をのがれ、超越して闇の中へと潜在する。しかし、人々は生きるという仕方で神々を具体的に体験する。

この伝統的な神々に真言や相輪橖を介することで本来無相である毗盧が開顕し、龍神が開発する。そのことで冥界を地とする風土は一きょに法界となる。自然のままの風土がそのままで法界となる。

注

1 福山敏男「伝教大師時代の延暦寺の建築」(『最澄』吉川弘文館、昭五七)。

2 西村冏紹「比叡山相輪樘について」(天台学会編『伝教大師研究』天台学会刊、昭五五)。この銘文は、従来、偽撰と批判されてきたが、西村氏の結論は最澄の親撰説である。

3 最澄の密教観及び真言観については那須政隆「伝教大師所伝の密教」、多賀宗隼「遮那業に関する一問題——とくに真言について」(共に上掲書所収)。

[一九八四年]

[編者注] 本書第三部『阿弥陀のすまい』遺稿[三]参照。

二―二　エッセイ

住まいの一考察

〈はじめに〉

ここでは、住まいという現象が如何様に理解しうるか、又理解されるべきかについて考察してみたい。その考察を進める為の手引きとして、L. Corbusier のテーゼ「住宅は住う為の道具である」(1)、を彼の込めた意味を離れて、取り上げよう。このテーゼには〝住宅〟、〝住う〟、〝道具〟という三つの名詞があり、しかも〝住宅〟と〝住う〟とが〝道具〟という関係で結ばれているので、道具の考察から始めよう。

注1　彼は実際は住宅は住う為の機械であると言明するが、別に又道具的住宅とも言っているので、ここではこうしておく。

〈手段―目的関係としての道具〉

道具と見るという事は、この場合住まい(現象)を、使うという関心に基づいて、住宅を手段として住うという目的を達成するという様に、手段―目的関係に構造化することを意味しています。しかも明らかにその関心は次の様な前提に立っています。つまり住宅という事物と住うという人間的事象がきっぱりと分けうる事、そして住宅と住うが一対一の対応関係の中にあるということです。しかしこの対応関係は様々な住い方があるという事実からだけでも、疑わしくなる事が解ります。したがってまず、あの分離、使うという事に関する先入見こそ問わねばならぬ事柄でありましょう。

それを問う為に、私達は〝大工はハンマーをまるで手足のように使う〟という言明を考察しよう。それは、文字通りに受けとる必要のある言明であり、〝ハンマーは手足のようなものである〟という事です。大工は、私達素人と異って、ハンマーでもって例えば板に釘を、或る時はそっと或る時には大胆に力強く、或るテンポをもって実に速く正確に打ちます。ハンマーと釘と板との間にある緊密な関係を発明し、その関係に生きている様であり、或いは又手足のごときハンマーで板と釘との構造を知覚していると言ってもよいのでしょう。この事柄によって、私達は使うという関心が前提としていた手段──目的関係としての事物──人間的事象という分離が疑しくなり、むしろ使うという事は事物が身体の一部になるという状態の内で成立するのだと考えた方が適切の様に思えます。又素人と玄人（大工）とを対比すれば、手足のごときハンマーとは玄人によって明らかに生成的に構成された事象でありますから、この構成という事柄に着目して、あの状態をさらに明確にする為に、多少冗長にわたりますが、素人が大工に入門して習うという行為を考察しよう。

大工はハンマーなり釘なり板なりについての様々な知識[1]を与えるでありましょう。この知識とは、例へば材質、大きさ、重さ等といったこれらの事物の属性のそれであり、つまり様々な関係概念（分析的概念）に分離され、且その中で規定される事物の集合的知識でありましょう。一方この知識の特性は、眼前の対象をその関係概念の一例とする事にありますから、素人はその知識に基づいて、或いは導かれて彼にとっては隠された世界に向って行為するでありましょう。ところがこの行為は、ハンマーが釘から外れたり、又釘が曲ったりしましょうから、逆に又これらの知識がなければ行為し得ないのでありますから、充全に目的を果している大工の場合には、この知識がこれらの行為を介して別様になっていることを予想しなくてはなりません。又この身体による動作、つまり素人の日常的な既存の身体的シェマは、あの失敗という現実的条件を介して新しい身体的シェマが、事物の構造に応ずるような身体的シェマが構成されていることを予想しなくてはなりません。身体的シェマとは、例えばハンマーを振り上げるという動作は、単に腕だけでなく、身体全体の特殊な姿勢をとることであるという事実の中に読み取られたものであり、それは腕を振り上げるという顕在的に意識されるものの地として常に潜在的に意識されているのでありますから、現実的条件とは、つまり顕在的な動作を否定することによって、地である既在のシェマを変更するように促すものでなくてはなりません。一方知識は、あの地である身体的シェマを介するのでありますから、綜合されねばなりません。綜合とは、もはや最初のように眼前の対象が関係概念の一例としてあるのではなくして、関係概念が対象の一例としてあるのであり、或る概念が他の概念と一体となっていて、一つの概念で全体の概念を、つまり対象を充全に指し示しうるということであります。その在り方は、最初は対象が概念の射影であるのに反して、一つの概念が射影となって、その射影を通して対象の統一的意味が現われるという在り方であります。この意味で、知識は、対象は身体によって構造化され、身体化されているのであり、逆に身体は身体的シェマが構成されたという意味で、知識と対象により構造化されているのであります。〝芸が身に付く〟という言明はこの事実を示しているのでしょう。**M.Ponty** が生きた弁証法で意味しようとした事柄とは、知識と身体とが二様の契機になるこの投企する行為の弁証法であり、手足のごとくなるハンマーもこの弁証法の別様の表現であります。したがって、あの使うということに関する先入見は素人にこそ相応しい態度に基づくものであり、玄人にとっては、ハンマーがたとえ道具と表現されようとも、手が握むための道具であるという表現と同じ重みで理解されねばなりません。

注1　知識は、対象の中に直接読みとれる場合も勿論ありますが、対象の意味と知識の関係は後になって触れるでしょう。

〈寝るための寝室〉

ハンマーの在り方を通じて、使うという関心の先入見を問うたのでありますが、あの L. Corbusier のテーゼについてはどうでありましょうか。ここでは、住宅—住うという関係を、寝室—寝るという関係を例として、考察しよう。そしてハンマーの場合と同様な意味で、眠れるという事柄を観察してみよう。眠りに入る、まどろみの状態では、例えば音は私にとって最早意味のないものであり、手足はだるく、何かをしようとしても動くのに困難を感じ、電燈の明りは何か頭上遠くにあって、私とは何の関係もないものである等々の事実が観察できます。そしてそれ等の全てに、私の存在に係わらない、逆に又安心してそうしておけるという意味が読み取れます。つまり明りや音は、覚醒時の微妙な意味が消えうせて、ただあの意味を支える射影としてのみ在るのであります。しかるに私にとっては騒々しい音、明るすぎる明りにあっても眠り得る人々が居るのでありますから、あの事実も生成的構成的事象であり、寝室を寝るための道具と見ようとする志向もハンマーの場合と同様な事態の中で考えねばならぬようであり、又道具として使いうるには、既に周囲の事物が道具に応ずるように構造化されていなくてはならぬのでしょう。それでは一体、道具に応ずるように周りの事物が構造化されているとはどのような事態なのでありましょうか。

〈周りの事物の構造化〉

この問に答えるために、街の中で車を運転している人を考えてみよう。彼は、歩いている場合と異って、路傍の人や事物や又他の車の細々とした意味をはなれて、それ等の動きの一般的方向、その動きの規則性に着目するのでありましょう。初心者にあっては、逆にそれら対象の既存の意味に癒着して、且つ疲れ、特にそれは眼の充血となって現れるでしょうから、このことによってここにも身体的シェマと対象の意味との弁証法的関係が見られます。それは、例えば教習所で習うという体験を通じて身体化された道具、車によって、つまり特殊な身体的シェマに導かれて、既存の意味を、疲れるという否定的条件を介して、別様な意味へと、つまり動きの一般的規則性の中での意味へと変更する関係でしょう。眼球運動も、それが顕在的になり得るような身体的シェマに負うことになりますから、対象の視覚的意味も決して他の動作に無縁なものではないのです。周りの事物が構造化された状態とは、例えばこの場合のように、街中の諸対象の形体的特性がただ動きの一般性によってのみ特徴づけられ、逆にその一般性は、この特性という射影を通してのみ現れるという状態でしょう。対象は次々と現れては消えることに於いて次の射影の地となって、その動きの意味の特性を規定するのでしょう。このことは、行為することによって意味を構成し、その意味に応じて行為するという一種の循環関係の中に、生成された身体的シェマと範疇的世界の対応関係にもとづく循環関係の中に安住することを意味していますから、道具を使うとは、もはや或る意味では、自動的に、安心して行為することでもありましょう。

〈住まい現象〉

このことによって、先の音や明りが射影となって安心という意味を支え得るのも、生成した身体的シェマ(1)に負うていることが確認できます。すると、生成とは身体と知識（或いは対象の範疇的意味）の、現実的条件を介しての弁証法に負うているのでありますから、寝室或いは住宅という事物に於いて生成した特有な身体的シェマと範疇的世界が構成されていなくてはならぬことになります。又音や明りの安心という意味も寝室という特有な道具によって構造化されていると理解されねばなりません。普通寝室の、住宅の構築要素である壁は外界を隔離する機能を持つと言うのでありますから、この壁を例として若干の考察を推めよう。壁は道具化されているのでありますから、単に私の視野を覆ふ事物としてあるのではなく、行為を媒介にして、例えば出入りの不可能性を媒介にして生成的になったそれの固さ、厚みという意味をもつことに於いて、外界を、他人を私には無関係なものとして一様に範疇化するのでありましょう。ところが壁は、ハンマーや車と異って、眼前の対象物の向う側、私のうしろ側も囲んでいるのでありますから、その視覚的 Gestalt の優位性と相俟って、内側の全ての対象の意味や行為の地(2)となって、それらに外界に無関係という意味を与えるのでしょう。あのまどろみの状態に於ける明りや音が安心という意味をまというるのも、又覚醒時に於ける他人を考慮に入れない動作の自由さも、道具となったこの壁の、この様な在り方にもとづくのでしょう。

注

1　運転し得る人々も、歩いたり、走ったりする行為に少しの支障も感じないのでありますから、運転の習得を通じて、既存の身体的シェマは決して無効にはならないのであり、逆に又運転しようと思えばいつでも出来るのですから、身体的シェマとは可能性の束、しかも現実的な可能性の束と理解されねばならぬのでしょう。

2　空間とはまさにこの図と地との関係をさすのであり、又範疇的世界を支える射影の形式とも云い得ますので、壁は道具化される、身体化されることによって、内側と外界の特有な空間を構成したのだと云い得よう。

〈生成的考察の困難さ、おわりに代えて〉

住宅を道具と見る志向は、次々と戸や窓や机や椅子等々と例をあげることによって、住まいの構造が益々明確になるでしょうし、住まいの意味は、その例示を通じて無変化にとどまりながら、その構造によって明確な形で指し示されるでありましょう。しかし事物は意味を支える射影となるかぎりで現象に係わるのであり、その意味は又、基体となる射影自身の意味に、たとえ潜在的であろうとも、支えられているはずであります。それは、例えば壁の際で述べたその固さなり厚さなりという意味です。しかし、事物に見出されうる意味の全てが、この現象に係わるのではなくて、身体的シェマと密接な関係にある意味のみが問題になるはずです。そうすると当然、あのハンマーや車の場合と同様に、知識と身体とが二様の契機となる生きた弁証法を忠実にたどる必要が生じます。だが、新しく引越しした住宅や又ホテルに私達は容易に住いうるという事実が示すように、その弁証法は顕著には観察しえない事柄であります。したがって、生成の事実を見ようとするには、別の設問を、別の事例をさがす必要がありましょう。例えば赤子の事例の場合には、快・不快という感情的意味が、又口の運動が顕在的動作であるような身体的シェマが、行為を導くのでありましょう。そしてその行為の否定的条件となりながら対象は新しい意味をまというるのでしょう。又感情的意味の射影となるものの中に両親も含まれるのでしょうから、赤子はこの事によって既に間主観的間柄に生きているのでありますから、ここでは突け落ちている住まいに属する他者の意味をとらえる視点も生れてくるでしょう。

しかしここでは、道具という観点を選んで、そうしてハンマーと車という顕著にあの弁証法が観察しうる事例を通して、住まい現象は身体化され、範疇化された状態で理解されるべきことを示し、又住まいの意味を安心ということに限定して、若干の射影の特異性を示すにとどめました。

［一九六九年］

神話的世界の空間形式の一考察——延喜式祝詞の場合——

はじめに

建築的なるものは、それを現象学という観点を選んで解明しようとする試みにあっては、日常的な知覚的世界の一事象として取扱われるのが普通である。それは、建築的なるものが、他の芸術と異って、あくまでも実在の領域に属する事象であるからでありましょう。しかしこの知覚的世界はE. Husserlによれば、事物の実在を信憑する地平意識によって構成されるとするのでありますが、一方又神の実在を信憑するそれによって構成される世界——仮に神話的世界と名づける——も存在するのであります。ここでは、この世界の空間形式を明らかにするために、延喜式祝詞[1]の中での神という超越的存在者の存在形式、特に空間形式の考察を試み、そして建築的なるものの探求の一布石としたいと思う。

語ること

祝詞は勿論神を前にしての行為、儀礼の一様式である。一定の文体をもって語りかける様式である。一定の文体とは、神話的敍述（A）と祈請的敍述（B）があって、それがもしAならばB、或いはAであるからBという論理的関係で結ばれていること、又言辞に特殊な型の存することを指すのである。しかし祝詞することによって、或る目的を神が充足してくれることを信じているのであるから、一定の文体をもつ言葉そのものが神に或る反応を促す作用（感応作用）をもつという呪術的観念（言霊信仰）の存在を示唆する。この場合神という超越的存在者はどのような存在形式をとるのであろうか。龍田風神祝詞に於いて、農作物を荒す暴風雨そのものが神或いは神の示現であることが窺われ、又この神或いは神の示現を左右するには神の御心を知らねばならず、それが神の御名（天の御柱の命国の御柱の命）であるというのである。古代日本人は肉体と霊魂との二元論[2]で人間を考え、又神を考え[3]るといわれ、且つ名は実体として、その名を持つ者の不可欠な一部をなしているという。又鎮魂儀礼より解るように、霊魂は実体的なものとして観想されているのであるから、この祝詞の場合神は霊魂とみなされた御名という実体として現象しているのである。私達にとって神という言葉は、その意味が実在するとかしないとかに係わらず、単に概念であるにすぎないのであり、概念とは一定の意味を指し示すかぎりで問題にされ、概念の実体性には考慮を払わないことに特徴を認めているのであるから、意味のここそことかという空間的定位も問題にならぬのである。しかし祝詞にあっては、語ることによってまさに眼前に神が、幻覚としてではなく実体的実在として現象するのである。しかるに一方龍田風神は暴風雨という在り方で、ここではなくあそこにも現れるのであるから、神のここあそことの空間的関係を問うことが要請される。この問に答えるために神の御名を知ることにより神を左右しうるという。この知るという行為を明らかにすることから始めよう。

知ること

龍田風神の御名を知るための方法として、この祝詞は〝物知人〟の卜事と皇御孫（崇神天皇）の夢うけひを掲げている。物とは、この場合鬼（もの、超自然的霊格）であろうから、物知人は卜占に於いて霊格を知る人間なのである。又この卜占とは、鹿の肩骨とか亀の甲を焼き、その焼けた様子によって霊的事象を判断することなのであるが、〝…卜事に出でむ神の御心は…〟とあり、それは焼けた様である表徴そのものが神の霊魂であることを示しているのであるから、前述の語ることと同様に、この知るという行為は実体としての神を出現させることなのである。つまり神である暴風雨という場面を亀の甲に移し変え、そしてその表徴に於いて一挙にそれが指し示す事象(霊魂)を判断すると同時に表徴が実体となるという構造である。この或る場所に於いて他の場所の事象に係はる構造は、治めるとか領有することを意味する〝知る〟にも見出される。例へば龍田風神祭祝詞の〝…志貴島に大八島国知らしし皇御孫の命…〟は志貴島という一定の場所に於いてそれを取巻く場所を治めることを意味する。それは一見日常的な事柄であるようであるが、皇御孫は神と観想され、又国も後述するように、現代の国観念とは異って神とも考えられているので、やはりこの知る(治める)も卜占と同様に呪術宗教的状況の中で理解されねばならないのである。つまり神は実体となって空間の一位置を占めることによって、呪術宗教的に空間を領有するという存在形式が推定されるのである。この推察を確認するために、さらに具体的な行為である見るということについて考察してみよう。

見ること

祈年祭祝詞に〝…皇神(天照大神)の見はるかします四方の国は…の極み…の限り…狭き国は広く、峻しき国は平らけく…〟の中の〝見る〟ということに着目しよう。皇神の見得る国の拡がりを、対象自身が動くか又は人間の動きに着目してその動きを極限にまで連続させることによって表象しようとしているのである。それは、知る場合に疑念したと同様に一見単なる事物的拡がりだけを表象していると考えられる。しかし国は単なる土地ではないのである。松村武雄氏[4]は、国とは、或る特定の社会集団が自己の生活を営むところの特定の限られた「ツチ」であり、而して「自己の生活」というのは、古代日本民族の意識内容に於いては、1)特定の限られた「ツチ」、2)そこに住息する人間・動植物を支配するものとしての神々・首長、3)住民に生命的若しくは呪的な連関をもつものとしての様々な自然物素などの相関関係から成るとされる。又国見とは住民の風俗慣習を知ることであり、見ることに於いて邪神を、或いは国魂を支配することを意味するのであるから、皇神の見得る範囲は彼の領有する範囲であり、人間の視界を越えて見ることによって、四方の国に遍在して、そしてその力能を現示するのである。M. Ponty によれば、対象の視覚的現象は、知識に無縁なものではなく、むしろ知識が、さらには信憑された地平意識（世界観）が地となるような視覚的布置（図）という Gestalt 現象であると云う。したがって遍在して国土を安からしめている神の実在観が地となるという在り方で、住民にとって日常的諸対象は安くあるものとして現れるのでなければならぬであろう。それは又、己れの住む土地を離れた万葉人は異郷におけるかりそめの一夜の泊りにさえも、それが新しく作り設けた仮小屋ならば新室のほがいを必要とし、人家に宿る場合には祓いを行わねば安じることができなかったという平野仁啓氏の考察[5]によって、己れ自身の実在さえもがいかに国観念、この地平意識に支えられているかがうかがえるのである。ところが上述の住民の神に対する二様の態度――俗的態度（褻）と聖的態度（晴）――に於いて神は二様の存在形式、一方は地平意識としての他方は眼前に実体としての神となって出現するのである。この実体としての神の出現は、祝詞の場合と同様に己れの存在の安寧の為の神への積極的な実践的態度に基づく構成物なのである。したがってこの態度にあっては、神という超越的存在者は、遍在という把握できない在り方ではなく、眼前に、ここにという把握できる形式をとらねばならぬのであろう。つまり御名や卜占の表徴が実体としての神となるのはこの態度に基づくのではないだろうか。E. Husserl は本質還元によって、イデーを形相（Eidos）とする、つまりイデーは常に何事かの射影を通じてしか現われないのであるから、イデーに無関係な属性の消去によって、シェマ或いはシンボルとなった射影がイデーつまり形相とするのである。神話的世界に於るこの形相を、M. Eliade[6] は Hierophany と名づけている。つまり三角形そのものが幾何学的理念を示しうる様に、Hierophany は神なる超越的存在者の示現なのである。例えば眼前の石が神となりうるのも、〝堅磐に常磐に〟より類推しうる様に、石はその固さと永続性を示す限りで、それがシェマとなって神となりうるのであろうし、囲りの事物はその石の地となってただそのシェマに於いて読み取りうる属性のみを示すであろう。前述の皇神の見うる四方の国も眼前に宮柱や千木として定めまつった神の地となるかぎりで安国という意味を保持するのであろう。したがって祓ひも禊も又祝詞することも本質還元にも比せられるべき実習であり、神の出現と同時にその神の地の構成、つまり空間構成である。そうであるから Lévy-Bruhl の云う融即律、ここあってあちらの事象を操りうる形式も成り立ちうるのである。

おわりに

祝詞にあらわれる神は、職能の定った固別神であるにもかかわらず、形相の多くは宮柱や千木を構成要素とする御舎（殿）であり宮である。この差異は千・タマから神への抽象化の過程、偶像破壊としての形相の歴史的過程の解明によって始めて理解されうるのであろう。しかしここでは神の実在を信憑する世界にあっての神の存在形式を、特に祝詞するという実践的態度にとっての神の空間形式を示すにとどめよう。

注

1 「古事記　祝詞」『日本古典文学大系』岩波書店、一九五八。
2 平野仁啓『古代日本人の精神構造』未來社、一九六六。
3 大国主神と少彦命名との関係は「肉なるもの」と「霊魂なるもの」との関係に他ならぬ。松村武雄『日本神話の研究』Ⅲ巻、三七六頁、培風館、一九五八。
4 松村武雄　前掲書　Ⅱ巻、三一九〜三二〇頁。
5 平野　前掲書　九八頁。
6 M. Eliade、堀一郎訳『大地・農耕・女性』未來社、一九六八、九〜六四頁。

［一九六九年］

敷榜《シキタヘ》の家

人もなき空しき家を　草枕旅にまさりて　苦しかりけり（万葉集巻第三）

妻亡きあとの家に居ることを歌った大伴旅人の歌である。この歌の中に我々は万葉人が家について、或いは家に居ることについてどのように意識していたかを垣間見ることができる。まず旅にあることに対比して家にあることが意識されていることが解る。それは旅寝《たびね》とも浮寝《うきね》とも表現される、旅にあって、故郷をはなれたことからくる不安と家族への思いで寝られない状態に対して、家にあっては安心して寝れる。安寝《やすね》が出来るということである。又安寝の場所としての家に居ても、家に不幸があれば、寝れないということもこの歌は示している。

このことはしかし古代人があらかじめこの種の不幸から免れようと努めたことを予想させるが、又後に見るように現にそうしたのであるが、唯それは、そういう不幸のない場所として、家を構成することで達成可能と考えたようである。我々にあっても、そう願わないわけではないが、場所にそういう力があることは真面目には思いはしないだろう。しかしながら、この古代人の観想は、迷信として片づけるには現代の我々にとってあまりにも示唆的である。すなわち云わば人間的秩序を失って孤立して住んでいる我々とはまるで異なる場所の秩序、世界の秩序の中で彼等は住居を意識しているからである。生と死、天と地という宇宙的秩序の中で生々と意識しているからである。

そこで我々の住居への反省をこめて、ここでは万葉人の住居観、充全に安寝のできる場所の秩序について見ていくことにしよう。

1

誰《たれ》そこの屋《や》の戸押《とお》そぶる新嘗《にふなみ》にわが背《せ》を遣《へ》いて斎《いは》ふこの戸を（万葉集巻第十四）

新嘗（新穀を天神地祇にすすめ自らも食する祭祀）の日、妻は家の戸を閉ざし斎み隠っている。折口信夫は名著『国文学の発生』の中で、この習俗は、訪れる神を迎えるためのもの斎みを示すとして、新嘗等時節の折々に訪れるマレビトなる常世神の存在を指摘する。それは又常陸風土記に明らかで、新嘗の日、「家内諱忌《やぬちものいみ》」している福慈《ふじ》の神と筑波の神に「祖《みおや》の神の尊」が訪れるのである。

そしてこのマレビトは新室寿《にいむろほ》ぎをする。新室寿ぎとは本来的には新築の家を祝言でもってことほぐことによって、この「家長の生命を寿して居る。（中略）新築によって、生活の改まろうとする際に、家長の運命を定めて置かうとする」（折口、先掲書）ことである。新嘗の日には新嘗屋を建て、新室寿ぎをするのである。しかし又このように神を迎え、神の予祝（前もって祝うことによって将来の効果を期待する観念）によって運命を定めておこうとする時節は、新嘗以外にも多くあり、現在でも正月にわずかにその痕跡を見ることができる。

正月は近時かなり薄れた観念ではあるが、それでも地方で色濃くのこっている、トシガミを迎える祀りである。トシガミは、「御歳神《みとしかみ》」と古来呼称された神であるが、年の暮に飛来し、ドンドによって帰ってゆく、山の神とも田の神とも観想されている。そして家ではこの神を迎えるにふさわしく、門松、正月棚を整え、注連縄をかけ、家を浄化してトシガミを待つのである。その訪れが正月なる時の訪れなのである。そしてここでも新室寿ぎの習俗が見られる。すなわち折口信夫によれば、マレビトの系譜上にあると考えられる物吉、万才等の門や柱や屋敷をほめる習俗がそれである。その際住居は新築でないのが普通であるが、新しい時の始めに際して予祝されることによって新築の場合と同じであるという。空間も新しい時の訪れによって新生するわけである。

図1　家屋文鏡に描かれた家屋

新室寿ぎの対象としての住居の観念は尋常なものではないことは確かであるが、それをより明確にするために、顕宗紀にある新嘗屋の新室寿詞を引用する。

築き立つる　稚室葛根《わかむろかずね》。築き立つる　柱は此の家長《いへのきみ》の御心の鎮《しづま》りなり。取り挙《あ》ぐる棟梁《むねうつはり》は　此の家長の　御心の林なり。

〈略〉

以下垂木、桟、材を結ぶ縄葛《つなかづら》、屋根葺材の草葉《かや》が各々家長の良き状態を示すという詞が続く。これらの建材部材が家長を象徴しているのである。これは室寿詞が神の呪言であることを考えると、住居が或る神的秩序の中にあってそれに家長が同化することによって、まさに家長の繁栄的あり方が確保されるという観想だといいえよう。

当時の住宅は、ようやく竪穴式住居から脱却しようとする時期にあたっていて、すなわち同じ土間式でも周囲の壁が高くなったり、板敷なる高床式の住居が一般化する。そしてそれらは高床式住居を中心にして土間式の二、三の付属住居、そして多くの倉という構成で一戸をなすのを普通とする。それらは一部は中国の影響もあろうがしかし古来の住居の延長上にあるもので、既に古墳時代、例えば家屋文鏡（奈良県佐味田《さみた》古墳出土）に見られるような構成である。住宅自体の構造も又顕宗紀の室寿詞に見られるようなものから発展したのであろう。すなわち掘立柱に梁、棰等を縄葛で結び、草葺の屋根をのせたものである。そしてこの鏡や又埴輪の家屋の中には千木や勝男木や大きな破風が見られ、それは神社の形式と相関を示して、住居にも何にか宇宙的秩序のあることを暗示している。

そこでまず室寿詞の「柱は此の家長の御心の鎮まり」ということに着目して、柱による秩序を見ることにしよう。

2

柱が家長の心の鎮まりの状態を示すという観想はしかし新嘗屋にかぎらず、一般の住居の柱に関しても同様である。すなわち、

真木柱太き心はありしかどわが心鎮めかねつも（『万葉集』巻第一）

真木柱讃めて造れる殿の如《ごと》いませ母刀自《ははとじ》面《おも》変りせず（『万葉集』巻第十六）

前者は柱の太さと心の太さをかけ、その太さによって心の鎮まりの状態を、後者は柱讃めと母親の状態との関係を、すなわち新室寿ぎを示しているわけである。

しかしいずれにしろこの鎮まりというのが曲者で、それは霊鎮めといって本来神的なものに属するのであるから、先述の事態を明確にするためにまず神の鎮まりと柱について考察を進めることにしよう。

さて大国主の神は葦原中ツ国を天照大神に譲る際、建御雷神に向って云う。自分の住居を「天《あめ》の御巣《みす》如《な》して」、すなわち天神の住居のように「底津石根《そこついはね》に宮柱太しり、高天の原に氷木《ひき》高しりて治め賜はば、僕《あ》は百足《ももた》らず八十坰手《やそくまで》に隠《かく》りて侍《さもら》ひなむ」と鎮まるのである。

このことについて二点注目したいことがある。一つはこの神の存在形式である。「天の御巣」というように神社を神の住居と見る観想がうかがい得るが、社の形式として豪族の住居を写したかどうかは別にして、神が鎮まる為には大地に定住しなくてはならぬことをそれは意味している。そして大地深く立てられた柱と天高くかかげられた氷木（千木）によって天地の間を秩序づけながら定位するのであるから、定住といっても尋常ではない。すなわち神はここに定位しながら「八十坰手」（多くの物陰）を通じ

図2　住吉大社本殿

て根の国底の国という別の場所に住うのである。そして実はこのような存在形式は大国主の神にかぎらず、むしろ神の一般的形式なのである。何故ならば、宮柱や千木についての前述の表現はここでも常套句化されていて、且つそれに続く「天《あめ》の御翳《みかげ》、日の御翳と定めまつりて（隠りまして）」（延喜式祝詞）なる皇神《すめらがみ》等の存在形式の表現にうかがうことができるからである。つまり神々は家の内、屋根の下の蔭に隠れ、隠れることによって「天地の寄り合ひの極《きはみ》」、「天の壁《かき》立つ極み、国の退《そ》き立つ限り」と拡がるのである。柱と千木によって定位することによって、その場所を超えるあり方を構成する。

注目したいもう一つの点は、柱を「底津石根に太しる」の「しる」なる表現である。この言葉は「宮柱太敷き座《いま》し」とあるから敷くと解されるが、しかし「しる」は本来占有するを、又知るを意味するが、知るとは又占いによって知ることが原義であってみれば、占有にも呪的意味をこめなくてはならぬだろう。したがってこの柱は占有の徴表《しるし》を意味するのであって、そして「しる」の派生語である。この「しるし」は隠れた部分を現われた部分で表示するという構造をもつが、やはり呪的構造でなくてはならぬだろう。

この様なしるしに柱がなりうるということは、事物的形状によるということを越えて、樹木の生長力の信仰なる前史に負うこと大であろう。この神聖視の事例は多くを数えうるが、例えば雄略紀の秦《はた》の酒の公《きみ》の記事にある「栄枝《さかへ》を五百《いほ》経《ふ》る懸《か》」ける習俗、すなわち新築の家の柱にこの木の枝をかけ、植物の生命力を感染させる習俗にも充分うかがえるものである。つまりこういう神聖視が柱をして呪物だと観想させたのであろう。そうであるから現われた部分と隠れた部分の呪的関係を柱によって構成しえたのであろうし、このことはさらに先に注目した神々の存在形式、定位しながら、同時にそこを超えてある在り方も、結局このようなしるしとしての柱の秩序に負うているという考えを導く。これはしかし柳田国男が「日本の祭」の中でいうように、祭に必ず立てられる木、神霊の憑り代と考えられる神木を思い浮べるだけで充分であろう。

さて思わず柱を介して神々の問題に偏向したようであるが、しかしそれは万葉人の住居観、今は家長の御心の鎮まりとしての柱の考察にとって無駄なことではない。何故ならば両者の中に興味深い一致を見出しうるからである。

3

雪をおきて梅をな恋ひそあしひきの山片付《かたつ》きて家居《いへゐ》せる君（『万葉集』巻第十）

自然の中に家を定めることによって、定住することによって家を通じて家人はかくの如く自然との関連を生きるのである。家が属する秩序はしかし単にこのように自然のそれではないことは充分予想の及ぶところである。「讃めてつくれる」真木柱のように、その秩序は建設に伴なう習俗によって明確に見てとることができるからである。すなわち敷地の選択、家地《いへどころ》の卜定や地鎮《ところしずめ》や斎人が斎鉏《いみすき》で垣や建物の四角の柱穴を掘る習俗に明らかなように、周囲の諸場所と呪術宗教的関連を設定する。

宅地の選定に卜占をするということは、建物の定位に際してその選定を超えたものに委ねることを意味している。神社の場合は夢等を通じて神が意志を表明するのだが、例えば天照大神が倭姫命を杖代として地求《ところま》ぎをするが、最終的に伊勢への選定を神自らするようにである。宮殿については敏達紀に「卜部《うらべ》に命《みことのり》して海部王の家地と絲井王の家地とを占ふ。卜へるに便《すなはち》ち襲《よ》吉し」として幸玉宮《さきたま》を卜定するのであり、又平城京や平安京の都定めにも、地相の判定等卜占が伴なうことが続日本紀に詳しく見える。これらの卜占には鹿の肩骨や亀甲を焼く鹿卜や亀卜の外に、その場所の土魂《つちくれ》による場合もあったようである。そして播磨風土記には馬に酒瓶をつけて家地を求める話が見えるが、この呪物としての瓶も又卜定に供せられたのであろう。

かくして定められた家所《いえどころ》に住居を立てるが、その前に地鎮《ところしずめ》が行なわれる。資料は少し新しくなるが、平安時代の貴族の住居形式である寝殿造りの場合や大嘗宮（天皇の即位後最初の新嘗の日、大極殿の中に営なまれる神殿）に明示されている。一般の住居についても同様であっただろう。要するに材木や萱を刈る際その山野を占める神々、山口神や野神を祭るが、そこには霊的秩序の変化に対する贖い観念が見られるが、それと同様な観念で屋敷神や産土神を祭るのである。そうであるから引きつづき行なわれる建設の、初発の行為は斎まれなくてはならぬ。すなわち垣や建物の四角《すみ》の柱穴を斎んでつくられた鉏でもって斎人が掘らなくてはならぬのである。

そして新築の後の新室寿ぎが続くのである。宮殿のみならず寝殿造りの室寿詞である大殿祭祝詞《おほとののほがひ》の中の「大宮地《おおみやどころ》の底つ磐《いは》ねの極《きは》み、下つ綱ね這《は》ふ虫の禍《わざはひ》なく、高天の原は青雲の靄《たなび》く極み、血垂《ちだ》り飛ぶ鳥の禍ひなく」なる表現は単に上下方向の表現とも思われるが、前述の宮柱と千木の在り方に照らすとき、そこには根の国にも高天の原にも鎮めが及ぶことによって禍いのない状態を予祝しているのだということが見出される。

柱によって鎮められる心は、当時既にしてある魂との区別の曖昧さを思えば魂と解される心であろうし、又心身二元論の当時の一般化を思えば、身となった柱に於いて、家長なり家人なりの魂が鎮まっているのであろう。そしてその魂は、大地や樹木や又景観にひそむ神々や精霊達と、それが同一の霊的存在であるがゆえに、或る神的、霊的秩序を結ぶのであろうし、又さらに底つ国や高天の原とこの柱のある場所が或る関係を、すなわち宇宙的秩序を結ぶことによって鎮まるのであろう。その秩序の確固たる設立こそ鎮まりの表現ということになろう。そうであるからこそ、柱は太く、磐《いは》ねの土にしっかり立てられねばならぬし、そうすることによって磐ねの堅固なイメージを太さに於いて柱の中に現出させねばならぬのであろう。又柱の高さは樹木の成長力の上昇イメージとかさなって、具体的には家屋文鏡にある千木や又勝男木となって高まらねばならぬのであろう。（しかし実際これらのイメージがどういう住居の形式に結実したかという問題の検討は別の機会にゆずらねばならぬ）。

さてかくして天地のここに定位され、神的秩序の中に鎮められた魂はしかしむき出しのままでは勿論ない。身となった柱に鎮まる心なる観想は、すでにして家の中にある人々の象徴的なそれであるように、魂は、人々は何かの中に隠れなくてはならぬ。何かとは勿論屋根であり、壁であるわけだが、したがってそれは顕宗紀の室寿詞にあるように堅固で豊かでととのっていなくてはならず、「千尋栲縄《ちひろたくなは》持ちて、百《もも》結びに結び、八十《やそ》結びに結び下げ」なくてはならぬのである。しかしながらこのようにして隠れる人々は隠れることによって、鎮まる以外にどのようなあり方をとるのであろうか。その時の住居観想はどのようなものであろうか。

（未完）

［一九七四年］

敷栲《シキタヘ》の家その二

万葉人が住居についてどんな観想を懐いているかということについて、前回では柱を立てるという行為を中心に見ていったのであるが、つまりそのことによって家長《イヘノキミ》の(心)魂が多神的秩序である天と地の中に秩序づけられ、鎮められるのだと、したがって「家居《イヘイ》」していることとは鎮まっていることだということを示したが、今回はこの鎮まっていることと密接に関連する隠《コモ》るという様態を考察して、万葉人の住居観を明らかにしていこう。

4

八雲立《ヤクモタ》つ　出雲八重垣《イズモヤヘガキ》　妻ごみに　八重垣作る　その八重垣を

この歌謡は紀記によればスサノオノ命が新妻の為に作った須賀《スガ》の宮を讃える歌として登場するが、元来は結婚の際の新室《ニヒムロ》寿ぎの歌として一般的に歌われたものであろうといわれている。垣で囲って隠る妻の安全と繁栄を住居の象徴としての垣を讃えることによって、つまり幾重にも囲っている状態を讃えることによって妻の、又両人の生活を予祝しているのである。ここに窺える、住居を隠る為のもの、隠り屋と把える観想は普通当時の婚姻形態、夫が妻のもとに通う通い婚に起因するといわれる、妻は家に隠って夫を待つという形態によると。しかしながらこの隠り屋としての住居観は単にこのような婚姻形態によるだけではなく、実は古代人にとっては生死にも係る或る深い理由によるのである。

この理由を我々は彼等の習俗を追うことによって解明することにしよう。さてこの通い婚にあっては夫が通うといっても、かならずしも期待通りには行かず、そこで妻は様々なことをして呼びよせようとする。その中に次のような習俗がある。

敷栲の袖かへし君玉垂《タマダ》れの越野《ツチノ》過ぎゆくまた逢めやも（『万葉集』巻第二）

ここだくに思ひけめかも敷栲の枕片去る夢にみえける（『万葉集』巻第四）

妻の命の衣手の別れし時よねはたま夜床片さり（『万葉集』巻第十八）

「袖かへし」（衾である上掛けの片袖を折って裏返すこと）「枕片去る」「夜片去る」（枕や寝床の片一方をあけて寝ること）ことをすれば、夫を招き寄せうるのだということをこれらの歌はそれぞれ示している。これらの行為は全て共寝か、その準備の仕草であり、そうすることによって後に全く同じ、しかも目的にかなった仕草が実現しうると考えているのであるから、この行為は呪術だということになる。こういう呪術によって夫を招き寄せようとするわけである。

しかしこのような呪術でも及ばぬ事態も大いにありうるのであって、例えば夫が旅にある場合がそうである。

梳《クシ》も見じ屋中《ヤヌチ》も掃かじ草枕旅行く君を斎《イハ》ふと思ひて（万葉集巻第十九）

この歌は、頭髪も梳かない、家の中の掃除もしない、そして旅路にある夫の無事を祈り、祭るのである。この頭髪を梳かないという行為は魏志倭人伝（二～三世紀の日本に関する魏の文献）の中にすでに記載されてあって、訪魏の一行の中にそうする人が一人いるといい、それは又喪中の人の姿であるというのである。そしてそれは、生前の人との関係を少しでも変えればもはやその人はよみがえらないと観念して、そのように物忌みするのだと解されるのであるから、この場合も又旅先の夫が無事であるためにはその夫との関係を示す一切の物の変化を忌むわけで、掃除もしないのである。それほど彼等は旅を危険視していたのである。それは一つには当時の社会が閉鎖的であることによるのであって、そういう地域を旅することは餓死の危険に脅やかされるからである。又一つには先回柱について述べたことから解るように、古代人は家に、又故郷に有機的に結びついていることによるのである。旅に出ることはその関係を絶つことを意味し、極めて不安な気分の中に彼等はあったのである。いずれにしろ、妻は夫との再会が極めて期待しにくいのであるから厳しい物忌み生活に入るのであって、当然そこには外との関係を絶って家の中に忌み隠る行為が見られたことであろう。

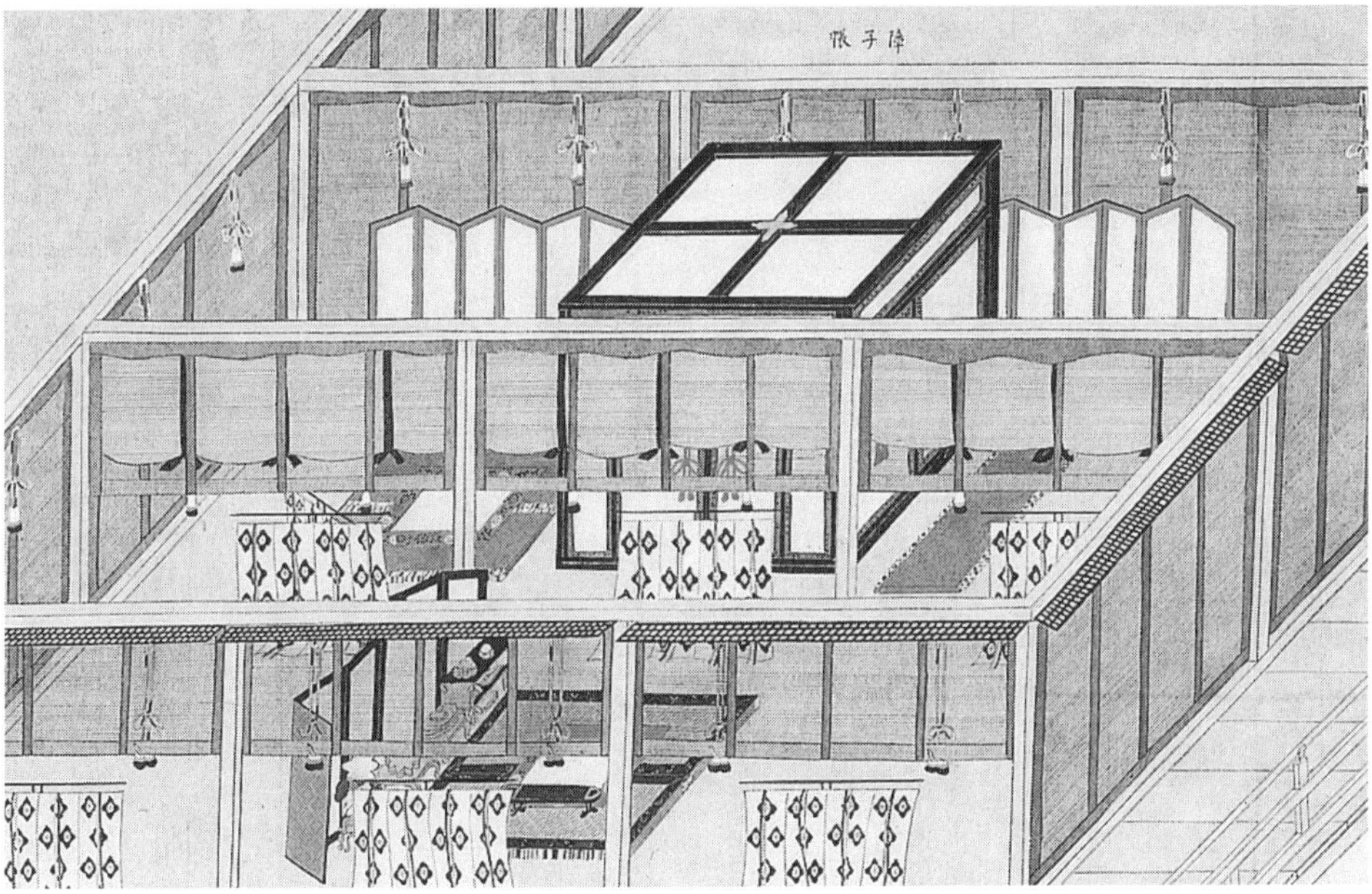

図3　帳台（寝殿の中に置かれる坐臥の具）

このような物忌み生活を旅先の夫も又望んでいる。「帰りこむぞ我が畳ゆめ、言《コト》をこそ畳と言め、我が妻はゆめ」（允恭記）、妻よわが畳（自分達の寝床のこと）を忌んでくれ、言葉では畳といっているが、妻よ貴方自身が物忌みしてくれというのである。ここにいう「わが畳ゆめ」という床に関する習俗の具体相を示す一例として次のようなものがある。

明日よりはわが玉床をうち払ひ君とはい寝ず独《ヒト》りかも寝む

（『万葉集』巻第十）

これには他に「真袖もち床うち払ひ」（巻第十一）とあって、この呪術は袖という呪物でもって床なる場所を浄めること、そうすることで思う人を招く呪術とも解釈しうるが、先述の「屋中も掃か」ない習俗と矛盾するのであって、発生的には折口信夫の卓説に従うべきであろう。すなわち古代人は家をはなれても「郷家の寝床に我が魂の一部は分離して留まるものと信じていた」という説である。したがって袖で床を払うという呪術は床にある分魂を袖でもって鎮魂《タマフリ》することであって、そのことによって夫の安全や再会が期待しうるのだと解釈されるのである。

このような解釈は次に示す習俗を通じて万葉人の住居観を解明する方途を開いてくれる。その習俗とは、床辺（或いは枕辺）に斎瓮《イハヒベ》をするゑて、妻が夫の、母親が子供の安全無事を神々に乞《コ》ひ祈《ノソ》む習俗である。斎瓮とは神聖な瓮《ミカ》つまりかめのことであるが、瓮がこのように床の傍にするゑられる事例は万葉集の中に三歌ある。しかし同じような状況、つまり夫や子の安全を神々に乞ひ祈むのに斎瓮をするゑる事例は五つあって、又後に触れるように乞ひ祈む女性の姿恰好が共通するのが二つあって、これらはかならずしも全てが床の辺での斎ひではないにしても、この習俗の一般性が窺えるのである。

さて続いて論旨を追って行く前に、ちょっとここで当時の床《トコ》について概観しておこう。トコという言葉は古語では普通寝床を意味していて、平たく台状になった場所をいうのである。もう一つの訓ユカは現在は建物のうちでおよそ歩きうる水平部分をさすのであるが、しかし古くは管見によれば移動可能な台、つまり寝台をさしているようで、トコなる呼称はしたがってこのユカの意味も含んでいるようである。そこでトコとしての床であるが、当時の住居は前回指摘したように、中央、地方を問わず同一宅地内の家屋の主屋にのみ板敷がもちいられ、他の家屋は土間式が普通であるが、それぞれに応じてトコもいくらかは異なろう。まず土間式の場合であるが、床は土間式といってもいきなり土の上にねるのではない。山上憶良の貧窮問答には「直土《ヒタツチ》に藁解き敷きて」とあるが、それは貧弱な状態で、床ではなくて床に似たもの「床じもの」という仮なものでそれはある。普通は大嘗祭の正殿の床のように、まず土間に束草を敷き、その上に播磨簀（席《ムシロ》の下級品）、さらに席、畳と上にのせて床を設けるのであろう。住居の床はさらに敷栲をのせ、掛布団である衾を加えるのである。一方床《ユカ》が板で敷かれた板敷の場合はこの土間式の席より上の部分を板敷の上に置く、つまり土代《ツチシロ》といわれる席の上にこの部分を敷いたのであろう。

ここで当時の寝床について或る程度のイメージを持つことができたので、我々の主題に、すなわち斎瓮と床についての習俗にもどることにしよう。しかるにこの習俗は今迄以上に厳しい物忌みのようである。だから例えば次の「石田王《イハタノオオキミ》の卒《ミマカ》りし時、丹生《ニフノ》王《オホキミ》の作る歌一首」にあるよう、死をまぬがれうる最良の呪術なのであろうが、それにもかかわらず、

わが屋戸《ヤド》に御諸《ミモロ》を立てて　枕辺に斎瓮をするゑ　竹玉を間なく貫《ヌ》き垂り　木綿襷《ユフタスキ》かひなに懸けて　天にある左佐羅《ササラ》の小野の七《ナナ》小菅《コスゲ》　手に取り持ちて　ひさかたの天の川原に出で立ちて　潔身《ミソギ》てましを　高山の巖の上に座せるかも（『万葉集』巻第三）

というのである。ここでは妻が、そして母親がミソギによって身を潔め、木綿《ユフ》の襷を腕にかけ、手には七小菅を持って、他の歌では両手に木綿と和細布《ニタヘ》とを持って天神地祇《アマツカミタニツカミ》に祈るのである。それは正に神人の、巫女の姿に外ならない。先述の折口説によれば、寝床に分魂があるのだが、この習俗に於いては右の歌より明らかなように床が神域に、神座《カミクラ》になっているのだから、その場

所は正に分魂という非日常的在り方にこそふさわしい場所であるということができよう。しかるにこの様に魂の聖なる在り所となった床は、先回述べた立柱によって構成された家長の（心）魂の鎮まり所としての住居なる観念と、片や家長の不在による物忌みと片や新嘗や正月の物忌みとを介して、対応していることをここに強調しなくてはならぬ。

5

物忌みには外部との接触を絶って忌み隠ることが伴なうから、その際住居の空間は室《ムロ》、周りが閉じられた空間として把握されるであろう。そこで最後にこのような空間がその内部に置れてある斎瓮と呼応して或る深い意味をもつことを見ることにしよう。この事に関して大変興味深い資料がある。それは出雲国造神賀詞《カムホムギノヨゴト》（新任の出雲国造が一年の物忌みの後上洛して皇神《スメラカミ》を寿ぐ詞）の中の次なる言葉である。「いづの真屋《マヤ》に麁草《アラクサ》をいづの席《ムシロ》と苅り敷きて、いつへ黒益《クロマ》し、天の瓺《ミカ》わに斎《イ》み籠《コモ》りて、しづ宮に忌ひ静め仕えまつりて、朝日の豊栄登《トヨサカノボ》りに、斎《イハ》ひの返事《カヘリゴト》の神賀《カムホギ》の吉詞《ヨゴト》、奉《マヲ》したまはく」。「いつへ」は厳瓮であろうし、「瓺《ミカ》わ」の「わ」は接尾語であるから、この二語は共にかめをさしており、又「いづの真屋」（厳真屋）、「しづ宮」は忌み隠り屋を指しており、そうしてこの室的な建物の中に隠るのであり、それは又かめの中に隠ることであるというのである。忌みが明ければ、「豊栄登り」というように生命は充実し、生々となるのである。しかるに実際にかめの中に忌み隠るということはないであろうから、室的空間とかめとが一つの尋常ならざる意味を介して呼応している事態を示している。

そこでまず瓮から見ていくことにしよう。瓮は普通酒の器をさしているが、それは又国堺の坂にうめられて堺のしるしになったり、宅地さがしに持参されたりして大地に関連して観想される例がいくつかある。又瓮の名を冠した女神があって、中には「祝《ハフリ》」という巫女的な「甕依姫《ミカヨリヒメ》」があり、大地との関連を思えば、かめには何か地母神的なニュアンスのあることが気づかされる。

このような地母神的意味は、形態としては室である洞窟の場合にははっきりと見てとることができる。このことについては西郷信綱の「古代人の夢」の中でほとんど云い尽されていて何にも付け加えることはないが、要するに例えば出雲国風土記の加賀の里の窟《イヤハ》はその中に社をかまえるキサカジヒメノ命より佐多の神が生誕した所と考えられたり、他の窟が黄泉《ヨミ》の坂、黄泉の穴ととらえられたりすることに於いて、黄泉の坂の彼方に措定される黄泉の国は単なる死者の国としてではなく、根の国として、すなわち母性的なる妣《ハハ》の国、根源的豊饒の国であるということである。すなわち洞窟は生と死の宇宙的秩序の象徴であるというのである。

そしてこの中に隠る際体験する闇は、天照大神の天窟戸《アメノイハト》隠りの闇のように「万《ヨロズ》の神」「万の妖《ワザワヒ》」が満ちるような或る生命的な闇のようであろうし、その状態は天孫降臨前の地上の表現（但しこの場合は昼夜の区別は既存している）にほぼ同じであるから、この闇は宇宙開闢前の、秩序以前の、また生以前の原初的闇ということになろう。そして洞窟の空間形態が室《ムロ》ということを共有する建物に於いても同じ闇が存立すると思われるが、実際我々は大殿祭《オオトノホガヒ》祝詞の中にその体験を見ることができる。すなわち「御床つひのささやき、夜目のいすすき、いづつき事なく、平らけく安らけく護りまつる神の御名（後略）」がそれである。大殿祭は新築や引越しやその他の祭祀に際して家屋の神を鎮魂する祭りであるが、ここに抜萃したそれは、その際の祝詞の一部であるが、御床の魂が騒ぐこと、夜間の目があちこち見ることがおそろしくないようにと、正に闇を霊威の満ちたものととらえるそれは原初的闇の体験といって良いであろう。

したがって先述の習俗に示された、家に隠って分魂を鎮魂する妻や母親はこの闇を体験することはほぼ確かなことであろう。大殿祭祝詞の「御床つひ」がこの習俗の分魂と呼応を示しているが、これらの霊魂は自分のあり所をたとえ床に、先述のように神域としての床に求めようとも、そこは原初的闇の中での床であらねばならぬであろう。このような闇であるからこそ、分魂というような特異なあり方が可能であったというべきであろう。そしてその際、かめは魂の器であるとはいはぬまでも（このことを示す事例はないわけではない、例えば常陸国風土記）、その空間的形状は先に見たように地母神的室の様相が濃いのであるから、隠り屋の室と呼応して、その住居の原初性を、生的な闇を増々強めるという働きをするのであろう。

しかるにそれは先述のように秩序前であるから邪霊の活動も当然予想しなくてはならず、又何かの理由でこの闇自体が破壊される危険もあるであろう。増々物忌みを厳しくし、天神地祇を祈むということになろう。また建物についても同様な配慮が見られるのである。すなわち先述の八重垣の新婚屋は「久美度《クミド》」「奇御戸《クミド》」、組んでつくられた屋と言っているが、柱や梁を縄で結んでつくられるこの組み戸は「百結《モモ》びに結び、八十《ヤソ》結びに結び下げ」るというように、堅固につくられてあるだけではなく、結ぶという呪力によって厳屋《イカシヤ》、威力ある建物であるのである。それ故忌み明けには神賀詞の「豊栄登り」とあるように、魂は活力を得て再生として現われるのであって、したがって旅人の無事の帰還も正に再生としてとらえていたのではないだろうか。

しかしいずれにしろ我々はここに万葉人にとっての住居の根源的な意味に達することができた。すなわち生死や宇宙的秩序の手前の原初的闇として、生の揺籃として、住居は体験されていたのである。

（完）

［一九七四年］

売上カード

中央公論美術出版

FAX 03-3561-5834

すまいの現象学 玉腰芳夫建築論集

玉腰芳夫建築論集編集委員会 編

ISBN 978-4-8055-0681-3 C3052 ¥35000E

定価36,750円（5%税込）
本体35,000円

瓮のイメージ——場所の研究

現象的空間とは意識の世界への係りの形式であってみれば、この空間に於いて世界の意味を見出し得る。例へばO. F. Bollnow(1)の囲われた空間はそこに世界の被護性を示すというようにである。私は以前古代の家を論究(2)して次のような習俗を指摘した。大や子が旅路や病にある時妻や母は家に忌み隠り、床辺に斎瓮《イハヒベ》をすゑ置いて彼等の無事を天地に神祇に乞ひ祈む習俗であり、それは床にのこされた彼等の分魂を妻や母が神人と化して鎮魂する観想にもとづくものであると。床が柱の象徴的定位を介してのアリストテレス的場所であることや又忌み隠りなる態度にこの習俗がもとづくことは明らかである。ここではこの習俗を特に忌み隠りの示す空間、すなわち室の意味に接合することで一般化し、その意味を瓮が体現する状況を指摘しようと思う。

さて瓮は新撰字鏡によれば甕、甄、甗と同じくミカと訓まれ、それはかめである。かめは何にかの容器、ここでは酒の容器とも解される。しかしかめについては別に大地に関する事例をいくつか数えることができる。例へば播磨国風土記に甕を坂に埋めて丹波と播磨の国の堺にする話をのせ、記紀にも又坂に忌瓮を居える記事があり、「丸邇坂に忌瓮を置《ス》えて罷《マカ》り往きき」とか、針間の氷の河を前にして吉備国を言向け和すためにそうするとかである。又家地《イヘドコロ》をさがし求めるに瓶を馬の尻につける話(播磨国風土記)、瓮に触れることによって天に昇れなかった神の子の物語(常陸国風土記)等である。すなわち大地に係っての場所性を共通項と見出すことができる。かめは又忌瓮、巌瓮《イツヘ》とあって憑り代と解し得ることを先述の小論で指摘したが、筑後国風土記にその例を見出しうる。すなわち「筑紫君等が祖甕依姫《ミカヨリヒメ》を祝《ハフリ》となして祭りき」とあり、この甕依姫は玉依姫と同じく憑り代と解される。このことは一般に憑り代自体が神に変りうる事情を考慮すれば、すなわち天瓺津日女《アメノミカツヒメ》の命とか天御梶日女《アメノミカジヒメ》の命(出雲国、尾張国風土記)とか武甕槌神(紀)とか瓮の神格化の事実によっても納得される。

ここで次なる出雲国造神賀詞を注視しよう。「〈前略〉いづの真屋に麁草《アラクサ》をいづの席《ムシロ》と苅り敷きて、いつへ黒益《クロマ》し、天の𤭖《ミカ》わに斎み籠《コモ》りて、しづ宮に忌ひ静め仕えまつりて、朝日の豊栄《トヨサカ》登りに、斎《イハ》ひの返事《カヘリゴト》の神賀《カムホギ》の吉詞《ヨゴト》、奏《マヲ》したまわく〈後略〉」。「いつへ」はこの場合竈をさす。又「𤭖わ」の「わ」は接尾語であるから、それはかめである。このかめは「斎み籠」まれるのであるから、尋常なそれではない。しかし籠られるかめは二様に解される。すなわち眼前の瓮に想像的に住ひ込んでいるとも、又現象的には室であるこの「真屋」（切妻屋）に、「しづの宮」に一年の長きにわたって斎み隠る、その室を瓮なるイメージとして把握しているとも解しうるのである。しかるに忌み隠りをこの習俗と共通の性質とする斎宮や斎院の鎮料、秡料の中に、延喜式に見るかぎりでは、ほとんど全てに𤭖《カメ》を見出しうるのであるから、その場面での𤭖の存在は確かであろう。したがってこの「しづ宮」の状況は、忌み隠りを、すなわち室なる現象的空間形式を介して、そしてその形式に支えられたる尋常ならざる意味を介して、「しづ宮」と「𤭖わ」が響き合っている状況といえよう。(注)

〔注〕忌み隠りにはこの神賀詞にあるように再生のイメージが伴うものである。

室と瓮の響き合う事例を前にして、室とは単なる囲んでいる事物ではないことを確認することは無駄ではなかろう。すなわちそこに住ひ込んでいるのでなくてはならぬと。G. Bachelard が夢想の棲家として住居を、洞窟を、ミニチアをあげるのも、正にそのような形式で世界の特異な意味を生きているからである。そして西郷信綱氏は「古代人と夢」に於いてすぐれて洞窟論を展開する。誤解を恐れずこの論究に関連する箇所を要約すれば、まず「室」は「窟《ムロ》」に、すなわち洞窟に適用するといい、そして洞窟には勿論住居の意味があるが、さらに墳墓と聖所の意味が重層しているという。すなわち出雲国風土記宇賀の里の窟戸《イハト》が黄泉の坂、黄泉の穴と号《ナツ》けられることに於いて死が、同じく加賀の里の窟《イハヤ》がそこに社をかまえる枳佐加地売《キサカジメ》の命より佐太の神の誕生したところであることに於いて生が、そして黄泉の坂の彼方に措定される黄泉の国は、単に死者の国ではなく、言葉の示す通りの正に生をも含む根の国として、すなわち砒《ハハ》の国、根源的豊饒の国であることが示され、洞窟は、死と生の宇宙的秩序の意味を体現していることの指摘である。このような洞窟内の状態はおそらく次のような闇であろう。すなわち天照大神の云はゆる天岩屋戸隠れの際「高天の原皆暗《クラ》く、葦原中国悉《コトゴト》に闇《クラ》」（記上巻）のように暗いのであるが、続けて「万《ヨロヅ》の神の声《コヘ》は、狭蝿《サバヘ》那須満《ナスミ》ち、万の妖《ワザハヒ》悉に発《オコ》る」と記すような生命的な闇である。それは洞窟の示す根源的豊饒さに対応するものであり、そしてこの状態は天孫降臨前の葦原中国の記述にほぼ同じであることを思えばこの闇のイメージは豊饒さを内包する原初的闇であるといいえよう。そうであれば光の発生は秩序の確立ということになるが、次の事例はそれを証拠立てると同時に力の幾分かをこの闇に負うていることを示している。すなわち先述の加賀里の窟は佐太大神の生誕に際して父親の象徴である金の弓箭《ユミヤ》を母親が射通すことによって穴が出来、光りかが明《ヤ》いたという。生誕ということで闇に命を得ながら光に於いて宇宙的秩序を確立しているのである。他の窟についても風土記はいちいち口（又は窓）(3)に言及しているのもこのことを裏づけよう。

一方又住居についても原初的闇を彷彿させる言及がある。延喜式大殿祭祝詞である。「〈前略〉御床つひのささやき、夜目のいすすき、いづつき事なく、平らけく安らけく護りまつる神の御名〈後略〉」である。大殿祭は新築や引越しやその他重要な祭祀に際して主として住居の家居の神を鎮魂する祭りで、宮廷や公家の間で行なわれたものである。ここに抜粋した祝詞は御床の神霊が鎮まらずぼそぼそ云うとか、夜間の目がうろうろし邪視することのないようにというのであるから、家屋の神はこのような霊威の満ちた原初的闇に対処しなくてはならぬわけである。さてここで我々の当の習俗、すなわち夫や子の分魂を守って家内に忌み隠る妻や母親、そしてその際の家と瓮の空間の論究に立帰って以上の考察をもとにして一つの解釈を試みることにする。但し上述の考察は当の習俗に直接関連させるのではなく、解釈の可能性を示すものと受取られるべきである。まず妻や母が忌み隠るという尋常ならざる態度に対応する室は霊威に満ちた空間、原初的闇でありうるということである。そうであればしかし邪霊の活動や闇自体の破壊を予想しなくてはならず、それ故彼女等は益々忌まねばならず、天神地祇を乞い祈まねばならぬのであろう。しかしかようにあえて危機的状況を構成せねばならぬ因はむしろ旅や病気で分魂を家に、床にのこさねばならぬことにある。したがって分魂は弱いから外界から隔離されねばならぬのではなく、床を含む原初的闇こそ分魂というあり方にふさわしいと、又闇自身は危機に満ちたものと解すべきであろう。或いは自己の危機をそのような形で生きぬくと解すべきであろう。

そのような解釈は常陸国風土記の茨城里の話や書紀の大物主神の話しを憶い出させる。共に蛇なる姿をとる神についての話で、前者は姓名を知らぬ人の求婚をうけて生れた蛇を壇の上の浄き杯に安置するが、一夜毎に大きくなる故にその都度次々と大きな瓮に安置する、後者は妻に自分の姿を見せるに大物主神は櫛笥の中に小蛇となる話である。それは共に神霊とその住居である器との事情をよく示している。又前者の蛇は夜のみ母と話しをし、後者も又夜は普通の人であるのであるから、共に夜の闇で常態で生きる神を示している。これは我々の習俗の分魂について、蛇なる小さき身体をとる神々との対比を介して瓮が分魂の住居とのイメージを成立させ、そして瓮が単に置かれるだけでなく「掘りすゑる」事例があり、又瓮に「竹珠をしじに貫き垂」れ「木綿《ユフ》」をとりつける事例があり、それは瓮が柱のように大地に場所を構成し、且つ憑り代であることを示してこのイメージを裏づけするにしても（住居のミニチア的再構成であって、上述の瓮の一般的考察に照らしてありうる事象にしても）但し旅路にあって別れている二人が、又神々とさえも夢や呪術で交ひうると信じる彼等は、先述の闇と蛇の姿をとらない神を思うとき、原初的闇を共々に生きているというべきであって、且つ危機にさらされた闇を生きねばならぬであろう。したがって室と瓮との関係はさほど単純ではないだろう。すなわち斎瓮に住ひ込むことに於いて瓮のイメージを生きる彼女とは瓮が分魂の住居となりうる以前に、床なる固有の場所に生死の手前の霊威にみちる固有の原初的闇を構成し生きねばならず、その同じ構成形式である室的形式に着目し（それは既にして秩序志向であるが）、すなわちBachelardの云うミニチュアを生きることによって強化される内密さと大地の場所性に準拠し、瓮の呪物視と神々によって分魂を鎮魂するのであろうし、そしてそのことが又原初的闇の室に響き合うのではなかろうか。そうであれば瓮を生きるとはまことにparadoxicalな生き方であるといわねばならぬであろう。

［一九七四年］

注

1　O. F. Bollnow, *Neue Geborgenheit.*（O．F．ボルノウ『実存主義克服の問題　新しい被護性』須田秀幸訳、未來社、二〇〇八）。

2　「古代の家――場所の研究」論文報告集第一九八号、昭四七・八［本書第一部第二章第一節］。

3　天孫降臨の際同伴する「天石戸別の神、亦の名を櫛石窓神《マド》」、豊石窓神、御門の神も降臨が正に秩序の確立であってみれば、室の秩序化の神的、建築的秩序化にとって意義深い。

古代住居における場所 Ort の問題

まえがき

『万葉集』巻第一七、一八、一九には大伴家持が越中守として赴任している際の歌が多くあって、当時の国府での生活ぶりがうかがえて興味深い。家持もしばしば訪問する久米朝臣広縄《ヒロノリ》の館は『万葉集』四二〇七に「谷片就《カタツ》きて」とあるように、谷を臨む位置にある。しかし、ここで注目したいのは、その句に続く「家居せる君」なる表現である。それは、結論的に云えば、家という事物をもって谷近なる景観のうちに居ることにおいて人が居る、つまりは、事物を介しての場所の構成を踏まえての表現と思われるからである。

Gestalt 心理学では地理的空間から心理・行動的空間が区別され、後者が生活空間に該当するとし、或いは場 field なる時間空間を包括する概念が提示されている。しかし、それとてすでに対象化されたものであって、真に生きることにおける空間、すなわち、対象化されつつ同時にその手もとで機能している空間についての反省はみられない。つとに生きられる空間 l'espace vécu と E. Minkowski が定言している当のものだが、この空間概念は誤解されやすい。例えば、経験される空間と平坦的に同一視されてしまって、この概念がそもそも提示した反省の溯源的領野、つまりは生きられる反省という本来的な領野が欠落しがちである。空間研究はすべからくその現実態である場所 Ort を、先の表現で云えば「家居」を基盤にすべきだとして、建築の反省的研究を試みる筆者の研究が歴史地理学の概念形成の、あるいは領野の反省にどれほど寄与しうるかは甚だ心許無いが、いまはただ古代住居についての考察の一端を紹介するに留めたい。

神々の住居

大国主の神は葦原中つ国を天照大神に譲る際、次のように云う。自分の住居を「天《アメ》の御巣如《ミスナ》して」、つまりは天神の住居のように「底津石根《ソコツイワネ》に宮柱《ミヤバシラ》太しり、高天の原に氷木《ヒギ》高しりて治め賜はば僕《ア》は百足《モモタラ》らず八十坰手《ヤソクマデ》に隠りて侍《サモラ》ひなむ」（『紀』）と。この宮柱、氷木《ヒギ》（千木）についての観想は『紀・記』以外にも『万葉集』や『延喜式祝詞』に散見されて一般的なものと云えるが、いま問題にしたいのは住居のあり方と建築に際しての場所についてである。「しる」という言葉は元来、占有することを意味するが、宮柱と千木において占有する。何を占有するかと云えば、「底津石根」であり「高天の原」である。これは天地の象徴的表現と解しておいてよかろうから、神々の住居とは天と地を占有して、或いは天と地の間に張られた、一言で云えば、宇宙的秩序である。天と地の間とは、例えば、「天地の寄り合ひの極《キハミ》」とか「天の壁《カキ》立つ極み、国の退き立つ限り」（『延喜式祝詞』）とかに見られるものであって、ようするに、神々の住居はその社《ヤシロ》を超えた宇宙的秩序の中にある。しかも、大国主の神はその秩序の中に「隠《カク》」れる。この隠れる在り方は何にも大国主の神が天照大神に国を譲るからそうするのではなく、『延喜式祝詞』にあるように「天《アメ》の御翳《ミカゲ》、日《ヒ》の御翳と定まつりて（隠りまして）」であって、一般に隠れてある。筆者は、この定められた建物と宇宙的拡がりとを隠れることで支えるそれを場所と名付けようと思う。この定義はM. Heideggerが『Die Kunst und Raum』の中で述べている場所Ortのそれに重なるからでもある。Heideggerの場所論に深入りするのは避けて、ただその帰結についてここでの問題に合わせて述べれば、宮柱や千木なる事物において場所を設定するが、それは宇宙を開き、それに秩序づけられた自由な拡がりein Freiesを集めるのである。

人の住居

この神々の場所性は人のそれを拡大した形で垣間見させるものがある。『顕宗紀』にある「築き立つる　稚室葛根《ワカムロカスネ》　築き立つる柱は此の家長《イヘノキミ》の　御心の鎮《シズマ》りなり。取り挙ぐる棟梁《ムネウツハリ》は此の家長《イヘノキミ》の　御心の林なり。〈下略〉」なる新嘗屋の新室寿詞《ニヒムロホキウタ》に見られるものをである。これは、新春、各戸を訪れて家々の繁栄を予祝するマレビトの唱える呪言であると解される。家人と家のあり方が重なっていて、家を通じて家人に影響力が及ぶと云うのである。その内容にはなるほど天地への直接的言及は見出せないが、地鎮祭等建立に関する祭祀などの習俗に照してそれは天地に開かれていると云いうる。いまは柱についての「御心の鎮りなり」のみに着目する。「御心」は身心二元論の心であるとするとして、「鎮り」はさきの神の隠れに該当しよう。大国主の神の国譲りに見られるように、神の隠れは鎮まりであり、しかも文脈から解るように、それは宇宙的秩序の確立である。したがって、この「御心の鎮り」はまさに場所が柱に於いて建立されていることを示すと見なしえよう。柱がそのような象徴的意味を示す例は『万葉集』の「真木柱太き心はありしかどわが心鎮めかねつも」のほか、なお一例ある。

場所は脱自しつつある潜勢態であるなど、若干のその在り方に触れたが、筆者はこのような事象から発生する諸問題を追って、平安時代後半の寝殿造り住居の中へと立入ったが、建築的形式Formの基礎づけを目指して、いまは浄土教建築の研究を推めている。もっと多くの事象を掲挙し、さらに解釈を展開しなくてはなるまいが、何年かまえ場所論を始める契機となったものに触れ、住居なる場所研究の初心を示すにとどめたい。

［一九七八年］

民家の構造

天竜川の上流、愛知県北設楽郡の山中を縫って流れる大入川《おおにゅうがわ》や振草川《ふりくさがわ》の水系の山村には、花祭といってかつては霜月一四日より一五日にかけて行われていた、伊勢の湯立《ゆだて》神楽の系統をひく祭がある。早川孝太郎氏によって詳細な記録『花祭』前後編がのこされていて、大変興味を唆《そそ》られる習俗だが、今は民家の構造と空間を考える導き手としてとり上げることにする。この花祭には神社で行われる地域もあるが、とりわけ大入川系の多くの村では「花宿」といって一般農家を祭場とする。

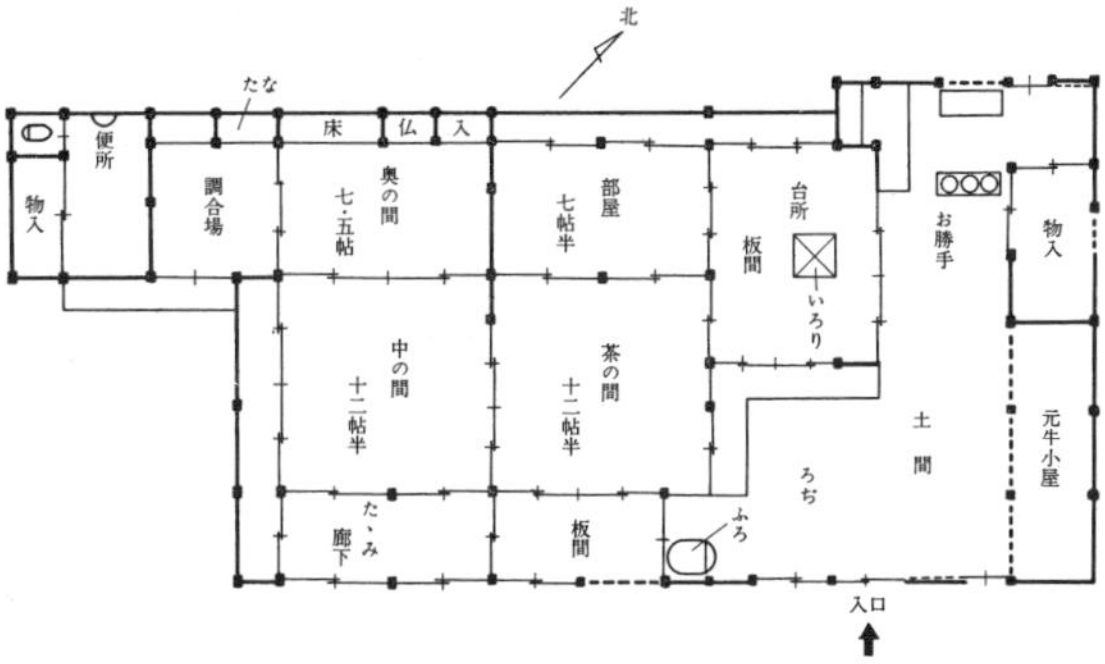

図1　豊根村上黒川石黒の家（城戸久氏『城と民家』より）

豊根村上黒川石黒のA家（図1）はかつてこの「花宿」になったことのある旧家であるが、西側の調合場部分とか、南側の入側《いりがわ》部分を除けば、田字型の平面に土間に出張った台所を付加したものになる。城戸久氏（「愛知県北設楽の農家」）の調査例では、かかる田字型変形プランがこの二流域には五四〜八五%の分布で拡がっているという。「花宿」と化せればこの間取りは、「おくのま」が「神部屋」に、「茶の間」が「神座《かんざ》」に、土間が「舞戸《まいと》」に、「中の間」は一部の神々の神依せの場所に、「おかって」は「饌所《せんじ》」になる（図2）。これらのほとんどは注連縄が張り渡されて、聖域と化しているのである。

土間の中央には竈《かまど》が築かれ大釜をかけ湯が沸かされるが、このまわりに操り拡げられる舞や儀式がこの神事の基幹である。それに面する「茶の間」には「神座」があり、また「楽座」が設けられ、これらは一体となって祭りの空間を構成する（図3）。

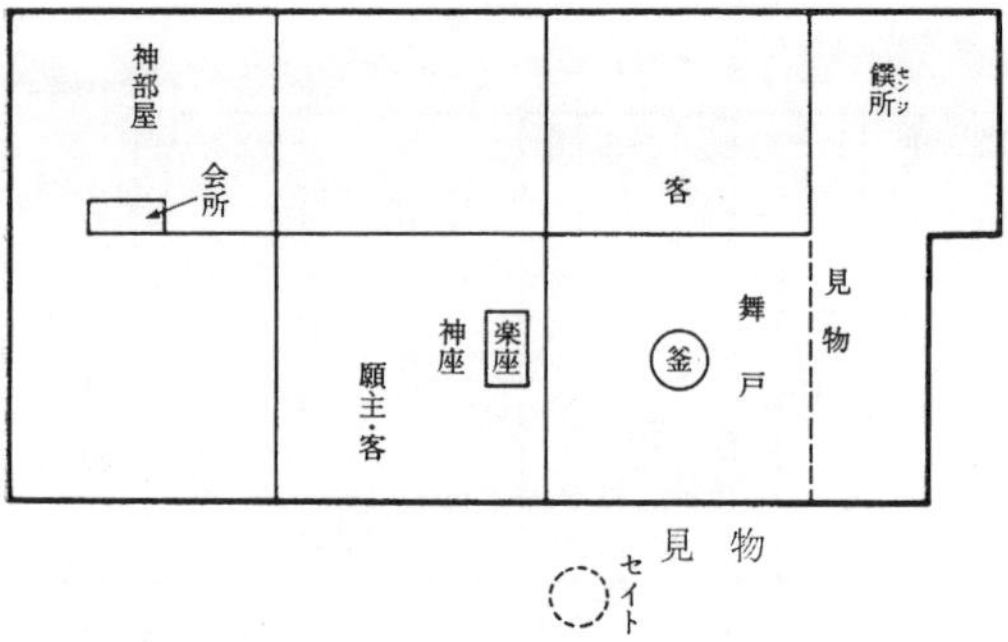

図2　花宿の一例（竹内芳太郎氏『日本劇場図史』より）

図3　花宿の全景（早川孝太郎氏『花祭』より）

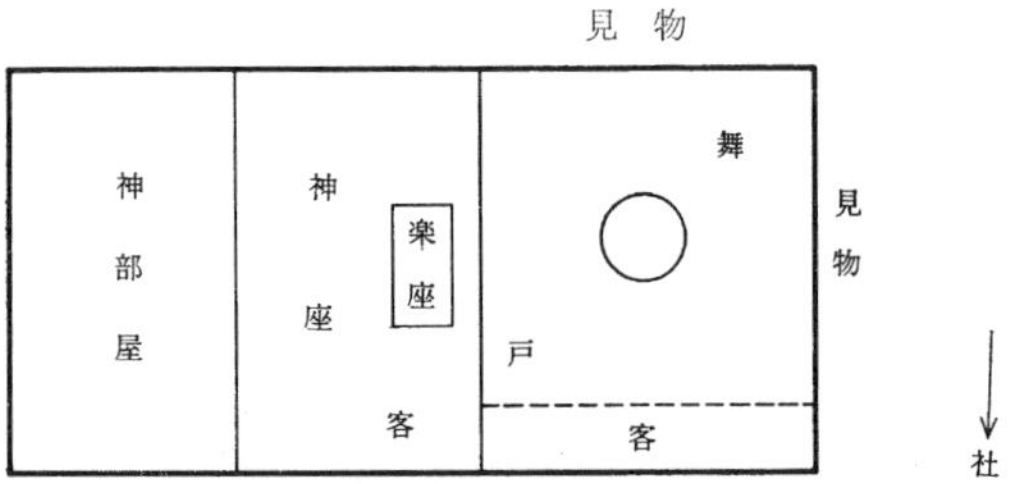

図4　花宿一社の境内の場合（竹内芳太郎氏『日本劇場図史』より）

「神部屋」は最初の神下しが行われ、舞の面形が置かれ、舞の仕度部屋でもあって、「花宿」のもっとも神聖な場所である。ここで下された諸神諸仏は「神座渡り」の式を通じて「神座」に移される。「神座」でもまた直接別の神々の神下しが行われるが、「神座」から見れば「神部屋」は勧請以前に或る神々が籠っている場所といいうる。したがって神々が現前すると信ぜられる顕現の場所は棟通りより南側に、籠隠《ろういん》は北側にという空間形式を「花宿」はとっている。

花祭が湯立て神楽に系譜するのであってみれば、農家の内から生まれたものではなく、現に神社の境内でも行われているのであるから、このような「花宿」の空間形式は農家の空間形式を借りてそこを聖化したものに過ぎないということになろう（図4）。そして棟通りの南北で表・裏の空間が分けられるということも日常的には特別にとりたてて述べる程のことではないが、注目したいのはいわば空間の質である。

この「花宿」の選定は宿主の願出を基本とするが、普請《ふしん》をした屋敷は当然そうなることが期待されていたという。それは披露といったものを兼ねるにしても、その底には「花宿」になるのでなければ、真の意味で農家の空間は完成されないという考えが伺える。つまり、たとえ農家の空間形式を借りたとしても、「花宿」の聖なる形式はそれとは無縁ではなく、むしろそれを強化し完成させる働きをもつものである。無病息災・五穀豊饒を祈って祓い潔める神事は、同時にそうあるべき場所の確立でもある。そうでなければそこが安穏な場所にならないからである。それはほとんどの舞が五方をふむという方位への着目や祭文の中に、また「神座渡し」と同時に行う「天《あま》の祭」（「棟祭」ともいう）といって「花宿」の天井裏で神々を祭るそのことの中にも伺いうる。つまり、東西南北と天を固める諸神諸仏の加護を通じて、農家の空間は構成されることを示している。その土間とか「茶の間」とか「おくのま」などという、空間の具体相の意義は後に触れるとして、今は住居という安穏な場所の構成にもこの花祭があずかっていることの確認に止めよう。

さて、これに類する習俗は、この花祭ほど明瞭ではないにしても全国に広く見られるものであり、とりわけ新春に各家を訪れる物吉や万才、或はその祖型であるトシガミの来飛《らいひ》は、やはりいわば呪術的に安穏な場所の確立を目差していることで、そしてそれが古来のマレビトの系譜に通じることで、このような民家の空間の在り方の一般性を伺わせる。

建設の際に行われる地鎮祭とか上棟祭、或は立柱式などもそれに通じるものだが、その祝詞を見ると、地盤や構造体の堅牢なことを神々に祈るという形式になっていて、それらはいわば力学的な在り方を支え、完成させようとしているかのごとくである。木や竹や、土や石をもって事物的に民家はできていることは確かであるが、構造的にしろ空間的にしろ、神々の力に預らねば充全ではないわけである。

このような事象は一見奇妙に見えるかもしれないが、民家が人々の、家族の生活の場所であることを思えば、至極当然なことである。生活という、未知な未来に生きるそのことの中で、未来を確実にしたいという思いは誰にも共通しよう。伝統的な形式をとっているとはいえ、このような思いの卒直な表現をあのさまざまな祭りや習俗に見ることができるのである。こうした思いの表現はもちろん単に祭りという行事に限定されるのではない。或は事物的な何らかの形をとる場合もあろうし、或は別の要因で決まった形と共に達成される場合もあるであろう。

今、民家の構造を概観するに際してあえて花祭を導き手にしたのは他でもなく、冷厳な力学的事実としての構造の背後に、常

図6　江川家（静岡県韮山町）

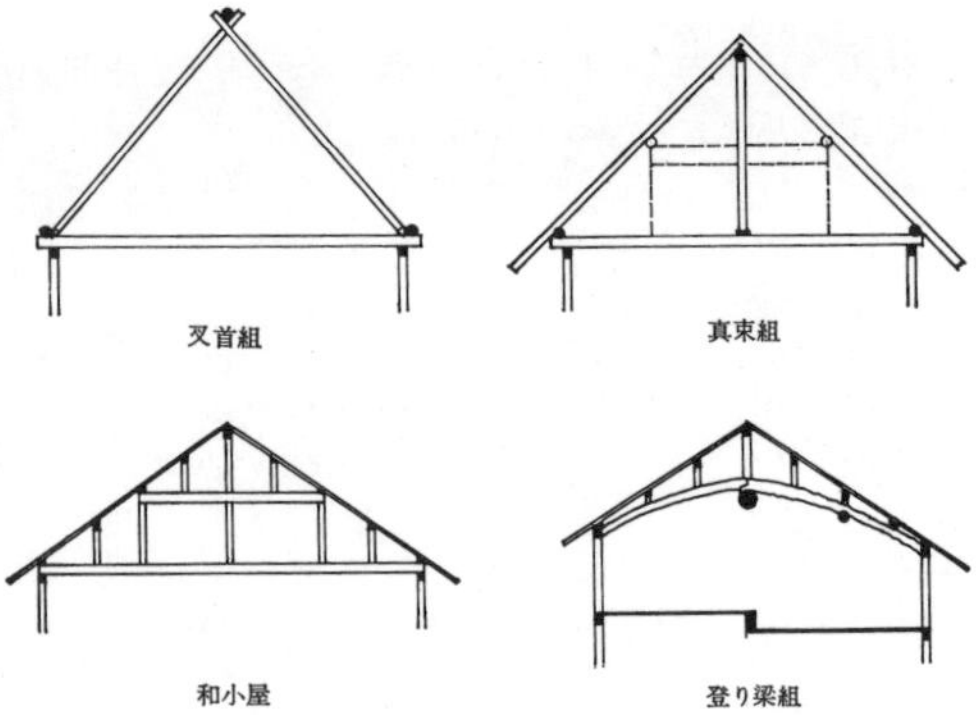

図5　小屋組の四形式

に人々のあつい思いがあり、民家には比較的そのことが見えやすいことを示したいが故であった。

一　小屋組と屋根

民家の屋根の美しきはまさに洋の東西を越えている。ドイツ表現主義の建築家ブルーノ・タウトが日本に見出した美の一つがこれであった。そして今和次郎氏は「わが国の民家の外観は屋根で支配されているといってよいようだ」と述べ、その主因を多雨な気候というわが国の風土性に帰している。

もちろん全国に見出される実に豊かな屋根のバラエティーは雨の多少のみでなく、すでに「風土と民家」の章で触れられたようにさまざまな要因が絡んでいた。屋根裏を養蚕に使うとか厩《うまや》を角屋《つのや》として付加するという、いわゆる用の問題、また、茅やわらや瓦など葺材の問題、そして、それらの入手の難易さは地方色を形づくることになるが、その底に茅場の減少とか茅葺の際の互助の組織の崩壊とか、瓦を買い、専門の職人を雇う財の余裕といった経済性や社会組織が絡んでもいた。

屋根の下にあってそれを支え、下の柱や壁にその荷重を伝える構造体を小屋組《こやぐみ》というが、基本的には叉首《さす》組、和小屋《わごや》、真束組（おだち組）、登り梁組の四形式がわが国で見出される（図5）。叉首組はとりわけ茅やわらという草屋根に見られるもので、二本の丸太を斜めにしてその頭部を組み（叉首）、それで棟木を支える構造である。

和小屋は、静岡県韮山《にらやま》町の江川家（図6）のように、草屋根にも見られないわけでは

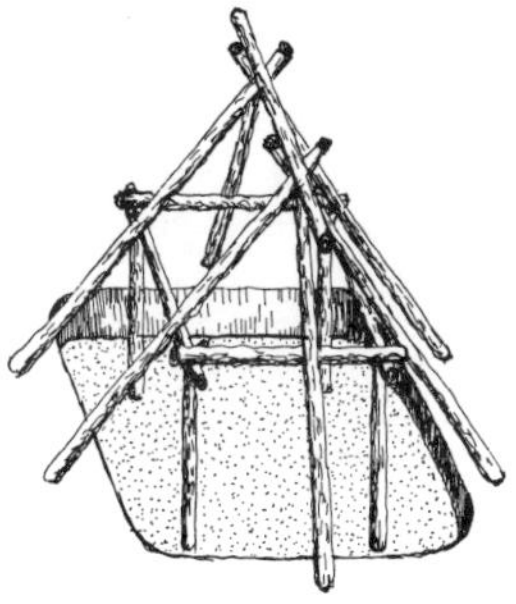

図8　竪穴式住居の構造

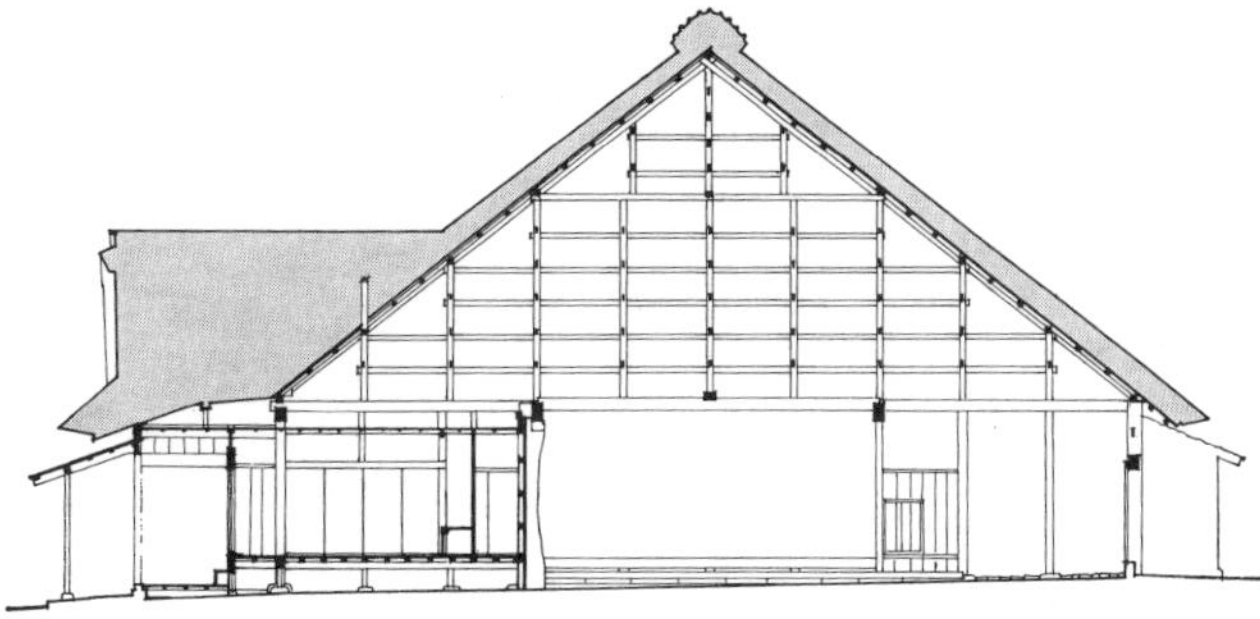

図7　江川家梁行断面図

ないが（図7）、主として瓦屋根や板屋根の構造である。小屋梁や二重梁の上に束を立てて、それで水平材である母屋《もや》や棟木を受けるものである。法隆寺講堂（九九〇年）の小屋組がこの和小屋で、原理的にはしかしそれ以前のいくつかの飛鳥・奈良時代の建物の小屋組に通じ、したがって瓦屋根のわが国への移入に始まる構造と考えられているものである。

真束組は、棟束についての丹波地方の方言「おだち」によっておだち組とも称されているが、長い束（棟持柱）で棟木を支える構造で、信州の板屋根をはじめ多くの地方に見出される。登り梁組は、屋根裏を作業室や居室に使用するため、立居振舞の邪魔になる小屋梁を斜めに架ける方法で、比較的後世に見られる構造である。念のために付言すれば、これら四種の方式は各々に単独で使われる場合が多いが、混合して使う例も多い。

（一）叉首組と真束組

登り梁組が後世で、和小屋が瓦屋根の移入以前に遡りえないのであれば、叉首組と真束組が古来の構法ということになるが、その辺の事情からまず見ていくことにしよう。

縄文時代に始まる竪穴式住居の構造は、すでに「歴史」の項で触れられたように、基本的には四本の掘立柱を立て、その頭部を桁で井字型に結び、それに四周から棰を寄せかけ、これで棟木を受け、さらにこれに覆屋である切妻の棰を結ぶ方式である（図8）。それは竪穴の遺跡や柱、棟木などの遺物、家屋文鏡や埴輪、さらに砂鉄製錬小屋である高殿《たたら》を参照して、推定復原されたものである。

そして弥生時代から次第に平地式住居が増えていくが、その際、構造的には大きな変化があったと考えねばなるまい。なぜならば、おそらく屋内での動きやすさのためであろう、

図10　家屋埴輪（奈良市大和文化館蔵）

図9　家屋埴輪（東京国立博物館蔵）

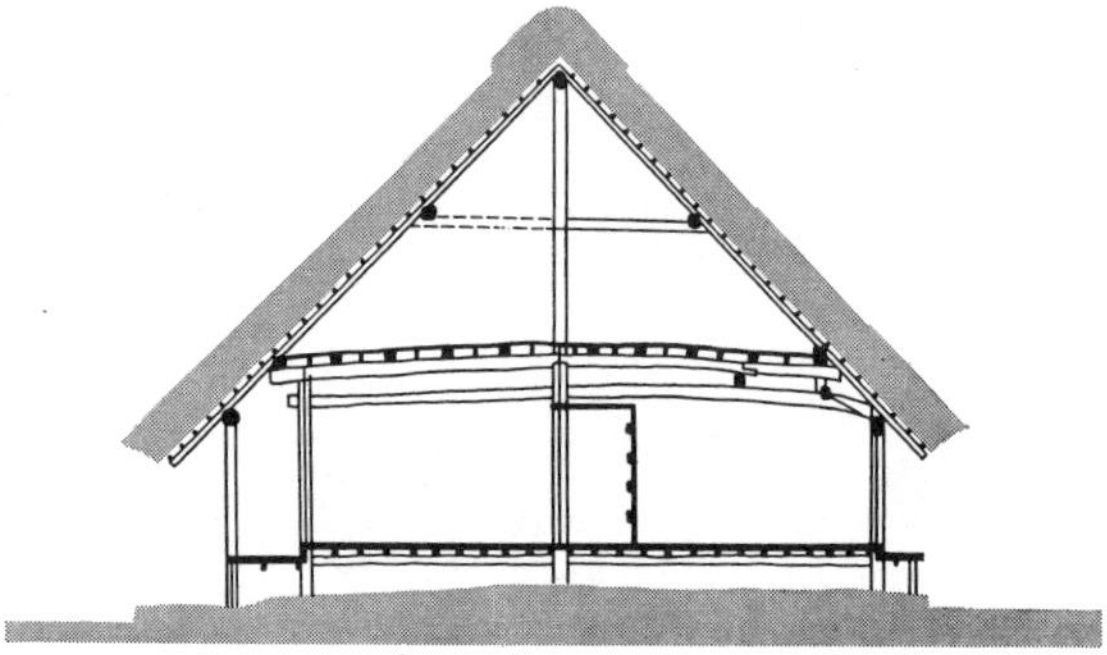

図11　箱木千年家の梁行断面図（村田・増田・山本氏『山田の千年家』より）

壁が出現し屋根が大地から持ちあげられたからである。小屋組に関していえば、竪穴では棰自身は地面に付いていて固定しえたのが、持ちあげられることで小屋組自体の中で斜めの屋根面を支えねばならぬからである。おそらくこの時代に叉首組や真束組が形成され始めたのではないかと考えられる。

まず真束組については、家屋埴輪（図9・10）に見られる、棟を支える柱の存在とか、『仁徳紀』に見られる「楹《うだち》」という言葉、それは『和名抄』によれば妻梁の上に立つ束を持すというが、それらに照らしてこの真束組の存在の蓋然性が高いといえよう。

現存する最古の民家、室町時代までは遡りうると考えられる箱木千年家（神戸市山田町）の小屋組は真束組である（図11）。棟通りの柱の上に置かれた敷桁（または牛梁）の上に棟束を立てて棟木を支え、それと桁との間に太い棰を掛け渡している。

この方式は現在でも京都・奈良・大阪を中心とした近畿周辺や関東、また四国の古民家に見られるものだが、伊藤ていじ氏（『民家』）は京都地方や口丹波地方では古い民家がすべて真束組であること、滋賀では室町時代に「むなはしらや（棟柱屋）」なる文字が見える文献などより、かつては京都を中心として真束組があり、後に叉首組におされて周辺部に出てドーナツ状の分布を示すようになったのだと推定する。

後述する兵庫の古井千年家は奈良・大宇陀町の片岡家（一六七〇年）や大阪・熊取町の中家（図12）と同様に真束組と叉首組の混用で、叉首組のほかに棟通りの柱上に中置を置き、その上に梁通りをはずして棟束を立てている。このような構造を箱木千年家

図 12　中家（大阪府熊取町）

図 13　石田家（京都府美山町）

と突き合わせれば、この地方でも真束組から叉首組への変化が察せられる。この傾向は群馬の赤城南麓地方にも見られるという報告があり、後述する甲府盆地の広瀬家も真束組である。丹波美山町の山中に立つ石田家（一六五〇年）（図13）のように、口丹波地方や神戸には鳥居といって、控え柱や繋梁によって長い束や棰を補強する方式が見られるが（図14）、真束組が叉首組にとって代られた原因がこの構造の弱さにあるのか、或は屋根裏を使おうとすると棟束が邪魔になるが、このような用の問題にあったのかは判然とはしない。

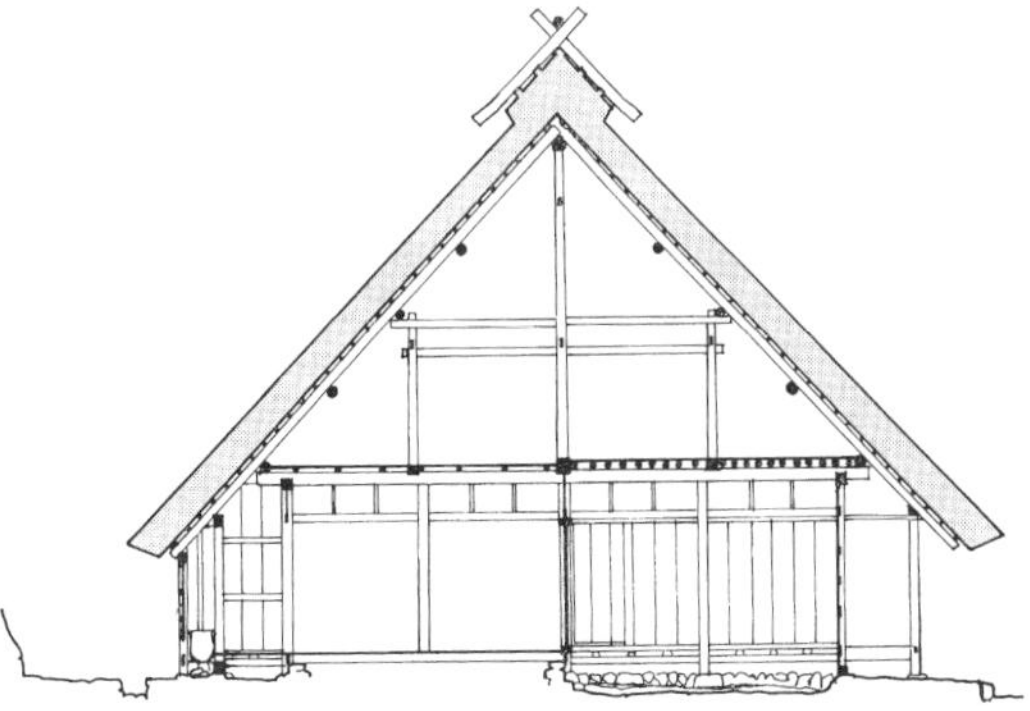

図 14　石田家梁行断面図

「佐須《さす》」なる言葉が天平宝字六年の古文書にあり、それが和語らしいところから、叉首組の古さが推測される。復原された東大寺法華堂（図15）や、登呂の高床家屋（図16）の小屋組は叉首組であり、また叉首の下に叉首束を立てる方式のものが新薬師寺本堂（図17）や住吉大社本殿などに見られることより推して、民家に叉首組が使われた歴史も古いと考えられる。

さて叉首はその先端を交叉に組んで棟木をのせるが、叉首尻は錐状にとがらされて、小屋梁に掘られた穴に差し込まれる。柱の上に小屋梁をのせ、それと直角に桁を置く方式を折置《おりお》きといい、柱にまず桁をのせ、その上に小屋梁を置く方式を京呂《きょうろ》という（図18）。さらに柱上部の側面に梁を差し込む、指付《さしつ》けという方式がある。後述するようにプランの方から柱を除く必要が出てくるが、京呂は叉首尻下に柱がくる必要はかならずしもないので、柱を部分的にぬくことができ、折置きより進歩した構造である。

しかし、共に梁行方向には強い構造である。桁行方向には棰が結ばれる屋中《やなか》（母屋）が水平に叉首に結ばれて横倒れを防いでいる（図19）。寄棟や入母屋の屋根の場合では、隅叉首や追叉首《おいさす》があって屋根の両端が固められ、場合によってはさらに斜めに倒し

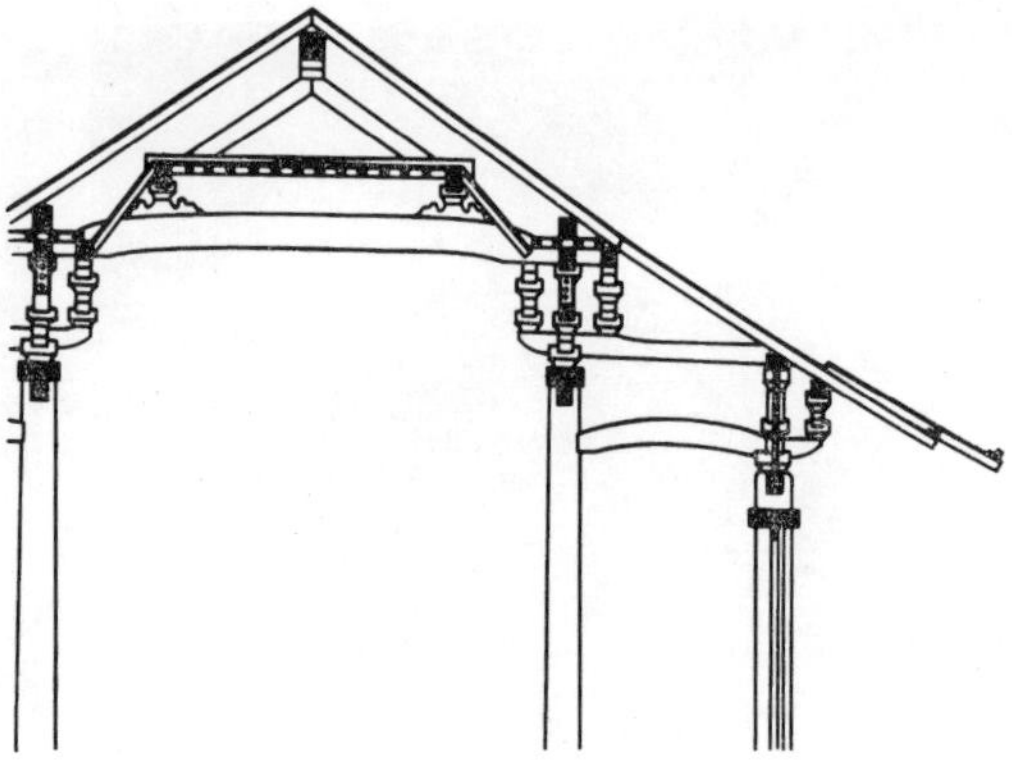
図 15　東大寺法華堂復原断面図

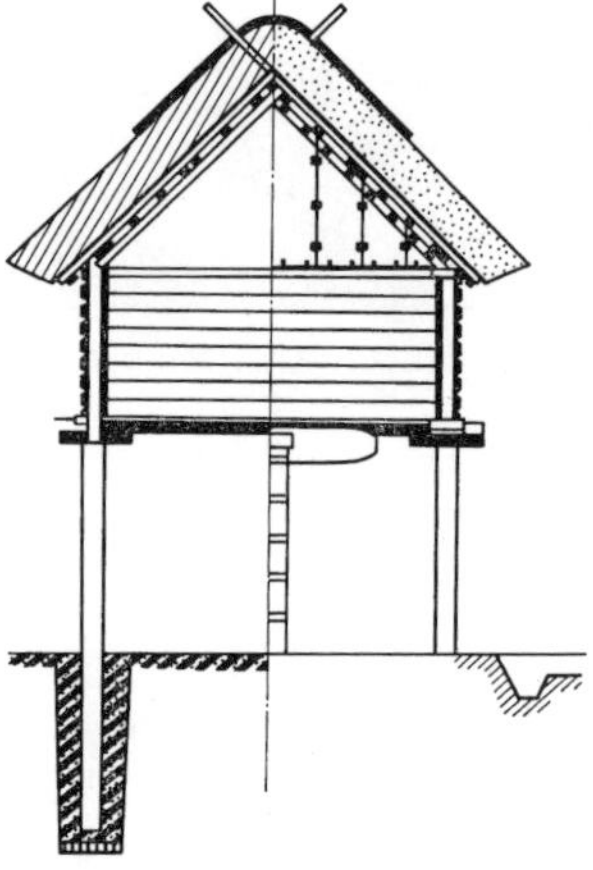
図 16　登呂遺跡の高床家屋（関野克氏・復原）

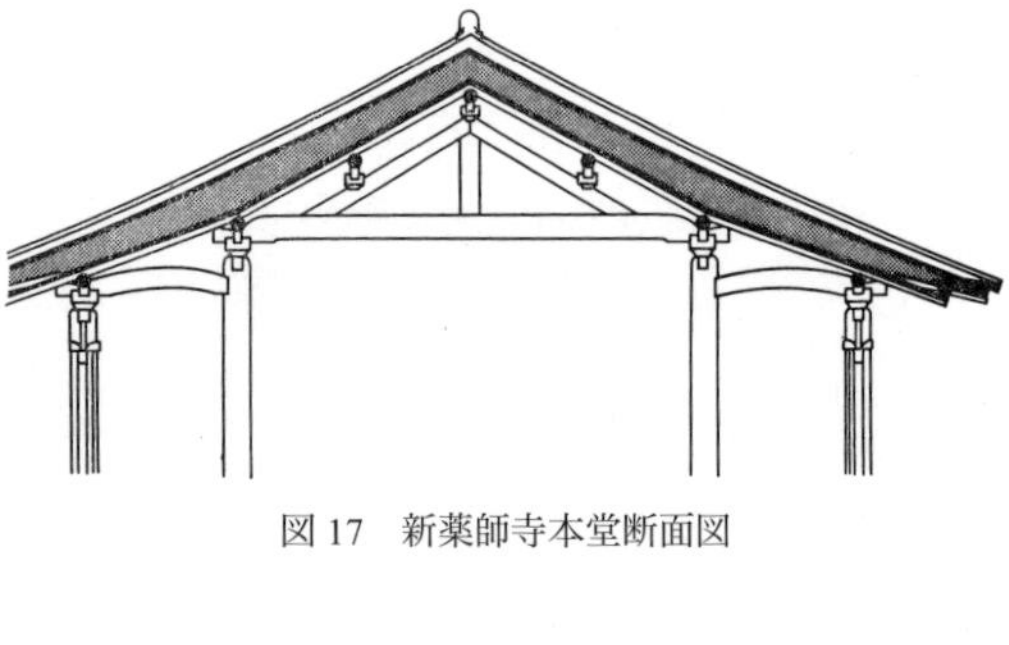
図 17　新薬師寺本堂断面図

た叉首（斜叉首）を組み入れて補強したり、叉首の下、又は叉首に緊結して束を立て、叉首自身を補強したりする。

降雨量が多いことで有名な和歌山県東牟婁郡の民家は、屋根勾配が六〇度ほどもあってよく多雨に対処しているが、叉首だけでは構造的に弱いので、棟通りに牛梁を通しその上に束を立て棟木を受けている。むしろ真束組を叉首で補強しているといった方がよいかもしれぬものである。

叉首束をもつ叉首組とは、例えば、旧清宮家（川崎市登戸＝一七世紀末）（図20・21）がそれである。この場合は叉首棟束が中置の上に立っているが、寛永頃に遡りうる笹岡家（奈良・大宇陀町）では、この叉首束の下端が錐状にとがって中置に差し込まれて、ピン構造になっている（図22・23）。

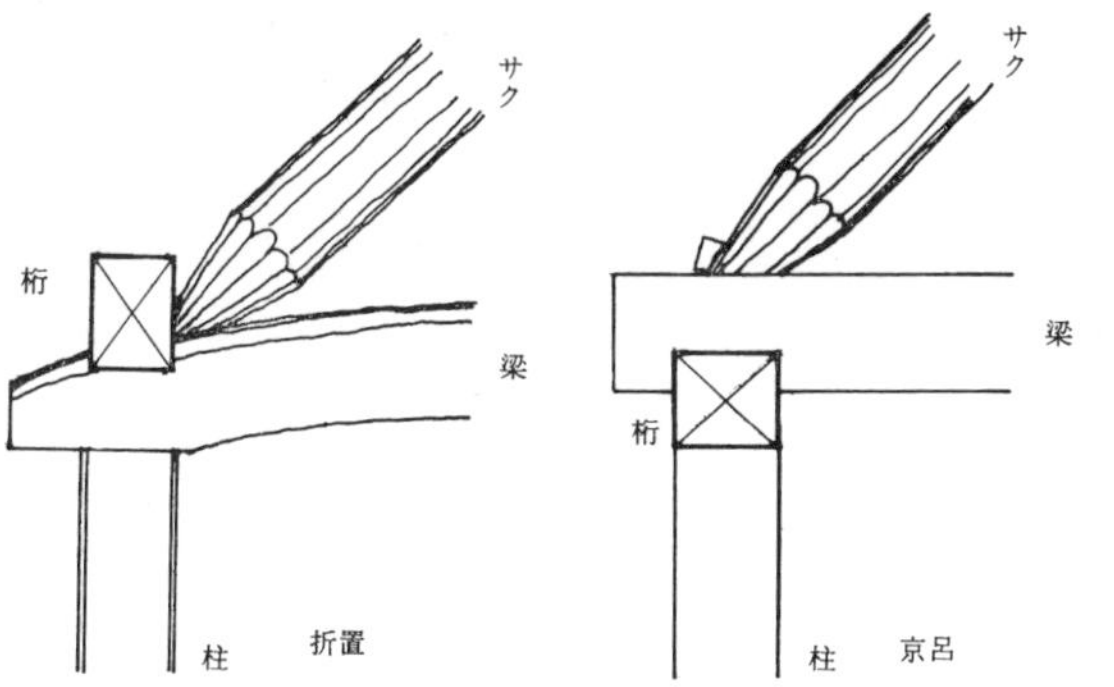

図18　折置、京呂

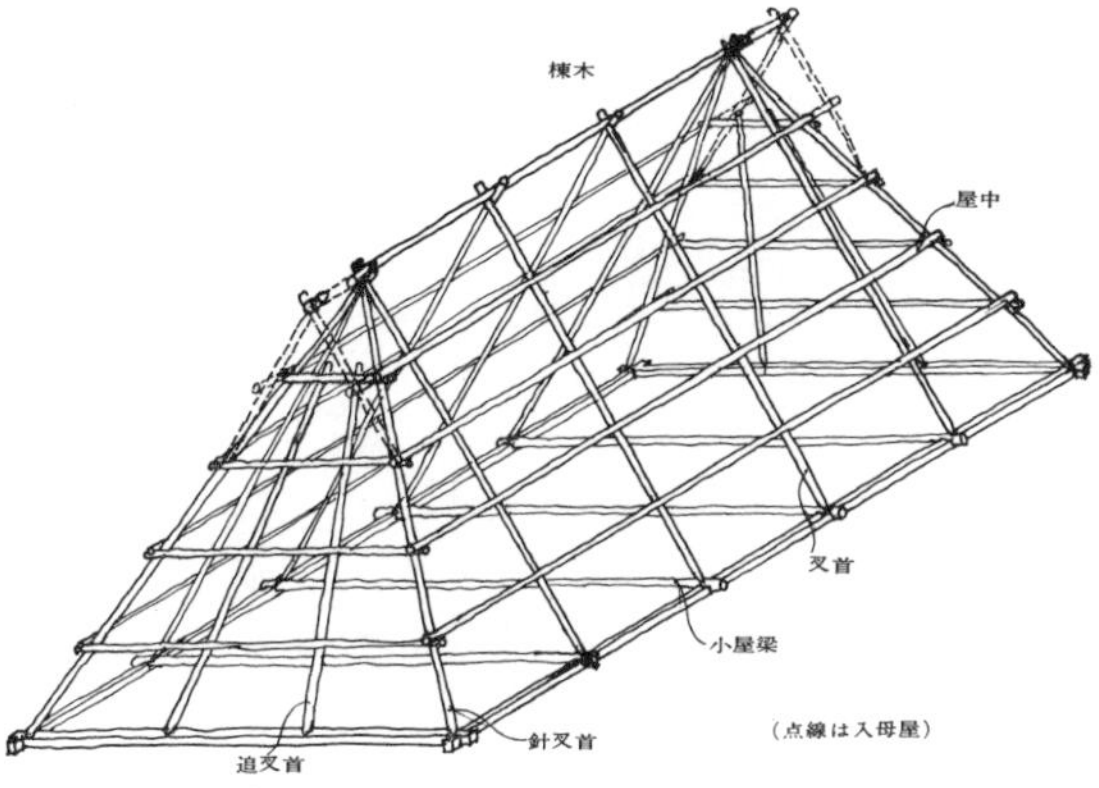

図19　寄棟の叉首組

叉首組は、現在の草葺民家の大部分に使われているが、その中でも六〇度位の急な勾配と、巨大な屋根で人目を引きつける、庄川流域の合掌造り（図24）は、養蚕のため屋根裏に何階もの棚床を設けているが、その小屋組は叉首組である（図25）。この床の梁は「かいなぎ」と呼称されるが、合掌（叉首）を補強もしている。但し屋根裏への採光・通風のため、屋根は切妻になっていて屋根の両翼が固めえないので、長大な丸太の筋違（「はがい」）が用いられている。

東日本の山間部で盛んに見かけられる、やはり屋根裏を養蚕に供するために発達した「甲《かぶと》屋根」は、山形県の旧渋谷家（旧東田川郡朝日村＝一八二二年）がその例であるが（図26）、寄棟や切妻にその部分を付加して出来ている。形式的には、しかし寄棟の軒まわりを切断した形と同じ

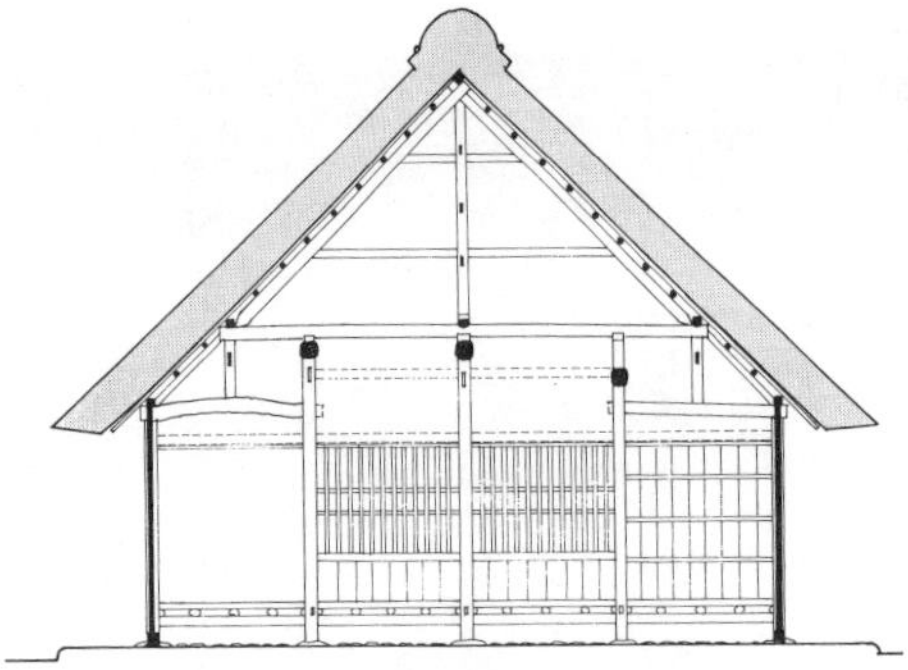

図21　旧清宮家梁行断面図

図20　旧清宮家（日本民家園）

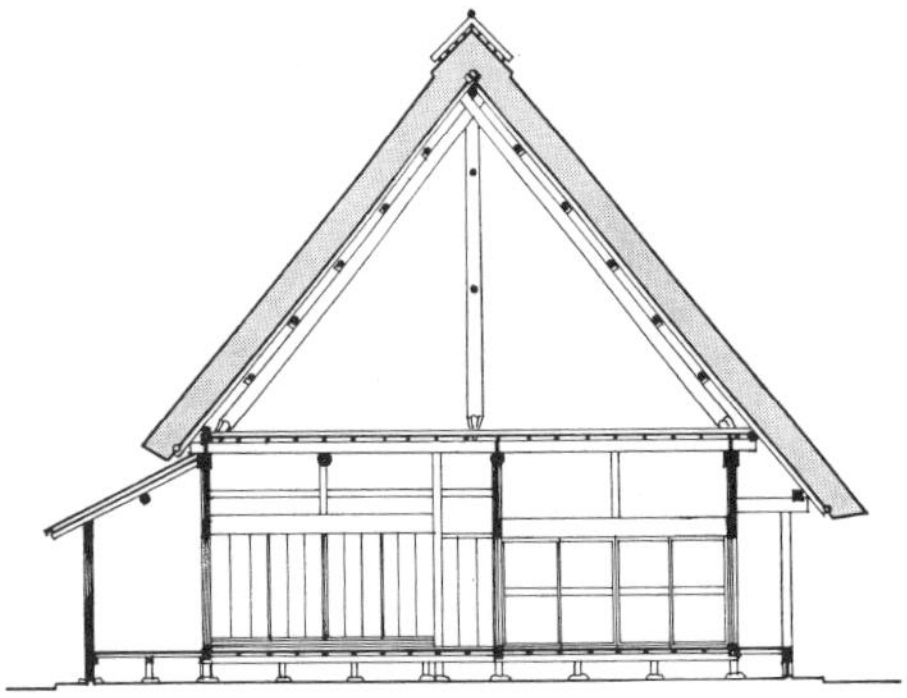

図23　笹岡家梁行断面図

図22　笹岡家（奈良県大宇陀町）

図24　合掌造りの一例

で、妻部の甲形をした屋根は台形に組まれた叉首と「かいなぎ」によって形づくられている（図27）。

最後に角屋《つのや》の例をあげておこう。曲家にしろ中門造りにしろ、かつて独立していたものが積雪・寒冷の、或は棟への税の故に直屋《すごや》に結合してできたと考えられているが、例えば一八世紀中頃と推定される小原家（岩手・東和町）では「まや」のある角屋の部分が明らかに直屋とは独立の構造体であることを示している。今、小屋組についてのみ見れば、角屋部分の棟は直屋の棟に直角で、直屋部の隅叉首に結びつけられている。その屋根勾配

図 26　旧渋谷家（致道博物館）

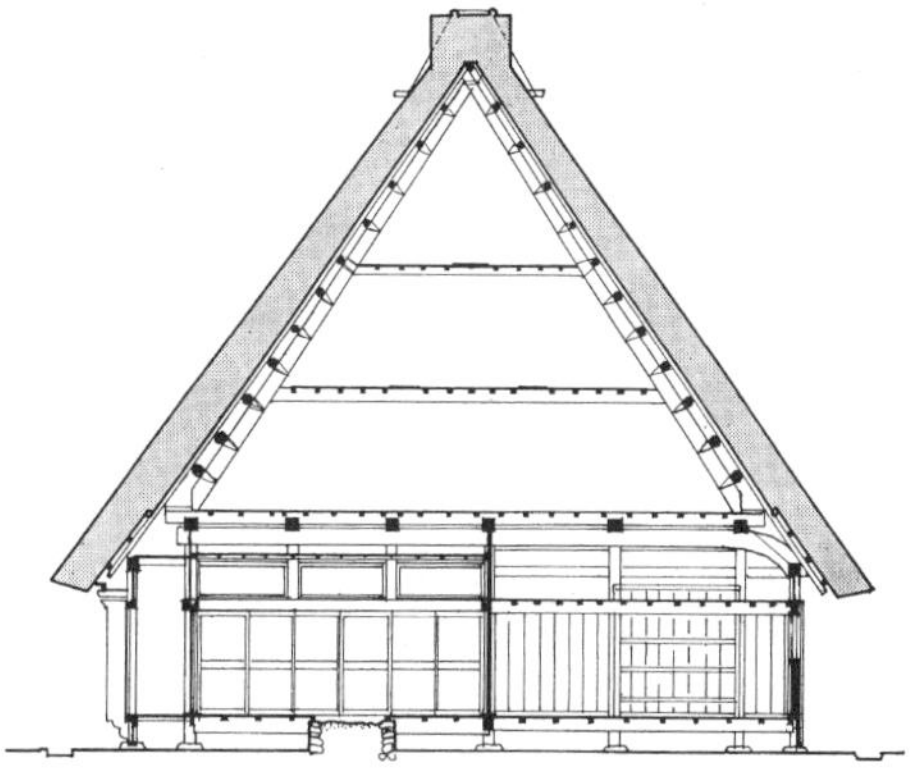

図 25　旧大戸家梁行断面図

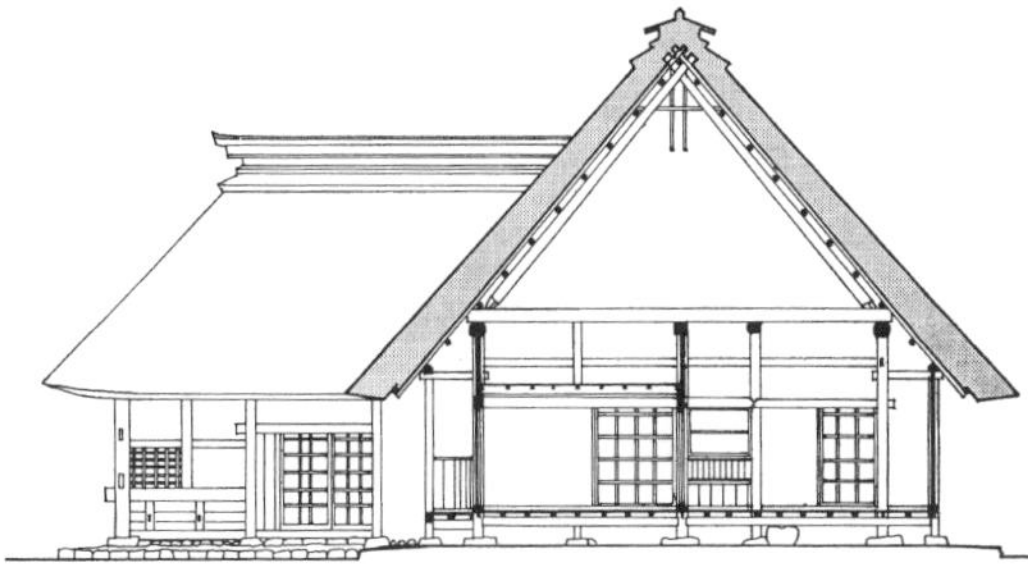

図 28　小原家梁行断面図

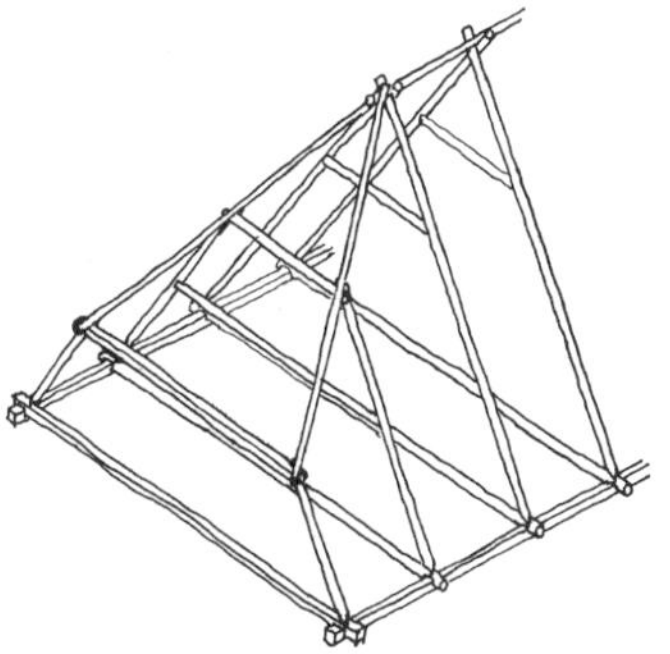

図 27　甲屋根の小屋組の一例

は直屋の小平の勾配に同じで、叉首組によって組み立てられている（図28）。

茅葺は茅場が年々減少しつつあることやユイ・モヤイ・テマガエといった互助組織が崩壊したり、大変高価につくことなどより、その維持が困難になっている。その葺方は通常、棰の上に水平に配置した茅受けとしての小舞に、茅の穂先を上にして軒先から段々と棟に向けて葺き上げていく。万葉集にある「はたすすき尾花逆《さか》ぶき＝下略」（七一五年）の「逆ぶき」とは逆に、茅の生えている方向の通りに葺くのが通常である。小屋組の部材の大部分や小舞などの相互の緊縛には普通、わら縄が用いられる。

茅の裏は土間や板間からよく見えるので、茅の下地に茅簀を敷いて整えたりもする。この小屋裏の美しさは茶人などの目を引いて数寄屋造りの中にとり入れられもしたのだが、はるかに古

図29　茅葺の屋根裏（旧工藤家）

く古代人が「千尋栲縄《ちひろたくなは》持ちて、百《もも》結びに結び、八十《やそ》結びに結び下げ」と言寿《ことほ》ぐことで住居の健在さと家人の繁栄を願った際に着目したものでもある。生活全体を己れの下に包み込んで庇護する屋根は力強く堅牢であらねばならぬからであろう。

そして、このことはわれわれの民家にも共通する（図29）。力強く構成された小屋組を透して住人の心情が見えてくる。それは人が生きるそのことより滲み出たもので、民家のもつ美しきの特質の一つに数えることができよう。中世末には、すでに上層の住宅は洗練された美の基準を持っていた。つまり書院造りで結実した木割《きわり》である。それは建築部材の寸法を一定の基準で決定する方式で、個々の建築を越えるプロポーション美の基準であったが、民家の美は個別的で、それとは系譜を異にするものであった。

（二）和小屋

一七世紀初期の江川家の巨大な小屋組を見てみよう（図7）。多くの長い束とそれを縦横に繋ぐ貫《ぬき》の乱舞は、発達した和小屋そのものであるかのごとくであるが、束の頭を繋ぐ形で叉首が走っており、これに屋中が結ばれている。和小屋と叉首組の併用である。長すぎる叉首の撓《たわ》みを防いで小屋組を安定させる働きを、この和小屋は受け持っている。このことからも解るように、和小屋は小屋梁や二重梁などの上に多くの束を立てて母屋を支えているので、下の柱の位置をさほど拘束せず、さまざまな屋根勾配や規模にも自在に対応できる優れた構造である。

しかし、例えば大仏様式などを除いてのことだが、寺社建築の長い歴史を通じて天井の裏に隠されつづけ、重く大きな屋根を支えてきた小屋組は、民家にあっては、とりわけ土間部分では、姿を現わす。飛騨高山の吉島家や日下部家では意識的にそれを

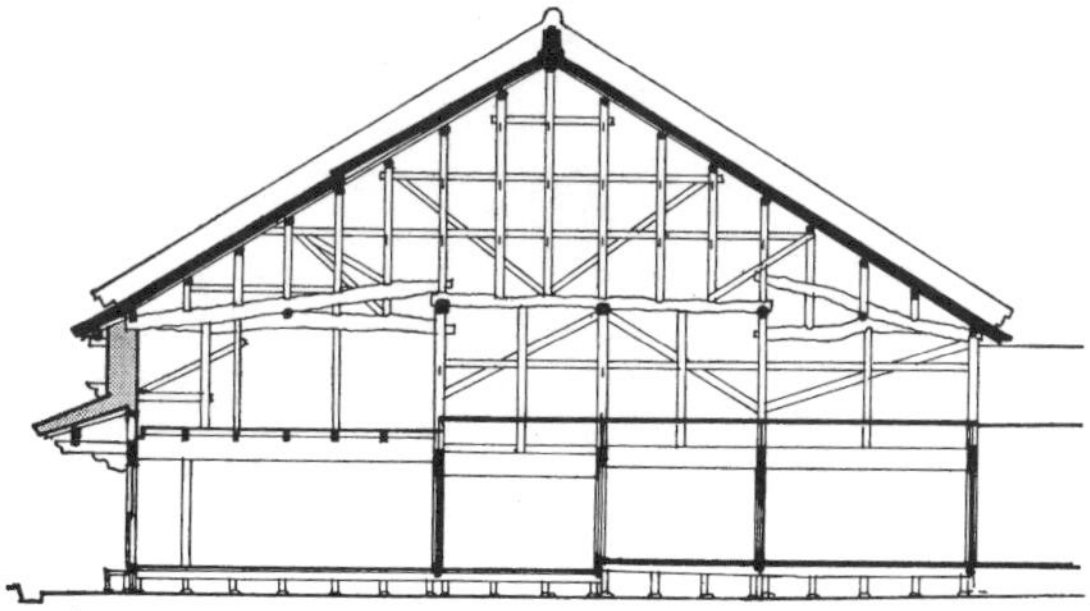

図 31　大角家の小屋組（和小屋）

図 30　大角家（滋賀県栗東町）

図 32　吉村家（大阪羽曳野市）

見せている。美しく丁寧に仕上げられた規則正しいこの小屋組は、先述の叉首組と同じように生活に内在する意志の造りあげた美しさを示している。

それは他者を意識した見えといった、かならずしも慎しやかな目的によるのではないにしても、すでに平安時代に慶滋保胤（『池亭記』）や鴨長明（『方丈記』）が喝破したように、住居の多くの部分は他人のために建てられるのであってみれば、それも民家に欠かせない構成力の一つであり、この和小屋もその現われである。

この束はそのままでは倒れやすいので貫を縦横に通して固めるが、その際、縦貫と横貫とは一方の上端と他方の下端とを接させるのを通常とするが、古くはかなり離されていた。小屋組の規模が増せば、本陣も兼ねた大きな薬商の大角家（滋賀・栗東町＝一八世紀初期）（図30・31）のように筋違を束間に架けたり、また二重・三重に梁を渡して束立の足場にするといったように堅牢にするさまざまな仕方が追求された。

あの高山の町家はもともと板葺だったが、大和棟造りとも高塀造りともいわれ、勾配のきつい茅葺とゆるい瓦屋根から成っている吉村家（大阪・羽曳野市＝江戸初期）（図32）の屋根は各々に叉首組と和小屋によって支えられている。草葺には叉首組が、瓦葺には和小屋が通常であることを示している。この茅葺の妻部には卯建《うだつ》状の瓦葺の高塀があり、それはけらばの弱い茅葺を保護し、煙抜きからの火を防禦している。しか

図33　法隆寺金堂の裳階

しこの瓦葺は、瓦の値段が高いところから入手が困難で、和小屋自体もまた高い大工技術を要し、いずれにしろ瓦葺屋根は、経済上の余裕がなければできないものである。したがって地位の象徴にもなったものである。

平城京で丹塗・瓦葺を奨励したのは、板葺や草葺の「難営易破」に対して、瓦が強く耐久性に富むからであった。近世に至って瓦葺が普及したのは、すでに「歴史」の項で見たように幕府や藩の統制により防火を主眼として奨励されたからであり、瓦購入のための恩借金や瓦講などの制度が設けられたからであるが、本瓦と丸瓦を一枚で兼ねた軽い瓦である桟瓦が発明されたからでもある。平瓦と丸瓦とによる本瓦葺きは重くて、よほど小屋組を強固にしておかねばならないが、桟瓦はかつての板屋にもそのまま乗せうるほど軽い。

板屋についても、「歴史」の項ですでに見たのだが、法隆寺金堂の裳階（図33）の屋根にしても、藤原豊成の板殿にしても、棟から軒にかけての長い一枚板が並べられており、また「年中行事絵巻」に姿を見せる町家では身舎部分と庇部分で各々に一枚板を並べて葺かれており、葺材が同時に構造材になっている。当然、それには太い板が必要であったであろう。

しかし現在、信州や新潟、また山間の各地や漁村に見られる板屋根は野地板の上に柿《こけら》板や栩《とち》板という小さな葺板を置いている。材種は、それが雨に強いものでなくてはならぬところから、栗・栃・杉・桧などで、その筋目にそって薄く削ぎ割る。近世になって鉋《かんな》や前挽大鋸《まえびきおが》が普及し大工技術を飛躍的に高めたが、ねじれた丸太からも薄板がとれるようにもなった。しかしこの方法での板材を屋根に葺くにはよほど厚くないかぎり反ったりねじれたりして、それは葺材には不向きである。現在でも鉈《なた》やよきによって削ぐという古い工法でつくられる所以である。

「たたき屋根」といって木釘を打ってこの削ぎ板を留める仕方が近世に見られたが、釘打ちでは割れやすく、また腐った材の差し換えにも釘留は不便であるので、それをずらしながら重ねていき、風で飛んだり日照りで反るのを押えるため丸太などを水

図34　渡辺家（新潟県関川村）

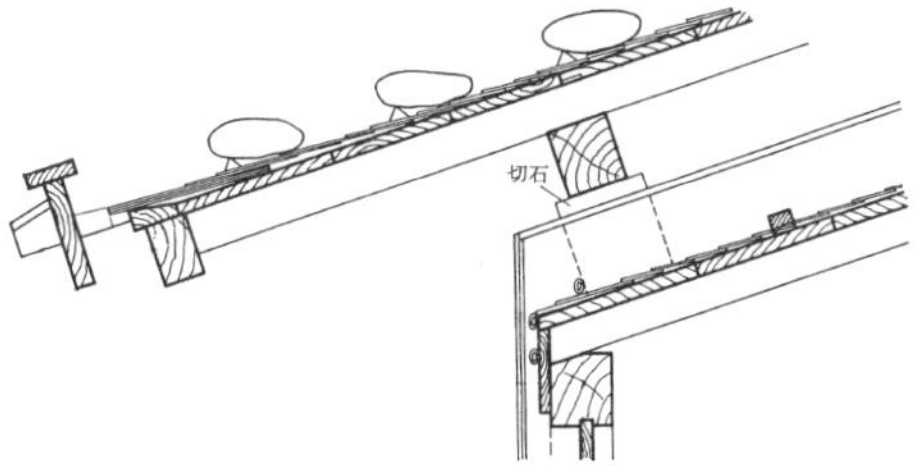

図35　渡辺家の石置屋根

平に並べて、これをさらに押えるため、渡辺家（新潟・関川＝一八世紀後期）の屋根（図34・35）のように石を置いたり、先述の年中行事絵巻にすでに見られるものだが、棟ごしに丸太を置き千木状に組んで掛け渡したりして重しとする。信州の本棟造りはかかる石置き屋根である。南安曇郡穂高町の曽根原家（一七世紀）の屋根はかつてはこの石置き屋根であったが、その勾配は約二寸四分でかなり緩やかである。それは板がずり落ちないための配慮で、そのため普通とる三寸五分の勾配よりもさらに緩い。

かつての瓦が寒さで割れやすいこともあって、このような板葺は寒冷地に拡がっているが、屋根に積った雪はほっておくと「返り水」となって雨漏りし、また外壁の保護もあって軒出は深い。この深い軒出と緩い勾配の石置きの大屋根は山間にあって、草屋根とはちがう美しいたたずまいを見せている。

（三）登り梁組

屋根裏を居室や作業室や物置に使おうとすると、小屋束や貫があっては邪魔になるので、小屋梁を水平にではなく、中央の棟木に向けて斜め上方に両桁から梁を架ける。登り梁である。栩板葺の屋根をもつ小倉家（石川・白峰村＝江戸末期）ではこの登り梁が側柱に折置きに置かれ、その頂は地棟に立って棟木を支えている真束に架けられている（図36）。またこのように垂直材で受ける代りに、牛梁を通してそれに登り梁を架ける場合もある（図37・38）。町家のツシ二階の小屋組によく見られるものである。

このように、さまざまな用に供すべく空間を拡げ、そのために構造体を変化させようとする試みは、もちろん屋根裏だけにかぎられない。むしろ一階平面での行動に応ずべ

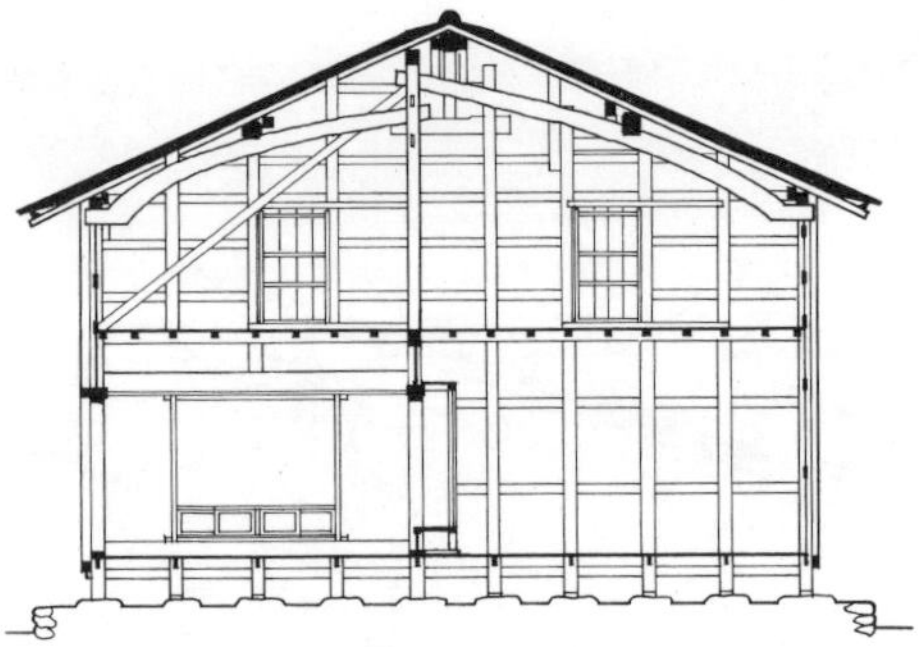

図 36　小倉家の登り梁

図 37　京町家の一例

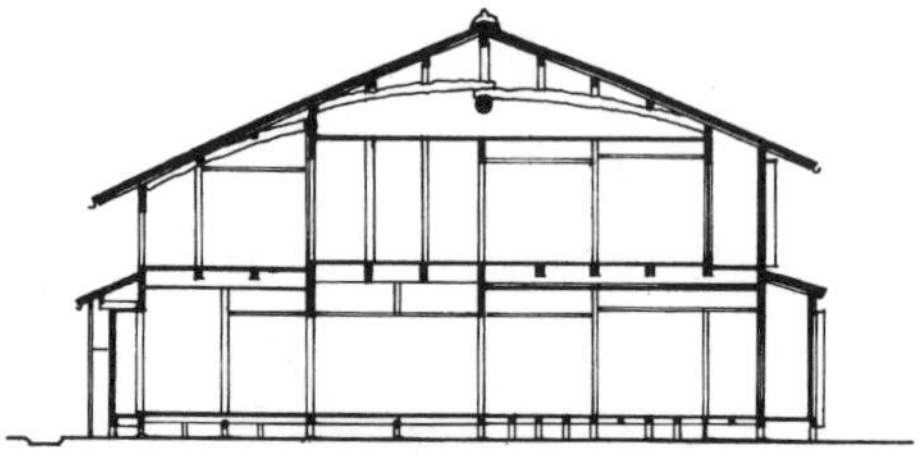

図 38　登り梁の一例（京町家）

く構造体を考えることの方が主要であって、そのさまざまな試みと工夫の中から幾多の民家の形が生れてきたのである。

二　軸組と床

ここでは、小屋組の下にあってその荷重を基礎に伝える、壁を含めて柱・梁・桁などよりなる構造体を軸組ということにする。

さて先史に遡りうる平地式住居は竪穴式に比べれば、はるかに丈夫な軸組が必要であった。掘立柱もその一つの手法である。それは地面を掘って立てるので柱はしっかりと自立しえ、またその上に梁をのせるに必要な、柱の頭をそろえることも容易であった。平城京にあっても、大極殿のある朝堂院の諸建築や宮城の諸門など主要な建物を除けば、大部分の建物は掘立柱によるものであったのも理由のあることである。

小林葛古《くずふる》の『きりもぐさ』（一八五七年）には「往古の家はほったてといふて、根の根元を火にて焼、壱尺五六寸も土中へ掘こみ出際より桁迄の高さ尺あまりもあるべし」とあって、近世の信濃佐久地方の掘立柱の様子を伝えている。藤島亥治郎氏自身もこの地方に掘立柱屋を発見し、「本来は掘立屋であった家は全国に案外多いのではなかろうか」（「江戸時代民家の文献的研究」）と推察している。前掲の江川家には「生柱」と称される掘立柱があって有名であるが、それは前身建物の遺物と推定されている。解体修理時の発掘調査の結果、ここの地中からさらに四つの掘立柱の柱根が発見されている。

現状の民家では多くの場合、石場立てといって自然石を地面に掘り固め、柱尻をその石の形に合うよう抉り削ってその上に立てるが、柱はしかし自立しえない。古代の宮殿や寺院建築では柱上部を梁・桁などで固めて安定させたが、民家では足固めといって床のレベルで柱間に角材を張り渡して安定させてもいるし、また礎石の上に直接に角材（土台）を置いて、その上に柱を立てる方式、土台敷きでも同様な働きが期待できる（図39）。

しかし後者の土台が歴史に登場するのは大変遅く、近世ではないかとさえ推測されている。土湿の故に脚部回りは腐りやすく、材の取換えを予想してかからねばならぬが、土台はそれが困難で、登場を遅らせた原因の一つに数え上げられている。現在では壁脚部を納めるため、切込土台や附土台も用いられる。

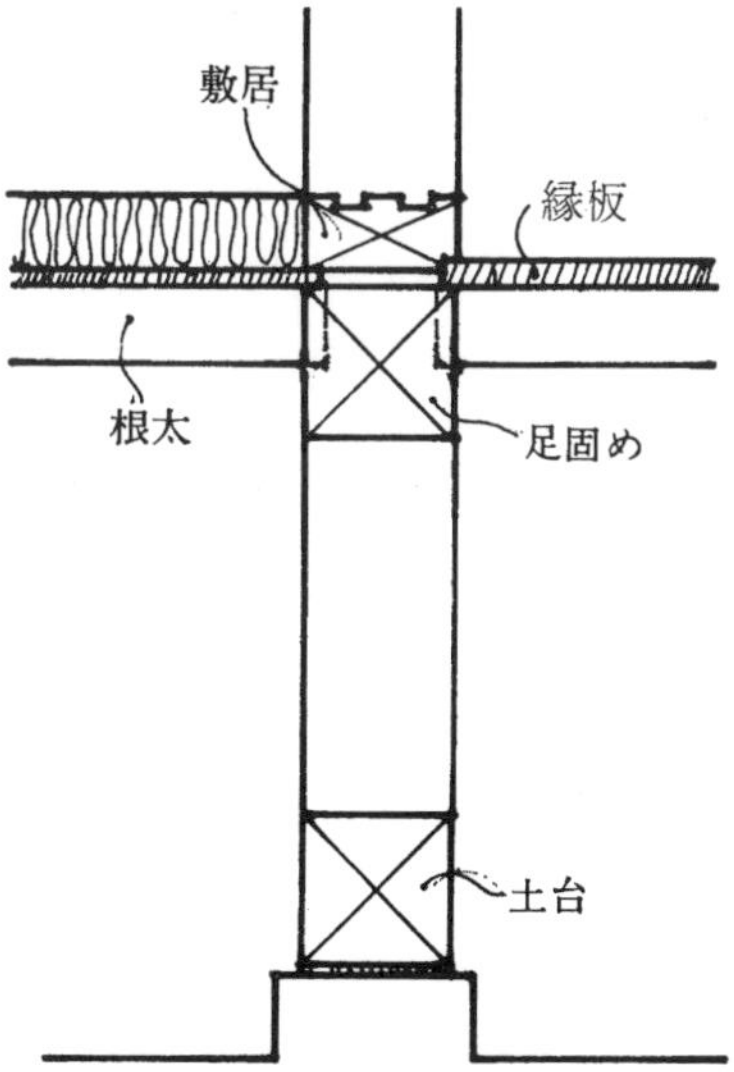

図39　土台と足固め

（一）　床と柱

藤田元春氏の見た滋賀県伊香郡地方にはまだ多くの土座式の「土座に莚をしいてそこにイロリを切る」農家があったし、山形では現在なおこの式の農家が残存している。先掲の『きりもぐさ』には、さらに続けて「藁をしたたかしき込、上にねこだ（藁蓆）を敷、客あれば手織のりうきう蓙（大藺蓙）又は蒲蓙をはしらし」とある。掘立柱を持つことでも知られている中門造りの旧山田家（旧所在地、長野・栄村上野原＝一八世紀中頃）は

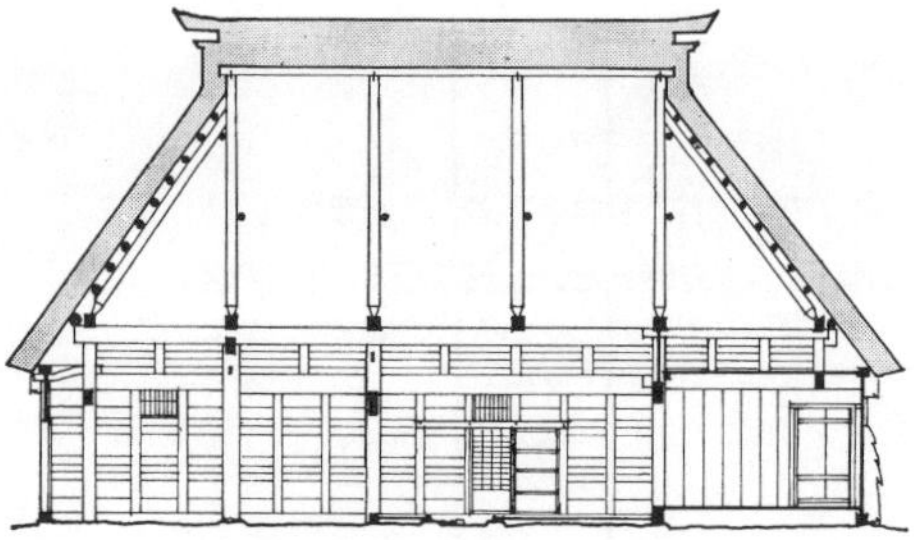

図40　旧山田家桁行断面図

図41　今西家（奈良県今井町）

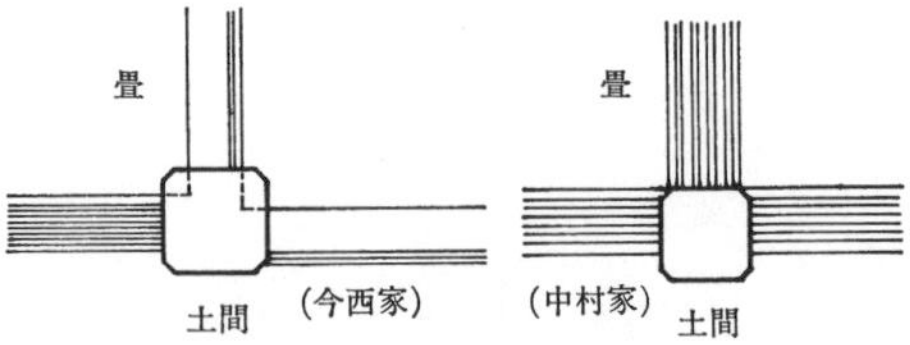

図42　大黒柱の位置

復原すると床はすべて土間で、その上に茅と莚を敷いたものになる（図40）。

移築前はそこはころばし根太の上に板張りされていた。最も簡単な板敷床である。通常はしかし、足固めに大引を掛け、それに直角に根太を掛け、その上に板を張る。大引の下に石場建ての束があって、その撓みを防いでいる。最古の現存する住宅、法隆寺伝法堂の床は根太を省いて大引に直接、厚い床板を敷き並べているが、これに似た構造の床が木材の豊富な山間部になお見出される。

畳は板床の上に敷かれるが、もちろん現在のように部屋全体に敷き詰められるようになるのは室町時代以降である。畳敷が普及すると規格化された畳の大きさに基づいて部屋の大きさを、したがって柱の間隔を決定する方法、いわゆる畳割が現われる。それは同時に木材や建具の規格化を併っていた。この畳割に対して、柱相互の間隔をその真々どうしの長さで決める方法、柱割（真々柱間制）があり、もちろん畳割制に先行してあった。

慶安三年（一六五〇）建設の今西家（奈良・今井町）（図41）はこの畳割への変換期にあって問題点の多い住宅である。ほぼ同じ時期（寛永六年）の中村家（奈良・御所市）では土間と居室の境の大黒柱が、居室側の内法を揃え整えるために土間側に押し出しずらされているのに対して、今西家のそれは柱通りの真々にきており、そのために大黒柱に切り込んで畳を納めている（図42）。したがって柱割を思わせるが、畳割に結びつく規格化された建具を用いている。そして現存の奈良地方の民家は畳割に基づいている。他の例を考え合わせて、この慶安頃以降、奈良では急速に畳割が拡まったものと推定されている。

このような畳割の中心は京都で、三河あたりを東限にして西日本に拡がっている。六・三尺×三・一五尺なる寸法の京間畳が基準となっているが、いくつかの地方で独特な寸法を用いている。その中で大きな地域を占めるものは六尺×三尺の寸法の中京畳で、彦根附近で京間畳圏と境を接しながら濃美平野に拡がっている。

東日本の畳は江戸間（田舎間）で、柱割に基づいて柱の真々間隔を六尺としたところからきたものである。この柱間隔もまた地方によっては別の値をとるところもあり、また一定しない地域もある。このように地域によって柱の配置方法が異なるのは、さらに柱割の地域に畳割が飛地的にあったりするのは、大工組織を通じての技法の伝播の問題であると同時に、畳や木材の規格商品の販売ルートの問題でもあり、したがってその背後には幕府や藩の支配圏とか商人や職人の交易・交流圏に影響されて現出したものである。

（二）上屋・下屋と梁組

室町時代末まで遡りうる古井千年家（兵庫・安富町）は古民家の軸組の好例である（図43）。部材は古民家に共通して手斧で仕上げられている。柱は約三寸角の不整型な栗材で、梁行方向に一〇・三五尺の間隔で三本ずつ立ち、その頭を扁平な小屋梁で繋ぐ。この三本一組の柱を桁行方向に七組、ほぼ等間隔に並べ、その柱間に太い貫を渡して繋ぎ、上屋《じょうや》部分を形成する。柱割に則っている。側柱はその外、半間隔ったところに立っていて、入側柱（上屋柱）の貫をそのまま延ばして結びつけられている。

小屋組については、すでに触れたように叉首組と真束組の混用で、折置きで小屋梁の上に叉首を組み、それに屋中を結びつけ、さらに棟通りに敷桁を置いて、その上に長い棟束を立てて棟木を受けている。そして棟木から桁へと下される棰はそのまま下屋《げや》

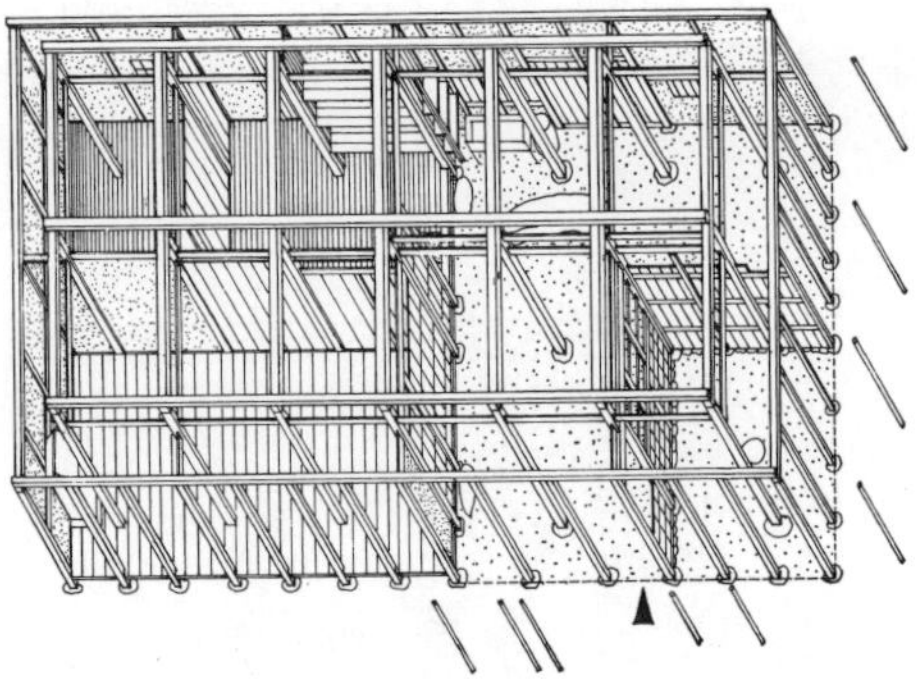

図 43　古井千年家の架構

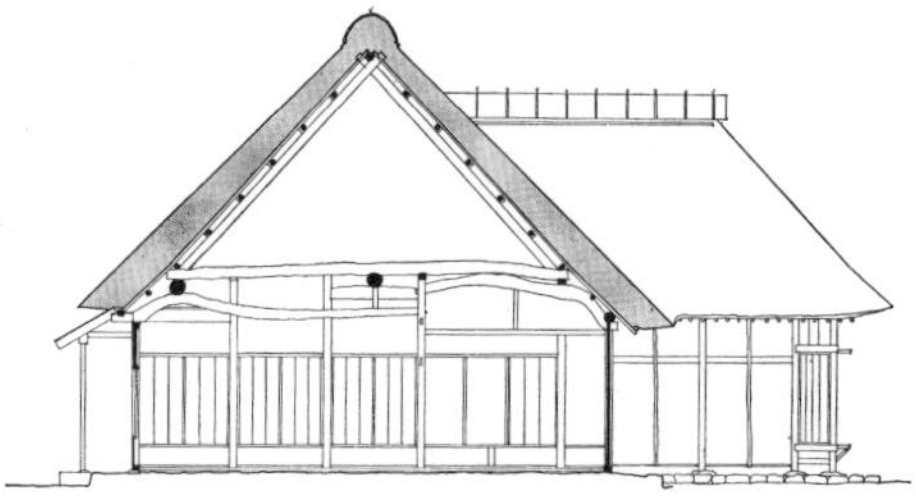

図 44　尾形家土座部分梁行断面図

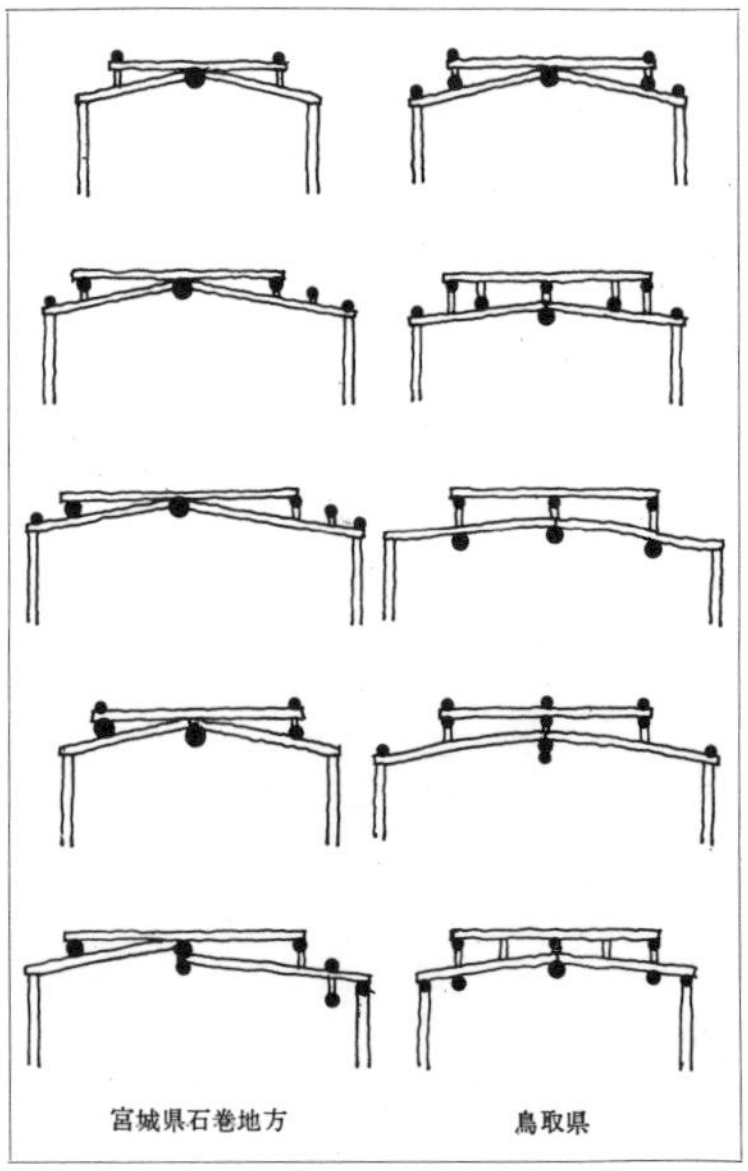

図 45　土間部分の投かけ梁形式（草野和夫氏他・原図）

や軒の構造となる。部材が細いので一見ひ弱そうに見えるが、この構造体は大変安定している。屋根の荷重も、整然と配列された柱で垂直方向に直接支えられているからである。

しかしながら、このような柱配置は、例えば土間にある独立柱は、そこでの人の立居振舞の邪魔になるであろうし、棟通りの柱はそこで全体を前後二つの空間に分割して間取りを拘束したりして、逆に空間の未発達を示すものでもある。それ故、棟通りの柱を省こうとすれば、現在の扁平な小屋梁の代りに太い梁を使うとか、棟束を止めて叉首組だけにするとかの工夫が必要となる。時代が進むに従って、下屋部分を上屋空間の中に取り込んだり、全体の規模を大きくしたりするに応じて、柱や梁の組み方にさまざまな方式が生れてくるのである。

古い例をあげれば、一七世紀末頃の中門造りの尾形家（山形・上野市）の土間部分の軸組である（図44）。中引梁（牛梁《うしばり》）を棟通りに渡して、いくつかの柱を省き、この部分に一つのまとまりのある空間をつくっている。さらに土座部分では下屋を上屋に取り込むために側柱に直接梁を架け、入側通りのところでは桁行方向に敷桁を置いて小屋梁を支えている。ここではまだ中央附近に

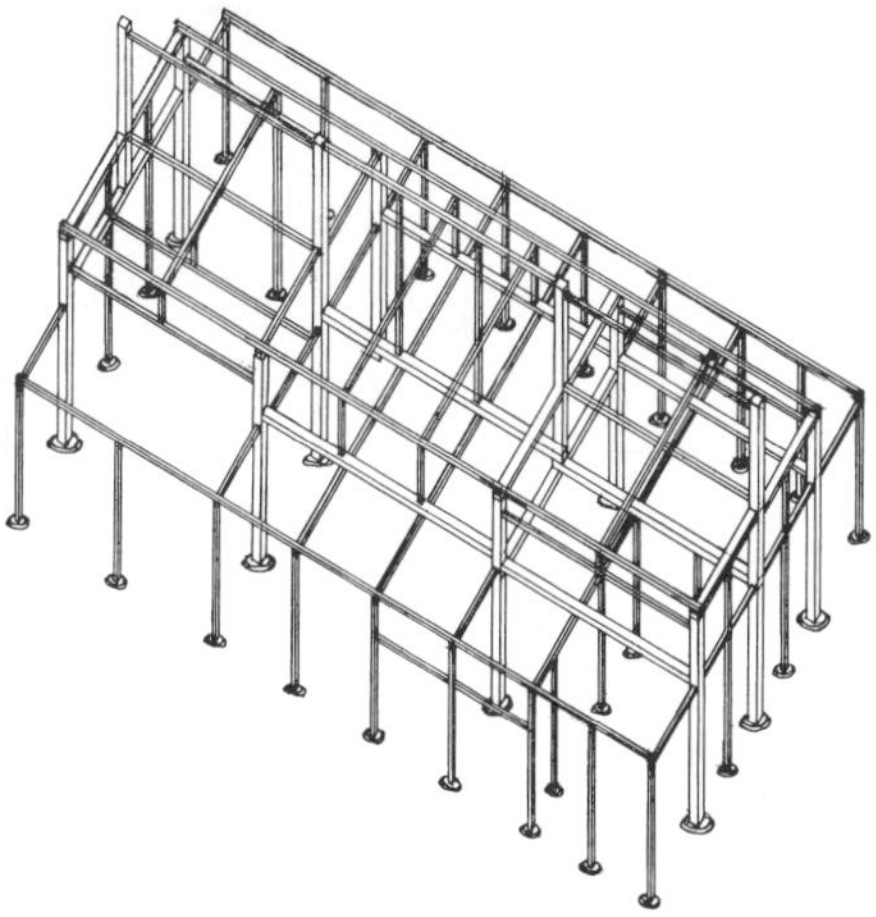

図 47　旧広瀬家の構造

図 46　旧広瀬家（日本民家園）

柱が残っている。それを抜くにはさまざまな方法があるが、草野和夫、高橋恒夫両氏の図を掲げておく（図45）。基本的には小屋梁を二重梁的に梁（投掛け梁）で支えるのだが、それを中引梁にどのように架けるかという問題である。

「いどこ」が土座式で、「どじ」（土間）との境のないユニークな空間をもつ、甲州の切妻造りとして有名な旧広瀬家（旧所在地＝山梨・塩山市）（図46・47）は縦横に梁を組んでいて、「四つ建」（四つ造り）に該当する架構法をもつ。つまり「四本の柱をたてて四角な枠をつくり、この枠から四周に梁を出して側をつくる」建て方である。この甲府盆地では一八世紀後半以降、棟持柱が内部に目立つようになるが、以前はこのように上屋柱と棟持柱が併用されている（図48）。

「四つ建」とは逆に、四本の梁を井字型に組んで、その先端を八本の柱で支え

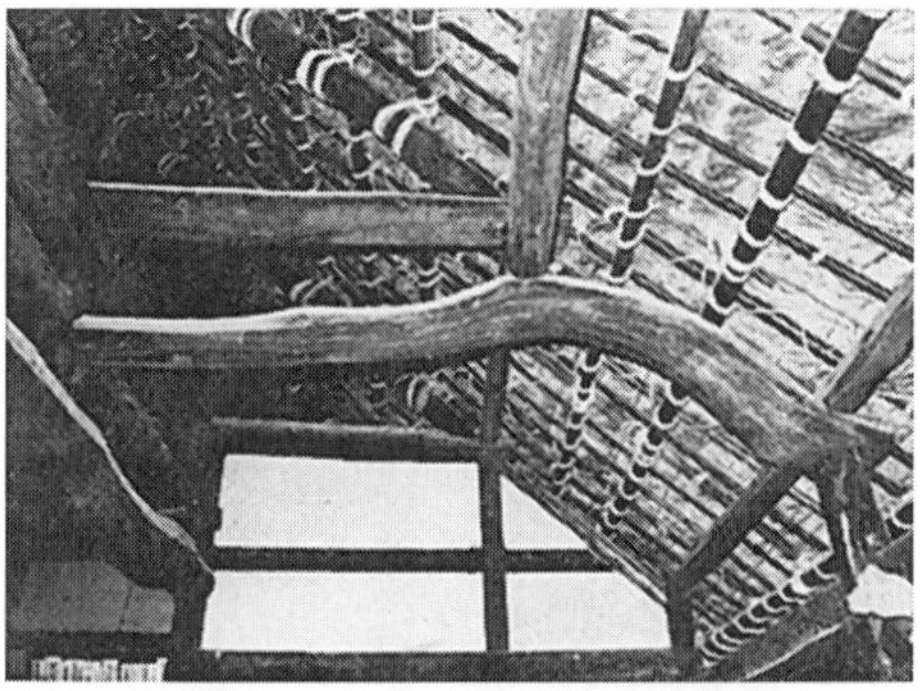

図 48　旧広瀬家の内部

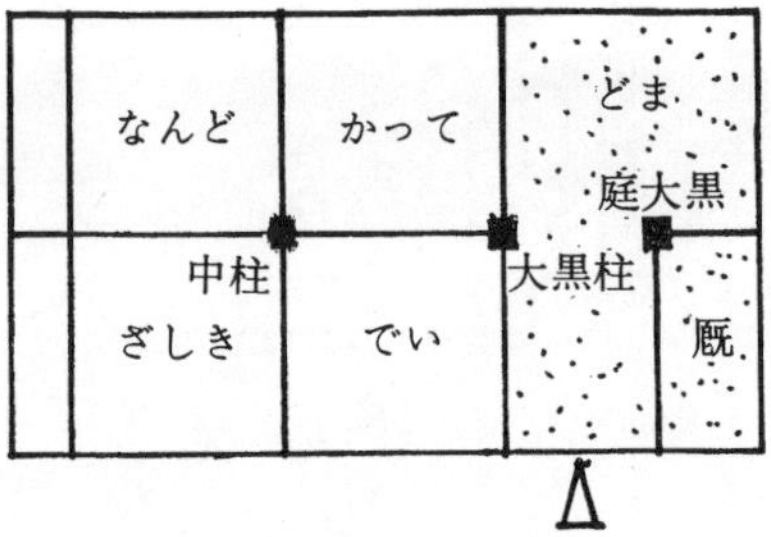

図49　整型四間取りの役柱

る架構法が、静岡県井川地方の板葺民家に見られるという。また十字型に大梁を組んで、その先端を四本の柱でうける架構を主体とする構造もある。関東の北部から東北地方には「本小屋」や「枡造り」といって、幾本もの梁を重ねて堅固な梁組をつくる方式もある。積雪による建物のゆがみを防ぐためである。

指鴨居《さしかもい》といって、内法高のところで柱を繋いでいる背の高い鴨居を用いることで、梁を兼ねさせて、二間、二間半と柱を抜くことも可能である。さらに貫や梁、脚部では指敷居を架けることで堅固な軸組をつくる。町家に極く普通に見られるものである。

さて、このように水平構造材を架けることで柱を省いていくと、残った柱に集中的に荷重がかかってくる。その位置は、均等ではないので、柱によって荷重が異なり、したがってその太さを異にするのが道理である。整型四間取り（田字型）では、板間と土間の境の中央に立つ大黒柱（大極柱）がその典型である。このような柱には多くの水平材が四方から架けられ、多くの枘《ほぞ》穴があけられるので、材は太くされねばならぬ。加えて、大黒という言葉から解るように、柱に、住居に籠められた住人の意志がさらにそれを太くする。

このような役柱は他に田字の中央に立つ中柱《なかばしら》や土間にあって大黒柱と向いあって立つ庭大黒などがある（図49）。川島宙次氏（『滅びゆく民家』）はそのさまざまな別称を集めている。曰く、大黒柱は建初柱《たてぞめ》・一番柱・一の大黒・亭主柱・ろっくう柱、庭大黒は下大黒・厩大黒・向う大黒・睨み大黒・小黒柱・蛭子《えびす》柱・牛持ち柱、中柱は上大黒・横座大黒・後《うしろ》大黒・長者柱・都柱・小大黒・えびす柱等々である。これらの呼称より柱への関心ぶりが伺いうるが、その伝統は深く長い。

大黒柱なる呼称は、室町時代以降、庶民の中に滲透した大黒信仰があって、その大黒の像なり絵なりを柱に付けて祭られることに由来すると推測されている。一家の繁栄を柱において大黒天を祭ることで達成しようとするこの心情は、万葉集にある「真木柱讃めて造れる殿《との》の如《ごと》いませ母刀自面変《ははとじおもがは》りせず」と歌われた柱の観念に共通する。この歌の主旨は母の永生を願ったものだが、その譬として言寿《ことほ》いで建てられた柱は、したがって家全体は永遠に健在だとする観念である。

現在、歳神を迎える島根半島の正月行事に役柱にシメ飾りをする習俗が見られるが、その底には住居の堅牢さと一家の繁栄とが微妙に重なり合う観念が、やはり透けて見える。

さて、このような架構は、上手《かみて》の居室部分では柱を建てるのは比較的容易であるので、土間や「かって」の広い空間を覆うべく発展してきたといいうる。この部分は天井がないか、あっても天井を高くする場合が多いので、その力強い架構がその上の小屋組や屋根裏の構成と一体となって、民家に独特な美しさを見せている。

この小文のはじめに掲げた花祭の空間をここで再び顧みよう。花祭にあっても、この部分は住居なる空間を聖化し、強固にする場所であった。舞などの顕在的な神事を通してである。隠すことではなく、現わすことで目的を達成しようとする神事は、土間と茶の間を覆って架る構造体の力強さに呼応する。わが家の太く強い柱・梁の自慢をよく耳にするが、かかる心情はやがては平田家のように、高さを変え仕上げ材を変え、長さや幅を変えて拡がる床の各場所と軸組とが微妙に呼応した優れた民家の空間に結実する（図50）。

図50　床と梁（平田家）

三　壁と開口

出入口は内部と外部を繋ぐと同時に、遮る結界である。したがって、それに係わってさまざまな象徴的意味を担っていて、また大きさにおいても形式においても、さまざまなバリエーション（大戸口、式台、玄関構えなど）がある。古民家では、この出入口を除けば、総じて外壁の開口は少く、かつ小さい。

民家の壁は通常は土壁であった。古井千年家は小枝の多い木を小舞にして手塗り仕上げであったが、普通は小舞貫や小舞竹を芯

図51　古梅園（奈良市椿井町）

にして塗り、そのまま土肌を見せるか、白漆喰仕上げとする。形式としては真壁といって柱・梁を、場合によっては貫さえも壁の表面に見せる形式と、大壁といってそれらの上を塗り覆う形式がある。また、板壁は遮断性に劣るが、耐久性があって古来よく使われてきた。柱間に板を横にして落とし込んだり、柱に通した貫に縦張りにする。

雪国や多雨地帯では土壁の表面に板を張って保護する仕方をよく見かける。茅やわらを使った草壁の民家もある。先掲の旧山田家がそれで、茅を段葺きにしている。特殊な外壁で目立つものに、「むしこ造り」や「土蔵造り」という土壁がある（図51）。極めて手数を要する仕上げだが、「歴史」の項で見たように、火災の延焼の多い都市での防火の目的で生まれたものである。

さて古井千年家の「おもて」と「ちゃのま」の外壁につく戸は片引戸で、板戸のうしろに障子戸がはまっているが、一間の壁面の半分が開けうるのみで閉鎖性が強い、古い方式である。旧広瀬家も同様である。旧山田家は両引戸であるが、一本溝でやはり半間が解放されるのみで同様な気分を示している。

開口は採光や通風、わけても熱や乾燥を求めて南側にあるのが一般であり、間取りもそれに向けて整えられる。雪国では、このような方位づけがとりわけ求められるにもかかわらず、現実には方位に拘束されずさまざまである。地表を深く覆う積雪が方位づけを無意味にするからだという。ここにも外界から閉ざされた求心的な空間が見出される。

住居は元来「くなど」（くなぎどころ＝男女交会の場）であり、「嬬屋《つまや》」なるスイート・ホームであり、基本的には寝屋《ねや》であった。先述の花祭にあって「おくのま」が「神部屋」になりうるのも、そこが最も隠し籠められた場所であったからであろうし、その意味でそこは住居の古来の意味を体現しているのである。

通常の民家にあっては、この位置に納戸があるが、そこは柳田国男氏もいうように、倉稲魂《うかのみたま》のいる場所であり、岡山県の一地方のように恵比須・大黒のいる場所でもあり、島根半島では歳神の居場所であり、正月のシメ飾りの位置にその入口がしばしば選ばれる。要するに、土間やそれに続く板間の部分が、先述したように顕らかになり、ハレ化するに従い、奥の部分は籠り隠されていった結果であろうと思われる。住居にはこのような二元性、隠と顕への二方向性がある。古民家はなお全体として、「くなど」としての籠り屋の性質を示していたのである。

このような閉鎖空間に開口を設け、それを拡大するということは民家の空間を大きく決定づけたはずである。住居空間の開放性ということは庇の発生ということを考えれば、古代にすでにあったはずであり、町家についてはいうまでもなく、地方にあっても山水屏風（神護寺）（図52）や法然上人絵伝の中に見られる通り、平安末期迄には下屋部分（庇）を瓦ないし板葺として外壁面を開放するという仕方が見られる。しかし、開放といってもまだ、蔀戸《しとみど》か、またはその建具が二本の遣戸《やりど》と一本の明障子であって、光を採り入れうる部分はやはり少い。椎葉の家（旧所在地＝宮崎・椎葉村＝一九世紀初期）（図53）はこの後者の方式である。

全部が開放されるには雨戸の出現を待たねばならぬが、古井千年家のような小さな開口でも見られるが、縁もまた開放に重要な働きを演ずる。但し、縁先に雨戸がきて、縁が室内の中にとり入れられていくのは後のことである。

図52　山水屏風図（神護寺蔵）

図53　椎葉の民家（日本民家集落博物館）

図54　能勢の民家（日本民家集落博物館）

図55　せがい造り

そして、もちろん軒がとりわけ開放にとって重要である。社寺建築でも三手先などの組物、野屋根や桔木《はねぎ》などで開放感のある深い軒をつくり出すことに努められてきた。民家では棟から下る棰を延ばして軒とするのがよく見うけられる（図54）。さらに深い軒を作ろうとすると、そのままでは弱いので軒桁が設けられる。この軒桁を受ける仕方には、旧広瀬家に見られるようにさし梁で受けて、その下に柱を設けたり、あるいは、梁をそのまま延ばして軒桁を受けたり、はね木を使ったりもする。せがい造り（出桁《だしげた》造り）もその一つで、側柱から椀木を出して軒桁を受け、この部分に天井を張る造りである（図55）。中には二重に桁を設ける場合もある。

このようにして壁を開放することは民家の空間の中にさらに明暗の軸を持ち込むことを意味し、表—裏、入口（下《しも》）—奥（上《かみ》）などの軸に積層して、独特な空間秩序をつくりあげることになったのである。

しかし、これはすでに「歴史」の項で触れたように、中世の書院造りに生誕し近世後期、民家に普及した座敷の位置とその空間構造を抜きにしては語りえないが、いずれにしろ、それは民家の構造の問題を逸脱する。ここで筆を置くにあたって一言、お断りをしておきたい。

民家の本質がそのふるさと性にあることは、よく首肯しうるところであろうが、住居はまた住人を庇護する場所でもある。フランスの哲学者G・バシュラールにいわせれば、住居がそういう場所であることは夢想においてよく描写され、その夢想にあってこの庇護性の象徴はすぐれて生家であるという。例えば、誰しも経験したであろう、春の日溜りでぼんやりと、つまりは庇護されてする夢想が示すものである。つまり現実の住居を通して、われわれは生家に住んでいるともいいうる。

民家のもつ土着性、風土性は土着の材料を使い、その風土に適うように屋根や壁や開口や間取りを発達させ、いくつかの型を生んだのであるが、その魅力は単に、いわばその擬自然性にあるだけではない。われわれ自身が担っている生家という土着性が底にあって成立しているものと思われる。民家は、もちろん技術や生業や生活水準など、いわゆる文化を抜きにしては考えられないが、それでも、それらを貫く軸は土着性であり、ふるさと性であろう。われわれはそれに応ずべく、なるべく時間を遡向するスタイルを選んで、民家の構造を述べてきたのである。

〔一九七七年〕

注

小倉家、旧清宮家、江川家、尾形家、笹岡家の梁行断面図はそれぞれの修理報告書に、また、旧大戸家、石田家、大角家、旧山田家の梁行及び桁行断面図は「民家」(『日本建築史基礎資料集成21』)によった。

中山道の宿場町――道・ふるさと・保存――

中山道と道の両義性

道にとっての固有な意味は様々異なる諸場所を繋ぐということにあるのは確かである。極端な場合には高速自動車道に見られるように、途中にある諸場所は目的地との距離でのみ測られて、或る均一《ホモゲーネ》的な意味を受け取ることとなる。近世にあっても三六町を一里（三・九キロメートル）として、その一里ごとに築かれた一里塚（図2）というような、その性質の象徴と見なしうるものがあった。このような道の建設は、古代ローマの例を出すまでもなく、通常、時の政府の掌中にある。中山道と部分的に重なる古代の東山道《とうせんどう》にしても、いくつかの国府を繋ぎつつ陸奥や出羽に至る、律令国家の支配の手段として作られた。中山道もまた徳川幕府によって、とりわけ公的な旅行者や荷物の輸送を目的として、東海道の草津宿と江戸との間、守山宿から板橋宿までの六十七宿の宿駅《しゅくえき》を定めて作られたものである。そこを朱印状や御証文（老中など幕府役人の出す証明書）を持つものは、もちろん数に制限はあるが、宿駅の人馬を無賃で、また大名など許されたものは御定《さだめ》賃銭といって、相対賃銭（相対雇の賃銭）の約半分で旅行・輸送しえた。

　その仕方は宿ごとに人馬を替えるという、いわゆる継立てを常態としたので、幕府は各宿には一定の人馬を用意させた。中山道は五〇人五〇疋であったが、その一部の木曽路はすでに以前からそうであったように、元禄十三年（一七〇〇）以降、二五人二五疋に定まった。

　幕府は地子《じし》（土地税）の免除に代えてこの役、すなわち歩行《かち》役（人足役）と馬役を宿民に負担させた。中山道の初見は慶長七年（一六〇二）の江戸町年寄の名によって出された通達、御定賃銭を定めた「定路次中駄賃之覚」であるが、寛永十二年（一六三五）の参勤交代制の確立（「武家諸法度」の改正）は駅宿を充実させるものであった。何故ならば、表1に掲げたように、諸大名が御定賃銭で使いうる人馬の数には制限があって、のこりは相対賃銭で雇上げねばならず、旅籠代などを含めて、それは宿場にとって大きな財源であったからである。但し、朱印状や御証文での旅行者は重い負担を宿場に与えるのが通常で、宿財政は一部を除いて苦しいものであった。

　中山道の各宿駅も道中奉行によって政治的に支配されているが、これは、中山道の宿駅が参勤交代制の中止と共に急速に荒廃していくこととあわせて、経済的にも統制されていることを意味していて、中山道という道自体が各宿場に均一的な性格を与えたであろうことを示唆している。

　東海道と中山道の宿間平均距離を較べた場合、前者では集落が発達していてそれは短そうなもの

図1　木曽路石畳道

図2　一里塚——新茶屋

表1　中山道を通る大名の御定賃銭で使用できる伝馬役数　文政5年（1822）

松平加賀守（金沢藩主）	当日百人百疋、前後十日之間弐拾五疋宛、万石以上之家来供に召連候節は、両人にて弐拾五人弐拾五疋宛
松平越前守（福井藩主）	当日并前後二日宛、都合五日、弐拾五人弐拾五疋宛
拾万石以上	当日并前後一日宛、都合三日、弐拾五人弐拾五疋宛
五万石以上	当日并前後之内一日、都合両日、弐拾五人弐拾五疋宛

であるが、二里一〇町強（約九キロメートル）で、かえって後者は一里三二町弱（約七・五キロメートル）である。自然の険しさへの配慮によるのであろうが、そこには道の均一性とは別の性質の存在がうかがえる。

端的にいえば、それは道が逆にその場所にまわりのものを集めるという性質である。それはそこに固有の拡がりをつくり出すことである。例えば、ドイツの哲学者M・ハイデッガーが『野の道《フェルドヴェーク》』で述べているように、道は故郷という拡がりを開くものであり、風景の内的な弦である。さらには、島崎藤村が『夜明け前』で中山道の宿駅、自らの生地、馬籠《まごめ》をとりあげて、街道がそこに特有に江戸や京都を、中津川や福島を集めてつくる固有な拡がりを描いてみせているが、その執筆準備で馬籠を訪れた際（昭和三年五月）の講演で生地の人々を前にして「血につながるふるさと　心につながるふるさと　言葉につながるふるさと」とのみ述べて絶句した、そのふるさとをつくる道があり、宿駅がある。

その険阻さのゆえであろうか、中山道の別名ともなった木曽路（「中山道は〈中略〉木曽路共唱申候」）には、明治以降、時代の波から取り残されて、あちこちに近世の町並みが残っている。しかし近年、急速な変化の胎動を前にしてその保存の必要が叫ばれ、現に、妻籠《つまご》では太田博太郎氏らにより建築の修理・復原を伴う町並み保存が試みられており、奈良井《ならい》はまた歴史的町並みとして文化庁の保存指定を受けている。もちろん、それらの保存には問題がないわけではない。例えば、「ふるさと」と藤村を絶句せしめたあの馬籠の、全国至る所に見られると同様な、俗悪な民芸風な観光化現象がある。この観光というものは、保存維持の経済的基盤であると同時に、その破壊力ともなりうるものであるが、それはまた鉄道を含めて、道による均一化の現代的現象とみなしえよう。もはや、かつての宿駅としての機能を喪失して、遺物と化したものへの外からの新しい攻勢である。したがって、ここでの保存の問題は道の両義性、均一化と個性化の問題と見ることもできよう。そこでまず、近世の木曽路の宿場町についてこの両義的な在り方を見ることにする。つづいて、近世と現代のつながりとしてのそれらの保存について考えることにしよう。その時、ふるさとが問題になるであろう。

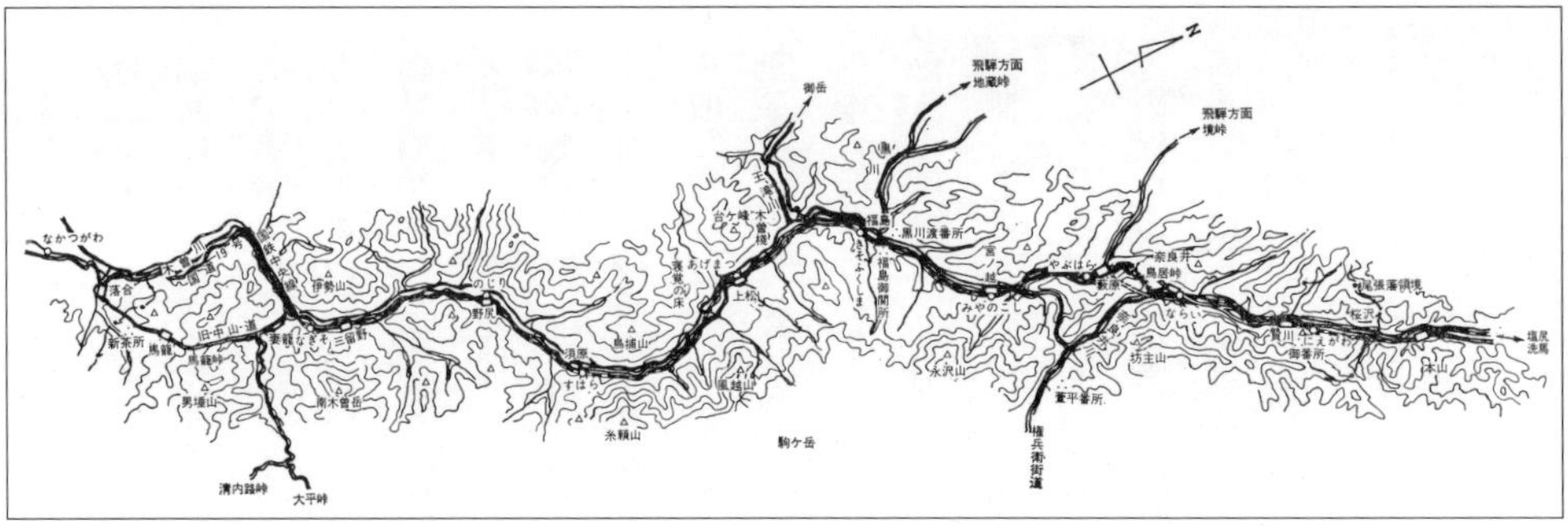

図3　木曽十一宿

木曽路

『木曽福嶋町史』は『続日本紀』の大宝二年（七〇二）と和銅六年（七一三）の記事の「岐蘇山道」と「吉蘇路」のいずれも木曽谷を縦貫するものと推定しているが、それに関しては諸説紛々である。ただ、先述の東山道は美濃坂本駅から神坂峠を経て伊那の阿智駅へ至るルートをとっていて、明らかに木曽山道を通ってはいないが、康平元年（一〇五八）頃からそれは木曽山路に移っていった蓋然性は高い。そして慶長七年（一六〇二）には、先の通達によっても解るように、東海道に次ぐ重要な主幹道、中山道に組み込まれる。それは、永禄十一年（一五六八）の『相州文書』に武田氏の伝馬宿として、贄川《にえがわ》・奈良井・屋分原《やぶはら》（藪原）・福嶋《ふくしま》などの名が見えることから推測すれば、既存の宿場や道を整えながら、出来上がっていったか、または『西筑摩郡誌』は、天文二年（一五三三）木曽義在によって、馬籠―新洗馬《せば》間の道が整備され宿駅が定められたというが、いずれにしろこの時すでに木曽十一宿の基礎は定まっていたのである。

木曽十一宿とは、貝原益軒も「是〔藪原〕より下馬籠迄は木曽谷也。其間十七里有。誠に深山幽谷也」（『木曽路之記』）と記す木曽谷の九宿と、そことは分水嶺である鳥居峠で隔てられた贄川・奈良井の二宿よりなる（図3）。しかし隔てられているとはいえ、それらは「みな山中なり」である。『木曽路名所図会』が、『夜明け前』が等しく着目した地勢的まとまりがある。

この山林を徳川家康は関ケ原戦の後いちはやく、木曽氏の旧臣山村道祐をもって支配させるが、そこは「木曽の五木」（自由な伐採を禁じられた、桧をはじめとする五種の木）にうかがえる

図4　木曽街道六十九次　福島（広重画）

良質な材木の産地である。その管理は元和元年（一六一五）、そこが尾張藩領になってもそのまま山村氏の手に委ねられていたが、寛政五年（一六六五）、彼の懇願によって尾張藩の直轄に切り換えられる。そして新たに上松《あげまつ》に御（材木）奉行所が置かれ、河川や街道には番所が配されて、いわゆる「木一本に首一つ」にうかがえる管理が山林一帯に行われた。

しかし、地方《じかた》と宿方の行政は相変わらず福島の山村氏の手に委ねられていた。そこには福島御関所が置かれ、とりわけ「出女《でおんな》に入《い》り鉄砲」が厳しく監視された。そして木曽路の外れ、贄川の江戸寄りにも御番所があり、「上下女御改め」、「ひの木細工御改め」（白木改め）が行われ、福島御開所の副関として機能していた。これらは江戸の前進基地であって、いわば均一的性格を帯びていたが、木曽谷にはさらにその主要な出入口に口留番所が設けられていて（図4）、木曽路を一つの閉じられた領域に構成してもいた。地理的には贄川の桜沢にある宿傍示杭から馬籠の新茶屋にある美濃・信濃国境杭までが木曽路であるが、行政的には木曽路はこのように閉じられた領域となって、その中に上松と福島という二つの核があるのである。そしてそれが均一的な街路に或る中心性と方向性を与えていたのである。安政六年（一八五九）以後に作成されたと思われる「中山道宿村大概帳」（『近世交通史料集五』）を見ると、表2にあるように、宿場の掟（御定）などが掲げられた高札場は贄川から福島までは京よりの、馬籠から上松までは江戸よりの宿場町の入口に規則的に設けられているが、これもまたこのような中心と方向をもつ空間性の証左と看なしえよう。

木曽十一宿はさらに、贄川・奈良井・藪原・宮《みや》ノ越《こし》の上《かみ》四宿、福島・上松・須原《すはら》の中《なか》三宿、野尻《のじり》・三留野《みどの》・妻籠・馬籠の下《しも》四宿にグルーピングされていた。それは合宿と助郷という、宿場の運営の制度にもとづくものである。合宿とは各宿場が不足の人馬役を出して助け合う制度であり、また宿の人足が不足した場合、それを負担するのが助郷であった。人馬の需要数は二条大坂番の人足二〇〇人ないし五〇〇人、馬五〇頭ないし一〇〇頭はまだ少ない方で、姫宮様の降嫁の際には一万ないし二万の人足であった。通《とおし》日雇人足を雇用するにしても、各継所である宿場には多くの人馬が必要で、それを近辺の村々（木曽寄人馬）や美濃国（尾州領美濃国狩出人馬）にあおいでいた。村数の少ない木曽路ではその負担は大変なものであったが、元禄九年（一六九六）、宮ノ越から権兵衛峠ごしに伊那に出る権兵衛街道が開削され伊那路への繋がりが容易になり、ようやくその村々を助郷に組み込みうるようになった。その際、宿場ごとに一定の助郷が決められたのではなく、それはいくつかの宿場が集った合宿ごとに決められた。上四宿は筑摩郡二〇ヵ村を、中三宿は伊那郡二〇ヵ村を、下四宿は伊那郡一六ヵ村をというようにである。制度と地形からくる

表2　木曽十一宿の概要（「中山道宿村大概帳」などより作成）

宿名	家数	人口 総	人口 男	人口 女	役数	水役数	旅籠 総	旅籠 上	旅籠 中	旅籠 下	旅籠率	本陣	脇本陣	宿内町並	宿高札場の位置	問屋	年寄	帳付	馬指	人足指	（合計）	市立	宿場の評価
贄川	一二四	五四五	三〇四	二四一	六七	三二	二五	八	六	一一	二〇%	〇一下町	〇一中町	南北四町六間	宿西側町中（京より）	二	三	二	二	二	一一	ナシ	下
奈良井	四〇九	二一五五	一一〇四	一〇五一	一〇二	五六	五	一	〇	四	一・二%	〇一中町	□一中町	東西八町五間	宿西入口右側（京より）	二	二	二	二	二	一〇	ナシ	下
藪原	二六六	一四九三	七〇六	七八七	九一	三六	一〇	一	三	六	三・八%	〇一上町右	□一中町左	南北五町二五間	宿端南之方（京より）	二	三	二	二	二	一一	かつては月極三度	下
宮越	一三七	五八五	二九九	二八六	六五	八	二一	三	四	一四	一五・三%	〇一中町	〇一中町	南北四町三四間	宿南入口（京より）	二	四	一	一	一	九	ナシ	下
福島	一五八	九七二	四九四	四七八	八二	五四	一四	一	五	八	八・九%	〇一本町	〇一本町	三町五五間	宿入口西之方（京より）	二	五	二	二	二	一三	十二月五度 巳市 馬市	上
上松	三六二	二四八二	一二五八	一二二四	四三	七七	三五	八	八	一九	九・七%	〇一本町	一本町	東西五町三三間余	宿端東之入口（江戸より）	二	三	二	二	三	一二	ナシ	中上
須原	一〇四	七四八	三七七	三七一	四九	五九	二四	七	六	一一	二三・一%	〇一本町	一本町	四町三五間	宿東之方入口（江戸より）	二	三	二	二	二	一一	十二月二三日市立	中
野尻	一〇八	九八六	四九〇	四九六	四〇	三一	一九	二	一〇	七	一七・六%	〇一中町	一中町	東西六町三尺	宿入口（江戸より）	二	三	二	二	二	一一	ナシ	下
三留野	七七	五九四	三一〇	二八四	四七	一二	三二	七	一九	六	四一・五%	〇一本町	〇一門町	東西二町一五間	宿東之方 宿端（江戸より）	二	四	二	一	一	一〇	ナシ	中下
妻籠	八三	四一八	二一六	二〇二	不明		三一	七	一〇	一四	三七・三%	〇一中町	〇一下町	東西二町三〇間	宿東入口（江戸より）	二	四	二	二	二	一二	ナシ	中下
馬籠	六九	七一七	三六〇	三五七	三〇	三二	一八	六	七	五	二六・一%	〇一中町	一中町	東西三町三三間	宿東入口（江戸より）	二	四	二	二	二	一二	ナシ	中
合計	一八九七	一一六九五	五九一八	五七七七	六一六	三九七	二三四	五一	七八	一〇五	一二・三%												
備考					元禄五年道中奉行への届より						旅籠数／家数	〇印 門構・玄関	□印 玄関のみ		（ ）内は『五海道中細見記』安政五年（一八五八）による								錦織五兵衛義蔵『中仙道十四垣根』元治二年（一八六五）による

まとまりである。

宿場町の空間構成

先に触れたように、木曽十一宿では、地子の免除に代えて、二五人二五疋の歩行役と馬役が各宿駅に義務づけられていた。その負担の程度は街道に面した建物の間口の大きさによったようである。そしてさらに、木曽路ではないが同じ中山道の追分《おいわけ》宿では「嘉永六年（一八五三）十二月の町内軒別帳によると、宿の中央部では間口五間を以って一軒分とし、次は間口六間を以って一軒分とし、宿端は間口十二間を以って一軒分としている」（児玉幸多『近世宿駅制度の研究』）。この一軒分が人馬役の単位であるが、その単位が宿場内の位置によって大きさの異なる間口をとるという。ここにも道の両義的性格がうかがえる。つまり、街道に沿っての長さが価値を持つということは道の均一性を受けてのことであり、中央部・中間・縁といった空間分化は道の個別性、集めるという作用を受けてのことであろう。

さて、表2には木曽十一宿の概要が示されているが、例えば、奈良井・藪原では家数に対する旅籠《はたご》の数の比率（以下旅籠率という）は小さく、福島・上松がそれに続くなど、いくつかの特徴がうかがえる。ここでは妻籠・福島・奈良井の宿場町をとりあげて、その空間構成について見てみよう。

まず、旅籠率の高い妻籠であるが、貞享三年（一六八六）の「書上帳」をもとにした、往時の妻籠宿の町割の復原図がある（図5）。宿役その他の人的構成は問屋二、本役二〇、馬役定遣・馬役三、水役一〇、半水役二〇、役無七、罷七、鍛冶一、隠居三、（明屋三）である。このうち本役の家が町の中央部に、水役・半水役がその両端にとはっきり分かれているのは印象的である。かつ、蔵は本役・馬役にかぎられており、また水役・半水役は問屋、本役ないし光徳寺の控（借家か）になっており、富もまた中央部に集まっている。そしてこの街道の幅は二間（約三・七メートル）から二間半であるが、「喜助表より彦九郎表迄町間広し」とあり、空間的拡がりに於いても中心性が見られる。

図6　枡形の茶屋（追分）

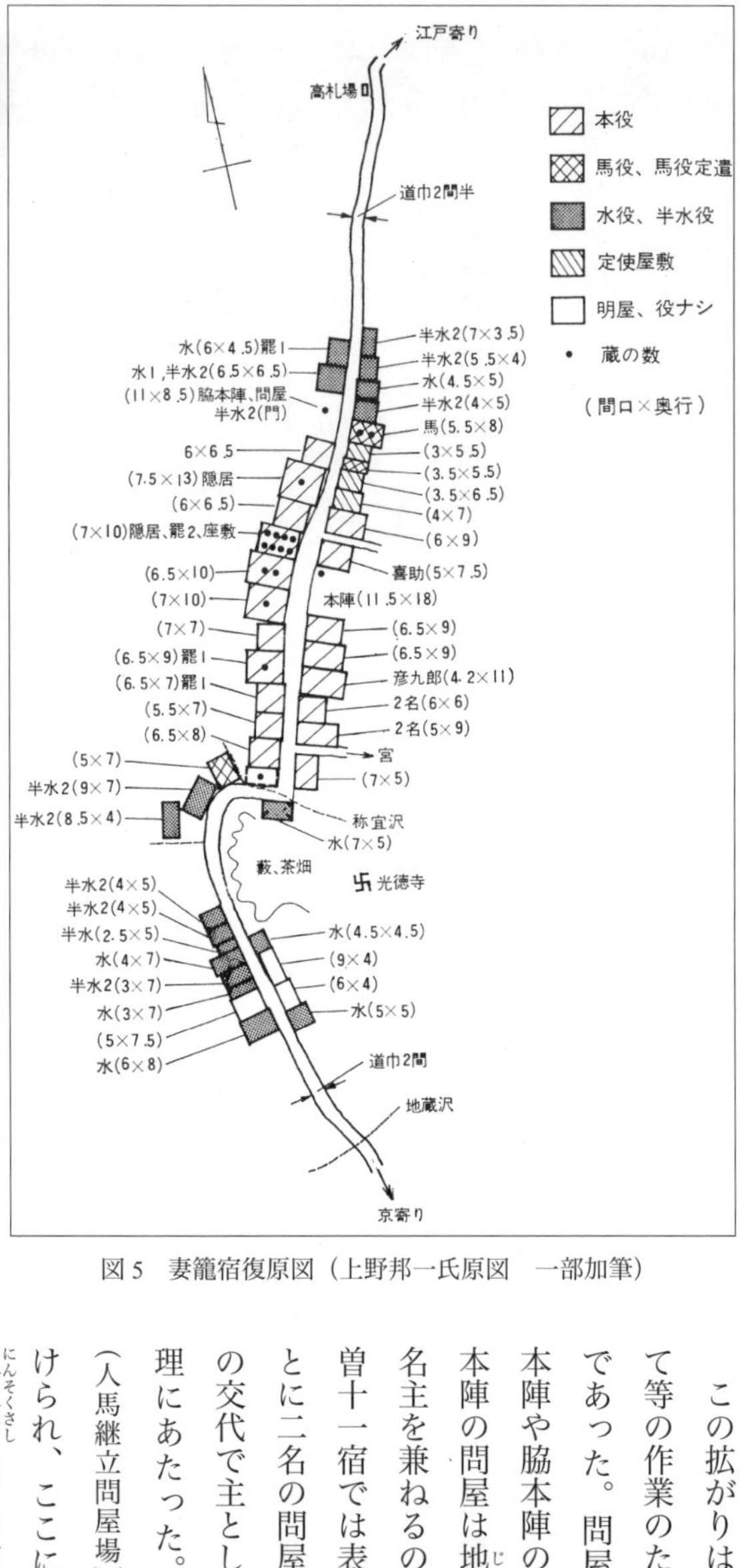

図5　妻籠宿復原図（上野邦一氏原図　一部加筆）

この拡がりは問屋で行われる継立て等の作業のためにも望ましいものであった。問屋は宿役人の筆頭で、本陣や脇本陣の者がなり、とりわけ本陣の問屋は地《じ》方の役人の長である名主を兼ねるのが通例であった。木曽十一宿では表2にあるように宿ごとに二名の問屋がおり、十五日ごとの交代で主として公の通用輸送の管理にあたった。この問屋には会所《かいしょ》（人馬継立問屋場）が街道に面して設けられ、ここに年寄《としより》・帳付《ちょうづけ》・馬指《うまさし》・人足指《にんそくさし》などの宿役人がつめて運営にあたった。図7は馬籠の本陣の平面図であるが、その左上隅に問屋場がある。右半分の門・玄関・上段（付書院のある八畳が上段ノ間に該当）の部分が、大名など貴人の休泊する大旅館という本陣の本陣たる部分である（大島延次郎『本陣の研究』）。本陣に代わってその役を果たす脇本陣にも門構え・玄関（そして上段ノ間）を備えるものがあったことは表2に示した通りである。

「中山道宿村大概帳」は妻籠について「農業の外旅籠屋に旅人の休泊を請、又は食物を商ふ茶店、其外往還之稼有」之」というが、残念なが

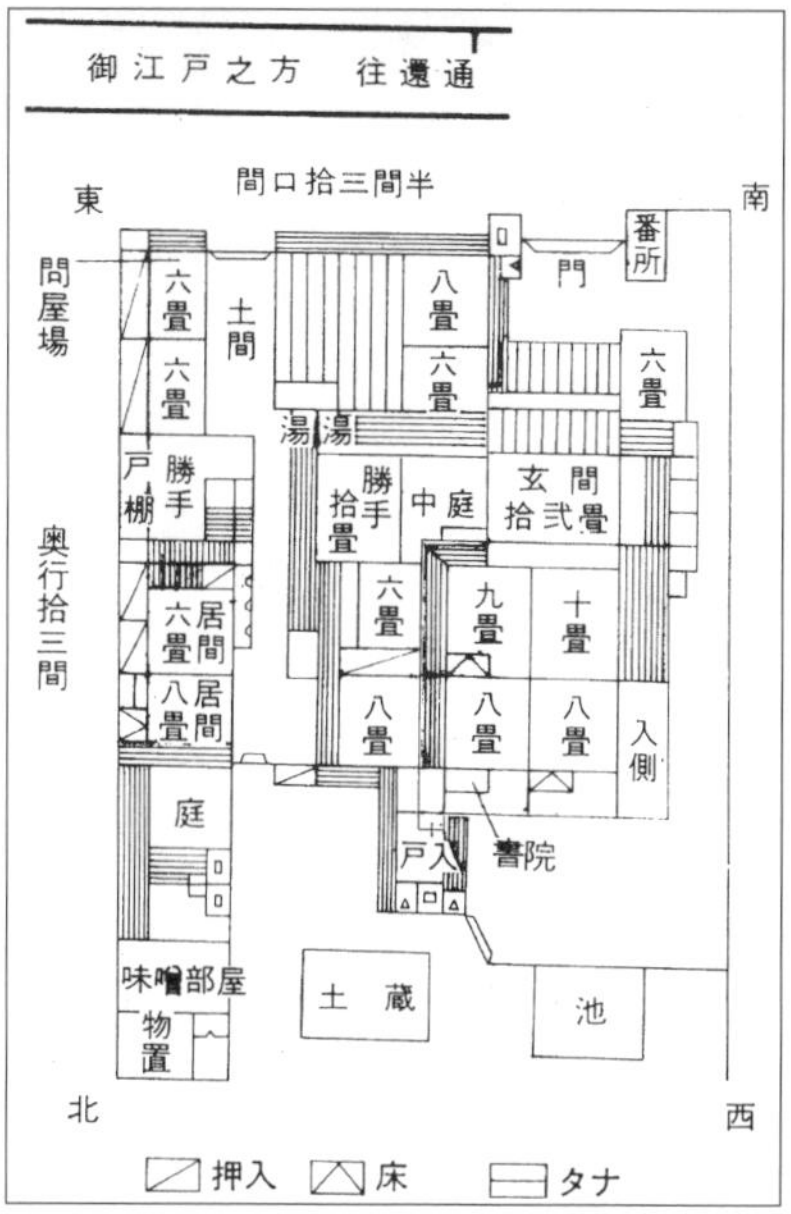

図7　馬籠宿御本陣（島崎吉左衛門）

ら、その配置が解る資料はない。しかし次の福島宿には旅籠屋は中央部に、茶屋は外れにという配置の傾向が見られるので、その旅籠率に照らして本役はほとんど旅籠屋を営んでいたことになる。

次に福島宿をとりあげる。貝原益軒は「木曽山中にかぎらず。信濃路にて尤よき町也」といい、『中山道十四垣根』は「福島駅木曽谷繁華第一ノ駅ナリ、総商人ナリ、干物肴等売店多シ」といい、表2に見られるように、その宿駅の評価は「上」の部類にランクづけしている。図8は天保十四年（一八四三）の福島宿の職業別図であるが、尾張藩の代官山村氏の町らしく、様々な職業を営む家が並んでいる。旅籠・郷宿・商人宿・木賃《きちん》宿・中馬《ちゅうま》宿など種々の宿があるのも特徴的である。郷宿は代官所に所用などで出てくる村人のための

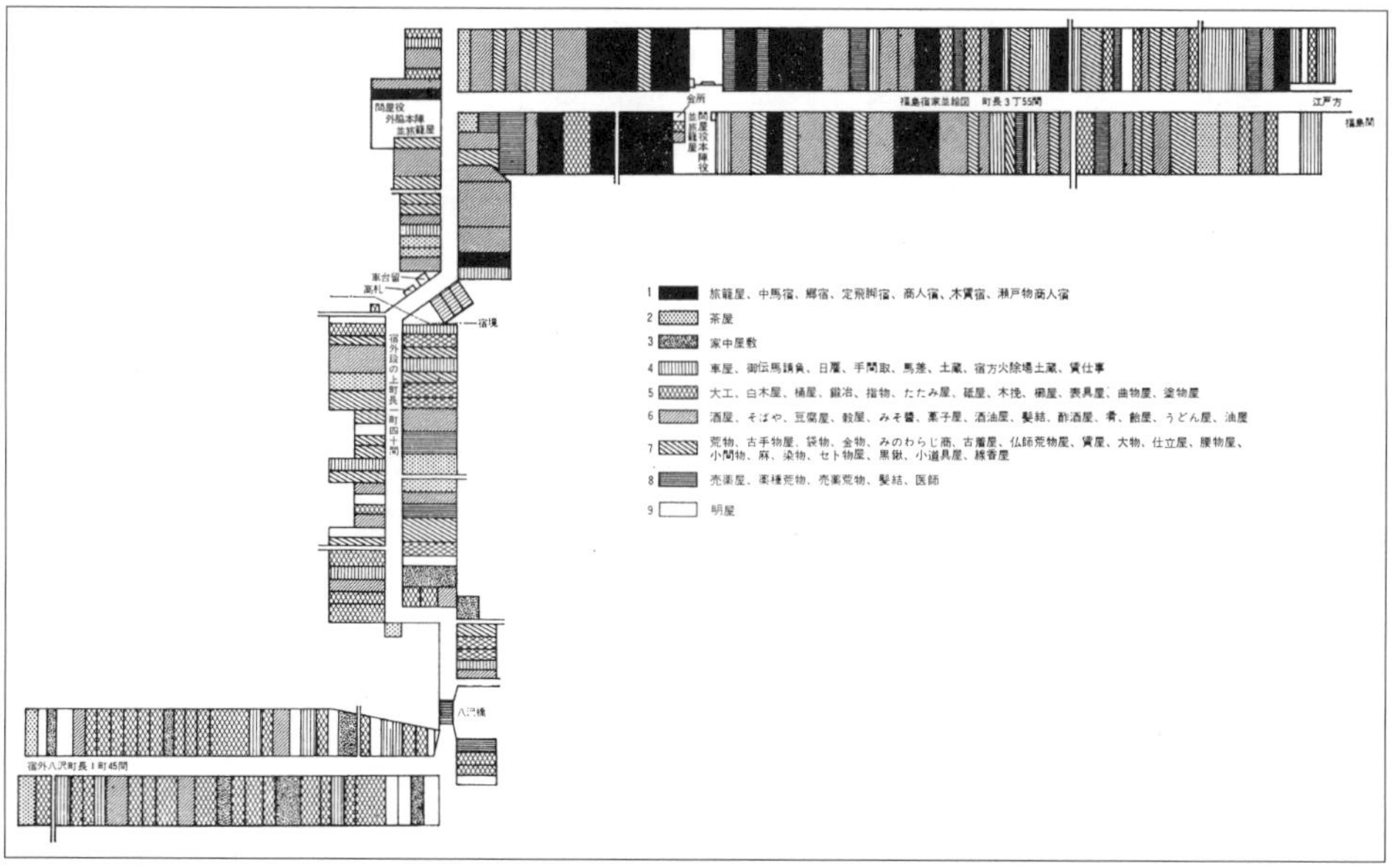

図8　福島宿の職業別図（木曽福島町氏による　一部訂正）

ものであろうし、中馬宿は主として伊那路の通しの運送に携わっていた中馬のためのものであろう（筑摩郡奈川の牛稼も通しの運送に携わっていた）。食事のサービスをしない木賃宿や飲食・休憩のための茶屋が宿場町の端にあり、問屋を兼ねる本陣を中心とした旅籠屋街が中央部に展開している。町並みとしては宿場町と連続している職人町の八沢町や商人町の上の段には茶屋以外には宿関係のものはなく、伝馬役も全く宿場町に限られている。加宿といって隣接する町を伝馬役負担の宿に加える例もあるが（児玉幸多『宿駅』）、ここはそう

図９　越後屋——奈良井

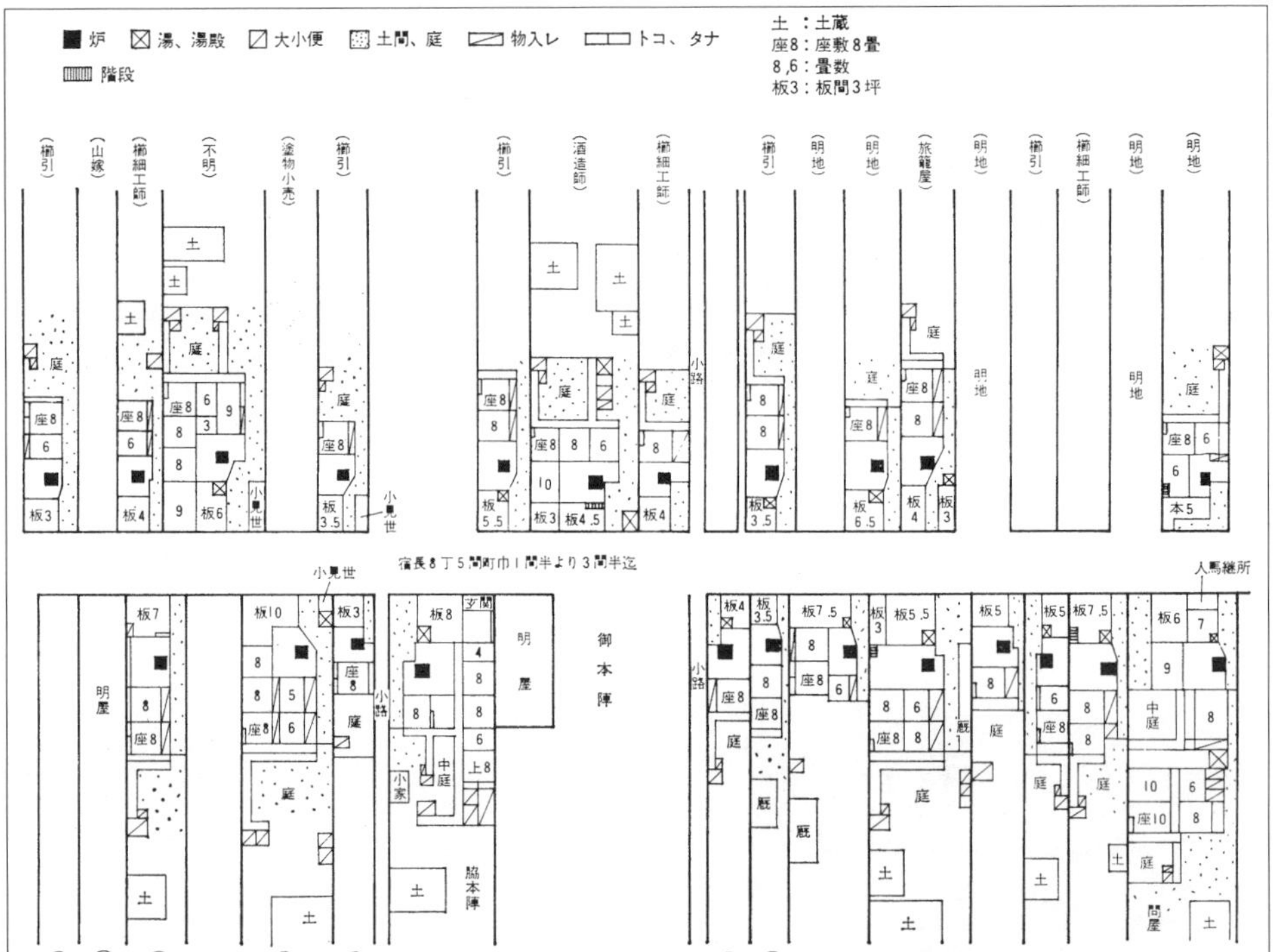

図10　奈良井宿割図部分〔天保14年、但し（　）内の職業は天保8年〕

図 11　奈良井宿

図 12　奈良井宿

ではない。宿場町には強く上からの制度が作用していることを明示している。

最後に、「桧物細工」、「木工ぬり物」の職人を多く抱える奈良井を取り上げる。この宿場町については奈良国立文化財研究所によって綿密な調査・研究が行われており、『木曽奈良井』として纏められている。以下それに準拠して述べる。この宿場町の商売・職業、また伝馬の別を書いた、天保八年（一八三七）直後と推定される絵図がのこっているが、それを見ると、旅籠屋や茶屋の数こそ少ないが、その配置の傾向は前掲二宿と同様であることがまず指摘されうる。

さて、図10は天保十四年（一八四三）頃の宿割図の部分であるが、商人や職人の家にも宿泊人が割り当てられていて、その家の間取りが描かれている。家業に変化がなかったと仮定して、先の天保八年のものと突き合わすと、間取りと家業との対応がえられるが、細かい点は別にして、間取りは家業によってあまり変化がないようである。土間、街路に面しての板ノ間、その奥に勝手・八畳と続く定形が見うけられる。とりわけ表の板ノ間は旅の荷物置場として機能したであろうが、このように宿場町全体に均一的に共通する要素がこの外にもあるであろう。統一を最も簡単に達する仕方は同一要素を並べることであろうが、現在、町並み保存として関心されているのも主として古い町並みの統一であるから、次にかつて町並みを統一として現わし出した二つの事例をとりあげて、統一という事態を見てみよう。

図 13　木曽街道六十九次　贄川（広重画）

図 14　上嵯峨屋——妻籠

景観としての町並みと建物

妻籠には現在、多くの修理された建物に混ざって解体・復元された二軒の宿屋がある。その一つ、十八世紀中頃の木賃宿、旧上嵯峨屋の正面を見てみよう（図17）。それは、大戸と蔀《しとみ》（後には格子戸が普及する）、その上には大和葺の小屋根、石置き屋根とそのせき板（幕板）などから成っていて、よほど簡素である。二階屋についても修理建物に見られるように、大きな胴差しから腕木を出して作られた二階張出しなどにも洗練さがうかがえる。『夜明け前』に「往来の方へ突き出したようなどこの家の低い二階にもきまりで表廊下が造りつけてあって、馬籠や妻籠に見る街道風の屋造りはその奈良井にもあった」とするそれである。これらの通常での姿は広重描く贄川の旅籠の絵の如きであろうが、このような町並みの洗練さを生ましめたのは、貴人の通行に対する特定の配慮にあったように思われる。例えば安政五年（一八五八）山村氏が広幡大納言御妹中山道下向の際に出した注意書には、通行前に修繕・掃除をしておくことはむろん、街路には盛砂蒔砂をし、宿在家々の表に懸けた簾を取り除いたり、不浄の場所は目に見えないように青葉で隠さしめるといった景観に対する強い関心が記されている。そして本陣は、中山道追分宿の脇本陣油屋の絵に見られるように（図16）、凡ての戸を開け放ち、要所々々には幕を張り、貴人を迎えたことであろう。また宿泊人の名前を記した関札を宿場町の両入口と本陣前に立てるのであるが、街路は全く公的な雰囲気で統一される。

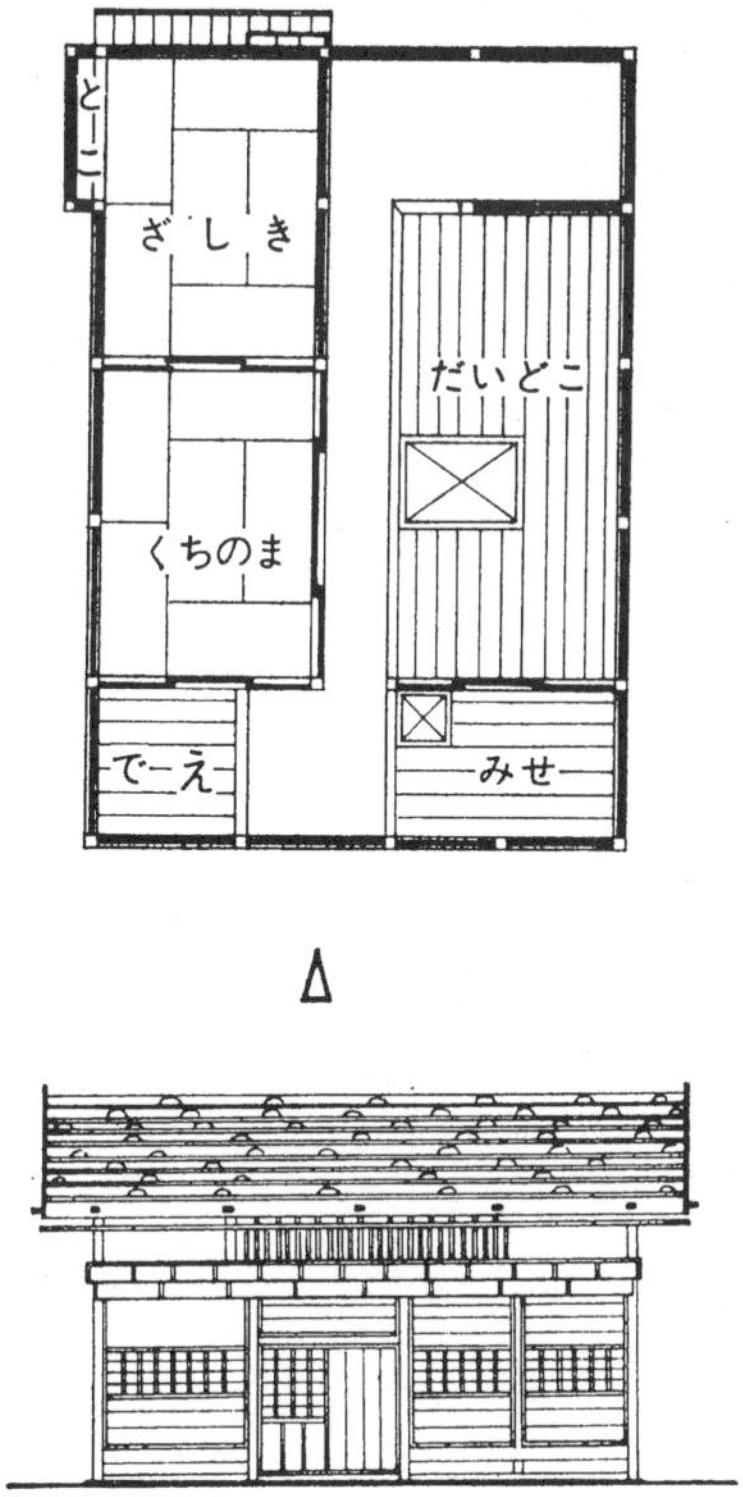

図17　上嵯峨屋（上野邦一氏原図）

図15　贄川の関所跡

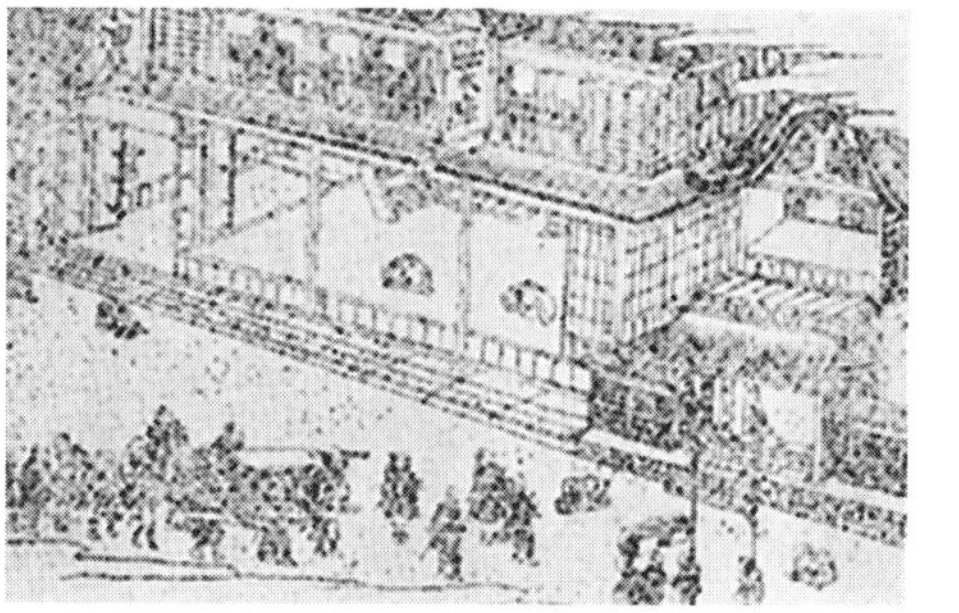

図16　文政当時の脇本陣油屋（追分）

同じく儀式的ではあるが、これとは全く別の統一的拡がりを街路が示す事例がある。奈良井の鎮《しずめ》神社の毎年八月に行われる祭礼行事の一つで、祭り二日目、神体を乗せた神輿が町を巡行する際のものである。神輿が家の前に来ると「スダレは巻き上げられ、各家のミセの間は、道からすっかり見える。〈中略〉家人はすべてその部屋を出ていずまいを正し、神輿を迎える。行列の最後尾、神馬が通ると、家々はまたスダレをおろす」（『木曽奈良井』）という。この時、街路は深い軒の出の二階屋に囲まれて統一的なまとまりを見せるのである（図18）。このような例が木曽路の他の宿場にあるかどうかは知らないので一般化はしえないが、少なくともこの行事はV・ターナーの云うコムニタスの状態（『儀礼の過程』）――神の巡行は一種の無秩序であるが――つまり、社会の集団的秩序を一度無に帰せしめ、再び集団に活力をつける状態に該当しよう。宿場町全体が同時にスダレを上げるのではなく、個々の家ごとに上げるのであるから、先述の通行による統一が道の均一性という外からの動因に負うているのに対して、それは深いところで私的なものにつながりながら、全体的で内的なものが狙われていると云いえよう。これは直接には町並みの個々の形を決定するものではなかろうが、景観としての町並みが生々とした統一のうちにあろうとするならば、このようなコムニタスに結ばれている必要があろう。

保存の問題

先掲の妻籠の旧上嵯峨屋にしても問題がないわけではない。なるほど本物という印象は強く、それはそれで大切であるが、残念ながら死んでいる。生活がない。それに対して、明治十二年完成のものであるが、同じく妻籠の脇本陣は南木曽《なぎそ》町の、炉の火を絶やさないとか仏間への入室を禁ずるなどの慎重な管理によって安らぎをわずかに感じさせている。一方また、先の馬籠の本陣跡には谷口吉郎氏設計の、藤村を記念するすぐれた建物がある。彼はこの建物が土俗の材料と技術とによって作られたことを良とする。新しい建物にもかかわらず、それはまた庭の古梅とぼたんと共に生きている。これは保存と開発の問題の象徴的な例である。

この問題に手繰られて思い出されるのは、

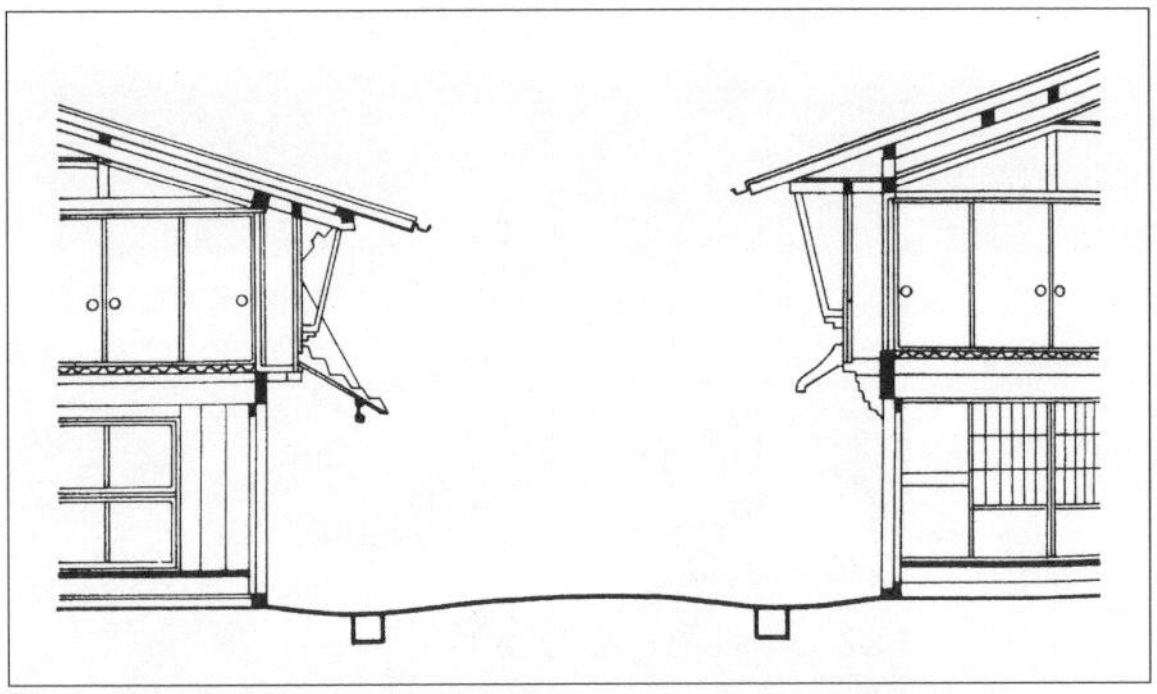

図 18　奈良井上町街路図（『奈良井』より）

図 19　妻籠宿

図 20　脇本陣奥谷家

図21　馬籠峠

馬籠に住みついて童話を書きつづける宮口しづえ氏の生きざまである。村の観光開発に係わって、藤村の『初恋』の中の四句「林檎畠の樹《こ》の下に　おのづからなる細道は　誰《た》が踏みそめしかたみぞと　問いたまふこそこひしけれ」に触れながら「農村では各家の裏口に、家の人だけで踏みならした小径《こみち》があります。となりへいくにも、街道へ出るにも近みちだったり、なじみ深いみちです。この詩の中に、この小径がうたいこまれています」といい、「おのづからなる細道、あの小径すらもうあと形もなく消えうせてしまった現在だ。開発とは壊すことだろうか」（『木曽の街道端から』）と述懐するそのことである。この小径の「なじみ深さ」は単に私的な何物といったものではなく、あのハイデッガーの「野の道」と同じく、山や村の内に息づく何かであろう。また、家の大黒柱を拭く度に、大黒柱に「この家でのわたしの暮らしにつながる歳月の変遷を、一番知っていてくれるのはあなただけだというある親愛をこめた語りかけ」るのであるが、その時、そこには人を超えてありながら、固有にその人のあり所となるもの——家・故郷——が大黒柱を拭くことで引き出されている。保存とは拭くこと、あるいは歩くことだと云われているかのようである。

『夜明け前』の第一部に登場する蜂谷惣右衛門は藤村が見つけ、別に書き記した『町人蜂谷源十郎の覚書』（天明三年と天明六年）の源十郎がモデルであるが、この源十郎の姿勢もまたこの問題につながっている。この覚書は、馬籠に八幡屋という旅籠屋を営む町人源十郎がわが子に、我々が今日あるのは「先祖と両親（先代）の御蔭である」ことを教え、彼等の行く末を案じて、おごらず質素にして「家業第一に相勤め申しべく候」と戒るといった内容のものである。興味が引かれるのは次の二点である。まず一点は、末子は当時、馬追いや駕籠かきという流浪の身に終わる運命にあったが、その末子であった彼が親のお蔭で定住しえたことへの喜び、つまり、道の性格でいえば、集めることの重視であり、とどまり、深まることへの安心感がみられることである。

もう一点は藤村も「彼のやうな町人の口から聞くことはおもしろい」とする源十郎の考えである。万事は「得生の元に帰れ」と教え、「人々の得生は、もとより天より下さるることであれば〈中略〉先祖より譲られた家督、諸道具、その他すべての物――天よりの預り物と心得て、随分大切に預り、入念に扱えば間違いはない」とする考えである。自分や先祖という血縁を、過去・未来という時間を超えつつ、同時にそれを支える天というものへの関心があり、それはまた奈良井の鎮神社の祭礼で見たものに通ずるものだが、諸物を保つということもそれとの係わりで考えようとするのである。

建物や街道はもとより生活の場であり、そうでなければ死物であり、そうであれば変化はさけられない。変化に応ずる形で諸物を支えうるのは、源十郎の云う天、宮口氏が道の傍らで見、保ちつづけた何ものかではなかろうか。宿場町は目的地によって量られるだけではなく、それは集めるものであることを木曽路にさぐったのであるが、そこに様々なまとまりのあることを見てきた。そして最後に、それらの底にあってそれを超えるもの、住みつづけ留まりつづけるそのことで保たれる何ものか、一言でいえば、恐らくふるさとというものに到った。そしてそれこそ保存の準拠すべき拠所であることが見えてきた。

木曽路は幕府の崩壊と共に荒廃の道を辿った。表2に見られるように、後背地としての村々の少ない各宿場では市が立てられるのは極く稀で、ほとんどが経済的には自立しえないので、宿駅をつなぐ木曽路は宿駅制度の消滅と共に消滅し、その道は再び小径に近づいた。戦後、盛んになった観光はこの道を再び均一化する道に変えつつある。いわゆる民芸風という均一化に。しかし、逆に観光的道が集めるまとまりはどのようなものであろうか。考え、実行するに値する問題である。この意味で、木曽路の宿場町に興っている町並み保存の運動も生きることの真の弦に触れるはずのものである。

［一九七八年］

ライフ・ステージからみたすまいの意味

一　すまいの基底にあるもの

一―一　盆と仏棚

盆には、この村の人口は凡そ二倍になるという。他郷にいる子やその家族、親戚が帰ってくる。離村していて墓詣りにのみ来る人を含めれば、その数はさらに増す。この移動現象は我が国の致るところで見られるもので、伝統的なイヘ観念に結びついた祖先崇拝に起因するといわれている。[1] イヘの絆を確かめあい、旧知旧交を暖めあうのだが、仏壇を拝み、ほとんどの人が墓詣りすることを思えば、盆の核は祖先とのつながりであることが納得される。

盆に帰郷するのは、祖先とのつながりを回復し、確保するためであって、そうすることでイヘの一員としての己れを確かめ、己れをそういう中の己れと同定する、いわゆる自己同定《アイデンティティ》（自己実在）を求めているのである。祖先の中に、イヘの中に自己同定しようとするこの習俗は、いつまで存続しうるのであろうか。近年の生活環境のはげしい変化を思えば、その存続には一抹の危惧がないわけではない。しかしそれは、先史時代以来の伝統であるから、以前とは形が変るとしても、なお在続すると判断して大過ないであろう。

それでは、変化する環境の中でなお存続するであろうこの習俗とは、一体どのような構造を持っているのであろうか。それには、「祖先」が解答してくれるであろう。祖先とは、己れを生んだ己れの過去であり、死後そこに隔合していく己れの未来でもある。祖先とのつながりを求めるとは、そういう己れの生を超えた過去と未来の中に己れを置くことを意味する。また、逆にそういう己れを超えたものの中での不安が祖先を求めさせるのだといってもよい。何故ならば、この己れを超えたものは、曖昧で混沌としており、不安に満ちた、ある種の闇として体験されるからである。

盆という習俗は、このような営みの制度化されたものである。制度として、あの不安に対処しようとするのである。その具体相はどうであろうか。すまいについて問題点を明瞭にするために、空間的事象に関心を払いつつ、その具体相を朽木村にさぐることにする。なお、この報告は、昭和五四年から五六年にかけて行われた、予備調査を含めて、四度の調査に基づくものである。その内二回は偶然、盆の前後の期間にあたり、聞取りのみならず、実見の機会もあった。

主に調査した針畑谷の奥の四部落、古屋・中牧・生杉・小入谷での盆行事は、朽木村の他の部落と同様、八月十三日夜から十六日朝にかけて行なわれる。しかし、この四部落にあっても、行事に若干の差異があるので、古屋の場合を軸として述べることにする。

オショライ（御精霊）を迎え、供養をし、送るというのがこの行事の核である。古屋の寺（玉泉寺）では、八月一日にトウロウギ（灯籠木）を立てる。『朽木村志』(2)によれば、「七日盆・盆・地蔵盆に火を点し、八朔に倒される」が、「盆の精霊を迎えるための目じるに立てたものと思われる」と解釈されている。七日盆は八月七日の盆で、古屋では墓掃除などが始められる。そして十三日夜、精霊迎えをする。墓にアンドン（行燈）といって、ほぼ三十センチ四方の白紙を張った木製の素朴な灯燈をともす。一方、家では仏棚にオショライを迎える。以前は、門口にホトケノコシカケといって、山のホトラ(3)を一間四方に積んだという。仏が一旦この上に腰掛け、仏棚に入ると思っての手立てである。中牧では近時まで行っていたが、我々の調査の時には廃たれていた。しかし、このことで仏棚にオショライを迎えるとする観想がはっきりする。この夜は、十三仏の掛図をかけ、供物を持って祭るという。

十四日は、団子と盆花であるオショライバナを供えて墓詣りをする。また、僧侶が仏棚にタナギョウ（棚経）を上げにくる。夜にはロクサイ（六斎念仏踊）が庭先で行なわれる。仏棚を開き、灯明を上げて、部落の人々からなる一行を迎える。念仏踊りが仏棚のオショライの供養になると思っている。

十五日には、各家が河原にロクタイジゾウ（六体地蔵）といって河原石を積んだのを六つ作り、十六日朝、そこにお供えをして、オショライオクリ（御精霊送り）をする。一方、十五日夜、ホトケノマンド（仏万灯）といって、マンド山に登り、持参した松明に火をつけるといった行事が生杉では行なわれていたという。「このときの煙に乗ってオショライサンは山の頂上から帰って行くといい伝えた」[4]。そして、この時刻に川原では、女子供達によって麻木を燃せすという。「カワラマンド（川原万灯）と呼ばれたが、盆の精霊はこうしてここでも別れを惜しまれたのである」[5]。古屋にも中牧にもマンド山があるから、かつては生杉と同じように、山頂と河原で精霊を送ったものと思われる。

盆についての報告は、細部を述べだすと切りがないので、この程度に留めたい。注目したいのは、オショライサンの在り方である。まず、去来するという在り方をとることである。そして来るにしても去るにしても、奇妙な在り方をする。去る先は山頂より上方へであり、川の流れ行く先である。同一のオショライが異った方向に向うのである[6]。訪問中は墓にいると同時に、仏棚にいるといったものである。十三日仏棚にオショライを迎えたにもかかわらず、墓詣りをするからである。あるいは同時に、寺にいるのかもしれない。

こういった矛盾した空間的在り方は、先に見た祖先の時間的在り方に符合する。己れを超えた祖先は、オショライという在り方で辛くも我々と共にある。いいかえれば、毎年去来するという仕方で超越的時間を表わすとしても、空間的には、ここにあって同時にそこにあるという在り方は奇妙である。仏棚と墓という、伝統に根づく制度が解決し、その在り方を支え、表わしているといわざるをえないのである。盆が教えるこのような事柄は、この仏棚の例以外にもありそうであって、それは、すまいについての効用《ユーティリティ》とか美とかへの関心からのみでは生れない、より基底的なものへの展望を開けてくれそうである。

一―二　古屋の家屋の概略

そこで、もう一例、床の間と神棚との間にある、これに似た構造について、正月の例を通して、一瞥しよう。まず、それらの

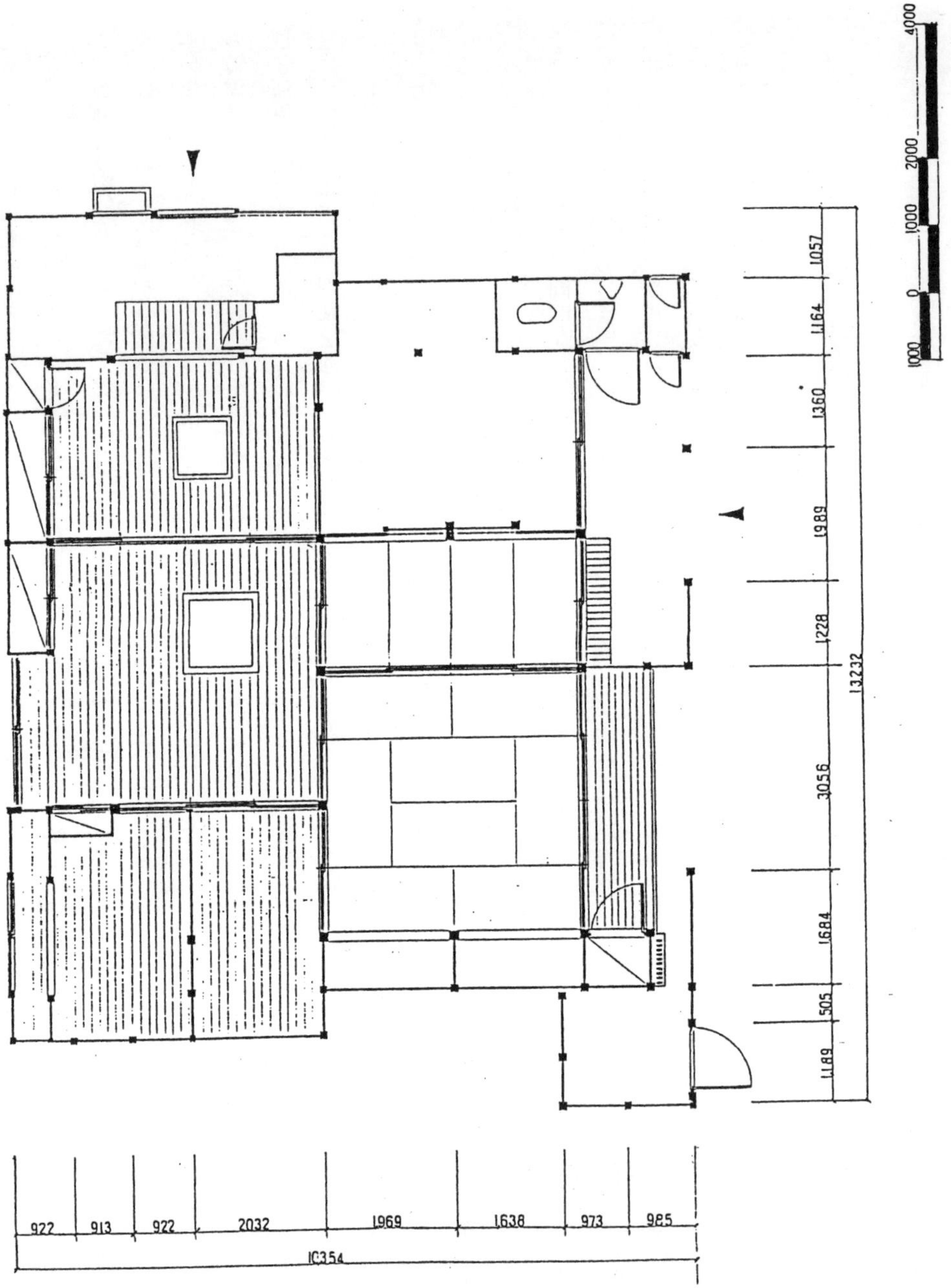
4000
2000
1000
0
1000
1057
1164
1360
1989
1228
3056
1684
505
1189
13232
922
913
922
2032
1969
1638
973
985
10354

図1　榎本家平面図

すまいにおける位置を知る目的のためにも、この地域の家屋について概見しておこう。

『朽木谷民俗誌』(7)は、その主屋について、「朽木谷では、川筋と椋川谷、麻生谷、それに雲洞谷の大丸、上村あたりまでが、能家から針畑谷にはオマイリ（妻入り）で、コマイリ（平入り）が目立つように思われる」と述べている。この四部落では、すべて平入りである。その典型として榎本勝森家をとりあげる（図1）。建築年代は不詳であるが、柱に手斧《ちょんな》がけの跡がみられ、またすべてが栗材であることなど、古さを伺わせているからである。しかし、今日までの間、改造は避けられない。その二、三の重要な変化にのみ触れておく。

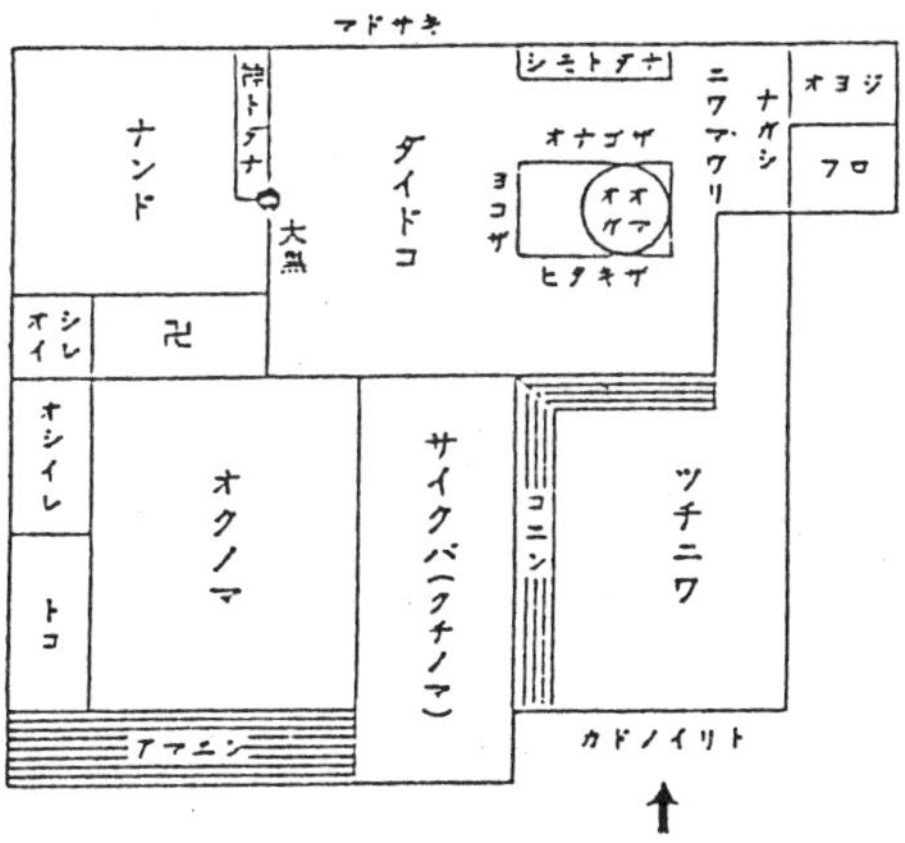

図2　貫井の民家

図2は大川筋にあって、朽木村の南に隣接する貫井の民家の間取図である。この図を載せる『木地師の習俗1』(8)は、標式民家というのみで、その建築年代には触れていない。榎本家の変化を対照するものとして取上げる。ユロリ（ユルリ）まわりの変化は著しい。生杉に唯一、古いユロリを残した民家があるが、榎本家では、ほぼ半分になり、オオガマが消えている。また、ダイトコ（ロ）にある間仕切戸はかつてはなかったろう。ウマヤは、『物産誌』によると、明治初年古屋には三〇頭の牛がいたから、古くからあったであろうが、その結果、いささか奇妙なプランになっている。ウマヤとクチノデ（クチノマ）の間仕切は、一重の板壁と引込み戸という簡略なものであることを合わせ考えれば、ウマヤの部分は本来はツチニハであったであろう。

仏棚にも変更がある。ここでの仏棚は、まだ仏壇とはならない、棚板の上に布を敷いて仏具を置くという、素朴な形式をとっている。その位置は、貫井の場合の方が古式である。その閉鎖的なナンドを開放するという傾向が、まず、仏壇を移動させるからである。これは、民家の変化の一般的傾向である。榎本家にあっても、その部分の柱に板壁の板を支える貫の跡が三箇所ある。古くは仏棚は、貫井の民家のような位置にあったかもしれない。しかしここでは、いずれにしても仏棚はデ（ザシキ）にあるということの確認で充分である。

ダイドコとナンドの境にはエビスダナという神棚が設けられていて、その上方の壁には、様々な神札を貼った札張が懸っている。また、シモトダナ脇の柱にコウジンサン（三宝荒神）の神棚があるが以前はユロリのカナゴがその依り代であったといわれる。また、コウジンサンノオシラスといって、カナゴの脚の傍らに丸い小さい川原石があったともいう。

一―三　正月と神棚と床の間

さて、正月の記述に移ろう。正月飾りの代表は注連縄である。通常は、大歳にマツハヤシ（松栄）といって、マツバ（譲葉のこと）を注連縄に挟みつける。その他、御幣、蕨、稲穂をつける。このマツハヤシは神棚と仏棚に飾られる。もみの木に餅をつけたハナノキも神棚に供えられる。そして、床の間には、ショウガツサン（正月神）の姿を描いた軸が掛けられるという。また、床の間の真中にゆずり葉餅が置かれる。以前には、マツバをさし、日輪を描いた扇をつけた米俵を神棚の下、つまりユロリの真うしろの戸の前、もしくは床の間、或いは両所に飾ったという。現在は簡略化され、米の入った壷とか塩の入った枡に御幣を立てたものになる。これらは、ショウガツサンもしくはトシトクサンといわれている。また、古屋では聞取りえなかったことであるが、『朽木谷民俗誌』によると、生杉では「大歳の日の暮れに、マツハヤシ、ハナノキ（餅花）と一諸にアサオを飾る」。アサオとは麻の荒緒のことで、それを二条、「ダイトコロとナンドと仏間との境」、つまり札張の下あたりの長押から垂らすという。「これは長い程、永生きして白髪まで居られるといわれる」。

元旦の朝、家長は大宮神社にミヤマイリをし、御神酒をいただく。その後、家では女性が訪れる前に、ハイリゾメといって、親戚とか近所の男の子に家に来てもらい、ダイドコの炉辺で持て成す。先の『民俗誌』は、「子供を精霊に見立てたのであろう」と解釈する。そして、二日からは、仕事始めなど予祝的機能を帯びた様々な行事がくりかえされる。十五日には、川わきの野で注連縄などの正月の飾りを焼くドンドヤキが催され、それによって正月の神は天上に去るという。

さて、盆に訪れる精霊とショウガツサン、もしくはトシトクサンとの関係は詳かではないが、このような神が床の間と神棚、あるいはその周辺に分在していることは、注目さるべきであろう。同一の存在者がそこにあると同時にここにあるということは矛盾である。その意味で、盆の際のオショライに類同する在り方である。この四部落では、正月の神の素性について明言されているわけではないが、注連縄に挟まれている物など、正月飾りを見ることで推察可能である。

蕨は、乾燥したものを水でもどしてキナコでまぶされたものである。これは、サビラキ（早開き）とサナブルマイ（早振い）に神棚に供えられもしたもので、稲穂の代りであって、豊作の予祝であると解釈される。また、稲穂自体も供えられる。明らかに田の神に関連する。譲り葉も、コトハジメという物日に、生杉では、採集されるから、山の神と関連するかもしれない。床の間などに飾られる米俵は、春に播く種籾俵が本来であるから、豊作の予祝である。米俵の代りに鉈とか斧を祭る場合があるので、山での成功の予祝も行なわれる。また、アサオは、家人の長命とイヘの繁栄を予祝している。

すまいは、この長寿と繁栄を育むところである。かかる生を正月の神が予祝するのであるから、正月の神はすまいに内属するという在り方であらねばならぬ。そうあることで、はじめてすまいはこの生を育みうるのである。すまいは、本来、超越的な事象に属している。神棚と床の間という形式は、このような構造においてこそ、充全に理解されうるであろう。

この節では、オショライとか正月の神を介することで、すまいの本来的構造が、概括的ではあるが、明らかになった。そこで、このような構造の中で、人はどのようにすまうのかという問題を取り上げよう。その際、日常的な生活の場面では、すまいの基底的なものは現れにくい。生活の節目である通過儀礼という場面でのすまいを見るのがよかろう。また、すまいの中でこの基底的なものの忘却が著しいことも確かである。ここで取上げる通過儀礼は、誕生・結婚・死去であるが、その変化とすまいの意味の変化も追うことになる。

二　誕　生

子が産まれるという事象には、様々な意味が見出されることは確かだが、ここでは、次の二点に着目したい。すなわち、子とは家の子孫であって、それは家の未来を内包していること、そして「妊娠すると棺桶に片足入れたも同然だ」（犬山郡）という科白からも解るように、妊娠は死と隣りあっていることである。宮マイリとかハラオビなどという習俗は、このことを背景にして初めて充全に了解されるであろう。今はすまいに集中する。

どこで分娩するか、つまり産屋をどこにするかが問題である。表1は昭和五六年の聞き取り調査の集計結果である。ヘヤとナンドの多いのがまず注目される。共にデのうしろ、ダイドコの奥にある寝室である。ヘヤとナンドの違いについては、或る家に嫁が来た場合、両親はナンド、新夫婦はヘヤ（ネズナンド）で寝り、家督をゆずる段階で新夫婦にナンドが許されることから解るように、ナンドの方が主である。そして通常、ナンドの方が大きく、整っている。次に一九五〇年代に入って、専門の産婆のところで生む事例が現われ、六〇年代では病院の場合が加わる。『日本産育習俗資料集成』[9]によると、寝屋を産屋としていたが、新しい衛生思想のもとで、清潔で明るく、且つ静かな部屋を求める事象が出てきて、遂に病院の病室に到るのが全国的傾向であることが解る。同じ家の別の部屋の中にはザシキがあるのが一般的であるのに、ここ針畑谷筋では、それを使わないのが注目される。表2は産婆役となる人の推移を示したものであるが、姑と嫁の母親の例の多いのが目立つ。『朽木谷民俗誌』も報告しているることだが、産は婚家でする。姑が産婆役の主役であってもよさそうであるが、里の母との共同、もしくは里の母単独の例も劣らず多い。里で出産するという古習の残影と推測したい。そして専門の産婆だが、その活躍は古く遡りうるが、その比重の高まるのは一九五〇年代で、六〇年代でそれのみとなる。その変化の時期は産屋の変化の時期と重なる。その底に産の観念の変化があったと考えて間違いなかろう。

産屋の変化の表にもどって、ニハ（ダイドコ）・ニハのヘヤの事例を見てみよう。五〇年代が最後の事例で、六〇年代には絶えているのが注目される。ニハとダイドコ（ロ）との区別は微妙で、板敷の一続きの床であるが、ユロリのナンド寄りの部分をダイドコ、その反対をニハと呼称されているようである。したがって、「ダイドコの下のニハの隅で産む」と表現されたりするわけである。そこに藁の柔かいのを敷き、その下に火灰を敷く場合もあるが、そこで産む。ニハのヘヤとは、ニハに面した二畳ほどの小部屋で、普段は味噌小屋や物入れ、また老人の寝屋に使われているところである。

この習俗はどのように解釈さるべきであろうか。まず、念頭に浮ぶのが、すまいの外に別屋の形で産屋を設ける習俗である。この地域と関係の深い若狭地方には、[10]『産屋の民俗』[11]に綿密に報告されているように、かつてはこの習俗が点在していたし、現

表1　分娩の場所の推移（件数）

分娩場所	1899(明32)以前				1900(明33)～1909				1910(明43)～1919				1920(大9)～1929				1930(昭5)～1939				1940(昭15)～1949				1950(昭25)～1959				1960(昭35)～1969				1970(昭45)～1979			
	古	中	生	小	古	中	生	小	古	中	生	小	古	中	生	小	古	中	生	小	古	中	生	小	古	中	生	小	古	中	生	小	古	中	生	小
ニハ(ダイドコロ)	1				1				1				2				3		1		8		1		5											
ニハノヘヤ																									1											
ヘヤ					2		1						2		1		4	4			6	2	2		5		4									
ナンド	2		2		4	2	2		4	1	2			2	2		4	4	7		4	7	6	2	4	2	2		2		1					
ナカノマ																										2										
市場の産婆の家																											1		1	3	2					
病院																													4				1			
ハナレ																					1					1	1			3						

但し、　古：古家　　中：中牧　　生：生杉　　小：小入谷

表2　分娩の際の介添人の推移（件数）

介添人の種類	1899(明32)以前				1900(明33)～1909				1910(明43)～1919				1920(大9)～1929				1930(昭5)～1939				1940(昭15)～1949				1950(昭25)～1959				1960(昭30)～1969				1970(昭40)～1979			
	古	中	生	小	古	中	生	小	古	中	生	小	古	中	生	小	古	中	生	小	古	中	生	小	古	中	生	小	古	中	生	小	古	中	生	小
無																	1				1															
嫁の母	3				1		2		1					1	1		2	2	3		3		5				2									
嫁の母＋姑														1			2				5															
姑	1				1				3				2	1			1	1	2		2	3	3		3											
親戚		1															2	1			4	2														
産婆					1				1						1		3				5	2	2	2	11	4	5		6		3					

但し、　古：古家　　中：中牧　　生：生杉　　小：小入谷

在でも形を変えながら使っている地区がある。また、先の『資料集成』は、湖東地域であるが、その残滴を報告している。そして『産屋の民俗』には、「丹後半島では産屋のかわりに家の土間にワラを敷いて産むように変わる」とある。つまり、針畑谷では板敷ではあるが、ニハでの産が別屋の産の変形である、と解釈しうる可能性がある。しかし、ここではどうもその解釈は難しい。何故ならば、表2にはハナレでの出産の事例があるが、それが四〇年代以降にしかないからである。つまり、変形であれば、ハナレの事例が古くからあるはずであろうからである。

別の解釈を求める必要があるが、その際、同じ高島郡の西庄村の誕生習俗を報告する文の中の一箇所が示唆的であるので引用する。(12)

隣村首瀬村新保では、寝間では子を産ませませぬ。座敷か、ニワかで産ますそうです。この部落には神主が無く、まわり神主と云って、一年交代で神主をつとめます。〈中略〉大処神社の祭礼に、踪を寝間で造って捧げるので、寝間が穢れると云って、子は産まさないのだそうです。

針畑谷の四部落のウブスナである大宮神社にはコウドン（神殿）といって二年任期の神主の制があった。それには「神主心得」があって斎忌事項が厳しく定められている。(13)その間は同衾を慎しみ、子が出来ると笑われるともいはれる。また、寝屋にはコウドンの忌服が置かれる。たまたま子が生れるとしても寝屋を産屋とすることを避けねばならぬことは推察に難くない。(14)そうだとすると、血のけがれに対する禁忌の観念があるわけである。寝屋の代わりにデではなく、ニハが選ばれたのは、デにもそのけがれの禁忌の観念があるからであろう。また、ユロリの上《かみ》ではなく、下のニハに産屋が設けられたのは、ユロリに三宝荒神がいて、その側を産婦が通るのを忌むからだといわれている。

コウドンとの関係が寝屋から産屋を排除する便法的な形式を生みだしたと思われる。しかし、この地域では寝屋が産屋となるのが基本である。ナンド、ヘヤは落し掛け式の鍵のかかる、二〜三畳の暗い部屋、室《むろ》である。そこにワラを敷き、布をかぶせて産床とする。天井から下げられた力綱にすがって出産する。座産であった。

この寝屋と産屋の結びつきに着目したい。血の忌みに対する配慮が一方にあって、それが別屋としての産屋を生み出したとすると、他方、家人の慈みと被護の真中で産ませたい、すまいの真中で産ませたいとする配慮があり、それが産屋と寝屋とを結びつけたであろう。ナンド・ヘヤは、その室形式において、古来、血のけがれを隔離しうると考えられてきたものである。紀にある「無戸室《うつむろ》」、記にある「戸無き八尋殿《やひろどの》」に見られた観想である。そして、けがれとは、ものを生み出す基盤としての混沌であり、室は、その闇において、この混沌を象徴しうるものである。そうだとすると、このようを室がすまいのうちにあるということは、まさにそこに生れる子と妊婦の在り方をさし示していることになる。つまり、死にさしかけられた混沌の中にある妊婦と家の子孫としての子の誕生である。

中牧では産後四九日目に、古屋では四〇日目にミヤマイリ（宮参り）をする。中牧では志を上納して座付帳に記してもらう。つまり、氏子の登録をする。このザツキになるとは、大宮神社の宮座に入る権利を確保することである。現在では、生杉では男子全員がそうするが、元来この地域は長子相続制をとっている。座付帳に登録するとはこの長子相続を共同体として承認することを意味する。つまり、家の存続ということと宮座、すなわち共同体の制度とは相即である。ともあれ、生誕後まもない時期に、子のみならず、家の未来を祈願してミヤマイリをする。

実際に座付になるのは、ジュウハチブルマイ（十八振舞）といって、十七、八才になった長男のために村のテイシュブンを招いてする大振舞、所謂成人式をしなくてはならない。それを済して初めて、座付になりうる。そして親は引退する。このジュウハチブルマイはデで行なわれ、ここでもハレの場所としてのデの形式性が見出される。

このような制度の連鎖の中にあった産の習俗も、先述したように、五〇年代で変動期に入り、六〇年代でははっきり別の形に移行する。血に対する観念の変質がある。産婆の家や病院での出産が当たり前となることは、血を衛生という見地で処理しようとすることに平行する。血への恐れから血の物化への変化といってもよい。妊婦の死への対処の仕方に変化が起るのは当然であるが、子の未来への配慮の仕方にも変化が生ずる。産穢の忌み明けの意味をも持っていたミヤマイリも、その意味を失なうことで形骸化しはじめる。別の仕方でのレールの敷き方が求められる所以である。また、すまいにあっても、ケガレとしてのナンドやヘヤの意味が変質し、明るくて清潔な寝室が作られていく。

表3　婚礼の類型と発生年と頻度

	嫁	婿	婿の父母	嫁の父母	婿の親戚	嫁の親戚	仲人	古　　家	中牧	生　　杉	小入谷
Ⅰ	×	×	×	×	○	○	○	S5			
Ⅱ	○	×	×＊	○	○	○	○	S7，S10，S11，○ S19，△ S22(?) S28△	S32	S6，△ S9，△ S24，△ S27，S28(?)，S33，△ S34△	
Ⅲ	○	×	○	×＊	○	○	○	S25△		S21△	
Ⅳ			×＊	○				S26，S28	S6△	S2(?)	
Ⅴ			○	○				M37△(?)，S12	S30△		S22，○ S25
Ⅵ	○	○	×＊	×	○	○	○	S9△	T2△(?)，S35	S32	
Ⅶ			○	×				S36			
Ⅷ			×＊	○				M32(?)，S42△	S5，S38	T13，△ T12△(?)	
Ⅸ			○	○				T4△(?)，S10，△ S33，S34，S42			

但し、△：半年以後の道具運び　　○：3月以後の道具運び　　＊：あいさつはする

三　結　婚

婿が結婚式に出ない習俗のあったことを初めて知ったのは、朽木村の元教育長柳生正雄氏（明治42年生）御自身の昭和11年の結婚式の聞取りによる。それは、後に見る針畑谷の四部落の素朴を習俗に比べて聊か洗練されたものである。嫁がこの時だけ、ザシキの床の間を背にする座を許されるということは、針畑谷でも同じであるが、嫁と婿の父母とで三三九度の盃——親子の盃と呼称し、親子の固めをする——を交すこととか、婿が結婚式に出ない補完として、嫁家で婿をザシキの正面に抱えて披露宴を催すといった、通常の結婚式を意識した形式化、整合化が見られる。すなわち、婿の出ない結婚式という、奇しき習俗を世間一般の婿嫁出席の結婚式との対比の中で、それらに抗して意義あらしめようとする意識が見てとれる。

聞取り調査に基づく、古屋・中牧・生杉・小入谷の結婚式の過去の実態をまとめたものが表3である。この表は、調査拒否とか留守の家を除くすべての家、古屋13軒、中牧4軒、生杉7軒、小入谷1軒の計25軒の家について行った結果である。表の左欄中の○は式への出席を、×は欠席を、但し＊印の付いた×

はあいさつ程度の出席を含んだ欠席を示している。

この表によると、婿が欠席する類型ⅠからⅤは昭和一桁から昭和二〇年代が主であるのに対して、婿も出席する類型Ⅵ～Ⅸは昭和30年代が主であるように見受けられる。疑問符付のものは、既に死去した人々の結婚式に対してその子が答えたもので、信頼性に乏しく、考慮の外に置くとしても、なお類型ⅥやⅧに昭和一桁や大正のものが見られる。しかしながら、それらは例外的で、類型Ⅰ～Ⅴから類型Ⅵ～Ⅸへの変化があるといってよい。何故ならば、後者の早い時期の発生は婿嫁両者出席の式が村外では一般的であって、その影響の故と考えれば奇異ではない。さらに、同じ家でなされた二つの式の類型の推移を見てみると、古屋ではⅠ（S5）→Ⅳ（S28）、Ⅱ（S11）→Ⅸ（S33）、Ⅱ（S19）→Ⅸ（S42）、生杉ではⅡ（S9）→Ⅱ（S9）、Ⅱ（S6）→Ⅳ（S32）という事例がある。先の推測を、大雑把ではあるが、裏付けるものである。

これらの部落での最近時の結婚式は昭和四二年の類型Ⅸに属するもので、それ以後のものはない。若年層の流出を端的に示すものである。安曇川筋では、先の柳生氏の言によれば、公民館で村長の媒酌で、勿論婿嫁両人の出席の上で行なわれる式が多いという。仏式でも神式でもなく、しかもすまいの外で行なわれるものである。柳生氏自身の結婚式では、先述したように、形式を整えながら固有の習俗を維持しようとする意図が読みとれたが、それが通常の形式の時代を経て、公民館での公営の式へと変化していったのである。針畑谷筋では昭和三〇年前半に変化の一つの節目があった。

朽木村に近い高島郡高島町打下《ウチオロシ》には、アシイレによる結婚があったことが知られている。[15]「当日になると夕方から、仲人と嫁と嫁の母親が、夜具を大きな風呂敷に包んだのを背負って聟方へ行く。その時持っていくのは〈中略〉仕事に関するものだけであった。」とあり、「そして一、二年たつと、双方の親類を招いて饗応する。この式を「親類なり」と呼んでいるが、これが結婚式の披露というべきものだろう。」とあり、そして「聟方ではいろりばたで簡単を膳が出るだけで、夫婦盃とか、親子盃など儀式ばったことはなかった」とある。[16]我々の調査で注目されるのは、昭和五年の古屋の事例で、婿は勿論、嫁や両親の出席もなく、親戚の出席があるのみである。これと打下の場合を合わせ考えると、アシイレ婚が朽木村にあった可能性がある。その裏付けの一、二を掲げる。

長持ち、タンス等の持ち込まれる時期を調査した結果によると、嫁入り半年後以上後の事例が、時期不明のものを除くと、40

件中20件となって、5割に達している。生杉の大正十三年の事例では、結婚当時は持ち込みはなく、2、3年後に自分の着替を、約10年後にタンス・長持ち・米櫃を運び込んでいる。この事象は、類型や時代にかならずしも結びつかないが、先に類型変化で上げた事例では、古屋で、3ケ月後から1ケ月前、半年から運び込み無、前日から前日、生杉で子供が出来た時から当日、無しから無しという経過を示していて、家財の運び込み時期は、どちらかといえば、時間と共に結婚式当日に近くなる。つまり、結婚式が奇妙を方式であったとはいえ、嫁の婿家への帰属の式であるという意識がはっきりしてきている。

「シュウトアワセ」、「シュウトヨビ」という習俗があった。古屋昭和十二年の事例では一年以内に嫁の両親を呼び、御馳走をしたという。これら部落では、嫁の家と顔見知りとか隣とかという理由を上げて、このことを行なわなかったといっているのがほとんどである。しかし、行なったという事例が4件あることや○女（明治35年生）の「昔はシュウトアハセはやっていたそうだ」という証言に着目したい。これもまた、結婚式を嫁の婚家への内属の契機と考えているとしても、内属そのものとは考えていない証拠である。

『朽木谷民俗誌』によると、ウチノヨメと呼称される村内婚が普通であったという。またヨバイの風習もあった。これらは、「村人の中で、両人の既成の事実が黙認されていた」ことを意味するもので、共にアシイレを容認しうる条件と解しうる。針畑谷の四部落では、「三日帰り」といって、式後凡そ三ケ日目に嫁は姑に伴われて赤飯を持って里に行き、しばらく滞在後、おもちを土産に生母に伴われて帰るという習俗がすべての事例にあった。婿の出ない結婚式とはいえ、この式をもって正式の嫁入りと認めていたことを示すものである。アシイレには適応しない習俗である。したがって、我々の事例の古型はアシイレを克服して新しい方式を取入れた結果と看なしうる。

そして、前述したように、式はデ（ザシキ）で、しかも嫁が床の前の正座を占めている。それ以後、嫁はこの座に坐ることを許されないという。ヨメイリは、親元を夕方出立するので、まわりの闇を背景として床には高砂の掛軸とか、鶴亀や日の出の掛軸をかけ、ろうそくの火を燈した中で行なわれる。打下のいろりばたでの膳による行事と対比して、ここには形式に対する強い関心がある。嫁がイヽへに内属する方途として、家のもっとも形式的な場所において行なわれるからである。すまいは、ザシキにおいて嫁をイヽへに内属させるものとして機能しているのである。一般的にいって、言語的にはユロリのあるダイドコ（ロ）は出居ど

表4　死去の場所の推移（件数）

部屋	1950（昭25）～1959				1960（昭35）～1969				1970（昭45）～1979			
	古	中	生	小	古	中	生	小	古	中	生	小
ナンド	2				1		3					
ヘヤ					3							
（ネマ）	2											
ナカノマ	1	2	1		1	1						
ニハノヘヤ					2							
隠居屋	6	1			4	1			1		1	
病院										1		

但し　古：古家
　　　中：中牧
　　　生：生杉
　　　小：小入谷

ころであろうし、ザシキであるデは出居であるから、共にナンドという室《ムロ》、隠れどころからの出居という意味を共有している。結婚式の変遷を追うことによっても、デがダイドコの分化であり、ハレ的形式を担うために発生したであろうことが推測される。

新夫婦はヘヤで、両親はナンドで寝る。現在、隠居屋はこの地域では古屋に一戸ある（図3）のみであるが、ほとんどの家には隠居屋があったという。表4は、どこで死去するかを調べたものであるが、隠居屋が多いのが注目される。アシイレ婚は隠居制を伴うことによって、うまく伝統的母系制の要請に適うといわれている。[17] イヘに嫁が内属する段階で、両親は隠居屋に退く。一つの家に異系の女性がいなくて済む。母系制を意味している。このことは、また、隠居屋の多いこの地域のアシイレ婚の蓋然性の高さを示している。

この地域に隣接する能家では、六〇才での隠居、それ以前での世帯を嫁にまかすマスワタシ（枡渡し）が行なわれる。しかし、ここではそうではない。歳を決めずに、譲ってもいいと判断した時に譲るという。いずれにしろ、イヘの存続はこのような制度の上に立っている。

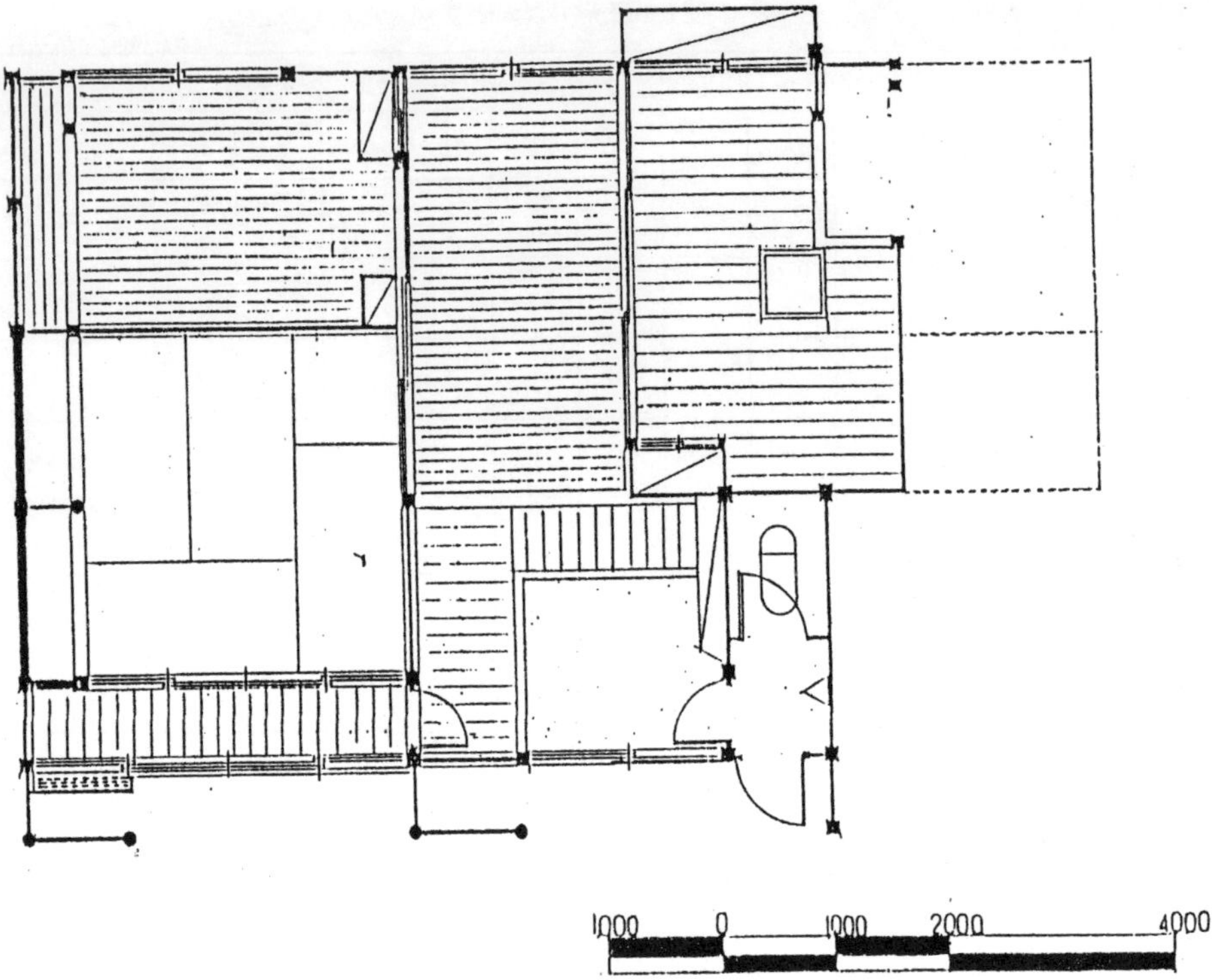

図3　古屋の隠居屋

四　死　去

四―一　葬式とすまい

やはり通過儀礼によって対処されるものであるが、死去は誕生や結婚とは著しく異なっている。ファン・ヘネップの通過儀礼[18]についての分節——分離・境・統合という分節に従っていうならば、誕生では分離される世界が不明であるのに対して、死去では統合さるべき世界が不明である。死者の世界については、様々なイメージはあるものの、その地は曖昧な無明である。基本的には、それは虚無であるからである。

死去の分離の側面から見ていく。先に掲げた表4は、死去の際の場所についてのリストである。普段寝ているところがほとんどである。隠居屋にあってもナンドがほとんどである。ナカノマ（クチノデ）の事例があるが、それは、見舞いとか看病のしやすさの故に選ばれたという。狭い上に通路であるこの部屋が、デという適当な部屋があるにもかかわらず選ばれたという背景に、デに対する禁忌の意識が見てとれる。

ソウレン（葬式）を通過儀礼として見た場合、実に多様な要素と構造が浮び上るが、今は、すまいとの関連にのみ留めたい。死去すると、死者を北枕西面向に寝かし変えたり、枕火を燈したりする。古代以来の習俗である。そして、神棚に白細を張る。死の穢れを忌むことを示しているが、このことは、家全体がケガレの状態になることを意味している。産の場合は、産屋に限定されることと対比を見せる。イヘにとっての構成員の死の持つ重さによるものであろう。

湯灌は死去の場所で、すなわちナンドならナンド、ナカノマならナカノマでするが、隠居屋で死んだ場合、主屋のヘヤに運んでする事例が二件あったことも注目される。納棺後はデに移される。隠居屋で死去しても、主屋のデに移される。ノオクリ（野送り）までそこでツヤ（通夜）をする。ケガレの中にあっても、なお儀礼的な形式性が重んじられる。

この形式性は通常のものではない。出棺の際、ノベオクリの男が草鞋を履いたままで、デの前の縁側から出ていく。このような出入りは、この時以外は禁んじられていることで、ソウレンに於けるすまいの形式性の特異さがうかがえる。

また、『朽木村志』によると出棺に際してはカドビ（門火）を焚く。イッチョウワラといって、藁一把を門口で燃やすという。さらに、ノオクリをして墓地から帰ってくる、つまりノガヘリ（野帰り）してくると、アシアライ（足洗い）といって「門口に置かれた盥の水で足を洗い、傍の藁で足をぬぐう」。シオバライ（塩払い）といって体に塩をかけてもらいもする。これらは、門口が、主屋の拡がり、ケガレの拡がりの限界を示すと同時に、ケガレているすまいが墓地に対してなお邪気邪霊の少ないものとして把えられていることを示す。墓地に草履をすててくる習俗によって伺いうることである。

ノオクリはかつては「夕方日が落ちてから行くのが普通であったというが」、このことは、ノオクリが、通過儀礼の分節としての境《リーメン》にあることを意味している。この混沌としての闇を背景として、すまいは異様な形式をとっているのである。

統合の過程の主役は墓地である。先に盆の際のオショライサンの去来について触れたが、そのように死者の世界は天上や川下でもありうるが、ソウレンで現実的に対拠する、死者が統合される世界は、墓地という場所の上に成り立っている。針畑谷の四部落には、フルバカ（古墓）といって、今は使ってない家墓が屋敷地もしくはその近辺に散在する特異な景観が展開している。現在は、普通の墓を営んでいる。そこで、この墓制の変化の意味を知ることを兼ねて、まず、朽木村の墓制を概観しておこう。

四―二　朽木村の墓制

この村では、墓制は大字ごとに一定のまとまりを示しながら、互いに少しずつ異なっている。例外は雲洞谷・地子原・麻生に見られるが、それについては後述する。この一定のまとまり、類型は、片や埋め墓と詣り墓より成る両墓制があり、片や屋敷もしくはその近辺に設けられる屋敷墓があり、その間に様々を墓制が見られるといったものである。それを整理したのが、図4と表5である。その類型と分布について簡単に触れる。

両墓制の典型を示すのは、朽木村のはずれ、安曇川町と境を接する荒川。そのうちでも下荒川である。ラントウバ（卵塔婆）といわれる詣り墓は、集落の上の山裾の東斜面にあって、そこは東方に眺望が開け、ずいぶん明るいところである。それに対して、捨て墓であるハカは、集落から数十メートル離れた、河原に近い森の中にあって薄暗いところである。ハカには、埋葬後は七七日のヒアケまでは訪れるものの、その後は法事にも盆にも訪れない。原田氏の云う[19]、村境外の埋め墓、境内の詣り墓であって、死穢を忌んで遺体を放棄しつつも、祖先霊を供養礼拝するに適応する制度である。その成立は、しかし、「中世末期から近世初期に求められる[20]」という。

荒川にほぼ類同するものに、宮前坊がある。捨て墓の様相は異なっている。荒川では、ハカは文字通り共同で、空いたところに次々と、したがって、時には古いハカを壊してそこに埋葬することもありうる仕方である。宮前坊では、ハカには区画印はないが、各家に割り合てられていて、その中での空所に埋葬する。また、ヒアケ後はハカでは法事はしないが、盆にはここも訪れる。遺体と祖先霊との関係に荒川との差異を示している。

同じく両墓制をとる古川・西村井・栃生では、さらに法事の際ハカにも詣るということが加わる。そうなるとラントウバとハカの間には、さしたる差異がないことになる。ただし、墓印として、ラントウバには石塔を、ハカには自然石をといった景観上の差異は存続する。

このハカは一般には大字の共同という形をとるが、栃生・西村井・大野・地子原には何軒かでの共同という形が見られる。その

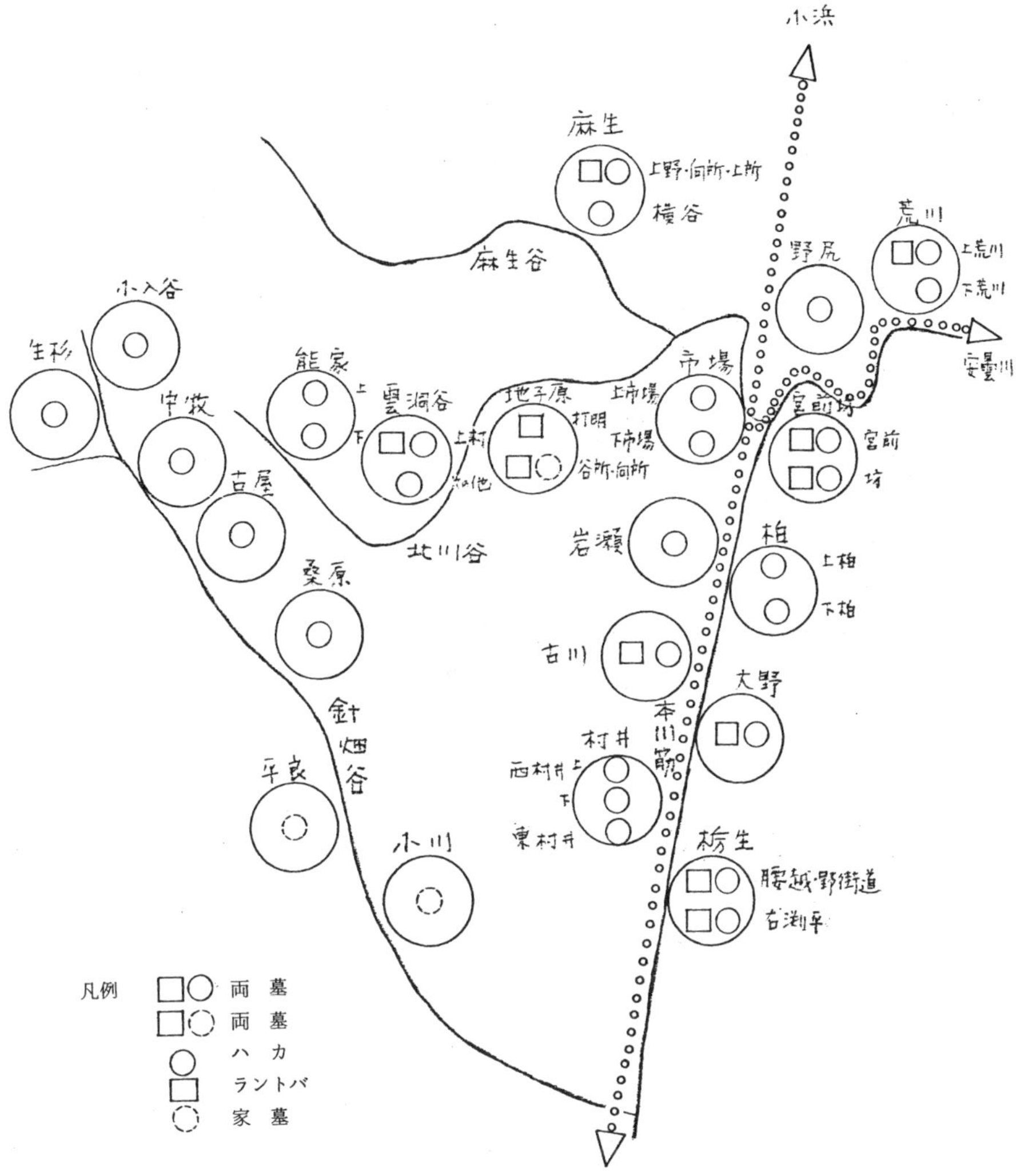

図4　墓制の類型の分布

極端な例を地子原の谷所・向所に見出しうる。ここで一家占用のハカから十三家共同のハカまで、計二十七ヶ所がある。ラントウバは一ヶ所である。[21] 盆には両方詣るが、法事にはハカにのみ訪れる。盆・法事の点でいえば、荒川の場合と逆である。五十回忌によるトムライアゲで死者は完全に祖霊化するわけであるから、法事にハカを訪れてもよいが、麻生の上野・向所・上所では、法事にラントウバ、盆にハカといった逆の例がある。ラントウバの石塔に個人の戒名が書かれているので、ラントウバも死者との関係があるが、結局は、盆にしても法事にして

表5　朽木村の墓制（昭56年11月現在）

筋	大字	部落名	単墓（ハカ）			両墓							寺院名
						ラントウバ			ハカ				
				法事	盆		法	盆		区	法	盆	
大川（安曇川）筋	栃生	腰越・野街・日野平				3部落共同	○	○	数家共同(5)　家(2)	○	○	○	松泉寺
		右渕平				部落共同	〃	〃	〃 (3)　〃(2)		○	○	竜篭寺
	村井	西村井				数家共同(2)	〃	〃	数家共同(2)	×	○	○	慶鳥寺
		東村井	部落共同	○	○								宝泉寺
	大野					大字共同			大字共同、数字共同(2)	×			高乗寺
	古川					大字共同	○	○	大字共同(4)	×	○	○	大通院
	柏	上柏	部落共同	○	○								（興聖寺）
		下柏		○	○								智善寺
	岩瀬		大字共同	○	○								福寿寺
	宮前坊	宮前				部落共同	○	○	部落共同	×		○	竜雲寺
		坊				〃	〃	〃					桃源院
	市場	上市場	部落共同	○	○								慶宝寺
		下市場	部落共同	○	○								円満寺
	野尻		大字共同	○	○								秀隣寺
	荒川	上荒川											三玄寺
		下荒川				部落共同	○	○	部落共同	×			
						〃	〃	〃	〃	×			
針畑谷筋	小川		家墓	○	○								寂静寺
	平良		〃	〃	〃								清景寺
	桑原		大字共同	〃	〃								松源寺
	古屋		〃	〃	〃								玉泉寺
	中牧		〃	〃	〃								法林寺
	生杉		〃	〃	〃								清源寺
	小入谷		〃	〃	〃								瑞雲寺
北谷筋	地子原	打明	（火葬）部落共同										
		谷所・向所				部落共同		○	1〜13家共同		○	○	長寿寺
	雲洞谷	立戸	部落共同										全鳥寺
		家・犬丸	〃 (2)										宝光寺
		上村				部落共同			部落共同				洞照寺
	能家		大字共同 (2)	○	○								極楽寺
麻谷生筋	麻生	横谷	部落共同	○	○								林慶寺
		上野・向所・上所	10			部落共同(2)	○		部落共同(6)、家(2)	×		○	広福寺

も、ハカに詣ること自体が問題である。つまり、死穢の観念の脆弱化が、盆にはハカ等々という方式を生みだしたのであろう。

針畑谷の小川・平良では、この地子原の二部落のラントウバをとったものに該当する墓制がある。そこはハカと呼ばれるが、それのみの単墓制である。屋敷地もしくはその近辺に各家が墓地を持ち、死者ごとに墓印を立てる。そして、法事でも盆でも詣る。生者の境界《テリトリイ》の中に遺体を取り込んでおり、荒川と著しい対照を見せている。

その他の地区、東村井・柏・岩瀬・麻生の横谷・上村を除いた雲洞谷・能家・桑原・古屋・中牧・生杉・小入谷では単墓制の共同墓地である。ただし、古屋以後の四部落では、明治二十年頃に共同墓地化されたのであって、それ以前は小川・平良と同じく、屋敷付近の家墓であった。

単墓制の共同墓地の見られる地区は、市場をはじめ、所謂開けた地域である大川筋に多いのが注目される。なお、両墓制の古川は近年、単墓制を改めたものである。また、柏には朽木氏及びその臣下の墓があるが、単墓制のように見えるものの、その実態は不明である。

以上の地区はすべて土葬であるが、火葬の部落がある。地子原の打明である。福井県上中町からの移住者が開拓した部落で、墓は単墓制の共同墓で、ラントウバと呼ばれている。しかし、同じ事情で成立した雲洞谷の立戸では、土葬で共同の単墓制を採っている。

四―三　古屋の墓制

古屋は中牧・生杉・小入谷と同じく、明治二〇年前後に家墓から共同墓へと改変された部落である。これらの墓制の詳細を見ることにしよう。

以前の墓をフルバカ、共同墓をヨセバカ(寄墓)と呼称する。あちこちに散在する墓を一ヶ所に寄させたからヨセバカと称すると云う。そのあちこちにあるフルバカの位置を図5に示しておいた。その位置は、ほぼ各家のうら山裾にある。①⑤⑥⑬⑭⑯⑱がその関係を保っている。その他は乱れているが、恐らく家と山裾との距離が長いことがそうさせたのであろう。なお③につい

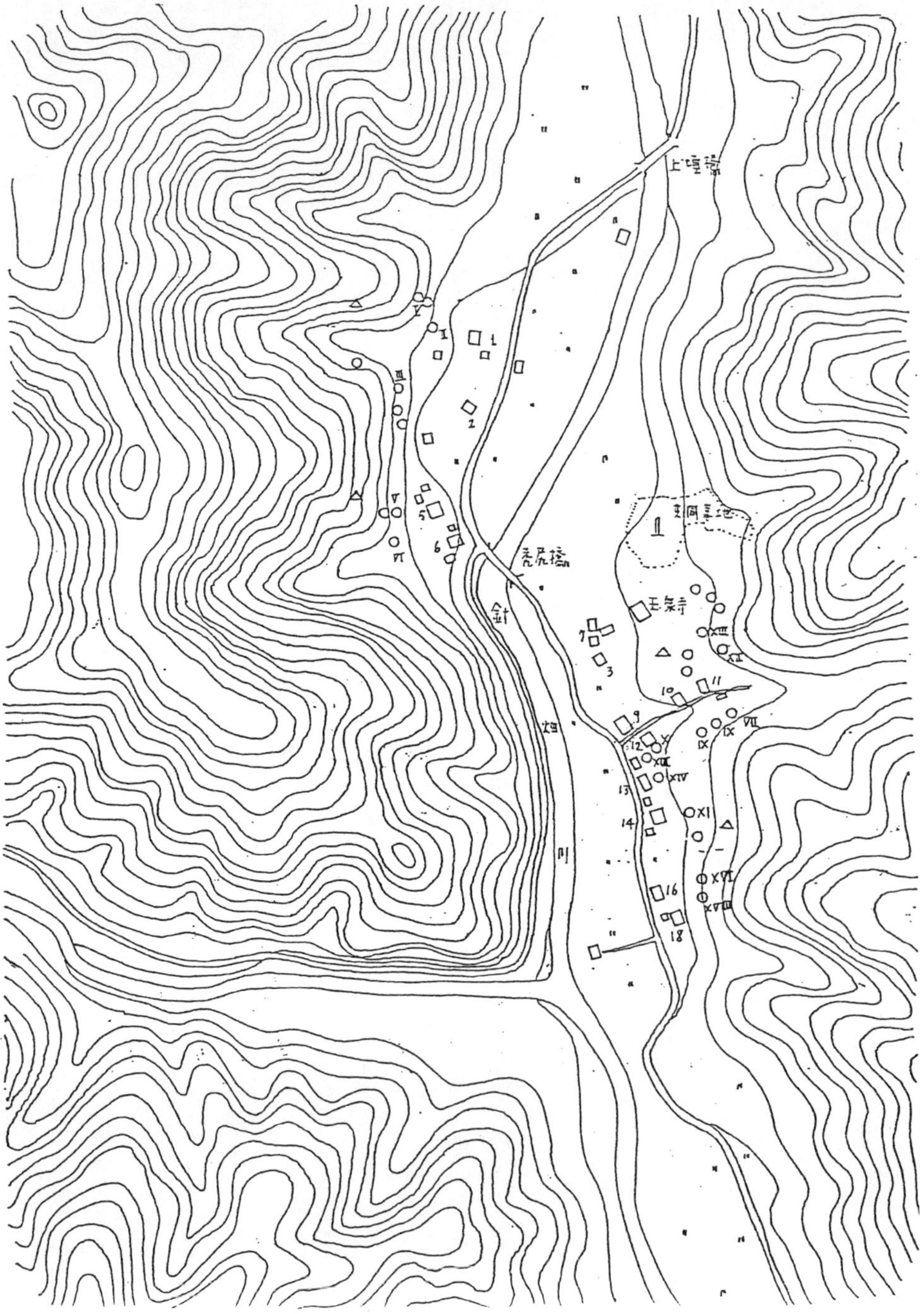

図 5　古屋の墓制

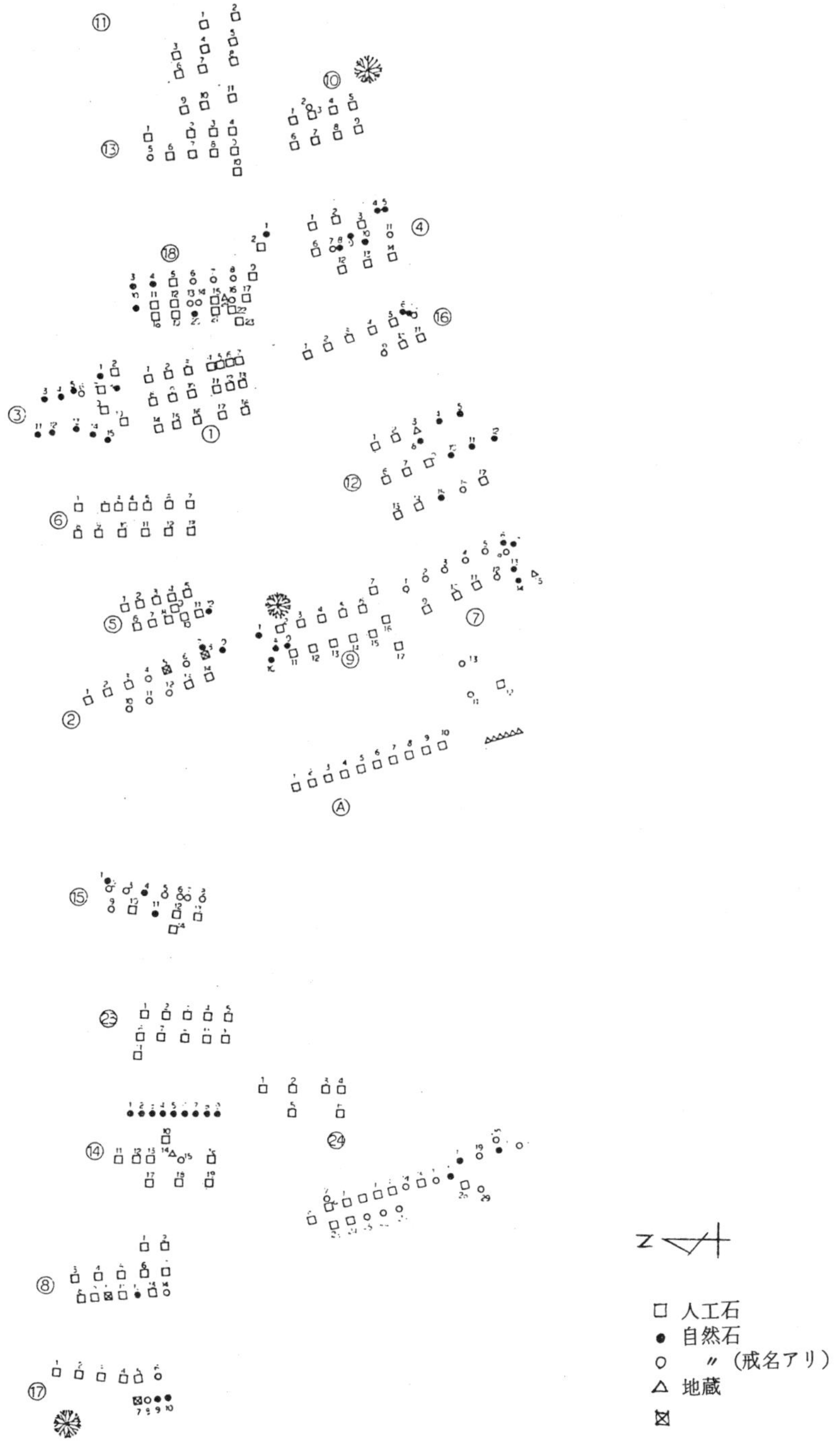

図6　古屋のヨセバカ

表6　昭和30年以後の墓数（但し転出している家の場合）

基　数	3	3	1	1	2
家	①	⑮	⑰	㉓	㉔

ては、その現住者がⅢの前の家から③に移ってきたことが解っている。

ヨセバカは、確かなところは解らないが、明治二〇年頃改令によって設けられたという。土地を分割しておいて、くじを引くことで各家の墓地が決定されたという。その景観は図6に示しておいた。

墓印は各個人毎に設けるので、各家の区画には平均して約14墓の墓石が見出せる。その形状は、自然石と石塔に大別され、石塔はさらに五輪塔形式のものと、直方体形のものに分れるが、前者は総じて少ない。なお、石塔を立てる形式は新しいものである。フルバカでは自然石がほとんどであることによっても肯首しうる。現在では、埋葬後はその上にまず方形になるように石を並べ、その上に平たい石を二段つむ。下段の石上には供物を、上段には白木の位牌を置く。ヒアケ（35日で行っている）か、一周忌前後にそれらをのけて石塔を建てている。

そして近年どのような人がこの地に埋葬されているかを見てみる。在郷の人がここに埋められるのは当然であるので、石塔に享年の入っているもので、在郷の住人でないケース数を昭和三〇年以降についてあげる（表6）。はっきりしているのは家ごと転出した場合があるのみで（5家で合計10例）、家は、したがって戸主はいるが、家族が転出している場合については不明である。家ごと転出しても、なお従来通りこの地に基地を営む保守性が注目される。

それにしても、フルバカからヨセバカへと墓制が変化している。朽木村に視野を拡げれば、もっと多様な変化が推定しうる。しかし、その変化の仕方は、朽木村の墓制の類型が大字、もしくは部落を単位としていることを思えば、この共同体を基体にしていることが解る。墓制の選択が各家に任されるのではなく、小宇宙としての共同体に依存する根拠は、死者の統合される世界が他界であること以外にはない。他界は、生者の全体としての共同体に対することで、そこから己れの生命を得ているからである。このことは、屋敷地の家墓にしても、両墓制の共同捨て墓にしても同様である。死穢をさけることと、死者もしくは祖霊を引き寄せたいとすることとの間で[22]、様々な墓制があるのだが、墓は他界であることには違いがないからである。他界とは混沌であり、無明であるわけであるが、それが墓において生者の全体としての共同体に結びつく。

五　講とすまい――結びにかえて

古屋では二月初巳日と十一月戌日にヤマノクチコウ（山ノロ講）が催される[23]。それは、雪深いこの地域にあって、山仕事の開始と終了の日にあたる。しかし、実際にそうするというのではなく、その日に山ノ神に作業の無事を祈り、また無事を感謝するのであって、この日は山仕事は禁忌される。山ノ神は、樹（樅・桂・杉など）の下の祠に祭られているが、古屋ではその祠が四ヶ所にある。集落を四つに分けて、それぞれが講組をつくって、順次に各家で講をする。現在は住民が減って、二組になっている。当番の家のデに集まる。デの床の間には、大山祇神と大書した掛軸が掛けられ、それをまず拝する。次に、講主と二、三の若者が白餅を始めとする供物や祭具（鯛の絵を画いた板、木製の剣、長刀、脇差、幣串、御幣など）を持って山ノ神の祠に参る。その際、鍵型の枝を祠の側らの樹にかける。また、各家の神棚に鍵型の小枝がかけられる。大宮神社のコウドンが講組内にいる時は、彼がこの役をする。そして、祠での祭りの後、当番の宿で会食する。また、祠に供えたと同じ白餅が各家の神棚に供えられる。

ここにも、正月の神の際に現われる、超越的なものを背景とした形式としての神棚と床の間がある。山ノロ講での山ノ神の在り方は、少なくとも古屋の人々にとっては山ノ神は同一者であるが、その同一の神が四、もしくは二つの祠に同時にいるというものである。そして、床ノ間と神棚にもいるわけである。

神棚によってイヘという私的な範囲の願望が、床の間、そして祠によって組という共同体の願望が支えられていることも確かである。いい旧されたことではあるが、床の間には、したがって、デには公の意味があり、神棚には、したがって、ダイドコロには私的意味がある。ダイドコロは、ユロリのまわりの座の指定、主人の座としてのヨコザ、主婦の座としてのオナゴザ、客座としてサグザなどに分節する、イヘの秩序の拡がりである。デはそれを消し去って、外へと開かれる拡がりである。

盆に始まり、正月、誕生・結婚・死去、そして山ノロ講というようにして、すまいをとりまく、すまいにおける諸事象を追ってくると、すまいとは一つの制度であるという事態が益々明らかになる。この制度において、この制度を通して、混沌たる無明の中にあるのである。そうありうるのは制度の魔力であるかもしれない。すまいの力はこの魔力に負うているのであろうか。

なお、調査には、西垣安比古、金沢博幸、村上孝憲、栄嶋善則、佐和美穂子及び小嶋一浩の学生諸氏の助力のあったことを記して、謝意に代えたい。

注

1　竹田聴洲『祖先崇拝』平楽寺書店、一九五七。
2　朽木村教育委員会『朽木村志』。
3　山で採る刈草の類をいう。
4　前掲『朽木村志』。
5　同前。
6　『延喜式祝詞』六月晦大祓に見える、天と河と海とが一つの関係にあるという観想が生きていると考えれば、矛盾ではない。それでも他界にいると同時に此界にいるという矛盾は依然としてある。
7　［高谷重夫・橋本鉄男］『朽木谷民俗誌』一九五九。
8　文化財保護委員会編『木地師の習俗1』平凡社、一九六八。
9　恩賜財団母子愛育編『日本産育習俗資料集成』第一法規、一九七五。
10　家普請には若狭の大工が来る。かつては海産物は山越えで搬入された。大宮神社の神殿《こうどん》は水垢離のために小浜の八幡さんわきの海岸に出かける。
11　谷川健一・西山やよい著『産屋の民俗――若狭湾における産屋の聞書――』国書刊行会、一九八一。
12　井花伊左衛門「滋賀県高島郡西庄村」『日本民俗民誌大系』巻十一、一九七六。
13　『朽木村民俗誌』に、大宮年中記録帳（万延二年）と「中牧大宮神社年中祭日勤式及び祭典日記録」（昭和）が載っている。
14　朽木村の荒川ではコウドンになると、神社の鍵をあづかる。「平素は神主の家の納戸に、一隅に棚を設け、注連縄を張り、祭壇を設けて安置する」（『民俗誌』）。

15 大間知篤三『婚姻の民俗学』岩崎美術社、一九六八、二四〜二六頁。
16 また、先に引用した西庄村でも「嫁の入籍は妊娠してからするのが普通です」とあって、アシイレ婚が見られる。
17 八木透「足入れ婚と隠居複世帯制」『季刊人類学』一二—四、一九八一。
18 ファン・ジュネップ、アーノルド、綾部訳『通過儀礼』弘文堂、一九七七。
19 原田敏明「両墓制の問題」『葬送墓制研究集成第四巻』名著出版、一九七九。
20 佐藤米司「両墓制の問題点」(同右)
21 最上孝敬氏の両墓制の成立因としての、散在する墓を寄せて惣墓にする過程で古墓が詣り墓となる説はここではあてはまらない。(最上孝敬「両墓制の成因について」。[『墓の習俗』名著出版、一九七九]。)
22 すまいの内、また近くに墓のあることは死穢の忌みに抵触するが、それは浄化の制度が解決可能なものであろう。
23 小入谷　二月卯日　十一月巳日
生　杉　二月初巳日　十一月初亥日
中　牧　二月巳日　十一月亥日

［一九八二年］

トポスのデザイン

京町屋の格子はほんとうに美しい。そういえば昔、N・カウパーという米人の「日本建築の形と空間」という写真集があった。格子間を透す深い闇、日の光を陰影の戯れに変える微妙な寸法、そして心を和ます柔かな木目。こうした京格子はどうして生れたのであろうか。格子を閉めてしまえばそこから人は出入り出来ないのだから、確かに、悪人を含めて他人からすまいを守る防禦柵の働きをしている。だから、そういう用から格子が生まれたといえばいえるが、何故格子なのかがこれでは説明できない。格子は、中の住人が自ら見られることなくそこを透して家の前を通る人を見ることを可能にする。そうした他人に対する醒めた関係を支える装置だと見るとしても、それでもまだ格子の洗練された美しさに結びつかない。

以前、中京の共同体について調べた「京町家」という本を読んだことがあるが、中京では隣家との些細なトラブルでも直接隣人同志が交渉するのではなく、間に町内会長などしかるべき人を立ててするというようなことが書いてあった。町内という共同体に一定の役割を期待し、その価値を共有する人々がいることを意味している。共同体という他人の眼を尊重する人々がいるということである。こうした態度は恐らく伝統的に受け継がれてきたものであろう。京都は江戸時代度重なる大火に見舞われているが、その折、規格サイズの木材が供給されたであろうし、高い技術力を持つ大工集団がいたであろう。それらが、通りに統一された雰囲気をつくり出す京格子の洗練されたデザインを生む要因になったのは確かであろう。しかし、それも先の共同体意識がなければ受入れられなかったであろうから、その意味で、京格子の本来の源泉は秀出た共同体意識にあったのではないか。京格子は町内という共同体の生んだデザインではないか。

あるキモノを着ることは他人に対して自分の見え方、在り方を選ぶことであって、キモノのデザインは他者を意識した着手の自己表現としてあるにちがいない。これは建築のデザインと大変異るところで、それは一つ一つの個体のデザインというよりは、そのことを通して人々のいる場を構成するといったことを本質とする。云ってみれば、キモノを着る人の背景なり、場なりになるのが本来的な在り方である。

しかし、自己表現としてのキモノは、考え様によっては、自己ということに重点を置くので個々バラバラなデザインとして発散してしまうはずであるが、現実はそうではない。思うに、それはキモノを着る時と場所、トポス（時空を意味するギリシャ語）を測る着手の心配りなり、それを見越す作り手の眼力があって、それがデザインの多様性を収斂させ、統合させる働きをしているのではないか。そうだとすると、このトポスにこそキモノのデザインの本来的な源泉があるのではないか。キモノの伝統もまたトポスの伝統なのだということになる。トポスの意味を充全に汲みつくしながら、そのそこに泰然としてある。キモノが生々とするのはそうした場面においてではなかろうか。するとデザインの問題は、作り手がどのようなトポスを狙い、そこから何を汲み取るかにかかっているかに見える。そのことから云えば、建築はキモノに学ばねばならない。

建築の変わらぬ源である住宅は、今日、袋小路にある状態である。明治以来の住宅の歴史は個人のプライバシイと家族の団欒の獲得、個人室と居間の確立の過程であり、住宅の中から他人を排除する、対他関係の文化を放逐する歴史であった。巣と化した病理的すまいに再び対他関係を回復しようとする視点がようやく現われてきた。キモノとトポスは元来、共同体の、対他関係のトポスであり、その様々な在り方は我々にとって啓示的である。

［一九八四年］

Herrgottswinkel のこと

北風を遮る丘陵の麓にあって陽光に向って点在する、南ドイツ・黒森の民家は、M・ハイデッガーが「住う、建てる、考える」なる講演の中で言及されている。大地と天、神的なるものと死すべきものを一事物に集摂しうる、その可能存在性がかかる民家を生み出すのだとする脈絡の中で採上げられているが、今は少しく事物的な面を見てみよう。

ハイデッガーもその Stube（居間）の中にある Herrgottswinkel（聖像を安置してある隅。以後聖隅とする）に着目しているが、Kult - Winkel とも Heiligeecke とも云われ、夙に恩師増田先生が問題としたものでもあるが、歴史的にとらえ直してみる必要のあるものでもある。この聖隅は図にあるように炉（Ofen）と対角線上にあるが、これは東欧の one - room の住宅に見られる、聖隅とかまど（Kochofen）の位置関係に同じである。しかし居間としての Stube なる言葉の初見が中世後期頃だとする推定が暗示しているように Stube は one - room の住居から台所を分離し、つまりかまど（Herd）と炉（Ofen）が分離し、さらに寝室（Kammer）を分離するといった順序で成立したものである。炉に関しては丁度、日本民家の囲炉裏のある「でい」などと云われる部屋に該当しよう。また囲炉裏の回りの坐り方に順序があるように、聖隅の食卓を囲む椅子にも主人や主婦の席、男と女の席順が決っている。しかし肝心の聖性については、我が国では神棚や仏壇が通常囲炉裏の部屋にはないのと対立するが、それはかえって Stube やさらに住居なる空間の意味を考える絶好の材料を提供する。また、残念なことにかの地に遊学の際には見落していたが、Stube には子供のベッドと柩のための特定の場所があるという。さらにアイヌの住居の宝壇（イヌマ・イキリ）とも対比されて、この聖隅は興味深い。

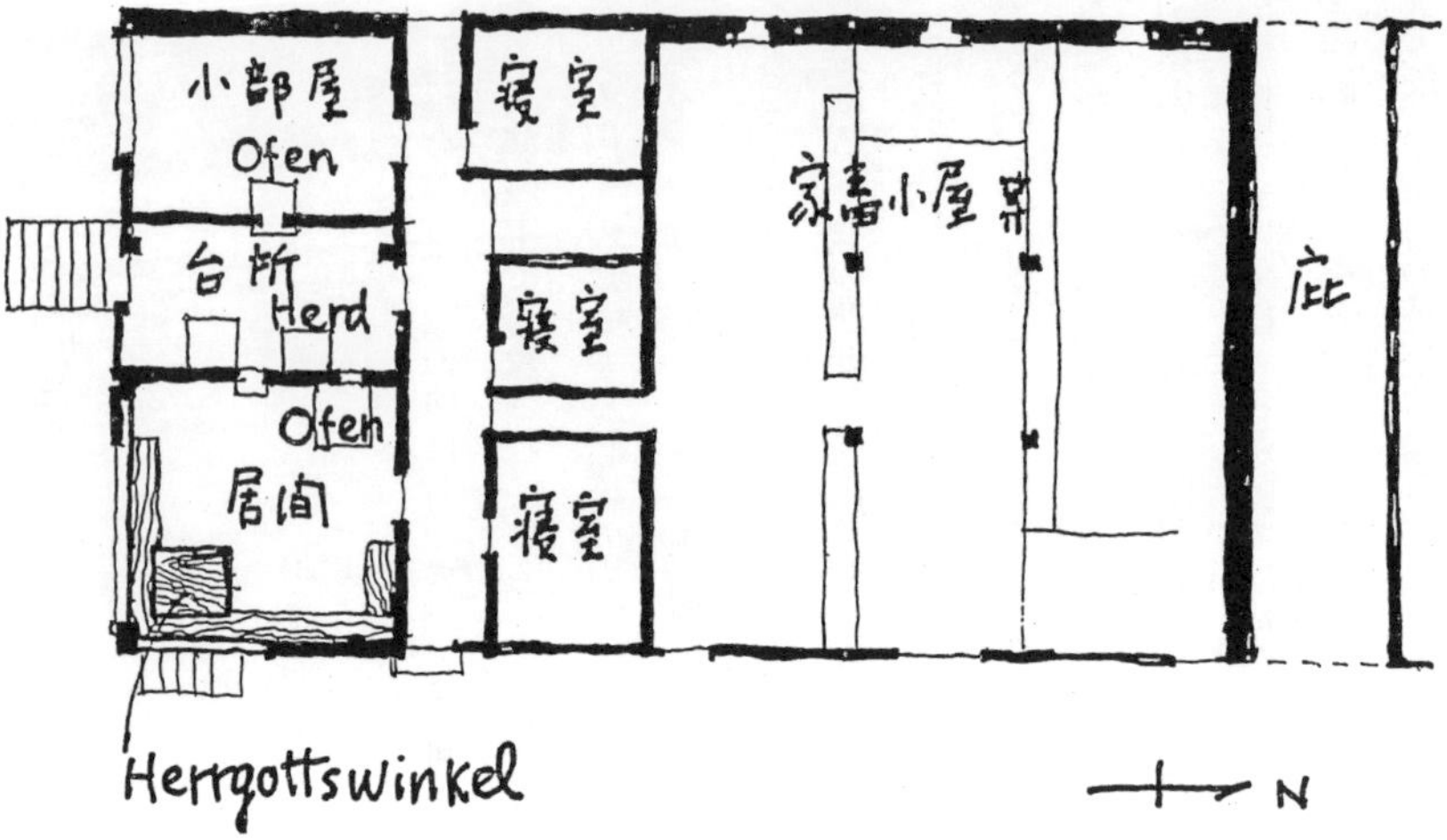

"Das Bauernhaus in Deutschen Reiche" より

"Das Bauernhaus in Deutschen Reiche" より

〔一九七七年〕

ツェーリンガー都市の空間について

都市壁を拡大しながら成長したヨーロッパのほとんどの都市には中世に起源を有する中核的区域があり、それの持つ外観の魅力には抗しがたいものがある。[1] そして我国にあってもそれらについての著述は芦原義信の『外部空間の構成』をはじめとして幾つかある。しかし、それらのほとんどは現在の時点でのその相貌の記述であってその成立の様々な契機についての、いわゆる歴史的考察を欠いている。もちろん、それらはそれで有意義であるが、近時のものを中世的と思い込む危険もある。さらに云えば、都市の空間が時代なり社会なりによって決定される度合いは個々の建築のそれに較べてはるかに高いのであるから、歴史的考察は不可欠と云わざるを得ない。ここではツェーリンガー都市 Zähringer Stadt の空間について少しく述べ、かかる意義での中世都市の空間の歴史的考察に備えたい。

I

ツェーリンガー都市は十二世紀から十三世紀の始めにかけて西南ドイツ及び中央スイスにフライブルク・イム・ブライスガウ Freiburg im Breisgau に本籍するツェーリンゲン大公[2] Herzoge von Zähringen が支配した都市をいう（図1）。もちろん、この地域は当時は神聖ローマ帝国に属しているが、この大公がこの帝国のフォクト Reichsvogt（Rektor）としてこれらの地域を知行し、そのための基地として新たに都市を建設し、或いは既存のものを拡張したのである。それはまさしく都市建設の時代であって、聖俗領

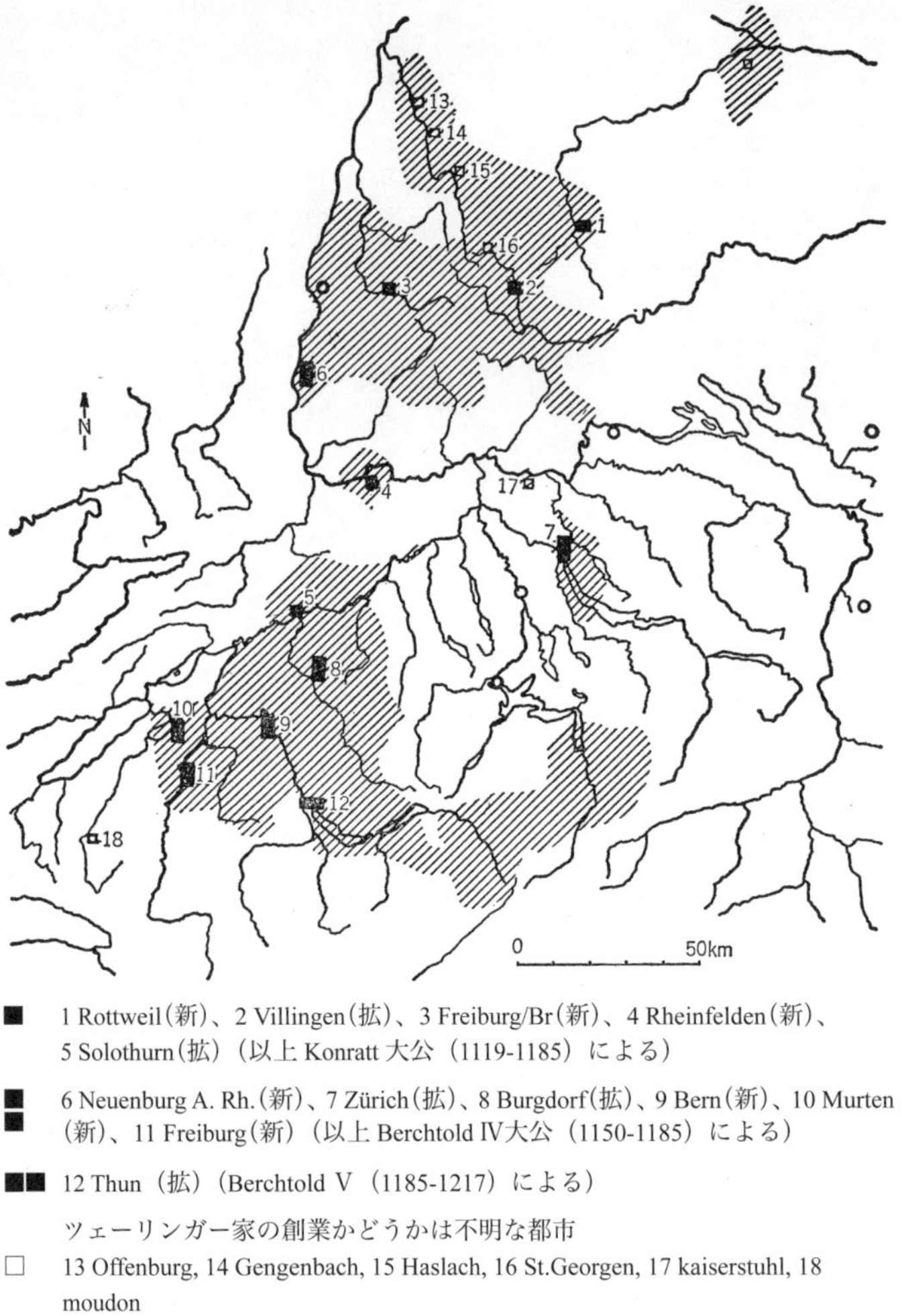

■　1 Rottweil（新）、2 Villingen（拡）、3 Freiburg/Br（新）、4 Rheinfelden（新）、5 Solothurn（拡）（以上 Konratt 大公（1119-1185）による）

■　6 Neuenburg A. Rh.（新）、7 Zürich（拡）、8 Burgdorf（拡）、9 Bern（新）、10 Murten（新）、11 Freiburg（新）（以上 Berchtold Ⅳ大公（1150-1185）による）

■■　12 Thun（拡）（Berchtold Ⅴ（1185-1217）による）

ツェーリンガー家の創業かどうかは不明な都市

□　13 Offenburg, 14 Gengenbach, 15 Haslach, 16 St.Georgen, 17 kaiserstuhl, 18 moudon

○　ツェーリンガー家の影響下にある都市

図１　ツェーリンガー都市の分布

主が入りみだれて領有を競うのである。ベルン周辺をとってみても、ローザンヌ司教、Kiburg、Habsburg、Froburg、Savoyen 等々といった具合である(3)。つまり彼等はほとんどが都市周辺に拡がる既存の或いは開拓による領地（世襲領や王領）を、城《ブルグ》を伴なう都市を通じて支配したのである。しかしその都市の性格は都市といってもおそらく人口五千以下の小都市であって(4)、あのアンリ・ピレンヌが定義する、北イタリアとフランドルが極となって内陸部に縦横する商路に成立するいわゆる漂浪商人の居住地としての wik を持つ都市とは性質が異なっている。農村に拡散していた手工業を都市に集中させるが、その原料と食糧を周辺に仰ぎ、逆に農民は都市の週市に出かけ、食糧を売り手工業品や領地内で産出しない生活必需品を買う関係が基本的な経済的仕組であった(5)。城と市壁を通じてかかる諸活動や生活の安全を保守 Schutz しうる都市は、領主達にとってはまさしく支配の要であって、都市の育成は彼等にとっても大きな利益であったのである(6)。かかる都市の建設と育成の努力は、しかし、狭い土地の中で錯綜し衝突し、一二六〇年を頂点として減少し、一三九〇年以降は建設都市はほとんど見られなくなる(7)。そしてまた都市領主の時代は終り都市共同体の時代が始まるのである。

II

さてツェーリンガー都市のプランを概観するとき、そこに共通する様々な要素があることに気づかされ、そしてこれら共通性は、この諸都市に貫かれている一つの計画意図のあることを彷彿させるのであるが、それについての考察は後にゆずるとしてここでは、P・ホファー教授のあげるツェーリンガー都市に共通する要素を示すことにしよう。[8] ①Burg と Neustadt（burgum）の組合せ、つまり Markt のある Stadt だけではなく、古くからあるか或いは新らたに建てられる城との組合せ、且つ城[9]は都市域の隅に位置すること。②プランの軸であり、又市場でもある Gassenmarkt[10]（Straßenmarkt とも云われる）。③職人達の居所[11]として細い **Parallelgassen** がある。道路システムは直交軸的でありながら、敷地にあわせて延び縮みする。④ Hofstatt（homestead。一定の大きさの長方形の敷地[12]）。これは土地税（Hofstättenzin）の単位であり、又拡張の際の単位でもある。それは当初から分割されて住まわれたが、それを大きなスケールである Hofstatt で組織する（図4）。⑤公共建築が Hauptstraße に面しないこと。特に教会。⑥下水システム（道路の真中を流れるオープンカットの水路）。⑦石の市壁がなかったのではないのかと推定される（Bern については、現在の石の市壁と最外端の Hofstatt の間に20～30 feet のあきがあるが、そこに木柵があったかどうかは不明）。

ホファー教授はツェーリンガー都市がノイエンブルクを除いて全て現在でも都の核として生きている理由として、上述の諸要素（それは一つ一つとりあげれば当時決して新しいものではない）の結合を上げるのである。つまり現実の様々な諸条件（例えば都市の位置する地形、都市の規模、建物の形）を透して、なお何物もすてずに機能を充足しうる一つのシステム、彼は ideogram というのであるが、こういうフレキビリティに豊むシステム、内的論理に従う全体性がツェーリンガー都市をして成功させた理由であるというのである。

Ⅲ

さてこのような ideogram は一体何によって生れたのであろうか。何か先例があっての模倣であろうか。否と彼は答え、中世の一級の発見であるという。なるほどローマの都市は方形プランであり、cardo 及び decumanus と呼ばれる十字路があり、モデュラー・ユニットがあり、公共建築の周辺への配置というツェーリンガー都市のシステムと似た構造を持つのであり、それ故にK・グルバー(13)はローマの影響に帰するのであるが、ホファー教授はローマ都市に欠ける Gassenmarkt を最大の理由として中世起源を強調する。さらに当時西欧のローマ都市は都市の位置を壊れた城壁によって示すのがせいぜいで、又当時 Vitruvius の建築書が修道士によってコピーされ拡められてはいたが、それによるローマ都市の計画アイデアの影響に関しても、それの非商業性をもって否定するのである。

一方W・ミュラー(14)は中世都市のアイデアをまさに中世特有の産物と見なすことに於てはホファー教授と同一である。そして又ベルトルドⅢ世が一一一四年ケルンに捕えられている際、ケルンはドイツで最大のローマ基地（230a、五万人）であった所であるが故に、ローマ都市のアイデアがベルトルドⅢ世を魅了したとの憶測もありうるが、中世のケルンを示すことにより、つまり三一三年フランク族の占拠以来そこの多くは農地になりローマ・中世の連続はたち切られるということで否定する。

しかるに、ミュラーの考えているツェーリンガー都市のアイディアはホファー教授のいう ideogram とはいささか異なったものである。すなわち、それは天なるイェルサレムの地上の再現としての都市・具体的には囲郭を十字路で四分した住区から成る都市である。（ミュラーは中世の理想都市を主題としていて、本題の範囲を越えるのであるが、そこにあってツェーリンガー都市をその典型として取り扱っている。）

十字路からなる都市は、地上のイェルサレムを示すという中世特有のシンボリズムがそこに働いているというのである。彼はその根拠として、一〇九五年十字軍の出発に際してクレルモンの南門の前の広場でウルバンⅡ世が「イェルサレムは宇宙の中心

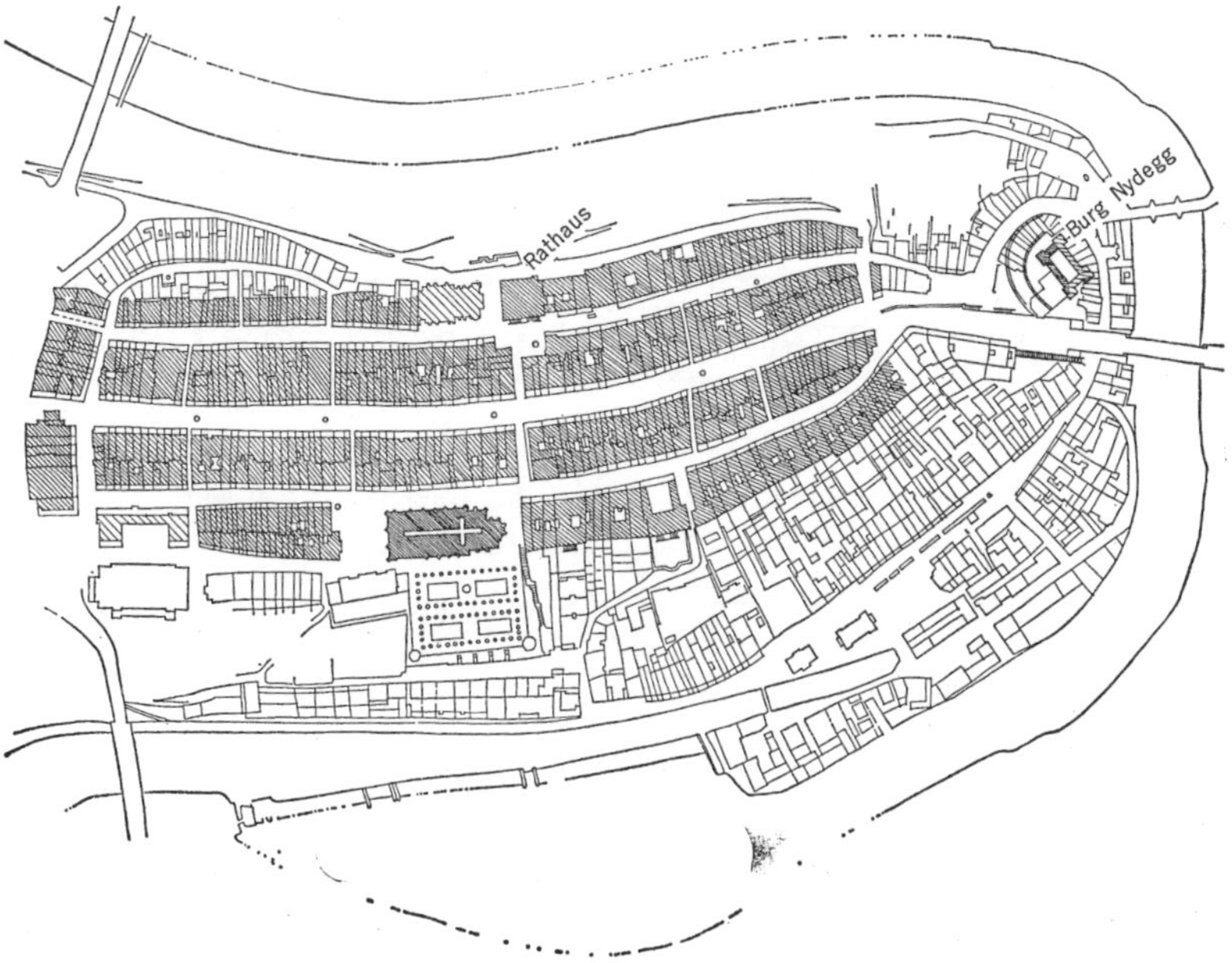

図 2　Bern（The Zähringer new towns より）

図 3　Rottweil（Die Gestalt der deutschen Stadt より、斜線部分は建物部分を示す）

であり王都であり、全世界の中心に位置している」と呼びかけたと伝えられることから解るように、イェルサレムが世界の中心であるという観念は広く認められており、さらにイェルサレムにかぎらず普通の都市も聖なる場所として世界の中心であるという観念があるが、それは後者という具体的環境の中で前者が刷新されるという構造であろう[15]という。そしてパレスティナ、地上

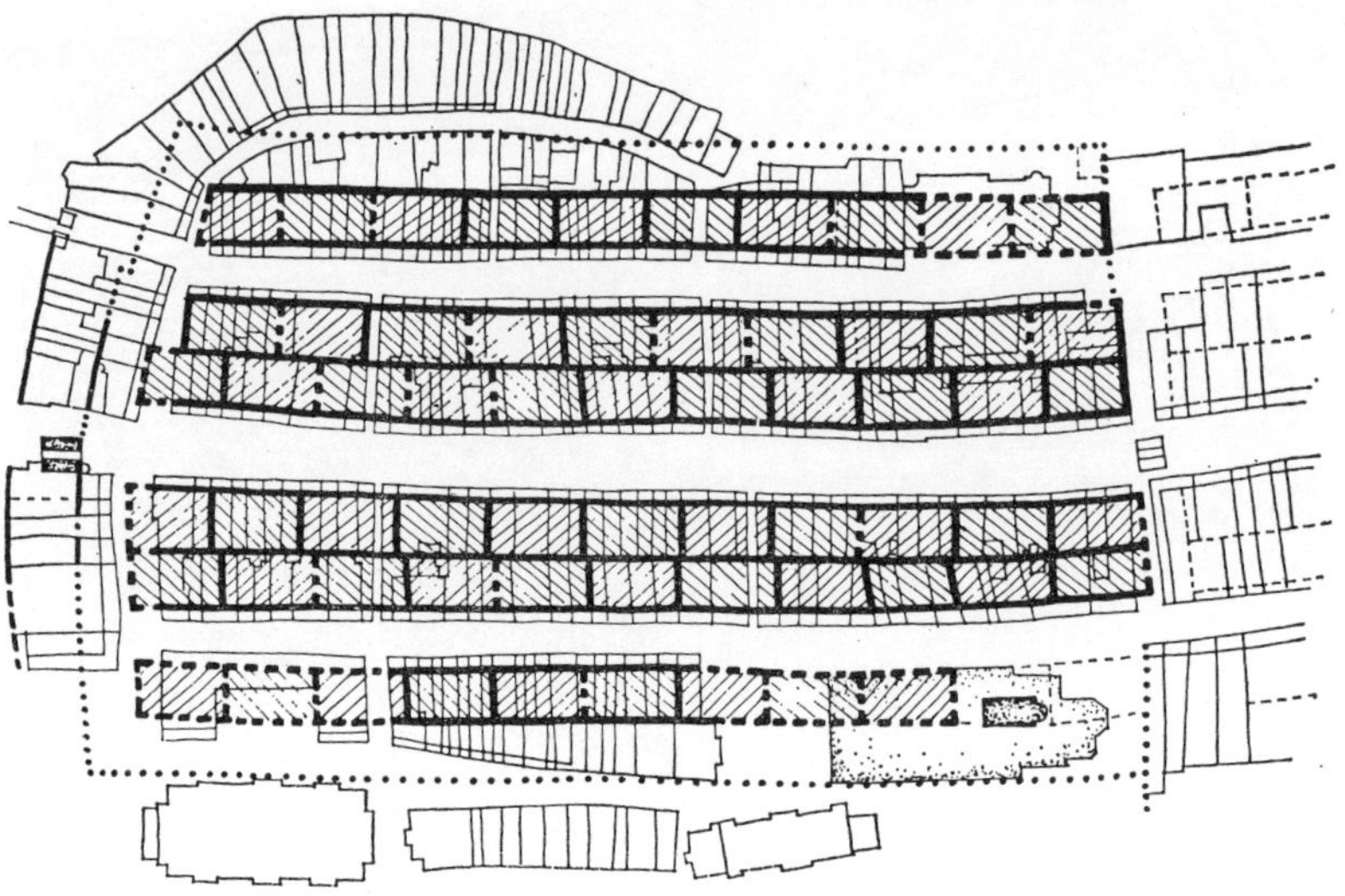

図4　Bern の Hoffstatt（The Zähringer new towns より）

のイェルサレムを地図で示すに唯⊕でもってし、その都市の模式図も同様な構造をとっている。そしてこのような十字形が十字路となってツェーリンガー都市を構成し、そしてそこは聖なる都市であるという。荒野の中に世界の中心としての都市が天上より下りてくるのである。中世都市が聖なる都市であるという事例に関しては、J・パール[16]も例えばパドアの Capella dell'arena にあるジョットの描くフレスコ画の中に悪のシンボルは市の囲郭の外に描かれることによっても示されるとするように様々に指摘するのであるが、さらにミュラーは建設の際の祭式に着目し、都市の聖性を確証する[17]。

さて聖性のシンボルとしての十字は、十字路となって四つの住区を構成するのであるが、その各々は行政区に対応し、それぞれ一つの生活空間としての統一体をつくる。例えば、それは図2、図3にあるように **“Vennervierteln”**（Bern 1296）、**“Orten”**（Villingen in der Baar 1319、Rottweil 1326）[18] **“Wachten”**（Zürich、13世紀末）である。それは、地区を代表する Rat の選挙区、税区、軍制（市壁の1／4の防禦、戦争費用分担の単位）、下級裁判所区、外人警察区、といった具合である。しかし一方、パールによれば、一般的には教区 Pfarrgemeinde がかかる近隣住区の単位に一致し、その意味で日常生活そのものが宗教のヒエラルキーの中に組み込まれていたというのである。しかし我々の事例にあっては、かような一致はない。それは多分都市の規模ともかかわるのであろうが、我々の事例は全体が一つの教区であって、それが十字なる象徴的軸により近隣住区に分離されることに於て宗教的、象徴的に組織化されているというべきであろう。

Ⅳ

さて個々の建物は現在では他の建物をもとり込んで水平的に使われているが、[19] 中世では、E・A・ガットキンド[20]もいうように、垂直的に個々の建物として使われていたのであり、1～2階の出窓とか屋根小屋とがその個々の独立性を表現している。しかし全てのツェーリンガー都市に共通して建物の平部《ヒラ》を道路に面させて深い軒を出す建物が群となって一体的な街路空間を構成する。その具体的な相貌は現在と同じではない（図5）。

例えば建物は当初から現在のように石造ではなくほとんどが木造で草屋根の建物であって、度かさなる火災によって石造・石葺に変っていったのであり、また道路が舗装されるのも後の話で、当初は豚小屋や家禽柵が、物置として使われる一階の前に突き出ていて、糞堆と尿が拡がっていたという。[21] ベルンでは一三一三／一四年を初見として度かさねて道路上への豚小屋、なめし用桶、堆肥の放置の禁止を発している。しかし、家並に関しては建設当初からその統一に神経を配っていたらしく、家の正面を道路面に揃えるようにと裁定した裁判記録が一三一一年のベルンにある。[22] つまり、そこに一体的な Gassenmarkt の空間への意図が推測しうるのである。[23]

パールは、中世都市の空間特性はパースペクティヴ的ではない空間性にあると規定するのであるが、対象を光景としてながめうる人、自己の個有の視点を保持しうる、いわゆるルネッサンス以降の人間に対して、中世人のそれはアリストテレス的な場所概念であるところの、各々の対象はそれに個有の場所があるという、その空間性であり、「何」と「何処」が全く結合したものであるとする。都市空間を決定するものはこの場所と場所との、場所と全体との内的・宗教的・抽象的関係である。例えば教会の都市内の位置は決して水平方向の眺めとしての関係の中にあるのではなく、個と全体の関係、全ての個の上にある全体者という文字通り上下関係であるという。つまりグルバーの云うように、ロットヴァイルでは Münster の周りの広がりは家並によって囲われるのではなく、豚小屋や便所のある裏庭に面しているのであるから、そこには統一ある視覚的空間はない。また図2のベルン

図5　Bern、Spitalgasseを西より見る。1630年頃。（Fundplätze Bauplätzeより）

に見られるようにツェーリンガー都市での教会の位置には中央のGassenmarktとのパースペクティヴな関係が欠如しているが、それでも教会はやはり都市空間の中心でありうる。ホファー教授は、ツェーリンガー都市はロマネスク的であるといい、深い軒を出してつくられるGassenmarktの閉鎖性が如実にそれを表わしているというのであるが、その時彼は、視点を固定する必要のない、いわば場所のつながりとしての全体というGassenmarktの空間性をいいたかったのであろう。

そして先述のideogramとは、このような場所のモデルであるHofstattなる長方形地割の連続、半ば寸法や方向があり、半ばつながるトポロジカルな空間性を指すといってよいであろう。そしてその空間性は、十文字という直交する方向軸にイェルサレムなる聖なる場所を読みとるという記号的機能、そしてそれの十字路への適用という段階を介して、中世都市空間の幾何学的組織となりえたのであろう。

半ばトポロジカルな幾何学的空間性と、大きさは当然なくてはならぬが、それが構成原理になり得ない場所的空間性（個々の場所、例えば家の部屋、そしてそのつながりの全体としての近隣住区としての場所、その全体としての都市、そして天なるイェルサレムへと開かれる場所）がツェーリンガー都市に読みとれるのである。

注

1　居住環境としては多くの問題を孕んでいる。例えばBernについては、Bächtold, R.: *Der modern Wohnungs-und Siedlungsbau als soziologisches Problem*, Basel, 1964. Rottweilについては、*Stadtkern Rottweil*, München, 1973を参照。

2　ツェーリンゲン家の系譜

Berchtold Ⅰ（＋1078, 形式上 Carinthia 大公、以後大公を冠称
　　Breisgau, Baar, Thurgau, Albgau, Ortenau の Graf, Bamberg 司教区の Vogt）

Berchtold Ⅱ（＋1111, スイス及びブルグンドへ進出）、Gebhard Ⅲ, Hermann
　　（コンスタンツ司祭）（＋1074, バーデン辺境伯）

Berchtold Ⅲ（＋1122）, Konrad（＋1152, ブルグンドの Rektor）, Agnes

　　Berchtold Ⅳ（1186）

Berchtold Ⅴ（＋1218）, Anna, Agne

　　Werner（＋1228 or 29）　Hartmann Ⅳ（＋1264）　Heilweg

　　　　Rudolf von Habsburg

3　これらの地域はブルグンドとアレマニエンの、そしてコンスタンツとローザンヌの司教区の教会地域で紛争地帯であるが、さらにオーバーラントの Graf や Freiherr が加わる（Schaer-Ris, A. *Thun*, Bern, 1964）。

4　当時の推定都市人口（以下の3書による）

Lausanne 7000 人（1291 年）

Freiburg am Breisgau 9500 人（1300 年）

Zürich 9800 人（1357 年）、6500 人（1450 年）

Basel 7500 人（1429 年）、9000 ～ 9500 人（1450 年）

Rottweil 1330 × 3 人（1441 年）

Hofer, P. : “Die Stadtgründungen des Mittelalters zwischen Genfsee und Rhein.” *Flugbild der Schweizer Stadt*, Bern, 1963; Russell, J. C.

Medieval regions and their cities, David & Charles, 1972; Egli, E. *Geschichte des Städtebaues* II, 1962.

5　H・ピレンヌ（佐々木克己訳）『中世都市』創文社、一九二七（一九七〇）。佐々木克己「商業の「復活」と都市の発生」『岩波講座世界歴史10』一九七〇、六三～九四頁）。Fischer, E. *Illustrierte Schweizergeschichte*, Schaffhausen, 1937. 鯖田豊之・木村尚三郎「大陸の都市と農村」『岩波講座世界歴史10』一九七〇、三五〇～三九八頁）。

6　Stadtluft macht frei とか Jahr und Tag の示す自由身分は様々な意味で農奴や次三男を都市に引き寄せる大きな魅力であったであろう。

7　Hofer, P. *ibid* によると、現在のスイス地域の都市の数は16（一一世紀以前）、33（一二〇〇年頃）、175（一三〇〇年頃）、195（一四〇〇年頃）115（現在）。また Fischer, E. *ibid* によればドイツ語圏のスイスの都市88のうち、14は一二世紀末までに、64が一三世紀に、のこる10が一四世紀に生れた。

8　Hofer, P. *ibid.*

9　Bern の Burg Nydegg については 1951－53, 56－62 の発掘調査により、周りを二重の壁と堀とで囲まれて四角の出偶を持つ方形プラン、いわゆる Donjon タイプの居城であることが確認されている。建設年代は11・3／4世紀。Hofer, P. "Ausgrabungen in Bern." *Fundplätze Bauplätze*, Zürich, 1970.

10　いわゆる Wochenmarkt であるが、矢守一彦『都市プランの研究』一九七〇によれば、北西ドイツ、南ドイツ (Bayern, Oberschwaben) に著しい形態で、Marktplatz にくらべて前段階に属するものという。

Gassenmarkt の幅は Neuenburg 75 feet, Bern 80 feet, Rottweil, Murten 100 feet である（*The Zähringer new towns*, Catalogue, 1966）。

Hofstatt の年税は Freiburg a.B. では 1 Schilling。

11　Bern では図2の針線部分にパン屋、鍛冶屋、肉屋、製革屋がかたまって住んでいた。

12　Hofstatt の長さと幅の比（Hoffer, P. *ibid.* より）

1: 2　Freiburg a.B., Villingen, Rottweil, Neuenburg, a.Rh., Flumet, Diessenhofen, Delsberg, Regensburg

3: 5　Freiburg-Ü., Murten, Bern, Arconciel, Büren, Avenches.

2: 3　Thun, Burgdorf

13　Gruber, K. *Die Gestalt der deutschen Stadt*, München, 1952.

14　Müller, W. *Die heilige Stadt*, Stuttgart, 1961.

15 Smith, E.B. *The architectural symbolism*, Princeton Univ. Press, 1956 によれば都市が聖なる場所と観想されるのは古くメソポタミア、パレスティナ、エジプトに認められるという（ボルドウィン・スミス『建築シンボリズム』河辺泰宏・辻本敬子・飯田喜四郎訳、中央公論美術出版、二〇〇二）。

16 Pahl, J. *Die Stadt im Aufbruch der perspektivischen Welt*, Berlin, 1963.

17 木村（上掲書）によれば、解放の十字架 croix de franchise なるものがあるという。それは解放証明適用地域を示す一つの仕方で「何本かの十字架――しばしば四本――を地面に立て十字架と十字架を結ぶ直線で囲まれた部分を解放証書の適用区域とするものであった」。かかる例はツェーリンガー都市の場合には管見にはないが、都市の聖性を示す例としてあげておく。

18 Bern では各往区から四名ずつの評議員が選出され（一二九四年）、また帝国の税を査定する Venner には古くから各区の行政官が各一名ずつ選ばれる（一二一八年）。Villingen の Ort は das Obere Ort, das Christanort, das Hüfinger Ort, dar Große Ort の四区である（Müller, W. ibid. による）。

19 Hofer, P. "Das Berner Stadtbild, Welt und Schutz" *Fundplätze Bauplätze*, Zürich, 1970 によれば、Bern では建物のうしろの Garten はもはや消え失せ、そこには建物が建込まれてうしろの建物とつながって、したがって水平的に使われている。

20 Gutkind, E.A. *Urban Development in Central Europe*, London, 1964.

21 Fischer, E. *ibid.*

22 一四〇五年には壁面線の法律が出来、例えば木造の家は石造のそれより三・五フィートをひっこめて建てるよう定めており、また興味のあるところでは一六三二年の法律記録では道路に面して並ぶ建物と建物の間の隙間を禁止している（Hofer, P. *Bauvorschriften in alten Bern*）［書誌不明］。

23 家並は図2の Bern のように Garten をはさんで両側の道路に面するのを普通とするが、Rottweil にはこの形式のものと家のうらの Garten が道に面する形式が混在する。K.グルバーは Rottweil での前者のある一郭（南西部分）を Garten の少なさをもって手工業者の区域と推定している。

［一九七八年］

設計図について[1]

ある目的のもとに建築するという事柄は、主にその目的をささえる物質的条件を中心として、様々の主観の目的が関連する。計画設計者と建設者の集団に限っても、同様である。しかるに集団として建築にかかわるとは、その中での個人の、或いは集団の行為の相互規制を、したがって目的に関わる了解がなくてはならず、それらの communicate 用具は、おもに設計図である。さて計画設計者は、建築を構成する前に、思考過程に於て選択し判断し、その表象を基礎づけようとするものである。したがって設計図は、この集団にあっては、主観に於る表象を指示する機能（Model$_1$）がなくてはならない。又建設者にあっては、事物を具体的に構成しようとするものであるがゆえに、それらの行為を操作する機能（Model$_2$）が要請される。さらに設計図は、一般的には紙の上の鉛筆の軌跡であり、その表示作用はある対象への適用作用により定着されたのである。それは記号であり、主として抽象的事柄に属する。抽象的事柄とは、それが与えられた対象の他の連関を捨象することにより、その対象の一部の連関の pattern だけを指示・操作することであり、したがってその主観の目的或いは認識の程度に応じて、機能の差異を許すのである。しかるに相互規制の枠づけは保証されねばならぬが、ここでは計画設計行為に於ける設計図の Model$_1$ の機能の領域のみ、しかも計画設計者を architect の場合に限定し考案する。

すでに観たように Model$_1$ は記号である。そこで記号により指示されるもの、ないしはその系は、Euclid 幾何学体系への数或いは基準尺度等の有意味な定式化である座標、或いは材料とか方位等の建築に固有な様々の指示される系を保持している。又 Model に直接表象されている意味は、一般の建築の形式的 pattern として内在的諸特質に則して既に感性的対象が存在し、その pattern の model への移調であるがゆえに、その感性的特質として存在する。

一方建築は、Model$_2$の機能に於いて観れば、正確に建設を操作しうれば事足りるのであるが、すでにModel$_1$に於いて、いわゆる科学的理論に基礎づけられる。科学的理論とは、一般には観察的事実の数学的概念への還元である。他方計画設計行為は現実的条件の欠けたものとしての目的により発生し、且その対象物は未来の現存を要請される。又その目的とはほかならぬ建築的空間をめざすのである。建築的空間とは有機的に統一されたものであり、或いは個々人に於る表象として常に全体化されるものである。科学的理論とは、主観にあっては抽象的意味意識であり、意識をもつとは判断する事柄であるがゆえに、この判断された事柄は建築的空間に対しては蓋然的である。したがって計画設計行為の条件を考慮すれば、主観に於ける有機的に統一された具体的表象としては、この場合image以外にありえないことが結論されよう。又Sartre[2]の分析によれば、imageの構成要素としてsavoir（知識）をあげている。それは科学的理論に於ると同様に、imageとの関係は蓋然的と云わねばならぬ。したがって同一の知識が必ずしも同一のimageとなることを保証しない。建築的空間が想像的意識の、或いは知覚的意識の相関者であるかの問題は別にしても、すでに現存した場合の建築的空間を欠けた現実的条件でのimageとは明らかに異なる事柄である。それゆえにarchitectに於ては有機的な統一体である建築的空間、計画設計行為に於るimage、両者に蓋然的な関わりしかもたない抽象的な知識との正確な連関が要請される。且知識が直接教えるところがないとすれば、それらの連関は自己に於て体得し、独自の抽象化の理論をもたねばならぬ。この開係をModel$_1$に於て観れば、imageは直接表象されている感性的特質のみならず、抽象的意味として指示されたもの、或いは科学的理論との連関の中で、その志向にあってはModel$_1$の上に直観的に実現されるであろう。さらにimageは恣意的ではなく、あくまで建築的空間をめざすがゆえに、それは創造的行為の過程の中で規定されるのである。したがってここに考察した様々な事柄を、系列として明確化する計画設計方法論をも合せ考察することにより、imageや或いはModel$_1$の具体的機能が明らかにされるであろう。

［一九六四年］

注

1　設計図はこの場合基本設計図（平面図、立面図、断面図、scale1/50～1/200）を主として指示する。

2　Sartre, J.P.「想像力の問題」平井啓之訳、人文書院、一九五五。

プラトンの立体と空間

所謂「プラトンの立体」に言及している『ティマイオス』Timaios[1]の中で、プラトンがこの立体をどのように把えていたのかということを解説し、その在り方に伴って出てくる空間の問題に答えたい。

『ティマイオス』では、まず次のような区別をする。「つまり、常にあるもの、生成ということをしないものとは何なのか。また、常に生成していて、あるということのけっしてないものとは何なのか、ということです。すなわち、前者は、常に同一を保つものなので、これは理性（知性）の働きによって、言論の助けを借りて把握されるものであり、他方、後者はまた、生成し消滅していて、真にあるということのけっしてないものなので、これは思わくによって、言論ぬきの感覚の助けを借りて思なされるものなのです。」存在（ある）―知性（真実）、生成（なる）―思わく（所信 Doxa）という区別がある。そして、全宇宙 ouranos は生成したものであるが、「生成するものはすべて、何か原因となるものがあって、それによって生成するのでなければなりません。「中略」ところでさて、何を製作するにしても、その製作者が、常に同一を保つもののほうに注目し、その種のものを何かモデルに用いて、当の製作物の形や性質を仕上げる場合には、そのようにして作り上げられるものはすべて、必然的に立派なものになります」とある。宇宙は永遠なもの、最善なものをモデルとしているので、立派なものであり、完結しており、全体的なもの、したがって一つのものとなる。構築者（＝神）は、「可視的なもののすべてを受け取ったのですが、それはじっとしていないで、調子外れに悪秩序に動いてしまったから、これを、その無秩序な状態から秩序へと導きました」とある、その秩序でもある。

そういった秩序について、プラトンの立体に関係することに限定して、見ていくと、まず次の比例 analogia がある。それは万有の構成要素 stoikeia の製作に係わって、問題にされる。つまり、「この万有を構築しはじめるに当たって、神々はこれを、火と土とから作ろうとした」が、それは第三のものなしにはうまく結び合わされない。その絆のようなものの最も立派なものが、比例というわけである。しかも幾何比例をあげている。恐らく、三つの項数ですむというところに理由があることであろう。

「立体の場合は、けっして一つの中項がではなく、いつも二つの中項がこれらを結び合わせるのです。まさにこのようなわけで、神は、火と土の中間に水と空気を置き、そして、それらが互いに、できるだけ比例するように仕上げました。つまり、火対空気が空気対水に等しく、また空気対水が水対土に等しいように仕上げた。」

この比例中項は、ユークリッドの『原論』VI-13でつとに知られるものであるが、A・サボー(2)によると、この比例中項は、線形通約不能性という無理性の出合いを導くものであった。それは「面積数」及び「相似な面積数」が知られていて、まず二つの相似な面積数の間にはつねに一つの比例中項数が存在するのが認められる（『原論』VIII-18）。それは初項と末項を各々辺とする長方形に等積な正方形を求めることでもあった。しかし、相似でない面積数の比例中項の存在の認識（比例中項を求める作図）は、線形通約不能性という概念、「数でない」ような正方形の認識につながっていったのである。この無理性の出産を、サボーにならってあまりおおげさにとらないとしても、プラトンが正多面体についての知識をえた、テアイテトスTheaitetosの正多面体論（ユークリッドの『原論』XIIIは彼の業績に基づくというところから、その内容が知られる）での関心事は、正多面体の外接球の直径と辺の間の無理性及びそれらの正方数の有理性・無理性にあったことは注目しておく値うちがある。比例中項ということを正多面体には無理性を介して同じ関心事が秘んでいるのではないかということである。

『ティマイオス』では、魂の構成がつづくのですが、それについては、二倍ずつと三倍ずつの数列及びそれらの間の調和中項、算術中項が取り上げられているということだけに気を配っておくにとどめよう。

さて、今や空間を問題にするところにきた。先の有と生成の区別に加えて、第三の区別をしなくてはならぬという。それは一言で、「あらゆる生成の、いわば養い親のような受容者だというのです。」このコーラについては、事象の把握の形式に係わって、大変重要な事柄に通じるのだが、今は藤沢令夫の形式、「場のここに〈美〉のイデア（中）の似像（干）が現れている」の「場のここ」であることに注意するに留めたい(3)。

さて、このコーラの示す特性についてプラトンは次のように云う。まず、①「そのものは、いつでも同じものとして呼ばれなければなりません。」火とか水とかいったものが永遠性のあるものとして「これ」とか「それ」とか指し示しえないことと著しい対照を示している。そして、②「その当のもの（受容者）自身は、およそ自分がどこかから受け入れるはずのどんな姿とも無縁だというのでなければ、受け入れるものとしての準備がよく整っていることにはならない。」③「何か、目に見えないもの、形のないもの、何でも受け入れるもの、何かこうはなはだ厄介な仕方で、理性対象の性格の一面を備えていて、きわめて捉え難いものだ。」そのことに多くを負いながらも対峙したパルメニデスの空間とは異なるものである。そこでは、空間は理性の対象ではなく、非有であり、生成するものに属しているからである。(4)

このコーラは、受容者であり、養い親として把握され、しかも同じ者であり、且つ受け入れるものがあって初めて対象化される（こということうように）という。しかも、イデアでもなく、生成したものでもない。繰り返して論ずれば、常に受容者であり続けながら、その都度、「そのものの火化された部分が、いつでも火としてあらわれ、〈中略〉例のそのものが、そうした土や空気の模像を受け入れる限りにおいて、それぞれとしてあらわれるのである。」そして、火が正四面体、空気が正八面体、水が正十二面体、土が正六面体に配分されている。コーラは、このように幾何学図形としてその都度、様々に現れながら、常に受容者であり続けるものである。

この構造は、宇宙を例に取ることで、いくらか明らかになろう。宇宙は、先述したように、イデアをモデルにして製作されたことで、全体的で一つのものであった。その幾何学図形は球である。コーラが宇宙化した部分が球であると言い直せよう。そこで、もしコーラが物であれば、受容者として宇宙の外にあることになり、宇宙は宇宙であり得なくなる。したがって、コーラは物でないことがはっきりする。受容者と云っても、通常の器のような受容者でなく、球となることで現れる受容者である、つまり現象の存立条件とでも云いうるものである。様々な幾何学図形として現れながら、自らは同じものにとどまるのである。そのような事態はイデア数と個別の数の間に見られる事態に類同すると三宅剛一氏(5)はいう。イデア数もまた生成と存在の中間にあるものである。

「変ずるものの基底」として不変であるコーラは、運動と静止の基盤としての絶対的不動であるが、大地のように質量を持つものではない。その都度、図形として対象化されるつつ、そのこととして不動である同一のものとされる。

先の藤沢先生の定式でいえば、イデアのあらわれる、現象形式の構造がコーラの構造であるといってよかろう。このことは、『ティマイオス』のなかでの時間の記述によってもうかがい得るものである。

> 永遠を写す、何か動く似像のほうを、神は作ろうと考えたのでした。そして、宇宙を秩序づけるとともに、一のうちに静止している永遠を写して、数に即して動きながら、永遠らしさを保つ、その似像をつくったのです。そして、この似像こそ、まさにわれわれが「時間」と名付けて来たものなのです。

所謂「時間」（あった、ある、あるであろう）は生成したものであるが、「一つのうちに静止している「永遠」としての「ある」——先の時間の様態としてのあるとは異なる——とは、絶対的な不動としての「ある」なのである。この「ある」に基づいて、様々な時間の様態があるといっている。この事態は、コーラが個別のここ（そこ、あそこ等々）の基底として、不動なる一としてあることその存在論的構造においては同じである。この意味で、コーラは現象の、あるいは生成の存在条件なのである。

宇宙のここについて一言せねばならぬ。『ティマイオス』では、

> 作り主はこの宇宙を、同じ場所で、またそれ自身の占めているひろがりの範囲内で、一様にまわるようにし、こうして円を描いて回転運動をするようにしたわけでして、〈中略〉このような循環運動には、足の必要はまったくないですから、構築者は、宇宙の神体を作り出したときに、これを脚や足を持たないものにしたのでした。

このコーラは、受容されるものと共にはじめて受容者として把握されるものであり、それが幾何学図形をとるといわれるが、そこにはどのような関心が働いているのであろうか。

脚足がない身体とは、「それの外側を、まわり一円に、すっかりなめらかに仕上げて行きましたが、これには理由が多々ありました。そのもの（宇宙）は、眼というものを少しも必要としませんでした。外部には、眼に見えるものは何一つとして残されていなかったからです」と述べ、以下聴覚の器官、呼吸の器官、養分の吸収と放出の器官等々の器官の不必要なことと同一の主旨に基づいている。すなわち、宇宙は、「全体性を備えて完結している一つの身体」であるということである。コーラに関していえば、宇宙にあっての受容者としてのコーラは、絶対的不動として「の」コーラと重なる、あれこれとしてのここではなく、それらを定位させると同時にその基底となるコーラが宇宙におけるコーラであるからである。宇宙では、表面があると同時にそれがない球

が措定されている。このことは次の文章中に窺いうる。すなわち、

神は、その真ん中へ魂を置き、これを全体を貫いて引きのばし、さらに外側から身体の周囲を魂で覆い、こうして、円を描いて回転する、まるい、ただ一つきりしかない宇宙を据えつけたのでした。

宇宙は、魂を得ることで神となる。しかも幸福な神となる。この魂は、「不可分で常に同一を保つ「有」と、他方また諸物体の領域に生ずる分割可能な「有」の中間に、その両者から、第三の種類の「有」を混ぜ合わせて作ったその有なのである。宇宙は不可分な有と可分の有で同時にある。球はこの不可分の有を指し示しながら、自らは可分の有であるほかない。その指示こそ、先の引用文中の「外部から身体の周囲を魂で覆い」の、その「魂の覆い」であろう。宇宙におけるコーラとは、球となって顕現しながら、身に見えない魂として、つまり表面のない不可分なものである。私たちは、コーラが現象の条件であることについてはすでに見てきたが、宇宙のコーラを介することで、それは魂の条件になりうるものであることが確認できた。

その際、着目したいのは、奥行きを持つ物体は面が取り囲んでいるというのが絶対の必然であるということである。しかも、平面は三角形を要素として成り立っているとする認識である。そして三角形は直角二等辺三角形、不等辺三角形をもとにしてそこから派生するという。また多くの後者のなかでも二つ集まれば正三角形がすべてに優るとして選択されている。「ありそうな言論」に基づくものである。この三角形の斜辺で合わされた対は三つ集まれば正三角形となるが、これが、正四面体、正二十面体の面に使われる。正六面体では直角二等辺三角形を四つ集めてできる正方形が面となる。これら立体における面の重視（必然といっている）は何に基づくのであろうか。例えば「空気の切片は、一粒子分が解体すると、そこから火の粒子二箇が生じることができます」とあることより解る。面の重視である。体積でいえば、面が等しい場合、決して正八面体は分解しても二つの正四面体にはなりえないからである。

その理由について、「ありそうな言論」を試みたい。まず、始原（アルケー arche）としての直角三角形であるが、その選択の理由について、『ティマイオス』では、「それが何故（立派）なのかということになると話は長くなりますが、それを反駁して、そうでないということを発見する人があれば、われわれは喜んで賞をその人に進呈します」といって、述べてはいない。そこで「ありそうな言論」にもとづいて、推論したい。

まず、あの二つの直角三角形の辺は、線形通約不可能性を示していることに注目したい。先述したように、テアイテトスの正多面体への関心もこの辺の無理性にあった。さて、コーラとの関係であるが、「そのものの火化された部分がいつでも火としてあらわれ」る、つまり、正四面体がそこにあることを意味する。この正四面体はコーラの火化された部分であるのであれば、正四面体は何らかの意味でコーラより存在をくみ上げているといってよいであろう。その時、数である辺とそうでない辺との共在ということがコーラの在り方を決定しているのではないだろうか。

数の無理性については、エレア派のゼノンによって徹底的に排除されるのであるが、その難点は比例中項を一般化することで、アナロギー（比 logos に基づいて等しい）として把握されたのである。数とそうでないものによって構成される三角形はこのような背景のなかで、新しい様相のもとで受け取られたはずである。

そうであれば、それらの場であるコーラもゼノンのパラドックスを越えたものとして受け取られたことであろう。コーラは、直角三角形よりなる面によって囲われた図形、その都度生成する図形となるのであるが、そのこととして通底する同じものは、通約不能性を比例中項として、つまりアナロギアにおいて数化したように、直角三角形をストイケイア［万有の構成要素］として産出された宇宙のコーラである。それが如何に把握されるか、また、把握されていくかを最後に示しておく。

「自分自身（コーラ）は、一種の擬いの推理とでもいうようなものによって、感覚には頼らずに捉えられるものなのでして、ほとんど所信の対象にもならないものなのです。」

［一九八三年］

注

1　プラトン全集『ティマイオス——自然について——』種山恭子訳、岩波書店、一九七五。
2　A・サボー『ギリシャ数学の始原』中村他訳、玉川大学出版部、一九七九。
3　藤沢令夫『ギリシャ哲学と現代』岩波書店、一九八〇。
4　Eugen FINK, *Zur ontologischen Frühgeschichte von Raum-Zeit-Bewegung*, Nijhoff, 1957.
5　三宅剛一『学の形成と自然的世界』みすず書房、一九七三。

大学と佛教

Ａ：佛教・大学――一般教育と専門教育

計画行為は、大雑把ないい方をすれば、目標を作成し、その目標達成のプログラムを組み立てることであろう。そして、この目標なりプログラムなりの評価をめぐって、また計画の実践、建設行為をめぐって様々な人々が参与するところから、この目標等は誰れにとっても同一の意味を汲み取りうる形式で組立てられる。それらは客観的に対象化されて、図面やシステムとして語られる。計画が巨大で複雑になればなるほど、そういった要請が顕著となる。

この客観的対象化は計画行為の必然であるだけに、対象化できないもの、あるいは対象化すること自体に対して慎重な配慮が要請される。とりわけ、計画が手法化されてしまっている場合、つまり、計画を受ける当の事態が多様であるにもかかわらず、いくつかの選択肢があるにしても、一定の客観的手順で計画をするとしたら、そこには計画の自殺行為にも似た危険が潜んでいるように思える。こういった傾向が見聞きされる今日であるだけに、事態にふさわしい客観的対象化が要請されるのである。

迂遠な道ととられかねないが、まず佛教大学を理解することから始めたい。そうすることで、先の要請に応じたい。その際、この理解は計画行為に係っての理解であるから、計画において問題になるべき領域に向ってなされるという限定は許されよう。それにしてもその領域は広大である。地域社会の、敷地の、歴史の、経営の領域等々、限りのないほどである。端緒ということを考慮して、佛教大学理解にとって欠かすことのできない内在的な側面、大学ということと、佛教ということに的を絞ることにする。

まず、佛教大学を大学という面から、計画という脈絡の中で、理解することから始めよう。計画という行為の発生は、現状そのものに、或は理想像との係わりで現状に何らかの欠けたるものがあると認識すること、つまり無の認識に求められるであろう。佛教大学の大学としての無の認識は、ひとまず大学一般が抱えている問題との関連から始められる。

戦後の大学を特徴づけるものの一つに一般教育、あるいは教養課程があり、それが今日問題となっている。これをどのように把え、どのように行なうかで大学の質を決定づけるかの感を呈している。そこで、この問題の発生事情を見ておく必要が出てくる。

一般教育を大学の課程の中に設けるという制度は米進駐軍が持ち込んだ米国の制度に基づくもので、しかもハーバード大学の学長コメントの「自由社会における一般教育」に依存するものであるといわれている。その目的とするところは、一言でいえば、民主制における自由人の育成であった。「自分で判断し、自分を支配し、自己を批判できる人間、また社会的にも自由で、偏見なく客観的で、全世界に通用する市民、いうなれば民主主義の人間像を目指す教育」であり、「専門家によって支配される社会」を回避しようとするものであった。

それについての我国の受けとめ方は、旧制大学が専門教育に、あるいは職業教育に重きを置きすぎたと批判を加えつつ、それらの基礎となるべき、また自由な思考をなす背景となるべき、人間的態度の育成に努めるべきだとするものであった。その際、この一般教育の重要さを認めつつも、制度としては二つの受けとめ方があった。一つは旧制高校の教養教育を拡充して大学の教養課程としようとするものであり、それは、一般教育の過程の後に専門教育を置くというものである。一つは一般教育と専門教育を互いに組み合わせて行なうもので、そのことで専門教育を人間的態度の中に根づかせ、育成しようとするものであった。

自然科学・社会科学・人文科学という一般教育の三分類もまた、ハーバード大学で成立したものであった。これに生物科学を独立させて加えるシカゴ大学型のあったことも承知しておくべきであろう。これらの分類の基底には、オルテガの教養（彼自身の言葉では cultura）についての考えと同一のものを見てとることができる。オルテガは教養のもつ、体系的統合的性格を強調して、それを大学の中枢にすえるのではあるが、その教養の内容は生及び生にとって必須の要件となるものであった。そのことにより、物理学・生物学・歴史学・社会学・哲学という主要科目が選定される。どのようにして知が形成されたかということから云えば、歴史学は全ての知の領域に係わるし、物理学と生物学を一つにくくれば、自然科学・社会学・哲学となって、先の一般教育の三分類にほぼ呼応する。問題はどのような意味で生がかくも強調されるかということであるが、それについては後述する。

　専門教育を主眼とする旧制大学に一般教育を拡張付加した新制大学ではあるが、時と共にいくつかの欠点を露呈しはじめる。学生数と教官数、施設規模のアンバランス、一般教育担当教官の予算・制度面での差別等が主因といわれているが、一般教育の主旨が完徹できず、空洞化しはじめる。また学生の側でも、単位をそろえるために受講する姿勢が目立ちはじめる。

　昭和三十一年、大学設置基準が定められて、専門教育の強化を狙って基礎教育科目制度の導入が計られたのも、こうした事情を踏えてのことであろう。大学の教育は一般教育・基礎教育・専門教育の三者よりなるものに改められたのである。この改定は確かに専門教育の強化に役立ったであろうが、そのことで大学教育が蘇生したのではなかった。

　そうしたことの原因の一つに大学の大衆化ということがあろう。進学率が上り、学生数が急増する。しかも、専門志向の学生群ではなく、それ以外の、つまり大学に入ってから専門を決めようとする学生群と専門を目指さない、非専門志向の学生群の激増という、二重の意味での大学の大衆化が興ってきた。

　専門の枠を決め、それの達成に向って学生を駆る大学教育の制度がこの大衆化の状勢に合うはずがなかった。ドロップアウトしていく学生が増えていく時期、まさしく大学紛争がおきた事実がそのことを如実に物語っている。大学紛争が鎮静化して久しい今日でも、この事情が解決されているとは思えない。勿論、大学の大衆化の故に、大学教育が問われているのではない。むしろ、大衆化さえ乗りこええなかった大学教育の衰退・荒廃を思うべきであると考えたい。

　一般教育の空洞化と専門教育の硬直化のこの事態の打開に向けて様々な提言がなされている。一般教育と専門教育の相互滲透関係の樹立を目指して提言実行している扇谷尚（「一般教育の方向と研究課題」）の提言を見てみる。

　「一般教育は求心的調和力、専門教育は遠心的分離力として機能している」といった形での、一般教育と専門教育の大学に於ける相互補完性、相互依存性という着眼をまず評価したい。つまり「専門教育は専門の特殊性を特殊のまゝで深く取扱うものという古い考え方に立つのみでなく、一般性の水準で取扱い、特殊を通じて普遍をさぐり、広い理論的文脈のなかにおくことによって、専門そのものも豊かなものにすることで専門自体の真の発展のためにも必要である」。このことから専門科学の一般教育化という方向が浮び上ってくるが、そのためには「専門科学そのものの性格を人間化し、社会化しかつ総合化すること」が前提条件であるという。

人間化と他の二つとは少し性質が異なるので、人間化については後回しにして、社会化について見てみる。それは「専門科学をその生起する社会的文脈のなかに位置づけて理解する方法論の確立をはかることである」。公害や核の問題、遺伝子操作の問題などに象徴的に窺いうるように、今日、研究の在り方が真剣に問われなければならない。そのことを一般教育としてとりあげようというのである。

総合化。研究者が自らの研究によって立つ立場を見きわめ、他の諸研究の中に位置づけようとすることは、研究自体の成り立ちからいって、極く自然の志向である。一方また、専門分化の方向、つまり研究の孤立化の方向の著しい今日、それらを正しく位置づけ、知の全体を見通すということ、知の統合化・全体化が益々求められている。全体像との関連で専門分化の弊害を是正し、研究を正しい方向に動機づけるということが求められている。この要請は、昭和三十八年の中教審の答申（「大学教育の改善について」）にある、一般教育の三分類（単一科目）に加えて、総合科目という新しいカテゴリーが設けられたことと無縁ではない。総合科目の新設自体は、単一科目としての一般教育が、知を人間的態度の中に根づかせようとする元々の目的を遂しえなかったことに起因する。

この総合科目は、カリキュラムの形式としては、「集中・分散」方式でいえば分散方式に属するものであるが、この形式を拡大していけば、コア・カリキュラムに行き着く。これは元々、コナントの報告の中に含まれていた方式であるが、我国には受入れられなかったように見受けられる。コア・カリキュラムは、教育しようとする核となるものをめぐって、様々な知の学習の機会を設け総合的に学際的に教えようとするもので、全員必修という形をとるものである。一般教育としての総合目的もまたうまく機能していない状態を見ると、その徹底、つまりコア・カリキュラムの方向が一つの方策として浮び上ってくる。

さらに、総合化ということを考えていくと、そこに知識と行動の総合・統合という問題が出てくる。知識偏重の学習を脱却して、行動とうまくバランスした、統合的な学習ということが出てくる。ワーク・アンド・スタディと通称されるカリキュラム方式である。

このことは、専門科目の一般教育化の中での社会化・総合化と並ぶ、人間化の課題でもある。「従来の専門科学は、客観性と没価値性を主張し、人間的価値とのかかわりを捨象して対象をとらえる立場であった」。こうした学問のあり方から脱却して、「人間性に立脚した学問、すなわち〈いかに生きるか〉という根源的な問いに答える学問として一般教育を考えようというのである。「文化理念の集積としての学問へ導く洞察と思考を学生にあたえて、人間存在への思索と判断をつくり、人間性に豊かさと深きをもたらすことに努める」というのである。

ここに至って、調和的求心力としての一般教育のイメージが根拠づけられる。〈いかに生きるか〉ということは、今ここに生きることに於いて成就するのであれば、その生における学習という、途上的でありながらその都度完結する営みとして一般教育がとらえられる。調和的求心力とは、まさしく生の求心力であり、統合であるわけで、正しい意味での統合的な学習が成就される。目的を究明しどこまでも分散し、分化してゆく専門教育に対して、統合の場として、一般教育は機能する絶対的場に開かれているといってよいであろう。そのかぎりで、建築はその場に正当に対応すると駄足ながら付加えておこう。

この学習の成就の方策として、一つ二つカリキュラム方式に言及した。しかし、はたしてそうした学習は実現しうるものであろうか。実現しうるとしたらどのような方向が考えられるかについて、とりあげることにしよう。そしてまた専門教育との関係についてもとりあげることにしよう。

B：佛教・大学——修行する大学

人間形成に係わる一般教育 Studium Generale を扱う哲学部は、一八世紀末のドイツでは、人々の幸福に仕える神学・法学・医学という専門学部に対する下級学部として位置づけられていた。カントはこの哲学部の持つ理性というものの特性である批判・

検証・自由ということに着目して、三専門学部を、政府の思惑や干渉から自由な立場に立って、検証・批判することを哲学部の任務と考えた。そのことで大学の自由、学問の自由への実現を求めた。そこでは哲学部は他学部の下につくものではなく、むしろ大学の中核的学部として、大学を大学たらしめる学部として位置づけられた。この考えは、ベルリン大学の創設の際、フンボルトに引きつがれ、新しい哲学的総合大学として具現した。この大学理念は、後に専門的な職業教育を求める社会の要請に応じきれず崩壊していったのではあるが、新しい一般教育が求められている今日、大変示唆的な理念である。つまり、それは理性という生の根源的な働きにおいて大学における研究・教育を統合し、全体化しようとする理念であるからである。そして、同様な働きを佛教大学の佛教に期待できるからである。「佛教大学学則第一章大学の目的使命」として「本学は学校教育法第52条に基づき、佛教精神により人格識見高遭にして、活動力ある人物の養成を目的とし、世界文化の向上、人類福祉の増進に貢献することを使命とする」とある。或る意味では、ここに我々が考えなくてはならぬことのすべてが語られているといっていい。この佛教精神ということの、とりわけ佛教大学の源泉である法然上人の佛教精神の普遍性（尽一切）に注目し、それを一般教育と専門教育を貫く理念として据えた時、およそどのようなことが考えられるかについて、浅学を顧みず述べてみたい。そうすることで佛教大学の建築の基本構想の方向づけを試みたい。

端的にいって、法然上人の三心（至誠心・深心・廻向発願心）と円頓戒（十重四十八軽戒）に着目したい。ただ全くの門外漢であるが故に、犯す誤りも多いと思う。御叱正を心底より乞うものである。

念佛、とりわけ称名と三心とは密接な関係にあるように『選択本願念佛集』からは読みとれる。聖道門ではなく浄土門を、雑行ではなく正行を、助業でなく正業（正定の業）とたたみ込んでいくその先は三心の成就であるように読みとれる。あらゆる行業を称名念佛という一つの行業に収斂させる。そこには、衆生の六根・六識・六塵・五陰を称名によって代表し、一切の生を称名で占めるとき、成就する三心という構造があるのではなかろうか。

このように称名を考えると、そこには全く戒律の入る余地はないようである。戒律を称名がすでに超えてしまっているからである。円頓戒と称名の関係については多くの先学の言及があり、浅学の若輩がことあらだてる事柄ではないが、先の主旨に照して御許し願いたい。

先学の言及の根拠は『七箇条制誡』と法然上人自身が叡山戒壇院で円仁流の戒法を伝授され、臨終にあっても円仁伝来の架裟を羽織って遷化されたという史実にあるようである。

『七箇条制誡』には

戒はこれ佛法の大地なり。衆行まちまちなりといへども同じくこれを専らにす。これをもって善導和尚は、目を挙げて女人を見ず。云々

とある。戒は佛法をはぐくみ育てるものであるという。そこには専修念佛へと目覚めていく道程での戒の働き、つまり教育における戒の働きに注目されているように思える。また、善導和尚の例示に見られるように、行住坐臥をつらぬく戒ということにも注目されているように思える。

例えば大原談義で、法然上人の唱える称名の易行性が評価されたのは、現世における衆生の救済にあった。そこには現世についての法然上人のするどい洞察があったように思える。また、御叱りを受けるかもしれないが、現代にあって称名ということがどれだけの説得力があるかということに疑問がのこる。つまり、生の一切を称名に収斂する現世の切迫性があるかどうか。もう一度、戒律にもどる必要があるように思える。行住坐臥を貫ぬく菩薩戒の中から、現世の大地としての弥陀の本願に至るという道程があるように思える。

円頓戒は元来、菩薩の六波羅蜜の行の第二、三衆戒であるようだが、その中の摂衆生戒を見てみると、その一つ一つを上げる余裕はないが、一言で云えば、そこには単なる社会福祉をこえて、愛の実現性に向けた一種のポリティケがある。ここに行住坐臥で象徴される専門教育とそれをつらぬく菩薩戒としての一般教育の原型があるように見受けられる。

もし、このような考えが許されるとすると、佛教大学の在り方の原型として、伝教大師が実現を目指した比叡山寺、つまり延暦寺が立ち現われる。伝教大師は晩年、菩薩僧の養成の場として、一向大乗寺としての比叡山寺の実現を目指していた。南都法相宗の僧都の執拗な反対に抗して実現しようとする、その根拠を大師は『顕戒論』の中で明言する。それは「有待の身命」のためだという。大乗戒を護持し、清浄な状態で学僧が学び行ぜねばならぬのは、我々が有待の身命であるからであって、そのためには他から隔離された浄域としての学舎が必要であるといわれたのである。学びの途上では浄域が必要であるといわれたのであ

る。

我々の佛教大学は、そのことから云えば、戒を護持する学僧の浄域であらねばならぬことになる。このことは勿論、今日の大学・衆生に開かれた学舎ということを考えれば、別様に現実に適した形で考え直さねばならぬ。

その基本は、大学の組織・運営形態が菩薩戒の発現をめざす意志でつらぬかれ構成されているかどうかであり、また学生や教官・職員の生活の場を含んでの地域社会の中で学舎が真摯に戒の実心の成就が望まれるかどうかであろう。しかしながら、この基本的な問題は、技術者としての我々の責任として引受けうるし、引受けねばならぬ部分はないわけではないが、本質的にははるかにそれを超えている。切に御指導を乞うものである。そして、そのことを通じて、真の佛教大学建築の実現を心底より希望したい。

〔一九八六年〕

注

道端良秀「大乗菩薩戒と社会福祉」『日本名僧論集』巻一、吉川弘文館、一九八二、三三四〜三四三頁。

門攷

門は大変興味のそそられる建造物である。その所為であろうか、今度新装なった本部正門はすでに二度にわたって事件と称せられるものを誘起している。誘起するといったのは、門はその本性からしてその種の可能性を秘めていると思われるからである。

この正門が新装なった機会に門について何かという編集委員の先生の依頼で駄文を綴るはめに陥ったので、まずその概要に触れておこう。この正門は『京都大学建築八十年のあゆみ』によると、第三高等中学校の主建築が完成した明治二二年に遅れること四年、明治二六年に山口半六、久留正道の設計にもとづいて完成したもので現在に残っている。正門を含めてこの三高校舎は明治三〇年に京都大学に移譲されたので、正門は大学より古い歴史を秘めていることになる。もっとも、大正一四年の本部本館建設に際して一部が変更修理されていて、今度の新装でも門扉は明治二六年の創建当初の形にもどされたが、ほかは大正一四年の姿であるという。このような復元補修は恐らく時計台まわりの歴史的環境保全という思想にもとづいて行われたことであろう。それは確かに一考に値する主張であり、この場合も成功の部類であろうが、歩行者、様々な車といったことを考えると一抹の不安がないわけではない。しかし、今ここでその計画の可否について触れることが主旨ではない。

先に門の本性という言い方をしたが、触れたいのはそのことである。あたりまえのことだが、門は通常、塀とか垣に続いて設けられるというより、それらの欠けたところに設けられている。このかこいは、土地を区切ってその内側に特有な場所を構成して、内部・外部というものをつくり出している。かこいも内部・外部の境界にあってこの両界に同時に属しているが、門はその欠けた部分にある門扉の開閉とか人の出入りを通じて、それが両界に同時に属していることをいつも告げて目立つ存在である。

このように全く違うものに同時に属する事象は何も門やかこいに限ったことではない。昔から有名なのは、Zenon の運動の否定説で、そのことから逆に、運動はここにあって同時にここにないという矛盾、運動が或る目的地を持つとすれば、出発点にあってすでに到着点にあるといった矛盾を自らの構造にしていると言わねばならぬ。現に運動は存在しているのだから、そこでこの矛盾にもかかわらず運動の存在を許容することとして、これら運動を担い、基準となる絶対的静止が浮かび上がってくる。この絶対的静止はあそこやここであり、同時にそのいずれでもないといったものである。

門の内部・外部への同時所属といった矛盾にあっても、運動の場合と同様に、絶対的静止（大地）が着目される。そうでなければ門はないことになり、出入りも存在しないということになるからである。また、それこそが門を、したがって内部・外部を成立させていると看しうる。

門の論理がそのようなものであるとすると、門に見られる様々な行為や現象は興味深いものとして見えてくる。門の矛盾を自らで解決する出来事と見て取れる。正門でのあの二つの出来事にしてもそうである。つまり、門の意味は、内部の意味の辺境に位置づけられているのではなく、門に於て絶対的静止が開かれるから、そこには内部の意味が現成している、そういう中心である。今でもそうだが、門のまわりにやたらに立看やビラが見られるのも、趣味にはあわないが、そういう意味に応じてのことであろう。

門が内部と外部の意味を現成する例は枚挙に遑もない。例えば、神社の鳥居である。あれは足もとに榊やしでなどを付けて、神聖な内部性を示している。ところが鳥居は社《やしろ》から遠かったり、その間にさらに別の鳥居があったりして外部性が伺いうる。固有信仰にもイハマドという門神がいて邪鬼邪霊を防いでいるが、寺院には仁王がいる。これらも聖性と俗性を半ば持つ。あるいは門にこれらを配することは、門が外部になりやすい強迫観念の現れと見れなくもない。西欧中世の都市門への異常な関心も、都市内部が庇護される程度に応じるものであるからである。また、今でこそ華やかなパレードの背景に過ぎない凱旋門も、元来は戦場での血のけがれを浄化する都市門であったことは歴史の教えるところである。

ところで、このような聖性を孕んだ門の意味は、此岸から彼岸への門にあって極まれる。具体的には、上代の寺院の中門とか、古代から中世にかけての四天王寺の西門とか、また西欧中世の教会堂の西構え、もしくは教会堂全体などである。現実には門の内外は共に此岸であるにもかかわらず、その門をくぐる行為、もしくはその門を前にして具体的に現成するというものである。

これはもはや内部から外部へ、或いはその逆ででもないが、そういう移行の形式を借りているのであるから、それを担っていた絶対的静止の変質を仮定しなければならず、門の存在態も仮有といったものに成り変わっているはずである。そこでは門は内外を開いたり集めたりするのではなく、開かれ集められているのである。

門は実に様々で、興味がそそられる。

［一九七九年］

教養学部図学教室

昭和二十四年の学制改革に伴って第三高等学校の図画科教室（画学教室とも図学教室とも呼称）は京都大学分校の図学教室に衣替えする。三高当時の科目「図画」の内容は、「高等学校ニ関スル勅令及省令告示」（大正七年）によると、「図画は形体を正確且自由に画く能力を得しむるを以って要旨とす。図画は自在画、平面幾何画、立体幾何画を授くべし」とある。また明治三十二年より昭和六年、実に三十二年間図画科の教官（明治三十四年教授に昇任）であった福田正雄の教科書『高等図学』を見てみると、内容についても引継がれていたことが解る。さらに云えば、三高の前身である大阪中学校では、自在画、容器画が教えられていたが、明治十五年以来その教官であった守住勇魚は三高創立後も三高助教授、後に嘱託として断続的に図画を担当した。彼の教科書『図画範本』（明治十六年）を目にする機会がないので正確なところは解らないが、「大阪中学校一覧」（明治十六〜十七年）には投影画法・透視画法等の名が見えるところから判断すると、三高の図画科の内容も大略大阪中学校のそれを引継ぐものであったと思はれる。これが当教室の濫觴である。

大雑把に云って、我々は形体を正確に画くということで、文字・数式・図式に書き下すことがそうであるように、我々の思考を客観化することが出来る。思考を図形に固定する事で、それを礎にして思考を更に発展させ精密化させうるし、他者はそれを介して図形に込められた思考を了解することが出来る。図学はそういった内容に係わる極く基礎的な能力の養成を狙って教養過程に置かれている。一方、奈辺に根本原因があるのか定かではないが、新入生諸君の三次元図形についての知識と能力は明らかに年々低下しつつある。形体を正しく理解する事は形体を正確に画くことであるという面が厳然とあるのであって、私どもの責任を痛感させられる今日である。

とは云え、単に形体を画くという事で理解できる図形の内容には限界があるのも事実である。そこで私共はここ数年、教科目の内容の再検討と新しい教科書作り[1]を始めている。その改革の主要点は三つある。まず投象という操作を変換の観点から規定し直して図形の取扱いをより厳密にすること。G・モンジュが晩年そうしたように、解析幾何的取扱いを再導入すること。そして実社会での図形処理の状況を配慮して、軸測投象・中心投象といった単面投象の比重を高めることである。

形体を理解するのは何のためかと問うこと、つまり形体を生きた現実の場面の中に置き直してその在り方を問うこと、それは図学の刷新にとって変らぬ源泉である。昭和十六年就任された故池田総一郎教授以来、当教室では建築学出身の教官が続き、そこに自ずと一つの伝統が形成された。つまり、建築の場面の中で形体について問うという伝統、とりわけ建築的空間との係わりで問うという伝統である。唯、ここで云う建築的空間とは、現象学が教える生活世界としての空間に匹敵する広さと深さで理解されようとしていることを付言しておきたい。

現在、図学教室はスタッフが二名[2]という極小教室であるが、すまい（共同体の場所を含める）の空間ということに関心を共通にしながら、一方は古代日本の仏教建築の（写真）、一方は現代建築の空間の研究というように対象を異にしながら研究をすすめ、一定の成果をあげつつある。これらの成果はまた、一般教養としての図学を目指して近年設けられた「一般図学」という講義に反映されるという形をとっている。

［一九八四年］

〔編者注〕

1　玉腰・伊従『図学　上下巻』ナカニシヤ出版、一九八四、上巻増補改訂一九九六、下巻増補改訂二〇〇〇。

2　一九八三年時点で京都大学教養部図学教室の授業は、玉腰芳夫（助教授）と伊従勉（助教授）及び非常勤講師四人により行われていた。

図版・図表リスト

二―一　主要論文

場所と形式――建築空間論の基礎的考察

建築的形式の場所について――御帳をめぐって

宇宙のなかのすまい

二―二　エッセイ

敷栲の家

民家の構造

中山道の宿場町――道・ふるさと・保存――

ライフ・ステージからみたすまいの意味

Herrgottswinkel のこと

ツェーリンガー都市の空間について

第三部　遺　稿

遺稿についての編者覚書

第三部には、著者自ら「阿弥陀のすまい」と「民のすまい」と命名し著作構想に係わるとみられる遺稿を集めた。著者が立てた目次案が残されており、前者に関しては「阿弥陀のすまい」第一稿に、後者に関しては「民のすまい」第一〇稿に収録されている。

目次案を参照すると、「阿弥陀のすまい」遺稿としては、目次第一章「初期天台の建築」の各節を構成すべき論考群と、「まとめ」に相当する論考（第二稿）が残されたことが分かる。それらを目次案に沿って配列した一九八六年発行の『玉腰芳夫遺稿集』（京都大学建築論研究グループ編、私家本）のテキストと配列を本書でも踏襲しつつ、若干の校訂を行い引用・参照文献の書誌情報を補完した。

「阿弥陀のすまい」構想第三章「空間構成と荘厳」で分析される予定であった主要阿弥陀堂の実測調査が、一九八〇年代には開始されており、三千院本堂（京都大原）と平等院鳳凰堂の内部展開図の実測調査が完了し、図面が残されていた。第三部口絵の図面はその成果であるが、残念ながら、具体的な論考は残されていない。

「民のすまい」構想は、「阿弥陀のすまい」構想よりも早く生まれていたものと推測される。夫人との共著として目次案が残された（第一〇稿）。しかし、目次案に対応する既往公刊論文としては、第二部に収録した「民家の構造」と「ライフステージからみたすまいの意味」以外には少ないことから分かるように、浄土教建築の研究の進行によって、当初の構想に基づく原稿執筆は進んでいなかったものと思われる。

しかし、「民のすまい」遺稿群を通読してみれば分かるとおり、目次案に正確に対応するものは少ない代わりに、第一稿「客間の現象学」や第二、第四稿にみられるように、日本住居の客間の原型ともいうべき書院造りの起源の解明に向かう論考群が残された。そこに本書第一部の『古代日本のすまい』での塗籠や夜御殿のもつすまいの原初的意義に対する考察の成果も生かされている。

そこで、編集方針としては、客間の背景に存在した納戸（塗籠）についての未完稿を先立て、次いで客間の考察、そして仏壇、居間、台所という順に、民家の空間配列に倣って、遺稿の配列を決めた次第である。

第三部凡例

遺稿の編集に当たっては以下の方針に従った。

1 本文・注記文中の編者による付記・追記は［ ］を付して明示した。仮名遣いや当て字の不揃いは統一していない。

2 著者自らの書き加えがある場合は、文意が通る限り、採用した。書き込みのある複写原稿が複数ある場合は、編者の判断で、もっとも新しいと思われる書き込みを採用し、抹消された文章は編者注記として示す場合もある。

3 原文に表の指示があってもその下書きがない場合は割愛し、ある場合は手書きのまま掲載した場合もある。図にあっては、本文もしくは注記に指示のある図版は編者が探索し掲載した。その場合の本文での図版表示は（ ）に入れ示す。

4 遺稿に図の表示意図が示されていない場合でも、読者の便宜のため図を示すことが望ましい場合には、文脈から判明の限り、編者が図版と挿入位置及びキャプションを選択し掲載した。本文・注記文中の図版表示は［ ］で示す。

5 本文中の原注は（n）で示し、編者注記は［n］で示す。各節末尾に原注、編者注の順に配列する。原注に編者が追記する場合も、［ ］で示す。

6 第三部に関しては参考文献一覧は作成せず、各稿、各節ごとに文献は注記に示す。図版の出典は末尾に一括して示す。

『阿弥陀のすまい』遺稿

［編者注――以下の図版は公表用の挿図として著者が用意したが、論考自体は執筆されなかった。］

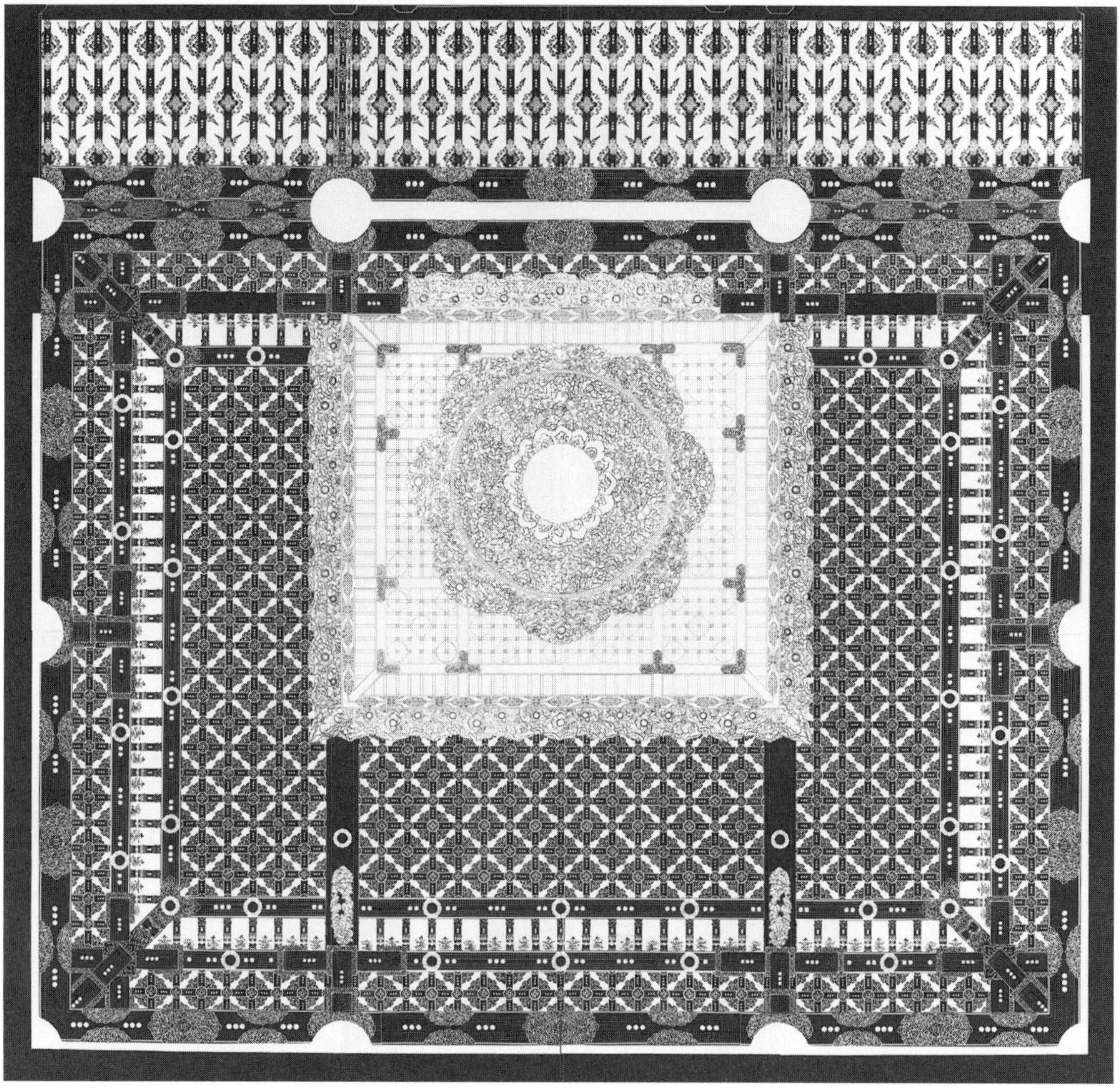

図 1　平等院鳳凰堂中堂　天井伏図　　　制作：玉腰研究室　1984 年

図 2　平等院鳳凰堂中堂内部　右手小壁展開図　　　制作：玉腰研究室　1984 年

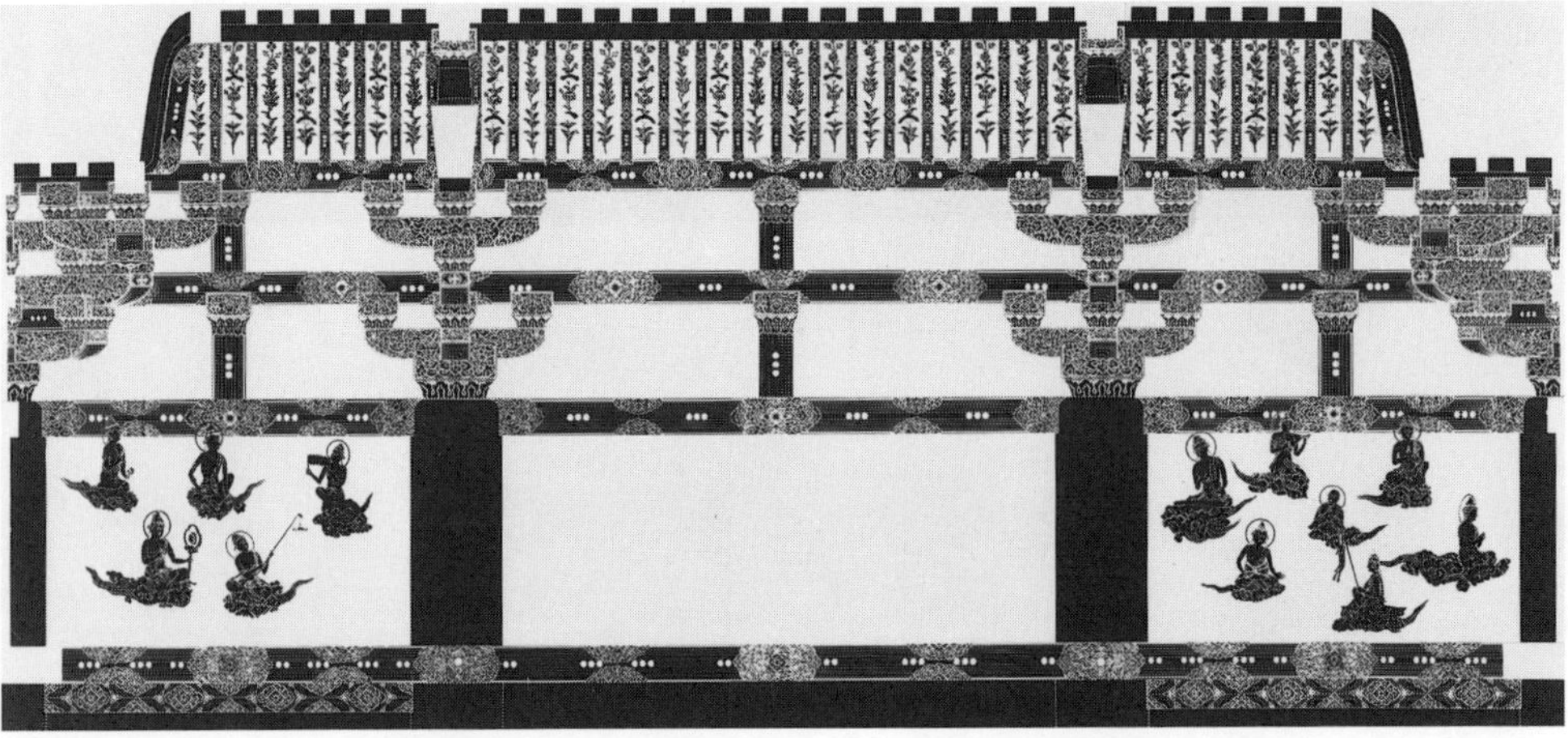

図 3　平等院鳳凰堂中堂　背面小壁展開図　　　制作：玉腰研究室　1984 年

図4　平等院鳳凰堂中堂内部　左手小壁展開図　　　制作：玉腰研究室　1984年

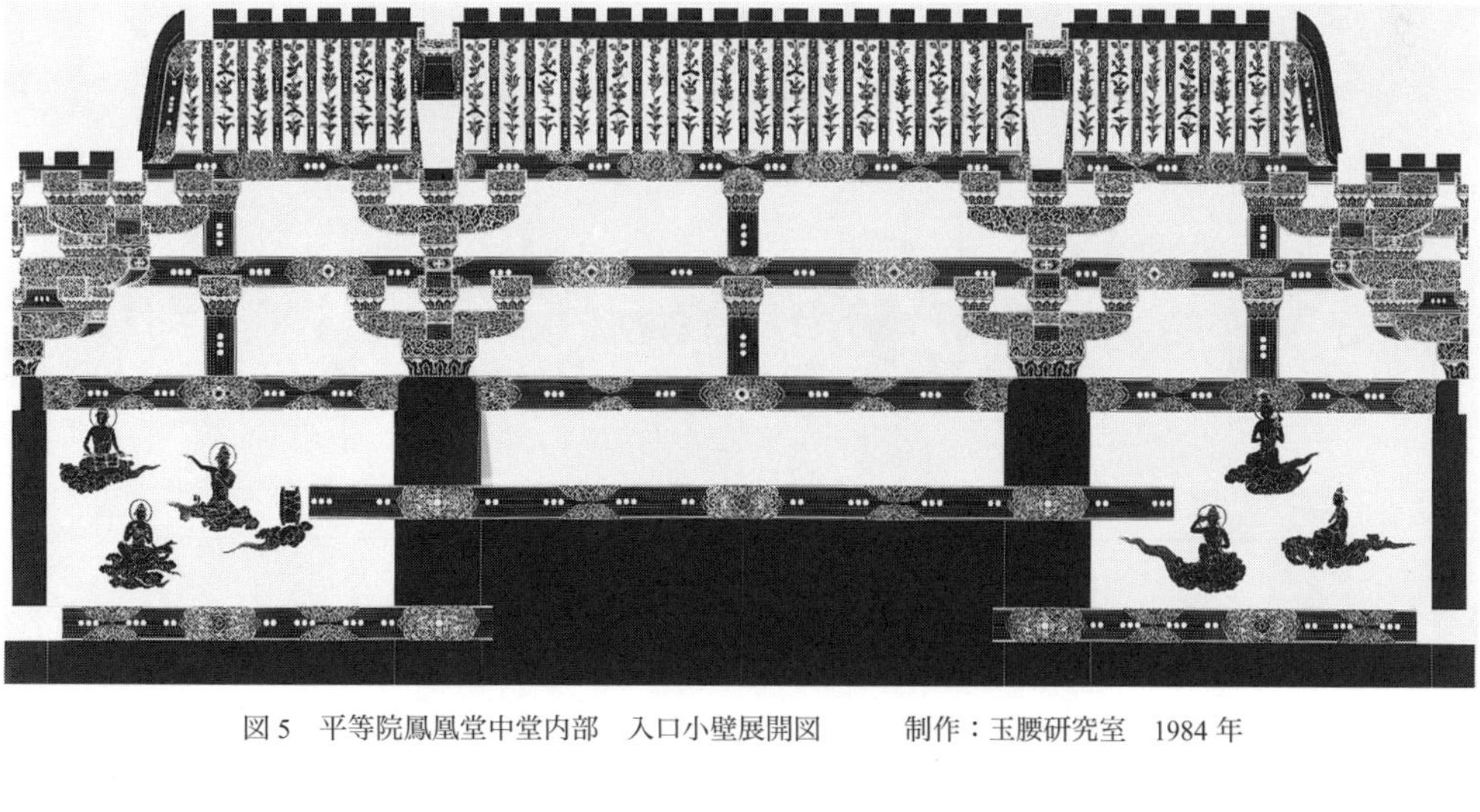

図5　平等院鳳凰堂中堂内部　入口小壁展開図　　　制作：玉腰研究室　1984年

図6　三千院本堂（京都、大原）　舟形天井南妻上

図7　同　長押上西小壁

図8　同　舟形天井北妻壁（来迎壁上部）

図9　同　長押上東小壁

［一］阿弥陀仏のすまい——浄土教建築の建築論的研究——

人にとって最大の苦、老と死のない土《［ママ］》、浄土とはどのようなところであろうか。仏教の土着化が盛んであった平安時代、人々の関心はこの浄土へと向けられ、盛んに求められていた。我国における浄土は、他の様々な浄土の中で極楽（阿弥陀仏の浄土）が主流であった。それは、叡山の天台宗を源流とするといっても過言ではない。信仰としては浄土というと通常われわれは、法然とか親鸞の浄土宗、浄土真宗を思い浮べるのであるが、本書ではそれらより以前の浄土教に関心する。

何故ならば、浄土を建築するということに目を向けたいからである。法然・親鸞の場合は称名ということに集中し、そこには建築の入る余地はないからである。そのように尖鋭する以前の、例えば源信にあっては他の身体的行動についても広く関心されていて、その影響下に様々のすぐれた芸術が生み出されている。何故すぐれた芸術が、本書では建築が生み出されたかを考えたい。

苦・老・死ということは、言葉としては平易であるが、実際その現実的否定ということになると、宗教的境界に転入する。絶対・超越・全体・無限といった問題が立ち現われる。その具体は浄土であるが、したがって浄土の相貌は、まばゆい黄金の光の中の無際限の仏といったように極端な形をとる。そのような場所の形成として建築が、例えば阿弥陀堂としてあるが、建築はそうなると先の絶対とか超越といったことと関係しつつ、浄土を実現しているといっていい。その仕組みを解きほぐしてみたいというのが本書の狙いである。

幸い建築論としての空間論はこの種の問題を取り扱いうるほど成熟してきている。建築の限界、その可能性の限界を示している浄土教建築を明らかにしつつ、同時に空間論の有意性も示してみたい。学としての空間論を整えておきたい。

目次

（一九八三年八月三一日）

［二］建築の可能性をめざして

1　内と外

内と外という概念が建築という事象の把握にとって本質的な役割を担うことは衆知であるはずである。唯そのことに気づかない、目を向けないというだけのことで、実は我々は建築において内と外を生きているのである。今、反省期にある現代建築思潮の故に、或はむしろ我々の営為は常に反省されねばならぬ故に、建築という事象を正しく把握したいのだが、その際、内と外という概念を持ち出すのは何故か。

何よりも或る概念が生きた形で事象に係わっているかどうか。このことがまず要求されることと思う。そして、我々の身辺を見廻す時、私には内と外が顕われてくる。建築の事象に係わって、様々な場面でそれが現われるだけでなく、問題をはらむものとして現われている。そのことを問うことは勿論、新しいことではない。既に行なわれてきたことではあるが、ここに自からの来歴の中から問い直すことで、何が見えてくるか試してみたい。それがこの文のモチーフである。

この時、内と外という概念で建築という事象を充全に把握しうるかどうかという充全性の問題が出てくる。答えは充全でもあり、充全でもないと今はしておく。充全でないとは以下の理由による。強さ・美・用という概念がウィトルウィウス以来用いられてきて、我々の中に定着しているが、内と外はそれと係わるところがない。また、建築が闇の中から生起する、所謂創造過程といった、事象把握にとって見逃しえない側面とも係わらないように見えるからである。充全の理由は、摂するということに積極的意味を掛けることによる。摂するとは、この場合、内と外という事象の成立のうらに、その他の建築的事象が含まれているということである。内と外が現われるかぎりで、強さ・美・用が係わる事柄、創造過程が係わる事柄が隠されて現われているとするのである。そうはいっても、内外を問うことがこれらの事柄の解明に直接つながるものではないのは明らかである。我々の問は権利上充全であるといったまでである。要は、問の切実さとそれを追っていく力量にあるように思える。私にそれらがどのようにあるかは、云ってみても仕方のないことで、弁明も自負も意味がない。結果が判定してくれることであるからだ。さて、どうなるか。

ともかくも問題の所在をさがすことから始めよう。建築にとって内・外といったとき、内の領域・外の領域が想起される。この領域としての内・外ということは恐らく建築にとって本来的であろう。この事象として、動物に見られるテリトリー（縄張り）があげられ、それに類似したものという云い方がある。このテリトリー現象は生物が生存していく上で必要不可欠なものとして自らに占有する領域が必要であるということを示している。それは先住者がテリトリーを侵す侵入者を攻撃をし追出しをはかるといったところに内と外の領域の厳存を見ているのである。ところが内なる領域の意味は動物にとって様々である。アユなどに見られるエサ場としての領域とか鳥のまわりに出来る領域とかを想い起すだけで充分であろう。また、アユのテリトリーも一定面積あたりの個体数といったある密度を超えれば形成されないことも解っている。つまり、テリトリーは恒常的にあるものでもないことを意味している。

このような、内なる領域の意味も様々で、且つ領域自身も恒常的でないテリトリーに類似するものとして我々の領域を把握しているが、はたしてそれでよいであろうか。人間が動物と異なる特徴として、新カント派のE・カッシーラーやS・ランガーは象徴をあげている。つまり、象徴をあやつる動物としての人間という特徴づけである。それとほぼ同様なことを現象学派のM・メルロ・ポンティは、ゲシュタルト視として特徴づけている。このゲシュタルト視は、すでにチンパンジーにその萌芽を見出しうる。例えば、「棒となった木」で解るような、ある状況のもとでは木を棒という道具と見る視覚である。或る事物に状況に応じて様々な意味を読んでいく、そういった視覚であろう。言葉を換えていえば、可変性と恒常性のダイナミックな構造、ダイナミックなゲシュタルトに特徴を見るのである。カッシーラーなどは制度に、メルロ・ポンティは状況に力点があるものの、人間が多層的に物を見、生きるということを共に指摘しているのである。

このことは当然なことながら、領域についてもあてはまるはずである。同一の領域が様々な意味に読みとられうること、或いは同じ意味が可変的領域をとるといった特徴である。メルロ・ポンティは、我々の環境世界は視覚的領域であると同時に、行動的意味で織りなされているといっているが、かかる状況に応じて変動する行動的意味の布置としての領域がこのことを物語っている。

しかし、このような指摘に終るだけでは、せっかく内の領域・外の領域をとりあげた意味がない。内の領域とは己れの領域ということであり、多層的領域とは己れが多層的であることを合意している。己れがどこまでどんな意味の多層でありうるのかといった、己れの生存の問題に係わって問題にしようとしているからである。

そういう問題として内の領域を見ようとするには、最早概念上のこととしてではなく、具体的事象に分け入らねばならぬことになる。すまいをその事象としてとりあげよう。

確かに次のような事象には、己れの意味が問われる可変的ゲシュタルトとしての内の領域が窺える。それは、ザシキでの上座ということである。この上座は、イロリの横座の発展形態であるが（その根拠等の考察は別の論考を用意したので、それを参照されたい[＊1]）、本来、家の主人が坐るべきこの座に客人が坐る。それは、主人が客人にこの家を譲り、客人がこの家の主となり、その客人を主人が歓待する形式を表現しているのである。

客人に家を一時的に譲るとする観想では我国古来の伝統であるが[＊2]、ここに見られる領域の意味は正に先にメルロ・ポンティが指摘した二重性であり、人々はその二重性を生きているのである。何故、このように譲らねばならぬかの根拠は、客人が主人の生存を左右しうる力を持っていたことにあるように思われる。極端な云い方をすれば、己れの生存を賭して領域の意味の変化を行なうのである。しかもそれは一時的なこととして、しばらくすれば元通り、己れのすまいにもどるとして対応していることも明らかである。内の領域を象徴として客に供しながらも、己れのすまいは保持される。

このような視角は、今日のすまいの閉塞状態の打破につながるものである。私の見るところ、今日のすまいは私人の牙城といいかえていいものである。世間に向って対峙する拠点であると同時に、世間に背を向けて引き籠りうる隠れ家でもある。そこでは私性があまりに強いあまり、換言すれば世間を隔てる壁が厚いあまり、世間は一様化されてしまうのである。一様であるというのは、なるほど内にあっては世間を様々に想像し、それに多様なイメージを与えるものの、世間の実情に対応しないという意味で、一様にそれは虚無に近いという理由による。

このような内の領域にどのように世間をもちこむ、つまり外を取り入れるかは、緊急な問題であると同時に、安直に取り入れたとしたら、随分深刻な問題をもたらすはずである。いずれにしても、ここにあっては、内と外という問題は正しく生きた問題である。

今はしかし、このことについては、内と外とが生きた問題を孕むといったことの指摘にとどめて、建築についての問題に移ることにしよう。

〔編者注〕

1　本書第三部『民のすまい』遺稿第九稿「いまとイロリ」（六三五頁以下）参照。この指示が示すように、第三部に収録する二群の遺稿は同時に書き進められている。

2　本書第一部図3、図4参照。

2　内部空間と外部空間

増田友也先生は、昭和五三年四月京大建築学科の新入生を前にしての講演「建築について」の中で、「空間というものは発見されるものだということです。それは前からあってそうしてその中に建物がつくられたりするようなものではないということです」と述べられている。なお、この講演は加藤邦男氏の手で印刷物になっている。(1) そして、この講演の終りで、「空間というふうなものは先ほど言いましたとおり、ものがもの自身に集めている場所、ものには場所が集められているわけです」と述べられている。空間をつくるということは、ものが場所をあつめるということになる。そういう場所に人がいるという関連になる。

先の内の領域・外の領域というのは、領域であるかぎり、このような場所に含まれるものである。そこで、ものと領域とが問題にならねばならぬ。その時、内・外はどのようにこのことにからむか。ここでも具体的事例に聴くのがよいのであろう。すまいをもう一度とりあげよう。

すまいにあっての己れ性が最も顕著なところは寝る場所であろう。寝るという行為は闇への対処の仕方として最もふさわしいことから解る通りに、周りを無化することに対応する。その際、己れもまた無化されるのである。それが何故に己れ性の顕著につながるかと云えば、寝ることの条件として、安心であること、己れが保護されていることを必要とするからである。己れの無化は己れの被護されていることの表現でもあるからである。このように見てくると、寝るということは、己れという内なることと何々から保護されるというその何々である外なることとの関係を常に前提にしている。寝る場所についても同様に、内と外との関係としてとらえなければならぬ。最も内なるところでの外なるところとの対応である。

我国の古来からのその対応方法は、壁で囲い、内部を闇として、外に対しては壁や出入口の堅固さを表わすという、所謂、塗籠とかナンドといったものであった。寝るということは生存にとって不可欠の要件であって、寝入った後毎朝、蘇って生きる。古代では、それを「御殿籠《おおとのごも》る」と表現した。籠るとは元来、再生をめざして隠れるのであるから、寝るという事象を適格に表現している。そればかりではなく、籠るということは、一度己れを無化する事象であることも寝ることに対応する。このことは様々な籠りの様態に共通して見られるものである。

このような己れの生存のための己れの無化という事象の場所的表現としてナンド、さらにはすまいはその徹底的な対他的関係を通して常に構成されてきたこと。これについては、我々のすまいの伝統をめぐってすでにいくつかの論考を重ねているので、ここでは触れない。(2)

闇となった内部、己れの無化の場所、このことを建築の空間として見た場合について問題にしたい。闇とはこの場合己れの無化の境地ではあるが、実際はその闇さえ無化されることが眠りであろう。すると、ここに建築的に、つまり壁によって構成された闇と、それさえも無化している境地との間には歴然たる差異がある。構成された闇は確かに眠りに入る条件ではあるが、眠りの本性ではないのである。

闇という色《しき》は、眠りという内なる境地に対応していない。その対応ではどこまでも不可能なものであるように思える。換言すれば、その差異こそ、すまいの源泉であるということである（建築の源泉であるかもしれないが、そのことは漸次考えていくことにする）。しかし、建築は、場所をあつめるということであるとすると、闇と内的な境地との差異は問題である。闇がよく境になりえていないということは場所になっていないということである。つまりは、内部空間がないということである。

外部空間はある。壁によってその周りに、己れの他者に対する関係の表現として歴然とある。さらにいえば、周りの山や森や川や、また諸々のすまいとの関係を構成しながら、己れの場所を表現しているのである。我国の神社建築や古代ギリシャの神殿の中に、このような外部空間のいくつかの典型を見ることができる。

それでは内部空間なるものはないか。勿論いくつかあるが、茶室がその典型としてとりあげられ、何人かの人々がそのことに言及している。私はここで、平安時代、我国の貴族をはじめ、庶民をまきこんで隆盛した浄土信仰に目を向け、その核の一つの阿弥陀堂をとりあげたい。そこには、建築の内部性について徹底した造形と思想を予感することができるからである。内部空間の典型、我国の建築が達し得た頂点といっても過言ではないであろう。

注

1　京都大学工学部建築学教室　意匠研究室編『増田友也講演　一九七八』、限定私家版、一九八三、［増田友也著作集Ⅴ『建築以前　建築について』ナカニシヤ出版、一九九九収録］。

2　王腰芳夫『古代日本のすまい』ナカニシヤ出版、一九八〇［本書第一部終章第二節］参照。

3　阿弥陀堂の問題の所在粗描

建築は風景をつくるといはれるが、その風景は単なる視覚に応ずるものだけを意味してはいない。M・ハイデッガーは"Bauen Wohnen Denken"[*1]の中で、橋について、それは流れを横切り対岸を結びつけるといい、岸・水・橋が出合うことでそこに場所が開けるという。その場所は人々の生活の新たな秩序となって、人々を受け入れる。現代建築のパイオニアの一人、ル・コルビュジエも、ロンシャン教会堂の建設をめぐっての手記の中で、丘上のこの教会堂が、善良な心にも、邪悪な心にも、耳目の不自由な人の心にもいつも鳴り響くことを述べている。風景とはこういった場所の秩序にも及ぶことをまず承知しておこう。

阿弥陀堂は、浄土教の狙いと固有の伝統を背負って、特異な風景をつくっている。周りの自然とも人文とも、そして神々や諸仏とも関係をとり結びながら、特異な秩序をつくり出し、それが我々の視野に現われるものたちの意味の源となるのである。

例えば、浄土教に直接関連するのではないが、最澄の比叡山寺での出来事。山の古木で仏像をつくる、そのことの中に山を占める神への配慮が見られる。自然・天地・神々・仏が仏像という形で関係をとり結び、そこに特異な風景を現出させていると見做しうる。これらの関係の結晶は、密教の曼荼羅であろうが、日本天台宗でも、その中の浄土教でも恐らく下敷にした形式であろう。その具現がどのようであり、また、どういった世界をそこにつくり、我々に風景として立ち現われるか。個別的で具体的な研究がまたれる。

さて、一心三観はまた浄土教にあってもいわれている。一心に於いて空観・化（仮）観・中観をなす。そのことで諸法実相を見、三千世界に住まうのである。阿弥陀堂の源である常行三昧堂では、身口意を縁としてこの一心三観を行じたのである。『摩可止観』では前方便として、このような行の場である道場は浄くなければならぬといわれているが、衣・座・身が浄いだけでなく、戒律を護持していることが浄さの条件である。

この浄さは、穢さからの隔離を前提とする。堂にあっては、まさしくこの隔離はものとしての建物によって支えられる。内部にあっては視野をつくるものとして、我々の前に展開するのも建物である。その視野は、外部とはちがって、直接的に我々に働きかけてくる。

この中での一心三観は、この視野に特異な意味、つまり三千世界・法界を与えることが充分考えられる。そのとき、建物なるものの集める場所は、日常的な世界を超えた、あるいは隔絶したものとして現出するであろう。また、もの自身も特異な形式を自らとりつつ、この場所現出に参与するはずである。その形式はどのようなものであろうか。

内の領域（場所）は二転・三転し、多様な相貌を呈するが、それは動物のテリトリーと顕著な差異を示す。そしてその二転三転は恐らくものの形式の意味の変転として現われることであろう。場合によっては、その意味は、形式に与えられながら、形式と隔絶するといったものであるかもしれない。まさしく、そこでは建築が試され、その限界が見えてくる。建築の可能性と不可能性が見えてくる。かかる形式を構成原理とする阿弥陀堂は、内部空間を持つというにふさわしい。内の領域は、内部空間に支えられ、超出する。

これらは、しかし、すべて予断である。はたして真実であるかどうか。仏教思想を考慮しながら、個別的に、具体的に検討することが求められる。この検証を通して、これらの関係や意味や形式は、具体的で豊かな、また思いもかけず新たな相貌を呈するかもしれない。

（一九八三年一〇月二〇日）

［編者注］

1　Heidegger, M. *Vorträge und Aufsätze*. Neske, 1954. 邦訳は例えば、M・ハイデッガー「建てる・住まう・考える」中村貴志訳、同著『ハイデッガーの建築論——建てる・住まう・考える』中央公論美術出版、二〇〇八所収参照。

［三］寺と大地性［*1］

石田瑞磨氏の(1)「最澄の叡山遁身について」の文末のところに、大変興味深い説が展開されている。引用する。

> 最澄が籠山後の延暦七年、虚空蔵尾の自倒の木を切って、これでみずから薬師仏の像を刻んだと伝える『山門堂舎記』の記録をあげたい［六〇頁］。

として、最澄の仏像彫刻の中に、

> そこにはまず霊木に対する神観念があり、そうした神霊が木に宿っているからこそ、そこに仏として顕現することができるといった理解があるのだということである［六〇―六一頁］。

それは、この神を自らの守護神として叡山に遁身する仕方を表わしているというのである。私は、この神々を土地霊として、つまり絶対的不動の大地の対象化されたるものと把えて、最澄の薬師仏像彫刻を叡山という局所的大地に定位するその仕方と把え直したい。法界を地上で求める仕方の一つとしての彫刻であり、神々への関心――守護神化――であるという解釈である。この解釈は、やがて、何故薬師仏でなければならなかったかという問題の解決の糸口となるであろうし、寺院の密教的基盤への展望を開いてくれるものであろう。

なお、仏像となった霊木には、土くれが常に大地に帰りたがるように、その原母へ、大地へと帰還しようとするモーメントがある。

このことに関連して、円仁の建立した文殊楼院について触れておこう。円仁は、五台山を巡礼の際、その道場において、

> 感二逢文殊化現師子聖燈円光一

し、叡山において、貞観三年遂に文殊閣を建立供養したのであるが、その折、

　同三年台山霊石埋二壇五方一始作。
　六月七日奉レ造二文殊尊像一。五台山香木入二其中心一

つまり、五台山の石と香木を通じて、五台山の道場をここに建立しようとしたことである。

（一九八三年六月六日）

注

1　石田瑞磨「最澄の叡山遁身について」、天台学会編『伝教大師研究』早稲田大学出版部、一九八〇、〔四七〜六四頁、六〇〜六一頁〕。

〔編者注〕

1　玉腰芳夫「比叡山相輪樘が開く法界と風土」『日本建築学会大会学術講演梗概集』一九八四（本書第二部三三九頁以下）参照。

［四］最澄と建築[*1]——主に『顕戒論』による——

弘仁九年（八一八）五月、「天台法華宗年分学生式一首」（六条式）を、同年八月、「勧奨天台宗年分学生式」（八条式）を矢継ぎ早やに選上して、最澄は大乗大僧戒（仏子戒）独立を宮廷に奉請する。そして、弘仁一〇年三月には、「天台法華宗年分度回小向大式」（四条式）を選出して、一向大乗の寺としての比叡山寺（弘仁一三年に延暦寺となる）の限定に触れながら、菩薩戒の修業道場の建立を請願する。そこは、止観葉と遮那業をそれぞれ修学する年分度者が一名宛配される、顕教と密教の仏寺である。

これらは南都の旧宗（僧統）の反対にあって、なかなか実現しない。最澄は、弘仁一一年二月二九日、この大戒の根拠を明らかにし、墨勅を下すようにと、『顕戒論』三巻を選上して、陳請する。この中に、最澄の建築についての思想をうかがうことができる。

彼は、弘仁九年四月二一日、山門の結界を定め、六所宝塔の建立を発願し、さらに山内の九院を定めるというように、大乗寺の建物の意義づけを行なっている。

山門の結界とは、『叡岳要記』によれば、

伝教大師結界内地浄利結界

東限二比叡社并天塠《アマナミノツカ》一。南限二登美渓一。西限二大比叡［峯小比叡］南峯一。北限二三津濱横川谷一。

とある。「内地浄刹結界」に注目したい。薗田香融も日本思想大系『最澄』（岩波書店、一九七四）の解説で次のように触れている。即ち「大乗戒の理念の実現の場である〈山修山学の規模あるいは輪郭〉は、世俗の空間から聖別された清浄な区域でなければならないであろう」［同書五〇四頁］。『顕戒論』の中でも「宮中の出家は清浄に非ず」といっている。宮中での受戒は不浄であり、山林こそ大乗修学にふさわしいというのである。

「六所宝塔」とは、『叡岳要記』によれば、

天台法華院。摠摂六大宝塔院。

安東上野宝塔院。在二上野国緑野郡一。

安南豊前宝塔院。在二豊前国宇佐郡一。

〔安西筑前宝塔院。在二筑前国一。〕［遺稿原文］

安中山城宝塔院。西塔。

〔安北下野宝塔院。在二下野国都賀郡一。〕［遺稿原文］

安〔国〕近江宝塔院。己上両当摂在二比叡峯一。

の六宝塔院である。その根本主旨は、「住二持仏法一為レ護二国家一」にある。より詳しくは「陰陽応レ節風雨順レ時。五穀成就万姓安楽。紹二隆仏法一利二益有情一」にある。

この発願が実際はどうなったかを比叡山寺に限って追ってみる。比叡山には、山城宝塔院と近江宝塔院が発願されたが、最澄生前には実現されず、弘仁一四年（八二三）、最澄入滅の翌年に、義真・円澄・円仁などの弟子によって、まず近江宝塔院としての宝塔が建立される。また山城宝塔院（西塔院）は承和元年（八三四）に建立された。

このうち近江宝塔院は、捴持院を仁寿元年（八五一）一二月に建てて、そこに移される。捴待院は大唐青龍寺の鎮国道場に准じて、皇帝本命道場として定められたもので、そこでは真言法が修せられる。その院の中に桧皮葺の多宝塔が建立されるが、『叡岳要記』には「有レ夢移二捴持院一」といっているので、それは近江宝塔（東塔）の移築であろう。つまり、密教道場の中に移定された。塔中には、はじめ法華経一千部と胎蔵毗盧遮那仏が安置されたが、捴持院では、胎蔵五仏となって、密教的にさらに整えられる。

「九院」については、『叡岳要記』は、仁明天皇の九院を上げるのみであるので、弘仁九年七月、十六院を定めているので、それを掲げる。

根本大乗止観院・法花三昧院・一行三昧院・般舟三昧院・覚意三昧院・東塔院・西塔院・宝幢院・菩薩戒壇院・護国院・捴持院・根本法華院・浄土院・禅林院・脱俗院・向真院

このうち、根本大乗止観院、俗に中院と呼ばれるが、それは天台宗の根本道場であって、述べるべき事柄は多いが、今は次の点を留意するに止めたい。すなわち、後に一堂に合置されることになるが、それは、瑠璃壇に安置される薬師仏が本尊となる中堂と、文殊普賢弥勒を本尊とする文殊堂と、経蔵から成っていることである。「置二文殊師利菩薩一以為二上座一」のが一向大乗寺であると「四条式」や『顕戒論』の述べるところに従えば、文殊堂の建立は肯首しうるが、薬師仏が中心になることが解らない。

さて、菩薩戒壇院は、正に大乗戒の受戒を行なう場所として、最澄の切望したものである。『叡岳要記』は、弘仁一〇年にさらに「大師奏云。立二天台戒壇院一伝二菩薩大戒定一」と上奏したと伝えている。しかし、これも大師入滅後の弘仁一三年に勅符が下され、中堂で受戒が行なわれた。戒壇院の建立は天長二年（八二五）であり、中には釈迦像、文殊・弥勒各一体が安置される。

この諸像の安置については、「四条式」によれば、大乗戒の場合には、

依普賢経。請三師証等
　請釈迦牟尼仏。為菩薩戒和上
　請文殊師利菩薩。為菩薩戒羯磨阿闍梨
　請弥勒菩薩。為菩薩戒教授阿闍梨
　請十方一切諸仏。為菩薩戒証師
　請十方一切・菩薩。為同学等侶

とあるように、釈迦と両菩薩が掲げられている。日本思想大系本頭注によれば、「和上、受戒の際に戒を授ける師」、「羯磨《かつま》阿闍利、受戒の際に作法を実行する師」、「教授阿闍利、受戒の際に受者に作法を教える師」〔前掲『最澄』二〇〇頁〕とあって、これらの師が、釈迦と両菩薩に仮託されるのである。ともかくも、この戒壇院は大師の遺命に正しく応ずるものであった。

十六院の中に三昧を冠した院が四つある。これも、最澄が『顕戒論』の中で、その意義を強調するものである。そこは止観業の学生の修業するところであり、天台智者大師（智顗）の『摩訶止観』の中で述べられているものである。『顕戒論』、「四種三昧

院の明拠を開示す　六」によれば、

論じて曰く、四三昧院とは円観を学する者の住する所の院なり。文殊般若に依って常坐一行三昧院を建立し、般舟三昧経に依って常行仏立三昧院を建立し、法華経等に依って半行半坐三昧院を建立［し、大品経等に依って非行非坐三昧院を建立］す。具には止観に説くが如し。［前掲『最澄』四二頁］

といっている。これら諸院については、後に詳しく論ずるつもりであるので、そこに譲り、今は、続く次の文に注目するに止める。

法界はこれ一処、止観能く住じて動ぜず。四行を縁となして心を観じ、縁を藉りて調直す。故に通じて三昧と称するなり。

意味するところは、四種三昧といっても法界は一つであり、この四行を縁として、心を観じ、法界に住することが三昧であるというのである。

この観心といい、法界といい、これらは天台宗の教理の核心をなすものであって、何の準備もなく触れるには大きすぎるので、今は辞典の文言を上げるのみとする。『仏教語大辞典』［中村元、東京書籍、一九七五］は、「天台宗では特に観念という語を用い、一心三観を修し、自分の一念の心の上に有・空・中の三つの見方を観ずることを行なう」とある。思想大系本の補注には、この三観について「諸法の実有を執ずる見惑を断ずるに空観を用い、化導を妨げる塵沙の惑を治めるには仮観を用い、中道の理に迷う無明の惑を断ずるには中道観を用いる」と述べ、「この空・仮・中の三観を一心に同時に成就するのが天台止観の至極であり、これを一心三観という」と述べている。また、「法界」については、先に「一なり」といっているので、その法界は理に約されたものであるが、『織田仏教大辞典』（大蔵出版、一九五四）は「法相華厳の釈意に真如の理性を指して法界と云ふ。或は真如法性、実相、実際と云ふ」とある。

さて、問題は、『顕戒論』の中の「初修業の菩薩、小乗寺に同ぜざるの明拠を開示す　四」で最澄が仏寺について述べたこととの関連である。最澄は「四条式」の中で、「凡そ仏寺に三あり」として、

一には一向大乗寺　初修業の菩薩僧の住する所の寺

二には一向小乗寺　一向小乗の律師の住する所の寺

三には大小兼行寺　久修業の菩薩僧の住する所の寺［前掲『最澄』一九九頁］

と述べ、比叡山寺をこの一向大乗寺に比定し、南都旧宗の寺に対する独自性を顕示する。それに対して、僧統は、「法界を家となす。何れの処か寺に非ざらん」と、すなわち、法界という真如の理性を家とするのであるから、どこであろうとそこは寺であって、三種の寺の区別はナンセンスというのである。それに対する反論である、『顕戒論』四では、

それ法界を家となすは、これ即ち観心の境界なり。伽藍を建立するは、有待の身命のためなり。もし、有待の身を引きて強いて観心の境に同ぜば、何ぞ難処を制しまた安居を制せんや［前掲『最澄』二九頁］

僧統の云う「法界を家となす」は「観心の境界」のことであって、菩薩業を修業するというのは、寿命に限りのある肉身、「有待の身命」が修業するのであって、そのために修行に困難な場所や修業のしやすい状態を設けているのであって、伽藍、すなわち仏寺というのは、そういうものと同列に置かれるものであるというのである。したがって、僧統は仏寺を正しく了解していないというのである。

この論争については、これ以上深入りするつもりはない。問題は、最澄が先の四種三昧院に関して、「四三昧院とは円観を学する者の住する所の院なり」といっている箇所との関連である。「円観を学する」、すなわち一心三観を学する者の住する院が三昧院であるというのであるが、一心三観とは法界に住することでもある。ここに、我々は二重に住する事態に出合っているのである。それは、「学する者」、修業する学生にだけの特有なものではないだろう。まさに「有待の身命」としての我々全てに共通する二重性である。有待の身を引いて論じてはいけないと最澄はいう。これは、『顕戒論』下巻で最澄がくりかえし述べているものであろう。その一つをとり上げれば、

貪欲の実性は　即ちこれ仏法の性なり
仏法の実性は　またこれ貪欲の性なり
この二法は一相　いはゆるこれ無相なり［前掲『最澄』一四八頁］

そうではあるが、そしてそうであるから、初修行の十二年は、一向大乗寺にあるべきだと論じている。

我々は、これからしばらくは、阿弥陀堂の問題に係っていく。衆知のように、それは天台宗の常行三昧堂、最澄の「四条式」

のいう、常行仏立三昧堂を祖源にするといわれている。我々は、それがどのように祖源であるのかを正しく見究めたい。我々は、建築家として、その事物性や、具体的な視覚像、図像とかにこだわりつづけるのではあるが、それらの基底にあるものが、我々の関心事である。それはまさしく、先の二重性、「有待の身命」でありつつ三観である、伽藍でありつつ法界である、その二重性の中で、あの事態の見究めをしたいのである。その時、建築の根拠が見えてくることを期待しつつ。

（一九八三年五月二〇日）

［編者注］

1　一九八四年六月改稿して「最澄と比叡山寺」として『日本建築学会近畿支部研究報告集』一九八四（本書第二部三二九頁以下参照）に掲載。

［五］最澄の初期止観道場について

この小論は、叡山において次々と展開していく止観道場、とりわけ常行三昧堂の意味をさぐるための手始めで、先の「最澄と建築」（遺稿第四稿）につづく位置を占める。

最澄の師は行表である。行表は唐の道璿《どうせん》の弟子であり、禅法の系譜を継ぐ者である。また道璿は華厳経の浄行品によって修行したという。そうであるから、最澄が比叡山に籠行した時の修行はこれらの止観によったことが推察できる。その止観とは具体的にはどのようなものであろうか。

その際問題の焦点となるのは、『叡山大師伝』の中の「披覧起信論疏并華厳五教等。猶尚天台。以為指南。毎見此文。不覚下涙。慨然無由披閲天台教迹」である。起信論や華厳五教を介して天台に致ったというのである。最澄は、延暦四年（七八五）叡岳に登り、草庵を結び、坐禅をしつづけるのであるが、玉城康四郎氏[1]は、最澄がその隙《ひま》に製した願文の重要な文言を析出し、それら全てが華厳経の中に見出されるという。

そうであれば、その坐禅も華厳教学に於ける坐禅ということが充分想像される。しかるに、この坐禅であるが、鎌田茂雄氏[2]によれば、華厳教学における止観は天台宗のそれに対して独自の内容を持つのであるが、「実践法として天台小止観を高く評価し、依拠していたかが分る」とする。華厳宗の第三祖法蔵に於いても第五祖宗密に於いても同様であるとする。

最澄がどのような理由で、入山し、また華厳宗から天台宗に変わったのかは小生の能力をもってしてはいかんともし難いが、ここでは、実践法としての坐禅の仕方ということに関しては、天台の経文（円頓止観・法華玄義・法華文句疏・四教義・維摩疏等）の写取の前と後でも同じであるということだけで充分である。最澄の籠山十二年の実践法も一貫して、天台小止観の坐禅ということになろう。

『叡山大師伝』〔『続群書類従』第八輯下所収〕によれば、最澄は入山して、

卜居艸菴。松下巌上。与蝉声争梵音之響。石室艸堂。将蛍火競斜陰之光

とある。多分に文学的修辞であろうが、すまいとしての草庵と、修業道場としての松下巌上と石室草堂が区別されてある。その実態は不明というほかないが、石室草堂の方は延暦二〇年（八〇二）一一月中旬叡山で講演三部之経典の際には一乗止観院となっていることを『叡山大師伝』はつげている。

『山門堂舎記』〔『群書類従』第二十四輯所収〕によると、根本中堂として、「初号二比叡山寺一。後称二一乗止観院一。亦曰二中堂一。」と書割が付加されているが、それによるとまず、「延暦七年戊辰伝教大師建立者。」とある。それは先の石室草堂に類するものであろう。

『山門堂舎記』はさらに「此堂元者三宇各別。文殊堂。薬師堂。経蔵等也」といっている。

いつの時期にこれら三つが合わさって、一つの建物になったのであろうか。貞観元年（八五九）九月二五日勘定資財帳は次のように記す。

葺桧皮五間根本薬師堂長三丈広一丈五尺五寸高一丈二尺
葺桧皮五間文殊一宇長三丈三尺広一丈六尺高一丈二尺
葺桧皮五間経蔵一宇長三丈三尺広一丈六尺高一丈二尺

そして、智澄大師が元慶六年（八八二）六月七日から仁和三年（八八七）一一月七日までの六年を費して、これらの建物を改造する。その際、

然会二三宇別堂一以為二九間四面一宇一。造二加一面孫庇一。

別堂の三堂がいつこの規模のものになったかは解らないが、文殊堂は延暦一二年（七九二）正月一日付の文殊堂供養のことを『叡岳要記』は伝えているし、また経蔵は延暦七年（七八八）に造立されたと記している。したがって、最澄はまず薬師堂で先述のよ

うな坐禅を行っていたことになろう。そしてここでは法華維摩金光明仁王般若等経[3]の転読があり、天長四年（八二七）戒壇院の完成に先立ってここで菩薩戒の受戒のことが行なわれた。

経蔵は『山門堂舎記』によると、伝教大師の書写した、一切経律論賢聖集幷唐本天台宗章疏・新写経・伝記・外典・伝教大師平生資具・八幡給紫衣等が納められていた。

文殊堂はどのような目的の建物であろうか。『叡岳要記』は、本尊は比丘形をした文殊普賢弥勒で、他に毘沙門天堵半像二体があると記し、毘沙門天像は「當ㇾ為二鎮護国家霊仏一」とあるのみである。比丘像の菩薩像は、最澄が後に菩薩戒に与えた特別の解釈にうまく対応しているかにもうかがえる。そうすると菩薩行を行ずる道場としての文殊堂という姿がうかんでくる。文殊堂という名にこだわれば、少なくとも四種三昧の一つ、文殊般若による常坐一行三昧の道場としての姿である。文殊堂のみが、他の堂に遅れること五年、延暦一二年（七九三）に建立されていることは、或いはこの頃最澄は三昧という行法を整えようとして、一歩を踏み出したかもしれない。

『叡岳要記』［『群書類従』第二十四輯所収］によると、慈覚大師は五台山巡礼の折、文殊化現師子聖燈円光に感応し、帰国したら文殊閣を起こそうと決意し、貞観三年（八六一）文殊楼院を建立する。それは、葺桧皮五間二重楼一基高五丈三尺、広五丈三寸、腹三丈八尺［文殊楼院の条］で、中には正体文殊坐像・乗化現文殊師子像をはじめとして八体の像が安置されてある。

本朝皇帝宝祚長久、仏法興隆、善願円満を主旨とするとあるが、その割注に、

名二一行三昧堂一。又名二常坐三昧院一。［文殊楼院の条］

とあって、止観道場でもあったこと示している。そうすると最澄の文殊堂との関係はどうなるかという問題が出てくる。

これについては、文殊堂に安置される文殊普賢弥勒の三像が僧形であったことが鍵のように思われる。最澄が菩薩戒の設立を熱望したのだが、従来の俗人を含む菩薩戒に対して、最澄のそれは、大乗の僧の受戒としての菩薩戒に独自性がある。つまり、菩薩僧である。文殊普賢弥勒はそういった菩薩行の伝統的三尊である。したがって、文殊堂は菩薩行の道場として様々に使われた様が浮かんでくる。

その際、文殊は常坐三昧の際に、普賢は法華三昧の際に、そして釈迦の後の仏陀になる弥勒は様々な時に拝されたであろう。文

殊普賢の拝されるのも特定の三昧に限らないかもしれない。大乗の寺は文殊を首とするが故に、文殊堂となったであろう。その中から、円仁によって一行三昧の道場としての文殊楼院が独立していったのではないだろうか。そうであるから、文殊堂は後に円珍によって、根本中堂の中に納められえたのではなかろうか。

小林圓照氏[4]によれば、「文殊所説般若に発する一行三昧は当時の中国仏教の実践において、…起信論を通じて華厳へ影響し、天台止観の一三昧となり…[*1]」とある。華厳の教内からの変展の基盤が了解されると共に、この天台の常坐三昧は、「空閑の地に結跏正坐し、一仏名を称え、あるいは専ら法界を念じ、その平等である実相を観ずる三昧[*2]」であり、「文殊説般若の一行の理・事両面を兼ねるものである。[*3]」そして普賢菩薩は法華三昧、弥勒菩薩は華厳経にいう慈心三昧との関係で安置されているのだろうか。

そして弘仁三年（八一三）法華三昧堂が、弘仁九年（八一八）常坐三昧堂が、そして弘仁一五年（八二四）常行三昧堂が建立されるというように、各三昧の専用道場が独立していく。今はそれら以前の止観道場について、一二の臆測を並べてみた。

（一九八三年六月五日）

注

1　玉城康四郎「最澄における一乗思想の発展――密教融合の視点から――」天台学会編『伝教大師研究』早稲田大学出版会、一九七三、七一一～七三八頁。

2　鎌田茂雄「華厳教学における止観」関口真大編『止観の研究』岩波書店、一九七五、二六九～二八六頁、二八〇頁。

3　金光明仁王法花三部大乗経王の長講は弘仁元年春より始めて行うとある。

4　小林圓照「一行三昧論」日本仏教学会編『仏教における三昧思想』平楽寺書店、一九七九、一五九～一七三頁。

［編者注］

1　前注4書　一七二頁。

2　同　一六三頁。

3　同　一六三頁。

［六］法華懺法［*1］

現行の法華懺法と「法華三昧懺儀」とは、鹽入良道氏(1)によると、「広略の不同が主なる差異であ」るという。法華三昧堂の荘厳を理解するために、そこでどのような行儀がなされたかを知る必要がある。そのために「法華三昧懺儀」を見るのである。その際、まず誰が実修したかということをおさえておくべきであろう。『慈覚大師伝』の嘉祥元年（八四八）には、

　始改二伝法華懺法一、先師昔伝二其大綱一大師今弘二此精要一

とあって、最澄がその大綱を伝え、改めて円仁がその精要を伝えたというのである。また『天台座主記』は「貞観二年（八六〇）庚辰以二安楽行品一伝二法華三昧一（今懺法是也）」とも記されている。しかし、『天台座主記』や『叡山大師伝』によると、弘仁三年（八一二）七月法華（三昧）堂を建て、「三昧行法四季之懺法」「奉読法華大乗経典」とあり、また『台州録』には妙法蓮華経懺法一巻（或名三昧行法）などが挙げられているところから、最澄はすでにして、この行法を実習していたと考えられている。それにもかかわらず、先の『慈覚大師伝』に円仁が精要を改伝したとされる理由について、鹽入氏は、現行の法華懺法と例時作法の各行を分析し、各行について如法経作法がこれら二法の中間頃の位置を占めていることを明らかにして、後にこのような両勤行法を導き出した如法経作法の創始を円仁に求めうるとして、そのことが円仁の先の評価を定めたと結論されているかの如くである。

「法華三昧懺法」は以下の如き構成をとっている。

一、勧修法、三七日の間一心精進して法華三昧を修する目的と結果

二、行法前方便、正懺の前に一七日、心身を厳浄して後、道場に入る。

三、正入道場一心精進方法、事中傷一心と理中修一心

四、初入道場正修行方法

1　厳修道場法

当於閑静之処。厳治一室以為道場。別安自坐之処。令子道場有隔。於道場中敷好高座。安置法華経一部。亦未必須安形像舎利幷余経典。唯置法華経。安施旛蓋種以供養具。

その他の道場を厳浄する手立。

2　浄身

以香湯沐浴著浄潔衣

3　三業供養

一心敬礼（十方常住仏、十方常住法、十方常住僧）

供養文

4　請三宝

三宝道場に来たって諸罪障を破し、法門現前する

5　讃歎三宝

6　礼仏

釈迦牟尼仏・過去多宝仏・十方分身釈迦牟尼仏・十方仏・往古来今三世諸仏七仏世尊賢劫千仏・一切過去諸仏・一切現在諸仏・一切未来諸仏・十方世界舎利尊像支提妙塔多宝如来全身宝塔・大乗妙法蓮華経十方一切尊経十二部眞浄法宝・十五菩薩・法華経中無辺阿僧祇菩薩・一切諸大声聞衆・一切諸尊大権菩薩及声聞縁覚得道賢聖僧・普賢菩薩

7　懺悔六根及勧請随喜廻向発願（五悔）

眼・耳・鼻・舌・身・意の六根を因縁とする重罪を知って、大乗方等経典を誦し、普賢菩薩及一切世尊に帰向・焼香・散華によって、一切の重罪を清浄にする。懺悔已礼三宝、説是語巳五体投地

勧請――十方法界無量仏

随喜——諸仏菩薩諸功徳
廻向——三業所修一切善
発願——願命終時神不乱。正念直往安養。而奉彌陀値衆聖。修行十地勝常楽
8 行道（右遶法座焼香散華、安庠徐歩心念三宝、次第三遍称）
9 誦経　法華経　具足誦（法華経一品二品……一巻）
　　　　　　　　不具足誦（安楽晶一遍二遍……）
10 坐禅実相正観
入縄床中斉整衣服端身正坐。開眼合口調和気息。寛放身心。……然後歛念正観破壊罪業。……心如夢幻不実。寂然如虚容無名無相不可分別……是名観心無心法不住法。諸法解脱滅諦寂静。作是懺悔名大懺悔……一切諸法皆法……
五、修証相　下根行者、中根行者、上根行者の証相（各々に又三品有り）

この三昧懺法は、法華経の「安楽行品」と『観普賢菩薩行法経』にもとづいて形成されたものといわれている。「安楽行品」については今は措くとして、後者の観普賢経について云うとすると、この懺法の「第七明懺悔六根云々」の中に、
　下所説懺悔章句。多用普賢観経意。
とあるように、懺悔文がそれにもとづくだけでなく、懺法全体がその経の意をうけているように思える。
ちなみにこの観普賢経の大旨を述べる。この経は仏滅後の修法についての尋ねに仏が答えたものである。その構成は、段落ごとに大旨を述べれば次のごとくである。
1 誦大乗経者。修大乗者。発大乗意者に白象及び普賢菩薩が様々な荘厳を伴って示現すること。
2 心念大乗。昼夜不捨。普賢菩薩の力によって十方一切諸仏を見うるようになる。完全に見うるようになるために礼仏、懺悔の後、陀羅尼を得る。
3 懺悔、礼仏の後、得諸仏現前三昧。普賢説請浄懺悔三法。漸々に六根清浄を得、さらに陀羅尼を得、そして無量諸仏を見、

そして十方世界（宝地宝座宝樹）と無量の普賢菩薩を見る。

4　大乗経典を誦ることで、諸仏を、さらに釈迦牟尼仏分身諸仏及び多宝仏塔を見る。釈迦牟尼仏の説法とその状景を見る。懺悔眼根罪法をくりかえす。多宝仏塔（その中の多宝仏）を見る。耳根、鼻根、舌根の罪を懺悔して諸仏を見る。

5　身心懺悔して、菩薩正位に入る。

6　世尊偈

7　仏滅後の衆生は正観することで、仏子となり、不須羯磨自然成就。

8　菩薩戒を具足したい者の行について述べた後、懺悔の功徳の仏説を出して終る。

このような観普賢経の具体的な行が法華三昧懺法であるという事情がいくらかは明らかになった。

［執筆年月不詳］

注

1　鹽入良道「慈覚大師改伝・相伝の懺法について」福井康順編『慈覚大師研究』天台学会、一九八〇、六一九〜六四〇頁、六二一頁。

［編者注］

1　玉腰芳夫「阿弥陀堂と法華三昧」『日本建築学会大会学術講演梗概集』一九八三（本書第二部三二五頁以下）参照。

［七］如法堂について

1

円仁は承和一四年（八四七）九月、九年に及ぶ長い留学の期間を経て帰国する。その三年後、嘉祥三年（八五〇）春三月、唐で学んできた密教修法のための道場の建立を決意する。『慈覚大師伝』によると、

大師奏曰。除災致福。熾盛光仏頂。是為最勝。是故唐朝道場之中。恒修此法。鎮護国基。街西街東諸内供奉持念僧等。互相為番。奉奉祈。宝祚。又街東有龍寺裏。建立皇帝本命道場。勤修真言秘法。今須建立持念道場護摩壇。奉為陛下修此法。唯建立処。先師昔点定矣。書奏。降詔曰。朕特発心願。於彼峰建立総持院。興隆仏法。

となっている。実際、どんな建物が建てられたかというと、『山門堂舎記』［『群書類従』所収］によると、

葺桧皮多宝塔一基。安㆓置胎蔵五仏㆒。同五間堂一宇灌頂堂也。塔東。安㆓置胎蔵金剛曼荼羅一楨㆒。同方五間堂一宇真言堂也。塔東。安㆓置熾盛光大曼荼羅一楨㆒。同三間昇廊東西各一宇。同廻廊。舞台一基。在㆓塔前㆒。同五間門楼一宇。有㆓左右橋㆒。同三間廻廊左右各一宇。同七間灌頂阿闍梨房一宇。［捻持院の条］

もっとも、これらの建物は文徳天皇の御願によるもので、仁寿三年（八五三）から貞観四年（八六二）の十年をかけて建てられたという。

この多宝塔は、東塔が移築されたもので、六大宝塔院の筆頭になるもので、叡山の密教道場の中心であったことをうかがわせる。この密教道場については、常行堂をはじめとする三昧堂の構成に係わる限りで、その意味について触れられるであろう。

まず、如法堂から始めることにする。如法堂は、天長六年（八二九）北国への布教の後帰山し講堂を開いて教化に努めるが、病を得て、絶跡待終した草庵である。幸い病も癒えて、円仁はここで四種三昧を修行する。時は、円仁渡唐の前である[1]。したがって、如法堂を調べることは、円仁その人の三昧観のみならず最澄、あるいは義真の四種三昧の何であったかを明らしめることになるだろう。

2

建物としての如法堂の具体は、『門葉記』〔「如法経一」〕所載の「如法経濫觴類衆記山家要略記内。」〔京都青蓮院蔵本巻七九〕の「五通記都率僧都作云」として、

根本如法堂
葺桧皮方五間堂一宇
安置多宝塔一基高五尺
又旧白木小塔奉納如法経
塔右安置金色釈迦像一体
塔左安置多宝仏像一体
四角安置普賢文殊観音弥勒像各一体

この堂は嘉祥元年（八四八）に建立されたものであるので、円仁が渡唐前に実際に修行したところではない。修行したのは草堂であって、手ずから写した法華「経納小塔安置堂中」という。そこは法華経仏師品などが明示する法華経の世界であった。しかし、

そのかぎりでは、嘉祥の堂も同様で、堂内の荘厳から充分察知できるものである。

如法堂での行儀の実態が、明白に解るのは「供養如法経式」、「如法経作法」[2]など、『門葉記』「如法経三」以下に載せられているもの迄待たねばならない。そこで、まずこれらにおける如法経の具体を記すことから始める。勿論、その骨組みを記すに止まるのではあるが。

3

「如法経二」の如法経雑事によると、その行儀は、

一、前方便
二、堂荘厳事
三、開白儀式
四、正懺悔
五、奉迎料紙事
六、取写経硯水事
七、写経事
八、十種供養事
九、奉納事

である。簡単にその内容に触れておく。

正懺悔の前［の行儀は］、七日間毎日三回勤行されるもので、法花懺法を調機するためであるという。続いて、堂を荘厳するのだが、まず浄水で道場を洗い、且つ沐浴潔斎し浄衣を着た上人がさらに洗って拭乾することに注目しておきたい。

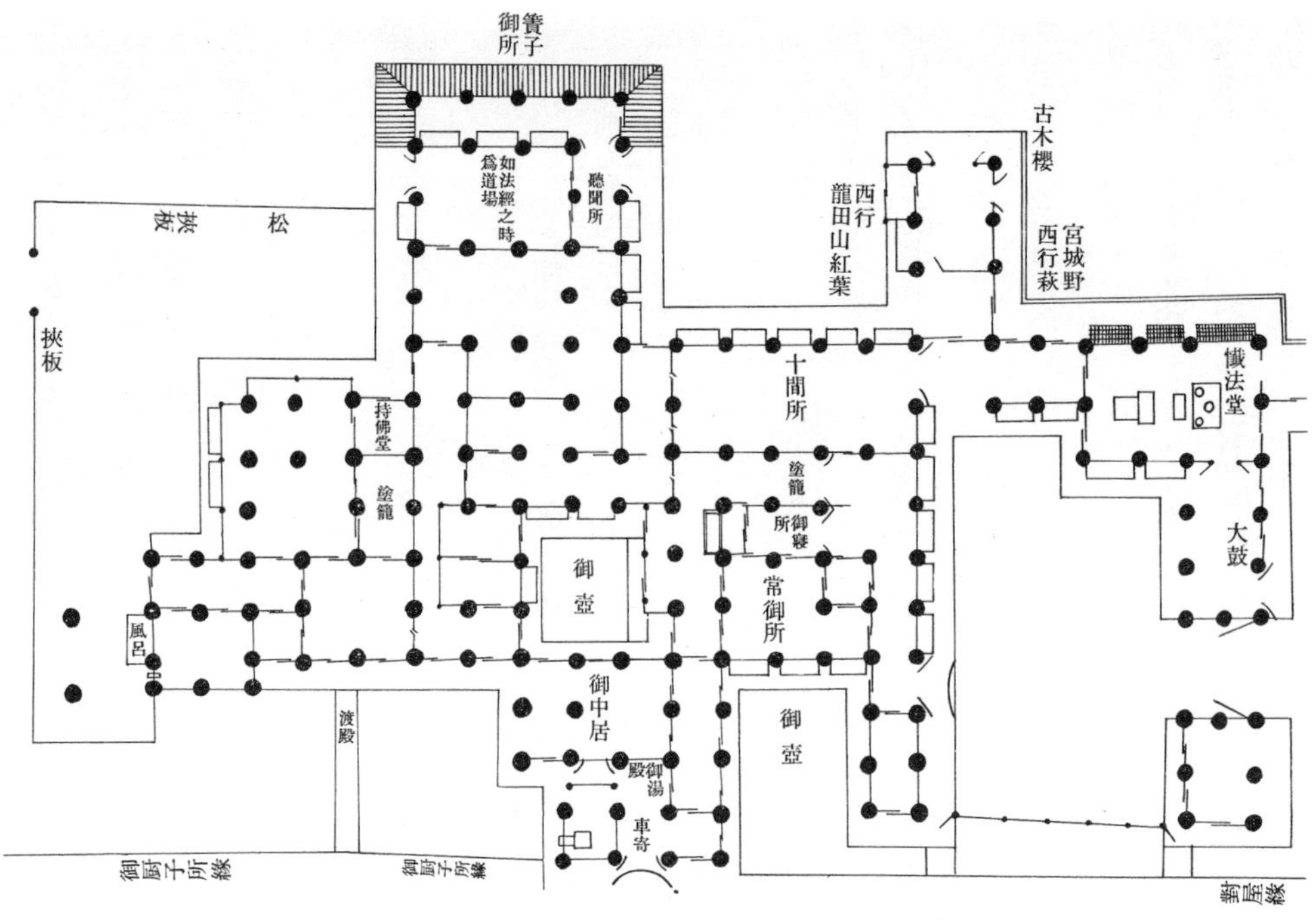

図10　三条御坊如法経道場位置図、出典：『大正新脩大蔵経図像』第12巻所収『門葉記』「寺院一」所載

道場は、参考のために、文永八年（一二七一）八月の三条御坊の場合の指図［図10・図11］を掲げておく[＊1]。中央に宝座を立てる。本尊である。その上には筥に入った法華経一部が安置される。天蓋・幡・花鬘・羅網で荘厳される。宝座の前に前机と半畳が置かれるが、堂内四周に上人の数に応じた経机と半畳が設けられる。経机の上には経一部・名香筥・塗香器などが載せられる。

堂前の明障子の外、すなわち礼堂の部分に高机が立てられ、そこに大火舎・焼名香・花瓶・閼伽棚が設けられる。さらに門の前に高机を立てて、香呂とか灑水器が置かれ、また、香象・浄莚が弁備される。さらに道場の近くの便宜なところに浄衣所・行水所・釜殿など、潔斎のための施設が整えられる。

開白儀式は、正懺悔の開始の儀式であるが、その内実は浄場に入るための手法である。

正懺悔では、「三七日之間。六時三遍之懺法」とあるように、六時、すなわち、晨朝寅中・日中巳中・黄昏酉中・初夜戌中・半夜亥中・後夜丑中に三遍ずつ次のような行儀をする。「如法経私記」によると、

一、無言行三匝

二、（座前で）礼拝三反。（五体投地礼）

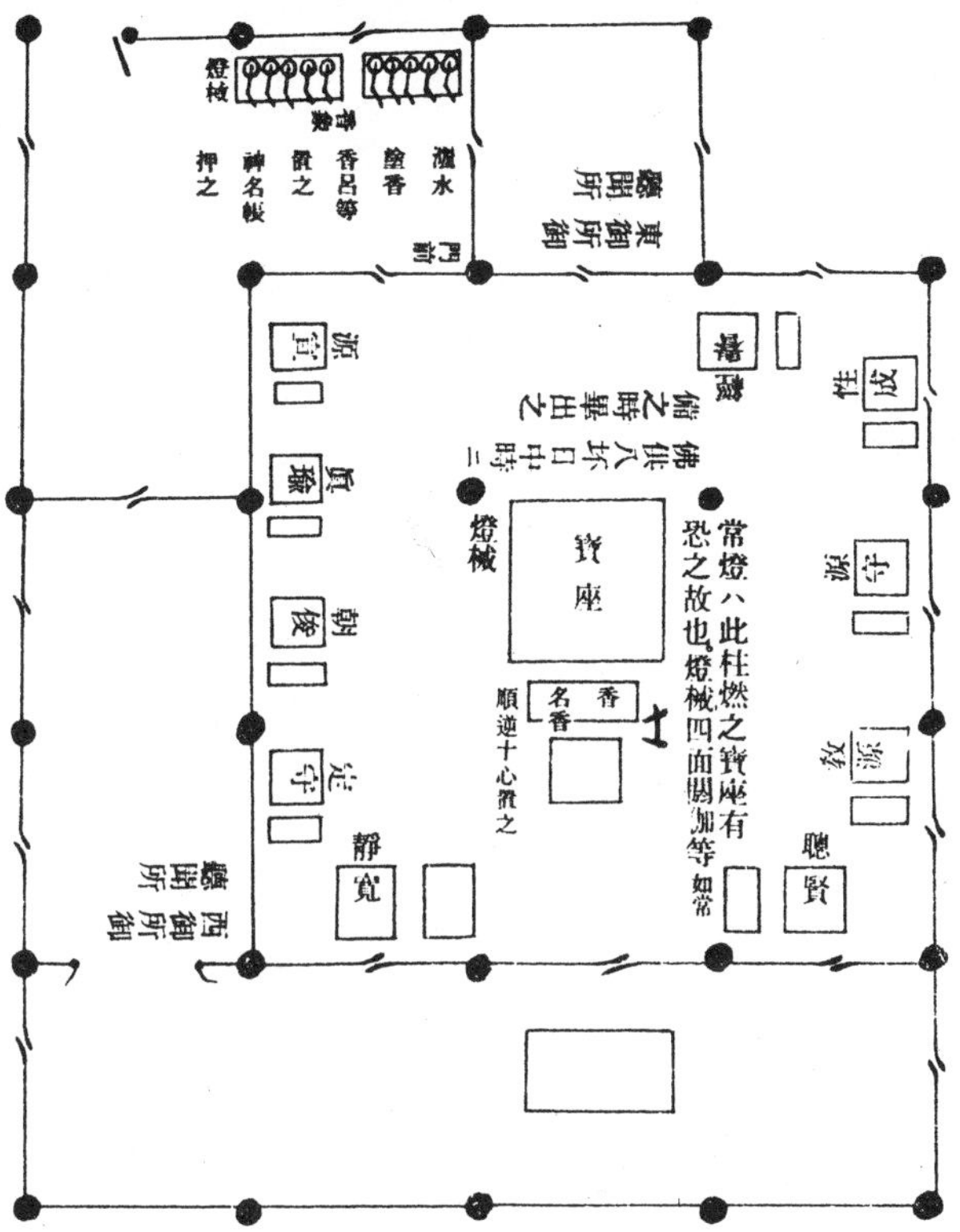

図11　文永8年（1271）8月　三条御坊如法経道場図　　出典：『大正新脩大蔵経図像』第11巻所収『門葉記』「如法経六」所載

三、（著座して）（調声）懺法

懺法とは五悔《ゴゲ》、すなわち懺悔・勧請・随喜・廻向・発願と十方念仏から成っている。懺悔とは、六根（眼耳鼻舌身意）の罪障を十方法界一切三宝、法華経中一切三宝及び普賢大士に帰依することで漸愧懺悔することをいう。

奉迎料紙事と取写経硯水事は、灑水・焼香・散花とか諸々の伽陀（3）・合殺があり、厳浄の中で手のこんだ行儀ではあるが、要するに写経のための準備である。

この両事に正懺悔二七日了の後になされるが、写経は、三七日の最後の後夜懺法終了後に開始される。道場は再度浄められ、上人も行水して、写経浄衣に着更えて再入堂して行なう。一日の内に書写し終るのを正式とする。そして、写経は金銅筒に納められ、結緒を加え、付封し御輿（宝座の上）に安置される。この写経や筒奉納は再び行道・礼拝・懺法などを経てから実行されるといった手順を踏む。

十種供養では、十種、すなわち華・香・瓔珞・抹香・塗香・焼香・幡蓋・衣服・伎楽・合掌を以ってこの法華経を供養し、それに帰依するのである。

奉納とは、この経を土中に埋めて、後世、妙法慈氏世尊（弥勒）に会わんとして行なうものである。

4

この行儀内容は、先述したように一二世紀末の文献によるものである。そして明らかに正懺悔と写経事の間で行儀は切れており、つまり如法事はこの二つの部分の合成である。円仁にあっては、或いは、それに近い時期はこれらはどうであったかを検討する必要がある。合わせて、その教義内容についても触れてみたい。

「如法経三」の「筆立事由」には、法華経を修行するに五種方軌があって、書写はその一つで、慈覚大師の濫觴であるとする。先の「五通記」では、大師は、病後に確かに写経をし、それを小塔に納めて、堂中に安置するが、その際の修行は四種三昧である。如法経の前半の懺悔、すなわち法華三昧ではない。或る時に変化したのであろう。円仁の時には首楞厳院であったのが、後に如法堂といわれるようにもなっている。

嘉祥元年（八四八）、藤原緒嗣が葺桧皮五間堂一宇を立て、如法法華経を安置したが、「安置…数体仏菩薩像」と頭書されている、これは恐らく首楞厳院と呼ばれていたであろうが、その堂と荘厳は、先の根本如法堂のそれと同じであろう。

永延二年（九八八）一〇月の「新造堂塔記」には、慈覚大師の写経等に触れた後、鎮朝和尚が院家検校の時に修堂したが、源信が院僧の時、摂州刺央江大夫を檀越として修理するとして、様々なことが記述されてある。写経は、その際の様々な修理と造像と造塔と同じ働き、つまり功徳ととらえられている。

抑我等今有願。願以此功徳。先開華報於極楽。遂拾実果於寂光万至末代衆生

阿弥陀思想があるものの、ともかくも法華経の力への信がある。そして「以一花一香供養之者。一音一偈讃嘆之者。但挙一手或復小低頭」と述べられている。十種供養(4)という形式にはなっていないが、それと同主旨（皆成仏道）である。ここには、法華懺法に全く言及されていないことが注目される。

長元四年（一〇三一）八月、覚超の書いた「如法堂銅筒記」によると、当院住僧覚超等が、堂塔が破壊されて放っておかれて妙

文に泥土が混じったりすることを恐れ、経文を納めた小塔（轆轤塔）を銅筒に入れて堂裏に埋めるように決めたという。先の如法事の行儀の最後、奉納事の濫觴である。その主旨も「誡末世住僧……侍慈尊出世」というように、同一である。ただし、その時の女院（上東門院）の「女院御願文案」には、「釋迦多宝弥陀普賢文殊観音勢至十方三宝」というように、弥勒の名を上げずに、弥陀・勢至を上げている。

　ところで、如法事の前半の懺法が何時からかということであるが、貞観九年（八六七）正月の「沙門壱道記」によると、慈覚大師が天長六年（八二九）に「昼夜三時読誦天台法花懺法。修坐禅絆行四種三昧」、そして同八年に妙法蓮花経を書写し、同年十種供養があったとしている。あまりに整いすぎているので、その考証を含めて後考を俟つことにする。

　結局、この堂での懺法の開始は解らないが、長元四年（一〇三一）覚超の集めた「如法堂文書五通」の中の一つ「霊異記」の中に、

　　厳密拝大師御経。永可消無始之罪霜云々

といっているので、この頃には何らかの形で始っていたことであろう。

5

　延長四年（九二六）三月に不可乱入如法堂という前唐院禁制が定められた。ここには十方諸仏遊行之処で、天龍八部栖止砌也であるからであり、それは一重に、ここに法華経があるからであって、厳しく不浄心での乱入を禁止するのである。この法華経への帰依は、一二世紀末の文献中の懺法にもしばしば見られるのである。それも法華経の唱導（憶持・読・誦・解説・書写）が一切衆生の成仏道であることに、まず注目しなくてはならぬ。

　苅谷定彦氏(5)によると、「法師品」以下の法華経の後半部は、従来「方便品」を中心とする前半部に対して、第二次的付加的部分と見做されてきたが、実はそうではないという。法華経それ自体の自在的根拠からして、これらの部分は車の両輪をなし、仏滅

後の衆生の成仏道（菩薩行）を示すものだという。つまり、「法師品」冒頭には、仏と面と向って、そして仏滅後にあって法華経を聴聞し信受するものは、すべて「成仏すること確定している有情」[*2]、すなわち菩薩であると述べられている。つづいて、信受するだけでなく、その唱導は「大衆のなすべき成仏のための実践行、即ちぼさつ行であると説き明かし」[*3]ている。

これらは、「方便品」で述べられた、一切衆生皆悉菩薩という仏知見の衆生の受授仕方を述べたものであると苅谷氏はいう。仏知見、すなわち衆生の思議を超えた仏知見は、仏の側からの指示、すなわち信受による受授以外にはないからである。信受の限りで衆生皆悉菩薩であって、そうであるかないかの思議は最早無意味であるわけである。唱導もまた仏の指示によるもので、衆生を教化する、つまり下化衆生し、上求菩提である菩薩行を意味し、それは衆生皆悉菩薩とする法華経の自ずから要求するものであるという。

写経はかかる唱導の一つであってみれば、如法事に於いて写経し、はたまたその料紙や墨水に到るまで神経を配り、供養を厳そかにとり行なった事情が理解されよう。

懺悔はどのような意味で、この写経に関係してくるのであろうか。その始りは恐らく、円仁の四種三昧に遡るであろう。法華懺法ともいわれる法華三昧がその一つであるからである。懺悔の内実も今一度、一二世紀末の行儀の中に見ることにしよう。

「如法経作法」の懺法の順序は左記の通りである。

・灑水
・香象（入堂）
・無言行道三匝
・礼三反五体投地（着座）
・打磬
・香呂
・合掌
・三宝礼五体投地

・供養文三反
・梵唄行道三匝
・呪願
・敬礼五体投地各一反
・六根段等終礼拝三反
・四悔終礼拝三反
・十方念仏三反・経階
・十方念仏三反・後唄
・三礼
・調声

懺悔は三宝礼の中に含まれるが、後に行なう写経に際しても懺悔をしている。その時、無始以来三業六根煩悩罪障を懺悔するとして、次の普賢品にもとづく伽陀を唱える。

一切業障海　皆従妄想生　若欲懺悔者
端坐思実相　衆罪如霜露　悪日能消除
是故応至心　懺悔六情根

正懺悔の伽陀もこれであろう。「如法経私記」には、行道の際、「観法等可有之」と付記しているが、この伽陀はこの行法が一心三観によってなされていることを示している。

円仁及びそれに続く時代の如法経と一二世紀の如法経の間には、法華懺法が前者の中に明確に見られないことなど、いくつかの差異がある。その間の資料を欠いているので、今はこれ以上言及することができない。後考を待つ。

6

注

1　円仁は弘仁九年（八一八）最澄の指示で、常坐三昧を始め、六年修行したことに注目したい。
2　良忍（一〇七二～一一三二）、に問うて書かれたものという。
3　伽陀：句、頌。合殺《かいさつ》：念仏唱名の一調、入声で高く阿弥陀仏の名号を称揚。
4　『如法堂霊異起』には万寿五年（一〇二八）五月十種供養のあったことが記されてある。
5　苅谷定彦「法華経修行道の構造――法師品の研究――」日本仏教学会編『仏教における修行とその理論的根拠』平楽寺書店、一九八〇、九九～一一四頁。

（一九八三年六月四日）

〔編者注〕
1　遺稿では図版欠除。『門葉記』（京都青蓮院蔵本巻八四）「妙法経六」所載の「道場図事」を掲げる。なお、三条御坊の指図は『門葉記』（巻一三二）「寺院一」所載。『門葉記』は『大正新脩大蔵経図像』第十一、十二巻、一九三四所収による。
2　前注5書　一〇一頁。
3　同　一〇九頁。

［八］円仁と常行三昧堂

1

『山門堂舎記』によると、弘仁九年（八一八）七月、最澄は四種三昧堂を各々、弟子達に指示し、経行を始めしめ、堂を建立しようとした。円仁に関しては、

令三慈覚大師経二始常坐三昧堂一。同年九月土木功畢。自レ入二三昧一六年修行。

と、常坐三昧を行っていたが、

大師承和五年入唐。十五年帰山。新建二立常行三昧堂一。仁寿元年移二五台山念仏三昧之法一。伝二授諸弟子等一。永期二未来際一始二修弥陀念仏一

という。『九院仏閣抄』の掲げる、同じく弘仁九年七月の「十六箇寺院。別当三綱等」によると、一行三昧院（常坐三昧院）の別当は円信、知院事は法雄となっている。また般舟三昧院（常行三昧院）の別当は道紹、知院事は仁誓となっている。他の三昧院の中にも円仁の名はない。円仁は学生として、円信の一行三昧堂で修行をしたことであろう。そして、帰国後、承和一四年（八四七）、円仁は常行三昧堂を建立する。この堂は、恐らく『入唐求法巡礼行記』の中で記している、五台山竹林寺の般舟道場を模範にして、出来たものであろう。

それでは、それ以前の道紹の般舟三昧堂はどうなっていたであろうか。円仁が「新」たに建てたと『山門堂舎記』〔「常行三昧院」の条〕は云っているので、恐らく〔それまでは〕建てられ〔てはい〕なかったであろう。「最澄の初期止観道場」〔遺稿第五稿〕で初期の状態をさぐったのであるが、般舟三昧がどこで、つまり薬師堂と文殊堂のどちらで行なわれたのかは特定できなかった。

ところで、東大寺法文所で最澄は円頓止観など法華三部をはじめとする天台宗の経文の書写をしたのであるが、延暦二一年（八〇三）還学生としての渡唐に際して、

幸求得天台妙記。披閲数年。字謬行脱。未顕細趣。若不受師伝……

といっていて、確かに最澄は法華玄疏を延暦二一年正月、比叡山で講説するなど研鑽を積んでいたのだが、未だしと考えていたわけである（自非久修業所得）。智顗（五三八〜五九七）の証悟した法華三昧をはじめとする四種三昧の行法についても不明のところをのこしていたことであろう。帰国後は自ずと事情は異なってくる。大同五年（八一〇）春には、金光明仁王法華三部大乗経の長講を始め、毎日欠かさなかったという。また、弘仁三年（八一二）には法華三昧堂を建立して、昼夜不絶の読経を始行する。しかし、常行三昧堂建立の記事はない。最澄は、弘仁九年（八一八）四種三昧堂の建立を発願しているし、遺告として、

我因法等。四種三昧。勿為懈倦

といっており、常行三昧は行なわれたのであろうが、その実態は解らない。円仁の常行三昧から考察を始めなければならぬ所以である。まずは円仁が我国に導入した法照の常行三昧から見ていくこととする。

2

円仁が竹林寺を訪れた折（八四〇年五月一日）には、法照は既になく、その般舟道場に影像をのこすのみであった。円仁は法照の弟子鏡霜から浄土念仏法を学んだといわれるが、それは法照の五会念仏であることにほぼ誤りはないといわれている。

法照は、はじめ廬山に西方道場を結び、念仏三昧を修した後、承遠をしたって、南嶽入りをする。ここで五会念仏を創ること

になる。我々は、承遠から法照に至るその浄土教の内実を追う余力はない。ただ、建築に係わる限りで、触れるのが限界である。竹林寺の般舟道場については、『入唐求法巡礼行記』には、法照の仏像のほか、仏陀波利が画かれている以外、その詳細は記されていない。

「閣院の道場を鋪厳し七十二賢聖を供養す」とあり、その賢聖は堂中の傍壁に安列してあり、且つ、
　宝幡、宝珠は世の妙綵を尽くして張り施し鋪《し》き列ね、雑色の氈毯は地上に敷洽され、花燈名香、茶薬の食は賢聖に供養さる。[＊1]
とある。

そこで、法照が証悟した南嶽弥陀台の般舟念仏道場に遡ってみることにする。敦煌出の法照撰『浄土五会念仏誦観行儀』に証悟の有様をみる。

此台東北道場内にあって、
　正念仏時、有㆓一境界㆒。忽不㆑見㆓道場屋舎㆒、唯見㆓五色光明㆒。雲台弥満㆓法界㆒、忽見㆓一道金橋㆒。従㆓自面前㆒、徹至㆓西方極楽世界㆒。須臾即至㆓阿弥陀仏所㆒、……
そして阿弥陀仏より一無価梵音五会念仏法門を親授される。それは、無量寿経の説く宝樹五音声がこの五会仏声(1)であって、仏は、
　以㆓是因縁㆒、便能称㆓念仏名㆒。報尽定生㆓我国㆒。
と述べる。そして、
　言迄、忽然還見㆓自身㆒、而在㆓道場㆒。
道場を荘厳という観点から見る場合、まずこの体験が般舟三昧中であることに注目したい。塚本善隆氏(2)は、これは『般舟三昧経』の専念阿弥陀仏の法によって九十日を一期間とした実践行法で、智顗の『摩訶止観』による常行三昧より来たものではなかろうかと推定する。そうであれば、この阿弥陀仏に会うという体験は、定の力と仏の願力にもとづくもので、慧における五会念仏の親授ということになろうか。

道場は、その時、全く見えず、視界は唯五色の光明ばかりで、そこに雲台が満ち、金橋が現われる。西方極楽世界に至るのである。そして、忽然として元の道場にある自分を見る。西方極楽世界とこの道場とは全く切れている。そこには荘厳として見な

くてはならぬものは何一つとして記されていない。あるのは五会念仏である。阿弥陀仏を讃嘆する仕方は何にも宝樹五音声でなくてもよいであろうが、阿弥陀仏の親授というところで、しかも浄土の自然としての五音というところに五声念仏の荘厳としての根拠があるのであろう。

この証悟によって、天台の常行三昧とはかなり異質の念仏行が確立される。天台の一念三千の観を含んだ、往生の行として、すなわち、

至㆓命終時㆒、我来迎接決定

とある。阿弥陀仏の約束に基づく行となる。そして、衆生が五会念仏誦経する時、

我此国土水鳥樹林、諸菩薩衆、無量音楽、於㆓虚空中㆒、

とあって、それは、音楽という感覚的形式において、報界と交流するという、いわば定に似た働きのあることを窺わせる。[3]

法照は、大暦五年（七七〇）四月、五台山入りをする。それに先立って、南獄雲峯寺食堂で食事中、鉢中に五台山仏光寺が、また五台山華厳寺等が現われたり、衡州湘東寺高楼での念仏三昧中及びその後の体験など、五台山巡礼をうながす神秘体験があったと伝えられるが、それについては省略する。

五台山の仏光寺で法照は或る霊感を得たといわれている。いまだない竹林寺で文殊菩薩と普賢菩薩に対面して親しく教えを受けるのである。五会念仏の行が先述のような往生決定して、疑いのないことの確証をうる。

そして、竹林寺を建立する。『広清涼伝』によると、

後至㆓大暦十二年九月十三日㆒、……其後法照大師、乃度㆓華厳寺南一十五里㆒、当㆓中台中麓下㆒、依㆓所㆑逢大聖化寺式㆒、特建㆓一寺㆒。仍以㆓竹林㆒題号焉。

とある。

塚本氏は、建立の年代を大暦一二年以後、恐らく徳宗貞元年中であろうとする。[*2] 先の霊感にもとづいて、建てられたもので、文殊・普賢の親教の建築という霊所の意味を帯びていて、その限りで建築そのものが荘厳ということになろう。しかし、その具体相は、円仁の『入唐求法巡礼行記』の記述以上を出ない。そこで、次にその五会念仏の行法の具体を見ることで、道場の様子を

さぐることにする。

3

長安の章敬寺浄土院で既述した『五会念仏略法事儀讃』(注2［書一九〇頁］参照)にもとづいて、その構成を記すことにする。この法事をなす人は声のよい三人から七人の僧俗の人を集め、座主と副座を各々一人選定する。

○焚香声磬召請聖衆

○当座人念仏一声白衆云。云々

打磬

○云何梵 (涅槃経)

○念阿弥陀仏観音勢至地蔵菩薩。各三五十聲。

○至心稽請 (稽詩文)

○荘厳 (荘厳文)

○念仏 (其弥陀観経・一坐一啓)

○散華楽　一坐一句 (散華楽文)

○五会念仏

○諸宝鳥相好 (宝鳥讃)。維摩五会 (維摩讃)。大小般若。般舟涅槃等。一坐両句爲声打磬。

○浄土楽六根讃。西方楽。出家楽礼讃等。並四句為准

○道場楽一句

○唱西方礼讃天台智者廻向発願文

不明な点が多いが、「云何梵《いかに》」は涅槃経によって、この法事の主旨を歌讃することである。稽請は、釈迦牟尼仏、十方三世諸仏、阿弥陀仏、観世音菩薩、大勢至菩薩、十方諸大菩薩摩訶薩、十方声聞緑覚一切賢聖僧に稽請することをさす。荘厳は、五会念仏の力によって願の成就することを期すことである。散華楽では、先の諸仏諸菩薩の道場に入場することを請う。その際、散華によって、

　　道場荘厳極清浄。

そこでは、金剛宝座正覚を期し、道場に坐して諸仏家に生れると観想する。

　讃は道場楽讃によってしめくくられる。それは、散ずるに当って、再び極楽往生を期すのである。天台智者の廻向発願文は、

　　至心発願已。帰命頂礼西方阿弥陀仏

でしめくくられていて、要するに浄土教の重視する三心の一つ、廻向発願心を発して無上正等菩提を得ようとするものである。我々は、法照の五会念仏を追うことで、道場の荘厳の具体を知ろうとしたが、その見込みは達せられなかった。最後に叡山の常行三昧堂について触れておこう。

　『叡岳要記』によると

　　葺桧皮五間堂一宇在二西孫庇一。

とあるものである。それはもともと虚空蔵尾にあったものを、円仁の遺命にもとづいて、相応が元慶七年（八八三）にこの地（講堂の北）に移したものとある。円仁の承和一五年（八四八）の常行堂を移したというのである。

　その荘厳については、『叡岳要記』は、

　　堂上有二金銅如意宝珠形一。四方壁図二九品浄土幷大師等影像一。

　　安二置金色阿弥陀仏坐像一躯。同四柱菩薩像〔各〕一躯一。

九品浄土図についても大師等影像図についてもその具体は解らない。大唐の竹林寺般舟道場には法照の影像があったというのであるから、九品浄土図を画くという仕方も唐の方式に倣ったのであろう。

注

1 「浄土五会念仏略法事儀讃」

第一会平声緩念南無阿弥陀仏

第二会平上声緩念南無阿弥陀仏

第三会非緩非急念南無阿弥陀仏

第四会漸急念南無阿弥陀仏

第五会四字転急急阿弥陀仏

2 塚本善隆『唐中期の浄土教』法蔵館、一九七五［一三二頁］。

3 五台山仏光寺での霊異を感見する中、文殊との問答があってそれに端的に窺いうる。それは（文殊説㆑偈曰）、まず戒があって、次に、

応㆔専念㆓阿弥陀号㆒、即能安㆓住仏境界㆒。若能安㆓住仏境界㆒、是人常見㆓一切仏㆒、若得㆔常見㆓一切仏㆒、即能了㆓達真如性㆒。

若能迷断㆓諸煩悩㆒、即能了㆓達真如性㆒。（『広清涼伝』）

『浄土五会念仏誦経観行儀巻中』によると、音に於ける浄土の状景は、

是諸家鳥。皆是阿弥陀仏欲令法音宣流。………微風吹動諸宝行樹及宝羅網。出微妙音。譬如百千種楽。同時倶作

この音を聞くものは、

皆自然生念仏念法念僧之心。……其仏国成就如是功徳荘厳

その念仏念法念僧の内容が問題であるが、それについては、この『巻中』の中で次のように述べられている。一切衆生は、

観於西方極楽世界。以仏力故。当得見彼清浄国土

と観経にもとづいて述べ、その具体を賢護経にもとづいて、次のように云う。

一心不乱。或一日一夜。或七日七夜。如先所聞具足之。是人必見阿弥陀如来。賢護如人遠行。夢見本家。不知為書為夜。不知為内為外。是人爾時有眼根牆壁山石。乃至幽闇不為礙也。

全く非日常的な出来事である。それは、賢護菩薩が、

但在此世界中。積念薫修。久観明利。故得見彼阿弥陀仏在菩薩会中。

というように、修行の果であるという。そしてその修行中の見仏の内容をいうが、より詳しく、禅秘要経を引いて説いている。

以念仏故。初見一仏。乃至十仏。見仏已心。心転明利。三十二相。皆使明了

というように、三十二相が明らかになる位相を示しているが、さらに詳しく、

教観像斉申請放一光。其光金色。分作五枝。一光照左。一光照右。一光照前。一光照後。一光照上。如是五光。光光之上。皆有仏。仏仏相次。満虚空中。見此相時。極使明了。

このように見仏といっても、仏は見えてくるものであって、見仏にも二様があり、果としての見仏は、先述の非日常的意識の様態の中で、三十二相として、満虚空中仏として、見えてくると述べている。

［未完　執筆年月不詳］

［編者注］

1　『入唐求法巡礼行記』1、足立喜六訳注・塩入良道補注、平凡社、一九七〇、三〇六頁。

2　塚本善隆『唐中期の浄土教』法蔵館、一九七五、一四九頁。

［九］円仁と密教建築

天台の浄土信仰について円仁の果した役割の大きさはつとに注目されるところである。先にその行儀の場所である常行堂（般舟三昧堂）についてまず述べた。[*1]円仁は、しかしまた台密の確立に大いに参与した。顕教である止観と密教の関係、とりわけ、常行堂と密教との関係は非常に気になるところである。密教的思想が常行堂の意味の中に秘められてあるのではないかというのがこの文を書かせた動機である。はたしてどうであろうか。円仁は天皇の本命道場として、また蘇悉地《そしつぢ》法の修行道場として捴持院を建立した。まずは、この院の意味、とりわけ行法を尋ねることより始めよう。

［未完・執筆年月不詳］

［編者注］

1　本遺稿『阿弥陀のすまい』第五、八稿参照

［一〇］円仁と延暦寺――密教の道場観――

最澄が他界した弘仁一三年（八二二）には、円仁（七九四～八六四年）は二七歳もしくは二八歳であった(1)。翌年には、叡山の受大乗戒が始まる。その時円仁は教授師の役割をする。またこの年比叡山寺に対して延暦寺の寺号が下される。承和五年（八三八）、密教の究学のため入唐し、あしかけ十年の研鑽の後、承和一四年（八四七）、多くの典籍を持って帰国する。そして、仁寿四年（八五四）第三代の天台座主となる。円仁は帰国後、多くの建物を比叡山に設けるが、『慈覚大師伝』には、捴持院、文殊楼、楞厳院（如法堂）の名が上げられている。このうち捴持院は熾盛光仏頂法を修するために建てられたもので、嘉祥三年（八五〇）に建立の詔が下って十年余りかけて建設したものである。この法についての円仁の著作がないので、少しく拡大して、密教の道場観、とりわけ蘇悉地経の道場観について見てみることにする。何故ならば、天台・真言の一致を基本とする台密にあっては、釈迦を教主とする蘇悉地経こそ基本となるもので、事実、最澄や円仁はこの経の研究を行っている。また、円仁には「蘇悉地経疏」がある。

まず『蘇悉地羯囉経』択処品第五（大正大蔵経別本2）[*1]についての円仁の注釈『蘇悉地羯羅経略疏』巻二の「択処品第五」によって、土地についての考えを見ておく。速成就を得るにはどのような処所があるかという問に対して答えとして様々な処所があげられる。列記する。

（勝処）

1、尼連禅河・菩提樹

2、仏転法輪処

3、仏捏槃処
4、仏所生処
5、仏所説勝処
6、菩薩所説勝処
7〜14、仏八大塔　仏舎利の安置　世尊八塔
15、名山多二諸林木花菓泉水一
16、蘭若　森林、寺院　多二諸花菓一渠水交流
17、蘭若　多二諸麞鹿一
18、無二大寒一復無二大熱一
19、山傍
20、山峯頂為二独高台一
21、山腹
22、青草遍レ地、多二諸樹花一
23、安二置舎利一
24、於二山中一安二舎利一処
25、四河辺
26、蘭若、種々林木茂飾厳麗、無二多人一虚
27、寒林烟不レ絶処
28、大河岸
29、大池辺
30、往曾有二多牛一居処

31、迥独大樹之下

32、多聚落一神祠処

33、十字大路之辺

34、龍池辺

35、仏経行所至之国

36、有二国土人民一、信二順恭二敬三宝一弘二揚正法一

37、有二国土一。多二諸仁衆一皆具二慈悲一恭二敬三宝一

「巻第一」に「曼荼羅者、此云二壇場一」とあるが、次にこれらの勝処において壇場を設ける手立について注釈している。

除二去破器髑髏毛髪糖糟灰炭刺骨朽木等。及虫蟻蜣蜋毒螫之類一。

として、さらに「玉呬坦跢羅経」によって地相を明らかにしている。それによると、

○ 於二平正地一清浄潤澤離二如レ前過一、於二東北方一其地少下。

○ 掘って埋還した時土が余るところ

○ 周辺有水

○ 周辺有レ樹豊足、花菓枝葉鬱茂。足有二乳樹一

次に三部によって処所を分別して、

八大塔及大聖迹には仏部中無能勝等諸勝上曼荼羅

蓮池辺には蓮花部中善住等諸勝上曼荼羅

山頂上には金剛部中辟縛等諸勝上曼荼羅

として、さらに三法の処所を述べる。

息災は白色地で山頂上、牛居之処、制底、仏堂、舎利のある処

増益には赤黄地で恒河辺、蓮池辺、坦禅上、海辺
降伏には黒色地で其塚間、諸壓路羅麻相、空閑処、空室、棄穢之処

そして、それを上中下の成就処所に分ける。

八大塔、与聖迹、意楽処、清浄之処山頂―上成就曼荼羅
開敷蓮花池中鵝鴈遊戯側近之処―求財及余富貴諸吉祥成就曼荼羅
高山土、山側、山谷山峯、巖窟―下等金剛曼荼羅
龍池辺、山峯、神廟―金剛鈎曼荼羅
大道衢上、制底、執金剛前―軍荼利忿怒曼荼羅

というカテゴリーと、

上成就は山上、中成就は池辺、下成就は随処

というカテゴリーもあげている。次に真言力、仏生処等八大制底、菩提道場に触れている。つづいて結示を明かす。曼荼羅を作るにあたって、所楽、所欲によって上掲の様々な処所で、適応した真言の誦や香水での地灑などの浄地法を明かす。最後にこれらの勝処へのこだわりの根拠をあげているので、それに触れる。

直爾黙坐。応レ観二因縁和合生一。故諸法本不生。何為三更択二勝処一耶

という問に次のように答える。

若不レ択二勝処一。既闕二因縁一何得レ顕‐二示因縁合生一。故本不生故必択二勝処一

これは、何故速成就かと問うて、極理を解するだけでなく、三密秘術を受学するからだと問答する。また、行者の穢根（三根）に応じて差のあることに言及する。そして、この秘教は速成仏であるが、

只在下未レ乗二神通乗一前上。若乗レ乗已。倶能速超二二死大海一同得レ到二於常寂内院法界宮一也

として、「択処品」の解説を終えている。

［未完・執筆年月不詳］

注

1　眞寂法親王（八八六～九二七）（寛平入道親王）撰『慈覚大師伝』（『続群書類従』巻八下）

［編者注］

1　『大正新脩大蔵経』第十八巻、密教部一所収の「蘇悉地羯羅経」（三巻・別本二）のことを指すと思われる。

［一一］良源と建築

楞厳三昧院が、天暦八年（九五四）右大臣九条師輔を大檀越として良源（慈恵大師）によって建立されたという。それは、講堂と法華三昧院、常行三昧院より構成されている。どのような主旨で建立され、そこでどのような行儀がなされたかを探ることにする。

良源は延喜一二年（九一二）に近江浅井郡に生れ、永観三年（九八五）に入寂している。その間康保三年（九六六）からは天台座主（第十八代）についてめざましく活躍する。『比叡山』（景山春樹・村山修一、日本放送出版協会、一九七〇［六六頁］）には、

良源が行なった功績にはいろいろあるが、三塔を整備し、十六谷の制が確立されたのもほぼこのころからだと思える。すでに円仁によってその基本が出来あがっていた根本中堂に改修を加え、これをさらにひとまわり大きくして、ほぼ現在の規模の堂宇にまで拡大したのはやはり良源であるし、同時に大講堂や戒壇院などのすべてにわたっても改修を加えている。三塔に法華堂と常行堂を整備して、最澄が意図していた伽藍構成をほぼ完備し得たのは良源の功績である。

と述べられているように、堂塔伽藍の復興や創建に力を注いだ。その建築についての思想性を問いたいのである。とりわけ、法華堂と常行堂を対でとらえようとしたその意図を明らかにしたい。

天禄三年（九七二）正月一五日付の「請レ割二分仏聖例僧一状」（『天台霞標四編巻之三』）によると、「楞厳三昧院」とあって、現住僧の堂としては、中堂、法華堂如法堂、眞言堂、般若堂、砂碓堂、兜率堂、苗鹿寺があがっている。この頃（天禄三年〔九七二〕）にはこの三昧院がようやく整えられつつあることを示している。法華堂・常行堂の名がないのは、天暦八年（九五四）に建っているとすると、僧がそこにいないことになるか、もしくは建立の時期を下げるかしなくてはならない。

『門葉記』〔巻第九十「勤行一」〕によると観応二年（一三五一）には楞厳三昧院・法華堂・常行堂が存在していて、そこで勤行がなされている。その文には三堂の天暦八年説が付記されている。一方『山門堂舎記』によると、建立は天暦八年で、行法は康保五年（九六八）に始まったことになる。「如下下二近江国一官符上」とその根拠を上げるが、『叡岳要記』下は少し詳しく、

康保五年正月廿八日。十禅師幷年分度者官符下。同日法花三昧僧十二口。常行三昧僧十四日官符下。

法花堂近江国勅旨田地子米。常行三昧堂三乃〔国〕勅旨田地子〔米〕。同年二月廿七日。所司三人官符。検校良源。別当聖救。

勾当静安。


としている。

ところが、九条右大臣の草創になる楞厳三昧院とは『叡岳要記』下は「法華三昧院」とだけいい、応和二年（九六二）に「法華三昧料稲八千束宮符下云々」と記している。『山門堂舎記』も天暦八年建立については「応和二年（九六二）太政官符民部省之状」に見えるとし、「法華三昧院」のみということも「或記云」としてあげている。上掲の『天台霞標四編巻之三』には別伝としてこれと同じことを記している。そこで、天暦八年に建ったのは法華三昧院のみだとしても、天禄三年の「請レ割二分仏聖例僧状一」の内容と整合しない。そこで、別の面から、つまり勤行の内容の方から迫ることを考えてみよう。

良源が死を前にして横河定心房で天禄三年（九七二）五月三日に書いた「慈恵大僧正御遺告」（『群書類従』巻第四四三）の中に

四九日間念仏追誦事。

法華堂十二僧。於二御堂一三時可レ修二懺法一。

常行堂十四僧。於二御堂一三時可レ行二念仏一。

念誦堂。

読経僧十人。朝夕二座転二法花経一。初後夜念二尊勝真言一。

念仏僧十人。三時可レ修二念仏一。

一七日誦経料。尋常着二用装束一具一。

可レ行二念誦堂一。

三七日誦経。
　可㆑行㆓常行堂㆒。
五七日誦経。
　可㆑行㆓法花堂㆒。
七々日誦経。

というように、遺言している。

さて、この「御遺告」に見られる行法に注目することにしよう。「法華堂」と「常行堂」に付けられた割注には、「三時可㆑修㆓懺法㆒」「三時可㆑行㆓念仏㆒」とあるが、これは六時懺法を意味しているのではないだろうか。そうだとすると、前者の三時は後夜・日中・初夜、後者の三時は晨朝・黄昏・半夜となる。ともかくも、ここには法華堂と常行堂を対とすること、及びその行法として法華懺法と常行念仏が対となっていることは確かである。

この二つの行法が対になることを示す事例はこの当時盛んにみられる。『本朝文粋』巻十には慶滋保胤の文があって、

> 方今、一切衆生をして諸仏知見に入らしむるは、法華経より先なるはなし。故に心を起し合掌して、その句偈を講ず。無量の罪障を滅して極楽世界に生ずるは、弥陀仏に勝ることなし。故に口を開き声を掲げて、その名号を唱ふ[*1]。

この「無量の罪障を滅して」という言葉に注目したい。念仏の伝統は、円仁の五会念仏に遡る。その五会念仏の中には「浄土楽六根讃」という行法はあるが、直接六根の罪障を悔悟し、滅尽しようとする行法はない。その行法を取り入れた念仏が、後の例時作法――例時懺法、弥陀懺法ともいわれる――であるが、その動向をここに見ることができる。ともかくも、懺法と念仏とが相補的なものとして捉えられていたことは、この後の変化によっても裏づけられる。

それでは念誦堂の位置づけはどうであろうか。念誦堂では朝と夕に法華経を読み、初夜後夜には尊勝真言を念ずるとある。ここには法華経の重視と真言密教の重層がある。顕密両倶の思想である。この念誦堂は講堂としての楞厳三昧院と考えるが、その根拠は『門葉記』巻第九十「勤行一」に、この三昧院での長日勤事として、「諸大乗経転読。諸尊秘密神呪。勤行尤甚深也」といっているその勤行に先の念誦堂での勤行が含まれるからである。この記事は、観応二年（一三五一）のものであるが、行法の息

長さを考えて判断した。しかし、『門葉記』巻第九十のこの記事には、楞厳三昧院の毎日勤事としてその他、「修正」、「四季衆集」の二事しかないのは気になるところである。法華堂での多くの勤行に較べて少なすぎるからである。

『山門堂舎記』〔楞厳三昧院の条〕によると、この三昧院は講堂で檜葺七間堂であり、中に薬師像・普賢延命像、綵色五尊が置かれ、法花堂は方五間堂で中には、普賢菩薩乗白象像が置かれ、常行堂には観音勢至地蔵龍樹菩薩等の像が各一体置かれている。これだけでは確かなことは云えないが、薬師仏を置くことは、やはり根本中堂（止観堂）との対応関係を意図したことであろうか。

しかし、康保五年（九六八）正月二八日付の「太政官牒」〔『山門堂舎記』同条記載〕によれば、「応三永置二楞厳三昧院十禅師幷年分度者三人一事」として、その十禅師の中の三人は、

為二含聖霊成仏得道一。各毎日可レ転二読法華経二巻。尊勝陀羅尼廿一遍。大日文殊眞言各廿一反一。

としており、七人は、

為二天下安隠一各毎日可レ転二念仁王経一部。薬師。延命。観音。不動。毘沙門眞言各廿一反一

また、三人の年分度者は、各々大日経、法華経、仁王経等々を修学するとある。十禅師はまた、授戒に参与する。楞厳三昧院に期待される役割は非常に大きいと云わねばならない。従って、性格づけるとすれば、講堂というよりも、念誦堂的機能が大きく、「遺告」の念誦堂の意味が生きてくる。

それと同時に、定心房の講堂の意味も生きてくる。定心房は上掲の「慈恵大僧正御遺告」によると、

桧皮葺屋一宇母屋五間。庇四面。孫庇三面。孫々庇一面
西板屋一宇母屋十三間。庇四面
東板屋二宇
右永奉レ付二属妙香房一（下略）

より成っているもので、良源の住房であった。『門葉記』巻第百三十一の「寺院一」には四季講堂の図面が載っている。桧皮葺屋は四季講堂、西板屋は食堂、東板屋のうち一つは経蔵になるであろう。しかし、規模は「遺告」の方が少しずつ大きく、図面とは一致しない。(1)

そこでの勤行について『門葉記』巻第九十（勤行一）にある観応二年（一三五一）の四季講堂の項には、四季講として春季には涅槃経・中間講・赤山講、夏季には花厳経・中間講・仏生会、秋季には法花三十講・中間講、冬季には大集浄名大品等経講論・中間講があり、その他、法花十講・長日問答講・四季一切経開闔・御経蔵毎日転読・正月元三御八講が行なわれる。最後の講は「元三御八講者。自㆓大師御存日㆒。為㆓法界衆生㆒所㆑被㆓始修㆒也。」より解るように早くからあった。そしてその他の講のいくつかも良源の当時も行っていたことであろう。(2) このように見てくると、この四季講堂が横川での講堂——東塔での講堂に対応して——であって、楞厳三昧院はやはり念誦堂で、講堂ではなかったことが推測される。

［執筆年月不詳］

注

1 但し『山門堂舎記』では『御遺言帳』にもとづくとして、

桧皮葺屋一宇（母屋五間。庇四面。孫庇一面。）西板屋一宇（母屋十三間。庇四面）

といっている。前者は図面と一致する。

2 『叡岳要記』下によると康保四年（九六七）に四季講堂で四季講が始められ、「講論五部大乗。兼㆓修立義㆒。」とある。

［編者注］

1 『本朝文粋』巻十「五言暮秋勧学会於㆓禅杯寺㆒聴㆑講法華経㆒同賦㆔聚㆑沙為㆓仏塔㆒」。なお読み下しは著者によるものと思われる。

『民のすまい』遺稿

［一］民のすまい──客間の現象学

序説

戦前に幼少期を過ごした人々には、一度や二度、座敷で遊んで叱られた経験を御持ちの人も多かろう。そこは奇妙に白々として、静謐で秘密に満ちたところであった。表ての喧騒から奥へと隔てられながら、南面して明るく、遊びの禁止がかえって誘引する、奇妙な場所であった。

近頃、このような場所を持たなくなったが、それは、この感情がひょっとしたら幼少期に固有なものである所為だけではあるまい。そのような場所そのものが少なくなっている。少なくとも住宅を設計する理念から消えてすでに久しいのである。言葉を換えていえば、客間を否定して、居間を重視するという、いわゆる家族中心の住宅観が浸透している。この観がむしろ我々からあの場所を廃除しつつあるのではあるまいか。

久しいとはいえ、日本住宅史の研究に従えば、それは精々この六、七十年ほどの出来事である。その経過を簡略化してたどってみよう。

近世の住宅がその相貌を徐々に変えながら今日に到ったと常識的にいいうるのだが、その変因の一つに明治初期の洋館がある。『近代住宅史』[＊1]が採集した穂積陳重邸（明治二二年、清水満之助施工）は、洋館と和風部とから成っているが、家族は和風部で居住し、主人は例外的に洋館で居住したという。例外的といったのは、当時、洋館は対面所として建てられるのが一般的であったからで

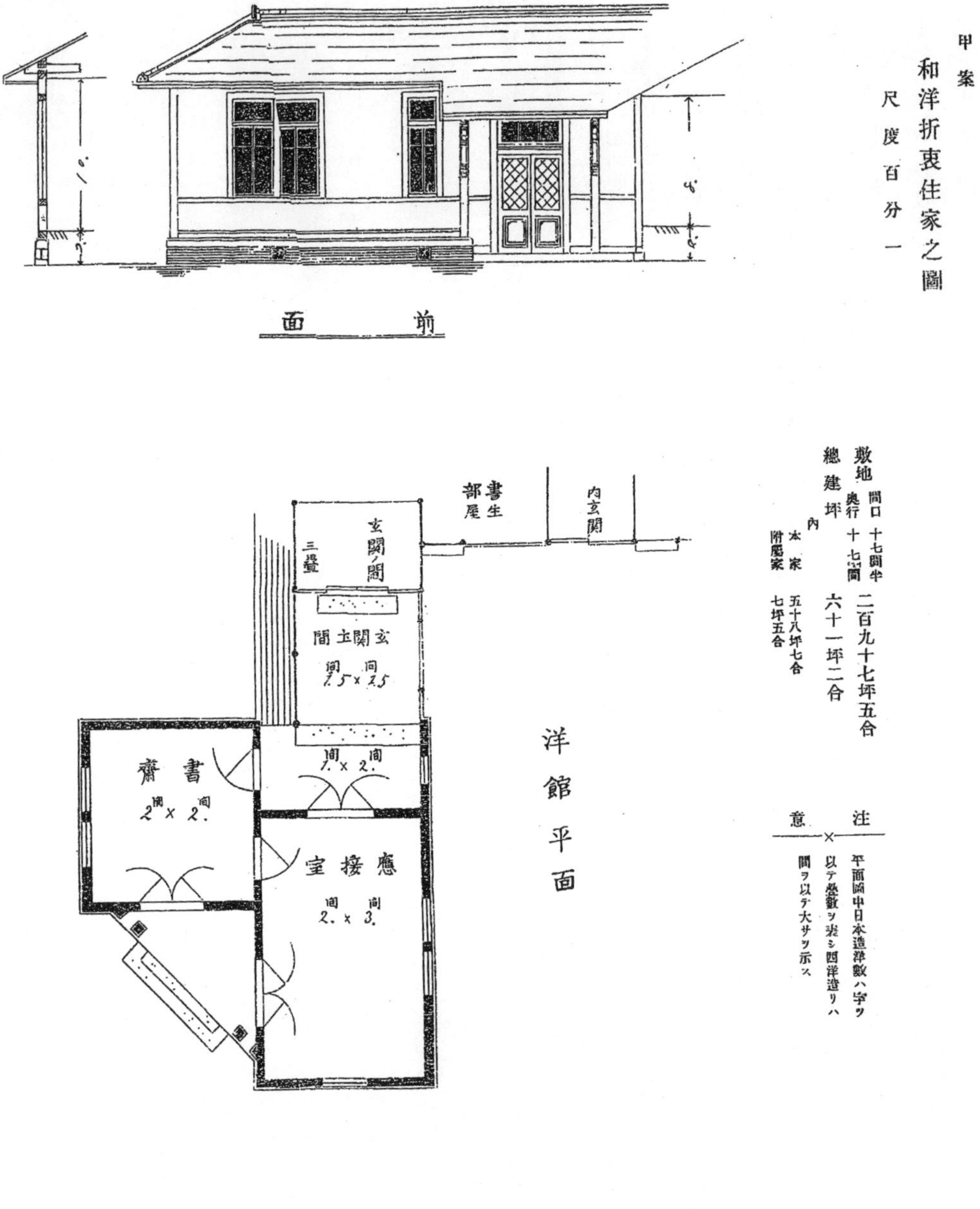

図1　「和洋折衷住家之図」、北田九一「和洋折衷住家」『建築雑誌』1898年12月号（144号）所収

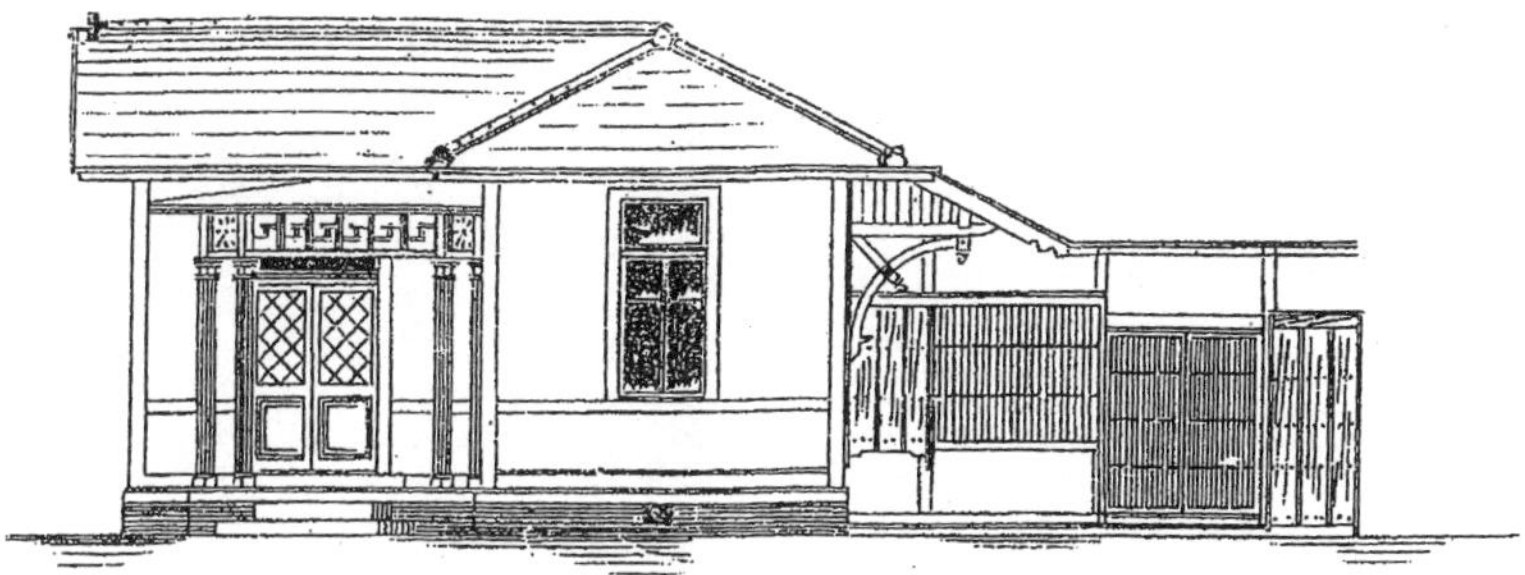

側面

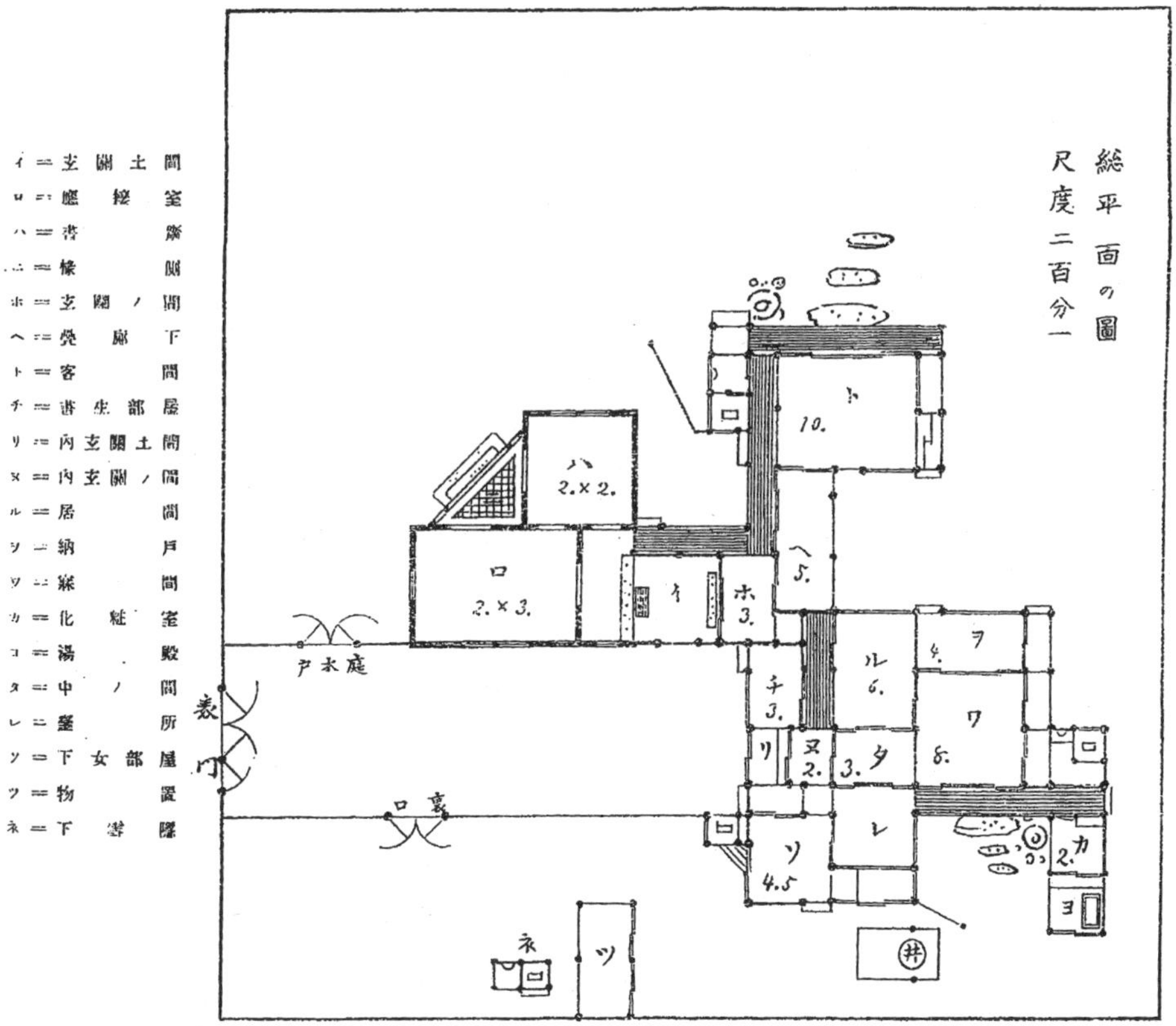
総平面の圖
尺度二百分一
イ＝玄関土間
ロ＝應接室
ハ＝書斎
ニ＝椽側
ホ＝玄関ノ間
ヘ＝発廊下
ト＝客間
チ＝書生部屋
リ＝内玄関土間
ヌ＝内玄関ノ間
ル＝居間
ヲ＝納戸
ワ＝寐間
カ＝化粧室
ヨ＝湯殿
タ＝中ノ間
レ＝臺所
ソ＝下女部屋
ツ＝物置
ネ＝下雪隠
表門
裏口
庭木戸

ある。明治村にある西郷従道邸（明治一三年、レスカス設計）にしても例外ではない。

対面所、客人を応待するための建物としての洋館という、欧米の住宅の受け入れ方は、後の展開を見るとよく解る。明治三一年北田九一は、比較的僅少な経費で和洋両目的を円滑に満足させることを目指して、和洋折衷住宅を提案した。そこには応接間または書斎として洋間——土足——が設けられている[*2]［図1］。この提案について、明治の建築学者の重鎮、伊東忠太は一家一室の弊の解決案として評価する[*3]。つまり、和風住宅には、部屋の間仕切が例えば襖障子や欄間によることにより、隔離性に難があり、家人のプライバシイは保ちにくく、家長の監視が隅々までいきとどくのである。それが、洋室を家長に割り当てることで、和室が家人に開放されるというわけである。しかし、洋室の機能が応接間または書斎であることを思えば、この解決法は完全さにはほど遠い。

この提案が私の興味を引く所以は、その提案の関心がやはり対面にあるということである。和洋両目的を満足するとは、恐らく、尾崎紅葉の『金色夜叉』にある［赤坂氷川なる田鶴見子爵］［原文空白］の邸宅[*4]について、夏は和室で冬は洋室で過すといった、その夏冬という気候を快適に過すのに和洋各室がうまく対応しうることを踏まえてのことであろう。それにしても、この両室を充全に使いうるのは家長と客人である。和室部の方にも客間があるからである。その意味で、対面を重んずるといったことがこの提案の底にある。

この後を受けて登場するのが中廊下式住宅である。これは基本的には横長のプランの中央北寄を東西に廊下を通す間取りであって、部屋の通り抜けを避けることで部屋の独立性を、したがってプライバシーを獲保しようとする方式である。明治四一年田辺淳吉が『建築雑誌』に「西濠州の住家[*5]」でこの方式を主張している。大正五年住宅改良会が催した住宅競技設計には、この方式のものが多数入選した。以降、第二次大戦までそれは中流住宅の主流を占めることになる。

何故、それが主流になり得たかについては今は措くとして、接客（対面）の部屋である客間について触れる。和室の客間は、後に詳しく述べるように、書院造りもしくは数奇屋造り住宅の諸室の形式を受継ぐものである。それは、通常、床・違棚・付書院を持つ主室と次の間・三の間と続く一連の諸室から成っていた。少なくとも、主室と次の間とから成っていた。中廊下式住宅では、この次の間を単なる交通の空間と看做して、廊下の中に解消してしまった。次の間を欠いた独立和風客室が登場したのであ

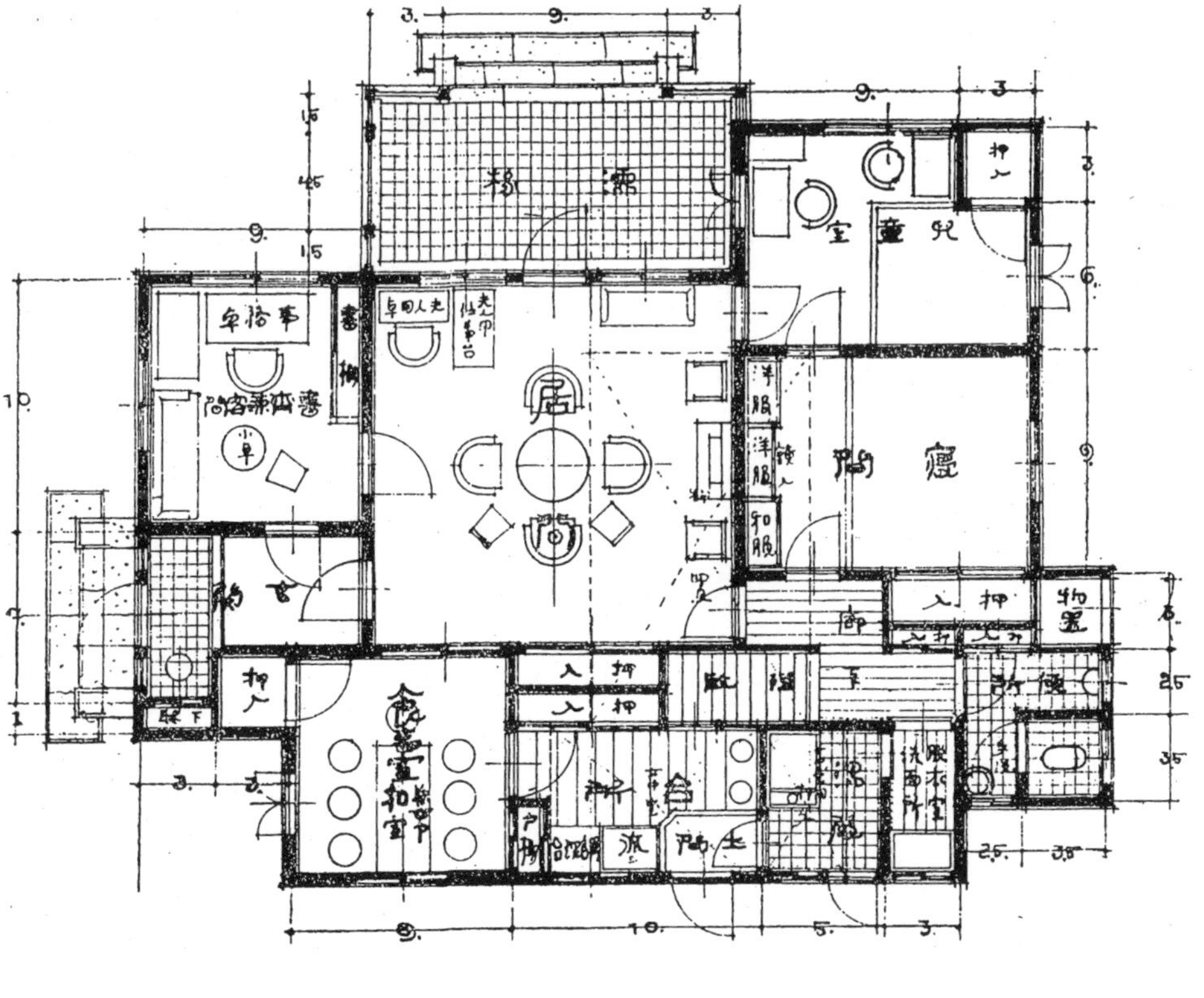

図2　平和記念東京博覧会文化村（1922年）　小沢慎太郎氏出品　外観と平面

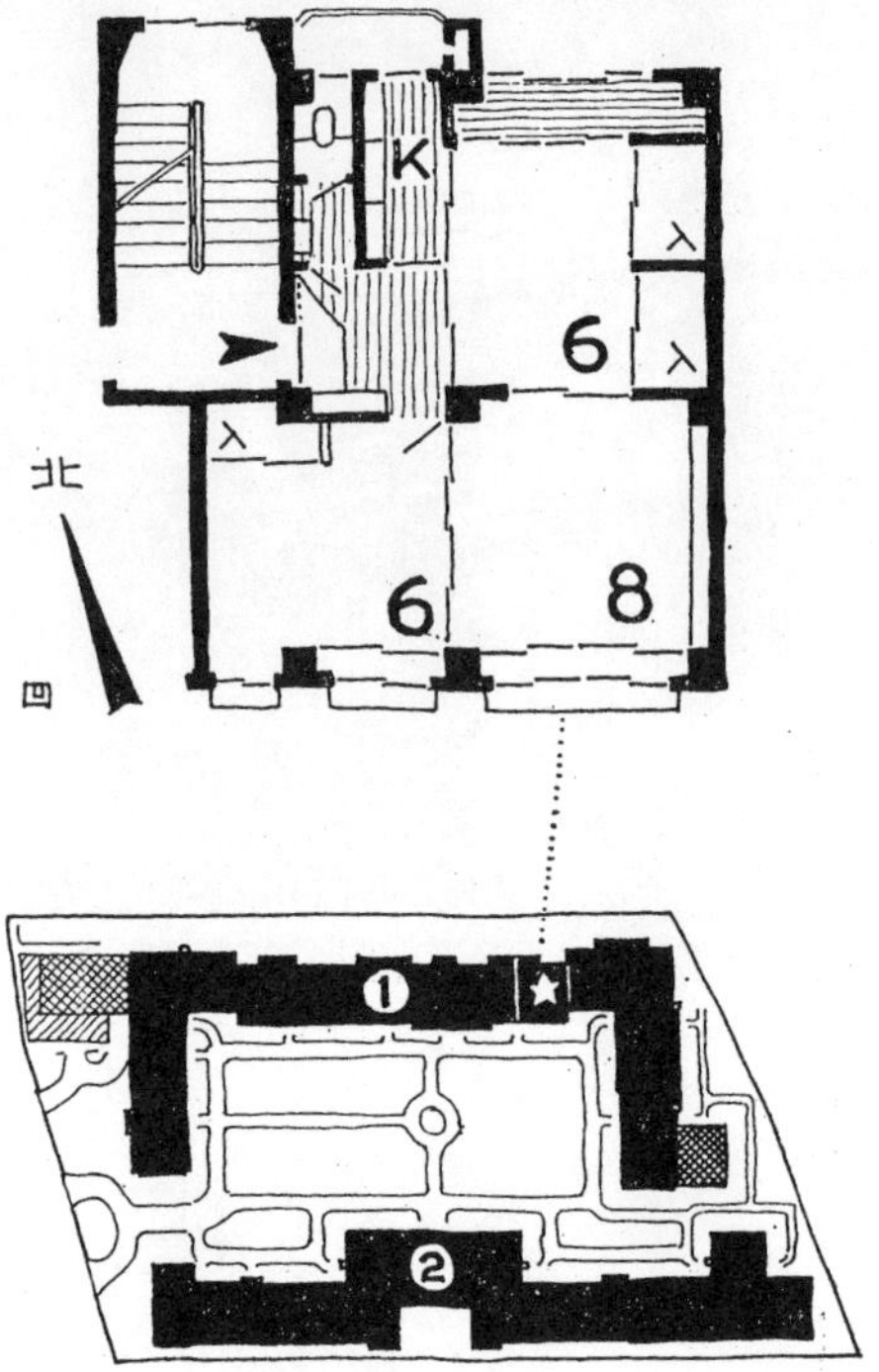

図3　同潤会・江戸川アパート（1934）。下は全体の配置図、①は1号館、②は2号館、上はその代表的な田の字型3K住戸平面図

る［図2］。

この処置は、しかし逆に、客室の質を変える結果になったことが予想される。この変化は、質の解明を待って答えられる問題であるので、後に回すとして、客間の面積が減少したことをもってしても、客間が変質しつつあることが確認される。

この傾向ではっきりとした形をとるのが、大正八年生活改善同盟会の提言である。住宅のあり方を従来の接客本位から家族本位へと切り換えようというのである。間取りも居間を中心にしてそれに各室が接するといったものになる。大正一一年に日本建築協会［ママ］が催した文化村出品住宅にはその典型［＊6］［図2］を見出しうる。

ここには在来の客間が消失している。長い客間の伝統がここに到ってはっきり断ち切られている。欧米の社会を手本とする、所謂大正デモクラシーなる思想がこの転換の底にあることは明らかである。生活改善同盟会はまさにこの思想のもとに生活を改善しようとするもので、住宅の間取りにしても一室一機能といった機能の明白な居室を居間のまわりに配置して、居間が家族の出合う場所として中心位置と意味を担っている。

このように、居間中心の住宅は生活様式の意志的選択として登場したが、一方、それを余儀無くさせられた面がなくはない。関東大震災後の災害復興の一環として、財団法人同潤会が設立されたが、この会は木造住宅の外、鉄筋コンクリート造のアパートを東京と横浜に建てた。そのプラン［＊7］［図3］を見てみると、客間はおろか居間さえない。居間がないというのはいいすぎで、図［3］では台所の西の六畳が食堂を兼ねた居間として使われているからである。それにしても、そこでの居間性は薄弱である。

このようなプランは戦後の公団住宅や公営住宅のアパートにほぼ同じような形で見出される。アパートというものは通常住い主が解って、彼等の要求にもとづいて設計されるのではないので、すまいの科学としての型計画が必要であるといわれている。西山夘三の言を引用する。

> 不特定多数の居住者の要求をよくしらべ、融通性をうまくもたせ、家族構成とか住居費の負担力とかいったものに対応して共通性をもった群にうまくグルーピングし、それぞれのグループ内のちらばりをよく考えて融通性のある型をいくつかつくっておく。[*8]

型計画である。公団アパートなどがこの思考の影響を被っていることは明らかであるが、残念ながら床面積の狭小の所以であろうか、その主旨が充全に生かされているとは思えない。融通性はあっても別の融通性である。つまり、襖を開ければ隣室と連なって別様の機能を遂げうるといった融通性であって、プライバシイという観点から見ただけでも時代の逆行といわざるをえないものである。

食寝分離という、つまり食べる場所と寝る場所とを分離するという、単純だが説得力のある原則も、DK（ダイニング・キッチン）というすぐれたアイデアも、そこでは単に物のレベルでの解決へと矮小化されて把握されているかの如くである。つまり、ステンレス流しなど台所設備の革新に支えられて、食事室という上の場所で台所での下の仕事が行なわれるといったDKのアイデアも、住宅全体から見れば主婦の生活の重視へとは連なっていってはいない。単なる台所設備の問題と把らえ［ママ］がちである。

型計画は勿論、人のレベルを本来的領域とする。そうであれば、型計画の内容は広く且つ深いはずである。それを視野に入れて、はじめて充全な型計画になるはずである。

さて、日本語の「イヘ（イエ）」は、建物としての家をも意味してはいるが、原義的には、家族の住むところ、家庭・家族・家柄・家系を意味するという。[1] そのことからいえば、住宅は何んらかの形で家族のあり方を反映しているはずである。

今日は個人主義の時代であって、家族も夫婦同権の上に成り立っている。かつての家という意識もかなり弱まっている時代である。第二次大戦以前までは本来の家意識は現存していた。血縁のみならず非血縁家族を含む、あたかも一つの実体の如き観を家は呈していた。そしてそれは家父長に最終的な権限を委ね、家父長によって系譜した。さらに南北朝時代以前は、家父長権のほかに刀自的な母権の現存する、いわゆる父系と母系の併立する時代であった。その両系の上に家は成り立っていた(2)。

この後者の時代に典型的な住宅は、母屋（身舎）と廂とから成っているという意味での寝殿造り住宅であった。また、その次の時代の結実という意味での典型は書院造り住宅であった。今日、そのような典型を我々はまだ持ってはいない。強いて挙げれば、居間中心型住宅であるが、以前の典型といった意味での型をいうにはほど遠い。第一そこには深みがない。

このような型の形成は、科学といった手段によってのみでは達成できないもののように思える。この場合、科学とは、住宅やそこでの諸行為を対象化して、調査・分析を行なうことをさす。何故達成できないかといえば、まず第一に住宅というものの在り方を挙げねばなるまい。そして次に、この在り方に関連するが、科学する人が今日の住い手であるということによる。住宅の在り方ということを一言でいえば、すまいということである。「すまい」という言葉の連体形は旧仮名づかいで「すまふ」であるが、それは「すむ」と「ふ」もしくは「あふ」とから出来ているという。「すむ」は澄むと同根で、一箇所に落ちつき定着する意であり、「ふ」は継続を示す接尾語であり、「あふ」は合ふであるという。したがって、「すまふ」とは続けてすむ、もしくは居住し合うということであり、核心はありつづけるという、その内容の如何によらず行為が持続することである。そうであれば、ありつづけることの始まりや果てが問題されるはずである。つまり、遂には自からの生涯が問題にされるはずである。すまいを問題にするとは、したがって超越論の範疇に入ることになる。つまり、科学がする対象化が常に取え損なう生きるということ、生きることそのもののみが充全に把えうる生きるということが問題になる。また、個々の事物や行為を問題にするにしても、果てとか無限とかいったことを背景として、それとの係わりが常に視野の中になくてはなるまい。先の型計画の型にしても同様に取扱わねばならなくなる。

型についての象徴論的取扱いが必要になる。象徴とは、その現実的脈絡とは別に、それと同時に、その脈絡全体をも含む超越論的意味を伴なうという構造をとる。例えば、型が伝統的意味を持つといった場合、伝統とは諸行為の前提となって本来的には隠された形でそれらを規制するといったものであるから、超越論的取扱いが必要である。つまり、沈澱となって伝統的意味が型に内在するが、その発掘はその行為の規制という在り方を明らかにするはずである。

例えば、太田博太郎も『床の間――日本住宅の象徴――』（岩波書店、一九七八）で取上げているが、床の間は戦後、浜口ミホなど

がその廃止を主張したが、

現実に床の間がつくられなくなったのは、住宅の狭さによって止むを得ずそうなったのである［太田、二頁］。その時、その底にあった思想は科学であったはずである。近代建築の思潮に枠を拡げていってみれば、O・ワグナーの効用形式（ヌッツ・フォルム）にしてもH・ヴァン・デ・ヴェルデの純粋形式（ライネ・フォルム）にしても、過去の様式の拒絶と科学精神への依拠に基づくものである。ル・コルビジェやW・グロピウス等わずかな例を除いて超越的なものへの配慮は稀薄である。

近頃、床の間が復活してきたが、それは対象的な分析を越えて、すまいの型というものに内在する伝統に基づいての所為ではないだろうか。

本来的に住うということは、我国にあっては、祖先神、産土神、氏神などの神々や天、仏や菩薩に連なるという形で最も明瞭に現われてきたといってよいであろう。このような超越的なものを祈み《〔ママ〕》祭る形で住ってきたのは、階級・階層の上下を問はず、同様であった。本書の「民のすまい」の「民」は、かかる意味での人のすまいという、すまいの本来的在り方を示したかったからにほかならない。本論の冒頭で触れた、禁忌の場所としての座敷は、現代の住宅の科学が否定してきた客間である。客間は家父長権の厳格な、封建社会の家族制度のもとで生れてきたが、それは家系という系譜を支える超越的なものを沈澱させていはしないだろうか。そうであれば、客間はすまいの本質に繋がる何ごとかを保持していることになる。単純に否定してすますわけにはいかない代物である。或いは、今日の個人主義的家族の登場ということでこの否定に賛同するにしても、ここでの超越的なものは何であろうか。或いは、この問すらも無意味な事柄であろうか。

私には無意味であるとは思えない。ただ、今日的な型の形成は、事柄の性質上、次のような手立てとなろう。個々の問題に誠実に応ずるという行為の持続のうちに型の成立と超越的なものの到来を待つという手立てである。これは、W・グロピウスが美の到来を待ったと同じ態度である。

本書はかかる型の形成過程を追うことで、すまいの本来的な在り方を示そうとするものであるが、遺憾せん今日については、その本質上問うことは難しい。過去に目を向けようとする所以である。しかし、その作業は懐古的なものに留まるのではない。例えば、あの客間は今日に或る意味で受け継がれているばかりでなく、やがて明らかになるであろうが、南北朝時代を越えて古代へと遡りうる。その意味では客間というものは、諸行為での前提という意味で幾層もの意味を沈澱しているかもしれない。つまり、今日の諸行為の前提であるかもしれないのである。

注

1　大野晋他編『古語辞典』岩波書店、一九七四、「いへ」の項

2　有賀喜左衛門『日本の家族』至文堂、一九六五

［執筆年月日不詳、以下、特記なき場合、これに同じ］

［編者注］

1　太田博太郎編『住宅近代史』雄山閣、一九六九と推測できるが、同書には穂積邸平面図等は収録されていない。以下の編注に示すように、著者は太田編書を参照しながら本稿を執筆していた。

2　北田九一「和洋折衷住家」『建築雑誌』一八九八年一二月号（一四四号）。木村徳国「住宅洋風化と洋風客間の付加」、前注太田編書、九五頁に同図版（本稿図1）を掲載。

3　伊東忠太の出典を編者、確認できず。

4　尾崎紅葉『金色夜叉』岩波文庫、一九三九、前編第三章と第四章に登場。宮が嫁ぐ下谷の金満家富山唯継邸にも冬用の十畳の西洋間がある。同書後編第二章（二）の二参照。

5　『建築雑誌』一九〇八年一月号（二五三号）。田辺稿については、前注太田編著所収木村徳国稿が言及している。一一〇頁。

6　原文に図なし。「日本建築協会」が誤記でないならば、一九二二年（大正一一）に大阪の箕面、桜ヶ丘で日本建築協会が開催した「住宅改造博覧会」か。八作品が同協会出品作品として会場に建設された。文意に適う平面図は第三号住宅である。同協会発行『建築と社会』第五輯九号一九二二年、一四七頁所収。しかし、「文化村」とあることから、「日本建築協会」は「日本建築学会」の誤

記と思われる。一九一九年文部省主催の「生活改善展覧会」をきっかけに組織された「生活改善同盟会」ほかの団体が集って二二年三月から七月にかけて建築学会主催の下、上野公園で開催された「平和記念東京博覧会」の住宅実物展示「文化村」のことである。著者は「文化村」出展の「小澤新太郎氏出品」の図を念頭においた可能性が高い。同図は、木村徳国「大正から昭和へ」、前掲太田編書、一三九頁に掲載。本図を掲げる（図2）。原図は高梨由太郎編『平和記念東京博覧會畫帖』洪洋社、一九二二、高橋仁編『文化村住宅設計圖説　平和記念東京博覧會出品』鈴木書店、一九二二所収。参考論文としては、内田青蔵「建築学会の活動からみた大正一一年開催東京博覧会文化村に関する一考察」日本建築学会計画系論文集五二九、二〇〇〇参照。

7　原文に図なし。著者は江戸川アパートの3K、もしくは渋谷アパートの2K住戸を引用するつもりであったと推測できる。ここでは江戸川アパート「田の字型3K」住戸平面図（図3）を掲げる。西山夘三『日本のすまいI』勁草書房、一九七五、一一四頁。

8　西山同前書、一二六頁

[二] 帳台構えと書院造り住宅[*1]

一節、夜の闇とすまい

夜の闇は、すまいの在り方を考えるのに示唆に富むものである。住まうという行為は外延的には、食べるとか、休むとか、要するに種々雑多な諸行為から成っている。それらは、何々の為にといった、目的の連鎖の中にある。例えば、何んの為に食べるかといえば、健康の為にと答えるとすれば、健康は何んの為かと連鎖する。その連鎖の果ては、結局はよりよく生きるということに結実するのではないだろうか。しかし、夜の闇においてよりよく生きるということはどうゆうことであろうか。

よく寝ることがそれである。この事情を明白にするために、O・ボルノーの言説(1)に参学しよう。寝るということの反省は基本的な困難を伴なう。それは、睡眠は［中断］

注

1　Bollnow, Otto Friedrich. *Mensch und Raum*. 1963.（大塚他訳『人間と空間』せりか書房、一九七八［第三章第六節か］）

［編者注］

1　遺稿群では本稿にのみ、「一章」とその題「帳台構えと書院造り住宅」が明記され、改行して「一節　夜の闇とすまい」とある。第四遺稿も同じく「一章」を冠しているが、題が欠けているので、第四稿成立後、本稿を第一節とすべく書き改め始めたまま放置されたとみられる。この章題は、第一〇遺稿にある初期目次構想にも該当するものがないので、構想に変化が起き、第一遺稿に掲げた「民のすまい　客間の現象学」を序論として、書院造りの起源探索を第一章とする構想に推移していたことが分かる。とはいえ、初期構想の第一章がムロ的空間様式の変遷に当てられていたことは、この「書きかけ」の断章にも生きている。

［三］こもる

古代人は、それにしても、何故あれほど籠りたがったのであろうか。物忌ということは、日常茶飯事に見られたが、結婚や御産や、また死去に際しては、心底から籠ったのである。その目的は、通過儀礼という観点から云えば、境としての混沌の中にあるが故に、その混沌を支える在り方として、他から隔離、すなわち籠りという仕方が求められたということになろうか。そして、その仕方を経由することによって、新しい秩序が構成される。別の云い方をすれば、再生される。したがって、籠りとは、新しい秩序、もしくは再生を目指して、混沌の中にあるということである。その空間的形式は隔離ということである。事態は明々白々のように思えるが、しかし翻って考えれば、少しも明白ではない。籠るという在り方が何故、秩序の確立なり、再生なりにつながりうる、もしくはそれらを産出しうる因になるのかと反省した時、問題は別の方向に展開せざるを得ないからである。

私共は、隠れるという事象をすまいの中ですでに見てきた。その典型は、「もと現象」であり、「かげ現象」であった。[*1]「もと」は或る特定の空間的関係を示すものであり、「かげ」とはそれらの領域であった。特定の空間的関係とは、事物的距離としては、確かに接近している二者の間の関係であるが、その間に几帳という隔ての道具を置くことで、かえって心が通じあう、云はば隔てのない関係であった。隠れることで、かえって、開かれる、そういう関係を示していた。そして、かげとは、その関係の成立しうる場 Ortschaft であった。

ここに、わざわざ、隠れの現象を引合いに出したのは、ほかでもなく、籠るということにあっても隠れと同じように、事物に即しながらも、それを超えていく事象を我々が今関心しているということを示したかったからである。しかも、その超えていく事態とは、生死に係わる、生存という事態であった。そのような事態が何故、事物的に隔離するということで存立しうるのであろうか。

このような事態を、日常世界にさがしてみると、妊娠の状態と睡眠の状態が思いあたる。妊娠の状態、つまり子宮にある状態については、確かに様々な事象にそのイメージを見出すことができる。例えば、胎蔵界曼荼羅についての或る取らえ方に見られるように。しかしながら、子宮内での体験といったことは問題外であるので、その状態の理解は外的であらざるを得ない。ひとまず、この状態は除いておくべきであろう。

睡眠の状態に眼を向けよう。

平安時代、天皇は夜御殿で就寝するのが正規であった。夜御殿は、昼御殿としての清涼殿と対になっていて、その全体をまた清涼殿という。その夜御殿の中に御帳を設けて、そこで寝る。[*2] その廻り北西南には辺敷畳が敷かれるが、東には御剣が置かれる。夜に入ると格子が下される。例外は鬼間の南一間のみで、夜間はそこから出入りする。そして、上衣の御祓いをして、それをかけて天皇はねむる。［東廂の］二間には護持僧がいて天皇の護持をする。夜間、清涼殿の格子の外では弦打ちが行われる。邪気邪霊が外界にうごめくからである。そういった、所謂混沌とした闇に対処して、格子が下されるが、その闇が邪気邪悪で満ちているのであるから、格子によって清涼殿は室となって、その混沌から隔離されている。

室内は、それらから隔離され、清められている。その清めの力（秩序を支える）は、呪力とか、護身修法から得ている。

さて、作為的なものであるが、心理学実験に感覚遮断 sense deprivation がある。それは、例えば闇の中で、人間にどのような変化が生ずるのかといったことを調べるものである。被実験者が室内で最初に指定された期間をまっとうするとはかぎらない。一般的な云い方をすれば、実験をまっとうしえた被実験者は、室となった実験室のみに対する信頼をしている者であるという。それには、この外界の中での実験室の位置について既知であるということも含まれている。要するに、室が或る秩序の中にあるということである。そして、闇に対する行動で、最もそれによく対処しうるものは寝るということである。つまり、秩序ある外界の中に定位された闇というものが、寝るということに最も適しているというのである。

平安時代の清涼殿でのねむり、邪気邪霊に満ちた闇に、呪術や修法によって浄化された闇がつくられるといった関係を見た。この心理学の知見によれば、寝うる闇は、秩序ある世界に定位されるのであるから、ここに我々は、秩序あると同時に、混沌である外の闇のなかに、秩序ある闇をつくっているという関係を見ることができる。

さて、籠りの典型として、もろ［ママ］山籠りを挙げることができる。最澄は叡山に登り、行に入る。これは、三昧とか、三昧による慧を得るために山籠りした。したがって、先に問題にした最澄の大乗寺の建立［＊3］を叡山に設けようとした。その寺もいわば、この籠りのところである。

最澄は、結界を定めて、界内［難読箇所］を浄化されたところとし、その中でのふさわしい生活、つまり戒を守るといったことを始めるのである。結界、もしくは寺院は、この戒と同一次元でまとめられるべきものである。一心三観を修しながら、四種三昧院の中で、定に入って、慧心を得ようとするものであろう。［＊4］つまり法界に住うのである。ここにも、戒を保持する有侍の身命の住む境界と、それを超えた三昧のすむ法界との二重性が、ここでも鮮明に見えてくる。

ここに我々は、一方の肉体的な動物的な室への籠りと法界との対局をみることになった。我々は、これらを今問題にしようとしている籠りについて考える枠の極端が与えられることになる。恐らく、大体の事態はこの枠で取り扱いうることになろう。

［編者注］

1　本書第一部終章第一節三「隔て現象における諸場所の秩序」参照。

2　本書第一部図66参照。

3　この箇所は、本書第三部『阿弥陀のすまい』遺稿四「最澄と建築」（一九八三年五月二〇日付）冒頭、あるいは一九八四年六月に改題して日本建築学会近畿支部研究報告に投稿された「最澄と比叡山寺」稿（本書第二部所収）との関連が窺われる部分である。

4　本書第三部同前遺稿四、五二六頁参照。

［四］［帳台構えと書院造り住宅（旧稿）］

1　近世の武家と公家の婚礼［*1］

客間の思想を、歴史を遡って返り見る場合、床・違棚・付書院そして帳台構という、所謂、座敷飾りをもつ書院造(1)を見逃すわけにはいかない。何にしろ、一四〇〇年頃より戦前まで、いや今日に到るまで、約六〇〇年の伝統を持つのであって、そこにはすまいにあっての本質的意味が秘められているはずである。

すまいをすまう仕方、つまり生き方として把えようとする我々の態度にあっては、個別の生活の中に現われるすまいの意味を尋ねることから始めるべきであろう。どのような意味が立ち現われるかは、どのような生活に着目するかにかかっている。床などの座敷飾りを持つ書院造での生活が今、問題にされねばならぬので、まずは、婚礼という生活を取り上げよう。婚礼は、座敷飾りを使って展開されることに加えて、新しい――すまいの〝すみ＋あひ〟のあひ――生活の始まりを意味していて、すまいの意味の本質を照らし出すはずであるからである。

婚礼にも差異があった。武家や商家などによって異なるだけでなく、階層によっても、地域によっても、また時代によっても異なっていた。しかし、ここでは武家のすまいとして始まった書院造りということで、武家の婚礼を、しかもその典型として、ともかくも、南紀徳川家の文久二年一二月二一日（一八六二）倫宮様御婚礼をとりあげる。それは、『南紀徳川史』にかなり詳しい

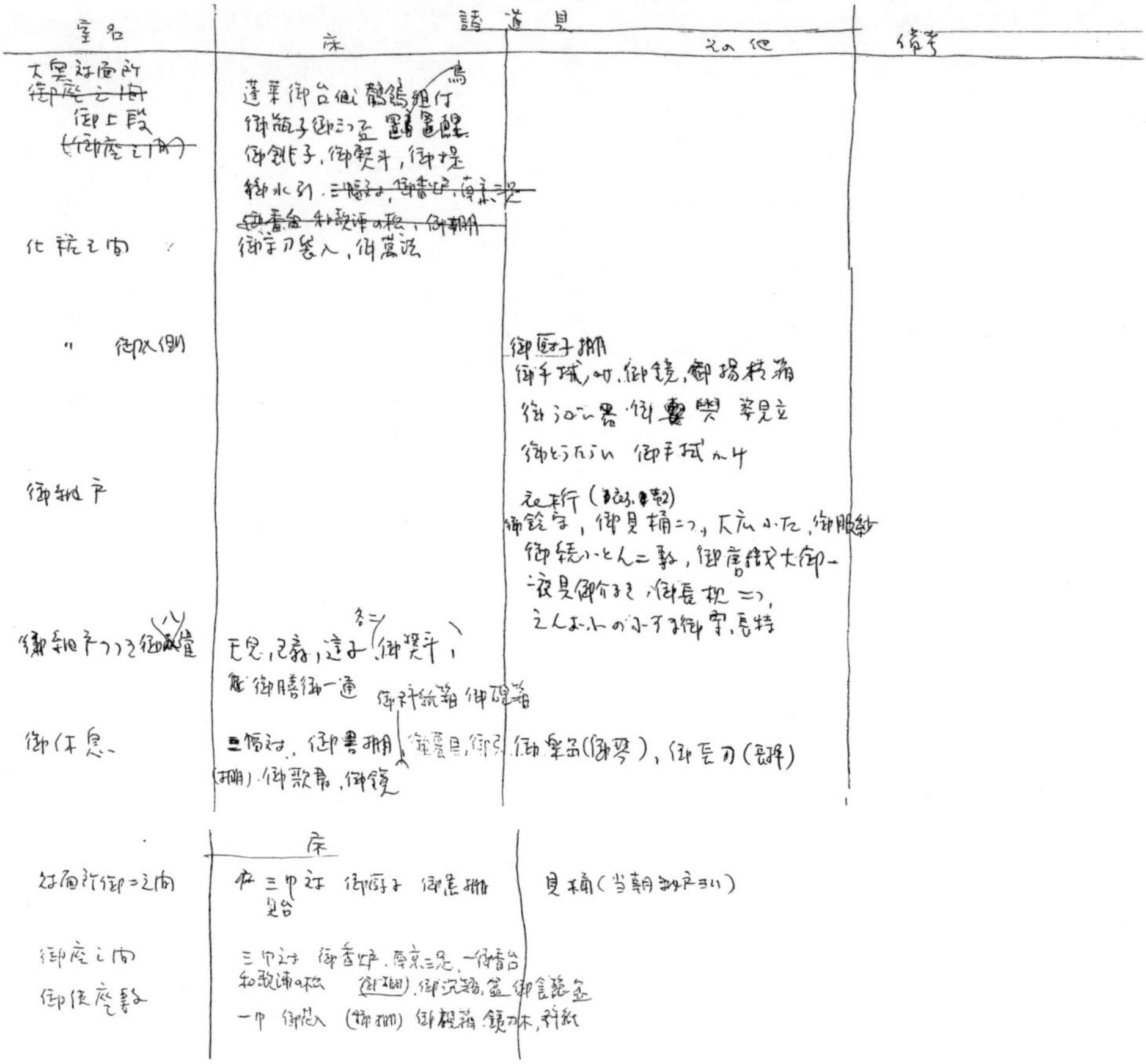

表1 ［倫宮様御婚礼当日（文久2年［1862］12月21日）の諸道具配置］［著者ノートより］

記事が載っていたから取り上げるまでで、それを軸にして、それを補い、敷衍する形で他の事例にも目配りすることにしよう。

安政七年（一八六〇）に結納を、文久二年九月（一八六二）に鉄漿《おはぐろ》初をすませていて、一二月二一日に御婚礼、二三日に御三ツ目御式、二五日に御五ツ目御式と続く。主体は、もちろん、二一日である。表1に、婚礼に際して諸道具の設えられる部屋及びその諸道具を掲げておく。[＊2] いわゆる三三九度の盃事、式三献などの行なわれる式場は[2]大奥の対面所である。また、御寝間である御休息では、同衾に先立ち、稲之御台による盃の事が行なわれた。

婚礼は儀式である。複雑な形式と手立てを踏んで、しかも、以前の吉例を尊重し、正確に踏襲する形で行なわれる。それを［ここに］載せるには煩雑すぎる。今は、その骨格のみに触れておく。

式御三献……御初献・御二献・御三

献

五五三（御式御高盛）……御本膳・御二膳・御三膳

御色直し御三献……御初献・御二献・御三献

御服紗御膳（御常の御膳）……御本膳・御二膳・御三膳

これらの後、御休息之御間で稲之御台での盃の事があって、第一日目が終り、隔日で御三つ目御祝、御五つ目御祝といって、御色直し御三献と御服紗御膳にほぼ同じ内容が展開される。

　式御三献と五五三、色直し御三献と御服紗御膳は、それぞれ組になっていて、膳の内容に違いがあるものの、ほぼ似た儀式を繰り返す。色直しというは化粧を変えることで、倫宮は、御召を白のものから紅のものに変えている。上臈をはじめ、女中一同もそうしている。この変化は、婚礼に伴なう忌みの明けたことをかつては意味していた。平安時代には、七日目に行なわれたものであるが、それが、婚礼三日目の夜、御帳の中から婿が嫁家の供する御服を着て、嫁家の両親をはじめとする親戚の前に登場する露顕《ところあらわし》の式の、その更衣と重なって、三日目に行なわれるようになり、そして初日にと変化した。

　この忌明けという意味は色直しから消え去ってはいない。前半と後半の御膳を較べてみると、よく解る。前半のものは、御式御高盛といって、椀に高く飯を盛り、頂上に生米を載せた御高盛が本膳に付く。これは、箸をつける格好をするだけの、形式的なものである。そして、この五五三を饗御膳と呼んでもいるが、後半のものは、御常の御膳ともいう[3]。明らかに、我国古来の分類概念でいえば、ハレからケへの変化、式から常への変化が読みとれる。また、饗宴の形式でいえば、宴座から穏座へ変化と見ることもできる。

　この変化は、これから問題にする、婚礼の空間の、ざしきの意味に係わってくる。倫宮御婚礼の御式場の指図が『南紀徳川史巻之百二十七』[4][*3]にある（図4）。十八畳の御上段の正面には御床があり、島台と略称される御蓬莱台をはじめ、置鮭・置鳥、瓶子・長柄・加柄・三つ盃[5]、御熨斗《のし》が置かれる。御水引が御床の落掛けにかけられる[6]。御上段の南北の端には白絵腰屏風が立てられ、その前に刀掛とか紙御扇子などが置かれている。また、指図には記されてないが、南に付書院があった。北には「御てふたい」（帳台構え）があった。

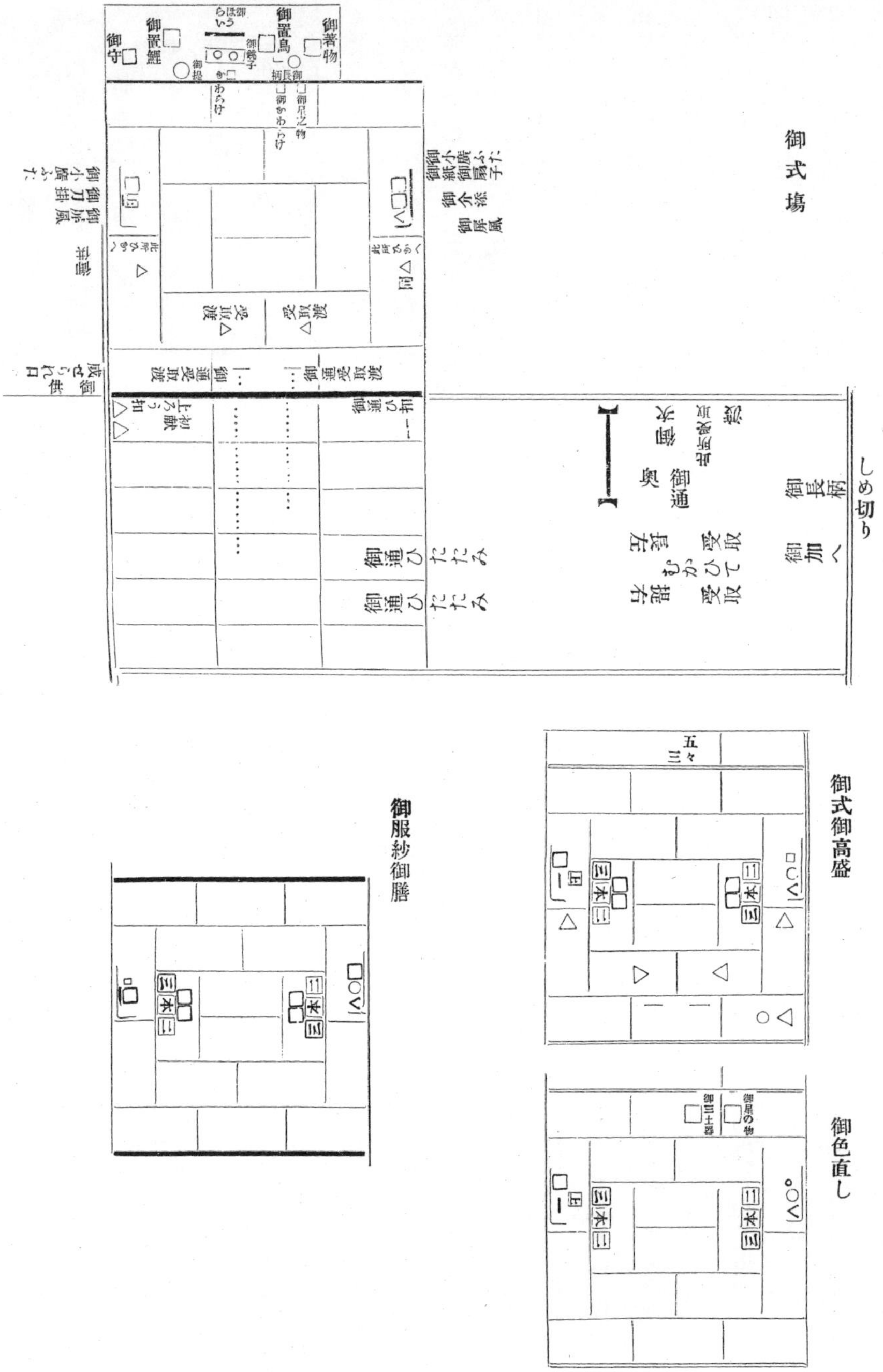

図4　［倫宮様（伏見貞教親王御妹・伏見入道禅楽邦家親王御女）御婚礼御座之間御飾］『南紀徳川史巻之百二十五』第14冊、249～250頁。

中納言と倫宮は、この御床の前に対座して、各人の前に様々なものがすえられる。[7] 注目したいのは、各人の位置である。『南紀徳川史』は、

一中納言様御上段へ向右之方

一倫宮様御上段へ向左之方

と記している。[8][＊4] この位置については、『徳川礼典附録巻十一』の記す、享保一六年（一七三一）一二月一五日の大納言様（徳川家重）と姫宮様（邦永親王女）の婚礼の場合も同様であり、[＊5] 天保一二年（一八四一）一一月二一日、江戸城西丸大奥で行なった、[9] 右大将（徳川家定）と有君様（鷹司准后殿姫君、鷹司関白殿御養女）の婚礼の場合も同様である。[＊6] 将軍家も南紀徳川家も、これら諸式を小笠原流によって行うので、同じになるのは当り前といえばいいうるが、両家に差異がないわけではない。例えば、婿嫁の着座の順序がそうである。将軍家では、嫁が先に着座し、その後に婿がすわる。南紀徳川家ではその逆である。また、御膳についてであるが、将軍家では、色直し御三献と常之御膳の間に、七五三御膳が入っている。膳の数についても、饗御膳と常之御膳は御五膳までである。したがって、坐る位置については変えにくい要素があるといってよいであろう。

さて、この婿の座を客座、嫁の座を主座と呼んでいる。何故、婿が客で、嫁が主（人）であるのであろうか。或は、そう称される座に単に坐ったままでであろうか。そうであれば、これらの座が、何故このように呼称されるのであろうか。何にか書院造に秘められた空間的意味に応ずる形で、これらが現出しているように思えてならない。そこで、視野を広げて、公卿の場合を含めて他の婚礼に、また時代を遡らして古代の婚礼に、さらに書院造での他の儀式に目を転じつつ、その深層に迫る努力を払うことにする。

まず、『婚礼法式』[＊7] にいう法式、「御料人の御着座の所は、御調台の口の前也、聟殿は御料人に向ひ合て座し給ふべし」に着目したい。嫁は御調台、つまり調台構え（帳台構え、納戸構え）の前に座すべきだとするというように、帳台構えとの関係で座を決めている。この座し方は色直し後についても同様で、その出口には座敷飾りを置かないようにすべきだともいっている。

『婚礼推陳記』[10] と『礼容筆粋』[11] は、この帳台構え前の座を「主位」、それに対する座を「客位」といっているが、これに関連して、盃の順序を見てみたい。以上掲げたすべての事例で、式三献の御初献では、まず嫁が盃をあげ、次に聟が飲む。御二献では、聟・

嫁、御三献で嫁・聟という順序である。しかし、色直し御三献では、御初献で聟・嫁、御二献で嫁・聟、御三献で聟・嫁という順序を踏む。式三献と色直し御三献とで、その順序が逆であるのは、饗と常という関係を考えれば、肯首しうる。(12)しかし、主位にいる嫁が、客に先んじて盃をあけるというのは、奇妙といえば奇妙である。『婚礼法式』は、「御盃御とりかはしなき内は御料人を客人(13)の心にて御酒なども御料人より参り始られ云々」と、かなり苦しい解説をしている。(14)何故苦しいかといえば、もしそうであるならば、色直しの際に座を変えて坐りそうなものであるからである。先述のように、席を変えてはいない。また、伊弉諾《いざなぎ》・伊弉冉《いざなみ》を挙げて、女より始めることは故実ある事とする説も、婚礼に先立って、御床に瓶子・銚子等々を据えるのはこの両神を祭るためとする小笠原流の考えを配慮しても、そのままでは素直には受取りにくい。

それでは、本当のところはどうであるかということになるが、私には異なった時代の方式が習合した、その結果であるように思える。もちろん、習合させるにはそれなりの、すまいに秘められた核となる意味があるはずである。性急にそのことを問うのはひとまず措いて、歴史上の事実を追うことにする。

その前に、同時代の公卿の場合を見てみる。武家とは異なる方式で執り行う。一言でいえば、古代の婚礼形式を色濃くのこしながら、その中に近世の方式をとり入れたものである。その具体を、『近衛殿御婚儀次第』に記す文政八年（一八二五）二月六日の近衛内大臣（忠熈）と薩摩国守息女との婚礼に見ることができる（図5）。

正寝、つまり寝殿の東廂及び母屋が式場である。その装束は、後に触れることになるであろう平安時代のそれにほとんど同じである。異なる点は、嫁の座（姫御方御座）くらいである。図5はこの装束をシェマ的に示したものである。その式次第については不明である。そこで、同じく公卿の『久世家婚儀次第』に基づいて見てみる。

男君が御座につく。その際御剣が御帳代の御枕の上之方に置かれる。続いて姫君が帳中に入る。両人は御装束を脱ぎ、帳中で共臥する。兼ねて用意した御衾を両人に掩う。そして三日夜餅を食べる。その順序は男君が先である。次に男君は御冠直衣で、姫君は小掛で、それぞれ御座と姫御方御座に着く。続いて男君に御前物（三献を含む）を供する。終って、姫君に御前物を供する。次に帳中に帰って寝る。以上が婚礼のあらましである。

この方式は平安時代の三日間続けられる婚礼方式を簡略化して、一日に縮めたものといってよいものである。『滋草拾露』の載

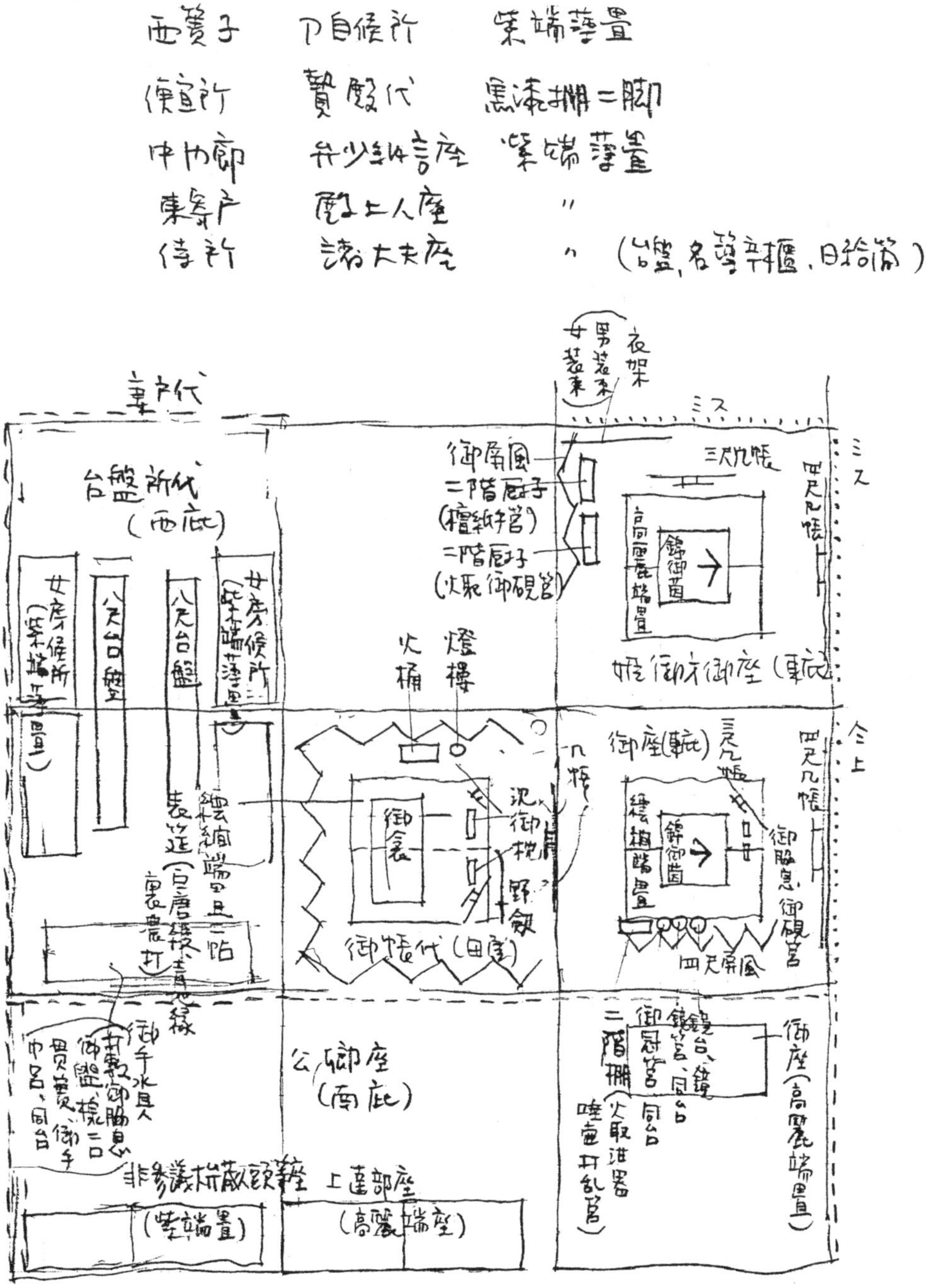

図5　［近衛内大臣忠煕と薩摩国守息女の婚礼式場舗設図］（『近衛殿御婚儀次第』による）［著者ノートより］

せる西園寺大納言と広幡故入道大納言息女との婚礼は近衛家や久世家のとは異っている。

この場合は式場の全体が解らないので、御帳代があるかどうかは、はっきりしないが、姫君は簾中より出座して御座についている。御帳代の存在をにおわせる。少なくとも、武家の方式ではない。だが、男君と姫君の御座は南北に並んで設けられ、しかも北面と南面という対座している。御前物についても、久世家では男君が終って姫君がというように、男女別々であったのに対して、ここでは盃のやりとりを行っている。初献である第一御高杯を据える順序は男君、姫君であるが、御酒を飲む順序は武家の場合とほぼ同じである。つまり、初献で姫・男・姫といき、二献で男・姫・男、三献で姫・男・姫と飲むのである。

御休所に帰って御膳と御盃事を行っている。これも武家の方式である。要するに平安以来の公卿の方式に武家の方式を習合させている。今出川大納言実種卿と水戸宰相妹との天明元年（一七八一）四月三日の婚儀もこの方式らしい[15]。さらに、『大江俊矩記』は別式を載せているが、煩雑にわたるので省略する。

武家では帳台構えの前に嫁が坐っていたが、近衛家では御帳代の前に男君が坐っている。帳台構えと御帳代との関係は後に問題するとして、これらの前を占める人に女と男の差異がある。近衛家の場合は、先述したように、平安時代の方式をほぼ継承しているが、その時代ではこの男君の座を客位だといっている。武家では主位だった。客位と主位の差異があるのである。このように差異があるが、それにしても何故、帳台構えと御帳代の前にこだわるのであろうか。すまいについての本来的意味がそこに秘められているのではないであろうか。そこで、このような空間的関係の起源の近くにある、平安時代の御帳について、やはり婚礼を例に引いて、その意味を顕わにすることに努める。

注

1　主殿造なる様式を寝殿造と書院造の間に再び置こうとする説（平井聖）『日本住宅の歴史』日本放送出版協会、一九七四」があるが、この是非については、本書『民のすまい』」の主旨とは係わらないので、触れないでおく。

2　紀州藩邸は、江戸城本丸、西丸と同様、表、（中）奥、大奥の三ブロックから成っていた。

3　各御膳の御三膳の後、御菓子と御茶が出て、仕舞になるが、前半では濃茶が、後半では薄茶が出るのも興味深い。

4　「将軍文恭公臨邸之時殿中初御餝付　文政十亥年九月十八日」によると、大奥対面所には、御床、御棚、御付書院があり、同二之間に御床、御付御棚があると記す。［『南紀徳川史巻之百二十五』第一四冊、一九三三（一九九〇）、五一～五二頁］。

5　瓶子を除く三つは式御三献のはじまる前にさげられ、それを式に使う。

6　「此回は御いそぎ御略してなし」［「［婚礼］御当日御上段」床飾図、前掲『南紀徳川史巻之百二十七』第一四冊、一二九頁］。

7　「饗御膳式御三献御色直し御三献御膳御三つ目御膳御五つ目御膳不残御二方様前」（南紀徳川史巻之百二十七）［同前書一三三頁］。

8　［参考資料として遺稿余白に下記の条を抜き書きしている。］「種姫様御入輿御婚礼　従三位中将（岩千代）　天明七年（一七八七）十一月廿七日　御座敷御着座之次第」［『南紀徳川史巻之百二十六』第一四冊、一一五頁］参照。

9　上段と下段のある座敷であるが、御祝御座敷または御婚礼御座敷といっているだけで、建物を特定できない。［編者注5同書六一三、六二〇頁参照］

10　［原文空白、出典不明］

11　［原文空白。享保二年（一七一七）、京都菱屋治兵衛他一肆発行のものか］

12　「勝姫様御婚姻御盃事次第」（『南紀徳川史　巻之百二十六』）［第一四冊、九四―九五頁］
初献　勝姫、加賀守（重教）
二献　加賀守、勝姫
三献　勝姫、加賀守
宝暦十一年（一七六一）十一月十五日

13　『武家故実祝事大概』［飯島勝休『祝事大概』上中下巻、嘉永三年（一八五〇）か？］も同じことをいっている。

14　『礼容筆粋』では、これらの事例とは逆の順序が正式だという。

15　『滋草拾露』御吉事之間で端男君奥女君というように坐す。

［編者注］

1　四節からなる本遺稿には二部の原稿コピーが存在し、著者はそのうち一部を持ち歩き赤字を入れていた。本稿はそれによる。冒頭に、「一章」とだけあり、タイトルは空白、改行して鉛筆書きで「1　近世の武家と公家の婚礼」とある。第二遺稿には「一章帳台構えと書院造り住宅／一節　夜の闇とすまい」とのタイトルが与えられていたので、著者は第一章のタイトルを「帳台構えと書院造り住宅」と定めたが、第一節に「夜の闇とすまい」を置くか本遺稿かの選択肢をもっていたとみられる。内容からみて、より原論的な「夜の闇とすまい」、および「こもる」の二遺稿を本書においては先立てることにした。なお、本遺稿と同内容で、同様の参考文献や図版を用いて、著者は一九八一年度前期の京都大学工学研究科建築学専攻の授業「建築論特論第二」で解説を行っていた。本稿および次稿五「仏壇の成立」の執筆年代もその頃と察せられる。

2　遺稿には手書きの表1が添付されている。次稿「仏壇の成立」の末尾に、本稿のための『南紀徳川史』巻之百二十五典礼第二と巻之百二十七典礼第三からの抜き書き（本書には未収録）が存在する。倫宮様御婚礼の次第が収録されているのは『巻之百二十七』（第一四冊）、式場は後掲図4の大奥御対面所、その飾られる諸道具に関しては同書一九四頁以降参照。

3　倫宮御婚礼の御式場の指図は『南紀徳川史巻之百二十七』第一四冊、二四九～二五〇頁。

4　「倫宮様御婚礼」中「御式女中覚書　御次第」、同前書第一四冊二四〇頁以降。

5　徳川黎明会編『徳川礼典　中巻』「将軍徳川家礼典附録」（一九四〇）一九八二、巻之十一、六一二頁。

6　同前書（巻之十一）、五五七頁。

7　伊勢貞丈（一七一七―一七八四）編、明和二年（一七六五）五月二日の末記あり。伊勢は江戸期の故実家。著者は原本に当たっている様子がないが、以下の二書『婚礼推陳記』と『礼容筆粋』も併せ、参考文献を明記していない。

2　平安貴族の婚礼

高群逸枝氏の『招婿婚の研究』[＊1]ではっきりしたことであるが、中、近世では嫁取婚であったのに対して、平安時代では婿取婚であった。召上式の婚姻を基本とする天皇の場合でも、その婚儀の一部に婿取婚の方式をとり入れ、皇后の直廬で行なうほど、一般的であった。

婿取婚とは、基本的には、婿が嫁のいへに内属するための儀式である。婿は、自分の生家から分離され、混沌とした中間状態を経て、嫁のいへに統合されるという、通過儀礼である。婚礼の諸式も、この儀礼の諸段階の機能を担いながら、統合へと導く手立ということになる。

式場は、統合される場所として、当然ながら、嫁の生家である。この生家外の家が式場に選ばれる場合でも、両親は婚礼に先立ち、そこに移徙して、そこを生家化する。この婚所を経営所と呼んでいる[＊2]。この種の式場の装束について、白川上皇御所大炊殿での元永二年（一一一九）十月、藤原公実女と源有二の場合をとりあげる[＊3]。表2はこの婚所の鋪設と装束を『長秋記』に基づいて記したものである。このような室礼は、例を上げるのが煩わしい位、極く一般的なものである。

男君は、このように鋪設された婚所に夜、松明を持つ先駆に先導されて、供立てで訪れる。まず、中門のところで火合わせ・沓取などがあり、姫君のいる御帳（台）の中に入る。そこで、衾覆《ふすまおほ》ひ[＊4]といって、兼ねて用意の衾を嫁方の女性が両人に覆ふ。夜明前に男君は生家に帰る。そして、その夜、再び訪れ、ほぼ同じ過程を経て、帰宅する。三日目の夜も訪れ、同衾するが、この夜は特別な手立てをする。

三日夜餅《みかよのもちひ》といって、嫁家の用意した小餅を男君に供する。そして露顕《ところあらわし》[＊5]へとつづく。露顕とは、男君が御帳から出て、御帳の前の御座につき、御膳が供せられることで、その際家長と対面する。続いて、婿は出居（先の大炊殿では東庇）で、嫁方の面々とあい、吉書覧がある。露顕は男君が嫁家に婿とられたことを公に示すもので、三日間つづいた婚儀のクライマックスである。そのことが御帳から出て、その前の御座にすわることであるのに注目しておきたい。

通過儀礼という観点で、この婚礼を見直してみよう。婿が生家といういへからの分離するという、分離を実現する儀礼は、この婚礼にあってははっきりしない。あまり重要とは考えていなかったと思はれる。それに対して、中間の段階、それは以前の婿の生家での状態、そして婿取られた後の嫁家での状態は秩序ある統合された状態であるので、混沌と看されるのだが、その中間段階は明瞭である。婿の婚所への訪問と退出は、夜という暗さの中で行なわれるという、この暗さがそれを表わしている。暗さは、眼から諸対象を隠すことで、我々の行動を制限する。諸行動で仕立てられた世界は、暗さにおいてその秩序立てられた表情

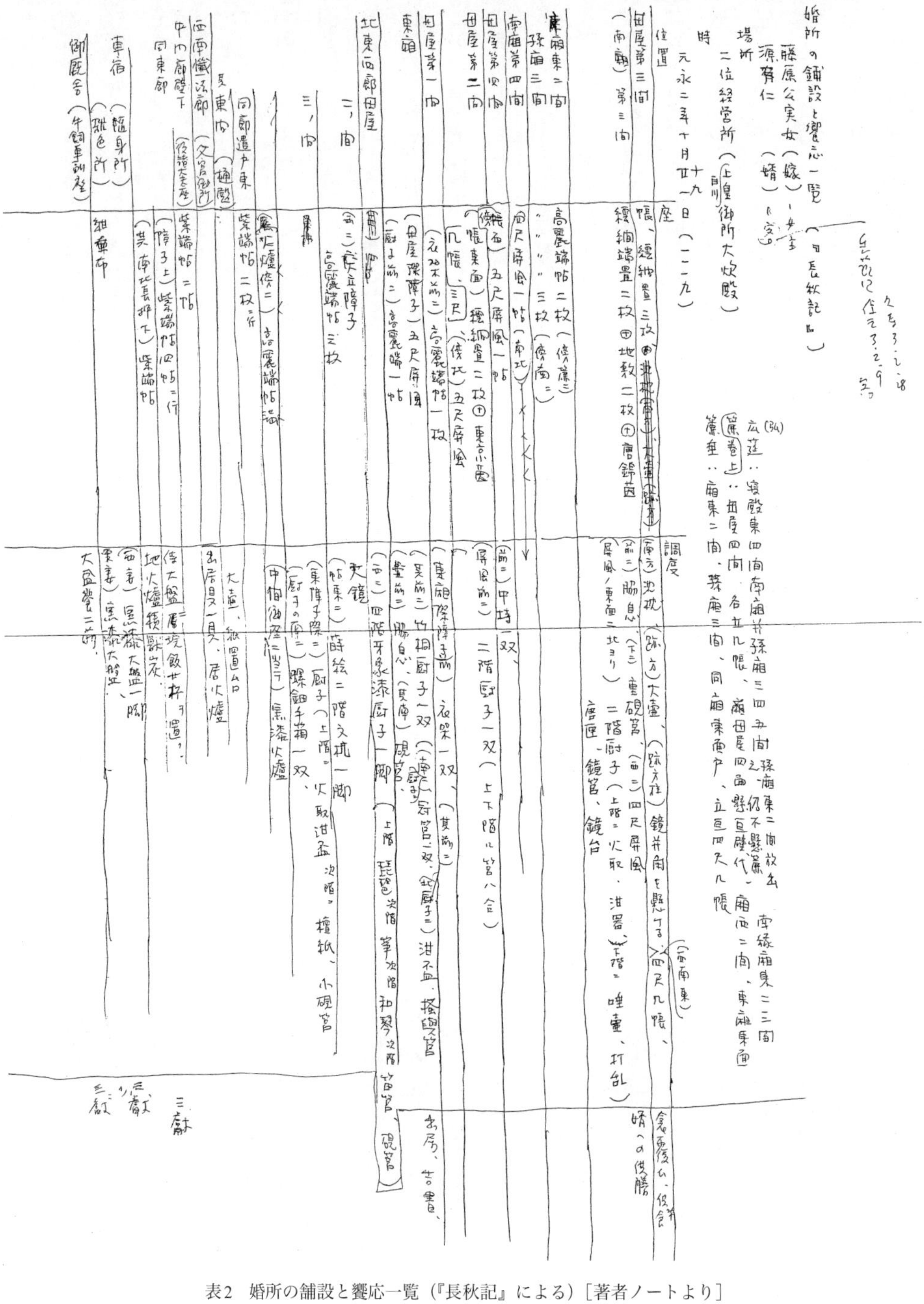

表2　婚所の舗設と饗応一覧（『長秋記』による）［著者ノートより］

を失なう。この意味で、暗さは無秩序を表わしうるものである。

暗さへの着目は、この婿の出入時にとどまらない。婿が婚所にいる間、そこは暗さが支配する。婿行列の松明の火は、火合わせを通して、御帳のかたわらの燈楼につけられる。その外には、明りはなかったようである。その証拠に、『落窪物語』の中で、おもしろの駒が、騙して三日間も婿になりすましえたのは、暗さ以外にはない。そこは、「火ほのぐらき」ところであった。その外、三日間行ってはじめて婿になりうるという事態が、中間過程への重視を示すものであろう。

統合の儀礼は、すでにこの中間段階にいくつかの手立てをすべりこましているが（例えば、衾覆い、三日夜餅など）、何んといっても、露顕がその中核である。婿が御帳から出る際には、明りの数が増し、婚所は明るくなる。寝殿の中央の南面、御帳の前の御座という、儀式性の濃厚な座に坐り、嫁方の兄弟の饗応をうけ、家長と対面する。また、「トコロアラハシ」という、露顕の読み自体、統合性をよく表わしている。婿のトコロ、すなわち、いへは、最早かっての生家ではなく、ここ、嫁家であることを公に示すことを意味している。その外、出居での嫁家の面々との対面とか吉書覧、また、婿がここから朝廷に出仕する「出仕行始」の儀なども、統合の儀礼である。

さて、問題は、何故、統合の儀礼が御帳の前の御座で行なわれるか、何故、婚礼が寝殿の真中に設けられる御帳の中で行なわれるかということである。

［編者注］

1 『高群逸枝全集第2巻　招婿婚の研究一』、『同第3巻　招婿婚の研究二』理論社、一九六六。
2 同前第3巻第八章。
3 同前書、七八九頁。
4 本書第一部第三章第二節一五三頁参照。
5 同前一五四頁参照。

3　御帳と帳台構え

『兵範記』[1]保元三年（一一五八）には、高倉殿への移住（移徙）の記事[*1]を載せているが、その中に、御帳について興味深い習俗がある。移徙するには、まずそこが浄化されてあらねばならない。浄化することによって、始めて人がすまいうる場所になりうると観想している。そのための手立ては多様である。その中に鎮札を打つ習俗がある。鎮札を打つことで、そこは邪気邪霊から免れてある。問題は、それを打つ位置である。高倉殿の場合、家の四角にするか御帳の四角にするかが問題になり、結局、御帳の四角に落ちついている。この習俗を通じていえることは、御帳に於いては、御帳が、意味に於いては、家に代りうるということである。つまり、御帳が家を代表しうるということである。家の象徴である。

移徙に際しては、母屋の中央に御帳を立て、その前に平御座を敷き、様々な装束をするが、この御座にすわって儀礼的な食事をとり、そしてこの中で夫婦が儀礼的に寝る。これは、このことで安寧な生活を獲保しようとする、一種の呪術である。その呪術が御帳を巡って展開しているのも、御帳が家の象徴であるからにほかならない。

『讃岐典侍日記』[2]には堀河帝の崩御の様[*2]が活写されているが、御帳についても興味深い出来事を伝えている。堀河帝の西対がその舞台である。この西対が清涼殿に擬され、その塗籠が夜御殿に擬され、この夜御殿で帝は崩御する。先の御帳に該当するのは、西対の昼御帳である。この昼御帳に、三種の神器の一つである宝剣が、普段置かれている夜御殿から移されている。そして崩御と共に、宝剣は東宮方に移され、同時に昼御帳は破壊される。

この出来事は、次のことを合わせ考えると、御帳のもう一つの重要な意味を気づかせる。次のこととは、寝殿造りに何人かの家族が住み分けて住うのであるが、その際、人々は各々御帳を立てることである。人がすまうには御帳を立てることが必要であるのだ。このことは、御帳が人のあり方を象徴しうることを示している。堀河帝の場合を見れば、このことはなおはっきりする。何にしろ、宝剣を持ちうる人物の死去によって、宝剣を失うだけでなく、その在りかである御帳をさえ壊してしまうのである。

御帳は、したがって、すまいの象徴であるばかりでなく、そこにすまう人の象徴でもあるのである。このように見てくると、婚礼に於いて、御帳の中で衾覆ひをやり、三日夜餅を供し、かつまた、露顕において、この御帳の中より、その前の御座につくという、御帳を巡っての儀礼の意味も自ずから明らかになる。婿取られて嫁家といういへの一員となり、そこを住いどころにすることを表わすには、御帳を背景にすることが最もふさわしい。

さて、婚礼における御帳にこだわってきたのは、近世の武家の婚礼において帳台構えが着目され、それが婚礼に秘められた、すまいについての何んらかの意味を担っていると考えたからである。近世武家では嫁が、近世公家と平安公家では婿がという、帳台構えの前の御座と御帳前の御座を占める人に差異があるが、その御座の意味は、この平安の御帳と同じではないかというのが目論見である。

しかしそうなると、帳台構えがはたして御帳の後継であるかどうかがまず問題になる。その歴史、経過を見なくてはならない。このことについては、島田武彦氏の研究[3]があり、結論として「書院造の遺構に見る帳台構の起源は、平安後期の末頃において発展した常居所と、大陸に淵源する障子帳との合流になるところの帳台にもとづくものと考えた」と述べている。この研究に準拠しながら、帳台構えへの経過を見ることにする。

常居所というのは、文字通り常にいるところで、寝所を含む。『類聚雑要抄』[4]によってその鋪設を見ると、小野宮でも東三条殿でもほぼ同じであるが、寝殿北庇の二間に繧繝畳三畳を敷き、側らに二階厨子[5]を立てる。南奥には香唐櫃一双、衣架一双を置く。さらに繧繝畳の東に畳二畳を敷き、その後に五尺屏風を立てる。そして北孫庇との境に引帷を懸けて、正面とする。この様子は、「源氏物語絵巻」柏木に見ることができる。

御帳が母屋中央に南面して設けられる一方、北側に常居所が整えられる。このような使い方を川上貢氏はハレとケの空間分節と把えて、それが鎌倉、南北朝で普及する並戸による、この空間分節の前駆ととらえている[*3]。

この常居所に障子帳がとり込まれると島田氏は云う。障子帳というのは、これも『類聚雑要抄』に掲っているのだが、御帳が柱を立て帳帷が懸けられるのに対して、襖障子が立てられる。詳しくは別記した[6]ので参照してほしい。御帳の代りに、母屋の中央に障子帳が立てられる[*4]。ただ、障子帳は御帳に対して、略儀だと把えられている。

図6　『春日権現験記絵』第十五巻三段、「教英得業、春日明神の加護により斎宮から被物を得る」図

この障子帳が常居所に取り込まれ、その正面が設けられる。その際、それが塗籠の入口などに設けられることに注目したい。『山槐記』[7]に載せられている、香子入内の際の内裏の飛香舎にその例を見ることができる［本書第一部図48］。塗籠の南西の一間で、「常御所」という書込みのある箇所がそれである。南面にある入口の建具は、塗籠に通例する妻戸ではなく、障子帳の正面の形式である引戸であろうと島田氏はいう。そのような観点で、当時の指図を見返してみると、徳子が御座所にした六波羅亭の場合［本書第一部図37］でも、母屋の中央の北面に「［白］御帳」と書込みのある部分も、このような形式である可能性がある。これらの姿は、『春日権現験記絵』[8]の第十五巻三段（図6）に示された鋪設に彷彿することができよう。

しかしながら、このような形式をこれ以外に求めようとしても、残念ながら管見にはのぼらない。『春日権現験記絵』の中には、いくつかの寝所が画かれているが、先の例以外にはない。寝所にのみ見られたものであろう。そうなると、先の座敷飾りを持つ書院造りが寝殿造りから変化しつつ成立していく過程の中にあって、どのように障子帳の入口の形式が固定し、整えられていくかを見なくてはならぬことになる。しかし、今まで関心を払ってきた婚礼についての具体的記事は、この過程の主要部分である室町時代にはほとんどない。そこで、関心の方向の修正が必要となる。

先の大炊殿での婚礼の場合であるが、藤原公実女を女主、源有仁を客(人)と呼んでいる。したがって、御帳の前の平御座は客座ということになる。このような把え方は、当時一般的であったようで、『兵範記』久寿三年と保元三年の婚儀の際にも、同様な呼称を見出すことができる。この把え方は、婿取婚ということを考えれば、しごく当り前なことであるといえる。しかし、江戸時代の場合、先に注目しておいたように、嫁取婚にもかかわらず、婿は客座に、嫁は主座に坐り、且つこの主座は帳台構えの前である。そこで、帳台構えの形式の確立を追う場合、この変化とその意味について関心を払う必要がある。

人と人とが会う、対面に際して、人々が座の意味について注意を払うであろうことは、見やすい道程である。そこで、関心の修正はこの対面という場合に関心するということにしよう。まず、室町から江戸にかけて、さかんに行なわれた、将軍が彼の輩下の者の家を訪れる「お成り」を見ることから始めよう。

注

1 [平信範著、臨川書店、一九六五。]
2 玉井幸助校訂、岩波書店、一九三九。
3 「帳台構の起源について」『建築史研究』昭和二五年[一九五〇]八月。
4 『群書類従』巻第四百七十[第二六輯、続群書類従完成会、一九六〇]。
5 「上層北火取、南泔器、下層南唾壷、手筥、北打乱筥、櫛巾、四方畳置筥上」[本書第一部図72(一一八頁)参照]。
6 『類聚雑要抄』、前掲群書類従第二六輯、一二二八~三〇頁[本文引用は省略]。
7 中山忠親著 増補『史料大成』刊行会編、臨川書店、一九六五。
8 左大臣西園寺公衡から春日社に延慶二年(一三〇九)三月奉納。

［編者注］
1　本書第二部二九六頁参照。
2　同前二九五頁参照。
3　川上貢『日本中世住宅の研究』墨水書房、一九六七、三四九〜三五四頁参照。
4　この位置に、『類聚雑要抄』巻二、当該ページの図入りコピー、及び『春日権現記絵』（左大臣西園寺公衡から春日社に延慶二年（一三〇九）三月奉納）中の第一五巻第三段、「教英得業、春日明神の加護により斎宮から被物を得る」の図6コピー挿入。

4　対面の際の座

御成りという行事は[1]、すでに室町時代に始っているが、まず、江戸時代の御成りを見ることから始める。御成りを迎える各藩は、御成り門を建て、御成り御殿を麗々しく建て、また通常の建物を使って歓待した。その次第を紀伊徳川家の場合で述べる。寛永一七年まではしばしば御成りはあったが（表3）、『南紀徳川史巻之百二十五』[2]には、「寛永元年（一六二四）正月御成之次第」及び「同十七年五月御成御座敷等御飾付図」が載っていて、その様子を知ることができる。寛永元年正月二三日秀忠が頼宣の竹橋邸への御成りを概略して記す。

・御数奇屋口より御成　外路地の外まで御迎に出、また還御の際もここまで見送る
・御数奇屋之内
　御膳之次第（御本膳、御二、御肴、御菓子、御茶、御炭）——相伴　水戸宰相、丹羽五郎左衛門
・御成書院へ

拝領（御太刀、銀子、呉服、八丈島）

御祝（熨斗、初献御盃を紀伊中納言頂戴、腰物、脇差拝領　二献御盃は水戸宰相殿頂戴　三獻）

・御成之廊で家中の者拝領の御礼（先に御祝之間広間にて呉服銀子拝領している）

・御広間にて進上（御太刀、金子……鞍置馬）、家中之者の御祝詞申上候事、御能三番

・御書院で七五三膳（御本膳御盃、第二御盃、第三腰物脇差進上紀伊中納言御盃頂戴　御吸もの、御菓子）、御湯漬（折十合）御引替御膳（御本膳、御二御三、御引物、御吸物、御菓子）——相伴紀伊中納言、水戸宰相

・広間にて御能御四番目より

・御数奇屋を通って、還御

表3　紀伊徳川家竹橋邸への御成り（『南紀徳川史』より）

年月日	人	相伴
元和一〇年正月二三日（寛永元年）	前将軍台徳公	水戸宰相、丹羽五郎左衛門
同年同月二七日	将軍大猷公	甲斐中納言、丹羽五郎左衛門、朽木牧斉、在江戸諸侯を召し猿楽の御饗応あり
寛永三年二月二七日	前将軍	
同年三月七日	将軍	十四日諸侯を召し御饗応
同五年三月四日	前将軍	水戸頼房卿藤堂高虎立花宗茂
同年同月一四日	将軍	水戸公藤堂高虎丹羽長重
同七年二月二〇日	前将軍	駿河大納言忠長公水戸公藤堂高虎　丹羽長重
同年同月二三日	将軍	右同断及ひ立花宗茂
同一七年五月一四日	将軍	猿楽御饗応
以後五六年間中絶、元禄一〇年四月一一日再開（綱吉公赤坂邸へ）文政一〇、弘化四年		

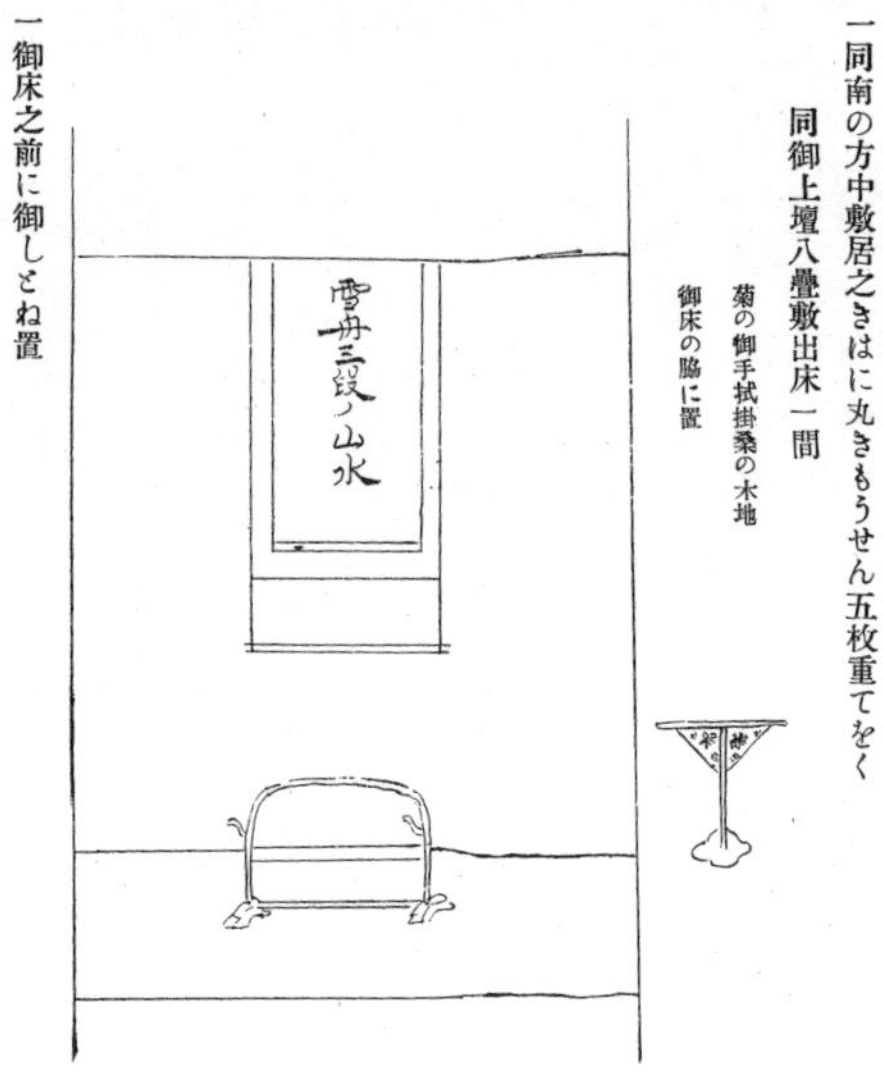
一同板之間いろりの前に唐莚一枚しく

図7 ［紀伊中納言竹橋邸］御成御座敷御上段八畳敷出床一間、『南紀徳川史巻之百二十五』第14冊、35頁

この一連の次第前後にも様々な行事があるが、省略する。同年同月二七日の家光の御成りもこれの次第とほぼ同じである。

秀忠や家光の居間となった御成り書院は、「寛永十七年五月御成御座［等］御飾付図」によっても、［図7］に示す上段まわりの様子が解るのみである。この時代の同種の建物として挙げられる、家光の上洛の際の宿舎である、名古屋城本丸の上洛殿(3)［図8］があるが、竹橋邸の御成り書院の上段には、違棚が二つあり、付書院もあって[＊1]、上洛殿とは一致しない。しかし、その姿は、これによって窺うことは可能である。とりわけ、上洛殿には帳台構えがあり、納戸の間は、その四隅に蚊帳をつる環があることでも解るように、寝間として使われたことには注目しておこう。ただし、竹橋邸にあっては、先の寛永一七年の記事にもあることより解るように、そこは寝間である。もっともここには、［図9］に示すように、御休息之間が鋪設された。御枕二つ[＊2]があることより解るように、で寝た様子はないから、この寝間は象徴的なものであった。

御成り書院での座の構成についてであるが、御盃のことでそれを窺わせるものがあるが、詳細は解らない。そこで他の場合によって類推することにしよう。御成り書院は、居間的ということで、御座間に該当するから、江戸城本丸の御座間の使い方について、『徳川礼典録巻一』にある、天保九年（一八三八）の正月朔日の記事を見てみる[＊3]（図10）。

御座間の上段に公方（家慶）と右大将（家定）が着座し、右大将よりの御太刀の目録が進められた後、田安中納言の同様なことがある。中納言は下段の左方に控える。徳川刑部卿も同様にして、下段の左方に控える。そして御熨斗蚫が出、御盃が出るが、両者も相伴にあづかる。盃は公方・右大将・公方と渡って、この盃を三方に載せて上より三畳目に置く。中納言は座を出て頂き、帰座する。盃は公方にもどる［図10］。呉服頂戴の事があって、今度は刑部卿が同じようなことをする。ただし、盃を載せた三方

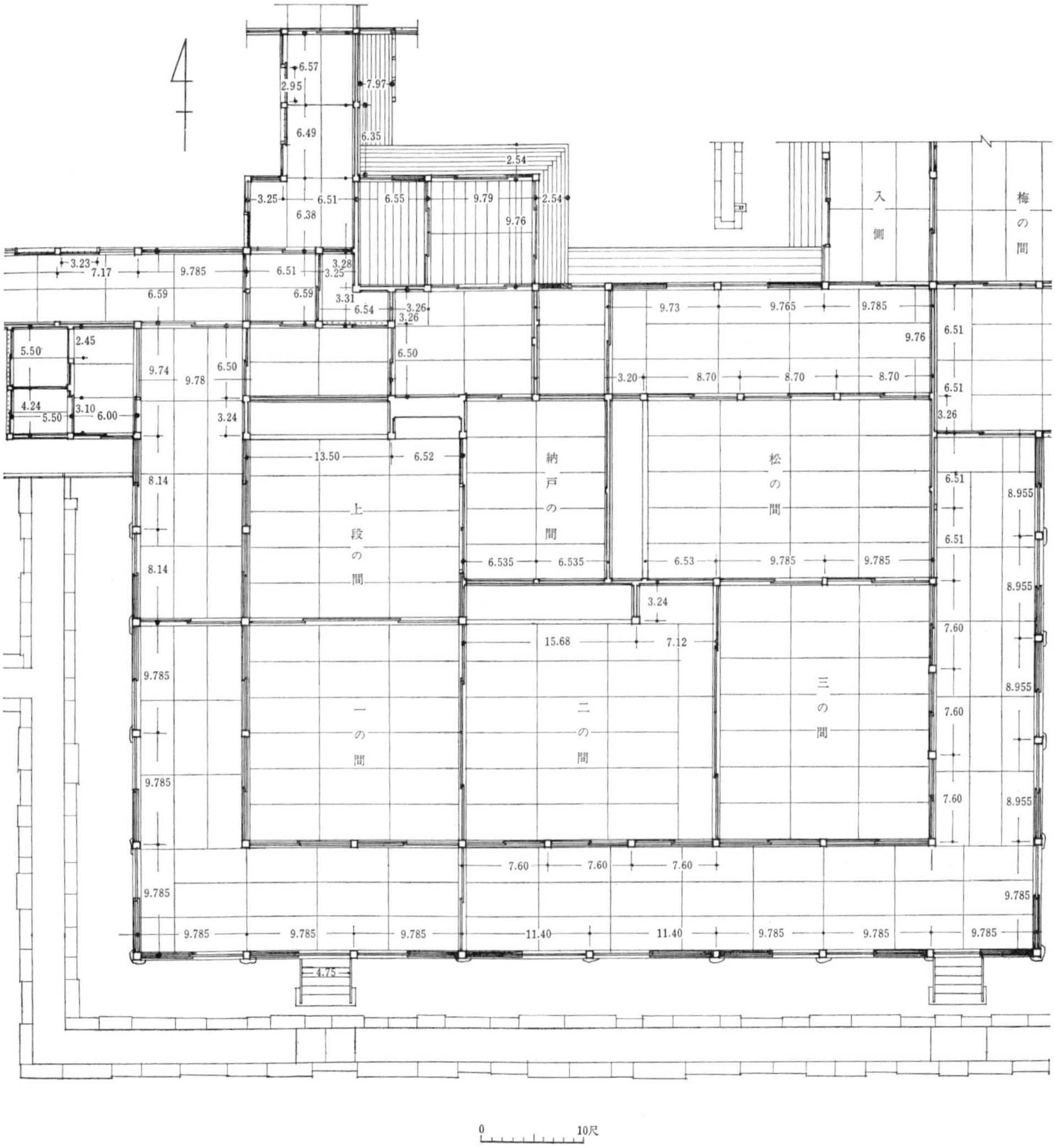

図8　名古屋城本丸上洛殿平面図、平井聖編『日本建築史基礎資料集成十七　書院 II』中央公論美術出版、1974、106頁

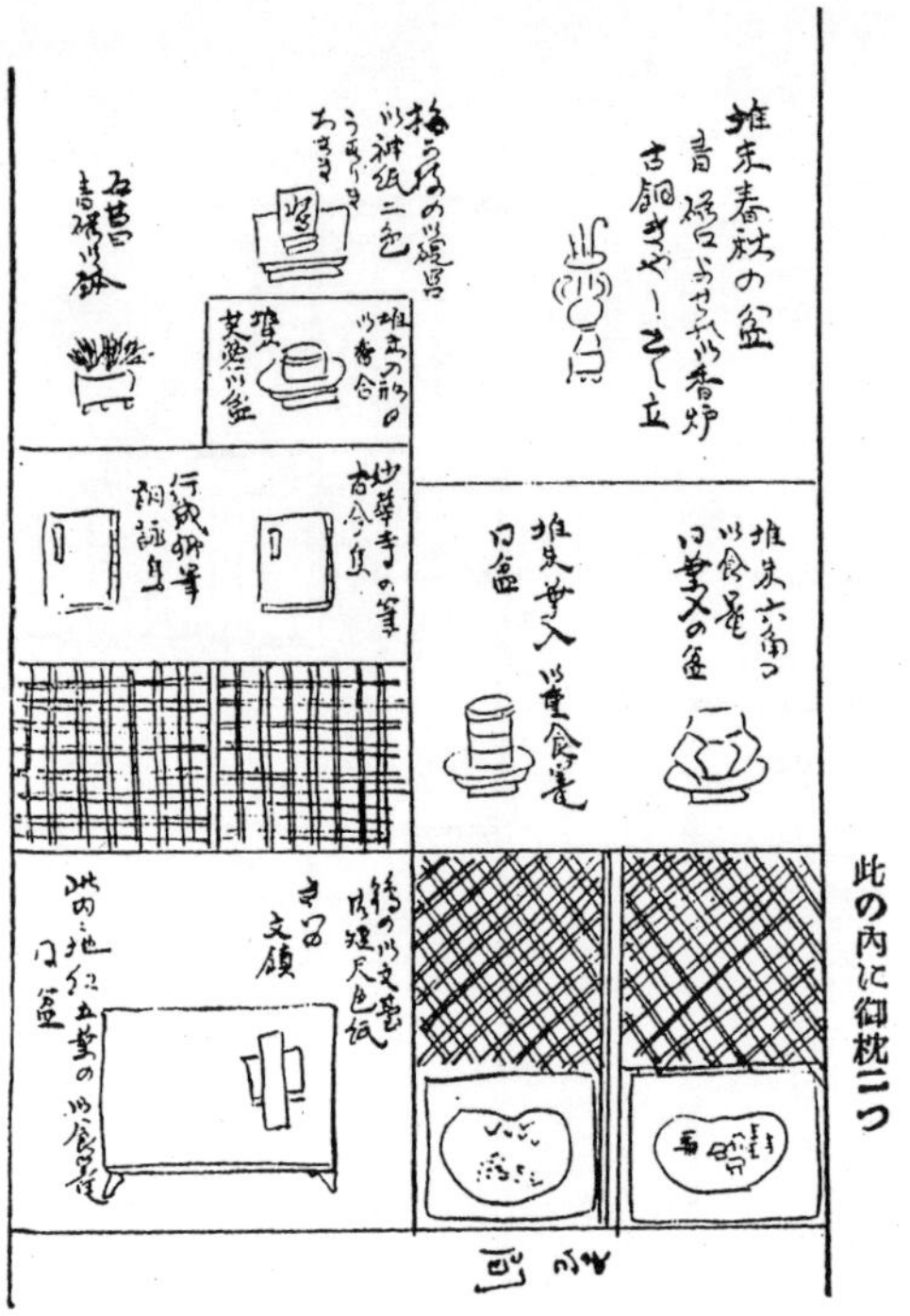

図9　［紀伊中納言竹橋邸］御成御座敷御休息之間、『南紀徳川史巻之百二十五』第14冊、44頁

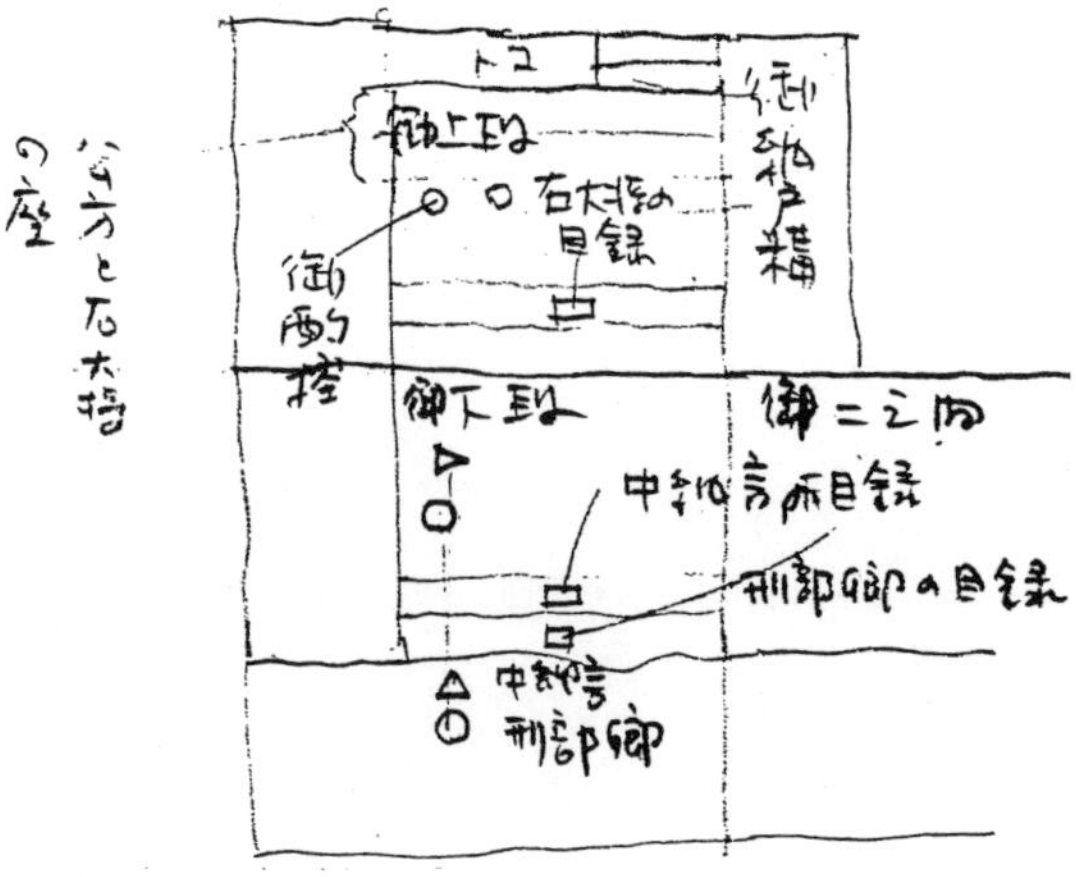

図10　江戸城本丸御座間での座の構成例（天保九年(一八三八）正月朔日御次第書、『徳川礼典録』上巻、巻之一による）

は四畳目に置かれた。この事が終ると、公方と右大将は白書院に、続いて大広間に出て、次々に身分の順序に応じて、同じようなことをする。白書院でも大広間でも座の構成を伺わせるものがあるが、御座間のことで、今は充分である。御成り書院で行なわれた盃の事も、恐らく、ここに見た座の構成のもとで行なわれたことであろう。

婚礼の際の座のことを考えると、公方と右大将の占める座が問題である［図10］。その座についての記事はない。しかし、白書院での座についての指図を平井聖氏が『日本住宅の歴史』に載せている（図11）。それによると将軍は床を背にして坐り、若君が帳台構えを背にして坐っている。御座間でも、恐らくこのような座の構成であったであろう。〈加えるに御座間にも白書院にも大広間にも御納戸構えがあって、その後に一間幅の納戸がある。両人はこの納戸構え[*4]〉を通って上段の座につくことに注目しておこう。

さて、これらの座の構成は形式化されたものであるが、この形式の意味をさぐるために、時代を遡ろう。文禄三年（一五九四）九月二六日秀吉が加賀大納言利家卿之宅（前田亭）に御成りしているが、織田有楽斎による御成書院等の指図の写し[4]（図12）が残っている(5)。その図には帳台構えがないが、御廳台之間の姿図があり、その中に「御ちやうだいは上々段に有物也」とある。上々段と上段御装束所の境に帳台構えがあるのは確かである。

『文禄三年卯月八日加賀之中納言殿江御成之事』(6)（『群書類従』巻四百九）には、御相伴衆として、「左上だん聖護院殿、右上だん菊亭右大臣殿」［第二十二輯、三八九頁］とあるから、聖護院殿と右大臣殿が帳台構えの前の左と右の座に坐ったのではなかろうか。いずれにしても、客人が床の前に坐ることは、紀伊徳川家の竹橋亭の場合と同じである。しかし、竹橋亭の相伴衆は、江戸本丸御座間の相伴と同じ方式であれば、下段にいることになって、この秀吉の前田亭への御成りと差異を示す。つまり、上段の座を占める人の限定は、江戸時［代］の方が厳しい。

なお、前田亭の場合、鋪設をされる建物は御成書院の外、居間書院、小書院、大書院、大広間である。これらの建物での行事の

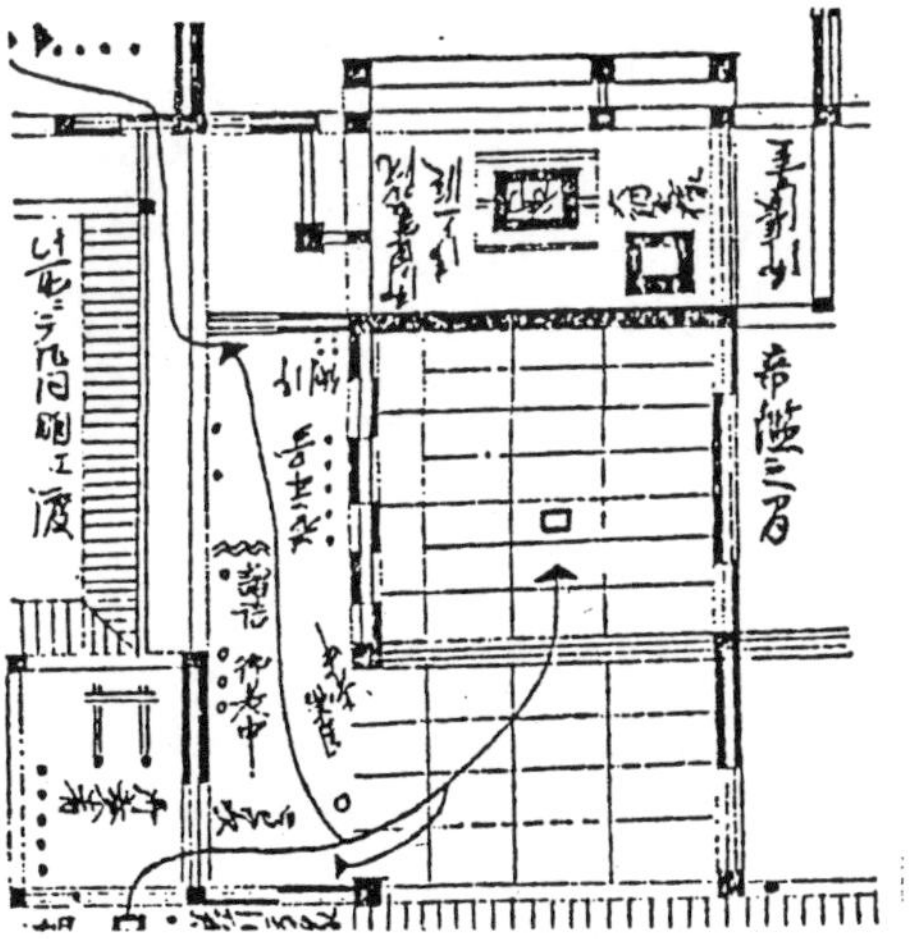

図11　江戸城本丸白書院の席の図（平井聖『日本住宅の歴史』1974、135頁）

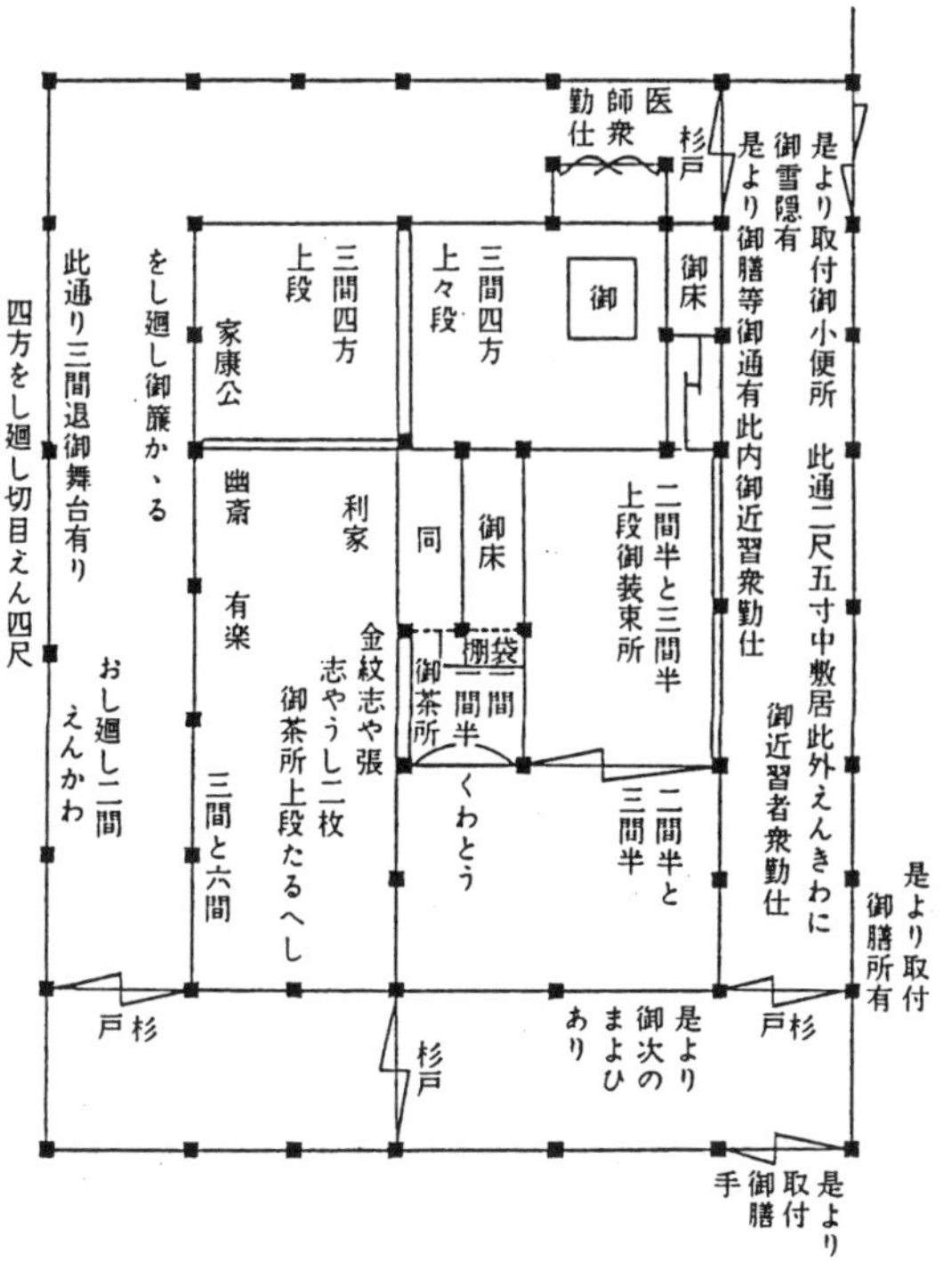

図12　前田邸御成御殿平面図、『続群書類従』巻第六百六十三［第二十三輯下、1979］「文禄三年前田邸御成記」所載

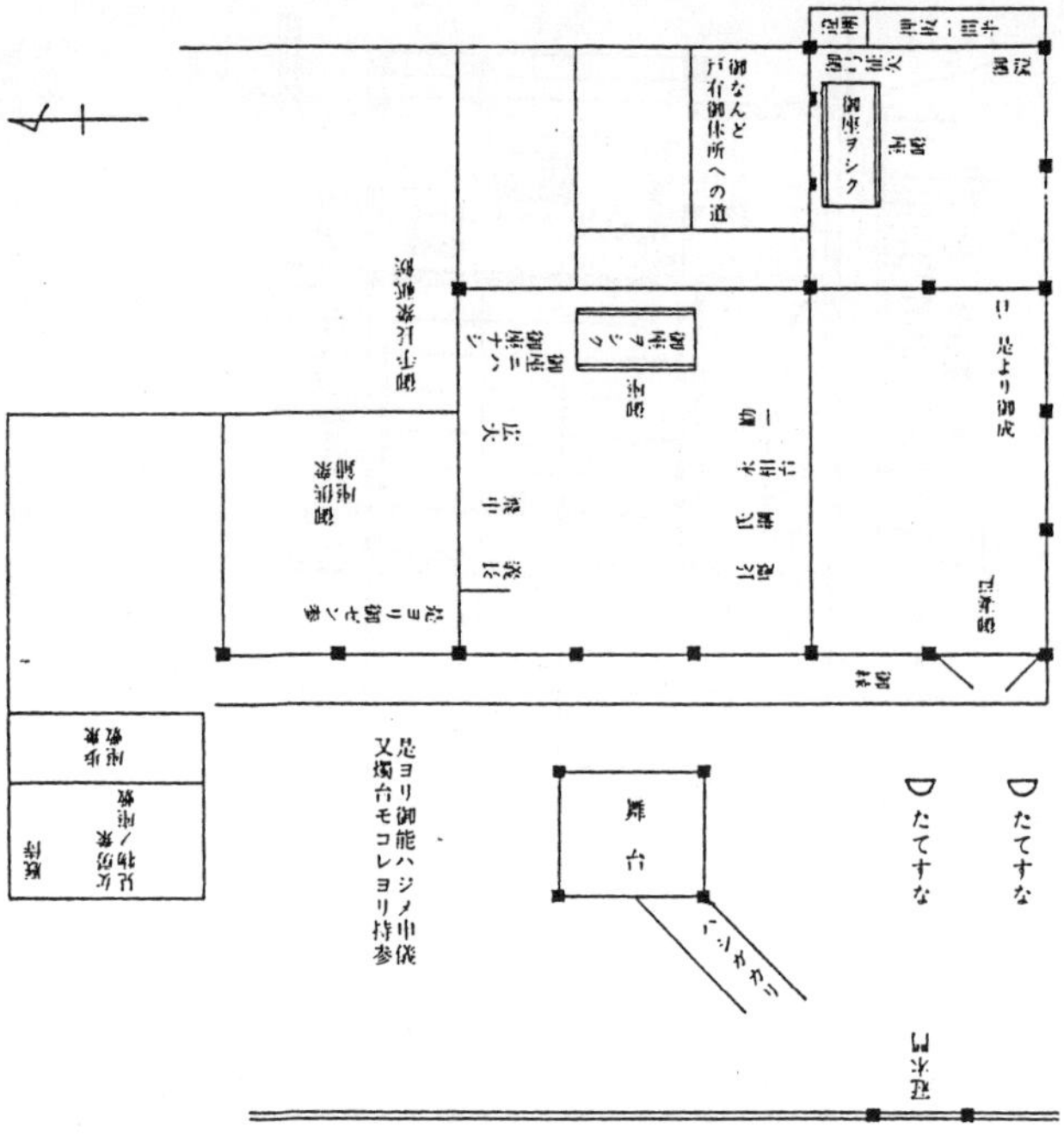

図13　三好筑前守義長朝臣亭御成の図、『群書類従』巻第四百九「三好筑前守朝臣亭御成之記」所載

記録もないし、鋪設の図からもその内実は解らない。また、式次第についても、式三献の記事が抜けていると思はれるが、初献から能がある。(7) 三献を終ると御湯漬があり、五膳まであり、菓子が出る。その後四献が出て、十三献まで続いている。その間、数人に盃の事と進物がくりかえされる。江戸時代との差異を示している。

これらは、御成り書院で相伴衆——先の聖護院、菊亭右大臣、江戸大納言など二三名——を前にして、或いは共に行なわれたが、式三献の記事がない。それはどこで行なわれたのだろうか。

「諸大名衆御成被申入記」(8)によると、まず寝殿に御成があって、そこで式三献をすると共に、亭主が大刀・弓・征矢・鎧・鞍置馬を進上している。馬については、中門の内の公卿座に座を移して、そこで庭上の馬を覧ている。次に会所に移る。会所には相伴衆がいて、十五献の御肴のことがある。その間、能や進物の事が行なはれる。御湯漬の後、休息のために逗留するといっているが、恐らく、別室もしくは別の建物で休息したのであろう。

この方式で客を迎えたことが解るのは、永禄一一年（一五六八）五月一七日、越前谷の朝倉左衛門督茂景亭への御成りである。(9) それがどこまで遡り辿りうるかといえば、『続群書類従』の中にあっては、推測による以外にはない。そのうちの最も古い、寛政七年（一四六七）二月二五日の飯尾肥前守之種亭への御成り(10)では、御対面に先立って、「之種内々に御目に懸る。御盃下される之先規也」とある。これは、先の寝殿での式三献のように思はれる。御成りは、元々、寝殿の御座と会所よりなっているといっていいだろう。前田亭の場合は、この会所が御成り書院になっている。

さて、座の構成の解るのは、永禄四年（一五六一）三月三〇日の三好筑前守義長朝臣亭への御成りの場合だけである。[11] ここでは、図13[*5]に示されるように、建物は一つである。将軍の輿は新築の冠木門や、立砂の真中を通る。妻戸を通って奥四間（四間ノ御座敷）にいきなり御成りする。これは、寝殿の御座間に該当する。ここでは、式三献と太刀・弓征矢・鎧の進上を行っている。馬御覧は妻戸のところで行っている。

御座は納戸構えの前に南向に敷いた高麗縁の畳である。その左に弓征矢が、右には引合一帖とか硯などを載せた文机が置かれる。馬御覧の後、九間の押板の前の御座にすはる。ただ、この座に直接坐るのではなく、その座の前に坐る。このことについては後に問題にしよう。

ここで、相伴衆と共に例の饗応が十七献まで行なわれる。能見物や進物の事も同時に進行する。三献の後の湯づけ・菓子があって、しばらく御休息[12]に退く。これは別室である。

設けられた御座につかないことに話しをもどす。三好亭では、公方は四間の座にはついているようだが、「諸大名衆御成被申入記」には、寝殿御座について、「御座を敷候へども、御座の上には御着座なし。御座より左の奥の方に御安座」と述べている。また、「天正年中御対面記[13]」には、「御座敷の床の前の畳に、むしろしかり候へとも、其上にハ御座なく候」とか、「一のたいの御座候所〈中略〉是ハ公方様御成有也。夫れも上座に御座しかり候えとも、其上にハ御座なく候。御座と申ハ、いつもの畳三重程のあつさにて候」と記している。この習俗の一般性を窺わせる。

この習俗はどのように解釈すべきであろうか。御成りをする人はその座を自分にふさわしくないと考えての手立てであろうし、亭主の方はその座が客にふさわしいと考えたから、そこに座を設けたのであろう。

この対立を解く鍵の一つは、古来からの客への応対の仕方である。端的にいえば、客が招かれた家の主人の位置を占め、主人は自分の位置を客に譲って、客をもてなすといった仕方である。室町時代まで続いた大臣大饗[*6]にその顕著な例を見ることができる。尊者をはじめとする客である公卿達は、寝殿の母屋の座につくのに、主人は庇にいて、もっぱら奉仕をする。この現象は、その底に家についての特定の観念があるように思はれる。例えば、平安末から鎌倉にかけての経営所と称される婚所についてであるが、それは婿側が提供するにもかかわらず、嫁の家族がそこに一時的に結婚式のために引越しをし、そこを嫁の家と化さしめる。つまり、ある手立てを講ずれば、そこは一時的にいる人の家と化しうるという観念である。そうであるから、大臣大饗のような座の構成が可能であるのであろう。

帳台構え前の座、押板の前の座は、元来は亭主の座である、それを上座の客居と化そうとした時、それは亭主の客へのもてなしとして当然なことであるが、客の方が遠慮をして、その座を占めなかったと看做しうる。

すると、問題は帳台構えと押板の前の座の差異である。帳台構えを背とする座は、平安以来の伝来であることは既に見てきたことでもあり、理解しやすい。押板についてはどうであろうか。これについても、やはりその発生時にもどって見直すことが有効であろう。

御成りの中でも、会所という、中世の名称が出てきた。押板をさぐろうとすれば、中世を遡らねばならぬ。このことは会所に深い係わりを持つ。座敷飾りに関心を払いつつ、会所と押板をふり返って、たどることにする。［以後遺稿なし］

［編者後記］

「民のすまい」遺構群のうち最も長編が本第四遺稿である。書院造りの帳台構えの由来を、中近世の婚礼の場における嫁座が主座で婿座が客座である点に、婿取り婚の痕跡を確認する。書院造りの帳台構えの起源が婚礼の婚所舗設の御帳にあると狙いを定めているのが、クライマックスである。その後、書院造りの帳台構えへの展開を、武家の御成りの場の舗設に残る御帳前の座の痕跡に確認する作業を入念に行っている。そして、次に帳台構えの前の座と、主の座である押板前の座の違いについて話を進めようとして、この草稿は終わっている。

この原稿に直接接続するはずの内容の遺稿は存在しないが、後掲の第五遺稿「仏壇の成立」において、民家のザシキの床が神棚に由来する点に視野を遡及させているので、著作の構想が推測できよう。長編の本草稿の成立後、夜御殿の本質である寝る場所の意味を確認する節を先立てようとして、「夜の闇とすまい」稿と「こもる」稿の執筆を始めたものと思われる。「こもる」稿が、阿弥陀堂の考察を進めていた一九八四年に、メモ替わりに執筆されたが加筆の暇をえず、中断したものと推測される。

注

1 「按に将軍家総ての出駕を御成と称す（足利家以来の通称）」［『南紀徳川史巻之百二十五』「寛永元年（一六二四）正月」の条冒頭、第一四冊五頁］。

2 南紀徳川史刊行会、［第一四冊、］昭八年（一九三三）二月刊。

3 「図」の注記［あるも空白。］

4 続群書類従巻第六百六十三「文禄三年前田亭御成記」［第二十三輯下、一九七九、二五〇頁以降］。

5 『徳川礼典録』では、ただ「御着座」というのみで、明らかでないが、それでも天保二年三月二日の勅使院使参向御対顔之次第には白書院に公方と内府が出御したが、公方が上段に着座した間、「此節内府様ニは御帳台に御控被遊」ており、次に「右相済而公方様御帳台え入御」して、入れ換えに「内府様出御」しておる。御帳台構えを経て、出御している。また、禁裏や仙洞よりの御太刀目録を「高家御納戸構え納之」とあるのにも注目したい。

6 ［前注4書から］上々段の違棚にあるものを念のために写しておく。

「上之棚ニ十種香の道具不残箱ニしこミ。外ニ御香盆ニ香爐、香匙火匙立。脇に鬮筒餝也。是御慰のためなり。下の棚ニ御料紙箱。内に御硯紙品々入餝也。是又御用のためなり。同棚下に御茶つほ。口あらい紫の唐打。大ふさ長緒むすひ餝也。是ハ御前茶之心也。又紫の唐打あみかけにも餝也」［前注4書、二五三頁］。

7 御成書院で能を見物している。

8 群書類従巻第四百十［第二十二輯、一九七七］。

9 「朝倉亭御成記」、群書類従巻第四百九［第二十二輯、一九七七］

10 「飯尾宅御成記」、『群書類従』巻第四百九［同前］。

11 「三好筑前守朝臣亭江御成之記」『群書類従』巻四百九、「三好亭御成記」『続群書類従』巻六百六十二。

12 御休息所ニ御はんざうだらい、働手のごいかけ在之、黒漆ニぬる、御紋のまき絵有、かな物在之、御うがいちゃわん

13 『続群書類従』巻第六百六十一［第二十三輯下、一九七九］。

［編者注］

1　寛永元年正月の御成「御成書院の飾」、同十七年五月御成の御成書院飾絵図参照。それぞれ、『南紀徳川史巻之百二十五』第一四冊、一一頁、三九頁。

2　図7に示す御休息之間違い棚の右手地袋の注記に「此の内に御枕二つ」とある。同前書、四四頁。

3　平井聖『日本住宅の歴史』日本放送出版協会、一九七四、掲載第五二図（後掲図11）に倣って、著者は原稿余白に、天保九年（一八三八）正月朔日御次第書に記される座の構成を図10のように再現している。

4　〈　〉に囲む部分は、著者による訂正の文章である。元の文章は、以下の通り。「このことを確める意味でも、時代を少し遡って、御成りの際の座敷の座構成をみることにしよう。」

5　「三好筑前守義長朝臣亭御成の図」『群書類従』巻第四百九所載。

6　本書第一部図3、図4（一六～一七頁）参照。主人座と尊者座については同二六～二九頁参照。

［五］仏壇の成立［*1］

そこ［墓］にいると同時に、ここ［仏壇］にいるホトケたちの在り方に私達は何の奇異も感じない。このようにホトケたちの在り方に奇異感を催させない原因として、墓とか仏壇といった、或る種の制度（インスティテューション）をあげることができる。仏壇の成立をさぐることは、この制度の構造について何にがしかの知識を与えてくれるであろう。

竹田聴州は、「持仏堂の発展と収縮」(1)なる論文の冒頭で仏壇の由来について簡潔に述べている。「近世の寺請制の下では毎戸仏壇をもつことが檀家としての重要な指標であった。寺の檀家であることと、家に仏壇をもつこととは、当然別個の事柄であるが、それが互いに相携えて唇歯の関係を持ったのは、檀那寺と在家仏壇とが、遡ればともに前代の武士や有力農民の持仏堂に由来する側面を共有することに基づく」とある。それでは持仏堂というものの実態はどのようであったろうか。

竹田氏はまず近世初期・前期に村の有力百姓が屋敷地の内外に小規模な持仏堂を営んでいた様子を資料に基づいて紹介した後、中世武士の屋敷地内の持仏堂について言及している。それは練信修養と先亡追善を目的とするものであるという。そしてそれらに後に檀那寺になる様子が述べられる。

それでは、一方の仏壇はどうかというと、「（江戸時代には）民家の仏壇・仏間を持仏堂・持仏と呼ぶ語法は、都鄙・上下・僧俗にわたって極めて広く行われていた。」のであり、また「仏壇が元来持仏堂に胚胎し、外容は如何に変化しても、名称は旧のものが依然伝承された結果とみるほかないであろう。」から、「庶民の仏壇は本来の持仏堂が収縮ないし矮小化するとともに、分解して庶民の各戸にとり入れられたものにほかならない」と結論されるのである。そして、その経過からいえば、持仏堂―仏間―仏壇という順序が引き出される。

この結論について、竹田氏自ら述べる如く、仏壇成立の要因は複雑で一律には論じきれず、「年間定時に来訪する祖霊（ホトケ）を迎え祭るため、その都度臨時に設ける祭棚ないし祭壇が固定化したものという側面のあることも疑を容れない」ものである。そして持仏堂にしても、個人レベルの練信修養から、家を背景とする先亡追善が主要になるのであるから、持仏堂に由来することが明らかになったとはいえ、依然として祖霊との関係がのこるのである。換言すれば、三浦秀宥氏が「仏壇と位牌」[2]で述べているように、歳棚や盆棚のように、「季節ごと訪れる先祖の霊を迎えて祭る祭壇の恒久化したもの」という面があるからである。

平山敏治郎氏[3]は、我が国の古い年中行事は一年を六ヶ月ずつ前後の二つの季節より成っていたとし、「七月の魂祭りと正月の年神迎えとは、中世の変遷分化以前にはもともと同じ信仰に基づいてゐたことは殆ど疑ひを容れない」として、片や魂棚（精霊棚）、片や年棚を上げるのである。つまり、祖霊と仏壇の関係は、我国文化の古層の中で問題しなくてはならぬのである。

建築の観点からは、まず、これら魂棚と年棚の固定化としての仏壇と神棚が問題として浮んでくる。

恵比須棚、荒神棚という、所謂ウラ側の神々の棚は今はおくとして、常居、広間、茶間、台所と呼称される、居間的な部屋に設けられる神棚に注目しよう。そこには伊勢の大麻や氏神の御札が奉斎されている。この棚について平山氏は伊勢の大麻の棚の常設をとりあげ、「伊勢の御師たちが全国に亘って活動をはじめ、国民に大神宮参詣の信仰を普及し、大麻を守札として奉斎する風習を作らしめた」のであり、それは中世の新しい風習であるという。

この神棚の位置は、もう少し云えば、居間の寝室（ナンド）の境の壁、長押より上の部分に設けられるのが一般である。そしてこれとは別に年棚が設けられるのである。例示のためにここに〔岩手〕県〔二戸郡荒沢村石神〕の大家族制度で結ばれた部落のうちの二戸の民家をとりあげる。別家斉藤富次郎家（図14）と大家名子山本春松家（図15）である。後者にダイドコとザシキ・シタザシキを付加すれば、基本的には前者になるといったものである。居間は、ザシキ・シタザシキとのからみでのみとりあげておく。

さて、両者とも寝室（ナンド・ネビヤ）と常居の境にカミダナがあり、そこは御札を張るところであると同時に、火の神（カマド神）がおり、また年神棚にもなるといった場所である。大家斉藤善助家の場合（図16）でさらに詳しくいえば、実に多くの神々がそこにおる、もしくは去来する。稲荷・恵比須・大黒・金比羅様・山の神・ムロ神様・八幡サン・オシラサン・観音サン・蒼前（ソウゼン）サン・疱瘡神様・地蔵サン・天神サン・年神様（歳徳神）、といった具合である。祭れば直ちにそこに居るかの如く観想さ

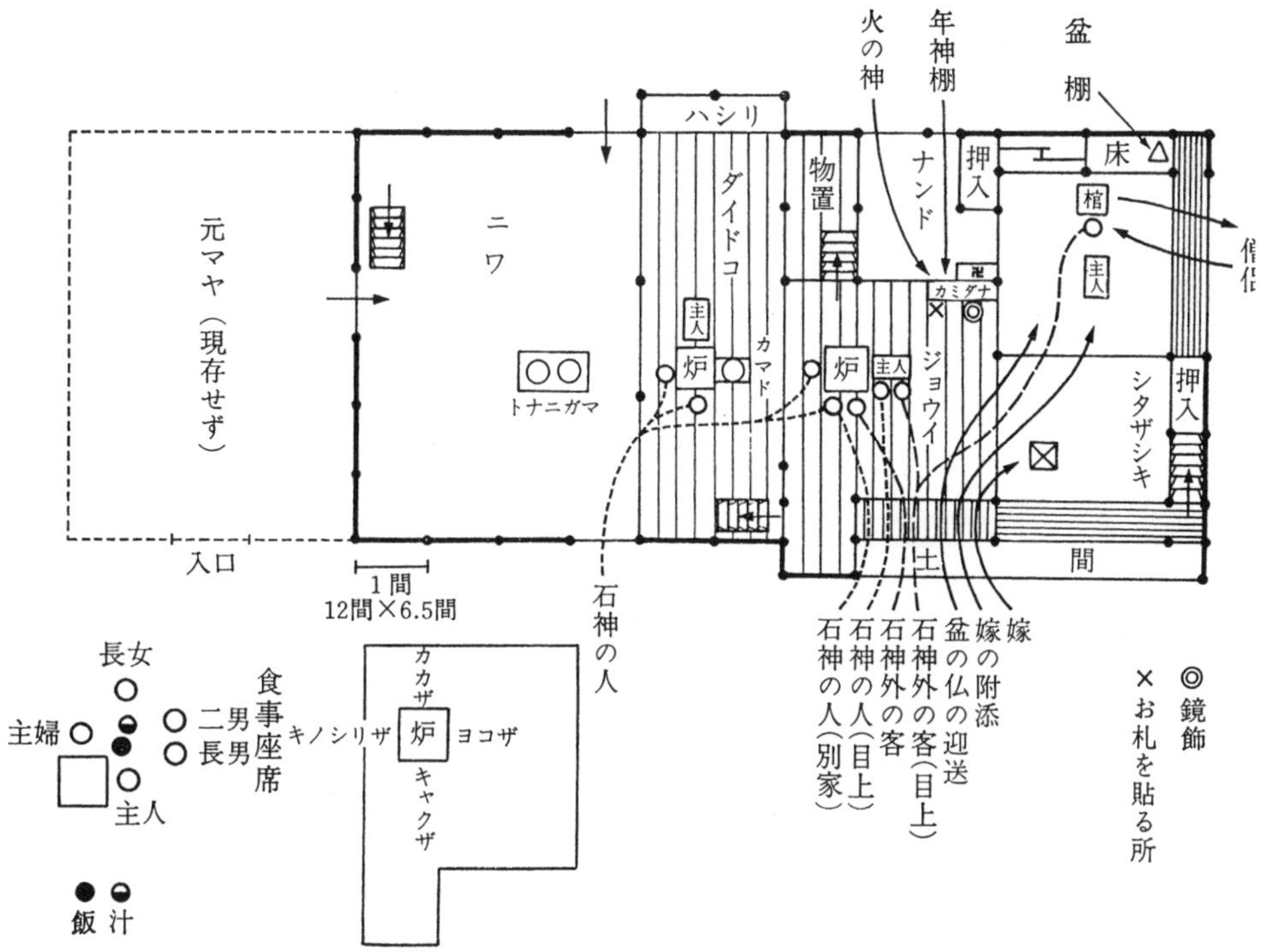

図14　別家斉藤富次郎家（酒屋）［有賀喜左衛門『大家族制度と名子制度』『同著作集』Ⅲ、275頁］

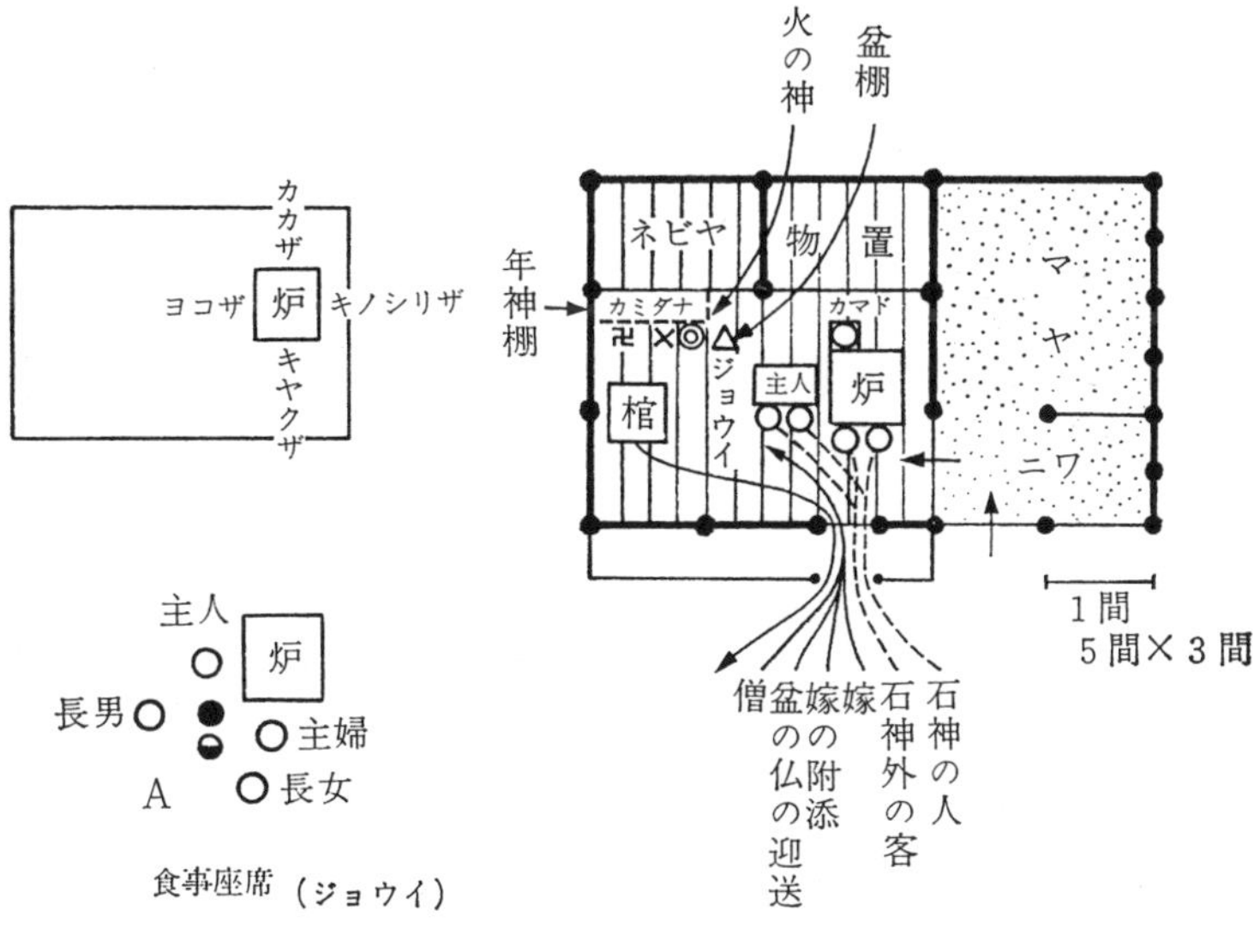

図15　大屋名子山本春松家［有賀喜左衛門『大家族制度と名子制度』『同著作集』Ⅲ、295頁］

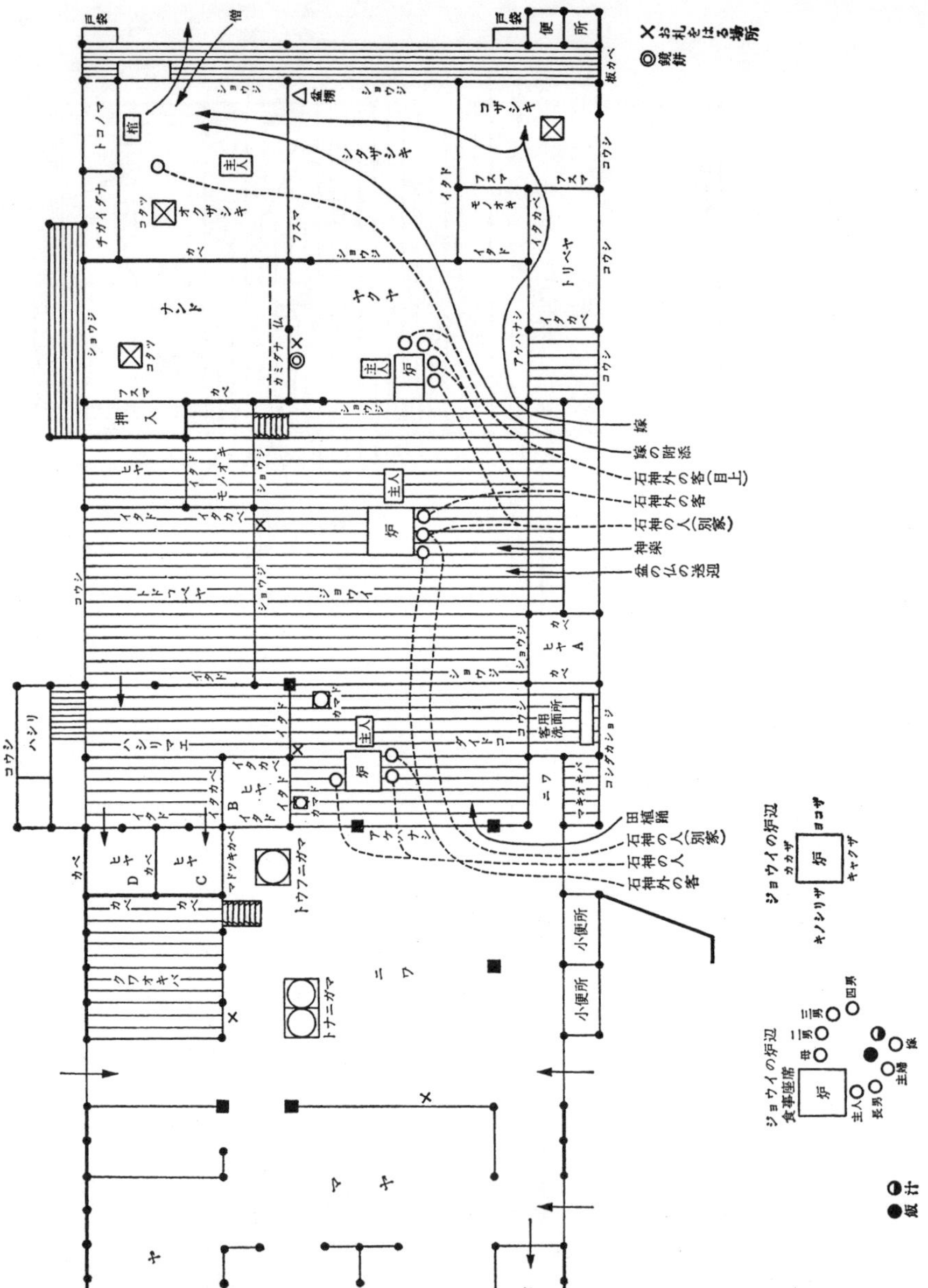

図16　大屋斉藤善助家［有賀喜左衛門『大家族制度と名子制度』『同著作集』Ⅲ、261頁］

れる神々と、定まった時節に去来する神々が同じ棚にあることに注目しておこう。

次に仏壇と盆棚とについて見ると、両家とも仏壇は神棚の下に設けてあるが、盆棚が片やザシキの床の上、片やジョウイにあるといった差異を示している。盆にオショウライとして去来するホトケの居場所としては、盆棚がより始源に近いということはすでに触れた。

このように見てくると、ザシキに関して奇妙なことが見えてくる。つまり、臨在から常住という変化が、神々にもホトケにもあるのであるが、それが古形である盆棚が新来のザシキにおかれるという関係である。

斉藤家のザシキは、結婚とか葬儀とか成人式といったことのほかは目上で、しかも石神外の人の応接に使われるのみであるが、我々が先に調査し報告した朽木村の場合には[*2]、デ（ザシキ）は様々な講の際とか、正月の神迎えにも使われる。そして、その際床の間には山つみの神とか正月サンの架軸がかけられ、床の上には祭具やゆずり葉餅が置かれる。これらの事象は床の間が臨在する神々のその際の場所となることを明示している。つまり、新来のザシキにおいて古来の方式を行っているということである。

このような床の神聖性については、今井善一郎氏が「床の間の問題——利根民家の一特色——」[(4)]として報告しているが、上部には神棚をつけ、下部に仏壇を置く床の間がいくつかあったという。つまりは神座としての床の間である。この床の間の成因については、書院造りの床、もしくは押板とそれがどのように関係するかは後に触れることにする。

仏壇に関して朽木村では、デに床の間と仏壇（ここでは仏棚）を併置するという[*3]。我国で最も良く行われた方式である。ここでもホトケノコシカケという精霊棚をカド先に設けていたのであるから、臨在と常住の問題がここにもある。

仏壇の形式は様々なものがあるが、どれにあっても位牌があり、位牌が仏壇の成立に深い関係があることがうかがえる。位牌を通じて、或いは位牌に対して祈ることで、先亡の追善供養となるという思想がある。このことは位牌がホトケのごとく受けとられる要因となる。つまり、象徴的思考である。

また、位牌は三十三回忌、もしくは五十回忌などの法事を契機として処分されるのであるから、それ以後は正しく去来するホトケになるはずである。墓のことは今はのけておいての話であるが[*4]、すると、去来と常住の両方の在り方をとるのは新しいホトケたち、とむらい上げをまだしていないホトケたちであることになる。この意味では、かかるホトケたちがザシキの床の間に並んでいることは、忌みの思想の弱体化が前提であるといはれているのも、一面では肯定できる。

さて、朽木村の仏棚は、以前はデとナンドの境にあったと推定されるが、[*5] ここに仏壇とナンドの関係に目を向けてみよう。石神の両家の場合（図14、図15）は、ナンドと常居の間に設けられているのである。このように納戸との境に仏壇を設けるという場合は多いし、さらには納戸の中に仏壇を設けるといった場合さえあるという。(5) このようなホトケたちの在り方はどのようにとらえるべきであろうか。その際、参考になるのは納戸の神の性質、もしくはあり方である。

石塚尊俊氏の「納戸神をめぐる問題」(6) によると、納戸神は播州を東限として西国に点々と残在するのであるが、納戸の中に神棚があって、そこに常住する形をとっている。この習俗を分析した石塚氏の結論は、それは穀霊であるということである。この穀霊は、春山より下って田の神となり秋山に帰って山神となるとは異って、田と家の間を去来する。石塚氏はこの穀霊が何故納戸かという問を発して、納戸神が倉にいる場合も多いという事実をバネにして、クラは本来稲積であり、稲積は「もと穀霊のみごもる斎場ではなかったか」と考え、納戸はこの穀霊誕生の斎場ではないかと推測する。また高取正男氏[*6]は、この納戸に置かれる稲種（種籾）をスジと呼ぶことへの注目を通じて、家が存続し、継承されていくことに、家の中の納戸のあり方の積極的な意味を見出そうとする。

常住する神と去来する神との関係はこのことによってはかならずしも明らかにならなかったが、古層にあっても家に常住する神々がいたであろうことは確かめられる。納戸神の場合に注目して云えば、去来する神々は納戸の外にあり、納戸神は内にいたのである。この去来する神々は当然そこに家主の応対を必要とするが、そこに人々の応対の場所としての常居なり、座敷なりとの照合が見えてくる。

家に内属しながら常住する神々は、納戸の中、つまり奥に、去来する神は納戸の外、応対する場所にいるという構造が考えられる。去来する、すなわち、マレビトとして予祝し、幸をもたらす神々との応対は、納戸の外で行われる。

しかし、ここに一つの問題がある。それは火の神、カマドの神の居所である。この神は大変古い家の神であるらしく、その姿は錯綜しているが、ともかくも納戸の外にいる常住の神である。この神は、竈に、そして囲炉裏に係わり、家の構造自体にも係わっている。そこで、次にこの神を家の空間的側面に限定しながら、さぐっていくことにしよう。

あえて仮説的な見込みを云うとすれば、納戸は、隔離された闇として、家の核心に触れそれを養う絶対的大地となるのに対して、火は何にか積極的に外に働きかける行動の地盤として、家の核心を形づくるのではないかという構造である。図式的に云えば、火・闇としての形成因である［*7］（図17）。

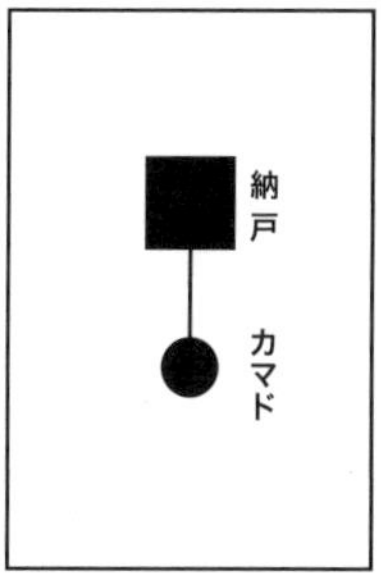

図17　シェマE図

注

1 柴田実先生古稀記念会編『日本文化史論叢：柴田実先生古稀記念』一九七六、五〇一～五一三頁。

2 三浦秀宥「仏壇と位牌」『講座日本の民俗宗教』第二巻（仏教民俗学）昭五五［一九八〇］、一八一～一九五頁。

3 平山敏治郎「神棚と仏壇」『史林』三二―二、昭二四［一九四九］、四二～七〇頁。

4 今井善一郎「床の間の問題―利根民家の一特色―」『日本民俗学』二―三、昭三〇［一九五五］、五九～六二頁。

5 三浦、前掲書、一八一～一八二頁。

6 石塚尊俊「納戸神をめぐる問題」『日本民俗学』二―二、昭和二九［一九五四］、九～四一頁。

［編者注］

1 すまいにおける仏壇の意義についての考察は、初期『民のすまい』構想（第一〇遺稿参照）でも、第一章「室（ムロ）的空間形式の変遷」の第四節の副題が「納戸の変遷　仏壇と神棚を介して」と題されていたように、著者の意識に上っていた。

2 本書第二部「ライフ・ステージからみたすまいの意味」参照。

3 同前稿、本書四三一頁参照。

4　同前、四四七頁参照。

5　前編者注2、本書四三一頁図2参照。

6　高取正男は、日本のすまいの塗込や納戸の始原性に注目していた先学（歴史民俗学）のひとりで、著者も大いに参考にしていた節がある。「後戸の護法神」（一九五四）『民俗信仰史の研究』法蔵館、一九八二所収、同「すまいの原感覚」（一九七六）・「民家に残る日本人の信心」（一九七九）『生活学のすすめ』同著作集Ⅳ、法蔵館、一九八二所収など参照。しかし、著者がここに引用する条を高取の著作に編者は見いだせない。恐らく、原注6の石塚論文三七頁「種籾をスジと呼ぶ伝承との対照から、稲積はもと穀霊のみごもる斎場ではなかったか」の条と結論「穀霊を（中略）女性が自らの部屋［納戸］に安置し出したものが（中略）納戸神の本源」［四〇頁］の条を高取の主張と混同した可能性がある。石塚論文は、結論はさておき、納戸神信仰における納戸の意義にはほとんど言及しておらず、それを説くのはむしろ高取の論考であるから、この混同は著者らしい。

7　本書第一部二三〇、二三五、二三九、二四五頁、各図参照。

［編集後記］

本第五遺稿には、以上の本文の後に、第四遺稿「帳台構えと書院造り住宅（旧稿）」が参照していた『南紀徳川史巻之百二十五』及び『同巻百二十七』所収の絵図のスケッチ及び抜き書きが原稿用紙七頁ほどにわたり残されていた。必要な絵図は、第四遺稿に挿入したので、ここでは割愛する。この事実により、第四遺稿と本遺稿は、時間的に相次いで執筆された可能性が高い。

［六］いまとイロリ［*1］

京都ではオクドサンというカマド神信仰がある。町屋でも農家でもいくつかあるカマドのうちの一際大きなものがそれである。このオクドサンは段々廃れてきているが、近郊では今でも見ることができる。例えば、町屋［ママ］では洛北の鞍馬に、農家では洛南の宇治市笠取にあって、前者ではロージの壁に面して、後者でもドマの一隅に備付けられている。

このオクドサンはいつも清潔に保たれ、花などが供えられているが、正月が近づくと念入りに掃除され、正月用の餅米を蒸したり、湯を沸かしたりするのに使われる。京都の中京あたりでは、祇園の八坂神社の白朮《おけら》祭の火を持ち帰り、雑煮の火種にしているが、これは古い火を消して、カマドの火を更新することで、家人の、そして家自体の浄化を目的とするものであった。したがって、オクドサンの火種となるのが最も相応しい。

京都でのカマド神といえば思い出されるのは、平安時代の内裏におけるカマド神である。内膳司御竈神《おんかまのかみ》三所である。忌火神、庭火神など平野の御竈神の三神がそれにあたる。これらは各々、新嘗祭、神今食《じんこんじき》などに奉仕する神、平常の御飯《おもの》に奉仕する神、まつりに奉仕する神である。このうち忌火神は内膳司の忌火の守り神であって、神体は釜または錡《かなえ》である。松前健によれば(1)、この火は、大炊寮《おおいのつかさ》の斎火武主比命《いみびむすびのみこと》と同神でカグツケの一変相であって、神聖な大御食《おおみけ》を炊く火を神格化したものと推測される。また平野は平野神社の祭神の一人、久度《くど》にあたり、やはり釜が神体であるという。屋移り（移徙《わたまし》という）の場合、これらの神々も移っていくのであるが、『禁秘抄』によると、「但指合田之」とあるので、元来は家の神としてのひとつのカマド神であったのであろう。家の神ということは、この移徙の際に一緒に引越すことと、その際の祭りで、大殿祭・御井祭・御竈祭というように並記されていることから解ってくる。御竈神の引越しと御竈祭りは公卿も行っているので、御竈神信仰の一般性が推測される。

図18　信貴山縁起　第一巻第一四紙「山崎の長者の家」、『日本絵巻物全集3　信貴山縁起』角川書店、36頁（pl. 40）

このように見てくると、オクドサンは平安時代の家の神としての御竈神に直接つながるカマド神であると断定してよさそうであるが、それを躊躇させるものがいくつかある。

まず、荒神との関係である。京都ではカマドの側の壁などに火伏の神としての愛宕山《アタゴサン》の御札が貼ってある。そのかぎりではオクドサンと荒神は別神のように思えるが、しかし、例の釜の蓋上で荒神を祭るのである。そこでは、オクドサンと荒神は一体である。先の断定からいえば、本来の家の神としてのカマド神に荒神が習合したということになるが、はたしてそうであろうか。

また、イロリとの関係が出てくる。平安時代の公卿の家でイロリがどのように使われていたかは今一つよく解らない。暖房としてのイロリの機能は、『枕草子』に炭櫃《すびつ》・火桶の語が見える如く、火桶や火鉢に移っているようである。もっとも、大内裏の清涼殿の南の下侍にはイロリがある。そこで炊事をしたとは思えないので、それは暖房用であろう。

『信貴山縁起』（十二世紀後半期製作）には、山崎の長者の家が画かれている。そこには、身舎に所謂御殿火鉢があり、その奥には炊事場があって炉らしきものが見える［図18］。そして裏庭には竹柱、片流れの別屋形式をとる竈があって、釜がかけられている。これは地方豪族の場合ではあるが、火鉢―イロリ―竈という組み合わせが一般的であったように思える。

図19　慕帰絵　第五巻 絵 III「正和四年、自歌集「閑窓集」を編す」の情景、『日本絵巻物全集20　善信聖人絵・慕帰絵』角川書店、62頁（pl. 72）

図20　慕帰絵　第八巻　絵 I　「貞和二年十月、大原の勝林院に詣で障子に和歌を書く」情景、『日本絵巻物全集20　善信聖人絵・慕帰絵』角川書店、72頁（pl. 89）

竃とイロリの関係はどのようになっているのであろうか。このことを文献[2]にさぐることは可能性に乏しいので、絵巻物の類にその事例を求めることにする。

『慕帰絵』（一三五一年着筆）第五巻の「閑窓集」を編している光景［図19］を見てみよう。主室と思はれる部屋ではコ字型に畳を置いて座として、その中に火鉢がある。そして、廊下を挟んで隣ではイロリを中心にして炊事が行なはれている。この絵[2]には、下方に釜らしきものが見える。気になるところであるが、これは茶釜である。炊事用の釜は別に設けられるのが常態で、第八巻の大原勝林院五坊の光景［図20］に見られる通りである。[＊3] イロリはここでは、もっぱら炊事用で、鍋や鉄びんや五徳が見られる。勝林院ではさらにフードであるたんぽがみられる。この限りでは、平安末の山崎の長者の家の場合［図18］と変りないように見受けられるが、これらのイロリの間にもいくつかの差異が見受けられる。この差異を明らかにするためにも、『慕帰絵』と時代を同じくする『不動利益縁起』（十四世紀半頃）を見てみよう。

図21　『不動利益縁起』　第四紙　「三井寺の僧證空は重病の師智興の身代わりになる決心をし、老母に別れを告げる」情景、『日本絵巻物全集30　不動利益縁起』角川書店、66頁（pl. 65）

まず證空が老母に別れをつげる際の生家の様子である〔図21〕。證空がいる場所は、門からの位置といい、上り段があることといい、所謂出居である。そしてそこにイロリがある。嘆き悲しむ老母のいる場所は、イロリとの境の鴨居が低く、〔床に〕鍵が見えるなど、ネヤを思はせる。[2]

次に智興の坊の場合〔図22〕であるが、出居とネヤとイロリの関係は生家の場合と同じである。この二例について注目されることは、まずイロリがネヤの間口一ぱいを占めていて、そこからはネヤに入れないことである。それではどこから入るかと云えば、智興の坊に見えるように奥の半間の開き戸〔図22〕と端の一間の引違い戸〔図21〕からであるように思える。さらに云えば、生家の場合のイロリ奥の円座〔図21〕は横座のように思える。智興の坊の場合では、そこに僧侶が坐っているが、本来は主人が開き戸を通って、そこに坐するのではなかろうか。

このような目でもう一度『慕帰絵』を見直してみよう。第十巻の大谷の本願寺の南房〔図23〕、ここは覚如の宿坊であるが、ここでのイロリのある場所は、上り段や妻戸によって、出居であるらしい。しかし、イロリはネヤから離れて、逆の隅際に設けられている。そして第八巻の勝林院五坊では、イロリのある場所は台所らしいが、そのイロリが出居（塗籠のネヤが別に見える）に接して、しかも開口一ぱいにとられ、出入にはその両脇

図22 『不動利益縁起』 第七紙 「重病にかかった智興の坊、室の内外に疫鬼が飛び交う」情景、『日本絵巻物全集30 不動利益縁起』角川書店、69頁（pl. 66-67）

図23 慕帰絵 第十巻 絵II 「観応二年一月十九日朝、不例にて医師を招く」情景、『日本絵巻物全集20 善信聖人絵・慕帰絵』角川書店、87頁（pl. 110）

図24 慕帰絵 第二巻 絵I 「南瀧院で浄珍の寵を受ける」情景、『日本絵巻物全集20 善信聖人絵・慕帰絵』角川書店、49頁（pl. 48）

図25　化物草子　第三段［第七紙］「九条わたりにあれたる家に…」の情景、『新修日本絵巻物全集　別巻2　天神縁起絵巻・八幡縁起・天稚彦草紙・鼠草紙・化物草子・うたたね草紙』角川書店、48頁（pl. 67）

の襖と遣戸である［図20］。そしてイロリ脇に脇息がある。これは『不動利益縁起』の智興の坊［図22］の場合と同じである。イロリの接する側の部屋からも使用される。

出居での、もしくは出居に接するイロリの場合と対立をみせるのは、南瀧院のイロリである。これは全く台所のイロリで、別に可動式のイロリもあって、そこで食事をとっている。普通のイロリではなにか串さしものが焼かれていて、炊事用である。右手場面では対面が行われていて、ここが出居となっている。このような全く裏方の炊事用イロリ［図24］の事例は、第五巻の「宋窓集」を編している場面［図19］にも見ることができる。

我々は、この十四世紀半頃にはイロリの使い方として、炊事専用と、出居での対面を兼ねるものとの二類を持っていたことが解る。そしてイロリのない出居では、冬には火鉢が用いられていた。その光景は『慕帰絵』の中にも見ることができる。室町後期の『化物草子』第三段には下京九条辺の荒家の光景［図25］として、出居らしき部屋の中にイロリが見られる。

室町期の資料が乏しいので、明確には云えないが、京都周辺にはイロリのない古民家が広がっているが、或る時まではイロリが存在していたことは、以上の絵巻物で十分窺えるところである。その際のイロリは出居にある場合も、また裏方にあるケースもあったことであろう。そうであるとすると、問題の導入になった、あのオクドサンはどうなっていたであろうか。竈に常に結びついていたのであろうか。郷田洋文[*4]は、「いろりと火」の中で、「クドはフドと発音している地方があるように、炉の中央部をさしているホドと同語であるから、クドとイロリとは何らかの関連があることになる」という。何故ならば、「イロリの中央を何と読んでいるかということである。ホドとかホドナカという土地が東日本には多いのであるが、長野県では竈の下の火の燃えるところもホドであり、茨城県では土間に築いたカマドだけをホドといっている」からである。つまり、オクドサンがイロリの神であった可能性もあるということになる。これは、よほど古く、火の深層に係わることであるようで、今一度、竪穴住居での炉の在り方を振り返っておく必要がある。

1 竪穴住居と炉

石野博信(3)によると、「旧石器時代からつづく縄文時代早期には屋内炉は知られていないし、多量に検出されている同前期の屋内炉はすべて地床炉である」［八九頁］という。縄文前期になってはじめて、住居の中に炉が設けられたという。それまでは屋外炉であった。この変化は、様々に理解可能であるが、今は村の火から家の火への変化であることのみに注目しておく。

炉の形式はこの地床炉の他、石囲炉そして甕の底をとって五徳代りにする埋甕炉であるが、縄文中期からこれらすべての形式が現われ、しかも住居中央に設けられる。この傾向は古墳時代後期まで続き、それ以降、竈及び竈形土器が定着する。それと同時、屋内炉が減りはじめ、奈良・平安時代には消滅の方向をたどったとある［九一頁］。

そして、「カマドが住居内に一般的につくられるようになるのは、古墳時代後期であり、以降平安時代まではかなり普遍的につくられている。鎌倉時代以降は、住居自体が低床をもつ平地住居に変化することと対応して、カマドは土間に、そしてやがてはカマヤとして分棟する。この変化は、西日本、とくに近畿地方〈中略〉これらの地域ではより早く、七世紀後半にはおこっていたかもしれない」［九二頁］という。つまり、「古墳時代後期から平安時代の庶民家屋（竪穴住居）は、屋内に一基のカマドを造り付けて炊さんの場とし、住居中央部（内区）は土間として広く使用するのが一般的形態である。」［九九頁］

図26　病草紙（村山家所蔵断簡）「小法師の幻覚を生ずる男」の情景、『日本絵巻物全集7　地獄草紙・餓鬼草紙・病草紙』角川書店、72頁（pl. 91）

　このカマドの位置は通常、入り口と反対側、奥の外区に設けられるので、先のイロリの位置の分類で云えば、裏方に火所がある形式となる。勿論、イロリはカマドではないのだが［＊5］、それでは一度消えたかに見える屋内炉、イロリが先の絵巻物にあるように設けられているのをどのように解釈すればよいであろうか。

　もう一度、絵巻物を見てみる。『病草紙』（十二世紀後半〜末頃）にもイロリの光景が画かれている。それらにも明らかな差異を見出せるが、「小法師の幻覚を生ずる男」［＊6］［図26］と「いぎたなく眠る肥満女房」［＊7］の場合［図27］は、明らかにネヤの中にイロリが設けられている。また、「炉でヤケドする男」［＊8］の場合（図28）では、台所らしきところに、隣室に接してイロリが設けられている。竈は屋外に設けているらしい。ここで注目したいのは、このネヤ内のイロリの場合である。この場合でも開口にかけられた帳などから推測して壁の向こうにもう一室、前室があったことであろうが、このネヤのみでは竪穴住居の中央に炉のある場合に、間取りとしては類同する。竈は後には別室に独立していくのであるから、奈良・平安時

図27　病草紙模本（松井家所蔵本）「いぎたなく眠る肥満女房」の情景、『日本絵巻物全集7　地獄草紙・餓鬼草紙・病草紙』角川書店、79頁（pl. ナンバーなし）

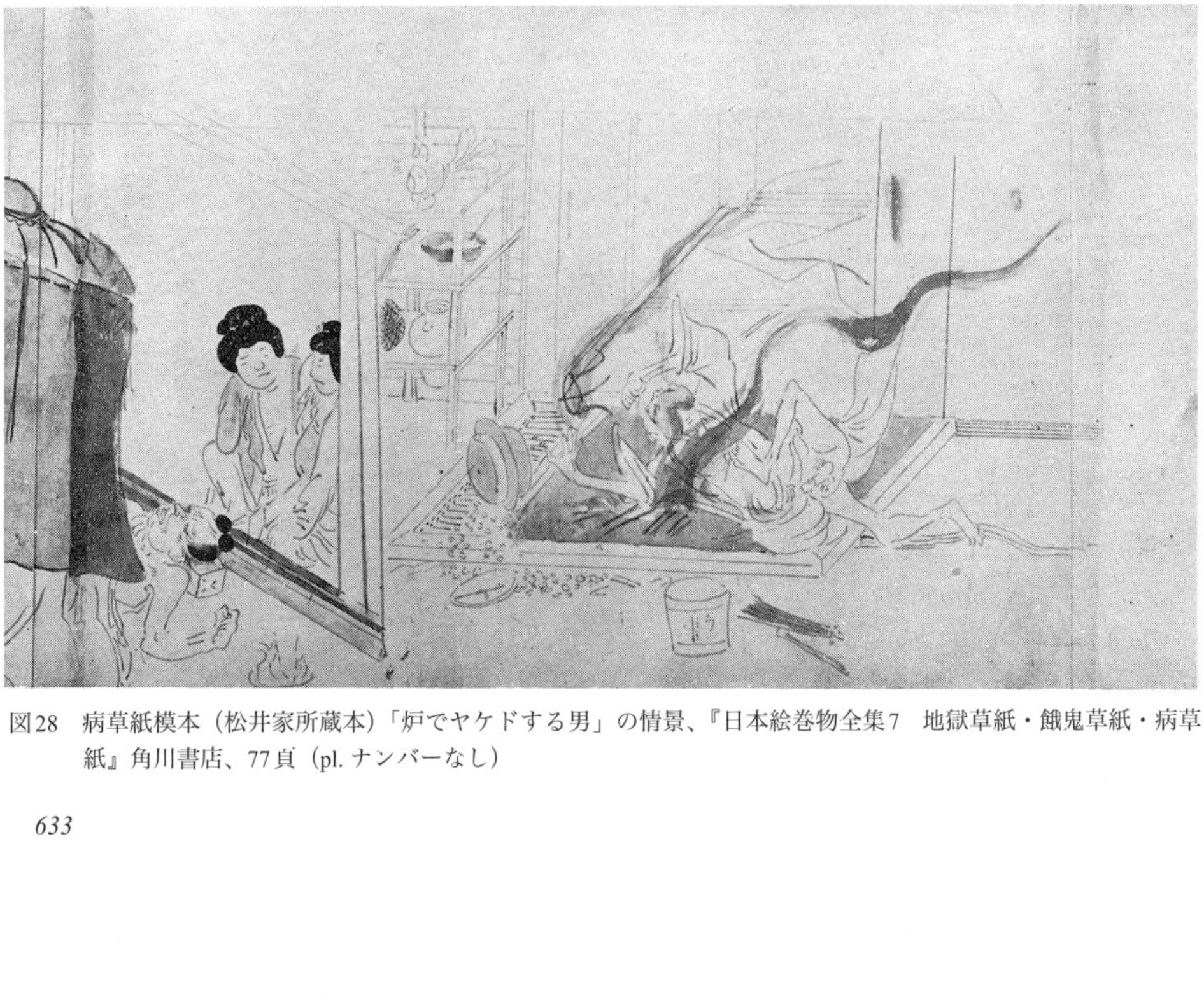

図28　病草紙模本（松井家所蔵本）「炉でヤケドする男」の情景、『日本絵巻物全集7　地獄草紙・餓鬼草紙・病草紙』角川書店、77頁（pl. ナンバーなし）

代にあっては、少なくとも近畿では、この種の、つまり高床でイロリをとり込んだネヤを持つ住居が一般的に見られたと推測される。これらは大地の上に掘立柱の柱元をのこすのみで、事物的には実証できないが、十分ありうる推測である。

そして、次の段階として、イロリをネヤの外に設けるという手法が生じたであろう。これには表方と裏方の二方向があり、つまり、出居に設けられるケースと炊事場に設けられるケースである。もっとも後者のケースは別のルートがあった。それは、宮廷建築に見られるように、大陸の住宅様式があって、その炊事部分として裏方にイロリや竈が設けられるというルートである。先の後者のケースは或る程度の住宅規模が前提されるので、このルートを通じて生じたといってもよかろう。

ネヤ外のイロリは、初めはネヤに接して設けられたらしく、ある部屋に接してあるイロリは、既に『慕帰絵』でも『不動利益縁起』でも、そして『病草紙』でもみられるのである。そして、我々がここでさらに注目したいのは、出居に設けられるイロリの場合である。

2　イロリの意味

郷田洋文[＊9]によると、イロリの意味は次のようである。少し長くなるが引用する。

土地によってイロイ・イリ・ユルリ・ユリ・ユルギなどと名称を異にしているが、本来は「居る」という語から出た言葉であり、［これに］囲炉裏の字を用いたのは明らかに当字である。他の用語、インナカ・エンナカ・エンナタ・イジロなども同じく、「居る場所」の意である。また東日本その他では、ヒドコ・ヒホド・ヒビトなどと「火所」の意に用いているが、西日本では、ジロ・ヒジロ・イジロという所もある。〈中略〉これらの語は家人の居る場所であり、火を焚く場所を表していることになる［一九〇頁］。

さらに、いえば、

ある土地の炉の中心部の呼称が他の土地へ行くと竈の名称であったり、また、ある地方の炉の名称が他の地方では竈に用いられたりすることを知ると、本来両者は一つのものであったのが分化したために、用語に混同を起してしまったと思える［一九二頁］。

「本来両者は一つのものであった」その状態とは、明らかに古墳後期のカマドが普及する以前の竪穴住居にこそふさわしいし、御竈神の祖型として家の神としての火の神がいるとすると、その炉こそふさわしい場所ということができよう。

しかし、イロリは家人の居る場所でもあるとすると、「居る」という言葉は元来坐っていることであるので、寝ていることも含む竪穴住居の段階からは進展した段階をイロリという言葉自体が含んでいる。そうなるとイロリのもう一つの意味、火の神の内容も異なってくるはずである。御竈神が、先述したように、大御食を炊く火の神格化であるとすると、イロリの火にはこの種の神格化を欠く可能性もあるのである。しかし、現在、例えば朽木村では、五徳が荒神の依り代であったり、イロリの中の小石が荒神のおしらすと思はれたりするように、依然としてイロリには神々がいる。したがって、平安時代以来のイロリにオクドサンがいた可能性はのこるのである。しかし、その実態は不明というほかない。続いて、少なくとも現在解る範囲でイロリの神について調べる必要が出てくる。

その際、「居る場所」としてのイロリのまわりには厳然とした座の秩序のあることに思いをいたさねばならない。我々はすでに、鎌倉末の絵巻物にその秩序の萌芽を垣間みたのであるが、この種の秩序は全国的に存在する。(4)

『日本の民家2』[＊10]から引用していえば、

最も上座は土間を向き、土間から最も遠い位置にある。押板がある間取りでは押板を背にし、主人の座である。「よこざ」と呼ぶ地方が多いが、「ていしゅざ」「よこざしき」などと呼称は地方によって異なる。次の座は「よこざ」の左または右側で勝手に近いほうで表を向き、主婦の座である。「かかざ」「にょうぼうざ」「おなござ」ほか、地方によって多くの呼称がある。次は「かかざ」の向かいの座で、入り口に近く、来客や長男、聟の座である。「きゃくざ」「むこうざ」「おとこじろ」など多くの別称がある。最も格の低い座は土間ぞいの座で、「きじり」「しもざ」「けすざ」などと呼ばれ、嫁、下男、下女の座である。

ただし、どこをヨコザにし、カカザにするかという仕方の原理は別にも考えられ、例えば有賀喜左衛門氏の報告[＊11]にある農家で

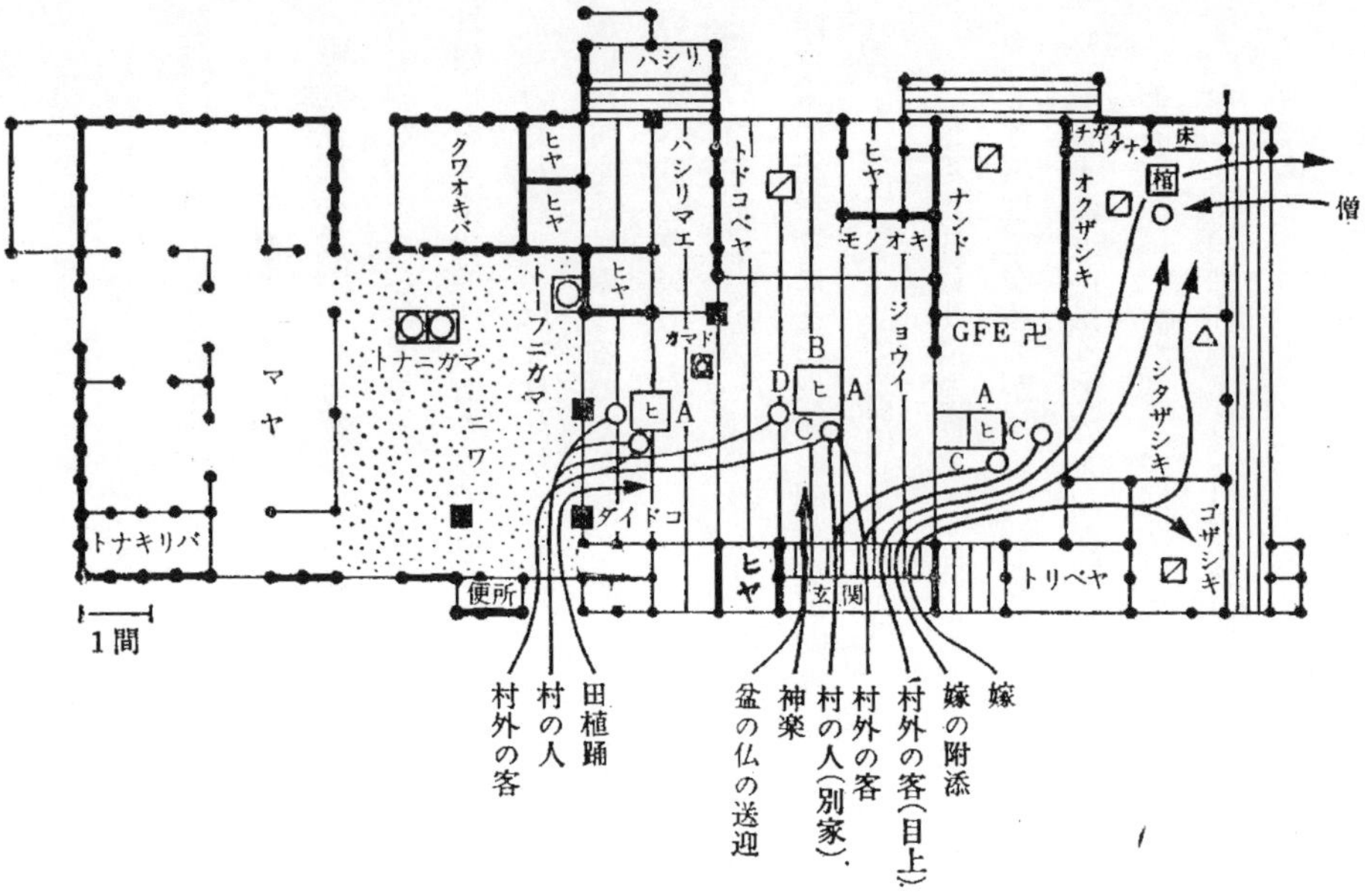

A　ヨコザ　B　カカザ　C　キャクザ　D　キノシリザ
E　カミダナ　F　火ノカミ　G　年神様　ヒ　ヒビト
△　盆棚　▨　コタツ　卍　仏壇

図29　有賀喜左衛門採取民家平面図（岩手県二戸郡荒沢村石神　斉藤善助家）［有賀喜左衛門「イロリと住居」『同著作集』V、（1948）1968、274頁］

は、常居（ジョウイ）にあるイロリについて見てみると、ニワからみてザシキの方向、すなわち上手にヨコザがあり、ナンド側、すなわち奥手にカカザがあるという形式をとっている［図29］。

いずれにしろ、このような根深く、一般的な秩序はその成立に同一の要因のあることも示唆するもので、それこそネヤ（ナンド）から外に出た火所としてのイロリの来歴ではなかろうか。客と応対するところとして、家人とともにいるところとして、まずネヤから独立するその初めての場所に設けられるイロリの来歴である。ネヤをうしろにし、或いは横にしつつ、ネヤによって意義あらしめられる座の意味、そしてネヤから出離した火所としてのイロリの由来、これらが座の秩序を形成したのではなかろうか。

そうであれば、ネヤとイロリのあるところとの境の壁は、すまいにとって重要な意味をおびることになるはずである。[*12] そこに神棚や、場合によっては仏壇が置かれるのも、その壁の意味の重要さを物語るものである。また、そこが納戸構えとか帳台構えといったように特別の出入口の架構をとるのもこの壁の位置の意味にもとづくものであろう。

3 イロリの事例

このような仮説を念頭に置きながら、民家におけるイロリの様々な事例を追っていくことにしよう。［中断］

注

1 松前健「文献にあらわれた火の儀礼」大林太良編『火』社会思想社、昭四九［一九七四］

2 『病草子』（十二世紀後半～末）、『日本絵巻物全集7 地獄草紙・餓鬼草紙・病草紙』角川書店

3 石野博信「考古学から見た古代日本の住居」、大林太良編『家』社会思想社、昭五〇［一九七五］

4 ［欄外に書き込み］「カッテ 群馬、広島／ダイドコロ 鹿児島、三重／タナモト 兵庫／イヌマ 京都／ニュウジ 滋賀／ザシキ 京都／アダノマ 岡山」［／は改行を示す］

［編者注］

1 本章に挿入する図版は、原文ではすべて指示がないものであるが、著者は執筆に当たり、研究室所蔵の角川版『日本絵巻物全集』の絵巻物図版を参照しながら執筆していたことは、当該位置に一部残る付箋から確認できた。そこで、読者の便宜を考慮し、原文から判明の限り図版を挿入することにした。図版のキャプションは、特記のない限り、『日本絵巻物全集』のキャプションを転用するか、絵巻詞書き原文の部分的転写である。

2 ［欄外書込］「一遍聖絵」正安元年（一二九九）、聖戒、絵師法眼円伊、三巻 聖達上人の禅室、風炉・ハネツルベ、化物草子第三段、杓子、下京九条辺の荒家、室町後期、不動利益縁起、一四世紀半頃。

3 欄外に図20を平面図に起こしたスケッチあり。省略。

4 郷田洋文「いろりと火」、大間知篤三ほか編、日本民俗学大系第六巻『生活と民俗（一）』平凡社、一九七六、引用文は一九一～二頁。

5　石野論文第5図「炉とカマドの位置」の引用。本稿では省略。
6　図版キャプションは典拠書籍による。
7　図版キャプションは著者の命名か。
8　図版キャプションは著者の命名か。
9　前掲郷田論文、一九七六。
10　宮沢智士編、関野克監修『日本の民家』第二巻農家Ⅱ、学習研究社、一九八〇、一六六頁。
11　有賀喜左衛門「イロリと住居」（一九四八）『有賀喜左衛門著作集Ⅴ　村の生活組織』未来社、一九六八、二七四頁収録「第8図（1）　岩手県二戸郡荒沢村石神（斉藤善助家）」
12　前遺稿五、六一九頁図14参照。

［七］ダイドコロとザシキ

ザシキワラシの話は興味深い。『日本民俗誌大系第九巻東北』[＊1]の中に、「奥州のザシキワラシの話」（佐々木喜善著）が記載されている。（それは「炉辺叢書」[＊2]の中から採られたものである。）その冒頭に次の文がある。

私たちは幼少の自分、よく祖父母から炉傍話に、ザシキワラシの事を聞かされたものである。そのザシキワラシとはどんなものかと言えば、赤顔垂髪の、およそ五、六歳位のこどもで、土地の豪家や由緒ある旧家の、奥座敷などに居るものだということであった。その物が居るうちは家の富貴繁昌が続き、もし居らなくなると家運の傾く前兆だとも言われていたという［一五〇頁］。

まず注目したいのは、ザシキワラシのザシキと炉のあるダイドコロの二つの部屋の意味である。祖父母から子供にこのような話が伝えられる所が炉辺であるというのである。そこは、幼子が安心できる、やすらぎのところであるにちがいない。祖父母と孫という、イへの時間様態をとる内密の空間が広がっている。ザシキに関しては、ザシキが民家に取り入れ始められたのは、一般に江戸中期以降であって、身分の高い家から取り入れられていったといってよい。豪家や由緒ある旧家、あるいは富貴繁栄ということがザシキとは結びつくのである。しかし、ザシキワラシに対する人々の態度は、

私たちは初めはその話を、ただ恐怖をもって聞いていたものである。けれども齢《よわい》がやゝ長けてくると〈中略〉私たちの一生の運不運と関係があるようで、畏敬の念さえ払うようになったのである［一五〇頁］。

とあるように、恐怖を感じ、後に畏敬を感じるという。このようなザシキワラシへの態度は、ザシキへの態度でもある。朽木村のデに触れた際、デはイロリのヨコザの拡大でないかと述べた[＊3]。主人がヨコザを明け渡さねばならぬほどの客人に対処するのが、

基本であると述べた。結婚式の客としての嫁に対処するだけでなく、[＊4] 見巡りにくる武士とか庄屋とかの村役人に対してもここで対処したはずである。このようなデに対しては、ケガレに対する強いタブーがあり、とりわけ幼子に対しては畏敬の支配するところであったはずである。

ザシキに対する、このような態度は、ザシキワラシの分布の濃い岩手県とて同じであろう。そのことを確かめたい。有賀喜左衛門の研究『大家族制度と名子制度』（未來社、一九六七）に、二戸郡旧荒沢村の家制度の綿密な調査があり、その中に、大家斉藤家をはじめとして、別家その他の民家の報告がある。[＊5] イロリの使い方についても詳しい。そして、イロリが複数ある場合があり、勿論ザシキがある。この調査研究に基づいて、イロリのある部屋とザシキの関係について考えてみよう。なお、先の佐々木氏の話しの巻末にある「ザシキワラシ出現の場所及び家名表」は、岩手県のほとんどが含まれるのに、二戸郡は上げられていない。しかし、同じ大系の中の「二戸聞書」（山口弥一郎）には、ザシキワラシの報告がある［三七〇頁］。［中断］

（一九八二年一月二三日）

［編者注］

1　角川書店、一九七四。

2　一九二〇年代、柳田国男が編集し、郷土研究社（岡村千秋主宰）から発行されていた民俗資料叢書。

3　本書第二部「ライフ・ステージからみたすまいの意味」四四一頁参照。

4　同前四三八頁参照。

5　第四遺稿、図14～16参照。

［八］〝す〟というすまいの病理現象

一言で云えば、自閉症的であるということである。外部世界、他者に対して敷居（threshold）を高くしてうちにこもる事態からくる現象である。

大体の家庭では、TVは居間にある。また電話がそこにある場合もある。これらの設置場所は、外部からの情報の私化（わたくし化）を象徴的に示しているのではないだろうか。その受容形式として、或る種の客観化の心構えなきまま、外部の情報を受け入れる、そういった方式を象徴的に示しているのではないだろうか。

そうだとすると、これは由々しき現象であるといはざるを得ない。何故ならば、そこには、外部、他者世界に対して勝手なimageをつくりあげ、そのimageでもって世界に対処しようとする行動が予想されるからである。この対処の仕方は、時としては、成功することもあろうが、大部分は失敗に終わるであろう。勿論、この種の行動で何が成功で、何が失敗であるかを判別することは困難であるが、つもりつもって後に、カタストロフィーが起るといった形での失敗といったものであろう。

何故、失敗するかといえば、世界の構造に正しく対応しないimageを世界に押し付けたからである。これは自閉症児のとる、硬直した、型にはまった、自動的な行動に較べられうるものである。

ただ、私どもの通常のこのimageは、自閉症児の場合とちがって、軟らかく、変化可能なものである。現実と直面することでこのimageは修正可能である。

何がこのimageを世界から孤立させ、私化させているかと云えば、それはその体制、つまり雰囲気といった、場のdynamismである。居間なり、寝室なりの持つ（心理的）力である。それらが、情報に私的な色調をおびさせ、特定な私的なimageを結実させるのではないだろうか。

ＴＶなどは、街頭で衿を正して見る類のものではない。それは画面の小ささや臨場感を欠く平面画像といった、媒体としての不完全さにもとづくともいえるが、さらにはそれが映像だという方がより重要であろう。

視る側で、不完全な媒体を一つ一つつむいである imageをつくりあげる。そういった態度をＴＶが要求するのである。しかも視覚像といったあり方で。

これは、えせ世界をつくるのに最も適した媒体といって過言ではない。まさに〝す〟の時代にふさわしいものである。

私どもは、こういった傾向に対して、「客間」の思想を提言したい。「客間」は、明治時代以来、一〇〇年をかけて、営々として、住宅の中から追放してきたものであるが、その「客間」を新しい意味を充たして、再度、導入したい。少なくとも電話は、〝す〟の中の外部世界としての「客間」の中におけ！　というように。

［九］京格子の場所——京町家の発生——

京の町家の美しさの一つに格子があることは、誰れしも異存のないことであろう。今日そう感じるだけでなく、過去に於いてそうであったようだ。何故ならば、高山にしろ津和野にしろ、小京都といって、京都を手本にして作られた町々に格子の町家が見られるからである。このような京格子（弁柄塗りの繊細な千本格子の出格子、嵌め込み格子）が成立したのは、『京都辞典』[＊1]によると、正保（一六四四—四八）から寛文（一六六一—七三）期であるという。

このような格子は、勿論外からの美しさを構成するためにのみ作られたものではない。不当な侵入者を防ぐ機能をも果たしたことであろう。しかし、注目したいのは次のような事象である。室内（ミセ）から格子越しに道の状景がよく見えることである。逆に、道からは室内を見ることが出来ない。このような見え方は、その中のすむ家人のあり方を示している。とりわけ、道上の人々、不特定多数の人々との関係のとり方を示しているようである。

上田篤編著になる『京の町家』[＊2]の中に興味深い考察がある。まず、京の町家に長く住むことは大変なことであったし、今もそうであるということがある。すまいであると同時に、商店であるこの町家では、何代もそこにいることはほとんど不可能であったようである。税をはじめ、様々な負担金もその因であったようである。

このような家々は、町組という地縁的な共同体を形成している。この町組は安定して維持されるが、その構成員である家は不安定であるのだ。こうした人間関係の基本的な枠組みは、人々の他人への関係をかなりクールにするはずである。

その典型が、隣人とのトラブルの解決方法で、それは決して本人が直接隣人と話し合うのではなく、第三者を立てるという方法である。それは、本人が自らの内を外にさらすのではなく、外向きのこととして解決する仕方である。内向きのことはあくまで内にとどめつづけようとする意志である。

このような意志をもののみごとに京の格子は表現しているといってよい。勿論、それは表現しようとして成ったものではなく、そのような形式を生みだす状況であったわけで、このような意志は、京の格子の発生の場所といった方が的確であろう。

京の町家という形式の発生の場所としても、我々はこのような内と外との関係、内的場所《アジール》と外部場所との関係を挙げることができよう。その意味で、人々の他人との関係、町組のあり方、コミュニタス[*3]としてのマツリ（祇園祭等）といったものをしらべる必要があろう。

中京の町を歩いていると、確かに所々にマンションが介在している。その桁はずれなヴォリュームは、在来の家々を圧して、混乱した景観の典型となっている。

その原因の最たるものは、地価である。家督相続に係っての相続税のためとか、或いは何にかの理由で、土地を売らねばならぬ場合、それを購入した側は、その上に旧来の木造住宅を建てるということは、困難である。地価に見合った建物を建てるのである。しかし、景観の混乱は、すべて地価の所為にするわけにいかない。景観に対する責任を最早感じなくなった事態が問題である。周囲に大迷惑を与えることを遠慮しなくてはならぬと感じさせる規制がなくなっている。恥の文明である我国にあって、このような規制の喪失は、恥を共有する共同体の崩壊を意味している。個々人が、土地の所有者が、誰れに遠慮することなく、法律の範囲内で勝手に建築するのである。

先の格子を生みだした共同体がなくなったのである。この共同体は、格子を生み出した時代にあっては、次のようであった。ある家で隣家に対して何にか迷惑を感じ、その是正を隣に求めたい場合、絶対に直接、隣家には云はない。第三者をたてるのである。一見、大変つめたい関係のように見えるが、現在の混乱したエゴの共存時代と対比するとそこに人間らしい秩序のあることが解る。第三者を立てるということは、二つの当事者が認める、共通の規準・価値を第三者に認めているということを意味している。一般的な、共通した秩序がそこにあるのである。この秩序こそ、あの格子の連続した町並みを現出した原因でもある。こうした秩序を共有する共同体は、また、祇園祭を支える共同体でもある。その共同体の掟を町家《ちょういえ》[*4]に置いている。各家の中のミセ、または客間ではなく、特別の施設を持っている。
次の問題は、こうした秩序は、格子を構成することで、格子の中に最早縁のないものであろうか。そうではないであろう。この秩序は、格子のうちに、その相手を、又は受け手を設けているはずである。それは何であろうか。

（一九八二年一月二三日）

［編者注］

1 村井康彦編『京都事典』東京堂出版、一九七九、「京の町家」の項参照。

2 上田篤、土屋敦夫編『町家：共同研究』鹿島出版会、一九七五、または、上田篤編『京町家：コミュニティ研究』鹿島出版会、一九七六。

3 文化人類学者ヴィクター・W・ターナーによる、一定の社会団体における儀礼の時空の特徴を説明する概念。未開社会では境界状況（リミナリティー）としての儀礼の状況下では、社会団体は日常時の秩序を一旦解除して、「社会的なきずな」を普遍的に共感する未分化な状態に入る現象が観察される。これを日常の社会秩序（コミュニティー）と区別して「コムニタス」と称し、現代文明の類似現象の解釈にも転用する。V・W・ターナー『儀礼の過程』冨倉光雄訳、新思想社、一九七六、一二八頁参照。

4 著者は「町屋」（ちょうや）と記すが、一般に町の共有資産である町会所は「ちょういえ」とも読む。

［一〇］仮題「民《たみ》のすまい」——民家の空間論序説——

本書のねらい

例えば、仏壇をとりあげる。現在のほとんどの民家では、それは「ザシキ」に設けられてはいるが、時をさかのぼれば、「ナンド」と「ザシキ」の境に設けられる時代、さらに「ナンド」の中にある時代が現われる。一方、仏壇に位牌があって祖先を祀っている。門徒宗のように位牌を置かない場合もあるが、仏壇は、元来、死者の供養という、文字通り成仏を狙っての修法の壇に端を発しているから、祖先祭祀の意図ははっきりしている。さらに云えば、そこにあたかも祖先がいるかの如くに祀っている。しかしまた、お盆という習俗があって、その折には村の境や墓地や門口に祖先を迎えに出向いて仏壇へと導いている。盆棚は施餓鬼との関連を思はせるが、この習俗は祖先霊の去来という観念の中に古来よりの信仰形態を秘めている。つまり、仏教的祖先観のうらに古来観が透けて見える。

ここでは、このような信仰形態を明らかにしていくのが目的ではないことは無論であって、そのことですまいのあり方を例示したいと思ってのただ手立てである。このような祖先のすまいにいるあり方はそこに住むひとのあり方に係っていく。つまり、ひとは祖先を介して過去へとそして未来（死）へと関連するだけでなく、祖先の去来する村境や山々や大地へと関連する。そういうひとのあり方をそれは垣間見させるからである。ひとがあるとはこの場合、すまいという形態をとってまわりの風土とともにあるそのことである。

何故、我々は民家にひかれるのだろうか。それは、恐らくは、民家が今日の我々のすまいの対極にある、少なくともあるように見えるからであろう。はるかに多くの家具や設備を様々に装置してもである。訪れた古民家の住人は異口同音にその不便さを嘆かれるのでもあるから、古民家の魅力の源はもっと別のところにあるにちがいない。我々の、物を重視する性向は、裏返えせば、物を対象として操作しうるとする、云わばひとが物に命令する主人と考える態度である。そうであれば、民家についての興味も結局のところこのような態度への反省に源があるのではなかろうか。

本書の仮題を「民家」ではなく、「民のすまい」としたのも、このような目論見による。命令する主人としてのひとではなく、持して待つひとを示めさんとして「たみ」を、それは「たみ」の語源、「タ（田）オミ（人・臣）」にも反しないであろうし、「家」ではなく、ありつづけること、若しくはありつづける場所を意味する「すまい」を選んだ。ありつづけることに於いて、語幹を同じくする「スム（澄）」から解るように、何にか本当のことの立ち現われを期待しうるのが「すまい」だからである。

柱や床や板戸を磨きつづける。木の深層がひかるような黒光と共に、そのようにすることで民が引き出す意味は奥深い。それは仏壇の奥深さと広がりに重なるものであろう。単にすむだけでなく、その民家をつくる行為もまた同じ地層で呼吸している。「ニハ」に縦横に架け渡された梁組は、その曲綜にもかかわらず、その高さと水平での位置の正確で感嘆の声を発せさせるものだが、それらもまた計算を超えた大工の熟成した目を除いては考えられない。木に秘む姿を手づからの道具で引きだす目である。そうであればこそ、長年の乾拭きに耐ええて、例えば大黒柱としてありつづけうるのであろう。

このように厳然とある架構の形《フォルム》は地方により、また時と共に変化している。その差異と変化は何にもとづくのであろうか。この問はしかし、あるところ（風土）にすまいをとってある民のあり方を知っているのでなければ充全には答ええないであろう。

先に例示として仏壇をとりあげ、それが「ナンド」にかつてあったことにも言及した。それは最っとも奥まった囲われた秘所である。山の神、若しくは田の神に見守られて子を生む場所であり、もみがあり納戸神がいる場所である。その入口は納戸構えを設け、神棚を頂いて格式的な表情を示してもいる。地方によって様々な形を示したこの納戸もしかし、時と共に云われる田の字型プラン（四間取）への移行する過程で姿を消していく。この消失の過程は、「デエ」や「ダイドコロ」や「ザシキ」やまた「ニワ」の変質をうながしていったのであるから、納戸はすまいの本来的な広がりと深まりを知る糸口になりうるであろう。

目　次（仮）

玉腰芳夫・玉腰久恵

［執筆時期不詳］

図版・図表リスト

『阿弥陀のすまい』遺稿

図1　平等院鳳凰堂中堂　天井伏図　　制作：玉腰研究室（作図協力：相澤洋一、朝倉和則、香西克彦、迫田正美、山田章博）
　一九八四年　金井杜道氏撮影
図2　平等院鳳凰堂中堂内部　右手小壁展開図　　制作：玉腰研究室（作図同右）一九八四年　金井杜道氏撮影
図3　平等院鳳凰堂中堂　背面小壁展開図　　制作：玉腰研究室（作図同右）一九八四年　金井杜道氏撮影
図4　平等院鳳凰堂中堂内部　左手小壁展開図　　制作：玉腰研究室（作図同右）一九八四年　金井杜道氏撮影
図5　平等院鳳凰堂中堂内部　入口小壁展開図　　制作：玉腰研究室（作図同右）一九八四年　金井杜道氏撮影
図6　大原三千院本堂　舟形天井南妻上　　作図：田中敏雄　京都大学建築論グループ編『玉腰芳夫遺稿集　浄土教建築の建築論的研究』
　（私家本）一九八六年所収
図7　同　長押上西小壁　　作図：田中敏雄　京都大学建築論グループ編『玉腰芳夫遺稿集　浄土教建築の建築論的研究』（私家本）
　一九八六年所収
図8　同　舟形天井北妻壁（来迎壁上部）　　作図：田中敏雄　京都大学建築論グループ編『玉腰芳夫遺稿集　浄土教建築の建築論的研究』
　（私家本）一九八六年所収
図9　同　長押上東小壁　　作図：田中敏雄　京都大学建築論グループ編『玉腰芳夫遺稿集　浄土教建築の建築論的研究』（私家本）
　一九八六年所収

図10　三条御坊如法経道場位置図　『大正新脩大蔵経図像』第十二巻所収『門葉記』巻第百三十一（寺院一）二九五頁
図11　文永八年（一二七一）八月三条御坊如法経道場図　同右第十一巻所収『門葉記』巻第八十四（如法経六）六七四頁

『民のすまい』遺稿

図1　「和洋折衷住家之図」北田九一「和洋折衷住家」『建築雑誌』一八九八年一二月号（一四四号）所収
図2　小沢慎太郎氏出品　外観と平面　太田博太郎編『住宅近代史』雄山閣、一九六九、一三九頁
図3　同潤会・江戸川アパート（一九三四）西山夘三『日本のすまいⅠ』勁草書房、一九七五、一一四頁
図4　「倫宮様（伏見貞教親王御妹・伏見入道禅楽邦家親王御女）御婚礼御座之間御飾」『南紀徳川史巻之百二十五』第一四冊、清文堂出版、一九九〇、二四九頁
図5　近衛内大臣忠熙と薩摩国守息女の婚礼式場舗設図（『近衛殿御婚儀次第』による）［著者スケッチ、出典未確認］
図6　『春日権現験記絵』第十五巻三段「教英得業、春日明神の加護により斎宮から被物を得る」図『新修日本絵巻物全集16　春日権現験記絵』角川書店、一九七八、オフセットカラー9
図7　［紀伊中納言竹橋邸］御成御座敷御上段八畳敷出床一間『南紀徳川史巻之百二十五』第一四冊、三五頁
図8　名古屋城本丸上洛殿平面図　平井聖編『日本建築史基礎資料集成十七　書院Ⅱ』中央公論美術出版、一九七四、一〇六頁
図9　［紀伊中納言竹橋邸］御成御座敷御休息之間『南紀徳川史巻之百二十五』第一四冊、四四頁
図10　江戸城本丸御座間での座の構成例（天保九年（一八三八）正月朔日御次第書『徳川礼典録』上巻、巻之一による）
図11　江戸城本丸白書院の席の図　平井聖『日本住宅の歴史』一九七四、一三五頁
図12　前田邸御成御殿平面図『続群書類従』巻第六百六十三［第二三輯下］「文禄三年前田邸御成記」所載
図13　三好筑前守義長朝臣亭御成の図『群書類従』巻第四百九「三好筑前守朝臣亭御成之記」所載
図14　別家斉藤富次郎家（酒屋）［有賀喜左衛門『大家族制度と名子制度』『同著作集』Ⅲ、未来社、一九六七、二七五頁］
図15　大屋名子山本春松家［同右書、二九五頁所載］

図16　大屋斉藤善助家　[同右書、二六一頁所載]
図17　シェマE図
図18　『信貴山縁起』第一巻第一四紙「山崎の長者の家」『新修日本絵巻物全集3　信貴山縁起』角川書店、一九七六、三六頁（pl. 40）
図19　『慕帰絵』第五巻 絵Ⅲ「正和四年、自歌集「閑窓集」を編す」の情景『新修日本絵巻物全集20　善信聖人絵・慕帰絵』角川書店、一九七八、六二頁（pl. 72）
図20　『慕帰絵』八巻　絵Ⅰ「貞和二年十月、大原の勝林院に詣で障子に和歌を書く」情景、同右書七二頁（pl. 89）
図21　『不動利益縁起』第四紙「三井寺の僧證空は重病の師智興の身代わりになる決心をし、老母に別れを告げる」情景『新修日本絵巻物全集30　不動利益縁起』角川書店、一九八〇、六六頁（pl. 65）
図22　『不動利益縁起』第七紙「重病にかかった智興の坊、室の内外に疫鬼が飛び交う」情景、同右書六九頁（pl. 66 - 67）
図23　『慕帰絵』第一〇巻　絵Ⅱ「観応二年一月十九日朝、不例にて医師を招く」情景、前掲書八七頁（pl. 110）
図24　『慕帰絵』第二巻　絵Ⅰ「南瀧院で浄珍の寵を受ける」情景、同右書四九頁（pl. 48）
図25　『化物草子』第三段［第七紙］「九条わたりにあれたる家に…」の情景『新修日本絵巻物全集　別巻2　天神縁起絵巻・八幡縁起・天稚彦草紙・鼠草紙・化物草子・うたたね草紙』角川書店、一九八一、四八頁（pl. 67）
図26　『病草紙』（村山家所蔵断簡）「小法師の幻覚を生ずる男」の情景『新修日本絵巻物全集7　地獄草紙・餓鬼草紙・病草紙』角川書店、一九七六、七二頁（pl. 91）
図27　『病草紙模本』（松井家所蔵本）「いぎたなく眠る肥満女房」の情景、同右書七九頁（pl. ナンバーなし）
図28　同前『病草紙模本』（松井家所蔵本）「炉でヤケドする男」の情景、同右書七七頁（pl. ナンバーなし）
図29　有賀喜左衛門採取民家平面図（岩手県二戸郡荒沢村石神　斉藤善助家）［有賀「イロリと住居」（一九四八）『同著作集』Ⅴ、未来社、一九六八、二七四頁］
表1　倫宮様御婚礼当日（文久二年［一八六二］一二月二一日）の諸道具配置［著者ノートより］

表2　婚所の舗設と饗応一覧（『長秋記』による）［著者ノートより］

表3　紀伊徳川家竹橋邸への御成り（『南紀徳川史』より）

建築を語る方法――玉腰芳夫氏建築論集に寄せて

藤井恵介

一

直観的な印象論から始めたい。建築論と建築史はいずれも建築にかかわる過去の出来事を対象としながら、方法も着地点も大きく異なるようだ。建築論では、哲学的な思考が先行して構図が描かれる。その構図を歴史的な事象で確認してゆくようだ。建築史にももちろん構図はあるのだが、事実の積み上げを原理的な方法とする。積み上げた事実によって初期の構図は変更されるし、破綻することも少なくない。構図は事実に反逆されるのだ。

二

本書の中核をなすのは、一九八〇年にまとめられた『古代日本のすまい』と関連する一連の論考であることは言うまでもない。この内容を祖述する余裕はないが、玉腰芳夫の没後、関係者によって編まれた『玉腰芳夫遺稿集』（一九八六年、以下遺稿集）の「編者あとがき」（田中喬、伊従勉）に当書の要領のよい要約がある。

「博士の御関心は、常に、建築という場所――即ち個別的にありながら、世界の場を開きうる全き場所――その場所における超越的なるものの現象の建築論的解釈にあった」

「建築論的には、日本古代のすまいの研究にみられるように、物的に架構され秩序づけられる諸場所を通じて現象する「家の庇護性」の歴史的発現として解釈された。」

すなわち、「家の庇護性」を平安時代貴族住宅のなかに探し当てて、それを超越的なものの歴史的発現と解釈したのである。

玉腰がこの著書の中で取り上げたテーマ群は以下の通りである。

序章：寝殿造り住宅と場所の粗描［大臣大饗、諸場所の秩序］、第二章：場所としてのすまい［安寝としての家、柱としての家、床としての家、浄化する場所、地の卜定、地鎮、移徙］、第三章：通過儀礼とすまい［産所、婚所、死者の場所］、終章：場所・秩序・形式［隔て現象、日常的秩序、儀式的秩序、隔離し庇護する室と場所、夜の御殿］

これらの多くは、人の動きや生活行為に関わるものである。これらは儀礼として意識され、それが組織化されると祭祀、儀式、法会になる。建築の内部における秩序は建築史（あるいは広く建築学）という分野では最も中心的なテーマであった。それは建設のための必須条件であり、設計行為と不可分の関係にある。玉腰の研究で注目すべきは、第二章以下の生活に関わるテーマ群である。これらは、宗教学、文化人類学、民俗学などにおいて注意されてきたが、建築学では、それまで十分な研究が進んでいなかった。最終章で検討されたのは「隔て」であり、その結果として「日常的秩序」から「夜の御殿」までを取り上げ、「家の庇護性」について、集中的に論じている。玉腰は、建築史学が明らかにしてきた事実を前提にして、その上に、文化人類学や民俗学から検討すべき項目を引出して重ねてみせたと言えるだろう。

「家の庇護性」はかねてから多くの分野において自明のこととして認識されてきた。玉腰は、それに関わる儀礼が組織化されていることを明示したのである。当研究は、古代日本の日常的な住生活、そして根底に秘められたものに視点を当てる研究の可能性を切り拓いたと言ってよいであろう。

これらの作業を前提にして、形態研究などへの批評（フィードバック）があってもよいような気もするが、それは意図的に排除されているようだ。

三

玉腰の没後に、比叡山と阿弥陀堂建築に関する一群の断章がのこされていた（遺稿集、本書収録）。平安貴族住宅の研究の後に企画された新しい研究である。「浄土教建築の建築論的研究」という表題も決まっていた。この研究では、浄土教建築だけでなく密教建築や、良源による比叡山横川の伽藍全体をも含む、幅広い視野をもった天台宗建築研究が構想されていたようだ。

そこでは、具体的な建築の存在状態の確認と、それについての宗教的解釈が試みられる予定であったようだ。完成すれば、おそらく今まで試みられたことのない、建築論的立場からの宗教建築論となったことと思われる。

本書に収録された断章の一つ「建築の可能性をめざして」において、「阿弥陀堂の問題の所在素描」という一文がある。断章の書かれた昭和五十八年段階での、方法の素描とでもいうべき内容を含んでいる。

そこでは、阿弥陀堂について、内部空間の重要性を指摘して、以下のように記される。

「内の領域（場所）は二転・三転し、多様な相貌を呈するが、それは動物のテリトリーと顕著な差異を示す。そしてその二転三転は恐らくものの形式の意味の変転として現れることであろう。場合によっては、その意味は、形式に支えられながら、形式と隔絶すると言ったものであるかもしれない。まさしく、そこでは建築が試され、その限界が見えてくる。建築の可能性と不可能性が見えてくる。かかる形式を構成原理とする阿弥陀堂は、内部空間を持つというにふさわしい。内の領域は、内部空間に支えられ、超出する。」

建築の形式と意味との間の弁証法的な関係の検討から、建築の可能性と不可能性が検討課題となることが予期されている。

また、引き続いて、以下のようにも記される。

「これらは、しかし、すべて予断である。はたして真実であるかどうか。仏教思想を考慮しながら、個別的に、具体的に検討することが求められる。この検証を通して、これらの関係や意味や形式は、具体的で豊かな、また思いもかけず新たな相貌を呈するかもしれない。」

事前に予定された研究の方針や研究の予想が、作業を進めるうちに、その具体的な作業に裏切られて、「思いもかけず新たな相貌」が導かれるかもしれない、という期待も語られている。

私は昭和五十三年に修士論文を執筆して、空海（真言宗）と最澄・円仁（天台宗）の達成した建築と空間について論じた（いずれも改稿して『密教建築空間論』一九九八、に収録）。このなかで、比叡山の建築を特徴づける方五間という求心的な平面が、宗教的な必然性に欠けることを発見して、その齟齬の意味するところを論じている。

果たして、玉腰の作業の中で、このような結論がどのような意味をもち、再解釈されただろうか、いまとなっては知ることができない。

玉腰が何を「超越的なるもの」に措定しえたのか、これも知りたかったことの一つである。インドから中国、朝鮮半島、日本へと移植を繰り返した仏教は、それぞれの地域、国で固有の宗教形態を造り上げてきた。なにが「仏教」であるのか、それを巡って激しい論争も起きた。私は、むしろ儀礼や建築形態の意味は、それと仏教との動的な相互関係のなかに見出される、と考えるのである。

四

玉腰以前に、日本の建築空間を全面的に主題としたのは、井上充夫である。井上は、西欧の美術史学・建築史学の中で認識され始めた「空間」という概念を使って、日本の建築を語ろうと努力を進めた。『日本建築の空間』（一九六九）によれば、日本建築の「空間」は「幾何学的空間」から「行動的空間」への発達史として通観できる、という確信に満ちていて、それを証拠づける歴史事象を明示している。井上のこの「空間史」的理解は、十九世紀末から二十世紀前半の、西欧の美術史学における「空間」

の発見に対応している。そこで描かれた「空間史」の語り口を応用して、日本の歴史的建築を素材に、空間史を描いたものに他ならない。そこで徹底的に追究されたのは、空間の「形式」の「変化」であって、それを「解釈」しようとしたのではなかった。

近代の美術史学で用いられる「空間」という概念の起源を求めると、ドイツ人アウグスト・シュマルゾウ（一八五三〜一九三六）に行き着く（『芸術学の基礎概念』井面信行訳、二〇〇三、初出一九〇五、一九二二）。シュマルゾウの「空間」概念は、以後、二つの道をたどる。空間形態を実体として捉える方向は、パウル・フランクルらによって空間形態の歴史学へと展開し、ニコラス・ペヴスナーは空間の発達史として西洋建築全体の歴史を叙述し、ジークフリート・ギーディオンは近代建築の最も重要な概念として空間を設定した。井上充夫は、この方法を全面的に援用して日本建築史を語った。もう一つの方向は、「歩みや突進といったダイナミックな身振りによって切り開く動力学的空間、あるいは空間化された身振り」（井面信行）と説明される空間の身体的な認識論である。これは、メルロ＝ポンティらの現象学に通づると言えるだろう。玉腰の研究はもちろんこちらの方向にある。

この二つの流れは、同一の起源を持ちながら、現在の日本においては、同床異夢という状態にある。

それ以後の日本建築に関する建築空間研究は、いささか方向を変えて次のような展開を示している。藤井恵介、川本重雄の空間研究は、建築の形態と儀礼をセットにして、その実態を明らかにしようとしている。藤井の場合は、その建築空間内部の複合性——絵画、彫刻、道具、灯明などで構成される——の実態の解明と、儀式の社会的役割から、空間の意味を歴史全体へと連続的に理解しようとしている（『密教建築空間論』一九九八）。川本の場合は、貴族住宅、平安内裏における儀式の徹底的な復元的検討から、東アジア全体にわたる歴史像を立ち上げようとしている（『寝殿造の空間と儀式』二〇〇五）。

五

私は、建築の形態を始めとして、形式の抽出、儀礼の検討、その意味の研究など、いずれにもそれぞれ価値があると思っている。しかも、それぞれが孤立したものでなく、全体が連鎖し、連動するものと認識している。

玉腰の企画した天台宗建築空間論が完成したとして、建築史学系の空間論と果たしてどのような対比や対話が生まれたのか、あるいは対決を招いたのか、想像するだけでも楽しいのだが、それが果たされぬ夢に終わったことを心から残念に思う。もし、その方法が日本古代貴族住宅研究に近いものであったならば、宗教の持つ内在的特質を浮かび上がらせ、それと現実に存在した建築との微妙な関係を鋭く突くものになっていたであろう。恐らく建築史側の議論とは全く異なった視点からの、未知の領域を大きく拓くものとなったであろう。

玉腰の企画が、建築史と建築論の乖離を繋ぐ可能性を秘めていただろうと思うに、その未完はまことに残念なことであったと言わざるを得ない。

玉腰建築論のめざしたもの

林　一馬

玉腰芳夫の研究生活は、京都大学大学院の修了後、スイス連邦工科大学への留学時から始められた。そこでは、二十世紀哲学の最前線であった現象学を本場で徹底的に学習し、修得することが目指された。そして彼が学んだ最大の要点は、物事の本質を探究しようとするとき、手垢のついた既成の概念や名辞をいったん保留し、それが指し示す「事象そのものへ」と立ち戻ること、すなわち現象学の創始者E・フッサールが唱えたこの方法論的格率を実践することと、これであったと見て誤らないであろう。以後の彼の一貫した研究姿勢が、このことを証示しているからにほかならない。

帰国した玉腰が最初に着手したのは、「古代日本のすまい」についてであった。なぜこの主題が選ばれたのか。これについては、自身がそのまえがきで的確に述べている。一つには、二十世紀の建築思潮は建築の特性を「空間」に見出したのだが、その空間とは外在的なそれにとどまっていて、そこには人間との係わりが全く問われていないことへの深い反省がある。すなわち建築の空間とは本来的に、そこで人間が生き、行動する空間のことであり、そのあり方、その成り立ちこそが究明されねばならないのではないか、こういう危機意識から発している。そしてこの問題意識は、手垢のついた「空間」という言葉に代えて、敢えて「建築的場所」なる用語をすることにも現れている。

二つに、古代が選ばれたのは、そこに現代との差異が予想されることにもとづき、互いに照射しあう関係が期待できようとの展望のもとにであった。強いて憶測すれば、事物的には平安後期の寝殿造が主要な題材として取り上げられるのであるが、これは中・近世以降の書院造や茶室・数寄屋造に比べて、建築史的にはともかく、建築論的には殆ど手付かずであったこと、この新鮮さが誘引した面もあったかと思われる。さらには、古代の住まいには発生史的な全体性が見通せるのではないか、との想いが込められていた可能性もある。事実、資料的な制約から寝殿造を巡っての考察が中核とならざるをえないのだが、玉腰はしばしばそれより遡って、記紀・万葉集中に散見される古代の家の断片に論及するし、自身の研究史ではむしろこれが先行していたようだからである。

そして三つ目には、「すまい」が着目されていることである。この「すまい」という言葉は、語源的にみても「事物によって組み立てられた住宅という意味のみならず、まさしく（人々が）逗留し、居続ける動作の場所という意味が含まれている」こと、すなわちそれこそがフッサールのいう「日常的な生活世界」の、最も適切で典型的な事例を提供するに違いないからだ。しかもとりわけ古代の住まいにあっては、非日常的な生活もまた、そこで繰り広げられることが予見されたからであろう。玉腰は軽々には言わないが、この住まいは同時に、人間との係わりとしてある「建築」の中で、最も始源的にしてかつ最も永続的な、要するに最重要な範疇をなすという判断が作用していたことも考えられる。

加えて、ここで日本の、古代のすまいが取り上げられていることは、従来あまり注意されていないようだが、それは単に玉腰が日本人で比較的身近な存在であること、つまり研究が遂行し易いことに拠るばかりでなく、世界史的に見てこれに匹敵する題材はおそらく他に求め得ないからでもあろう。このような往古の住まいを、そしてそこでの生活を記録した日記類が大量に遺存し、またそれを舞台とした物語文学が成立していたのは、まさしく日本の甚だ稀有な特殊事情だったといってよいからである。

こうして実践された論考がどのように展開し、そこにどういう新たな建築的世界が切り拓かれたかについては、直接本文に当たっていただくより他はない。下手な要約ほど、この著作の価値を損傷しようこと、これを畏れるからである。ただ、例えば建築的場所の形成にとって極めて重要な契機をなす、いわばその鍵語としての「隔て」とか「隔つ」という言葉に注目しながら、あの『源氏物語』全巻が通読されたということが、過去の、どの学問分野においてであれ、これまでにあったであろうか。この一事をみるだけでも、玉腰の慧眼とともに、その準備の周到緻密さ、そしてそれに要した超絶的な精魂の傾注が思い知らされるところだといえよう。

しかし玉腰にとっては、これで以て、目指されるべき建築論が完結したのではもとよりなかった。このことは何よりも、本書に採録された二つの構想に関する遺稿群の存在が証明するであろう。

その一つは、「民のすまい」と仮題された、日本住宅の空間論的ないしは空間史論的研究だったようである。ただこれは、ごく初期の目次構想と、その各章各節をなすらしい草稿の部分的な書き出しが認められるばかりだから、実際どのように結実したかは想像の域を出ない。しかしその断簡的な覚書から伺えるのは、それが「古代日本のすまい」以降の歴史を、つまりは近世・近代の民家に至る日本の住居史を、空間論的な視点から辿り直してみようとする試みであることは確かであろう。すでに無いものねだりとなったのであるが、従来の住宅史・住居史研究の蓄積がそこでどのように書き換えられるか、これを見てみたかったとの思いを禁じえない。特にそれが住まいの問題としてある以上、人間の住まい方において、事物的な住宅がどう変遷したかだけでなく、住まうことそのものが何を獲得し、また何を喪失してきたのか、この点は現代の住まいを考える時の私たちにも大きな示唆を（その一部は予告されているが）与えようこと疑えないからである。

いま一つは、「浄土教建築の建築論的研究」と名付けられた一連の論稿群である（玉腰にはこれを「阿弥陀仏のすまい」と題する案も見受けられるが、この表現には論理的にやや疑義があるので、ここでは取り上げない）。こちらの方は、上に較べると晩年に近い段階での目次構想と、その構成部分をなす論文四篇、いくつかの起草、そして関連遺構の調査結果が残されているので、彼が何を意図していたかはかなり明瞭に推察することができる。

まず何故に浄土教建築が着目されるのか。わが国の仏教界では周知のように平安時代以降「浄土」への関心が高められていったが、玉腰にとってはそういう宗教界でいわれる「浄土」一般が問題だったのではない。あくまでそれが「建築」として具現している状態に限定し、そこに踏みとどまろうとする。彼が一貫してむしろ頑なにその研究態度として護持しようとした「事象そのものへ」という要諦が保証されている次元、そこにこそ「建築」の可能性を探る基盤があると、見定めていたからにほかなるまい。浄土ではなく、浄土教建築と断わられている所以であろう。そして一層留意されるのは、この浄土教建築が盛行したのが先に彼が探求した古代日本の住まい、すなわち端的には寝殿造と同時代の平行した現象であったという点である。

玉腰はこういう捨象した概括を嫌うのを承知で言えば、人類史とともに発生した建築はどうも当初から日常生活の場としての住まいと、たとえこれが古くは日常―非日常の双方を包含するものであったとしても、その総体をも超え出たいわば超越的な世界を対極として構築してきたことは疑えない。この全体を眺望する視点場があるかどうかは別にして、この両極のあいだに人間が制作し、それと関わりながら生きるほかはない建築の全世界が横たわっていることは、ほぼ確実であろう。そしてこの一方に顕在するものは、えてして他方では伏在していること、換言すればその全体が建築の領域でありながらも、そこには聖―俗、隔絶―卑近、作品―事物といった対比と濃淡を孕んだ、あたかもゲシュタルト心理学にいう図と地のような補完的関係があろうことも推知される。とすれば、古代の住まいを詳しく観察した玉腰にとって、同時代の対極としてあった浄土教建築を次に参観しようとするのは探求者としての必然であり、切実な願いでもあったに違いない。すなわち、住まいがなお全き姿でありえた同時代のそれは、まさしく「内部空間の典型、我国の建築が達し得た頂点」として予見されるからでもあった。したがってそこは、「建築の可能性と不可能性」つまりその極限的な「限界」が見届けられる殆ど唯一の機会であるかもしれない。そういう予感が彼を掻き立てたことは十分考量される。

しかしながらこの探査、思索の道程がどれほど遠く、また険しいものであるかは、凡庸の側からはとても測り知れない。一見、その構想目次はそれへの確かな里程標であるかのごとく思われるかもしれない。玉腰の準備の綿密さとそれにもとづく計画の堅固さからすれば、それはすでにかなりの確度を高めていたのは間違いなかろう。だが、その玉腰をして「これらは、しかし、すべて予断である。(中略) この検証を通して、これらの関係や意味や形式は、具体的で豊かな、また思いもかけず新たな相貌を呈するかもしれない」と言わしめているのである。このことを噛み締めねばならない。玉腰はまさに、この道半ばで帰らぬ人となった。他人に対する寛大で篤実な人柄とは裏腹に、自身の研究には厳密さを崩さない律儀さが、文字通り寸暇を惜しむ態度を自らに課し、それが命を縮めたとしか言いようがない。彼の無念さには、私たちにとっての残念さと共鳴しながらも、それを遥かに超えるものがあったに違いない。

玉腰芳夫著作目録

一　『設計図の認識論的機能について』京都大学大学院工学研究科修士論文　一九六四・一〇
二　「設計図について」日本建築学会論文報告集第一〇三号　一九六四・一〇
三　'Das Haus' スイス連邦工科大学建築学科提出論文　一九六七・一〇
四　「フッサール『幾何学の起源』について」日本建築学会近畿支部建築論部会　一九六八・三
五　「住まいの一考察」日本建築学会近畿支部研究報告集　一九六九・七
六　「神話的世界の空間形式の一考察——延喜式祝詞の場合——」日本建築学会大会学術講演梗概集　一九六九・八
七　「浄化された空間——場所の研究ノート——」日本建築学会近畿支部研究報告集　一九七二・六
八　「古代の家——場所の研究——」日本建築学会研究報告集第一九八号　一九七二・八
九　「敷栲の家」『華道』一九七四・一、三
一〇　「移徙儀について——場所の研究ノート（二）——」日本建築学会近畿支部研究報告集　一九七四・六
一一　『コンピューターによる自動製図システム』（執筆分担：日本図学会コンピュータグラフィクス委員会編）日刊工業新聞社　一九七四・一〇
一二　「瓮のイメージ——場所の研究（二）——」日本建築学会大会学術講演梗概集　一九七四・八
一三　「産所について——建築的場所の研究——」日本建築学会論文報告集第二二八号　一九七五・二
一四　「隔て現象における場所の構造——源氏物語の場合——」日本建築学会論文報告集第二三五号　一九七五・九
一五　「清涼殿について——祭祀儀式よりみたる建築的場所の研究——」上・下　日本建築学会論文報告集第二四〇号、第二四一号　一九七六・二、三
一六　「婚所について——建築的場所の研究ノート（三）——」日本建築学会大会学術講演梗概集　一九七六・八

一七　「民家の構造」「古代の民家」「近世の民家」藤岡謙二郎編『ふるさとの民家』大日本絵画　一九七七・五

一八　「Herrgottswinkel のこと」『FHG』No.48　野外歴史地理学研究会　一九七七・五

一九　「葬礼と古代住居――建築的場所の研究ノート（三）――」日本建築学会大会学術講演梗概集　一九七七・一〇

二〇　『古代日本の住居――その建築的場所の研究――』京都大学学位請求論文（私家版）　一九七七・一〇

二一　『図学ノート』（共著：前川道郎）ナカニシヤ出版　一九七八・三

二二　「ツェリンガー都市の空間について」藤岡謙二郎先生退官記念事業会編『歴史地理研究と都市研究』下　大明堂　一九七八・四

二三　S・ギーディオン『建築その変遷』（共訳：前川道郎）みすず書房　一九七八・五

二四　「古代住居における場所 Ort の問題」『畿内古代の歴史地理学的諸問題』野外歴史地理学研究会　一九七八・八

二五　「中山道の宿場町――道・ふるさと・保存――」藤岡謙二郎監修　小林博・足利健亮編『街道』生きている近世2　淡交社　一九七八・一一

二六　『基礎図学』（共著：長江貞彦）共立出版　一九七九・六

二七　「門攷」「京大教養部報」No.102　一九七九・一〇

二八　「場所と形式――建築空間論の基礎的考察――」『理想』第五五八号　理想社　一九七九・一一

二九　「ホログラフィ」　日本図学会編『図形科学ハンドブック』森北出版　一九八〇・六

三〇　「平安貴族のすまい――方位をめぐって――」『京都の歴史地理学的諸問題』野外歴史地理学研究会　一九八〇・七

三一　『古代日本のすまい』ナカニシヤ出版　一九八〇・九

三二　「建築的形式の場所について――御帳をめぐって――」日本建築学会大会研究協議会別刷　一九八〇・八

三三　「ライフ・ステージからみたすまいの意味」『現代日本の村落における住環境の変化に関する実証的研究――滋賀県朽木村の場合』大阪大学環境工学教室朽木村研究会（上田篤主宰）　一九八二・一一

三四　「宇宙のなかのすまい」　上田・多田・中岡編『空間の原型』筑摩書房　一九八三・三

三五　「内浦漁業民俗博物館（仮称）計画」石川県内浦町　一九八三・六
三六　「プラトンの立体と空間」日本図学会関西支部例会研究報告　一九八三・七
三七　「阿弥陀と法華三昧」日本建築学会大会学術講演梗概集　一九八三・九
三八　「最澄と比叡山寺」日本建築学会近畿支部研究報告集　一九八四・六
三九　「比叡山相輪堂が開く法界と風土」　日本建築学会大会学術講演梗概集　一九八四・九
四〇　「トポスのデザイン」西陣織工業協同組合機関誌　一九八四・九
四一　「建築的場所、とりわけその大地性」日本建築学会大会研究協議会別刷　一九八四・一〇
四二　「教養部図学教室」「京大広報」No.279　一九八四・一〇
四三　『図学』上下巻（共著：伊従　勉）ナカニシヤ出版　一九八四・四
四四　「大学と仏教」SAKT『仏教大学総合計画——建築、施設の設計へ向けて——』一九八六・一
四五　『玉腰芳夫遺稿集　浄土建築の建築論的研究』（私家版）田中喬・伊従　勉編　京都大学建築論研究グループ　発行　一九八六・九

編集後記

かつて玉腰芳夫博士が公刊された著作『古代日本のすまい』（京都、ナカニシヤ出版、一九八〇年）は長らく絶版となっていた。本書は、それを復刻するとともに、生前公表された諸論文と逝去のときまで書き綴られていたふたつの著作構想の遺稿群を集成し、併せ刊行しようとするものである。

著者の急逝から四半世紀以上を経過した現在、旧著の復刻ばかりか遺稿という不完全なテキストを敢えて読者に提供するからには、その理由を述べておく必要があろう。

最初の著作『古代日本のすまい』は、一九七七年に京都大学に提出された学位論文『日本古代の住居――その建築的場所の研究――』を改稿し、世に問うたものである。寝殿造と今日呼ばれる住居形式を公的私的生活の舞台とした古代の日本人が、通過儀礼を含めたすまうことを通して、どのように場所と空間を生き、そして死を迎えたかを、「場所論」的に描き出すことを主題としていた。とりわけ時間的・空間的「隔て」の現象に注目して、すまいの場所形成の特徴が描き出されている。

方法については、著作第一章に自ら断っているように、ひとの生きる空間、場所そして世界を記述しうるものとして現象学の理論に負うところが大きい。特に、用語法に関してはフッサールとハイデガーの直接的な影響下にある。これは通常の建築史学の方法とは異なるところが大きく、現代哲学の思考方法を建築の場所論と空間論に導入しようとする試みでもある。読者には、古代の日本のすまいを考察するために、現代哲学の概念を駆使しているとみえて、違和感を招く可能性が過去においてと同様、また現在にもあるだろう。

しかし、考えてもみよう。厳密にものの記述に限定して古代や異文化の建物の分析を行う場合でも、古代や異文化のひとが生きる場所としての建築が「理解」されるものとなるならば、そこには時代や文化を超えた人間学的な解釈可能性がその理解を支えていることが分かるであろう。この可能性なしには歴史学も文化・社会人類学もそして建築学とても成立しえない。『古代日本のすまい』書において著者が試みたことは、古代のひとのすまい方のなかに、時代の姿をとった普遍性を認めることであった。

しかし、著者の関心は寝殿造に止まったわけではない。そのことを伝えるため、編者としては、著者が生前公刊した論文を編集して採録するとともに、他の時代の建築についての二つの未完の著作構想の遺稿を本書に添えることにした。特に遺稿において、著者が、現代のすまい問題の源流をなす古代・中近世の民家、そして古代・中世浄土教の「すまい」について、さらに二部作の構想に取り掛かっていたことが判明するからである。自ら「民のすまい」と「阿弥陀のすまい」と名付け、いずれについても目次案とその部分をなすと思われる遺稿群が残された。

その内容に関しては、第三部冒頭の「編者覚書」に述べた通りである。著者によるすまいの研究が浄土教の修行の場である阿弥陀堂に向かったことには理由があった。それを自ら綴った文章が残されていたのは幸いであった。『阿弥陀のすまい』第一と第二遺稿である。建築という限定的な事物が浄土という絶対的な世界とその場所を開きうるとすれば、そこに「建築の可能性の限界」（第一遺稿）をみてとろうとしたのである。その考察が内部と外部という、いかなる時代の建築も格闘する問題に結びつけて語りはじめられていた点に、時代の現象を通して建築の本質に向かう玉腰建築論のまなざしが記録されている。そのまなざしが一貫して捉えようとしたもの、これこそがすまいにおける場所とその秩序の現象である。本書を、著者の遺志を汲み『すまいの現象学』と名付けた所以である。

願わくば、これら未完の遺稿を加えた本書が、著者が試みた「すまいの現象学」への発想と意思を後世に伝え、やがてそれが実を結ぶことを祈念しつつ、志半ばで逝かれた著者への遅まきながらの供養といたしたい。

最後に、本書の出版に際しては、多くの方々のお世話になったことに触れておこう。まず、遺稿を含めた出版をご承諾いただいた久恵夫人に、感謝を申し上げたい。そして、『古代日本のすまい』初版の版権譲渡をご快諾いただいた京都ナカニシヤ出版社長の中西康夫氏と、このような遺稿を含む異例の出版を引き受けていただいた中央公論美術出版社長小菅勉氏の両氏に、この場を借り謝意を表したい。お陰で、玉腰博士の思索の全貌を世に知っていただくことができるようになった。

次に、一九八六年九月に私家版（京都大学建築論研究グループ編集）で発行した『玉腰芳夫博士遺稿集』（本書第三部「阿弥陀のすまい」）制作の際に、密教研究の見地から、種智院大学名誉教授頼富本広先生にご助言をいただいたことを、本書でも踏襲させていただいた。

そして、この度、本書を刊行する意義については、建築史と建築論のそれぞれ現在の立場から、藤井恵介氏（東京大学）と林一馬氏（長崎総合科学大学）にご寄稿の労をおとりいただいた。それぞれが、読者にとって本書理解の一助となれば幸いである。ここに深くお礼を申し上げたい。

編集に当たっては、「玉腰芳夫建築論集編集委員会」を組織し、下記のものが参画し収録する論考の検討を行った。テキストの入力作業に関しては、後掲の方々のご協力を得た。記して謝意を表したい。最終的な監修は、第一部と第二部に関しては西垣安比古が、第三部に関しては伊從勉が担当した。


加藤邦男、田中喬（以上顧問）、林一馬、前田忠直、伊從勉、西垣安比古、河内浩志、迫田正美、香西克彦、田路貴浩、藤原学、朽木順綱

二〇一三年一〇月吉日　　玉腰芳夫建築論集編集委員会

□テキスト入力協力者一覧
第一部・第二部　既刊著作・論文
京都大学大学院人間・環境学研究科西垣研究室：上なつき、金秉瑱、金炳周、鈴木祥一郎、徐東帝、塚本明日香、花輪由樹（以上大学院）、吉田昌睦
広島工業大学河内研究室：桂龍喜、柴田ちひろ、深川展行（以上大学院）、奥村宏正、諏訪健太郎、中尾沙矢香、永尾拓、平谷匠、平本貴之、伏谷友佑、古澤一直、村長沙希、森亜莉沙、山田文子、渡辺靖之
第三部　遺稿

「阿弥陀のすまい」遺稿

京都大学工学研究科建築学専攻：河内浩志、迫田正美、香西克彦（一九八五年当時）

「民のすまい」遺稿

京都大学大学院人間・環境学研究科伊従研究室：川口朋子、川崎修良

ヤ行

ラ行

ワ行

ナ行

ハ行

マ行

サ行

タ行

4 建物、調度（装束）、呪物、その他

ア行

カ行

ラ行

ワ行

3　祭祀、儀式その他呪術的なこと

ア行

カ行

サ行

黄泉（国）　*156*

ラ行

理念的場所秩序 ideelle Ortssystem　*37*
リミナリティ liminality　*109–111, 129, 134, 145, 150, 178, 244*
リーメン limen　*109*
領野 Feld　*38*
礼　*22, 123, 143*

タ行

ナ行

ハ行

マ行

ヤ行

2　空間的なこと

ア行

カ行

サ行

ヤ行

ラ行

ナ行

ハ行

マ行

サ行

タ行

索　　引

本書の索引事項は、著者が生前に刊行した『古代日本のすまい』（本書第 1 部）を踏襲し、次の 4 つに大きく分類した。

1. 人名、神名、書名など
2. 空間的なこと
3. 祭祀、儀式、その他呪術的なこと
4. 建物、調度（装束）、呪物その他

1　人名、神名、書物、その他

ア行

カ行

【著者略歴】

玉腰　芳夫（たまこし・よしお）

1938年　5月　　愛知県江南市生
1962年　3月　　京都大学工学部建築学科卒業
1964年　3月　　京都大学工学研究科建築学専攻修士課程修了
1965年 11月　　スイス国立工科大学（E・T・H）建築学部留学（2年）
1968年　1月　　京都大学工学研究科博士課程退学
同年　2月　　京都大学工学部助手
同年　4月　　京都大学教養部講師
1970年　4月　　京都大学教養部助教授
1984年　9月25日　　逝去　享年46

すまいの現象学 ©
―玉腰芳夫建築論集―

平成二十五年十一月　十　日印刷
平成二十五年十一月二十五日発行

著者　玉腰　芳夫
編者　玉腰芳夫建築論集編集委員会
発行者　小菅　勉
印刷　藤原印刷株式会社
製本　松岳社
用紙　王子製紙株式会社

中央公論美術出版
東京都中央区京橋二丁目八―七
電話〇三―三五六一―五九九三

製函　株式会社加藤製函所

ISBN 978-4-8055-0681-3